Julia Blandfort
Die Literatur der Roma Frankreichs

Mimesis

Romanische Literaturen der Welt

Herausgegeben von
Ottmar Ette

Band 60

Julia Blandfort

Die Literatur der Roma Frankreichs

—

DE GRUYTER

Die Arbeit wurde im Jahr 2013 von der Fakultät für Sprach-, Literatur- und Kulturwissenschaften der Universität Regensburg als Dissertation angenommen.

Gedruckt mit Unterstützung des Finanziellen Anreizsystems zur Förderung der Gleichstellung der Universität Regensburg.

ISBN 978-3-11-055498-4
e-ISBN (PDF) 978-3-11-036665-5
e-ISBN (EPUB) 978-3-11-039329-3
ISSN 0178-7489

Library of Congress Cataloging-in-Publication Data
A CIP catalog record for this book has been applied for at the Library of Congress.

Bibliografische Information der Deutschen Nationalbibliothek
Die Deutsche Nationalbibliothek verzeichnet diese Publikation in der Deutschen Nationalbibliografie; detaillierte bibliografische Daten sind im Internet über http://dnb.dnb.de abrufbar.

© 2017 Walter de Gruyter GmbH, Berlin/München/Boston
Dieser Band ist text- und seitenidentisch mit der 2015 erschienenen gebundenen Ausgabe.
Druck und Bindung: CPI books GmbH, Leck
♾ Gedruckt auf säurefreiem Papier
Printed in Germany

www.degruyter.com

Comme c'est étrange, une page blanche: elle est vide de vie, et soudain les nomades de la pensée passent et ils allument un feu de phrases. [...]
(Jean-Marie Kerwich, *L'Évangile du gitan*)

So betrachtet geht der Erzähler unter die Lehrer und Weisen ein. Er weiß Rat – nicht wie das Sprichwort: für manche Fälle, sondern wie der Weise: für viele. Denn es ist ihm gegeben, auf sein ganzes Leben zurückzugreifen (ein Leben übrigens, das nicht nur die eigene Erfahrung, sondern nicht wenig von Fremder in sich schließt. Dem Erzähler fügt sich auch das, was er vom Hörensagen vernommen hat, seinem Eigensten bei). Seine Begabung ist: sein Leben, seine Würde, sein ganzes Leben erzählen zu können [...]
(Walter Benjamin, *Illuminationen*)

Geleitwort

Pour Julia

Tout a changé, rien n'a changé. On regrette et on raconte...
 Qui donc connaît l'origine de ces voyageurs ? Sans doute aurait-il fallu que ces idées reçues soient moins tenaces pour que d'un seul coup s'éclaire le récit romanesque de leur longue route.
 Je me permets une audace, c'est de vous conter en bref cette histoire :

- Il y a de cela bien des siècles, mes ancêtres vivaient dans le désert de Karakorum. Ils appartenaient à des tribus manouches (hommes libre) et parlaient la langue sanscrite de l'Inde. Le temps s'écoulait précisément en leur assurant cette liberté jamais apprise. Tous exerçaient des métiers distincts, de reflexes, arts et de rêves.
 Ils étaient tous imprégnés d'histoires merveilleuses qu'ils contaient à qui voulaient les entendre.
 Un jour ces gens du vent et de la belle étoile, prirent le chemin de nulle part. Avec à un bras le silence et de l'autre la passion, la fureur de vivre.
 Ils allaient n'importe où, n'importe comment, au gré du hasard.
 Ces tribus manouches vivaient le climat de leur époque.
 Chacun se découvrait dans le regard de l'autre. Ils erraient cheminaient avec ce grand besoin de découverte et d'imprévu.
 Le jour vint où ils subirent l'exigence de l'homme, celui qui passe sans connaître la tendresse humaine.
 Au croisement de chemin ils se séparèrent et jusqu'à nos jours, ils traversent les ronces du temps.
 L'injustice les habille de ce silence amer qui ressemble à des pierres.
 Invisible mot de prudence pour ne pas porter de chaine.

Mon grand-père Narado m'a dit un jour :
 - Nous n'avons pas d'âge, nous avons tous les âges.
 Nous n'avons pas de pays, notre pays c'est la Terre.
 La Terre est partout Terre.
 Que puis-je vous dire encore...
 Pourquoi regarder d'un œil, lorsqu'on a deux yeux
 Pourquoi croire aux rumeurs et ne pas voir la réalité.
 Combien faut-il de déboires
 Pour gagner un espoir !

Aujourd'hui que deviennent ces gens des voyages et de la belle étoile, derrière ces voix plus sombres que les ténèbres, ces rires plus lourdes qu'une porte de fer.

Il faut être fort pour ne pas flotter à la dérive.

Pensez-vous qu'un jour, les mots viendront nous prendre la main. Des mots qui pourraient ranimer ce monde asphyxié :

Regardons ici

Regardons là

Regardons la beauté de toute l'humanité, comme on regarde les fleurs.

Pour le moment écoutons plutôt Julia, qui a su découvrir l'envers des mots et des couleurs avec sa tendresse humaine.

Sandra Jayat

Danksagung

Eine leicht veränderte Fassung der vorliegenden Studie wurde im Jahr 2013 von der Fakultät für Sprach-, Literatur- und Kulturwissenschaften der Universität Regensburg als Dissertation im Fach romanische Philologie angenommen. Viele Personen haben zum Entstehen dieser Arbeit beigetragen. Ihnen gilt mein herzlichster Dank.

An erster Stelle sei hier meine Betreuerin Prof. Dr. Isabella von Treskow genannt, die meine Idee von Anbeginn enthusiastisch unterstützte, mir in den Jahren der Arbeit stets beratend zur Seite stand, meine Projekte förderte und meine Eigeninitiative bestärkte.

Prof. Dr. Anja Bandau möchte ich für die intensiven Diskussionen im Rahmen der Conti-Kolloquien in Hannover danken sowie für ihre daraus entstandene Bereitschaft, die Arbeit als Zweitgutachterin mitzubetreuen.

Prof. Dr. Ottmar Ette danke ich sehr herzlich für die Aufnahme des Bandes in die Reihe *Mimesis*.

Ein herzlicher Dank gilt meinen Kollegen im Institut für Romanistik der Universität Regensburg, allen voran Dr. Marina Ortrud M. Hertrampf, deren Begeisterung für das Thema der Roma-Literaturen zu der gemeinsamen inspirierenden Tagung *Grenzerfahrungen: Roma-Literaturen in der Romania* und dem gleichnamigen Sammelband führte. Ihre kluge und freundschaftliche Unterstützung war und ist für mich unschätzbar. Ein herzlicher Dank gilt ebenso meiner Kollegin Evelyn Wiesinger. Die gemeinsame Organisation des Forums Junge Romanistik 2011 *Minderheit(en): Fremd? Anders? Gleich?* führte zu einem produktiven disziplinübergreifenden Austausch und vielen Erkenntnissen zum Thema. Auch über diesen engeren Kreis hinaus hat die innovative und lebendige Stimmung des Kollegiums am Institut für Romanistik die produktive Arbeit sehr unterstützt. Dafür sei allen Kollegen herzlich gedankt.

Um in die Welt der Roma Einblick zu bekommen, sind sprachliche Grundkenntnisse essentiell. Die Sprachkurse von Prof. Mozes F. Heinschink gingen jedoch weit über einfache Sprachvermittlung hinaus. Ansteckend enthusiastisch vermittelte er seine Liebe zur Kultur der Roma Europas; so waren die Treffen unseres sechsköpfigen Sprachkurses immer bereichernd. Najis tuke Mozes!

Mein herzlichster Dank an Sandra Jayat, deren poetische Worte diese Arbeit einleiten und ihren Kern vermitteln.

Allen fleißigen Korrekturlesern und Zuhörern vielen Dank!

Gewidmet ist diese Arbeit dem Andenken an meine Großmutter, deren Geist in vielen Diskussionen in unserer Familie lebendig bleibt.

Wilhelmshaven 2015

Inhalt

Geleitwort —— VII

Danksagung —— IX

I. Einleitung: „Il était une fois les bohémiens" – Die Narrativik der Roma Frankreichs —— 1

1 Aufbau und Zielsetzung der Arbeit —— 4

2 Stand der Forschung —— 8

3 Korpuswahl: Narrative Texte der Roma in französischer Sprache —— 14

II. Theoretische Grundlagen zur Analyse der Roma-Literaturen —— 17

1 Definitorische Überlegungen zu Roma-Literaturen —— 18
1.1 Terminologische Vielfalt als Zeichen für Heterogenität —— 19
1.2 *Eine* transnationale Roma-Literatur? —— 26
1.3 Schreiben im doppelten Grenzraum von Mehrheit und Minderheit —— 34

2 Das Diaspora-Konzept und seine Anwendbarkeit auf die Roma —— 37
2.1 Der Ursprung des Begriffs ‚Diaspora' und seine Neukonzeptualisierung —— 37
2.2 Roma als Diaspora – ein Streitpunkt: Kritik und Adaption —— 44
2.3 Roma-Literaturen als Ausdruck der Diaspora —— 59

3 Roma-Autoren und Gedächtnis: Spannungsfeld von mündlicher Tradition und schriftlicher Fixierung —— 62
3.1 Diaspora und kommunikatives sowie kulturelles Gedächtnis —— 62
3.2 Roma-Literaturen als fiktionales kulturelles Gedächtnis —— 66
3.3 Erinnerungsfiguren als Kristallisationspunkte —— 72

4	**Erzählkunst und *oraliture* der Roma: Wechselspiele von Nähe und Distanz — 76**	
4.1	Orale Tradition und Verschriftlichung — 78	
4.2	*Oraliture*: Ein frankokaribisches Konzept — 81	
4.3	Die *oraliture* der Roma: Untersuchungselemente — 84	
4.4	Der Übergang von Mündlichkeit zur Schriftlichkeit — 99	
III.	**Facetten der Diaspora – Französische Roma und ihre Narrativik — 101**	
1	**Zerstreuung – Migrationen und Verfolgung — 105**	
1.1	Indien als Ausgangspunkt der Zerstreuung — 106	
1.2	Roma als Teil der europäischen Geschichte — 116	
1.3	Politisches Engagement: Romanestan vs. deterritorialisierte Nation — 126	
1.4	Die Bedeutung der Wanderschaft — 140	
1.5	Erwerbsmöglichkeiten – Artisten, Kesselflicker und Wahrsager — 170	
1.6	Heterogenität der Roma durch multiple Migrationsströme — 186	
1.7	Marginalisierung und Verfolgung — 203	
1.8	Zusammenfassung: Roma – In Vielfalt vereinte Wanderer — 235	
2	**Grenzen – Exklusion und Inklusion — 242**	
2.1	Roma und ‚*gadje*' – Weltentrennung — 247	
2.2	Männer und Frauen – Getrennte Sphären — 293	
2.3	Hochzeitsriten – Flucht und Arrangement — 302	
2.4	Tote Gegenstände und lebendig werdende Tote – *mulò* — 309	
2.5	Speisevorschriften und Leibgericht *niglo* — 318	
2.6	Gemeinschaftssprache(n) Romanès — 320	
2.7	Zusammenfassung: Grenzen zwischen Flexibilität und Konservativismus — 342	
3	**Herkunft – (Re-)Konstruktion und Überlagerung — 346**	
3.1	Indien als *Diasporic Imaginary* der Roma — 348	
3.2	Fragmente indischer Herkunft — 358	
3.3	Europäische Heimat – *Homing Desire* — 365	
3.4	Zusammenfassung: Herkunft als indo-europäisches Mosaik — 369	
IV.	**Fazit – Französische Roma-Literatur: Gedächtnis (in) der Diaspora — 373**	

V. Anhang – Biographien und Werkzusammenfassungen —— 379

Literaturverzeichnis —— 407

Index —— 425

I. Einleitung: „Il était une fois les bohémiens" – Die Narrativik der Roma Frankreichs

Eine vielfältige Erzähltradition prägt die Roma-Gesellschaften Europas.[1] Lange Zeit wurden ihre Narrative ausschließlich mündlich von Generation zu Generation weitergegeben. Um sich nicht angreifbar zu machen und keine – eventuell unverstanden bleibenden – Einblicke in die eigene Lebenswelt zu geben, verschloss man sich der Schriftkultur. Seit etwa hundert Jahren jedoch verleihen einige Roma ihrer Wahrnehmung der Welt in schriftlicher Form Ausdruck. Allerdings wählen sie dazu nur in seltenen Fällen ihre Muttersprache, das Romanès, sondern entscheiden sich fast durchgängig für die jeweilige Umgebungssprache, womit sie sich zwangsläufig von ihrer eigenen Gemeinschaft entfernen und der Mehrheitsgesellschaft annähern. Dies ermöglicht eine Betrachtung der Werke französischer Roma aus einer romanistischen Perspektive.

Die Autoren bewegt primär die Frage, wodurch ihre Ethnie kulturell charakterisiert ist und sie vollziehen in ihren Texten daher auch immer eine Diskussion um die Frage der kulturellen Identität. Dieses Unterfangen lässt sich nicht durchführen, ohne Stereotype zu verhandeln. Dabei erlaubt deren Thematisierung und Problematisierung den Rezipienten aus der Roma-Gemeinschaft und Außenstehenden, Abstand zu nehmen von vorurteilsbehafteten Zuschreibungen darunter wohlgemeinte politische Interventionen oder Diskussionen um das soziale ‚Roma-Problem', und diese kritisch zu hinterfragen.[2] Eine positive Wertung der neuen Schriftlichkeit besteht dabei vor allem aus mehrheitsgesellschaftlicher Außensicht. Für die Autoren selbst bedeutet die Wahl der schriftlichen Form einen erheblichen Konflikt mit ihrer Gemeinschaft. Sie brechen auf doppelte Weise mit einer Tradition der Unsichtbarkeit, die als überlebensnot-

---

[1] Eine ausführliche Klärung und kritische Diskussion der in der Arbeit verwendeten Terminologie findet sich im Kapitel 1. *Definitorische Überlegungen zu Roma-Literaturen* auf den Seiten 17–35.
[2] Für wohlmeinende Interventionen anerkannter Institutionen und arrivierter Autoren vgl. zum Beispiel die von der EU mitgetragene *Decade of Roma-Inclusion* 2005–2015; die Organisation von Kolloquien zu Roma (zum Beispiel die Allianz Kulturstiftung mit dem Symposium *Was heißt denn hier Zigeuner?* 10.–11.11.2011 in Berlin, die Münchner Volkshochschule/Stadtbibliothek/Tschechisches Zentrum mit der Veranstaltungsreihe *Stimmen der Roma*, 19.4.–22.5.2012 in München oder die, unter anderem von der Fondation pour la Mémoire de la Shoa geförderte Vortragsreihe ‚*Tsigane*', ‚*Nomade*' *Un malentendu européen* 6.–9.11.2011 in Paris) oder die Reden und Publikationen von Bernard-Henri Lévy, *Les trois erreurs de Nicolas Sarkozy*. In: *Le Monde* (5.8.2010) und Günter Grass: *Ohne Stimme. Reden zugunsten des Volkes der Roma und Sinti*. Göttingen: steidl 2000.

wendig gilt: Erstens beziehen sie sich thematisch auf die Alltagswelt und Geschichte einer Gemeinschaft, die ihre Eigenarten jahrhundertelang vor Außeneinflüssen beschützte, und zweitens nutzen sie dazu ein Medium der Mehrheitsgesellschaft, das für Roma keinen traditionellen Stellenwert hat. Aus Binnensicht birgt Schreiben, zumal in der Sprache der Mehrheitsgesellschaft, daher die Gefahr kultureller Assimilation und nicht zuletzt deswegen riskierten und riskieren Roma-Autoren manifeste Ablehnung durch ihre Gemeinschaft. Die Autoren begeben sich folglich in ein Spannungsfeld aus Annäherung und Abgrenzung, das sich auch in ihren Werken spiegelt.

Der Titel dieser Einleitung ‚*Il était une fois les bohémiens*' – *Die Narrativik der Roma Frankreichs* greift die Problematik von Selbst- und Fremdzuschreibungen auf und verweist auf einige zentrale Aspekte der Untersuchung. Das einem Buchtitel des Roma-Autors Lick Dubois entnommene Zitat vermittelt die Orientierung am stereotypen Bild der „bohémiens" und dessen Entlarvung als fiktional, womit ein zentrales Charakteristikum der literarischen Werke offengelegt wird. Allerdings besteht ebenso eine Reklamation konventioneller Bilder durch die Roma selbst. Die in den Publikationen präsentierten Vorstellungswelten der Autoren schaffen folglich Bilder von Roma, die in Wechselwirkung zu den in der Mehrheitsgesellschaft kursierenden Stereotypen stehen. Den imaginären Aspekt hervorzuheben hat dabei insofern besondere Bedeutung, als bei der Betrachtung von Migrationsliteraturen häufig die soziokulturelle Referentialität gänzlich in den Fokus gerückt wird und demgegenüber ästhetische Strategien in den Hintergrund treten.[3] Allerdings ist eine wichtige Intention der Autoren die Kulturbewahrung. Diese ist durch eine gewisse Nostalgie gekennzeichnet, weswegen in der Regel ein retrospektiver Blick vorherrscht, wie die verwendete Zeitform des *imparfait* im Zitat verdeutlicht. Gleichzeitig findet eine Aktualisierung der Tradition statt, denn die Autoren rekurrieren, wie hier der formelhafte Märchenanfang verdeutlicht, auf die orale Kultur der Roma und integrieren diese produktiv in ihre Werke. Sie relativieren auf diese Weise bis zu einem gewissen Grad die durch den Gebrauch der Schriftsprache erfolgte Distanzierung und positionieren sich als Mitglieder einer diasporischen Ge-

---

[3] Vgl. dazu und zum Begriff ‚Migrationsliteratur' Julia Blandfort/Magdalena Silvia Mancas u.a.: Minderheiten: Fremd? Anders? Gleich? Einleitung. In: Dies. (Hg.): *Minderheiten: Fremd? Anders? Gleich?. Beiträge zum XXVII. Forum Junge Romanistik 15.–18. Juni 2011*. Frankfurt a.M. u.a.: Lang 2013, S. 19–22. In der vorliegenden Arbeit werden beide Aspekte insofern berücksichtigt als die soziokulturelle Referenz zwar als Ausgangspunkt für thematische Schwerpunkte verschiedener Autoren angesehen wird, jedoch auch die verschiedenen narrativen Strategien und Argumentationslinien, welche daraus folgen untersucht werden.

meinschaft mit eigener Geschichte und Kultur sowie als Teil der Mehrheitsgesellschaft.

Das Ziel der vorliegenden Arbeit ist, die literarästhetische Repräsentation des „dritten Weges"[4] – weder völlige Distanzierung noch vollständige Anpassung – der französischen Roma-Autoren anhand ihrer narrativen Werke zu untersuchen und das bis jetzt noch unerforschte Korpus zu erschließen.

---

4 Santino Spinelli: La lunga strada dei rom, sinti, kale, manouches e romanichals. Roma: Meltemi 2003, S. 174.

1 Aufbau und Zielsetzung der Arbeit

Die Studie widmet sich der literarischen Eigenrepräsentation der Roma und untersucht einunddreißig narrative Texte, die von elf Roma-Autoren in französischer Sprache publiziert wurden. Dabei wird in zwei Schritten vorgegangen: In einem ersten Teil werden theoretische Vorüberlegungen zur Einordnung der Roma-Literaturen getroffen.[1]

Der zweite Part widmet sich dann explizit den französischsprachigen narrativen Texten der Roma und den soziohistorischen Merkmalen ihrer Gemeinschaft sowie deren Transposition in die Literatur. Die Basis der Untersuchung wird durch die Frage nach der literarischen Einordnung französischer Roma-Literatur in den politischen und sozialen Kontext gelegt. Betrachtet man den Zeitpunkt der Entstehung von Roma-Literaturen, so ist eine gewisse Komplementarität von politischer und literarischer Ebene bemerkenswert. Die Ausbildung einer schriftlichen Literatur fällt zeitlich mit der Entwicklung politischer Diskurse um die Identität der Roma und ihrer politischen Vertretung zusammen. Die in diesem Rahmen entstehende literarische Konzentration auf die Eigenheiten der Gemeinschaft steht, so eine der Thesen dieser Arbeit, in einem Spannungsfeld zum Gebrauch der Schriftsprache, mit dem sich die Autoren an die Mehrheitsgesellschaften annähern, da diese Orientierung zugleich zur Distanzierung von der eigenen Volksgruppe führt. Daher wird hier davon ausgegangen, dass es sich bei den Texten um Fiktionen handelt, die vor allem für mehrheitsgesellschaftliche Leser verfasst wurden und größtenteils eine homogene Identität und damit politische Einheit der Roma suggerieren. Diese Tatsache wirkt teilweise auch auf die Umgebungsgesellschaft und spiegelt sich beispielsweise in der Verwendung von als politisch korrekt verstandenen Bezeichnungen für die Gemeinschaft. Die Vielfalt der Begriffe, erfordert eine Klärung, die im ersten Kapitel den Ausgangspunkt für weitere Überlegungen bildet. Erörtert wird an dieser Stelle auch die Frage, ob die Benennung ‚Roma-Literaturen' überhaupt legitim ist und welche Argumente für eine solche Vereinheitlichung, die letztlich auf einer ethnischen Kategorie beruht, sprechen.

Das zweite Kapitel beschäftigt sich mit dem aus der Judaistik stammenden und in den Kulturwissenschaften erweiterten Konzept der Diaspora und dem

---

[1] Die vorliegende Studie geht von einem pluralistischen Ansatz in Hinblick auf die schriftlichen Werke der Roma aus. Demgemäß entstehen durch die unterschiedlichen sprachlichen und kulturellen Kontexte verschiedene literarische Ausprägungen, dennoch können übergreifende Gemeinsamkeiten festgestellt werden. Zur Verwendung des Plurals und der Bezeichnung ‚Roma-Literaturen' vgl. ausführlicher S. 17.

bisherigen Forschungsstand zu Roma unter diesem Gesichtspunkt. Bei der Untersuchung wird dabei von der These ausgegangen, dass wiederkehrende Elemente in der Literatur der Roma auf der historischen Erfahrung als Diaspora, also als verstreute Kultur, beruhen. Die Verwendung des Diaspora-Konzepts ist in Hinblick auf Roma häufig sehr diffus und es existiert bis heute keine detaillierte Diskussion der Frage, ob es überhaupt auf Roma angewandt werden kann. Die vorliegende Arbeit soll einen Beitrag dazu leisten, diese Leerstelle in der wissenschaftlichen Forschung zu schließen und räumt der Begriffsklärung zur Diaspora in Verbindung mit den Roma daher bedeutenden Raum ein. Es wird dabei auf die innerhalb der Kulturwissenschaften entstandenen Diskussionen des Konzepts von Autoren wie Rogers Brubaker, James Clifford, Stuart Hall, William Safran und Khachig Tölöyan zurückgegriffen. Dabei erweist sich der Begriff für die Untersuchung der Roma-Literatur als äußerst fruchtbar, denn er ermöglicht sowohl die Untersuchung thematischer Schwerpunkte, die aus einer historischen Diaspora-Erfahrung entstehen, sowie die Analyse des Spannungsfeldes von Inklusion und Exklusion.

Über die historischen Hintergründe der Diaspora hinaus wird die Literatur selbst als ein ‚Ort' des Diaspora-Diskurses begriffen. Erinnerung, Identität und kulturelle Kontinuierung in Form eines kulturellen Gedächtnisses im Sinne von Jan Assmann[2] spielen für Diaspora-Kulturen und ihr Selbstverständnis als deterritoriale *Imagined Community*[3] eine herausragende Rolle. In der vorliegenden Studie wird angenommen, dass die Autoren in ihren literarischen Werken (unterschiedliche) Visionen vom kulturellen Gedächtnis ihrer Volksgruppe aufzeichnen. Da diese gegen den Konsens der Gemeinschaft niedergelegt werden und den Vorstellungswelten der Schriftsteller entsprechen, wird in diesem Zusammenhang von einem fiktionalen kulturellen Gedächtnis gesprochen, das eine vorläufige und weniger definitive Form als das kulturelle Gedächtnis ist. Mit dem Themenkomplex ‚Gedächtnis und Roma-Literaturen' beschäftigt sich das dritte Kapitel der Arbeit.

Der mediale Übergang von Mündlichkeit zu Schriftlichkeit, der für Roma ein *Novum* darstellt, manifestiert sich auf vielfältige Weise in den Texten. Im vierten Kapitel des ersten Teils werden einige Merkmale dargestellt, die typisch für das Wechselspiel von mündlicher und schriftlicher Konzeption sind. Autoren und Theoretiker der frankokaribischen (kreolischen) Literatur wie Patrick Chamoi-

---

2 Vgl. Jan Assmann: *Das kulturelle Gedächtnis. Schrift, Erinnerung und politische Identität in frühen Hochkulturen*. München: Beck 2007⁶ [1992].
3 Benedict R. O'G. Anderson: *Imagined Communities. Reflections on the Origin and Spread of Nationalism*. London: Verso 1983.

seau, Raphaël Confiant und Édouard Glissant liefern dabei Anhaltspunkte. Ihre Ansätze werden mit dem Konzept von Nähe- und Distanzsprache nach Peter Koch und Wulf Oesterreicher verbunden und darauf aufbauend Charakteristika einer *oraliture* der Roma entwickelt. Verfolgt wird in den anschließenden Textanalysen die Hypothese, dass die „fingierte Mündlichkeit"[4] in den Texten von Roma-Autoren für eine Annäherung an die orale Tradition ihrer Gemeinschaft steht. Dies kompensiert bis zu einem gewissen Grad die Entfremdung, die Autoren durch ihr schriftstellerisches Schaffen gegenüber ihrer Ethnie empfinden, beziehungsweise die ihnen entgegengebrachte Beschuldigung, Verräter an der eigenen Kultur zu sein.

Auf der Basis dieser Überlegungen werden im zweiten Teil der Arbeit die narrativen Publikationen der Roma Frankreichs untersucht. Ein Überblick über das Gesamtwerk der einzelnen Autoren und deren Biographien wird durch Werksynthesen im Anhang geschaffen. Die fiktionalen Texte werden vor dem Hintergrund ihres soziokulturellen Kontextes betrachtet, wobei der Begriff ‚Diaspora' die Perspektive leitet. Gegliedert wird dieser Teil der Arbeit daher durch drei konstitutive Merkmale der Diaspora (Zerstreuung, Grenzen und Herkunft), womit sich thematische Parallelen der Werke untersuchen lassen. Weiterhin wird analysiert, welche Stellung (diasporische) Gedächtnisbildung in den Werken hat und inwiefern die (konfliktuelle) Beziehung von Mündlichkeit und Schriftlichkeit sich in den Texten aufzeigen lässt und damit das grundlegende diasporische Spannungsfeld von Zugehörigkeit zur Minderheit und Annäherung an die Mehrheit spiegelt. Dabei werden folgende detaillierte Fragestellungen verfolgt:

1) Welche Elemente der Diaspora-Forschung können auf Roma angewandt werden?
2) Ermöglichen es Kategorien aus der Diaspora-Forschung, Parallelen zwischen den einzelnen Werken festzustellen?
3) Welche lebensweltlichen Elemente des Alltags der Roma werden zur Grundlage eines fiktionalen kulturellen Gedächtnisses?
4) Welche Erinnerungsfiguren[5] können festgestellt werden und ist es möglich, sie als Zeichen für die Etablierung eines Diaspora-Bewusstseins der Roma in der Literatur zu sehen?

---

[4] Willi Erzgräber/Paul Goetsch: *Mündliches Erzählen im Alltag, fingiertes mündliches Erzählen in der Literatur*. Tübingen: Narr 1987.
[5] Jan Assmann: *Kulturelle Gedächtnis*, S. 37–42.

5) Wie positioniert sich das Individuum in Relation zum dargestellten Kollektiv?
6) Spielt bei der Beziehung von Individuum und Kollektiv die Schriftlichkeit als (neues) Medium eine Rolle?
7) Welche Elemente der mündlichen Tradition wirken in den schriftlichen Texten fort? Welche Funktion erfüllen diese Elemente?

Mit dem Aufgreifen dieser zentralen Fragen hat die vorliegende Arbeit in zweifacher Hinsicht zukunftsweisenden Charakter. Erstens soll ein gesellschaftlicher Beitrag im Rahmen öffentlicher Debatten um Interkulturalität, Inklusion und Minderheitenidentitäten geleistet werden. Die literarischen Werke der Roma-Autoren zeigen eine kritische Version der diasporischen Minderheit im Spannungsfeld von Aus- und Abgrenzung, die über den literarischen Diskurs hinaus relevant für das alltägliche Zusammenleben in unseren Gesellschaften ist. Sie bietet Einblicke in den identitären Zwiespalt einer Anzahl Autoren, die sich in relativer Distanz sowohl zur Mehr- als auch zur Minderheit positioniert und liefert dadurch Perspektiven für den Umgang mit Konflikten und Chancen im Umfeld von Identitäten, die sich in mehrfachkulturellen Kontexten konstituieren. Der fiktional-erzählerische Modus, der hier untersucht wird, ist besonders dazu geeignet, diese Visionen zu transportieren, denn dadurch sind die Werke nicht an eine reine Abbildung gesellschaftlicher Wirklichkeit gebunden, sondern ermöglichen zudem die Identifikation des Lesers mit den dargestellten Situationen.[6] Zweitens bildet die Arbeit mit der expliziten Betrachtung der französischen Roma-Literatur einen exemplarischen Vorstoß für weitere Arbeiten zu den Roma-Literaturen in der Romania. Zwar haben sich bereits einige Forscher mit dem Phänomen literarischer Eigenrepräsentation von Roma beschäftigt, in der Romanistik stellt es jedoch nach wie vor ein Forschungsdesiderat dar.

---

6 Zum Potential literarischer Texte soziale Realität eindrücklich zu vermitteln vgl. Pierre Bourdieu: *Les règles de l'Art*. Paris: Seuil 1992, S. 48 und S. 60.

2 Stand der Forschung

Verschafft man sich einen Überblick über die akademischen Publikationen zum Thema Roma, so wird schnell deutlich, dass es sich um ein Themenfeld handelt, das von soziologischer, kulturhistorischer, ethnologischer, anthropologischer und sprachwissenschaftlicher Forschung dominiert ist. Mit der ethnologischen Disziplin der Tsiganologie existiert gar eine ganze Sparte, die sich ausschließlich mit den Roma beschäftigt.[1] Deutlich unterrepräsentiert ist hingegen die Erforschung der Literaturen der Roma. Obwohl in den einzelnen Literaturwissenschaften das Forschungsthema der literarischen Fremdbilder – in Untersuchungen des Bildes beziehungsweise Motivs der ‚Zigeuner'[2] – bereits viel bearbeitet wurde, beschäftigten sich bisher nur ausgesprochen wenige Studien mit der literarischen Selbstrepräsentation von Roma-Autoren. Der folgende Überblick fasst die zentralen Ansätze zur Literatur der Roma zusammen.

Im Mittelpunkt des Interesses standen über einen längeren Zeitraum vor allem die mündlichen Erzählungen, die die Aufmerksamkeit eines kleinen Kreises von Märchenforschern weckten und daher schon früh gesammelt wurden. Über die pure Transkription gehen diese Arbeiten jedoch nur selten hinaus und sind bedauerlicherweise oft durch die mangelnde Nachvollziehbarkeit der Quellen geprägt.[3] Demgegenüber stellen die sechs im Klagenfurter Drava-Verlag seit

---

[1] Zur Geschichte der Tsiganologie vgl. beispielsweise Martin Ruch: *Zur Wissenschaftsgeschichte der deutschsprachigen Zigeunerforschung von den Anfängen bis 1990.* Freiburg i.Brsg. Dissertation 1986 und Wim Willems: *In Search of the True Gypsy. From Enlightenment to Final Solution.* London: Cass 1997.
[2] Für die Romanistik vgl. zum Beispiel Pascale Aureix-Jonchière/Gérard Loubinoux: *La bohémienne: figure poétique de l'errance au XVIIIe et XIXe siècle. Actes du colloque du centre de recherches révolutionnaires et romantiques université Blaise-Pascal 12.–14.03.2003.* Clermont-Ferrand: Presse universitaire 2006; Kirsten von Hagen: *Inszenierte Alterität Zigeunerfiguren in Literatur, Oper und Film.* München u.a.: Fink 2009; Karl Hölz: *Zigeuner, Wilde und Exoten. Fremdbilder in der französsischen Literatur des 19. Jahrhunderts.* Berlin: Erich Schmidt 2002; Bernard Leblon: *Les gitans dans la littérature espagnole.* Toulouse: Institut d'études hispaniques et hispano-américaines 1982; Hans-Dieter Niemandt: *Die Zigeunerin in den romanischen Literaturen.* Frankfurt a.M. u.a.: Lang 1992 und María Helena Sánchez Ortega: *Los gitanos españoles: el período borbónico.* Madrid: Castellote 1977. Der Germanist Klaus-Michael Bogdal untersucht in seinem umfassenden Werk *Europa erfindet die Zigeuner. Eine Geschichte von Faszination und Verachtung.* Berlin: Suhrkamp 2011 neben der 600-jährigen Geschichte der Fremddarstellung von Roma in den Literaturen Europas mit dem Einbezug von Holocausterinnerungen Betroffener auch einige Selbstdarstellungen von Roma.
[3] Vgl. beispielsweise Walter Aichele/Martin Block u.a.: *Zigeunermärchen.* Jena: Diederichs 1926; Francis Hindes Groom: *Gypsy Folk Tales.* London: Hurst&Blackett 1899 und Heinrich von

dem Jahr 2000 erschienenen Anthologien mündlicher Roma-Erzählungen eine Ausnahme dar. Die in ihnen veröffentlichten Märchen, Anekdoten und Schwänke sind nicht nur mit genauen Angaben zum Erzähler versehen, sondern zusätzlich sowohl in deutscher Übersetzung als auch im Original auf Romanès wiedergegeben.[4] Zudem beabsichtigen die unterschiedlichen Herausgeber mit der Sammlung und Klassifizierung des Märchenschatzes europäischer Roma, Gemeinsamkeiten und Differenzen der Erzähltraditionen unterschiedlicher Roma-Untergruppen herauszuarbeiten.[5]

Im Gegensatz dazu bleiben Publikationen selten, die sich explizit mit den von Roma selbst schriftlich niedergelegten Literaturen auseinandersetzen. Als erster Versuch einer Überblicksdarstellung kann die Monographie *Geboren bin ich vor Jahrtausenden... Bilderwelten in der Literatur der Roma und Sinti* (1993) von Beate Eder eingestuft werden. In ihrer komparatistisch angelegten Studie beschäftigt sie sich vor allem mit den Bildbereichen in unterschiedlichen Roma-Literaturen. Sie setzte ihre Forschung mit einer Dissertation fort und fokussierte darin – ebenfalls komparatistisch – die Identitätskonstruktion der Roma in der Literatur. Die Widerlegung herrschender Heterostereotype und die Reklamation

---

Wlislocki: *Märchen und Sagen transsylvanischer Zigeuner*. Berlin: Nicolaische Verlagsbuchhandlung 1886.
4 Vgl. Petra Cech/Christiane Fennesz-Juhasz u.a.: *Lang ist der Tag, kurz die Nacht. Baro o djes, cîni e rjat. Märchen und Erzählungen der Kalderaš*. Klagenfurt: Drava 2012; Petra Cech/Mozes F. Heinschink u.a: *Kerzen und Limonen. Momelja hem limonja. Märchen der Arlije. Arlijengere paramisja*. Klagenfurt: Drava 2010; Mozes F. Heinschink/Milena Hübschmannová u.a.: *Von den Hexen. Märchen der Gurbet-Roma. E Čoxanend'i. Gurbetonde paramiča*. Klagenfurt: Drava 2006; Petra Cech/Christiane Fennesz-Juhasz u.a.: *Die schlaue Romni. E bengali romni. Märchen und Lieder der Roma. So Roma phenen taj gilaben*. Klagenfurt: Drava 2003; Petra Cech/Christiane Fennesz-Juhasz u.a.: *Fern von uns im Traum.... Te na dikhas sunende.... Märchen, Erzählungen und Lieder der Lovara. Lovarenge paramiči, tertenetura taj gjila*. Klagenfurt: Drava 2001; Emmerich Gärtner-Horvath/Dieter Halwachs: *Der Rom und der Teufel. O rom taj o beng. Märchen, Erzählungen und Lieder der Roma aus dem Burgenland. Romane pamaristscha, phukajiptscha taj gila andar o Burgenland*. Klagenfurt: Drava 2000. Der dokumentarische Aspekt wird durch die mit den Büchern herausgegebenen CDs verstärkt, auf denen die Originalerzählungen auf Romanès zu hören sind.
5 Die Erzählungen wurden daher nach Gruppenzugehörigkeit der Erzähler in unterschiedlichen Bänden zusammengefasst. Darüber hinaus werden in den Bänden auch strukturierte Kurzanalysen vorgenommen. Die Märchen und die einzelnen Motive werden so im Anhang unter Rückbezug auf das von Antti Amatus Aarne und Stith Thompson in *The Types of the Folktale* (1961) erstellte Typenverzeichnis systematisch eingeordnet und kurz kommentiert. Zusätzlich geben die unterschiedlichen Herausgeber stets einen Überblick über die Spezifika der Erzähltradition der entsprechenden Roma-Gruppe. Die Reihe wird fortgesetzt und stellt einen wertvollen Referenzpunkt für Untersuchungen anderer Genres dar.

„Mensch sein"[6] sind in ihren Augen hervorstechende Parallelen einer Vielzahl von Werken der Roma-Autoren in diversen Ländern. Ihre Darstellung der Roma-Literatur als Dialogangebot und Ort der interkulturellen Begegnung von Roma und Nicht-Roma wird in der vorliegenden Arbeit insofern einer kritischen Prüfung unterzogen, als die Rückbesinnung auf eigenkulturelle Spezifika der Roma einen wesentlichen Part ihrer Literatur beeinflusst und damit auch Abgrenzungstendenzen bedeutsam sind.

Den Anspruch einer Literaturgeschichte erhebt die Veröffentlichung *Die Literatur der Sinti und Roma* von Rajko Djuric (2002). Seine Aufzählung der unterschiedlichen Autoren ist nützlich, um eine Übersicht schreibender Roma zu erhalten, bleibt jedoch vor allem auf biographische Aspekte beschränkt und ist daher für weiterführende literatur- und kulturwissenschaftliche Arbeiten wenig relevant.

Das Bestreben, einen Überblick über Roma-Literaturen aus unterschiedlichen Perspektiven zu erhalten, wird gleichermaßen in zwei von Cécile Kovacshazy herausgegebenen Sondernummern der Zeitschrift *Études tsiganes* sichtbar. Im Anschluss an die interdisziplinäre Tagung „Littératures tsiganes/roms" 2008 in Limoges versammelt die erste Publikation mit dem Titel *Littérature romani: Construction ou réalité?* (2009) sowohl Untersuchungen zu einzelnen Autoren unterschiedlicher Sprache – u.a. Mariella Mehr, Coucou (Joseph) Doerr und Helios Goméz – als auch Artikel zum literarischen Schaffen von Roma in verschiedenen Ländern, zum Beispiel Ungarn und Tschechien. Darüber hinaus werden thematische Schwerpunkte zur Repräsentation von Gewalt und Verfolgung sowie die Problematik der Diffusion und Akzeptanz von Roma-Werken behandelt. Die im Jahr 2009 in Paris organisierte Folgetagung „Une ou des littératures romani?" und die gleichnamige Publikation der Akten in der Ausgabe 43 der Zeitschrift *Études tsiganes* (2010) beschäftigt sich schwerpunktmäßig mit der Einordnung einzelner Autoren – u.a. Ilona Lackovà, Leksa Manus, Matéo Maximoff, Aladin Sejdić, Ceija Stoijka. Eines der Ziele besteht dabei darin, thematische Parallelen herauszuarbeiten, um von einer übergreifend existierenden Roma-Literatur sprechen zu können. Auf die Ergebnisse der Einzeluntersuchungen wird hier vor allem zurückgegriffen, um die französischen Autoren in einen breiteren Kontext der europäischen Roma-Literaturen einzuordnen.

Neben diesen komparatistisch beziehungsweise interdisziplinär angelegten Ansätzen setzten sich vereinzelt Forscher auch intensiver mit den Autoren un-

---

6 Beate Eder-Jordan: *Mensch sein. Identitätskonstruktionen in der Literatur der Roma und Sinti.* Innsbruck Dissertation 2005.

terschiedlicher Sprachgebiete auseinander. So liegt mit der Studie *Wir wollen sprechen. Selbstdarstellungen in der Literatur von Sinti und Roma* (2008) von Deike Wilhelm eine Untersuchung für den deutschen Sprachbereich vor, die sich aus kulturwissenschaftlicher Perspektive mit der Roma-Literatur in Deutschland und Österreich beschäftigt. Neben einem allgemeinen Überblick über die deutschsprachige Literatur von Roma-Autoren arbeitet die Verfasserin thematische und stilistische Charakteristika heraus. Anhand von Analysen ausgewählter Werke der österreichischen Romnì Ceija Stojka und der Kosovo-Roma Jovan Nikolić und Ruždija Russo Sejdović werden unterschiedliche Spielarten literarischer Selbstdarstellung analysiert. Für Wilhelm steht die Entstehung literarischer Werke aus der Feder von Roma-Autoren mit dem Wunsch in Verbindung, mit in der mehrheitsgesellschaftlichen Öffentlichkeit vorherrschenden Stereotypen über Roma zu brechen. Dieses Bestreben, eine kritische beziehungsweise korrigierende Version des Roma-Daseins aufzuzeigen, wird in der vorliegenden Arbeit zum einen als wichtiger (bürgerrechtlich geprägter) Motivationsfaktor für Autoren zum Schreiben gesehen. Zum anderen findet sich dieser Aspekt im hier untersuchten Korpus im Zusammenhang mit vielfältigen Motiven (zum Beispiel der Wanderschaft) wieder.

Obwohl insbesondere die deutschsprachige Roma-Literatur durch die Erfahrung des Holocaust' geprägt ist und Überlebende bereits in den 1980er Jahren ihre Erlebnisse von Verfolgung und Internierung aufzeichneten, greift erst die Dissertation *Journeys into memory: Romani Identity and the Holocaust in Autobiographical Writing by German and Austrian Romanies* von Marianne Zwicker im Jahr 2009 die von Roma verfasste deutschsprachigen Holocaustliteratur auf. Sie untersucht in Anwendung des Felds *Trauma Studies* die Texte österreichischer und deutscher Roma. Neben den autobiographischen Texten von Holocaust-Überlebenden dehnt sie ihre Untersuchung auch auf die literarischen Selbstdarstellungen der Nachfolgegeneration aus. Der Fokus ihrer Untersuchung liegt dabei auf der engen Verbindung von traumatischer Erinnerung an Verfolgung und Gewalt und der Identitätskonstruktion als Roma. Die Beziehung der Autoren zu ihren Heimatländern Deutschland und Österreich sieht sie aufgrund der historischen Erfahrung als besonders spannungsgeladen und deren kritische Reflexion bestimmt die deutschsprachige Literatur in weiten Teilen. Letzterer Aspekt wird auch in der vorliegenden Untersuchung bedeutsam sein, wenngleich die Geschichte der französischen Roma nur indirekt durch den Holocaust bestimmt ist.

Einen Vorstoß zur Untersuchung der Literatur von Roma des Balkans macht Gérard Kurth mit seiner Monographie *Idenität zwischen Ethnos und Kosmos. Studien zur Literatur der Roma in Makedonien* (2008). Sein Ziel ist, eine Übersicht über die bereits bestehende Literatur der Roma Makedoniens zu geben. Er bettet zu diesem Zweck die fast ausschließlich lyrische Produktion in fünf Themenkomplexe ein: den sozialistischen Realismus, Mündlichkeit und Schriftlichkeit, Volksdichtung, Kollektives Gedächtnis und Identität sowie den Gegensatz von Nationalphilologie und regionaler Literatur. Auf dieser Grundlage liefert er Werksynthesen von zwölf Autoren, wobei er die Arbeiten von vier Dichtern vertieft behandelt. Daran schließt er aufschlussreiche Interviews mit den Autoren Jusuf Sulejman und Ljatif Mefaileskoro Demir an.

Während sich Forscher aus Komparatistik, Germanistik und Slawistik also schon den Literaturen der Roma näherten, ist für den Bereich der Romanistik noch ein erhebliches Forschungsdefizit zu verzeichnen. Der interdisziplinäre Sammelband *Grenzerfahrungen: Roma-Literaturen in der Romania* (2011), den die Verfasserin dieser Arbeit gemeinsam mit Marina Ortrud M. Hertrampf herausgegeben hat, ist die erste deutschsprachige Publikation, die sich ausschließlich der Roma-Thematik in der Romania widmet. Darin enthalten sind Beiträge zum Umgang mit Auto- und Heterostereotypen in Literatur und Film und Arbeiten zur Konstruktion, Perzeption und Rezeption fremder und eigener Bilder der Roma und ihrer künstlerischen Werke aus einem soziologischen und kulturanthropologischen Blickwinkel. Der Erstarkung einer (politischen) Roma-Intelligentsia, die sich auch über die Literatur konstituiert, wenden sich zwei Aufsätze zu. Weiterhin wird der Übergang von einer oralen zur schriftlichen Kultur aus einer dezidiert literaturwissenschaftlichen Perspektive betrachtet. Die Überblicksartikel zur Roma-Literatur verschiedener Sprachbereiche (Spanien, Frankreich und Rumänien) werden durch detaillierte Untersuchungen zum Werk einzelner Autoren (Jorgé Emilio Nedich und Sandra Jayat) ergänzt.

Einem einzelnen romanischen Sprachbereich widmet sich die Dissertation von Paola Toninato *The Rise of Written Literature among the Roma: a Study of the Role of Writing in the Current Re-definition of Romani Identity with Specific Reference to the Italian Case* (2004), in der sie explizit Bezug zu Autoren in Italien herstellt. In einer überarbeiteten Form ist die Arbeit unter dem Titel *Romani Writing. Literacy, Literature and Identity Politics* (2014) erschienen. Dabei stärkt die Autorin allerdings eine europäisch-komparatistische Sicht, die der dezidiert italienischen Perspektive zum Nachteil gereicht. In einer Gegenüberstellung von Fremdbildern der Roma in europäischen Gesellschaften und der Analyse literarischer Selbstrepräsentation in Roma-Lyrik entwickelt sie ihre These, dass Roma-Autoren antihegemoniale Tendenzen gegenüber der Fremddarstellung verfolgen und zu diesem Zweck gezielt das Medium Schrift einsetzen. Den soziohistorischen Entwicklungen die den Bezug von Roma und Schriftlichkeit beeinfluss(t)en widmet sie daher zwei eigene Kapitel. Zudem liefert Toninato einen historischen Überblick zur Entwicklung europäischen Roma-Literaturen, um darauf aufbauend einige Motive (Erzwungener Nomadismus, Diskriminierung,

Gewalt und soziale Ausgrenzung) der Roma-Lyrik zu diskutieren. Die enge Verbindung zum politischen Aktivismus ist dabei ein weiterer Punkt. Die Autorin sieht in diesem Zusammenhang die Literatur als politisches Instrument einer sowohl an die Nicht-Roma als auch an die eigene Gruppe gerichtete Kommunikation. Damit ist die Selbstdarstellung in Toninatos Sicht von der Verhandlung von Machtrelationen auch innerhalb der Roma-Gesellschaften geprägt. Diese Sicht auf die interne Zersplitterung greift die vorliegende Arbeit auf und überträgt sie explizit auf die Situation des Autors und seine marginalisierte Position innerhalb der Roma-Gemeinschaft.

Obwohl in Frankreich im internationalen Vergleich eine durchaus beachtliche Zahl an Werken von Roma-Autoren erschienen ist, liegt eine Monographie, die sich ausschließlich mit der Literatur der Roma Frankreichs auseinandersetzt, bis jetzt nicht vor. Die bestehenden komparatistischen und imagologischen Arbeiten zeigen ein Spektrum gemeinsamer literarischer Motive und Themen von Roma-Autoren unterschiedlicher Provenienz auf, das auch für die Beschäftigung mit der französischen Roma-Literatur relevant ist und in der vorliegenden Arbeit zusätzlich durch eine theoretische Situierung im Rahmen der Diaspora-Theorie genutzt wird. Einfließen werden ebenfalls die Erkenntnisse der wissenschaftlichen Vorarbeiten, welche die literarische Verarbeitung von direkter oder tradierter Holocausterinnerung, der sozialen Exklusion und dem Nomadismus behandeln. Die Arbeit ist damit einerseits komplementär zu den bereits vorhandenen Studien sofern sie sich dem bisher unbetrachteten Raum Frankreich zuwendet. Andererseit werden durch die theoretische Ausarbeitung mit den drei Axen Diaspora, fiktionales kulturelles Gedächtnis und *oraliture* neue Impulse gegeben.

3 Korpuswahl: Narrative Texte der Roma in französischer Sprache

Das Korpus der folgenden Untersuchung besteht aus den erzählenden Werken von elf französischen Autoren, die sich selbst als Rom/Romnì beziehungsweise Angehörige einer der Untergruppen bezeichnen und sich in ihren Texten mit der Lebenswelt der Roma beschäftigen.[1] Die Zusammenstellung gründet sich damit auf der Gesamtanzahl der narrativen Publikationen von Roma in Frankreich.[2] Veröffentlichungen mit ausschließlich ethnographischer Zielsetzung, die in Koautorenschaft mit Mitgliedern der Mehrheitsgesellschaft veröffentlicht wurden, sind nicht im Korpus enthalten.[3] Die Gattung betreffend lässt sich festhalten, dass einige frankophone Autoren als Verfasser von Lyrik – entweder ausschließlich oder neben ihren narrativen Werken – an die Öffentlichkeit getreten sind, der überwiegende Teil jedoch erzählende Texte umfasst. Dies spricht nicht unbedingt für eine höhere Produktion von Narrativik, sondern vielmehr für das größere Interesse der Verlage, diese zu publizieren, da der Absatzmarkt für Lyrik generell angespannt ist. Eine Rolle könnte hierbei auch die Produktionssprache spielen: Sind die Gedichte auf Romanès, der Sprache der Roma, verfasst, bleiben sie der Mehrheitsgesellschaft und damit auch dem Großteil der potentiellen Leserschaft verschlossen. Es ist daher davon auszugehen, dass die von vorneherein geringen Publikationschancen eines Roma-Autors durch Sprachwahl und Gattung – wie bei jedem anderen (Minderheiten-)Schriftsteller – durch diesen Produktionskontext beeinflusst werden und daher nur schwer Rückschlüsse auf das effektive schriftstellerische Schaffen ermöglichen. Dies gilt ebenso für die filmischen und dramatischen Produktionen von Roma, die zudem als Ausnahme bezeichnet werden können. So sind bis jetzt nur jeweils ein Regisseur, Tony Gatlif, und eine Dramenautorin, Esmeralda

---

[1] Ausnahmslos alle Werke, die recherchiert wurden, beschäftigen sich mit der eigenen Identität. Allerdings würde ein Werk, dessen Autor sich weder als Rom positioniert noch in seinem Werk die Thematik aufgreift, auch nicht ohne weiteres identifiziert werden können. Biographische Informationen soweit zugänglich und die Zusammenfassungen der einzelnen Werke finden sich im Anhang.
[2] Französischsprachige Werke aus anderen frankophonen Ländern wie Belgien, Luxemburg oder der französischen Schweiz liegen nicht vor.
[3] Dies betrifft konkret zwei Publikationen Bernard Leblon: *Mossa, la gitane et son destin: Témoignage d'une jeune gitane sur la condition féminine et l'évolution du monde gitan*. Paris: L'Harmattan 1992 und Claire Auzias: *Cœur des femmes tsiganes*. Marseille: Egrégores 2009, die beide als Interviewsammlungen publiziert wurden und sich mit der Situation der Romnìa in der Roma-Gesellschaft beschäftigen.

Romanez, an die Öffentlichkeit getreten. Während erstgenannter mit seinen Produktionen sehr erfolgreich ist und und bei den Filmfestspielen in Cannes 2004 mit dem Preis für die beste Regie ausgezeichnet wurde, ist das einzige Drama *Pourquoi pas nous? ou le cordon de la vie* (1998) in französischer Sprache nicht in der breiten Öffentlichkeit bekannt.[4]

In Anbetracht der Tatsache, dass eine Analyse der narrativen Werke noch aussteht, beschäftigt sich die vorliegende Arbeit ausschließlich mit den einunddreißig narrativen Texten von Roma-Autoren in französischer Sprache.[5] Folglich Texte, die durch eine mehr oder weniger spürbare Erzählerinstanz gekennzeichnet sind, die das Geschehen vermittelt und bisweilen kommentiert. Auf diese Mittlerposition wird besonderen Wert gelegt, da sie die Ambivalenz von einerseits Identifikation mit den Roma-Figuren und andererseits kritischer Distanz zur Roma-Gemeinschaft nacherlebbar macht. Die literarische Qualität steht dabei nicht im Zentrum der Analyse, insbesondere da diese unter den verschiedenen Autoren sehr divergiert. Die Untersuchung des Korpus' soll einen Beitrag zur noch ungeschriebenen Literaturgeschichte der Roma leisten, wobei literarische Divergenzen wie auch Konvergenzen hervorgehoben werden.

---

4 Eine Analyse von Gatlifs filmischem Schaffens bis 2002 liegt mit der Monographie Silvia Angrisani/Carolina Tuozzi: *Tony Gatlif. Un cinema nomade*. Torino: Lindau 2003 vor. Für eine Untersuchung dreier Filme (*Latcho drom* 1994; *Gadjo dilo* 1997 und *Swing* 2002) unter dem Aspekt der Diaspora vgl. Julia Blandfort: Sprache(n) als Spiegel der Diaspora – Das Kino Tony Gatlifs. In: Andreas Blum/Eva Erdmann (Hg.): *Mehrsprachigkeit im Kino. Formen der Sprachenvielfalt in aktuellen Filmen und Berichte aus der Filmproduktion*. Trier: Wissenschaftlicher Verlag (in Vorbereitung) und für eine Analyse des Films *Exils* (2004) vgl. Julia Blandfort: Arabische Spuren: Auslöschen. Fortbestehen. WiederErkennen. *Exils* 2004 von Tony Gatlif. In: Luca Melchior/Albert Göschl u.a. (Hg.): *Spuren.Suche in der Romania. Beiträge zum XXVIII. Forum Junge Romanistik 18.–21. April 2012*. Frankfurt a.M. u.a.: Lang, S. 269–281.
5 Während der ausgedehnten Recherche konnte im französischsprachigen Raum kein Text aufgefunden werden, der ausschließlich auf Romanès veröffentlich wurde.

II. Theoretische Grundlagen zur Analyse der Roma-Literaturen

Im folgenden Teil wird ein Analyserahmen für die narrativen Werke der Roma Frankreichs geschaffen. Den Ausgangspunkt für diese Einordnung bildet eine terminolgische Diskussion, die aufgrund der Begriffsvielfalt und der bisweilen diffamierenden Verwendung der Bezeichnungen, bedeutend ist. Zudem wird in diesem ersten Unterkapitel die Vergleichbarkeit der Roma-Literaturen untereinander thematisiert. Ein besonderes Augenmerk liegt auf der Rolle des Autors an der Schnittstelle von Roma-Kollektiv und Nicht-Roma.

Auf der Basis der aktuellen Diaspora-Forschung wird im zweiten Kapitel erörtert, in wie weit diese auf die Roma anwendbar ist. Bereits erfolgte Forschung wird auf ihre Position hinsichtlich der historischen, sozialen und kulturellen Identität der Roma untersucht. Darauf aufbauend wird das Verständnis von Diaspora als performativer Prozess, welches dieser Arbeit zugrunde liegt, entwickelt.

In engem Zusammenhang mit der Entstehung diasporischer Projekte steht die Frage des (diasporischen) Gedächtnisses, wobei die Literatur als Medium, aber auch als Konstruktionsraum des Gedächtnisses zu verstehen ist. Dieser Komplex wird im dritten Kapitel diskutiert. Da die Schriftform einen vergleichsweise geringen Traditionswert für Roma-Gemeinschaften hat, ist die innovative Position der Autoren bedeutsam. Sie fungieren als Konstrukteure eines schriftlichen kulturellen Gedächtnisses, welches allerdings keinem gesellschaftlichen Konsens entspringt. Daher wird hier das Konzept eines fiktionalen kulturellen Gedächtnisses eingeführt, um die Zwischenstellung der Autoren und ihrer Werke zu beschreiben.

Wenngleich eine schriftliche Literatur unter den Roma ein *Novum* darstellt, ist die mündliche Erzählkunst äußerst lebendig. Vergleichbar mit der frankokarbischen Literatur wirkt diese orale Tradition als Inspirationsquelle für die Roma-Autoren. Im vierten Kapitel wird das frankokaribische Konzept der *oraliture* auf die Roma-Literatur übertragen, wobei Charakteristika von mündlicher Tradition (der Roma) erläutert werden und ihr möglicher Einfluss auf die schriftliche Literatur thematisiert wird. Hypothetisch wird davon ausgegangen, dass der mündliche Einfluss als Annäherung an die Roma-Gemeinschaft gelesen werden kann, während distanzsprachliche Teile als Entfernung zu derselben interpretiert werden können.

1 Definitorische Überlegungen zu Roma-Literaturen

Prinzipiell ist die Einordnung einer Gemeinschaft als Minderheit ebenso ambivalent wie die Funktionalisierung des Begriffs durch verschiedene Akteure. Zum einen wird die Kategorisierung unter dem Begriff ‚Minderheit' im nationalen oder supranationalen (zum Beispiel europäischen, asiatischen oder sogar globalen) Raum als politisch bedeutend – und damit durchaus positiv – gewertet. In bürgerrechtlicher Perspektive wird davon ausgegangen, dass eine solche Einteilung vor allem mit Vorteilen zum Beispiel in Hinblick auf die Repräsentation und damit auch die Durchsetzung politischer Ziele verbunden ist. Die Roma betreffend zeigt sich dies beispielsweise mit der Initiierung der *Decade of Roma Inclusion*, die von der EU-Kommission ausgehend eine Verbesserung der Situation der Roma-Minderheit in Europa herbeiführen soll.[1] In diesem Zusammenhang entstehen zum Teil auch konservative (Abgrenzungs-)Tendenzen, die häufig mit der Gründung von Institutionen zum Kultur- und Spracherhalt verbunden sind. Zum anderen handelt es sich bei dem Status ‚Minderheit' um eine Kategorie, die nicht immer von Mitgliedern der Gemeinschaft erwünscht ist. Denn obgleich die Einordnung politisch und ökonomisch förderlich sein kann, wird das Etikett ‚Minderheit' unter Umständen als Abstufung zur ‚richtigen' (Hoch-)Sprache beziehungsweise zur ‚richtigen' (hohen) Literatur eingeschätzt. In diesem Sinne wird die Bezeichnung ‚Minderheitenliteratur' im wahrsten Sinne des Wortes als minder empfunden.[2] Das folgende Kapitel diskutiert daher die Konzeptualisierung ‚Roma-Literatur'. Als Ausgangspunkt für diese Diskussion müssen zunächst die in der Sekundärliteratur und der vorliegenden Arbeit verwendeten Bezeichnungen kritisch reflektiert werden.

---

[1] Der Begriff ‚Inklusion' steht in der Soziologie als Gegenmodell zur ‚Exklusion' für die Möglichkeit, in vollem Umfang am sozialen Leben teilzuhaben und Individuen als gleichwertig zu betrachten und ist in engem Zusammenhang mit Kategorien wie Parallelgesellschaft, Integration und Autonomie zu sehen. Vgl. Karl-Heinz Hillmann: *Wörterbuch der Soziologie*. Stuttgart: Kröner 2007, S. 377–378.

[2] Zu dieser Problematik generell in Bezug auf Minderheiten und ihre Literaturen vgl. auch Julia Blandfort/Magdalena Silvia Mancas u.a.: Minderheit(en), S. 19–22 und für die Roma-Literatur Marina Ortrud M. Hertrampf: *Camelamos naquerar*: Literarische Stimmen spanischer Roma-Autoren. In: Julia Blandfort/Dies. (Hg.): *Grenzerfahrungen: Roma-Literaturen in der Romania*. Berlin: LIT 2011, S. 173.

1.1 Terminologische Vielfalt als Zeichen für Heterogenität

Die Terminologie in Bezug auf Roma ist sowohl im öffentlichen als auch im wissenschaftlichen Diskurs immer wieder Gegenstand kontroverser und zum Teil polemischer Debatten.[3] Die Tatsache, dass unterschiedliche Roma-Vereinigungen uneins darüber sind, welche Bezeichnungen verwendet werden können beziehungsweise müssen, erschwert die Wahl eines Begriffs und verdeutlicht die (politische) Heterogenität der Gemeinschaft. Ein übergreifendes Autonym existierte bis in die 1970er Jahre nicht, vielmehr charakterisierten sich die einzelnen Personen über die Zugehörigkeit zu verschiedenen Untergruppen,[4] die für das Selbstbild von entscheidender Bedeutung sind. Gemeinsam waren und sind ihnen allen jedoch die Romanès-Bezeichnungen von ‚*Rom*' für (Ehe-)Mann und ‚*Romnì*' für (Ehe-)Frau.[5] Im Zuge der internationalen Bürgerrechtsbewegung ab den 1970ern entstand daher der Gebrauch des Wortes ‚*Roma*', der Plural von ‚*Rom*', als übergreifende Bezeichnung. Dieser Konvention schließt sich auch die vorliegende Arbeit an.[6] Wenn also im Folgenden von Themen gesprochen wird, die als allgemein zutreffend angesehen werden, wird grundsätzlich das Wort Roma als Heteronym, das alle Subgruppen und ihre Bezeichnungen umfasst, verwendet. In Abschnitten, in denen einzelne Personen oder Personengruppen gemeint sind und diese sich durch eine spezielle

---

[3] Symptomatisch für diese Auseinandersetzung ist die Diskussion um das Mahnmal in Berlin, bei der sich der Zentralrat der Deutschen Sinti und Roma und die Sinti Allianz Deutschland nicht einigen konnten, ob die Inschrift das Wort ‚Zigeuner' beinhalten dürfe beziehungsweise solle. Für eine Darstellung dieser Debatte vgl. Michael Zimmermann: The Berlin Memorial for the Murdered Sinti and Roma: Problems and Points for Discussion. In: *Romani Studies* 17, 1 (2007), S. 1–30. Eine hitzige Diskussion um die Terminologie, die gelegentlich ins Unsachliche driftet, führen der Historiker Ulrich Opfermann und der Bibliothekar Rüdiger Benninghaus. Vgl. zum Beispiel Rüdiger Benninghaus: Über die Benennungen der Sinti – Bemerkungen zu Ulrich Opfermann's Terminologie und seinen Interpretationen. In: *FTF Blickpunkte – Tsiganologische Mitteilungen* 4 (2009), S. 14–31 und Ulrich Opfermann: ...wird sich natürlich nur schwer nachweisen lassen. Der Verdacht als leitendes Motiv. In: *FTF – Blickpunkte Tsiganologische Mitteilungen* 10 (2010), S. 12–19.
[4] ‚Gruppe' ist ein in der Soziologie höchst umstrittener Begriff, da er impliziert, eine Anzahl von Menschen bilde ein homogenes, in sich geschlossenes Ganzes und könne als unabhängiger Akteur auftreten. Der Begriff soll hier als Zugehörigkeit, die verhandelbar ist, verstanden werden. Zum schwierigen Zusammenhang von Gruppe und ethnischer Zugehörigkeit vgl. Rogers Brubaker: *Ethnicity without Groups*. Cambridge US: Harvard University Press 2004.
[5] Beide Begriffe werden nur für Angehörige der Ethnie selbst und nicht für Außenstehende verwendet.
[6] Aus diesem Grund wird der Begriff ‚Roma' nicht kursiviert, ebensowenig wie die in Deutschland übliche Bezeichnung Sinti, die eine Untergruppe betrifft.

Zugehörigkeit definieren, wird hingegen die entsprechende Autodenomination (wie beispielsweise *sinti piémontais* etc.) verwendet. Dabei muss beachtet werden, dass eine Differenzierung in Exo- und Autonyme bei den Termini nicht immer gewährleistet ist, da manche Fremd- auch als Eigenbezeichnungen genutzt werden.[7]

Bedauerlicherweise machen rassistische Einstellungen vor dem Versuch, stereotype Zuschreibungen mittels neuer Bezeichnungen zu durchbrechen, nicht halt. So titelte die Schweizer Zeitschrift *Weltwoche* am 4. April 2012 „Die Roma kommen: Raubzüge in die Schweiz" und stellte in einem Artikel die angebliche zunehmende Gefährdung durch „Kriminaltourismus" dar, der von Roma ausgehe. Der rechtspopulistische Artikel zeigt, wie wirksam die Übertragung persistent negativer Bilder auch auf neue Terminologien ist. Gegenüber solchen Verleumdungen bleiben jegliche Bemühungen, vorurteilsfreie Benennungen zu schaffen, wirkungslos. Ausschlaggebend sind letztlich die Einstellung der Gesellschaft und ihre Deutung der Begriffe. Sprachliche Unterschiede, aber auch verschiedene Wissenschaftstraditionen führen dazu, dass die Bezeichnung ‚Roma' nicht einheitlich gebraucht wird. Gängige Termini, die sowohl in der internationalen Forschungsliteratur als auch in der Literatur der Roma selbst vorkommen, bedürfen daher einer Klärung. Da die Bezeichnungen je nach Sprachbereich sehr variieren, ist die Unterscheidung nach den verschiedenen Sprachräumen Deutschland und Frankreich angebracht. Ferner werden ausgewählte Roma-spezifische Begriffe erläutert.

Deutscher Sprachgebrauch ‚Zigeuner' vs. ‚Sinti und Roma'
In deutschsprachigen Publikationen erhält die Terminologiediskussion durch die Verunglimpfung des Begriffs ‚Zigeuner' insbesondere während des Nationalsozialismus eine besondere Brisanz. Das Wort ‚Zigeuner'[8] wird zum großen Teil als pejorativ abgelehnt und in Deutschland hat sich als politisch korrekt die Doppelform ‚Sinti und Roma' durchgesetzt. Verwirrend ist dabei die zweifache Belegung der Bezeichnung ‚Roma', die auf der einen Seite als Oberbegriff für

---

7 So handelt es sich beispielsweise bei den Gruppenbezeichnungen *kalderasch* und *lovara* um ungarische Lehnwörter, die auf die Berufe als Kesselflicker und Pferdehändler verweisen. Auf einer informellen Ebene kann festgestellt werden, dass einige Roma sich selbst wesentlich zwangloser als ‚Zigeuner' bezeichnen, als es durch Außenstehende der Fall wäre.
8 Die Etymologie des Wortes ist nicht völlig sichergestellt, heute führt man es auf das mittelgriechische *athigganoi* (die Unberührbaren) und damit auf eine byzantinische Sekte mit strengen Reinheitsgeboten zurück. Angeblich hätten die Griechen bei den Roma durch die Beobachtung ähnlicher Reinheitsvorschriften den Namen übertragen. Vgl. Ursula Hermann: *Knaurs etymologisches Lexikon*. München: Knaur 1983, S. 516.

Immigranten aus Südosteuropa gebraucht und gleichzeitig als international anerkanntes Heteronym für alle Gruppen (inklusive der Untergruppe Sinti) angewandt wird. Insbesondere diese Begriffsverwischung wie auch politische Erwägungen führen dazu, dass die Doppelbezeichnung nicht unumstritten bleibt und so mündet der Versuch eine politisch und historisch korrekte Terminologie zu verwenden teilweise in schwerfälligen Doppelkonstruktionen wie Roma/Zigeuner und Romani/Gypsy.[9]

Französischer Sprachgebrauch:
‚tsigane', ‚r(r)om', ‚bohémien', ‚gens du voyage', ‚manouche' und ‚gitan'
Die in Frankreich am häufigsten gebrauchte Oberkategorie ist ‚tsigane'. Trotz ihrer etymologischen Nähe zu ‚Zigeuner' ist sie wesentlich weniger negativ konnotiert als diese Bezeichnung.[10] So trägt beispielsweise die verbreitetste wissenschaftliche Zeitschrift in Frankreich den Titel *Études tsiganes*. Generell sehr viel verwendet wird in der wissenschaftlichen Literatur zudem der Oberbegriff ‚*Romani*', der aus dem englischen Sprachraum stammt und auch in Frankreich mittlerweile genutzt wird. Problematisch ist daran allerdings, dass er meist sowohl zur Benennung der Sprache wie auch der Bevölkerung herange-

---

[9] Tatsächlich lässt sich beobachten, dass Experten und Wissenschaftler im deutschsprachigen Raum in den letzten Jahren wieder dazu übergehen, den Begriff ‚Zigeuner' zu verwenden. Vgl. beispielsweise Mozes F. Heinschink: E romani čhib. In: ders./Christiane Fennesz-Juhazs (Hg.): *Die Roma. Das unbekannte Volk. Schicksal und Kultur*. Wien: Böhlau 1994, S. 110; Bernhard Streck: Kultur der Zwischenräume. Grundfragen der Tsiganologie. In: Fabian Jacobs/Johannes Ries (Hg.): *Roma-/Zigeunerkulturen in neuen Perspektiven. Romani/Gypsy cultures in New Perspectives*. Leipzig: Leipziger Universitätsverlag 2008, S. 23–26. Auch in der Gemeinschaft selbst existiert zu diesem Thema keine einheitliche Meinung. Die Gegenposition zum Zentralrat Deutscher Sinti und Roma wird von der Sinti Allianz Deutschland vertreten: „Sollte einem Außenstehenden die Eigenbezeichnung nicht bekannt sein oder die Aufzählung aller Volksbezeichnungen an der Vielfältigkeit scheitern, kann mangels eines von allen Zigeunervölkern akzeptierten neutralen Überbegriffs, auf die Jahrtausende alte Bezeichnung Zigeuner, sofern sie wertfrei benutzt wird, nicht verzichtet werden." (Sinti Allianz Deutschland e.V.: Sinti und Roma?. o.J.) Die Doppelbezeichnungen zeigen sich in den jeweiligen Titeln bei Jean-Pierre Liégeois/Nicolae Gheorghe: *Roma/Gypsies* und Fabian Jacobs/Johannes Ries (Hg.): *Roma-/Zigeunerkulturen in neuen Perspektiven. Romani/Gypsy cultures in New Perspectives*. Leipzig: Leipziger Universitätsverlag 2008.
[10] Zur Verwendung des Wortes und seiner Konnotationen vgl. Jean-Pierre Liégeois: *Roms et Tsiganes*. Paris: La Découverte 2009, S. 27. Etymologisch lässt sich das französische ‚*Tsiganes*' oder ‚*Tziganes*' auf das deutsche ‚Zigeuner', ungarische ‚*czigany*' oder das russische ‚*tsigan*' zurückführen. Vgl. Alain Rey: *Dictionnaire historique de la langue française 3*. Paris: Le Robert 1998, S. 3959.

zogen wird.[11] Dabei handelt es sich aus linguistischer Perspektive um eine falsche Verwendung, da ‚romani' ein Adjektiv ist, das nähere Bestimmung erfordert.[12] Als ebensolches wird es zur näheren Bestimmung in der vorliegenden Arbeit verwendet.

Die französisierte Form von Rom/Roma (*rom/roms*) ist ebenso wie in Deutschland als doppelt belegter Begriff für die südosteuropäischen Roma auf der einen Seite und als allgemeiner Oberbegriff in Gebrauch. Im Zuge der Ausweisung rumänischer und bulgarischer Roma aus Frankreich vor allem ab 2010 hat das Wort eine zunehmend negative Konnotation erhalten.[13] Bereits zuvor war von Frankreich aus eine Initiative zur Schreibung mit einem Doppelkonsonanten der Wörter ‚Rrom' und ‚Rromanes' ausgegangen. Motiviert war dies durch den Willen, eine Unterscheidung zu Rumänien und den Rumänen zu schaffen, da davon ausgegangen wurde, dass die lautlich so eng aneinander liegenden Bezeichnungen zu Verwechslungen führen können und man daher zumindest eine graphische Distinktion herbeiführen müsse.[14] Diese Schreibweise hat sich zwar nicht durchgesetzt, taucht aber dennoch in einer Vielzahl von Veröffentlichungen auch außerhalb des französischen Raums auf.

Eine ähnliche Begriffsentwicklung wie *rom* hatte schon das Wort ‚bohémien' seit dem 19. Jahrhundert durchgemacht. Es bezeichnete ursprünglich die aus dem Osten (Böhmen) einwandernden Roma, wurde aber sukzessive entweder mit der romantisierenden Sicht der Gruppen verknüpft oder gänzlich negativ verwendet.

Ein weiterer häufiger Oberbegriff ist die seit 1978 in der französischen Amtssprache verwendete Bezeichnung *gens du voyage*. Diese hat das zuvor gängige ‚*nomades*' in der offiziellen Kommunikation ersetzt.[15] Ähnlich wie das deutsche ‚Zigeuner' ist dieser Begriff in Frankreich durch die rassistische Gesetzgebung, Diskriminierung und Internierung gegenüber Nicht-Sesshaften während der

---

11 Vgl. die Titel von Ian Hancock: *We are the Romani people. Ame sam Rromane džene*. Hatfield: University of Hertfordshire Press 2002 und Yaron Matras: Romani: *A Linguistic Introduction*. Cambridge UK u.a.: Cambridge University Press 2002.
12 Vgl. Lev Tcherenkov/Stéphane Laederich: *The Rroma 1*, S. 237.
13 Vgl. Cécile Kovacshazy: Littératures tsiganes: un événement politique. In: *Lignes* 35 (2011), S. 162–163 und Jean-Pierre Liégeois: *Roms et Tsiganes*, S. 32.
14 Die Schreibung darf nicht mit einer vermeintlichen Aussprache als gerollter, stimmhafter alveolarer Vibrant verwechselt werden, im Gegenteil entspricht es im Romanès eher einem verstärkt uvularen Laut.
15 *Nomades* wurde 1912 in der *Loi du 16 juillet* zum ersten Mal in den administrativen Sprachgebrauch eingebracht und war bereits zu diesem Zeitpunkt mit der diskriminierenden Gesetzgebung gegenüber Fahrenden verbunden.

30er und 40er Jahre negativ belegt und wird als abwertend wahrgenommen.[16] Heute bezeichnet *gens du voyage* Personen, die eine mobile Lebensweise praktizieren und schließt Schausteller und mobile Gewerbetreibende ein, die nicht der Ethnie der Roma angehören.[17] Dies führt in der medialen Darstellung häufig zu Vermischungen, die ein gewisses Konfliktpotential in sich bergen. Die Frage nach Landfahrerplätzen, den sogenannten *aires d'accueil*, die laut Gesetzgebung in Frankreich in jeder größeren Stadt vorhanden sein müssen, ist immer wieder ein Grund für Auseinandersetzungen zwischen *gens du voyage* und offiziellen Stellen, da nicht genügend und vor allem nicht ausreichend ausgestattete Lagerorte vorhanden sind.[18] Während in Deutschland eher eine Tendenz zur Reklamation als sesshafte Gruppe – gegen das Stereotyp des ‚nomadisierenden Zigeuners' – beobachtet werden kann, ist die Identifikation vieler französischer

---

16 Die Tatsache, dass Roma in Frankreich rassistischer Gesetzgebung und Verfolgung ausgesetzt waren, ist nicht allgemein bekannt. Mit der „Année de commémoration de l'internement des tsiganes et gens du voyage en France" organisiert von einer Reihe französischer Bürgerrechtsorganisationen wurde 2010 eine Anstrengung gemacht, diesen Teil der Geschichte einer breiteren Bevölkerung zu Bewusstsein zu bringen. In diesem Kontext ist auch der Spielfilm *Liberté* (2010) des Roma-Regisseurs Tony Gatlif zu sehen, der im Frühjahr desselben Jahres in die Kinos kam und sich mit diesem Kapitel der französischen Geschichte befasst.
17 Vgl. Commission nationale consultative des droits de l'homme: *Étude et proposition sur la situation des Roms et gens du voyage en France*. 2008, S. 7. So werden auch die Jenischen, welche im strikten Sinn nicht zu den Roma zugehörig sind, mit diesem Begriff eingeschlossen. Vgl. Lev Tcherenkov/Stéphane Laederich: *The Rroma 1*, S. 299–301.
18 Eindrücklich hiefür war im Besonderen die mediale Darstellung des Konflikts zwischen *gens du voyage* und der Kommune von Bordeaux um die Einrichtung eines Landfahrerplatzes. Der Konflikt fiel zeitlich mit einer Massenausweisung von rumänischen und bulgarischen Roma zusammen und führte in der Öffentlichkeit zur Vermischung der beiden Probleme. Vgl. die Meldung von *Le Figaro* am 16.8.2010: „Alain Juppé reçoit les Roms" (o.A. Bordeaux: Alain Juppé reçoit les Roms. In: *Le Figaro* (16.8.2010)) oder die Stellungnahme von Jean Avrillas, dem Sprecher der *gens du voyage* in Bordeaux: „On est tous Français, il y a un amalgame avec les Roms" (o.A.: Bordeaux: les gens du voyage reçus par Alain Juppé. In: *Le Parisien* (16.8.2010)) und die Aussage von Alain Juppé, der durch die scharfe Trennung das Konfliktpotential zwischen den Gruppen möglicherweise nur erhöhte: „il ne faut pas tout mélanger, le problème auquel nous sommes aujourd'hui confrontés, c'est celui de gens du voyage qui sont d'ailleurs français, qui exercent un métier, qui se déplacent conformément à leurs habitudes de vie et contre lesquelles nous n'avons à Bordeaux aucun ostracisme. Et puis, il y a la question des Roms qui eux sont des squatteurs en situation parfaitement irrégulière, là je crois que la loi doit s'appliquer." (o.A.: Les gens du voyage rejettent les propositions d'Alain Juppé. In: *Le Monde* (16.8.2010))

Roma mit dem Leben als *gens du voyage* relativ ausgeprägt und deutlich positiver konnotiert.[19]

Die Bezeichnung *manouche* ist das Autonym einer französischen Untergruppe und lässt sich auf das Romanès-Wort für Mensch (*manusch*) zurückführen. Sie sind eng mit den Sinti verwandt und ihre Romanès-Varietät ist durch den deutschen Sprachraum geprägt.[20] Im Lauf des 19. und beginnenden 20. Jahrhunderts wanderten sie durch das Elsass in den französischen Raum ein und sind heute auf dem gesamten französischen Territorium verstreut, mit stärkeren Konzentrationen in den Regionen *Alsace, Béarn, Basse-Normandie, Massif central, Auvergne* und *Limousin*.[21] Neben den *manouches* gibt es in Frankreich noch eine weitere mit den deutschen Sinti verwandte Gruppe, die *sinti piémontais*, die über Italien nach Frankreich zuzogen und heute vor allem im Süden Frankreichs leben.[22]

Mit der Benennung *gitan* hingegen ist eine Untergruppe der Roma verbunden, die durch einen langen Aufenthalt in Spanien charakterisiert ist und heute vor allem im Süden Frankreichs ansässig ist.[23] Die Bezeichnung ist ebenfalls auf eine Französisierung, nämlich des katalanischen *gitane* beziehungsweise spanischen *gitano* zurückzuführen, die wiederum in der (fälschlich) angenommenen Herkunft der Roma aus Ägypten begründet liegt.[24]

Roma-spezifische Begriffe: Romanès und ‚gadjo'
Mit ‚Romanès' wird in der vorliegenden Arbeit die Sprache der Roma bezeichnet. Der Terminus kann mit ‚auf Roma-Art-und-Weise' übersetzt werden und ist

---

19 Vgl. Zentralrat Deutscher Sinti und Roma: *Pressemitteilung. Kritik am katholischen Weltkongress der Zigeuner-Seelsorge. Fördern von Klischees statt gesellschaftlicher Anerkennung.* Heidelberg 2008 für Deutschland und für Frankreich Morgan Garo: *Les Rroms. Une nation en devenir?.* Paris: Syllepse 2009, S. 108.
20 Vgl. Claire Auzias: *Roms, tsiganes, voyageurs: l'éternité et après?.* Monpellier: Indigène 2010, S. 12. Bei der Gruppenbezeichnung ‚Sinti' ist die Etymologie nach wie vor nicht geklärt. Es wird spekuliert, dass sie auf den nordindischen Fluss Sindh zurückgeht. Dies kann jedoch nicht zweifelsfrei nachgewiesen werden beziehungsweise wird verneint. Vgl. Yaron Matras: The Role of Language in Mystifying and Demystifying Gypsy Identity. In: Susan Tebbutt/Nicholas Saul (Hg.): *The Role of the Romanies. Images and Counter-images of ‚Gypsies'/Romanies in European Cultures.* Liverpool: Liverpool University Press 2004, S. 70.
21 Vgl. Patrick Williams: *Nous, on n'en parle pas. Les vivants et les morts chez les Manouches.* Paris: Maison des Sciences de l'Homme 1993, S. 3.
22 Vgl. Henriette Asséo: *Les Tsiganes. Une destinée européenne.* Paris: Gallimard 1994, S. 84–85 und Lev Tcherenkov/Stéphane Laederich: *The Rroma 1*, S. 373.
23 Vgl. Claire Auzias: *Roms*, S. 12.
24 Vgl. Marc Bordigoni: *Les Gitans.* Paris: Le Cavalier bleu 2010, S. 5.

der in Deutschland – unter den deutschen Sinti – gängige Begriff für das Idiom.[25] Er wird aus den oben genannten Gründen dem international gebrauchten ‚Romani' vorgezogen.[26] Im Romanès wird ein Nicht-Angehöriger der Roma als ‚gadjo' bezeichnet.[27] Wie Lev Tcherenkov und Stéphane Laederich konstatieren, ist die wohl zutreffendste Definition: „Gadscho si manusch numa naj Rrom",[28] die soviel bedeutet wie ‚ein ‚gadjo' ist ein Mensch, aber kein Rom'. Die so zum Ausdruck gebrachte strikte Trennung in Zugehörige und Außenstehende ist eines der elementaren Merkmale der Roma-Kultur und die Identifikation als Rom wird von der Abgrenzung zum ‚gadjo' bestimmt.[29] Die ambivalente Beziehung zwischen Roma und umgebender Gesellschaft manifestiert sich damit schon im Sprachgebrauch, denn der Ausdruck hat häufig eine negative Konnotation.[30] Aufgrund der diskriminierenden Komponente wird die Bezeichnung

---

25 Eine direkte Übersetzung für „die Roma-Sprache" wäre „e romani čhib", wobei hier wie erwähnt *romani* das Adjektiv ist. Wohingegen die Frage „Sprichst du Romanès?" lautet „Žanes romanès?".

26 Die Schreibung von Wörtern auf Romanès außerhalb der Zitate betreffend wird auf das in einigen Standardisierungsvorschlägen enthaltene diakritische Zeichen -š verzichtet und das auf Deutsch leichter lesbare -sch vorgezogen, sodass sich beispielsweise die Schreibung kalderasch für eine der Untergruppen ergibt. Beibehalten wurde wegen des andernfalls geringen Wiedererkennungswerts hingegen das diakritische Zeichen auf dem Laut /ž/, der in deutscher Schreibung beziehungsweise Aussprache etwa <dj> entspricht, ebenso wie /č/, das als <tsch> ausgesprochen wird und /ź/, welches einem französischen <j> ähnelt. Weitere in einigen Romanès-Varietäten existente jedoch nicht im Deutschen vorhandenen Phoneme wie /ê/, /ŝ/, /ś/, /ř/, sind für die Arbeit nicht relevant.

27 Das Wort findet sich in den unterschiedlichsten Schreibweisen: *Gadžo, Gadscho, Gascho, Gažo* etc. als Singularformen und der Pluralform meist mit -é als Endung.

28 Jean Calvet: *Dictionnaire* 1993, S. 134 zit. nach Lev Tcherenkov/Stéphane Laederich: *The Rroma 1*, S. 329. Die Autoren geben einen ausführlichen Überblick über die vermeintliche Etymologie des Wortes (eine wirkliche Ableitung liegt nicht vor) und die Verwendung des Wortes bei unterschiedlichen Gruppen. Vgl. Lev Tcherenkov/Stéphane Laederich: *The Rroma 1*, S. 329–333.

29 Vgl. Jean-Pierre Liégeois: *Gypsies. An Illustrated History*. London: Al Saqi Books 1986, S. 83; Santino Spinelli: *La lunga strada*, S. 96 und S. 142. Dies lässt sich durchaus mit der im Judentum gängigen Bezeichnung ‚goi' oder anderen abwertenden und ausgrenzenden Bezeichnungen (zum Beispiel ‚Heide' im Christentum, ‚Barbar' in der Antike etc.) vergleichen. Interessant dazu auch eine von Lev Tcherenkov/Stéphane Laederich: *The Rroma 1*, S. 333 zitierte informelle und nicht repräsentative Umfrage des Romano Centro in Wien, wonach auf die Frage: „Kames t'aves Gadžo?" – Möchtest du ein ‚gadjo' werden? fast ausschließlich negative Antworten gegeben wurde.

30 Lev Tcherenkov/Stéphane Laederich: *The Rroma 1*, S. 333. Interessant ist zur Verwendung des Wortes auch das Zeugnis von Jan Yoors, einem Niederländer, der als Kind in den 1930er Jahren mit einer Roma-Gruppe lebte: „Alle Nichtzigeuner oder Außenstehenden werden Gaje genannt, was er [der Rom] mit Bauern übersetzte. Er sah mir frei in die Augen, als er das sagte,

hier für Angehörige der Außengesellschaft vermieden und stattdessen die – wenn auch schwerfälligere – Benennung ‚Nicht-Roma' gewählt.

Die vorgestellte Terminologie muss als Konstruktion verstanden werden, die in den untersuchten Narrativen angewandt oder umgedeutet wird und damit einen entscheidenden Teil des Selbstbildes der Roma ausmacht. Die Verwendung unterschiedlicher Gruppenbezeichnungen steht dabei in gewisser Weise im Kontrast zu Oberkategorien wie Roma oder *tsiganes*, denn erstens wird auf diese Weise die Identifikation des jeweiligen Autors mit seiner Untergruppe deutlich und zweitens symbolisiert eine Vielzahl der so genutzten Bezeichnungen die Prägung durch diverse Aufnahmegesellschaften (so beispielsweise die Verwendung von Sinti in Deutschland und *manouches* in Frankreich). Angesichts der Vielzahl politischer Interessengruppen unter den Roma liegt die politische Einheit, *jekhipé* wie der amerikanische Linguist und Roma-Aktivist Ian Hancock diese unifizierende Ambition nennt, weit entfernt.[31] Damit ist auch eine vereinheitlichende Bezeichnung kritisch. Die damit aufgeworfene Bezeichnungsproblematik lässt sich auch auf die Frage der literarischen Kategorisierung übertragen, denn als mehrheitsgesellschaftliche Bezeichnung ist die Einordnung literarischer Texte als ‚Roma-Literatur' grundsätzlich problematisch.[32]

1.2 *Eine* transnationale Roma-Literatur?

Die Platzierung unter der Kennzeichnung ‚Roma-Literatur' in eigenen Verlagssparten, die als kommerzielle Strategie gesehen werden kann, ist fragwürdig.[33] Eine solche, wenn auch positive, Diskriminierung trägt unter Umständen nur

---

aber ich spürte ein leichtes Zögern in seiner Stimme und fühlte den negativen Unterton. Doch ich hörte über den Doppelsinn des Wortes hinweg. Schließlich war ich mir darüber klar, dass die Rom ebenso viele Vorurteile gegen uns haben, wie wir gegen sie." (Jan Yoors: *Das wunderbare Volk: Meine Jahre mit den Zigeunern*. München: dtv 1989, S. 16)

31 Vgl. Ian Hancock: *The Pariah Syndrom. An Account of Gypsy Slavery and Persecution*. Ann Arbor US: Karoma 1987, S. 47 und S. 138.

32 Ebenso kritisch ist die homogenisierende Verwendung der Kategorie ‚Mehrheit(-sgesellschaft)', denn alle Gesellschaften setzten sich aus verschiedenen Altersklassen, Geschlechtern, sozialen Klassen etc. zusammen. Dennoch kann ebenso wie im Fall von Minderheiten von homogenisierenden Tendenzen zum Beispiel im Rahmen verschiedener Nationen, die sich als ‚*Imagined Communities*' (Benedict R. O'G. Anderson: *Imagined Communities*) in Abgrenzung zu anderen Gemeinschaften konstituieren, ausgegangen werden. In diesem Sinn wird in der vorliegenden Arbeit die Kategorie für Nicht-Roma verwendet.

33 Verlage, die tatsächlich eigene Sparten für Roma-Literatur haben, sind die Ausnahme. Zu nennen sind hier der Drava-Verlag in Österreich und Wâllada in Frankreich.

dazu bei, stereotype Zuschreibungen zu zementieren. Wie auch in anderen Fällen literarischer Kategorien, zum Beispiel der *littérature beur*, erweckt die Beschränkung auf die ethnische Zugehörigkeit des Autors den Anschein einer hegemonial-ethnozentrischen Perspektive.[34] So wird der Eindruck erzeugt, man suche lediglich nach Unterschieden zu nationalen Literaturen und konzentriere sich ausschließlich auf das (exotische) Fremde. Eine solche Fokussierung der Alteritätsdarstellungen, häufig im Erstaunen über die bloße Existenz der Literatur einer Minderheit, die als ungebildet und analphabetisch gilt, zieht eine Vernachlässigung des poetisch-ästhetischen Potentials der Werke nach sich und führt zu einer sehr limitierten Sicht auf die literarische Produktion. Folglich besteht die Gefahr, auf literaturwissenschaftlicher Ebene soziale und kulturelle Marginalisierung fortzuführen, die weitere Ausgrenzung provozieren kann.[35] Zusätzlich kann die Einordnung ‚Roma-Literatur' als eine ungerechtfertigte Vereinheitlichung der Werke gelten, die den Roma ihre eigene kulturelle Heterogenität und die Integration in die sprachlich-kulturelle Umgebungsgesellschaft völlig abspricht. Ebenso wie Autoren der sogenannten frankophonen Literaturen wehren sich daher auch Roma-Literaten gegen eine Kategorisierung nach ethnischer Herkunft. So stellen der Spanier José Heredia Maya oder der Serbe Nikolaj Velimirovic ihre Zugehörigkeit zu nationalen Literaturen in den Vordergrund und wollen auf diese Weise wohl auch der Gefahr entgegenwirken, dass die inhaltlich-thematische Ausrichtung ihrer Texte und vor allem die darin zum Tragen kommenden literarischen Strategien bei der Lektüre vernachlässigt werden.[36]

---

34 Aus diesem Grund wehren sich v.a. Autoren der sogenannten frankophonen Literaturen gegen dieses Label und reklamieren die Gleichstellung mit der französischen Literatur. So proklamierten am 15.3.2007 44 namhafte französischsprachige Autoren (u.a. Tahar Ben Jelloun, Édouard Glissant, Jean-Marie Gustave Le Clézio und Alain Mabanckou) in *Le Monde* das Ende der Frankophonie und die „naissance d'une littérature-monde en français" (Muriel Barbery u.a.: Pour une ‚littérature-monde' en français. In: *Le Monde* 15.3.2007). Prominente Vertreterin einer kritischen Position gegenüber der kulturellen Reduktion, die mit der Zuschreibung ‚frankophon' häufig vorgenommen wird, ist die algerische Autorin Assia Djebar. Sie verleiht dieser Sicht vor allem Ausdruck in ihrem Werk *Ces voix qui m'assiègent. En marge de ma francophonie*. Paris: Albin Michel 1999.
35 In Anbetracht der Bedeutung, die literarische Zuschreibungen von Autoren der Mehrheitsgesellschaften bei der Schaffung des ‚Zigeunerbildes' haben, ist dies besonders kritisch zu sehen. Für eine umfassende Untersuchung dieser Problematik vgl. Klaus-Michael Bogdal: *Faszination und Verachtung*.
36 Für das Beispiel von Heredia Maya vgl. Marina Ortrud M. Hertrampf: *Camelamos naquerar*, S. 173–174 und für Nikolaj Velimirovic vgl. Rajko Djuric: *Die Literatur der Roma und Sinti*. Berlin: Parabolis 2002, S. 9.

Tatsächlich bezieht sich das Er-schreiben von Zugehörigkeit der Roma-Autoren gleichsam darauf, Teil einer ethnischen Minderheit mit eigener Kultur zu sein – indem beispielsweise der Heterogenität der Roma Rechnung getragen wird – und darauf, als Angehörige einer nationalen Kultur und Literatur zu gelten. Diese „terza via"[37] – weder völlige kulturelle Assimilation noch gänzliche Verhaftung in der Roma-Kultur – äußert sich in der Ausdifferenzierung in unterschiedliche national geprägte Roma-Literaturen einerseits und der Einheitlichkeit stilistischer Elemente wie auch verwendeter Motive andererseits. Eine bemerkenswerte Initiative von Roma-Autoren selbst ist in diesem Zusammenhang die Gründung der *International Romani Writers Association* (IRWA) 2002 in Finnland.[38] Dieser ging ein erstes Treffen im Vorjahr in Köln voraus, in dem die Gründung des Verbandes und dessen Zielsetzung in der „Kölner Erklärung" wie folgt dargelegt wurde:

> Ziel des Verbandes ist es, die gemeinsamen Interessen der Roma-Schriftstellerinnen und -Schriftsteller wahrzunehmen und ihr vielsprachiges und vielfältiges literarisches Schaffen sichtbar zu machen.
>
> Unter den Roma soll unsere Initiative dazu beitragen, das Bewusstsein von der kulturellen Gemeinsamkeit zu stärken, literarische Kreativität zu fördern und das Romanès in seinen vielen Varianten als moderne Literatursprache zu etablieren.[39]

Interessanterweise wird sowohl das transnationale Bewusstsein der Roma-Gemeinschaft, welches über die Literatur etabliert werden soll, betont, als auch die Diversität der Roma, hier über die Sprachvarietäten des Romanès. Dem politischen Willen das Romanès als literarische Sprache zu stärken, steht allerdings die Realität in nicht unerheblicher Form entgegen. Ein bedeutender Teil der Roma-Autoren unterschiedlicher Provenienz bedient sich beim literarischen Schaffen der Sprache der jeweiligen Mehrheitsgesellschaft. Damit spiegelt sich eine gewisse Orientierung zur jeweiligen Umgebung allein schon in der Sprachwahl.[40] Dies spricht allerdings keinesfalls gegen eine Einordnung der

---

[37] Santino Spinelli: *La lunga strada*, S. 174.
[38] Vgl. zur Gründung und „Kölner Erklärung" Paola Toninato, *Romani Writing*, S. 90.
[39] Veijo Baltzar: *Kölner Erklärung*, 19.11.2001 unter: http://www.mariellamehr.com/romanipe/ek_ger.htm.
[40] Dies gilt zum Großteil auch für die Gründungsmitglieder der IRWA: Veijo Baltzar (Finnland), Lick Dubois (Frankreich), José Heredia Maya (Spanien), Mariella Mehr (Italien), Jovan Nikolic (Deutschland), Margita Reiznerová (Belgien), Alexian Santino Spinelli (Italien). Die entweder ausschließlich in der Mehrheitssprache schreiben oder eine zweisprachige Strategie verfolgen. Ihr Beispiel sowie einige weitere können dies illustrieren. So veröffentlicht beispielsweise die rumänische Autorin Luminiţa Mihai Cioabă ihre Gedichte auf Romanès mit

Literatur als eigene Ausprägung innerhalb nationaler Kontexte, denn mit Gilles Deleuze und Félix Guattari kann davon ausgegangen werden, dass „[u]ne littérature mineure n'est pas celle d'une langue mineure, plutôt celle d'une minorité faite dans une langue majeure."[41] Dennoch findet mit dem Rekurs auf die Mehrheitssprache eine Annäherung an die Umgebung statt.[42] Diese manifestiert sich auch im Einfluss der verschiedenen literarischen Traditionen auf die Werke. So orientiert sich der argentinische Autor Jorge Emilio Nedich an der literarischen Tradition des magischen Realismus und der *novela costumbrista*,

---

eigener rumänischer Übersetzung. Diese zweisprachige Strategie verfolgt auch der Italiener Santino Spinelli. Der argentinische Autor Jorge Emilio Nedich verfasste seine Werke auf Spanisch, ebenso wie die Autoren Joaquín Albacín, Pedro Amaya, Helios Gómez und José Heredia Maya aus Spanien. Der in Deutschland lebende und in Serbien geborene Jovan Nikolic schreibt sowohl auf Serbokroatisch, Deutsch und Romanès. Die österreichischen und deutschen Autoren Philomena Franz, Stefan Horvath, Mišo Nikolić, Josef Müller, Dotschy Reinhardt, Marianne Rosenberg, Ceija Stojka, Karl Stojka, Latscho Tschawo und Adolf Boko Winterstein schreiben auf Deutsch. Die Werke der Briten Manfri Frederick Wood und Charles Smith sind auf Englisch, wie auch das des Kanadiers Ronald Lee. Die finnischen Autoren Kiba Lumberg und Veijo Baltzar verfassen ihre Werke ebenso in der Mehrheitssprache wie die Ungarn József Holdosi und Menyhért Lakatos.
Als weitere Vertreter von zweisprachigen Versionen, die allerdings auf Romanès verfasst und von Außenstehenden übersetzt wurden, sind beispielsweise die bekannte polnische Dichterin Bronislawa Wajs, genannt Papusza, und der österreichisch-serbische Autor Ilija Jovanović zu nennen. Übersetzen ließ auch die schweizer Autorin Mariella Mehr. Interessanterweise fand die Übertragung allerdings in die Gegenrichtung statt, denn sie verfasst ihren Gedichtband *Nachrichten aus dem Exil/Nevipe anda o exilo* (1998) auf Deutsch und ließ diesen von dem österreichischen Rom Mišo Nikolić ins Romanès übertragen. Andere ihrer Werke erschienen nur auf Deutsch.
Nichtsdestotrotz besteht eine gewisse Tradition des Schreibens auf Romanès vor allem in einigen osteuropäischen Ländern. Am ausgeprägtesten ist die literarische Produktion in der eigenen Sprache auch in der heutigen Zeit wohl in der Tschechischen Republik. Durch den Einfluss der Linguistin Milena Hübschmannová wurden zahlreiche Roma ermuntert, Geschichten und Gedichte auf Romanès zu verfassen; eine Tendenz, die sich bis heute auch nach dem Tod Hübschmannovás 2005 fortsetzt. So schreibt zum Beispiel die in Tschechien geborene Margita Reiznerová auf Romanès. Vgl. Helena Sadílková: La littérature romani en République tchèque. In: *Études tsiganes* 36 (2009), S. 180–203. Dennoch bleiben Publikationen nur auf Romanès insgesamt der geringere Anteil.
41 Gilles Deleuze/Félix Guattari: *Kafka. Pour une littérature mineure*. Paris: Minuit 1975, S. 29.
42 Wenngleich aus den genannten Gründen die Zuordnung der literarischen Werke zu Nationen in diesem Zusammenhang sinnvoll erscheint, muss darauf hingewiesen werden, dass das Nationenkriterium insbesondere bei Betrachtung von Migrationsliteraturen kritisch ist, da sie *per se* einer national-unitären Perspektive entgegenstehen.
Für eine Übersicht der Roma-Literaturen unter dem Aspekt verschiedener Nationen vgl. Paola Toninato: *Romani Writing*, S. 74–89.

während der Spanier Helios Gomez seine Lyrik bewusst im Stil der avantgardistischen spanischen Literaturströmung *generación del 27* verfasste.[43] Der französische Schriftsteller Alexandre Romanès pflegt Beziehungen zu Autoren der Mehrheitsgesellschaft und schreibt Aphorismen, die in der französischen Tradition stehen.[44] In den Gedichten von Paula Schöpf aus Italien finden sich metareflexive Aspekte wieder, wie sie typisch für die europäische Lyrik der Moderne und Postmoderne sind.[45]

Nicht nur die diversen literarischen Strömungen und Gepflogenheiten der Umgebung haben einen entscheidenden Einfluss auf die Gestaltung der Werke, sondern auch die sehr verschiedenen historischen Ereignisse und Publikationskontexte, mit denen Roma in unterschiedlichen Ländern konfrontiert sind: Der Holocaust für die deutschen und österreichischen Roma-Autoren,[46] in Spanien Zwangssedentarisierung und Assimilation, die eine ausgeprägte wechselseitige kulturelle Durchdringung nach sich zog[47] und in Rumänien die repressive Politik gegenüber Minderheiten von 1940–1989, die zu einem regelrechten Verstummen der Roma-Autoren führte.[48]

---

[43] Vgl. Marina Ortrud M. Hertrampf: Schreiben im Dazwischen: Transgressionen und Alterität bei Jorge Emilio Nedich. In: Julia Blandfort/Dies. (Hg.): *Grenzerfahrungen: Roma-Literaturen in der Romania*. Berlin: LIT 2011, S. 204–205 und Marina Ortrud M. Hertrampf: *Camelamos naquerar*, S. 179.

[44] Vgl. Sara Izzo: Die Aphorismen von Alexandre Romanès. In: Julia Blandfort/Magdalena Silvia Mancas u.a. (Hg.): *Minderheiten: Fremd? Anders? Gleich?. Beiträge zum XXVII. Forum Junge Romanistik 15.–18. Juni 2011*. Frankfurt a.M. u.a.: Lang 2013, S. 175–188.

[45] Vgl. Julia Blandfort: *Senza voce? Die Lyrik von Paula Schöpf im Spannungsfeld von Sprechen und Schweigen*. In: Dies./Magdalena Silvia Mancas u.a. (Hg.): *Minderheiten: Fremd? Anders? Gleich?. Beiträge zum XXVII. Forum Junge Romanistik 15.–18. Juni 2011*. Frankfurt a.M. u.a.: Lang 2013, S. 189–204.

[46] Die so entstandene Testimonialliteratur beschreibt den Schrecken von Diskriminierung, Verfolgung und Völkermord. Aufgrund dieses Schwerpunktes spricht Marianne Zwicker bei diesen Werken von Holocaust-Literatur. Vgl. Marianne Zwicker: *Journeys into Memory*. Auch osteuropäische Roma wurden Opfer des Holocausts. Auf ihre literarische Produktion hatte jedoch der Sozialismus der Nachkriegszeit einen wesentlich größeren Einfluss.

[47] Diese zeigt sich nicht nur in den populären Flamencoperformances, sondern auch in den literarischen Werken. Diese schreiben sich mit der Verwendung typisch spanischer Gattungsformen in die Literaturtradition der Spanier ein. Vgl. Marina Ortrud M. Hertrampf: *Camelamos naquerar*, S. 170–171.

[48] Für eine Darstellung verschiedener Einflussfaktoren auf die Entstehung von Roma-Literaturen vgl. Eder-Jordan: *Mensch sein*, S. 79–88. Sie unterscheidet: 1. „Schreiben als Erinnerungsarbeit und Mahnung für die Zukunft", 2. Literatur und Kunst als Therapie", 3. „Verlust der Gemeinschaft mit anderen Roma", 4. „Schreiben ist Ausdruck des Protests" (Eder-Jordan, Mensch sein , S. 79–84), letzteren Aspekt, nämlich die politische Motivation des Schreibens, betont auch Paola Toninato: *Romani Writing*, S. 71, S. 89. Sie hebt dort zudem die Bedeutung

Um der hier dargestellten Diversität durch national-sprachliche und literarische Einflüsse Rechnung zu tragen, wird in der vorliegenden Arbeit von Roma-Literaturen im Plural gesprochen, denn neben den national-kulturell und geschichtlich begründeten Unterschieden können grenzüberschreitende und sogar in diachroner Perspektive wiederkehrende Elemente konstatiert werden.[49] So zeigt der performative Charakter vieler Werke eine Nähe zur Oralität, die die mündliche Tradition der Roma nachbildet.[50] Das mediale Grenzen überschreitende Kunstverständnis wird dabei schon in der breiten Ausrichtung der Autoren sichtbar. Fast alle Schriftsteller sind auch in anderen Bereichen als Künstler bekannt – als Musiker, Artisten oder Maler – und treten so mit mehrfach musischer Begabung hervor.[51] Diese wirkt auch in den literarischen Werken fort und manifestieren sich zum Beispiel in Illustrationen, lyrischen Partien und in den Eigenschaften der Figuren.

Eine eigene ästhetische Vision der Roma zeigt sich im Rekurs auf schematische Strukturen, gefühlsbetonte Geschichten und klischeehafte Idyllen. Diese stehen im Kontrast zu literarischen (Mehrheits-)Normen und verweisen auf die Kulturabhängigkeit dieser Kategorien. Allerdings wird die abgebildete harmonische Weltsicht durch das Aufgreifen sozialer Probleme fast grundsätzlich konterkariert und auf diese Weise die Zwischenstellung der Autoren indiziert. Als politische Repräsentanten verschreiben sich diese der Kritik an der Gesellschaft und als Schriftsteller vertreten sie die Schönheitsideale der Roma und reklamieren damit in beiden Fällen die Akzeptanz und die Eigenständigkeit ihrer Minderheit. Dies spiegelt sich auch im didaktischen Anspruch, den fast alle Texte vertreten und der explizit den Zugang zur Welt der Roma vermitteln soll.[52]

---

der Alphabetisierung beziehungsweise den immer noch vorherrschenden Analphabetismus und seinen Einfluss auf die (fehlende) Leser- und Schriftstellerschaft hervor.
49 Vgl. Helena Sadílková: La littérature romani en République tchèque, S. 189. Für den Plural plädieren bereits Julia Blandfort/Marina Ortrud M. Hertrampf: Einführung. Grenzerfahrungen: Roma-Literaturen in der Romania. In: Dies. (Hg.): *Grenzerfahrungen: Roma-Literaturen in der Romania*. Berlin: LIT 2011, S. 18; Paola Toninato: *Romani Writing*, S. 74, Cécile Kovacshazy: Une ou des littératures romani/tsiganes? Littératures d'Europe centrale et orientale in: *Études tsiganes* 43 (2010), S. 5.
50 Vgl. hierzu auch Marina Ortrud M. Hertrampf: *Camelamos naquerar*, S. 174.
51 Vgl. Sophie Aude: Image et langage dans les œuvres d'artistes roms contemporains. In: *Études tsiganes* 36 (2009), S. 10–45.
52 Dass es sich dabei, um ein für Roma-Kunst generell prägendes Charakteristikum handelt, führt auch der Titel der Ausstellung bildender Roma-Künstler aus ganz Europa *Have a look into my life* (7.5.–25.5.2014) in Straßburg vor Augen. Explizit wird hier die Einladung ausgesprochen, sich mit der Welt der Roma zu beschäftigen. Den didaktischen Aspekt sieht auch Cécile Kovacshazy: Roma-Literaturen und Kreolisierung. In: Gesine Müller/Natascha Ueckmann

Betrachtet man die räumliche Darstellung, so ist die Existenz der Figuren in Randbereichen augenfällig. Fast ausschließlich werden sie in Zwischenräumen, wie den *aires d'accueil* in Südfrankreich, der Peripherie von Paris, dem ‚Zigeunerslum' in Ungarn oder der *Mahalla* in Serbien situiert.[53] Als „non-lieux"[54] erlauben diese keine feste Verortung, sondern bleiben lediglich Transiträume, welche die Figuren immer im Übergangszustand erscheinen lassen.[55] Eine gemeinsame Ambition der Autoren ist ferner die Rekonstruktion der (Verfolgungs-)Geschichte, die anstrebt, eine Perspektive der Roma auf historische Geschehnisse zu vermitteln. Lebensweltliche Erfahrungen der Roma, die in ihrem diasporischen Dasein begründet sind, bilden dabei die Folie, vor der unterschiedliche Handlungen stattfinden. So werden zwar Ereignisse dargestellt, die einen bestimmten (nationalen) Raum betreffen wie der Spanische Bürgerkrieg, die Rumänische Revolution in Temeswar, die Versklavung der Roma in Rumänien oder der Kosovo-Krieg; die Darstellung entspricht dabei aber immer der Sicht der Roma auf die Geschehnisse. Dieses „writing back"[56] entspringt dem Bewusstsein einer identitären Mehrfachzugehörigkeit sowohl zu einer Minderheit als auch zu den jeweiligen europäischen Völkern. Es zieht eine deutliche und übergreifend vorhandene Motivation aus der Widerlegung negativer Stereotypen und dem Anschreiben gegen die sich in ihnen manifestierende kulturelle Dominanz durch die Mehrheitsgesellschaften. Dabei kann allerdings nicht nur die schlichte Negation der Fremdbilder festgestellt werden, sondern auch deren Positivierung und damit eine Reklamation dieser Images für die Roma selbst.

Die referentielle Funktion ist durch die Anlehnung des Erzählten an das Alltagsgeschehen zudem häufig dominant. Es erscheint daher nicht sinnvoll, die Texte vom ethnisch-kulturellen Hintergrund ihrer Autoren völlig abstrahiert zu betrachten.[57] Vielmehr kann und muss die Literatur als Ausdrucksmittel der

---

(Hg.): *Kreolisierung revisited. Debatten um ein weltweites Kulturkonzept*. Bielefeld: transcript 2013, S. 248–250. Sie stellt als weiteres Spezifikum eine im Sinne Bachtins polyphone Ausdrucksweise fest. Diese ist jedoch vor allem in Bezug auf lyrische Produktion bedeutsam und spielt daher für das hier untersuchte Korpus eine untergeordnete Rolle.

53 ‚Mahalla' bezeichnet u.a. die Roma-Siedlungen im ehemaligen Jugoslawien, vor allem im Kosovo.

54 Marc Augé: *Non-lieux. Introduction à une anthropologie de la surmodernité*. Paris: Seuil 1992.

55 Vgl. hierzu auch Julia Blandfort/Marina Ortrud M. Hertrampf: Einführung, S. 17.

56 Bill Ashcroft/Gareth Griffith u.a.: *The Empire Writes Back. Theory and Practice in Postcolonial Literatures*. London: Routledge 2002² [1989].

57 Zu dieser Problematik im Zusammenhang mit karibischen Autoren äußert sich auch der Schriftsteller und Theoretiker Raphaël Confiant: „On peut donc dire que, malgré la diversité

Subalternen[58] als ein politischer Akt verstanden werden, mit dem die Autoren als (selbst gewählte) Repräsentanten die Stimme für ein deterritorialisiertes Volk erheben. Als Instrument des Widerstands und politischer Emanzipation kann die Literatur der Roma so nach Deleuze und Guattari als eine „littérature mineure"[59] bezeichnet werden. Gänzlich zutreffend scheint dieses Konzept jedoch für die Roma-Literaturen nicht, denn der Übergang zum schriftlichen Medium als neues Instrument der Kommunikation wird damit nicht erschlossen. Um diesen Aspekt mit einzuschließen, ist angebracht, die Roma-Literatur mit Charles Bonn als einen „espace littéraire émergent"[60] zu verstehen, da dieser die Neuentwicklung der schriftlichen Tradition integriert. In diesem Sinn können die Literaturen der Roma als eine ähnliche Entwicklung zu den testimonial, ethnographisch geprägten literarischen Werken von Migranten in der gesamten Romania verstanden werden.[61] Allerdings bestehen auch hier Unterschiede.

---

des langues, nous c'est-à-dire tous les Caribéens – tous les écrivains caribéens – restons, de façon sous-jacente, dans la même sphère d'écriture." (Ottmar Ette/Ralph Ludwig: ‚Les littératures antillaises – une mosaïque culturelle'. In: *Lendemains 67* (1992), S. 6) Die Situation der Roma-Autoren ist diesbezüglich also vergleichbar mit derjenigen der karibischen Schriftsteller.
58 Vgl. Gayatri Chakrovorty Spivak: The Rani of Simur. In: Francis Barker (Hg.): *Europe and its Others 1*, Colchester: University of Sussex 1985, S. 128–151.
59 Vgl. Gilles Deleuze/Félix Guattari: *Kafka*. Die beiden Theoretiker entwickelten das Konzept der *littérature mineure* im Hinblick auf Kafkas Schaffen als Teil der deutschen Minderheit in Prag. Schon Marina Ortrud M. Hertrampf: Camelamos naquerar und Schreiben im Dazwischen; Cécile Kovacshazy: Littérature romani: cas exemplaire de la littérature-monde? exemples autrichiens. In: *Études tsiganes 36* (2009), S. 146–155 und Paola Toninato: The Political Use of Romani Writing. In: Julia Blandfort/Marina Ortrud M. Hertrampf (Hg.): *Grenzerfahrungen: Roma-Literaturen in der Romania*. Berlin: LIT 2011, S. 85–98 wenden diese Definition auf Roma-Literaturen an.
60 Charles Bonn (Hg.): *Littératures des immigrations. Un espace littéraire émergent* 1. Paris: Gallimard 1995. Der Sammelband nimmt die Literatur verschiedener Einwanderergruppen (zum Beispiel Maghrebiner, Kreolen, Italiener etc.) nach Frankreich in den Fokus und betrachtet deren literarische (Neu-)Entwicklung unter dem Aspekt eines „espace littéraire émergent". Vgl. für das Verständnis der Roma-Literaturen als „littérature émergente" auch Cécile Kovacshazy: Littérature romani, S. 138–139. Sie stellt die Analogie zur Migrationsliteratur allerdings nicht her.
Im Folgenden wird der Begriff ‚Literatur' im engeren Sinn auf die schriftlich geschaffenen Werke angewandt. Dies bedeutet keineswegs eine Abwertung der oralen Erzähltradition, die, wie im Weiteren noch gezeigt wird, facettenreich ist und deren Einfluss sich auch im Schriftlichen multipel äußert.
61 Untersuchungen mit diesem Schwerpunkt in der Romania haben zum Beispiel Daniele Comberiati: *Scrivere nella lingua dell'altro. La letteratura degli immigrati in Italia 1989–2007*. Bruxelles u.a.: Lang 2010; Armando Gnisci: *La letteratura italiana della migrazione*. Roma: lilith 1998; Birgit Mertz-Baumgartner: *Ethik und Ästhetik der Migration: algerische Autorinnen in*

Migrationsliteraturen entstehen vor allem aus der individuellen Auswander- und Exilerfahrung und haben neben dem Einwanderungsland die literarische und kulturelle Realität des jeweiligen Immigrationslandes als Bezugspunkt.[62] Dies gilt jedoch nicht für die Roma. Diese haben keinen zeitnahen territorialen Bezugspunkt, womit der kollektive Aspekt weit über der individuellen Erfahrung – was diese natürlich nicht unbedeutend macht – steht. Die vorliegende Arbeit begreift die Literaturen der Roma daher weder unter dem Aspekt einer Migrations- noch einer Regionalliteratur, sondern als diasporische Literatur. Der Bezug zur französischen Nationalliteratur und -kultur tritt deutlich hinter die Definition der eigenen Gemeinschaft zurück, wie die Untersuchung zeigen wird.

1.3 Schreiben im doppelten Grenzraum von Mehrheit und Minderheit

Für Roma-Autoren ist Schreiben nicht konfliktfrei. In der Wahrnehmung der Mehrheit stehen sie im krassen Gegensatz zu dem fest verankerten Stereotyp des ‚analphabetischen Zigeuners'.[63] Aber auch innerhalb der unterschiedlichen Roma-Gesellschaften bilden sie eine Minderheit, deren Annäherung an die Außenwelt, die das Schreiben in der Wahrnehmung der Roma oft darstellt, ungern gesehen wird. Der französische *gitan* Jean-Marie Kerwich reflektiert diese doppelte Marginalisierung in seinen Prosa-Gedichten, wenn er schreibt, „[...] Être du voyage et écrire me donne un côté exotique qui excite la curiosité du monde littéraire. Une bête étrange qui d'ordinaire mendie ou vole, soudain écrit: c'est très surprenant pour les lettrés mais le gitan que je suis ne tire aucune gloire d'être un penseur."[64] Welche identitären schriftstellerischen Konflikte dieser Antagonismus nach sich zieht, zeigt die daraus scheinbar gezogene harte Konsequenz: „Je réapprendrai à ne pas savoir écrire. Cette vie d'écriture ne fait pas

---

Frankreich 1988–2003. Würzburg: Königshausen&Neumann 2004 und Birgit Mertz-Baumgartner/Erna Pfeiffer: *Aves de paso. Autores latinoamericanos entre exilio y transulturación 1979–2002*. Madirid: iberoamericana 2005 vorgelegt.
62 Für eine kritische Diskussion der Roma-Literatur als Migranten-Literatur vgl. Paola Toninato *Romani Writing*, S.118–122. Dem Begriff der Migranten-Literatur wird hier Migrationsliteratur vorgezogen, da auf diese Weise eine ästhetische Dimension der ‚migrance' einbezogen werden kann. Vgl. Julia Blandfort/Magdalena Mancas u.a.: Minderheit(en), S. 22.
63 Wie Klaus-Michael Bogdal feststellt: „Genau das entspricht dem Bild des ‚Zigeuners', das die europäische Kultur hervorgebracht hat: schriftlos, geschichtslos, kulturlos und kreatürlich." (Klaus-Michael Bogdal: *Faszination und Verachtung*, S. 14)
64 Jean-Marie Kerwich: *L'evangile du gitan*. Paris: Mercure de France 2009, S. 33.

partie de ma condition de nomade."[65] Wie so oft zeigt die Kunst unbequeme Perspektiven auf, die sich im (An-)Schreiben gegen den Widerstand der eigenen Gemeinschaft äußern, wie dies neben Jean-Marie Kerwich auch das Beispiel Jorge Emilio Nedichs verdeutlicht. Letzterem wird als Autor gar die Zugehörigkeit zu den Roma aberkannt.[66]

Die Mehrheitsgesellschaft hingegen tritt an Roma-Schriftsteller häufig mit politischen Erwartungen heran. Vergleichbar mit anderen Autoren ‚kleiner' Literaturen gelten sie als Intellektuelle und ihre Werke werden primär unter bürgerrechtlicher Orientierung betrachtet.[67] Diese Perspektive greift jedoch zu kurz, denn der Roma-Autor findet sich in einem Grenzraum, in dem er zwar von Wertevorstellungen und Traditionen der Gemeinschaft geprägt ist, zugleich jedoch von seiner ethnischen Zugehörigkeit Abstand nimmt und eine kritische Position bezieht.[68] Folglich ist die Literatur der Roma weder gänzlich von ihrem

---

65 Jean-Marie Kerwich: *L'évangile*, S. 158. Es handelt sich dabei allerdings um eine fingierte Konsequenz, denn im gleichen Moment wird sie unterwandert, um nicht zu sagen *ad absurdum* geführt, indem sowohl dieses Gedicht fortgesetzt wird, als auch weitere folgen. Performativ wird so die Kondition des Autors infrage gestellt und zeitgleich verstärkt.
66 Vgl. Marina Ortrud M. Hertrampf: Schreiben im Dazwischen, S. 199. Ebenso reflektiert über den Grundkonflikt Schreiben und Roma-Sein Alexandre Romanès. Vgl. Alexandre Romanès: *Paroles perdues*. Paris: Gallimard 2004, S. 17. Die positive Einstellung gegenüber dem Schrifterwerb, die Paola Toninato für Aktivisten konstatiert, gilt damit zwar grundsätzlich auch für Roma-Autoren –, die ohnehin zumeist beiden Gruppen angehören –, ist jedoch ebenso von Konflikten geprägt. Vgl. Paola Toninato: *Romani Writing*, S. 143.
67 Vgl. Henriette Asséo: L'intelligentsia romani, l'Histoire et le romipen. In: *Études tsiganes* 37 (2009), S. 10, welche die Schriftsteller als „intelligentia romani" bezeichnet. Unter bürgerrechtlichem Schwerpunkt betrachten die Werke zum Beispiel Beate Eder-Jordan: Die nationalsozialistische Rassen- und Vernichtungspolitik im Spiegel der Literatur der Roma und Sinti. In: Felicitas Fischer von Weikersthal/Christoph Garstka u.a. (Hg.): *Der nationalsozialistische Genozid an den Roma Osteuropas. Geschichte und künstlerische Verarbeitung*. Köln u.a.: Böhlau 2008, S. 115–167; Beate Eder-Jordan: Roma schreiben. Anmerkungen zur Literatur einer ethnischen Minderheit. In: Mozes F. Heinschink/Ursula Hemetek (Hg.): *Roma. Das unbekannte Volk. Schicksal und Kultur*. Köln: Böhlau 1994, S. 129–149; Cécile Kovacshazy: Das Wort ergreifen. In: Julia Blandfort/Marina Ortrud M. Hertrampf (Hg.): *Grenzerfahrungen: Roma-Literaturen in der Romania*. Berlin: LIT 2011, S. 101–108; Paola Toninato: The Making of Gypsy Diasporas. In: *Translocations: Migrations and Social Change* 5,1 (2009) und Paola Trevisan: Emilia.
68 Dies gilt auch für andere Kontexte wie zum Beispiel denjenigen subsaharischer Autoren. Zum problematischen Fremdbild derselben und ihrer Literatur als intellektuelle Intervention vgl. Isabella von Treskow: Gewaltdarstellungen und kritische Postkolonialität in Ken Buguls *La Folie et la Mort* und Léonora Mianos *L'intérieur de la nuit*. In: Susanne Hartwig/Dies. (Hg.): *Bruders Hüter/Bruders Mörder. Intellektuelle und innergesellschaftliche Gewalt*. Göttingen: de Gruyter 2010, S. 200–201 und S. 210–211. Sie zeigt anhand der Repräsentation von Gewalt in den Texten der beiden Autoren, dass eine Reduktion auf die Rolle als Fürsprecher die Komple-

kulturellen Hintergrund trennbar, noch kann der Dichter völlig in diesem verhaftet bleiben, sondern muss bis zu einem gewissen Grad von ihr abstrahieren, um eine erweiterte, universelle Sicht auf das Leben darstellen zu können, wie der ungarische Roma-Autor Karoly Bari in einem theoretischen Text feststellt:

> Nous préservons nos traditions car elles déterminent notre appartenance communautaire et renforcent la conscience identitaire de notre peuple. Mais est-ce vraiment le rôle d'un poète que d'investir son imagination et son talent dans l'expression d'une culture traditionnelle? Cette question est loin d'être hypothétique, puisque, dans cette contrée du monde où je vis, la question de suivre ou de délaisser la tradition se pose dès les toutes premières manifestations d'un talent de poète. [...] La tradition délimite [l]es propres horizons [du poète] et détermine les signes dominants du champ de vision ainsi que leurs significations. Les poètes qui inscrivent leurs créations dans cet espace en reçoivent des images dessinées et des éléments préconçus. Peut-on accepter un tel héritage? L'imagination n'est-elle pas implanifiable? N'est-ce pas justement ce caractère qui assure sa propre existence, le fonctionnement des abstractions, la capacité d'assembler le réel et l'irréel? Cependant, la culture traditionnelle ne peut pas être délaissée puisqu'elle fait partie intégrante de la pensée.[69]

Die schwierige Situation der Autoren als Vermittler, aber auch Mitteiler, die „ZwischenWeltenSchreiben",[70] kann so als eines der entscheidendsten Merkmale der Roma-Literaturen festgehalten werden. Individuelle und kollektive Forderungen sind fast immer verbunden oder stehen zumindest in enger Relation.[71] Für das Verständnis der Roma-Literatur sind die kulturellen Spezifika und die darauf basierende Weltsicht der Roma daher eine bedeutende Grundlage. Dieser Tatsache wird in der Studie Rechnung getragen, indem soziohistorische Merkmale unter dem Aspekt der Diaspora betrachtet werden und in Relation zu Textpassagen der französischen Autoren gebracht werden, die sich mit entsprechenden Themenfeldern auseinandersetzen. Auf diese Weise wird einerseits die geschichtliche Dimension der Roma als Diaspora untersucht und andererseits deren literarische Umsetzung, die sich – so wird hypothetisch angenommen – als Diaspora-Diskurs begreifen lässt.

---

xität der Werke nicht erfasst. Diese brechen den Binarismus traditioneller postkolonialer Positionen auf und reflektieren sie kritisch. Zum ‚Intellektuellen'-Begriff und dessen Anwendung im Kontext politischen Roma-Aktivismus vgl. Paola Toninato: *Romani Writing*, S. 139–140.

69 Karoly Bari: Être Tsiganes et être poète. In: *Études tsiganes* 9 (1996), S. 53–56.
70 Ottmar Ette: *ZwischenWeltenSchreiben. Literaturen ohne festen Wohnsitz.* Berlin: Kadmos 2005.
71 Während Paola Toninato: *Romani Writing*, S. 108, dies spezifisch für die Lyrik Paola Schöpfs festhält, kann dies meiner Ansicht nach, auf die Roma-Literatur generell übertragen werden.

2 Das Diaspora-Konzept und seine Anwendbarkeit auf die Roma

Die im folgenden Kapitel resümierte Neukonzeptualisierung des ursprünglich aus dem religiösen, jüdischen Kontext stammenden Diaspora-Begriffs bildet die Grundlage für die Diskussion der Roma unter dem Blickwinkel der *Diaspora Studies*. Zentrale, kritisch diskutierte Fragestellungen werden zu diesem Zweck mit bereits erbrachten Forschungsergebnissen zum Verhältnis von Roma und Diaspora in Zusammenhang gebracht. Auf diesen aufbauend wird sodann eine performative Sichtweise auf Diaspora als Projekte vorgestellt, welche der vorliegenden Studie zugrunde gelegt wird.

2.1 Der Ursprung des Begriffs ‚Diaspora' und seine Neukonzeptualisierung

In seiner Ausgangsbedeutung geht das griechische Wort ‚Diaspora' (gr. Διασπορά) auf das Kompositum aus *dia-* (gr. διά) ‚durch' und *speiro* (gr. σπείρω) ‚streuen' zurück und bedeutet ‚zerstreuen', ‚verteilen' und ‚auflösen'. Der Begriff hat laut Martin Baumann schon im vorchristlichen Griechenland eine deutlich negative Konnotation und nicht, wie vielfach angenommen wird, die (positiv gewertete) griechische Kolonisation des Mittelmeerraums zum Gegenstand.[1] Vielmehr implizierte er damals Attribute wie ‚unheilvoll', ‚katastrophal' und ‚verheerend'. Von griechisch-hebräischen Übersetzern wurden exakt diese Bedeutungsebenen aufgegriffen und auf den religiösen Kontext der außerhalb Palästinas lebenden Juden angewandt. Es kam dabei zu einer Ausweitung der Bedeutung und Diaspora bezog sich von diesem Zeitpunkt an auf die Strafe für die Nichtbeachtung der Thora, die folgende traumatische Zerstreuung, die Hoffnung auf Rückkehr in das Gelobte Land und ein erneutes (nationales) Zu-

---

1 Vgl. Baumann, Martin: Diaspora: Genealogies of Semantics and Transcultural Comparison. In: *Numen* 47 (2000), S. 316 und für die Darstellung der Kolonisierung als etymologischer Ausgangspunkt beispielsweise Gabriel Sheffer: *Diaspora Politics*, S. 9; Khachig Tölöyan: Rethinking Diasporas: Stateless Power in the Transnational Moment. In: *Diaspora. Journal of Transnational Studies* 5,1 (1996), S. 10 und Robin Cohen: *Global Diasporas. An Introduction.* London: UCL 1997, S. ix.

sammenleben. Der Begriff umfasste in der Folge sowohl den Prozess der Zerstreuung als auch den Zustand des Lebens als zerstreutes Volk.[2]

Lange Zeit blieb das Konzept an den religiösen Kontext gebunden, bis es in der zweiten Hälfte des 20. Jahrhunderts aus diesem gelöst wurde und mittlerweile in den verschiedensten geisteswissenschaftlichen Disziplinen angewandt wird.[3] Als emblematisch für diese Neuausrichtung der Debatten um Migration, Transnationalismus und Identität unter dem Überbegriff der Diaspora kann die im Mai 1991 erschiene erste Ausgabe der Zeitschrift *Diaspora: A Journal of Transnational Studies* gesehen werden. Auffällig ist dabei die Ambiguität, mit der der Begriff in wissenschaftlichen Debatten verwendet wird. Einerseits werden die negativen Auswirkungen, wie sie vor allem die Orientierung am jüdisch-religiös geprägten Kontext – beispielsweise Trauma und Verfolgung – nach sich ziehen, fokussiert. Andererseits werden positive Aspekte im diasporischen Dasein betont, die tendenziell eher mit einer Verortung innerhalb der postkolonialen Theorien einhergehen.[4] Tatsächlich ist eine klare Unterscheidung zwischen postkolonial und diasporisch nicht immer gegeben und noch zusätzlich umstritten, welche Gruppe beziehungsweise welcher Zustand als diasporisch definiert werden kann.[5] Die Entwicklung der vor allem kultur- und sozialwissenschaftlichen, aber auch ethnologischen, anthropologischen und historischen Forschungsströmung *Diaspora Studies* ist daher von der Suche nach einer klaren Begriffsdifferenzierung und neuen Anwendungsgebieten gekennzeichnet.[6] Das Ziel ist dabei, unter anderem Realitäten einzuschließen, die nicht zwingend als postkolonial verstanden werden können, um auf diese Weise zum einen in historischer Retrospektive Gruppen zu klassifizieren (zum Beispiel die schwarze

---

2 Vgl. Martin Baumann: Diaspora, S. 315–319. Dieser Artikel stellt die Begriffsgeschichte dar und kritisiert die größtenteils nicht belegten Interpretationen zur Verwendung des Wortes im griechisch-hebräischen Kontext.
3 Vgl. Ebd., S. 321–322.
4 Mit Rogers Brubaker: The ‚Diaspora' Diaspora, S. 4 wird hier unterschieden zwischen: 1. *Diaspora* als Bezeichnung für das Kollektiv, 2. *In der Diaspora sein* als Zustand, 3. *Diasporisch* als Modalität oder Attribut.
5 Vgl. James Clifford: Diasporas, S. 330, der feststellt, dass Homi Bhabha dazu tendiert, postkolonial und diasporisch synonym zu verwenden. Jana Evans Braziel/Anita Mannur: Nation, Migration, Globalization: Points of Contention in Diaspora Studies. In: Dies.: *Theorizing Diaspora. A Reader*. Malden u.a.: Blackwell 2007 [2003], S. 4–5 betonen, dass ein Unterschied zwischen diasporischem und postkolonialem Diskurs besteht, der vor allem im Aufbrechen der Binarismen – zum Beispiel *Black/White* und Zentrum/Peripherie – liegt, die in den postkolonialen Studien entscheidend sind.
6 Für einen Überblick zur Entwicklung der *Diaspora Studies* als Teilbereich der Kulturwissenschaft vgl. Jana Evans Braziel/Anita Mannur: Nation, S. 2–12.

Diaspora) und zum anderen aktuellere Migrationssituationen (zum Beispiel diejenige der Palästinenser) als diasporisch zu beschreiben.[7] Hinausgehend über Fragen der postkolonialen Theorien nach Hegemonie und Subordination, Imperialismus, (kulturellem) Befreiungskampf und darin begründeten Migrationen können dann Gruppen erfasst werden, die sich der Einordnung in nationalstaatliche Zugehörigkeiten entziehen und nicht zwingend in einem (post-) kolonialen Kontext Zusammengehörigkeitsbewusstsein entwickelten.[8] Auf der anderen Seite handelt es sich auch immer wieder darum, von den normativen Vorgaben, die mit der jüdischen Diaspora gegeben scheinen, Abstand zu nehmen und eine flexiblere Perspektive auf Diaspora und deren Anwendung für den wissenschaftlichen Diskurs zu entwickeln.[9] Entsprechend wird die Frage nach der Kategorisierung von diasporischen Gemeinschaften weiterhin kontrovers diskutiert und es herrscht bis heute kein Konsens darüber, welche Merkmale als notwendig oder auch hinreichend für die Klassifizierung als Diaspora gelten können. Geschuldet ist dies sicher auch der Tatsache, dass häufig zwischen drei Ebenen der Auseinandersetzung mit Diaspora nicht differenziert wird: Diaspora-Geschichte, theoretische Diskussionen und Diaspora-Bewusstsein innerhalb einer Gemeinschaft.[10] Allerdings ist eine trennscharfe

---

[7] Zur fundamentalen Unterscheidung von Diaspora und Migration vgl. Bill Ashcroft/Gareth Griffiths u.a.: *The Postcolonial Studies Reader*. London: Routledge 2006, S. 425.
[8] Vgl. Vijay Mishra: The Diasporic Imaginary, S. 425. Er stellt fest, dass diasporische Gruppen – die Jüdische- und die Roma-Diaspora im Speziellen – den Nationalstaaten oft entgegenstehen und daher einen Faktor der Irritation bedeuten, der die nationale Einheit gefährdet. Vgl. Ruth Mayer: *Diaspora. Eine kritische Begriffsbestimmung*. Bielefeld: transcript 2005, S. 7, die konstatiert, dass die lange in den Kulturwissenschaften elementare Theoriedebatte des Postkolonialismus zugunsten der Diskussion von Diaspora neu orientiert worden ist. Schon Bill Ashcroft und Gareth Griffiths zogen die Verbindung von postkolonialer Theorie und Diaspora, beziehungsweise betonten die Kausalbeziehung von Kolonialismus und Diaspora: „The notion of ‚diaspora' does not seem at first to be the province of post-colonial studies until we examine the deep impact of colonialism upon this phenomenon. The most extreme consequences of imperial dominance can be seen in the radical displacement of peoples through slavery, indenture and settlement." (Bill Ashcroft/Gareth Griffiths u.a.: *Empire*, S. 217) Mishra hingegen sieht die Verbindung in entgegengesetzter Richtung: „Postcolonial theory has drawn its source text as well as its cultural dynamism from diasporic archives." (Vijay Mishra: The Diasporic Imaginary, S. 426) Festgehalten werden kann in jedem Fall die enge Verbindung postkolonialer Theorieansätze mit der Neukonzeptualisierung von Diaspora.
[9] Vgl. James Clifford: Diasporas. In: *Cultural Anthropology* 9,3 (1994), S. 306.
[10] Vgl. Ebd., S. 302. Auch Waltraud Kokot: Diaspora und transnationale Verflechtungen. In: Brigitta Häuser-Schäublin/Ulrich Braukämper (Hg.): *Ethnologie der Globalisierung*. Berlin: Reimer 2002, S. 97 und S. 104 kritisiert diese Verwischung und weist auf die wichtige Unterscheidung zwischen „Diaspora-Bewusstsein" und „beobachtbaren Netzwerkbeziehungen" hin.

Unterscheidung in der Praxis nicht durchführbar, denn die drei Bereiche bedingen sich immer gegenseitig und bilden eine Schnittmenge. So stellt die historische Erfahrung der jüdischen Diaspora überhaupt die Möglichkeit für die theoretische Konzeptualisierung des Phänomens dar, die auf die Bildung des jüdischen Diaspora-Bewusstseins rückwirkt.[11] Die analytische Unterscheidung ist allerdings bedeutend und wird daher, wenn immer möglich, in der vorliegenden Studie getroffen.

Die Verwendung des Begriffs ‚Diaspora' und des dahinterliegenden Konzepts scheint heute tendenziell diffuser geworden zu sein, als es noch Anfang der 1990er Jahre der Fall war.[12] Deutlich herausgebildet haben sich allerdings zwei entgegengesetzte Forschungstendenzen der *Diaspora Studies*: das *Centered* und das *Decentered Model* der Diaspora. Ersteres lässt sich auf den amerikanischen Politikwissenschaftler William Safran zurückführen. Er unternahm 1991 einen ersten expliziten Versuch einer konzeptuellen Neufassung des Diaspora-Begriffs. In seinem Artikel „Diasporas in Modern Societies: Myths of Homeland and Return" (1991) schlägt er sechs Merkmale vor, die dazu beitragen sollen, die Einordnung von Minderheiten als Diaspora zu ermöglichen: Neben den Faktoren der Zerstreuung von einem Ursprung auf mehrere periphere Orte und dem Bewusstsein fehlender Akzeptanz durch die Umgebung spielen hinsichtlich der Frage, ob bestimmte Gruppen als Diaspora klassifiziert werden können, bei Safran insbesondere der Bezug zum Heimatland, dessen Idealisierung, die angestrebte Rückkehr und die Referenz auf das Ursprungsland eine sehr große

---

Steven Vertovec: Three Meanings of ‚Diaspora'. Exemplified Among South Asian Religions. In: *Diaspora. Journal of Transnational Studies* 6,3 (1997), S. 278 trifft eine ähnliche Unterscheidung, wenn er von Diaspora „as social form", „as type of consciousness" und „as mode of cultural production" spricht.

11 Zur Konzeptualisierung von Diaspora nach dem jüdischen Vorbild vgl. Robin Cohen: *Global Diasporas*, S. 1–21.

12 Die mangelnde Begriffsdifferenzierung wird vielfach kritisiert. So zum Beispiel Jana Evans Braziel und Anita Mannur: „It [diaspora] is often used as a catch-all phrase to speak of and for all movements, however privileged, and for all dislocations, even symbolic ones. [...] We caution therefore, against the uncritical, unreflexive application of the term ‚diaspora' to any and all contexts of global displacement and movements." (Jana Evans Braziel/Anita Mannur: Nation, S. 3) Zur Kritik an der diffusen Verwendung vgl. auch Kim D. Butler: Defining Diaspora, Refining a Discourse. In: *Diaspora. Journal of Transnational Studies* 10,2 (2001), S. 189; Rogers Brubaker: The ‚Diaspora' Diaspora, S. 1; Ruth Mayer: Diaspora, S. 8–14 und William Safran: Diasporas in Modern Societies: Myths of Homeland and Return. In: *Diaspora. Journal of Transnational Studies* 1 (1991), S. 83. Da der Begriff Eingang in die Alltagssprache gefunden hat, ist auch die unscharfe Verwendung im öffentlichen Diskurs zu beobachten.

Rolle.¹³ Während Safrans Definition und seine anschließende Diskussion anhand von Beispielen eine gute Ausgangsbasis für die weitere Entwicklung von Diaspora-Konzepten bilden, wurde vor allem seine Konzentration auf den Ursprungsort kritisiert.¹⁴ Die herausragende Stellung, die er dem Willen zur Rückkehr als notwendiges Kriterium gab, wird spätestens seit James Cliffords Auseinandersetzung mit dem Thema in seinem Aufsatz „Diasporas" (1994) als überholt betrachtet, da dieses Merkmal auf viele, heute als diasporisch verstandene Gruppen, wie beispielsweise die afrikanische Diaspora, nicht anwendbar ist.¹⁵ Im Zentrum der Kritik Cliffords am Definitionsversuch durch Safran steht jedoch dessen normativer Idealtypus der jüdischen Diaspora.¹⁶ Clifford nimmt dies zum Ausgangspunkt, um sein Verständnis eines dynamischen Diasporabegriffs zu entwickeln und betont den Prozesscharakter, den Diasporen in unterschiedlichen soziokulturellen und historischen Kontexten haben:

> Even ‚pure' forms, I've suggested, are ambivalent, even embattled, over basic features. Moreover at different times in their history, societies may wax and wane in diasporism, depending on changing possibilities – obstacles, openings, antagonisms, and connections – in their host countries and transnationally.
>
> We should be able to recognize the strong entailment of Jewish history on the language of diaspora without making that history a definitive model. Jewish (and Greek and Armenian) diasporas can be taken as nonnormative starting points for a discourse that is traveling or hybridizing in new global conditions.¹⁷

Die Bedeutung des paradigmatischen Falls der jüdischen Diaspora als Ausgangspunkt jeder theoretischen Diskussion zeigt sich sehr deutlich: Überlegungen rund um diasporische Realitäten und Identitäten sind immer vom Rückbe-

---

13 Vgl. William Safran: Diasporas in Modern Societies, S. 83–84. Von den sechs aufgeführten Kennzeichen beziehen sich also vier auf das Ursprungsland.
14 Vgl. Robin Cohen: *Global Diasporas*, S. 23. Er ist der Meinung, die Liste sei zu repetitiv. James Clifford: Diasporas, S. 306 kritisiert, Safran gebe dem Heimatland eine zu große Bedeutung.
15 Vgl. James Clifford: Diasporas, S. 309. Zur Einordnung der Schwarzen in Großbritannien und den USA als Diaspora vgl. Paul Gilroy: *The Black Atlantic. Modernity and Double Consciousness*. Cambridge US: Harvard University Press 1995 [1993] und zur Frage der schwarzen Bevölkerung in der Karibik als Diaspora Stuart Hall: Cultural Identity and Diaspora. In: Jonathan Rutherford (Hg.): *Identity: Community, Culture, Difference*. London: Lawrence&Wishhart 1990, S. 222–237.
16 Vgl. William Safran: Diasporas in Modern Societies, S. 81.
17 James Clifford: Diasporas, S. 306.

zug auf die Erfahrung der Juden geprägt.[18] Die jüdische Vertreibungsgeschichte und ihre auf Rekonstruktion basierende Erinnerungskultur gilt auch heute noch als Archetyp der Diaspora und beeinflusst die Verwendung des Konzepts erheblich. Ebenso verdeutlicht das Zitat jedoch, dass die Ablösung der *Diaspora Studies* von diesem Schema als notwendig erachtet wird, um eine Weiterentwicklung zu ermöglichen. Der normative Charakter, den er an der Herangehensweise Safrans kritisiert, führt Clifford auch zur Ablehnung einer Merkmalsliste, die seiner Meinung nach zu starr sei. Er entwickelt stattdessen ein relationales Modell und propagiert die Idee des *Decentered Network*. Dieses konzentriert sich sehr viel stärker auf die Beziehungen zwischen transnationalen Gemeinschaften und das Verhältnis zur aufnehmenden Gesellschaft als auf den Ursprungsort. Cliffords Vorstellung ist geprägt durch die Abkehr von essentialistischen Herangehensweisen hin zu einem „focus on diaspora's borders, on what it defines itself against" und dem „relational positioning [...] [that] is not a process of absolute othering, but rather of entangeld tension."[19] Dieses Modell entspricht einem postmodernen Identitätsverständnis, im Sinne der von Stuart Hall entwickelten *New Ethnicity,* welche sich auf Hybridität als elementares Charakteristikum einer als prozesshaft verstandenen Identitätskonstruktion beruft.[20] Zu-

---

18 Werden verschiedene Gruppen als diasporisch diskutiert, so wird als Ausgangspunkt häufig die Beschreibung der jüdischen Erfahrung gewählt; beispielsweise widmen ihr Gérard Chaliand/Jean-Pierre: Rageau: *The Penguin Atlas of Diasporas*. New York: Viking 1995, S. 1–73 das erste Kapitel und ebenso Robin Cohen: *Global Diasporas*, S. 1–30; Ruth Mayer: *Diaspora*, S. 31–63 und Gabriel Sheffer: *Diaspora Politics*, S. 36–48. Auch der britische Roma-Künstler Damien Le Bas stellt in seinem Artikel zum Diaspora-Bewusstsein der Roma die jüdische Erfahrung als Ausgangspunkt dar: „Jewish history [...] offered a precious lens through which to consider the analogous yet different situation of the Romani people." (Damien Le Bas: The Possible Implications of Diasporic Consciousness for Romani Identity. In: Thomas Acton/Damian Le Bas (Hg.): *All change! Romani Studies Through Romani Eyes*. Hatfield: University of Hertfordshire Press 2010, S. 62)
19 James Clifford: Diasporas, S. 307. Clifford spielt hier auf das Alteritätskonzept des *Othering* nach Gayatri Chakrovorty Spivak: The Rani of Simur an. Es beschreibt die Konstruktion des Fremden im kolonialen Diskurs als dialektischen Prozess, in dem der Kolonisierende sich von den Kolonisierten abgrenzt und diese gleichzeitig als Subjekte konstruiert.
20 Hall formuliert sein Konzept einer *New Ethnicity* wie folgt: „This [decoupling of ethnicity from the violence of the state] marks a real shift in the point of contestation, since it is no longer only between antiracism and multiculturalism but *inside* the notion of ethnicity itself. What is involved is the splitting of the notion between, on the one hand the dominant notion which connects it to nation and ‚race' and on the other hand what I think is the beginning of a positive conception of the ethnicity of the margins, of the periphery. [...] We are all, [...], ethnically located and our ethnic identities are crucial to our subjective sense of who we are. But this is also a recognition that this is not an ethnicity which is doomed to survive, as Englishness was,

grunde liegt dem auch die Idee des Rhizoms nach Gilles Deleuze und Félix Guattari und die damit verbundene Vorstellung von multiplen An- und Verknüpfungs- sowie Austauschpunkten, deren Bedeutung mehr im Dazwischen als in der Suche nach einem Ursprung liegt.[21]

In der Gegenüberstellung der beiden Herangehensweisen von Safran und Clifford zeigt sich die Ausbildung von zwei konträren Modellen, nach denen Diaspora-Forschung seit den 1990er Jahren betrieben wird.[22] Auf der einen Seite steht das, wie Clifford es nennt, *Centered Model*, das der eher klassischen Definition über die Anwendung eines Merkmalskatalogs entspricht und dem Gedanken an einen eindeutig definierten Ursprung große Bedeutung beimisst. Diesen Ansatz verfolgen im Anschluss an Safran auch andere Theoretiker wie Gabriel Sheffer, Khachig Tölöyan und Robin Cohen.[23]

Eine multiperspektivische Sicht im Sinne eines deterritorialisierten Ansatzes hingegen vertreten Autoren wie Stuart Hall, Paul Gilroy und in deren Anschluss auch James Clifford.[24] Für sie steht, wie oben beschrieben, der relational-interkulturelle Aspekt im Vordergrund, der sich in Bezeichnungen wie *Hybridity*[25] und dem *Third Space*[26] manifestiert.

Beide Forschungsrichtungen lieferten wichtige Impulse für die Wissenschaft und wurden entsprechend vielfach angewandt. Ihre entgegengesetzte Ausrich-

---

only by marginalizing, dispossessing, displacing and forgetting other ethnicities. This precisely is the politics of ethnicity predicated on difference and diversity." (Hall, Stuart: New Ethnicities. In: Bill Ashcroft/Gareth Griffiths u.a. (Hg.): *The Postcolonial Studies Reader*. London u.a.: Routledge 1995, S. 227, Hervorhebung im Original) Sein Verständnis von diasporischer Identitätsbildung baut auf dieser Idee auf, wie folgendes Zitat zeigt: „The diaspora experience as I intend it here is defined, not by essence or purity, but by the recognition of a necessary heterogeneity and diversity; by a conception of ‚identity' which lives with and through, not despite, difference; by hybridity. Diaspora identities are those which are constantly producing and reproducing themselves anew, through transformation and difference." (Stuart Hall: Cultural Identity and Diaspora, S. 235)

21 Vgl. Gilles Deleuze/Félix Guattari: *Capitalisme et schizophrénie. Mille plateaux*. Paris: Minuit 1980, S. 36–37.
22 Zur Unterscheidung dieser beiden entgegengesetzten Forschungsrichtungen und einer kritischen Rezeption vgl. Anthias, Floya: Evaluating ‚Diaspora': Beyond Ethnicity. In: *Sociology* 32,3 (1998), S. 557–570.
23 Gabriel Sheffer: *Diaspora Politics. At Home Abroad*. Cambridge UK u.a.: Cambridge University Press 2003; Khachig Tölöyan: Rethinking Diasporas, S. 3–36; Robin Cohen: *Global Diasporas*.
24 Vgl. Stuart Hall: Cultural Identity and Diaspora, S. 222–237; Paul Gilroy: *Black Atlantic*; James Clifford: Diasporas.
25 Stuart Hall: Cultural Identity and Diaspora.
26 Homi K. Bhabha: *The Location of Culture*. London: Routledge 2007² [1994].

tung hat allerdings auch zu dem geführt, was Rogers Brubaker „The ‚Diaspora' Diaspora" nennt: eine Zerstreuung von Bedeutungen, Anwendungsbereichen und Konzepten.[27] Entsprechend vielfältig ist auch die Kritik an beiden Herangehensweisen, die zum Teil ähnliche Aspekte betrifft. Uneinheitlich ist allerdings nicht nur der generelle Gebrauch des Diaspora-Begriffs, sondern auch seine Anwendung auf Roma. Im Folgenden werden diese zwei Punkte miteinander verbunden. So werden zentrale Kritikpunkte an den Diasporakonzepten dargestellt und diese in Relation zur bereits vorliegenden Roma-Forschung gesetzt, um darauf aufbauend das Diaspora-Konzept vorzustellen, das auf die Literatur der Roma anwendbar ist.

2.2 Roma als Diaspora – ein Streitpunkt: Kritik und Adaption

Interessanterweise wird die Frage, ob Roma als Diaspora betrachtet werden können, zwar häufig in theoretischen Texten aufgeworfen, jedoch selten tiefgreifend diskutiert. So bezeichnen beispielsweise Rogers Brubaker und Vijay Mishra Roma zwar explizit als eine diasporische Gruppe, gehen jedoch nicht näher auf die für oder gegen eine solche Einordnung sprechenden Argumente ein.[28] Für Gérard Chaliand und Jean-Pierre Rageau sind Roma sogar eine „principal diaspora".[29] Sie liefern in ihrem Atlas jedoch lediglich eine oberflächliche Darstellung der Geschichte der Roma sowie weiterer Gruppen und vermeiden eine detaillierte Diskussion der Kategorien, die sie zur Einordnung anwenden.[30]

Neben diesen allgemeineren theoretischen Arbeiten nehmen auch Autoren, die sich schwerpunktmäßig mit der Ethnologie, Geschichte und Kultur der Roma beschäftigen, den Diaspora-Begriff zwar an, reflektieren ihn jedoch nicht.[31]

---

27 Vgl. Rogers Brubaker: The ‚Diaspora' Diaspora. In: *Ethnic and Racial Studies* 28,1 (2005).
28 Rogers Brubaker: The ‚Diaspora' Diaspora und Vijay Mishra: The Diasporic Imaginary: Theorizing the Indian Diaspora. In: *Textual Practice* 10,3 (1996), S. 424–425.
29 Gérard Chaliand/Jean-Pierre Rageau: *The Penguin Atlas*, S. xix.
30 Diesen oberflächlichen Umgang mit dem Thema vor allem in Bezug auf die Quantifizierung der einzelnen Gruppen kritisiert Benedict R. O'G. Anderson: Nationalism, Identity, and the World-in-Motion: On the Logics of Seriality. In: Pheng Cheah/Bruce Robbins (Hg.): *Cosmopolitics: Thinking and Feeling Beyond the Nation*. Minneapolis: University of Minnesota Press 1998, S. 131.
31 Vgl. Thomas Acton/Nicolae Gheorge: Citizens oft he World and Nowher. In: Guy Will (Hg.): *Between Past and Future. The Roma of Central and Eastern Europe*. Hatfield: University of Hertfordshire Press 2001, S. 55; David M. Crowe: *A History of the Gypsies of Eastern Europe and Russia*. London u.a.: Tauris 1995; Angus M. Fraser: *The Gypsies*. Berlin u.a.: Blackwell 2003 [1995], S. 44; Ian Hancock: The Struggle for the Control of Identity. In: *Transition* 4,4 (1997), S.

Einige Arbeiten liefern allerdings Argumente, die für oder gegen eine Einordnung sprechen. Fünf zentrale Argumentationspunkte kristallisieren sich in diesen theoretischen Betrachtungen heraus: Erstens wird der (mangelnde) Rückbezug der Roma zum indischen Ursprung kritisch gesehen. Zweitens wird über das Verhältnis von lokaler Integration und globalem Netzwerk reflektiert. Drittens stellt sich die Frage nach der Abstraktion als „Diaspora-Frage", die mit der (fraglichen) Existenz von politischen Vereinigungen einhergeht. Viertens wird die normative Stellung der jüdischen Diaspora als bedeutsam erachtet und schlussendlich ist fünftens die Rolle der Ethnizität ein zentraler Reflexionspunkt, der bei der Einordnung bedacht werden muss.

In Bezug auf den Ursprung ist Safrans Text ein einordnender Ausgangspunkt für unterschiedliche Gruppen (zum Beispiel Armenier, Maghrebiner in Frankreich, Schwarze in Amerika, Türken in Deutschland) als Diaspora. Er schließt auch Roma ein. Sie erscheinen ihm als zerstreutes und wahrhaft heimatloses Volk und in diesem Punkt wie eine klassische Diaspora.[32] Allerdings schränkt Safran diese Einordnung insofern ein, als er ihre Situation der Heimatlosigkeit als selbst verursacht darstellt. Sie sei „characteristic of their nomadic culture and the result of their refusal to be sedentarized."[33] Weiterhin argumentiert er, dass die Mythisierung des Heimatlandes und die Möglichkeit der Rückkehr wegen des verlorenen Wissens um den indischen Ursprung nicht gegeben seien: „Gypsies have had no myth of return because they have had no precise notion of their place of origin, no clear geographical focus, and no history of national sovereignty."[34] Seine Einschätzungen und auch seine Einschränkungen in der Frage, ob Roma als Diaspora verstanden werden können, entsprechen dem verbreiteten Stereotyp der Roma als heimatlosen Nomaden, die sich jeglicher Integration entziehen.[35] Obwohl auch der französische Ethnologe und Roma-Spezialist Williams die Meinung teilt, dass die Darstellung Indiens in Erzählungen der Roma keine Kontinuität habe und aus dem Gedächtnis der Gruppe verschwunden sei,[36] muss diese Bewertung zumindest den politischen

---

36–44; Damien Le Bas: The Possible Implications of Diasporic Consciousness; Leonardo Piasere: *I Rom d'Europa. Una storia moderna*. Roma: Laterza 2004, S. viii und S. 66–68 und Santino Spinelli: *La lunga strada*, S. 53.
32 Vgl. William Safran: Diasporas in Modern Societies, S. 86.
33 Ebd., S. 87.
34 Ebd., S. 86.
35 Vgl. zur Entstehung dieses Stereotyps Klaus-Michael Bogdal: *Faszination und Verachtung*, S. 23.
36 Patrick Williams: *Django Reinhardt*. Montpellier: Limon 1991, S. 18. Die Abwesenheit des Mythos bestätigt aus der Innensicht auch Damien Le Bas: The Possible Implications of Diaspo-

Diskurs betreffend, relativiert werden, wie am Beispiel der *International Romani Union* aufgezeigt werden kann. In seinem Artikel bringt Safran als Beispiel für die auch heute noch andauernde Nicht-Mythisierung als Argument ein, dass beim Weltkongress der *International Romani Union* 1978 kein Bezug zum Heimatland hergestellt wurde.[37] Die Feststellung eines mangelnden Bezugs zu Indien durch die *International Romani Union* ist als falsch einzustufen. Denn ausgerechnet während des von Safran als Beispiel herangezogenen Kongresses wurde die bereits zuvor längst anerkannte Verbindung zu Indien vom Ausrichter des Kongresses, der *International Romani Union*, über eine (National-)Flagge der Roma institutionalisiert.[38] Zusätzlich wurde Grattan Puxon, dem Organisator des Kongresses und Autors der Quelle, die Safran zitiert, bei diesem Anlass von einem Vertreter der Botschaft Indiens in London eine indische Erdscholle als symbolische Anerkennung der Verbindung von Indien mit den Roma überreicht.[39] Diese angestrebte Bekräftigung des indischen Bezugs setzt sich bis heute fort, wie die Arbeit von Paola Toninato verdeutlicht. Sie geht in ihrer Darstellung der Entstehung eines Diaspora-Diskurses unter den politischen Roma-Repräsentanten explizit auf die von Safran angesprochenen Merkmale ein und spricht den seiner Meinung nach fehlenden Heimatbezug an, um in ihrer weiteren Darstellung unter anderem anhand dieses Faktors zu zeigen, wie die Etablierung eines „Indian paradigm of Gypsy origins"[40] die Identifikation von Indien als Herkunftsort der Roma von politischen Institutionen wie der *International Romani Union* genutzt wird, um eine Diaspora-Politik zu verfolgen.[41] Wenn-

---

ric Consciousness, S. 64. Dies stellt einen entscheidenden Unterschied zum Vorbild der jüdischen Diaspora dar, da an deren Ausgangspunkt das originäre Trauma der Vertreibung und Versklavung mit dem babylonischen Exil, dessen – quasi endgültige – Bestätigung mit der zweiten Zerstörung des Tempels 70 v. Chr. und der nachfolgenden Deportation liegt. Vgl. Ruth Mayer: *Diaspora*, S. 36–63.
37 Vgl. William Safran: Diasporas in Modern Societies, S. 87.
38 Vgl. Ian Hancock: *Rromani people*, S. 113–124 und Grattan Puxon: *Zigeuner*, S. 32–35. Die Fahne zeigt ein stilisiertes Rad auf zwei grün-blauen Querstreifen und erinnert damit deutlich an die indische Nationalflagge. Zur Metaphorik der Fahne und dem Bezug zu Indien vgl. Vania de Gila-Kochanowski: *Précis de la langue romani littéraire. Étude descriptive et comparative illustrée par des textes bilingues dans les différents domaines des Sciences de l'homme*. Paris: L'Harmattan 2002, Umschlaginnenseite.
39 Vgl. Jörg Becken/Bertolt A. Bengsch u.a.: *Ohne Heim – ohne Grab. Die Geschichte der Roma und Sinti*. Berlin: Aufbau 2002, S. 27.
40 Paola Toninato: The Making of Gypsy Diasporas, S. 8.
41 Ihre Verkürzung von Safrans ursprünglichen Formulierungen verfälscht allerdings die zugrunde liegenden Konzepte. Sie gibt seinen ersten Punkt lediglich als „dispersal from a homeland" wieder, den er allerdings ergänzt mit „they or their ancestors, have been dispersed from a specific original ‚center' to two or more ‚peripheral' or foreign regions". Dies schließt

gleich sie sicher die bislang systematischste Diskussion der Frage, ob Roma als Diaspora gesehen werden können, liefert, fokussiert sie lediglich deren aktuelle, politische Außenwirkungen und die daraus folgende Institutionalisierung. Dies spiegelt sich in den von ihr dargelegten konstitutiven Faktoren für diesen Diskurs: Politischer Wille der Außengesellschaft, Minderheitenschutz zu gewährleisten, institutionalisierte Verbindungen nach Indien, die Feststellung der Herkunft aus Indien und die Imitation bereits bestehender Diasporen. Ihre Untersuchung beschränkt sich damit auf den Diaspora-Diskurs, lässt jedoch die historische Perspektive außer Acht. Für die Analyse des politischen Diskurses sind ihre Kennzeichen und Ergebnisse jedoch eine Basis, auf die zurückgegriffen werden kann.[42]

Safran wurde für die übermächtige Bedeutung, die er dem Ursprungsort gibt, häufig kritisiert. In der Tat haben das Heimatland, der Rückbezug auf dieses und vor allem der Wille zur Rückkehr als konstitutive Merkmale von Diasporen in den theoretischen Debatten beständig an Bedeutung verloren.[43] Für die Roma und ihre (politischen) Diskurse hingegen gilt das Gegenteil und der Ursprungsort kann heute nicht nur als bekannt, sondern auch als signifikant festgehalten werden.

Der zweite übergreifende Kritikpunkt an der Vorgehensweise der akademischen Forschung, ob sie nun nach dem *Centered* oder dem *Decentered Model* argumentiert, ist die Vernachlässigung lokaler Verbindungen diasporischer Gemeinschaften zugunsten der Bedeutung transnationaler Netzwerke. Tatsächlich scheinen Diasporen als „exemplarisch für den transnationalen Moment"[44]

---

eine freiwillige Zerstreuung also eindeutig aus, wie Robin Cohen: *Global Diasporas*, S. 24 konstatiert. Dieser kritisiert ein derartiges Konzept als zu restriktiv und fordert, die Möglichkeit einer freiwilligen Abwanderung miteinzubeziehen. In Anbetracht der Tatsache, dass für Roma kein traumatisches Auszugserlebnis überliefert ist, sollte dies beachtet werden. Was Punkt 3) nach Safran betrifft – „they believe that they are not – and perhaps cannot be – fully accepted by their host society and therefore feel partly alienated and insulated from it." (William Safran: Diasporas in Modern Societies, S. 83) – stellt er hier die Wahrnehmungshaltung und damit die Innensicht der diasporischen Gruppe in den Mittelpunkt. Dieser Blickwinkel wird von Toninato nicht wiedergegeben. Bei der Betrachtung subjektiven Ausdrucks wie der Literatur, aber auch politischer Äußerungen ist diese Perspektive jedoch unerlässlich und sollte einbezogen werden.
42 Toninato erwähnt den Beitrag, den die Literatur zum Alteritäts- und Identitätsdiskurs leistet, vertieft dies allerdings nicht. In den Textanalysen der vorliegenden Arbeit wird dieser Aspekt aufgegriffen.
43 Rogers Brubaker: The ‚Diaspora' Diaspora, S. 5–6.
44 Khachig Tölöyan: The Nation-State and its Others: In Lieu of a Preface. In: *Diaspora. Journal of Transnational Studies* 1, S. 3–7, Übersetzung d. Verf..

zu gelten; eine Perspektive, die die Integration am Wohnort zugunsten der Mobilität vernachlässigt. Waltraud Kokot, die dies als zu vereinfachte Darstellung kritisiert, stellt heraus, dass transnationale Netzwerke zwar für Teile der Diasporagemeinschaften (vor allem für Eliten) von großer Bedeutung sind, für eine Mehrheit der diasporisch lebenden Menschen jedoch die Identifikation über die alltäglichen Erfahrungen im Austausch mit dem Umfeld entscheidend sei.[45] Diese Refokussierung der Lokalität erscheint nicht nur in Bezug auf die Armenier, wie sie Kokot exemplarisch zeigt, bedeutend, sondern ist auch für Roma relevant. So stellt die Anthropologin Kathryn Kozaitis in ihrer Studie verschiedener Roma-Gruppen Athens die These auf, dass die Abwesenheit von Verbindungen oder Loyalität zum Ursprungsland, wie sie dies bei den griechischen Roma konstatiert, nicht unbedingt im Widerspruch zu einer Einordnung als Diaspora steht. Die Identität der Roma in Griechenland sei wesentlich enger mit dem lokalen Raum verbunden als mit dem Ursprungsland. Sie reduziert damit nicht nur die Bedeutung dieses Heimatlandes als Orientierungspunkt, sondern fokussiert auch die von Kokot geforderte Lokalität. Die selektive Adaption an die sozialen und kulturellen Gegebenheiten vor Ort spiegelt nämlich ihrer Meinung nach den Willen der Roma, Griechenland als ihr ‚Gelobtes Land' anzuerkennen.[46]

Während Kozaitis in ihrer Studie einen Diaspora-Diskurs innerhalb der Roma-Gruppe auf der lokalen Ebene feststellt, ist die spanische Ethnologin Paloma Gay y Blasco der Ansicht, dass das Diaspora-Bewusstsein der Roma vor allem aus einer politischen Motivation entsteht und sich daher nur auf einer transnationalen Ebene findet. Sie diskutiert und problematisiert dieses Verhältnis von Transnationalität und lokaler Verortung in ihrer Studie einer spanischen Roma-Gemeinschaft. Auf der regionalen Ebene, so stellt sie fest, identifizieren sich die (spanischen) Roma nicht mit der Zugehörigkeit zu einer (national) einheitlichen Gruppe. Dort sei die Eigenwahrnehmung der Roma als Diaspora und der Wille, eine kohäsive Gruppe zu bilden, nicht ausgeprägt. Einheitsbestrebungen würden vor allem von der Pfingstkirchenbewegungund dem politischen Roma-

---

[45] Vgl. Waltraud Kokot: Diaspora und transnationale Verflechtungen, S. 105.
[46] Vgl. Kathryn Kozaitis: ‚Foreigners Among Foreigners': Social Organization Among The Roma Of Athens, Greece. In: *Urban Anthropology* 26,2 (1997), S. 165–170 und S. 194. Ihr Fokus bei der Diskussion liegt eindeutig auf der Darstellung der lokalen Insertion und nicht auf der Frage, ob Roma generell als Diaspora gesehen werden können. Dies setzt sie voraus und so bleibt die Begriffsverwendung unreflektiert, was insofern problematisch ist, als die Annahme, dass diese Roma-Gruppe Griechenland als ihr ‚Gelobtes Land' identifiziert, ein Ende der diasporischen Situation bedeuten würde. Darüber hinaus birgt allein die Begriffsverwendung des ‚Gelobten Landes' eine religiöse Parallele zum Judentum, die irreführend ist.

Aktivismus ausgehen.[47] Diese Einordnung deckt sich mit der allgemeinen Einschätzung von Kokot, denn in ihren Augen ist der Diaspora-Diskurs

> [...] ein politischer Prozess, in dem Gemeinsamkeit im Hinblick auf geteilte Erfahrungen konstruiert und Differenzen verschwiegen oder negiert werden. Diese Vorstellung von Gemeinschaft muss geschaffen, verbreitet und bestätigt werden. In diesem Prozess kommt der Definitionsmacht von Eliten und Institutionen eine tragende Rolle zu.[48]

Sie trennt die Debatten, die innerhalb eines „transnationalen diskursiven Raums"[49] geführt werden vom Alltagsleben der diasporischen Gemeinschaft, das weniger von grenzüberschreitenden sozialen Beziehungen geprägt ist, sondern sich in der Sesshaftigkeit abspielt.[50]

Zwar ist eine Unterscheidung in diese Ebenen und insbesondere die Differenzierung von Lokalität und Transnationalität sehr bedeutend, aber für die Roma-Literaturen und die Frage der Diaspora muss festgehalten werden, dass eine klare Einordnung der literarischen Werke als ausschließliches Instrument einer transnationalen Elite ohne lokale Bezüge nicht getroffen werden kann. Zwar handelt es sich bei den Autoren um eine Minderheit innerhalb der Roma-Gesellschaft, und es ist zweifelhaft, ob der Diaspora-Diskurs von einer allgemeinen Roma-‚Basis' als bedeutsam wahrgenommen und perpetuiert wird. Dennoch spielt die Frage der grenzüberschreitenden Diskurse ebenso eine Rolle wie die lokale Verortung der Autoren, die sich beispielsweise in der Sprachwahl und Rekursen auf die Kultur der Mehrheitsgesellschaft(en) äußern.

---

[47] Viele Roma – nicht nur in Spanien – gehören dieser christlichen Freikirche an. Für eine Darstellung des (wachsenden) Einflusses der Pfingstkirche vgl. Ian Hancock: Romani ‚Gypsy' Religion. In: *The Romani Archive and Documentation Center* (2005) und Johannes Ries: *Welten Wanderer: über die kulturelle Souveränität siebenbürgischer Zigeuner und den Einfluss des Pfingstchristentums* 2007 und mit speziellem Fokus auf Frankreich, Patrick Williams: Le développement du Pentecôtisme chez les Tsiganes en France: mouvement messianique, stéréotypes et affirmation d'identité. In: Marc Piault (Hg.): *Vers des sociétés pluriculturelles: études comparatives et situation en France*. Paris: ORSTOM 1987, S. 325–331. Zur Verbindung von Pfingstkirche und politischem Diaspora-Aktivismus vgl. Paloma Gay y Blasco: Gypsy/Roma Diasporas. A Comparative Perspective. In: *Social Anthropology* 10,2 (2002), S. 173–174.
[48] Waltraud Kokot: Diaspora und transnationale Verflechtungen, S. 101. Ihre Sicht auf diasporische Identität entspricht dem Konzept der Nation als *Imagined Community* im Sinne Andersons. Vgl. Benedict R. O'G. Anderson: *Imagined Communities*.
[49] Waltraud Kokot: Diaspora und transnationale Verflechtungen, S. 101.
[50] Sie vollzieht damit noch deutlicher – nämlich am Beispiel der Armenier in Griechenland – die Trennung von Diaspora-Bewusstsein und sozialer diasporischer Realität, auf die schon James Clifford: Diasporas, S. 302 hingewiesen hat.

Dritter als kritisch eingeschätzter Punkt ist die Existenz transnationaler politischer Roma-Organisationen. Im Gegensatz zu Kokots Beobachtung der mangelnden Berücksichtigung von Beziehungen vor Ort kann für die Forschungsliteratur über Roma festgestellt werden, dass weniger der transnationale Charakter der Gemeinschaft, sondern vielmehr die Fragmentarisierung und die Lokalität der unterschiedlichen Roma-Gruppen hervorgehoben werden.[51] Dies führt dazu, dass jegliche Existenz grenzüberschreitender Verbindungen der Roma verneint und dementsprechend auch nicht anerkannt wird, dass eine institutionalisierte Vertretung der Roma besteht, die ein Diaspora-Bewusstsein vertritt. So begründet beispielsweise Safran diesen Standpunkt mit dem Hinweis auf die Tatsache, dass das Bewusstsein, in einer Diaspora zu leben, einer Intellektualisierung der bestehenden (diasporischen) Situation entspräche.[52] Diese Abstraktion in Form der Frage nach dem „Gypsy problem"[53] würde jedoch nicht gestellt, was er als Folge einer nicht existenten Roma-Elite sieht.

Auch Gabriel Sheffer beschäftigt sich in seiner Diskussion mit der Frage nach den Vertretern eines Diaspora-Bewusstseins unter den Roma.[54] In seiner Arbeit verfolgt er generell die gleiche Argumentationsstruktur wie Safran im Hinblick auf die Verwendung eines Merkmalskatalogs und einer klassischen Einschätzung von Diaspora nach jüdischem Archetypus.[55] Was die Einordnung der Roma als Diaspora betrifft, ist er grundsätzlich, wie Safran, der Meinung, dass die Abwesenheit geeinter und institutionalisierter Organe zur Repräsentation sowohl in den einzelnen Aufnahmeländern als auch transnationaler Organisationen bis in die späten 1980er gegen eine Kategorisierung der Roma als Diaspora sprach.[56] In Anbetracht der Ambition einer Gruppe von jungen Roma-Führungspersönlichkeiten mit höherem Bildungsgrad, Netzwerke zu errichten und eine gemeinsame Identität zu schaffen, kommt er jedoch zu folgendem Schluss:

> Thus a certain active core of the Gypsy ‚nation' has recently emerged, and it can be regarded as an incipient global diaspora. [...] Probably more than anything else, that initial

---

51 Vgl. Lev Tcherenkov/Stéphane Laederich: *The Rroma 1*, S. xxvii.
52 Vgl. William Safran: Diasporas in Modern Societies, S. 87.
53 Ebd.
54 Vgl. Gabriel Sheffer: *Diaspora Politics*, S. 36–56 und S. 73–76.
55 Vgl. Ebd., S. 65–98. Der Merkmalskatalog ist auf S. 83 zusammengefasst. In Kapitel 4 wird eine Quantifizierung der unterschiedlichen als Diaspora kategorisierten Gruppen geliefert. Als Quelle für die Roma dient hier Gérard Chaliand/Jean-Pierre Rageau: *The Penguin Atlas*.
56 Vgl. Gabriel Sheffer: *Diaspora Politics*, S. 140.

arduous process of clarifying the identity of the Gypsies reveals that they have much in common with most of the incipient ethno-national diasporas.[57]

Die Einordnung der Roma als „incipient diaspora" (in Abgrenzung zu „historical" und „modern") ist allerdings zweifelhaft. Zwar bezieht Sheffer dieses Adjektiv hauptsächlich auf die politische Organisation, die sich in einem Anfangsstadium befindet, indem aber Roma mit Kurden in Deutschland und Pakistanis in Großbritannien verglichen werden, ist diese Einordnung eher verwirrend als klärend. Sie wirkt vor allem daher diffus, weil die Unterscheidung in Diaspora-Realität und Diaspora-Bewusstsein nicht explizit getroffen wird.[58] Zudem wird die zeitliche Komponente durch den Vergleich verzerrt, denn als sich neu formende Diaspora könnte man Roma insbesondere im Rahmen ihrer Diskurse klassifizieren, nicht jedoch in Bezug auf die historische Erfahrung.

Obwohl Sheffer der Einordnung der Roma vergleichsweise viel Raum gibt, ist zusätzlich zu kritisieren, dass entscheidende Teile seiner Argumentation oberflächlich bleiben und vor allem keine ausreichende Nachvollziehbarkeit gewährleistet ist. Die Information zu der Gruppe junger politisch aktiver Roma und ihr Austausch mit jüdischen Akademikern und Führungspersonen werden weder namentlich, noch zeitlich oder geographisch eingeordnet. Darüber hinaus bleibt seine historisch orientierte Zusammenfassung lückenhaft.[59] Seine Feststellung einer „beginnenden Diaspora" ist dennoch aufschlussreich, denn auch Toninato beobachtet in Bezug auf die Entwicklung eines Diaspora-Bewusstseins eine Diaspora „in der Entstehung".[60] Sie nimmt eben jene transnationale, politisch motivierte Gruppe von Roma in den Blick, deren Ambition die

---

57 Gabriel Sheffer: *Diaspora Politics*, S. 140–141. Wobei Sheffer „ethno-national diaspora" definiert als: „a social-political formation, created as a result of either voluntary or force migration, whose members regard themselves as of the same ethno-national origin and who permanently reside as minorities in one or several host countries. Members of such entities maintain regular or occasional contacts with what they regard as their homelands and with individuals and groups of the same background residing in other host countries. Based on aggregate decisions to settle permanently in host countries, but to maintain a common identity, diasporans identify as such, showing solidarity with their group and their entire nation, and they organize and are active in the cultural, social, economic, and political spheres. Among their various activities, members of such diasporas establish trans-state networks that reflect complex relationships among the diasporas, their host countries, their homelands, and international actors." (Gabriel Sheffer: *Diaspora Politics*, S. 9–10)
58 Vgl. Ebd., S. 113.
59 Vgl. Ebd., S. 60–61.
60 Vgl. Paola Toninato: *The Making of Gypsy Diasporas*, S. 1. Vgl. auch Morgan Garo: *Une nation*, S. 218, der die Zersplitterung der Roma zum jetzigen Zeitpunkt und die kleine Roma-Elite als hinderlich sieht, aber dennoch von einer „nation en devenir" ausgeht.

Entwicklung eines Diaspora-Bewusstseins ist. Eine entscheidende Rolle misst sie dabei der *International Romani Union* bei, die als übergreifende Organisation eine eindeutig unifizierende Position vertritt und daher genau solch eine Abstraktion des „gypsy problem" vornimmt, wie Safran sie unter den Roma bemängelt.

Viertens wird die bereits erwähnte normative Stellung, die die jüdische Erfahrung als Diaspora innehat vielfach kritisch betrachtet. Sie führt nicht nur dazu, dass häufig Analogien mit dieser ‚etablierten' Diaspora gezogen werden, sondern auch, dass auf diese Weise zwischen einer scheinbar ‚wahren' oder ‚falschen' Diaspora unterschieden wird.[61] Allerdings können die Parallelen auch dazu führen, die Entwicklung eines Diaspora-Bewusstseins überhaupt erst in Gang zu setzen beziehungsweise sie zu stärken. So stellt beispielsweise Paul Gilroy Verbindungslinien zwischen jüdischer Erfahrung und der *Black Diaspora* her und trägt damit zur Etablierung eines Diaspora-Diskurses der Schwarzen bei.[62] Referenzpunkt sind dabei meist – auch in diesem Fall – die traumatischen Erfahrungen von Verfolgung und Genozid, welche die jüdische Geschichte prägen. Bei den Roma können solche (impliziten) Parallelen mit dem Judentum in politischen Reden von der Seite offizieller Repräsentanten oder Organisationen ebenfalls festgestellt werden. Gefordert wird bei derartigen Anlässen die Gleichstellung mit der jüdischen Minderheit, wozu ähnliche Merkmale besonders unterstrichen werden. In diesem Sinne argumentierte schon 1967 die *Communauté mondiale gitane* in ihrer Zeitschrift bezüglich ihrer Zielsetzung:

> Aujourd'hui, notre principal problème reste de faire en sorte que notre obligatoire adaptation au monde moderne, notre apparente ‚intégration' au monde qui nous entoure, qui tente même parfois de nous étouffer avec plus ou moins de bonhommie, s'effectue sans disparition, sans perte de nos valeurs propres et de tous ces signes à l'appel desquels nous nous sentons Gitans (et donc nous le sommes), comme ces juifs repandus à travers les nations qui sentent battre en eux le cœur d'Israël au seul nom de Jérusalem.[63]

Besonders im deutschen Kontext betrifft die Herausstellung solcher Ähnlichkeiten neben der hier angesprochenen gemeinsamen Zerstreuung zudem den Holocaust. Der israelische Historiker Gilad Margalit hat dieses Vorgehen in politischen Reden und öffentlichen Debatten analysiert und nennt die Gleichstellung

---

[61] Diese Unterscheidung liegt den Merkmalsaufzählungen und Diskussionen mehr oder weniger implizit zugrunde und wird insbesondere bei William Safran: Diasporas in Modern Societies, S. 84 deutlich.
[62] Vgl. Paul Gilroy: *Black Atlantic*, S. 208.
[63] *Voix Mondiale Tzigane* 2, 1962, S. 1, zit. nach Jean-Pierre Liégeois: Naissance du pouvoir tsigane. In: *Revue française de sociologie* 16,3 (1975), S. 295–316.

des Holocaust an den Roma und dem der Juden in der öffentlichen Diskussion ein „quasi-jüdische[s]' Narrativ".[64]. Wie er feststellt, prägt dies vor allem das kollektive deutsche Gedächtnis, wurde aber auch von deutschen Roma-Politikern in den 1980ern eingesetzt, um endlich die Anerkennung des Völkermordes zu erreichen. Wenngleich seine Argumentation sehr gut belegt ist und einleuchtet, so muss doch festgestellt werden, dass der Klassifikation ‚quasi-jüdisch' ein überheblicher Beigeschmack anhaftet. Indes ist die von ihm festgestellte Mimikry der Roma, die sich am jüdischen Vorbild orientieren, nicht gänzlich von der Hand zu weisen. Als rhetorische Vorgehensweise ist diese Parallelisierung jüdischer Erfahrung und Roma-Dasein auch heute noch aktuell.[65] So

---

[64] Gilad Margalit: *Die Nachkriegsdeutschen und ‚ihre Zigeuner'. Die Behandlung der Sinti und Roma im Schatten von Auschwitz.* Berlin: Metropol 2001, S. 209–222 und S. 263.
[65] Dies zeigt beispielsweise die Rede des Holocaust-Überlebenden und niederländischen Sinto Zoni Weisz im Deutschen Bundestag am 27.1.2011, in der er die Verfolgung der beiden Minderheiten verglich. Vgl. Zoni Weisz: *Rede von Zoni Weisz zum ‚Gedenktag für die Opfer des Nationalsozialismus'* (27.1.2011), S. 1. Auch die deutsche Politik nimmt diese Parallelisierung vor wie beispielsweise an der Rede des damaligen Bundespräsidenten Roman Herzog zur Eröffnung der Ausstellung im Dokumentations- und Kulturzentrum Deutscher Sinti und Roma am 16.3.1997 aufgezeigt werden kann: „Der Völkermord an den Sinti und Roma ist mit dem gleichen Motiv des Rassenwahns, mit dem gleichen Vorsatz, mit dem gleichen Willen zur planmäßigen und endgültigen Vernichtung durchgeführt worden wie der an den Juden." (zit. nach Romani Rose: Vorwort des Herausgebers. In: Romani Rose (Hg.): ‚*Den Rauch hatten wir täglich vor Augen'. Der nationalsozialistische Völkermord an den Sinti und Roma.* Heidelberg: Wunderhorn 1999, S. 9) Die als so ähnlich dargestellte Verfolgung von Juden und Roma wird von der historischen Forschung indes nicht bestätigt. Demzufolge unterschieden sich Zielsetzung und Modus der Nationalsozialisten, wenn sie auch in beiden Fällen zu Leid und Genozid geführt haben, grundlegend. Vgl. Gilad Margalit: *Die Nachkriegsdeutschen*, S. 270; er verweist auf die Studie *Rassenutopie und Genozid* des Historikers Michael Zimmermann. Eine mimetische Strategie wird heute auch auf institutioneller Ebene sichtbar. So ist die Organisationsform des Zentralrats der Deutschen Sinti und Roma an derjenigen des Zentralrats der Juden angelehnt. Margalit geht bei dieser Institution sogar so weit festzustellen, dass der Zentralrat der Sinti und Roma „stets die Handlungsmuster jüdischer Organisationen nachahmt" (Gilad Margalit: *Die Nachkriegsdeutschen*, S. 272). Dies zeigt sich auch im Bereich der Wissenschaft, wo sich die Antiziganismusforschung in Analogie zur Antisemitismusforschung etabliert hat.
In Frankreich ist dies – historisch bedingt – nicht im gleichen Maß sichtbar. So ist die Internierung der französischen *gens du voyage* nicht allgemein bekannt und wird daher nur selten in offiziellen Repräsentationen erinnert. Ebenso existiert keine offizielle, staatlich geförderte Institution, welche die Interessen der Roma vertritt. Mit der FNASAT (*Fédération nationale des associations solidaires avec les Tsiganes et les Gens du voyage*) besteht zwar ein Dachverband, der unterschiedliche Interessengemeinschaft vereint, er hat aber keinen vergleichbaren Status mit dem Zentralrat der Deutschen Sinti und Roma, der staatlich subventioniert wird und auch das CCIT (*Comité Catholique International pour les Tsiganes*) kann nicht auf eine ähnliche finanzielle Unterstützung zurückgreifen. Jedoch zeigt sich auch in Frankreich die Parallelisie-

konstatiert Sheffer ein ähnliches Vorgehen auf internationaler Ebene und überträgt es auf die Frage nach der Entstehung einer Diaspora, wenn er festhält: „Following recent exchanges between young Roma Gypsy and Jewish leaders and academics, it appears that like the leaders of other incipient diasporas, the Gypsies are inclined to model their trans-state organizations on those of the Jewish diaspora."[66] Diskussionen und Entwicklungen unter den Roma sind jedoch nicht auf ein bloßes Nachahmen und Parallelisieren von beziehungsweise mit Juden beschränkt. Beispielsweise reflektiert der britische Rom Damian Le Bas in seinem theoretischen Text „The Possible Implications of Diasporic Conciousness for Romani Identity" über den grundlegenden Unterschied zwischen jüdischer und romani Diaspora. Seiner Meinung nach ist die Tatsache, dass Roma nicht über einen Text verfügen, der ihnen die Möglichkeit zur Selbstreflexion als diasporische Gruppe ermöglicht hätte, ausschlaggebend dafür, dass die Entwicklung eines Diaspora-Bewusstseins lange Zeit nicht stattgefunden habe.[67] Unabhängig davon, ob es sich um die Herausstellung gleicher Erfahrungsmuster oder um die Abgrenzung vom jüdischen Vorbild handelt, kann festgehalten werden, dass die jüdische Erfahrung als Referenz bei der Entwicklung, Festigung und Perpetuierung von diasporischen Identitäten nicht nur auf der Ebene theoretischer Konzepte, sondern auch im Diaspora-Diskurs – allgemein und in Bezug auf Roma – eine bedeutende Rolle spielt und daher beachtet werden muss.

Der hier betrachtete fünfte Punkt und die Rolle der Ethnizität ist in Bezug auf die Roma besonders heikel, jedoch auch für andere diasporische Gemeinschaften häufig schwierig. Tatsächlich ist die Frage nach der Kategorisierung aufgrund von Ethnizität und die zugrunde liegende Annahme der Homogenität der untersuchten Gruppen ist für die Diaspora-Forschung eine zentrale Schwierigkeit. Die Problematik, welche Stellung die ethnische Zugehörigkeit in Untersuchungen haben soll und darf, wird häufig kritisch diskutiert. Vor allem die Verfechter des territorialisierten Forschungsansatzes (Safran, Cohen etc.) sehen

---

rung mit jüdischer Erfahrung in Bezug auf die Internierung. So trägt das Denkmal, das in Brétigny-sur-Orge an die Internierung von vierzig Roma-Familien erinnert, ein Zitat des bekannten jüdischen Sängers Jean Ferrat, der als *enfant caché* den Krieg überlebte. Vgl. Julien Monier: Que le souvenir perdure. In: *EssonneInfo* (28.11.2011).

Dass die Parallelisierung nicht nur vonseiten der Roma stattfindet, zeigt beispielsweise der Film *Zug des Lebens*, 1998 des jüdischen Regisseurs Radu Mihaileanu, der darin einer Gruppe osteuropäischer Juden und einer Roma-Gemeinschaft die gleiche Strategie auf der Flucht vor den Nationalsozialisten fiktionalisiert.

66 Gabriel Sheffer: *Diaspora Politics*, S. 440–141.
67 Vgl. Damien Le Bas: The Possible Implications of Diasporic Consciousness, S. 63.

sich dem Vorwurf ausgesetzt, eine essentialistische Perspektive einzunehmen. In ihrer Perzeption von Diaspora manifestiert sich Kritikern zufolge eine konservative Einstellung gegenüber Identität, die von der Unveränderlichkeit identitärer Strukturen ausgeht.[68] Einen Gegenentwurf stellt das Konzept der *Créolisation* und des *Tout-monde* von Édouard Glissant dar.[69] Ebenso wie Clifford, Gilroy und Hall ist er ein Vertreter des deterritorialisierten Ansatzes und zieht zur Illustration seiner Theorie einen Appell der *International Romani Union* anlässlich einer Friedenskundgebung in Sarajevo als Beispiel heran:

> Et je retrouve ce terme [la créolisation] dans le texte d'un appel solennel fait par les Roms d'Europe centrale – appel qu'ils envoient au monde –, et je retrouve non seulement l'idée du métissage, et en fait l'idée de l'identité rhizome, mais aussi l'idée de l'ouverture au monde, et enfin l'idée que tout ceci n'est pas contradictoire de la singularité ni de l'identité. Je suis heureux d'une part de vous signaler cet appel des Roms, et d'autre part de montrer que c'est un exemple concret de la nécessité, [...] d'ouvrir l'imaginaire de chacun sur quelque chose d'autre, qui est que nous ne changerons rien à la situation des peuples du monde si nous ne changeons pas cet imaginaire, si nous ne changeons pas l'idée que l'identité doit être une racine unique, fixe et intolérante.[70]

Glissants Wertung der öffentlichen Forderung der Roma nach kultureller Freiheit und Teilnahme am sozialen Leben im Balkan zeigt den Paradigmenwechsel von einsträngig gedachten Identitätsmustern zu relationalen Modellen auf. Eine auf diesem Konzept basierende Sicht auf die Literatur der Roma nimmt auch Cécile Kovacshazy ein, die vor essentialisierenden Herangehensweisen warnt und dafür eintritt, die Werke von Roma-Autoren gelöst von ihrem ethnischen Hintergrund zu betrachten.[71]

Allerdings bleibt auch eine solche hybride Sicht von Identität mit ihrer Annahme beständiger Veränderung und Adaption nicht ohne Kritik. Monika Fludernik ist der Meinung, solche Konzepte erschienen insbesondere in Bezug auf ethnische Zugehörigkeit als Makulatur, denn „hybridity opens a way out of

---

68 Vgl. Christine Chivallon: *La diaspora noire des Amériques. Expériences et théories à partir de la Caraïbe*. Paris: CNRS 2004, S. 26–27 und Floya Anthias: Evaluating ‚Diaspora': Beyond Ethnicity, S. 557–570.
69 Für diese Konzepte vgl. Édouard Glissant: *Introduction à une poétique du divers*. Paris: Gallimard 1996 und Édouard Glissant: *Traité du Tout-monde*. Paris: Gallimard 1997.
70 Édouard Glissant: *Poétique du divers*, S. 66. Die exakte Quelle des Textes, den er zitiert und kommentiert, bleibt leider unerwähnt.
71 Vgl. Cécile Kovacshazy: Roma-Literaturen und Kreolisierung. Sie bezieht hier ebenso auf den Textauszug von Glissant. Vgl. ebenso Cécile Kovacshazy: Littératures romani, S. 145 und Cécile Kovacshazy: Événement politique, S. 166. Vgl. dazu auch Kapitel 1.2 Eine *transnationale Roma-Literatur* S. 25–33.

ethnic reification by proposing a ‚both-and' solution: subjects can be both Indians at heart *and* good American citizens establishing themselves as hyphenated Asian-Americans."[72] Die identitäre Zwitterposition bricht die Konstruktion also nur scheinbar auf und so wird selbst Vertretern des relationalen Ansatzes vorgeworfen, in zu starren Strukturen zu argumentieren. Floya Anthias merkt diesbezüglich an, dass sogar Hall, der dezidiert versucht, essentialisierende und reduktionistische Tendenzen zu vermeiden, die Frage der Rasse und die Konstruktion des Schwarzen in den Mittelpunkt stelle.[73] Daher führe ihrer Meinung nach auch seine Herangehensweise zu einer homogenisierenden Sicht, die Klassen- und Geschlechtsunterschiede sowie die Beziehungen zwischen unterschiedlichen ethnischen Gruppen nicht ausreichend berücksichtige. Dies impliziere die Grundidee von diasporischen Gemeinschaften als stabilen sozialen Strukturen, deren Mitgliedschaft nicht verhandelbar beziehungsweise präexistent sei.[74] In der Tat wird dieser Blickwinkel in vielen Studien durch eine Quantifizierung der Diaspora unterstützt, was eine Einheit suggeriert, die letztlich nicht der Realität entspricht.[75] Dies ist auch in Bezug auf Roma relevant, für die vor allem die Frage nach der Homogenität als Ethnie immer wieder der Ausgangspunkt für Debatten ist, denn wie Jean-Pierre Liégeois und Nicolae Gheorghe feststellen:

> Public misunderstanding of Roma/Gypsies – and even research concerning them, by seeking to establish constancy and uniformity where in fact there is only change and variety – have contributed to popular misconceptions and given rise to analyses based on total inaccuracy.[76]

Allerdings erscheint das völlige Außerachtlassen von Ethnizität auch nicht zielführend. Denn wie Anthias ebenfalls feststellt, wird aufgrund der negativen Konnotationen und den deessentialisierenden Tendenzen der Forschungsliteratur im theoretischen Diskurs ethnische Zugehörigkeit häufig vernachlässigt.[77]

---

72 Monika Fludernik: The Diasporic Imaginary. Postcolonial Reconfigurations in the Context of Multiculturalism. In: Dies. (Hg.): *Diaspora and Multiculturalism. Common Traditions and New Developments.* Amsterdam u.a.: Rodopi 2003, S. xxiii, Hervorhebung im Original.
73 Floya Anthias: Evaluating ‚Diaspora': Beyond Ethnicity, S. 557–558.
74 Vgl. Ebd., S. 563. Kritisiert wird dies auch von Waltraud Kokot: Diaspora und transnationale Verflechtungen, S. 101.
75 Vgl. Brubakers Kritik an der Quantifizierung von diasporischen Gruppen Rogers Brubaker: The ‚Diaspora' Diaspora, S. 12.
76 Jean-Pierre Liégeois/Nicolae Gheorghe: *Roma/Gypsies: A European Minority.* London: Minority Rights Group 1995, S. 29.
77 Floya Anthias: Evaluating ‚Diaspora': Beyond Ethnicity, S. 562–563.

Daher werden ihrer Meinung nach politische Forderungen diasporischer Gruppen als weniger nationalistisch und essentialistisch im Vergleich zur umgebenden Gesellschaft gewertet. Sie plädiert daher für einen Perspektivenwechsel in Bezug auf das Verhältnis von Diaspora und Ethnizität, denn Diaspora „has by no means replaced nor indeed could it replace a concern with ethnicity. Indeed, my discussion has indicated that diaspora itself relies on a conception of ethnic bonds as central, but dynamic, elements of social organization."[78]

Solange Roma-Autoren ihre Literatur über ethnische Zugehörigkeit positionieren und der Alltag beziehungsweise die Geschichte ihres ‚Volkes' eine herausragende Rolle in ihren Werken spielen, muss diese Zugehörigkeit im Gegenteil als bedeutendes Thema in der Literatur und als Teil der Produktion betrachtet werden. Dies soll natürlich nicht zur Folge haben, dass die literarische Dimension in den Untersuchungen ignoriert wird.[79] Hilfreich beim Umgang mit der Problematik ethnischer Zugehörigkeit und vor allem der möglichen Gefahr einer Homogenisierung ist eine Metapher von Liégeois und Gheorghe, die Roma als ein „worldwide mosaic of diversified groups"[80] verstehen. Diese Sicht von Roma-Ethnizität ermöglicht, dynamische Anpassungs- und Abgrenzungsprozesse zwischen den verschiedenen Roma-Gruppen, aber auch die übergreifenden Verbindungen gemeinsamer Werte und ein Zusammengehörigkeitsgefühl, wie es sich beispielsweise im Ausspruch „Sem Roma sam" (Romanès: Im Grunde sind wir Roma) manifestiert, zu betrachten.[81]

---

78 Ebd., S. 557.
79 Diese Gefahr sieht Cécile Kovacshazy: Événement politique, S. 166.
80 Jean-Pierre Liégeois/Nicolae Gheorghe: *Roma/Gypsies*, S. 29. Die Metapher des Mosaiks bietet sich für Gemeinschaften, die sich in kulturellen Zwischenräumen konstituieren an. So verstehen beispielsweise Jean Bernabé/Patrick Chamoiseau u.a.: *Éloge de la créolité*. Paris: Gallimard 1989, S. 27 und S. 53 *creolité* als „identité mosaïque" und auch Ette und Ludwig greifen diese Metapher für die karibisch-kreolische Identität auf. Vgl. Ottmar Ette/Ralph Ludwig: Littératures antillaises, S. 15.
81 Vgl. Jean-Pierre Liégeois/Nicolae Gheorghe: *Roma/Gypsies*, S. 29. Auch Milena Hübschmannová: Untergruppen der Roma. In: *Rombase. Didactically Edited Information on Roma* (2003), S. 4 gibt diesem Satz eine besondere Stellung im Verständnis ethnischer Identität und schreibt seiner Verwendung zusätzlich Bedeutung als Mediations- und Homogenisierungszeichen zu. Abgrenzung und homogene Identitätsdarstellung können sehr eng miteinander verwoben sein. So stellt Kathryn Kozaitis: ‚Foreigners Among Foreigners' fest, dass die Identitätskonstruktion der aus der Türkei zugewanderten und heute in Athen ansässigen Roma vor allem durch die Kontrastierung mit den ‚indigenen' Roma erfolgt. Dies würde aber vor allem in der externen Grenzziehung deutlich, wohingegen sie sich intern als Brüder/Schwestern bezeichnen. Gleichzeitig zu diesen Abgrenzungsbestrebungen wird ihrer Meinung nach der Wille deutlich, eine starke, einheitliche Identität zu konstruieren: „‚Roma' remains instead their

Um die angesprochenen Kritikpunkte und die spezielle Situation der Roma zu berücksichtigen, die zerstreut und gegenüber den Mehrheitsgesellschaften in kultureller Subordinationssituation leben, soll hier das von Brubaker entwickelte Verständnis von Diaspora als Projekt zugrunde gelegt werden. Er kritisiert die Annahme homogener Identitäten und unverhandelbarer Gruppenzugehörigkeit und schlägt stattdessen vor, Diaspora nicht mehr lediglich als Zustand, sondern vielmehr als individuelle performative Praxis zu begreifen:

> I want to argue that we should think of diaspora not in substantialist terms as a bounded entity, but rather as an idiom, a stance, a claim. We should think of diaspora in the first instance as a category of practice, and only then ask whether and how, it can fruitfully be used as a category of analysis. As a category of practice, ‚diaspora' is used to make claims, to articulate projects, to formulate expectations, to mobilize energies, to appeal to loyalties. It is often a category with a strong normative change. It does not so much *describe* the world as seek to *remake* it.
>
> As idiom, stance, and claim, diaspora is a way of formulating the identities and loyalties of a population.[82]

Mit dieser Ablösung des Diaspora-Verständnisses von einer (ethnisch) definierten Entität, wie es sowohl der traditionellen Sicht auf Diaspora als auch der hybriden Argumentation zugrunde liegt, nimmt Brubaker einen Perspektivwechsel vor, der es ermöglicht, Diaspora als einen dynamischen Konstruktionsprozess und als aktive Wahl von Individuen zu betrachten und ihre Haltungen, Forderungen und Diskurse unter Zugrundelegung dieses Konzeptes zu untersuchen.[83] Dies bedeutet keineswegs, dass die historische Dimension vernachlässigt wird. Vielmehr soll hier die Untersuchung der Roma als Diaspora auf Basis ihrer historischen Erfahrungen und unter Berücksichtigung aktueller Entwicklungen erfolgen und in ihrer „dia-synchronic relationality"[84] – beispielsweise an der historischen und gegenwärtigen Bedeutung der Wanderschaft und ihrer fiktionalen Nachbildung – aufgezeigt werden.

---

primary identity, a label that they use only within the social boundaries that separate them ‚from everyone else'." (Kathryn Kozaitis: ‚Foreigners Among Foreigners', S. 189)

82 Rogers Brubaker: The ‚Diaspora' Diaspora, S. 12, Hervorhebung im Original.

83 Dieser Sicht diasporischer Identität zugrunde liegt die im Rahmen des *performative turn* entwickelte Einschätzung, dass gesellschaftliche Realität durch *cultural performances* z.B. Riten, Aufführungen und literarische Texte geformt wird und damit ein entscheidender Teil der Identitätskonstruktion ist. Für einen Überblick der Forschungsentwicklung vgl. Erika Fischer-Lichte: *Performativität. Eine Einführung*. Bielefeld: transcript 2012, S. 31–44.

84 Avtar Brah: *Cartographies of Diaspora. Contesting Identities*. London: Routledge 1996, S. 190.

Toninato stellte bereits fest, dass die Herangehensweise von Brubaker sehr geeignet sei, den Prozess der Identitätsbildung als Diaspora zu untersuchen. Sie wendet seine Herangehensweise auf den politischen Diskurs der Roma vor allem ab den 1970er Jahren an, geht aber nicht im Detail auf die historischen Erfahrungen oder kulturelle Charakteristika der Roma ein, die eine Einordnung als Diaspora plausibel machen. Obwohl sie die Rolle der Literatur für die Ausbildung eines kollektiven Bewusstseins hervorhebt, vertieft sie diesen Aspekt nicht.[85] Die vorliegende Arbeit setzt an dieser Leerstelle an und betrachtet das Zusammenspiel von soziohistorischen Hintergründen der Roma unter dem Blickwinkel des Diaspora-Diskurses und seiner fiktionalen Umsetzung in der Literatur.

2.3 Roma-Literaturen als Ausdruck der Diaspora

Brubakers performative Sicht kann besonders für literarische Werke fruchtbar gemacht werden. Als Ausdrucksmittel für das (kulturelle) Selbstverständnis der Autoren ist die Literatur ein Konstruktionsort diasporischer Identität, an dem Forderungen und Haltungen verhandelt werden und der Versuch gemacht wird, eine übergreifende kollektive Identität der Roma zu schaffen. Brubakers Herangehen ermöglicht sowohl nationalistische und homogenisierende Tendenzen als auch interne Differenzierung der Gruppen, Kritik an herrschenden Strukturen und lokalen Einflüssen, als integrale Bestandteile eines Diaspora-Diskurses zu verstehen. Einer der entscheidenden Vorteile ist es dabei, die Diskursentwicklung in Relation zu jüdischen und griechischen Vorbildern oder anderen (Minderheiten-)Gruppen betrachten zu können, ohne eine wertende Perspektive einzunehmen, wie sie oben kritisiert wurde. Dabei ist nicht als Ausschlussargument zu betrachten, dass solche Appelle, Forderungen und Analogien häufig nur von einer Minderheit der Gemeinschaft geäußert werden. Im Gegenteil spricht laut Brubaker gerade diese Tatsache dafür, Diaspora als jeweiliges ‚Projekt' zu betrachten, um dann Form und Grad der Unterstützung, die diese von (einzelnen) Akteuren erfahren, zu untersuchen.[86] Roma-Autoren werden hier als ebensolche Akteure gesehen und ihre literarischen Werke als Projekte verstanden, die ein Diaspora-Bewusstsein entstehen lassen. Entscheidend ist dabei, von der Vorstellung eines einheitlichen – und damit starren – Diskurses der Diaspora unter den Roma abzurücken, denn es handelt sich, wie Toninato fest-

---

85 Vgl. Paola Toninato: The Making of Gypsy Diasporas, S. 5 und 8.
86 Vgl. Rogers Brubaker: The ‚Diaspora' Diaspora, S. 12.

stellt um „a plurality of narratives".[87] Insofern ist es hier angemessener, von Diaspora-Diskursen im Plural zu sprechen.

Trotz dieser Vielfalt bestehen Gemeinsamkeiten, die in historischen Erfahrungen begründet liegen, welche das Leben der Roma fundamental präg(t)en. Der Unterschied von Diaspora-Bewusstsein und historischer Diaspora-Realität muss als analytisch grundlegend beachtet werden. Dennoch lassen sich diese beiden Dimensionen nicht als völlig voneinander abgeschlossene Systeme betrachten. Die Literatur muss daher nicht nur als Ort einer diasporischen Bewusstseinsbildung, sondern gleichzeitig als Spiegel historischer Diaspora begriffen werden.

Um der (historischen) Erfahrung als Diaspora in der Literatur nachspüren zu können, werden im zweiten Teil dieser Arbeit soziohistorische Merkmale erläutert, die für die literarischen Identitäts- und Alteritätsdarstellungen der Roma im Sinne von Diaspora-Projekten entscheidend sind. Sie werden dann in Zusammenhang mit der fiktionalen Umsetzung gebracht und ihr Potential für die Etablierung von diaspora Diskursen disktutiert. Eine systematische Darstellung kultureller Spezifika der Roma unter dem Aspekt der Diaspora bleibt bis heute ein Forschungsdesiderat. Die Einordnung soziokultureller Merkmale in drei Kennzeichen (Zerstreuung, Grenzziehung und -auflösung sowie Herkunft) wird daher als Systematik einerseits ermöglichen, von Roma als Diaspora zu sprechen und andererseits die literarischen Werke als Diaspora-Projekte im Sinne Brubakers zu betrachten.

Was den Aspekt der Zerstreuung betrifft, muss darauf hingewiesen werden, dass es sich nicht lediglich um geographische Distanz handelt, sondern dass damit eine kulturelle Vielfalt einhergeht. Diese Binnendifferenzierung führt auch dazu, dass Grenzziehungen sich zwar vor allem gegenüber der Außengesellschaft manifestieren, aber auch intern zwischen einzelnen Gruppen stattfinden. Bei der Kategorisierung der Roma als Diaspora ist überdies zu beachten, dass, wenn dies für die Aspekte Zerstreuung und Grenzziehungen in aktueller wie in historischer Retrospektive gilt, der Rückbezug zum Heimatland erst in den letzten hundert Jahren an Strahlkraft für Roma gewonnen hat. Insofern kann von der Entwicklung eines Bewusstseins der Diaspora erst in diesem Zeitrahmen und als einem nicht abgeschlossenen Prozess gesprochen werden.

Das Verständnis der Roma als Diaspora wird hier insbesondere in einem theoretischen Rahmen gesehen, es bedeutet keineswegs, dass dieser Begriff von Roma(-Organisationen) selbst gebraucht wird oder in der Literatur explizit verwendet würde, obgleich dies natürlich ebensowenig ausgeschlossen ist. Als

---

87 Paola Toninato: The Making of Gypsy Diasporas, S. 2.

eine Möglichkeit, die Welt zu konstruieren, wie Brubaker den Begriff definiert, ist es möglich, ihn in diesem Rahmen anzuwenden. Roma-Literaturen bilden keine allgemeingültige – und schon gar keine aktuelle – Sicht der Realität der Roma ab, sondern konstruieren Versionen der Vergangenheit und der Gegenwart der Ethnie, die anschlussfähig für einen Teil der Roma-Gesellschaft sind und in ihrer Referentialität eine unifizierende Perspektive vermitteln. Dies bedeutet gleichzeitig, dass das Konstrukt beziehungsweise die Konstruktvarianten sehr stark an die narrative Gestaltung gebunden sind. Dies ist eng mit der Gedächtnisbildung der Gemeinschaft verbunden. Denn Erinnerung und Gedächtnis, so stellt Gilroy fest, spielen für den Zusammenhalt diasporischer Gruppen eine herausragende Rolle: „[...] in the constitution of diasporas and the reproduction of diaspora-consciousness, [...] identity is focused less on common territory and more on memory, or, more accurately, on the social dynamics of remembrance and commemoration."[88] Auch für Roma stellt Gedächtnisbildung ein signifikantes Charakteristikum für die literarischen Werke dar. Die Historikerin Henriette Asséo ist beispielsweise der Meinung, die Abbildung historischer Kontinuität sei einer der zentralen Aspekte der Literatur und unterstütze die Konstruktion einer transnationalen Roma-Identität:

> Le maintien d'un réseau d'interconnaissance vivante suppose de faire exister le romipen comme un viatique global. Le roman, l'autobiographie et la poésie sont les expressions qui permettent de donner la traduction esthétique de cette vision éminemment politique du monde.[89]

Die Gedächtnisformung zeigt sich im Versuch, nicht nur kollektive Erinnerung festzuhalten, sondern diese in ein schriftliches Gedächtnis zu überführen, wobei die ästhetische Komponente eine herausragende Bedeutung für die Tradierung hat. Die Aneignung des Schreibens – eines Instruments der Außengesellschaft – spielt in diesem Prozess zusätzlich eine entscheidende Rolle. Mögliche Untersuchungskategorien für diese beiden bedeutsamen Bereiche werden in den folgenden Kapiteln dargestellt und ihr Analysepotential für die Roma-Literatur diskutiert.

---

[88] Paul Gilroy: Diaspora. In: *Paragraph* 17,1 (1994), S. 393.
[89] *Romipen* (oder auch *romanipé*) bezeichnet, die Weltsicht der Roma auf ihre Kultur. Henriette Asséo: L'intelligentsia romani, S. 13.

3 Roma-Autoren und Gedächtnis: Spannungsfeld von mündlicher Tradition und schriftlicher Fixierung

Nachdem im vorhergehenden Teil Roma in die Diaspora-Forschung eingeordnet wurden und eine Herangehensweise vorgestellt wurde, die eine erste Grundlage für die Untersuchung der französischen narrativen Texte von Roma-Autoren schafft, steht im Zentrum dieses Kapitels die Frage nach dem Verhältnis von Gedächtnis und Roma-Literaturen. Die Basis für Überlegungen zu den in der Literatur dargestellten Erinnerungen bildet die Verbindung von Diaspora und Gedächtnis. Weiterhin wird unter Rückbezug auf das von Jan Assmann entwickelte Konzept von kommunikativem und kulturellem Gedächtnis davon ausgegangen, dass die literarische Repräsentation der Vergangenheit in den Roma-Literaturen als fiktionales kulturelles Gedächtnis bezeichnet werden kann. Die Einführung dieser Zwischenstufe ist notwendig, da Roma-Autoren mit der schriftlichen Fixierung kultureller Eigenarten im Konflikt zur Gemeinschaft stehen und die traditionell mündliche Weitergabe von Erinnerung unterlaufen.

3.1 Diaspora und kommunikatives sowie kulturelles Gedächtnis

Für diasporische Gruppen spielen Gedächtnis und Erinnerung[1] eine herausragende Rolle, denn die Zerstreuung, die der Diaspora als so bedeutendes Merkmal zugrunde liegt, betrifft nicht nur die geographische Trennung. Vielmehr wird die Distanz als Gefahr für die Zusammengehörigkeit gesehen und für die – wenn vielleicht auch nur allmähliche – kulturelle Auflösung. Im Vergleich zu territorial geeinten Gemeinschaften sind daher einheitliche Bezugspunkte, welche ermöglichen eine distinktive Identität über die räumliche Trennung hinweg aufrechtzuerhalten, wesentlich bedeutsamer. Wenn also die beiden Bereiche ‚Identität' und ‚Gedächtnis' generell als interdependent gelten können, so trifft

---

[1] Die Termini ‚Gedächtnis' und ‚Erinnerung' werden mit Astrid Erll: Literatur und kulturelles Gedächtnis: Zur Begriffs- und Forschungsgeschichte, zum Leistungsvermögen und zur literaturwissenschaftlichen Relevanz eines neuen Paradigmas der Kulturwissenschaft. In: *Literaturwissenschaftliches Jahrbuch* 43 (2002), S. 249 insofern differenziert, als dass Gedächtnis sich auf den gespeicherten Vorrat an Wissen über Vergangenes bezieht, während ‚Erinnerung' den Prozess oder Akt der Vergegenwärtigung betrifft.

für diasporische Gemeinschaften noch weitaus stärker zu, dass sie durch zirkulierende Erinnerungen ihre Identität stabilisieren. Unter diesem Gesichtspunkt konstatieren beispielsweise die Herausgeber des Sammelbandes *Diaspora and Memory* Marie-Aude Baronian, Stephan Besser und Yolande Jansen: „Memory – understood as the complex relation of personal experiences, the shared histories of communities and their modes of transmission – must be seen as a privileged carrier of diasporic identity."[2]

Unter anderem auf der Basis der jüdischen Diaspora-Erfahrung hat Jan Assmann in seiner Theorie des kulturellen Gedächtnisses den Bezug von Identität, Erinnerung und kultureller Kontinuierung systematisch erarbeitet. Er unterscheidet dabei insbesondere zwei Ebenen: einerseits das kommunikative Gedächtnis, welches durch seinen beschränkten Zeithorizont von 80 bis 100 Jahren charakterisiert ist. Bezüglich der Tradierung und des Inhalts ist hierbei essentiell, dass dieser Gedächtnismodus auf alltäglicher Kommunikation sowie auf den Erfahrungen unspezifischer Träger (Zeitzeugen) beruht und dadurch die Teilnahme am Erinnerungsprozess diffus ist.[3] Dieser Ausprägung steht andererseits das kulturelle Gedächtnis gegenüber, welches Assmann definiert als

> den jeder Gesellschaft und jeder Epoche eigentümlichen Bestand an Wiedergebrauchs-Texten, -Bildern und Riten [...], in deren ‚Pflege' sie ihr Selbstbild stabilisiert und vermittelt, ein kollektiv geteiltes Wissen vorzugsweise (aber nicht ausschließlich) über die Vergangenheit, auf das eine Gruppe ihr Bewußtsein von Einheit und Eigenart stützt.[4]

Die Bildung dieses kulturellen Fundaments stützt sich auf die Erinnerungen an vergangene Ereignisse und Situationen. Diese werden jedoch nicht in ihrer historischen Realität wiedergegeben, sondern dienen vielmehr als Basis, auf die rekurriert wird, um sie zu aktualisieren und in einen für die Gegenwart und die Zukunft der Gruppe relevanten Rahmen zu stellen. Auf diese Weise spiegelt die Darstellung der Vergangenheit aktuelle Bedürfnisse der Gruppe und deren Umfelds.

Prinzipiell kann weder davon ausgegangen werden, dass das kommunikative Gedächtnis ausschließlich der mündlichen Vermittlung zuzuordnen ist,

---

2 Marie-Aude Baronian/Stephan Besser u.a.: Introduction: Diaspora and Memory. Figures of Displacement in Contemporary Literature, Art and Politics. In: Dies. (Hg.): *Diaspora and Memory. Figures of Displacement in Contemporary Literature, Arts and Politics*. Amsterdam u.a.: Rodopi 2007, S. 11. Vgl. auch Bill Ashcroft/Gareth Griffiths u.a.: *Empire*, S. 217 und Jan Assmann: Kollektives Gedächtnis und kulturelle Identität. In: Ders./Tonio Tölscher (Hg.): *Kultur und Gedächtnis*. Frankfurt a.M.: Suhrkamp 1988, S. 12.
3 Vgl. Jan Assmann: Kollektives Gedächtnis, S. 10–11.
4 Jan Assmann: Kollektives Gedächtnis, S. 15.

noch davon, dass das kulturelle Gedächtnis eine reine Schriftform annimmt. Im Gegenteil existiert kulturelles Gedächtnis in mündlicher ebenso wie in schriftlicher Form, obgleich seine Weitergabe erheblich durch die Medialität geprägt ist.[5] Der Entwicklungsschritt von ausschließlicher Mündlichkeit zu oraler und skripturaler Tradierung bedeutet daher eine „revolutionierende Transformation [des] Außenbereichs von Kommunikation."[6] Roma betreffend ist dieser Medienwechsel nicht nur ein rezentes Phänomen, sondern geschieht – im Gegensatz zu den ägyptischen und israelischen Beispielen, an denen Assmann sein Konzept entwickelt – entgegen der grundsätzlichen Orientierung der Gemeinschaft, die der schriftlichen Form skeptisch gegenübersteht.

In Bezug auf die Roma-Literaturen sind bei der Anwendung des Assmann'schen Konzepts daher zwei Voraussetzungen problematisch: Zum einen der zugrunde liegende Gesellschaftsbegriff, der Pluralität zwar nicht negiert, implizit jedoch von Homogenität ausgeht und damit die Perspektive gesellschaftlicher Minderheiten vernachlässigt, wie Friederike Eigler in ihrer kritischen Auseinandersetzung mit dem Modell feststellt.[7] Zum anderen – und dies ist insbesondere im Fall der Roma problembehaftet – die Entwicklung des Konzepts auf der Basis traditioneller Schriftkulturen mit gemeinsamem Willen zur Niederlegung. Dennoch erscheint die Anwendung des Assmann'schen Gedächtnisbegriffs für die Roma-Literaturen aussichtsreich, denn wie auch im Fall anderer Literaturen, die als „espace littéraire émergent"[8] gelten können, bilden die Texte Bereiche aus kulturellem und kommunikativem Gedächtnis ab. Ein Beispiel für eine vergleichbare Situation ist die Karibik, in der zumindest hinsichtlich des Verhältnisses von oraler Tradition und umgebender (kolonisierender) Schriftkultur ähnliche Voraussetzungen herrschen. Der Kreolist Ralph

---

[5] So findet die Niederlegung biographischer Erinnerungen, die Teil des kommunikativen Gedächtnisses sind, auch in schriftlicher Form statt, wie an der Verschriftlichung von *Oral History* am eindrücklichsten sichtbar wird. Dies ist besonders insofern bedeutend, weil viele Roma-Texte Charakteristika solcher mündlicher Strukturen aufweisen, wie im folgenden Kapitel *Erzählkunst und* oraliture *der Roma* noch näher erläutert werden wird.
[6] Jan Assmann: *Kulturelle Gedächtnis*, S. 22.
[7] Vgl. Friederike Eigler: *Gedächtnis und Geschichte in Generationenromanen seit der Wende*. Berlin: Schmidt 2005, S. 47. Die Vernachlässigung von ethnischen Minoritäten und ihrer Bedeutung für nationale Diskurse zeigt sich insbesondere im Rahmen von Kompendien, wie dem von Pierre Nora herausgegebenen *Lieux de mémoires* (1984–1992), das französische nationale Erinnerungsorte versammelt oder dem von Etienne François und Hagen Schulze edierten deutsche Pendant *Deutsche Erinnerungsorte* (2001–2002). Vgl. Friederike Eigler: *Generationenromane* 2005, S. 48.
[8] Charles Bonn: *Littératures des immigrations* und hier Kapitel 1 *Definitorische Überlegungen zu Roma-Literaturen* S. 32.

Ludwig reflektiert über die enge Verbindung, die im karibischen Raum entsteht, indem mündliche, kreolische Tradition und französische Schriftkultur interagieren:

> [...] [D]ie emergierende Gesellschaft der Antillen übernimmt einerseits die Mechanismen des kulturellen Gedächtnisses von Frankreich, bemüht sich aber andererseits – und in Konflikt mit der Kultur der Kolonialmacht – um die Etablierung eines eigenen kulturellen Gedächtnisses. In diesem zweiten Prozess rücken dann aber kommunikatives und kulturelles Gedächtnis zwangsläufig eng zusammen, da auf einen älteren und etablierten kulturellen Kanon nicht zurückgegriffen werden kann. In zunehmendem Maße bemüht sich die Literatur der Antillen, die Alltagswirklichkeit der neu entstandenen Karibikgesellschaft zu erfassen und nach zunehmend autonomeren ästhetischen Prinzipien in eine Literatur zu überführen, die den wachsenden Anspruch erhebt, wesentlich zur Konstruktion dieses eigenen kulturellen Gedächtnisses beizutragen [...]. Die Konstruktion eines eigenen kulturellen Gedächtnisses rekurriert vielmals auf kommunikative Paradigmen des Alltags, wie Erzählstrukturen der Mündlichkeit und Anleihen in der kreolischen Sprache.[9]

Der Rückbezug auf die Kommunikationsstrukturen des Alltags, wie ihn Ludwig hier feststellt, ist auch für Roma-Literaturen relevant. Der Sinto Reinhold Lagrene bestätigt diesen Rückgriff auf gemeinsame alltagsweltliche Inhalte, wenn er über die Erzählweise in seiner Familie berichtet:

> [...] [I]mmer schon war im Erzählen beides verwoben: das Erzählen wahrer Begebenheiten und das Erzählen von ‚Geschichten'; denn beides geht zwangsläufig ineinander über, sobald eine wahre Begebenheit, das konkrete Erlebnis über die Einzelsituation hinaus beispielhafte, zeichenhafte Bedeutung gewinnt, weil sie generelle Erfahrungen unserer Menschen widerspiegelt, etwa die Erfahrung der Verfolgung.[10]

Erscheint diese Passage zunächst lediglich wie eine Reflexion über das Verhältnis von Fakt und Fiktion, so wird doch im zweiten Teil der Argumentation deutlich, wie die im kommunikativen Gedächtnis tradierte Alltagserfahrung eine weiter reichende Bedeutung erhält, indem sie „zeichenhaft" wird und damit auch das Potential hat, im kulturellen Gedächtnis über einen größeren Zeitraum hinweg erinnert zu werden. Allerdings berichtet Lagrene hier von einer rein mündlich weitergegebenen Erfahrung. Die Etablierung eines eigenen schriftlichen kulturellen Gedächtnisses der Roma betreffend, müssen jedoch zwei miteinander verbundene Aspekte spezifiziert werden. Zum einen das Fehlen einer

---

9 Ralph Ludwig: *Frankokaribische Literatur*, S. 19.
10 Reinhold Lagrene: Die Erzählkultur und Erzählkunst deutscher Sinti und Roma. In: Daniel Strauß (Hg.): *Die Sinti und Roma-Erzählkunst im Kontext europäischer Märchenkultur.* Heidelberg: Dokumentations- und Kulturzentrum Deutscher Sinti und Roma 1992, S. 136.

Schrifttradition und zum anderen das Aufschreiben gegen den Konsens der Gemeinschaft mit der Orientierung auf mehrheitsgesellschaftliche Rezipienten.

3.2 Roma-Literaturen als fiktionales kulturelles Gedächtnis

Hinsichtlich der Kritik am homogenen Gesellschaftsbild, auf dem das Gedächtnismodell von Assmann basiert, erscheint eine nähere Differenzierung in Bezug auf Roma unverzichtbar, denn als Minderheit ist ihre Sozialisierung zumindest von zwei Kollektiven geprägt: den Roma und der Mehrheitsgesellschaft. Gedächtnisbildung wird entscheidend von diesen unterschiedlichen Gemeinschaften beeinflusst und die weitergegebenen Erinnerungen stehen unter Umständen im Konflikt miteinander. Bei der Untersuchung der mündlich erzählten Lebenserinnerungen (einer *Oral History*) eines Rom namens Giuseppe Levakovich stellt Henriette Asséo in Hinblick auf die soziale Konstellation drei Ebenen fest, welche das individuelle Gedächtnis beeinflussen. Ihrer Auffassung nach ist der Erzähler geprägt von, „la socialisation romani *stricto sensu*; la circulation dans une société parfaitement maîtrisée ou les rapports sont individualisés, qu'il s'agisse de Roms ou des autres; et enfin les circonstances générales qui conditionnent les existences."[1] Die hier präsentierte Sphärentrennung folgt aus der diasporischen Lebensweise, welche dazu führt, dass die Interdependenzen der einzelnen Mitglieder einer Gemeinschaft sehr ausgeprägt sind und diese als kollektivistisch definiert werden kann.[2] Kontakte zur Außengesellschaft werden zugunsten der kulturellen Kontinuierung in der Diaspora minimiert.[3] Es kann daher davon ausgegangen werden, dass auch soziale Beziehungen über den engeren Familien- und Freundeskreis hinaus erheblich – wenn nicht sogar fast ausschließlich – durch die Roma-Umgebung geprägt sind. Dieses Kollektiv perpetuiert Erinnerungen, die sich von denjenigen der Außengesellschaft unterscheiden und so muss auf der kollektiven Ebene eine Unterteilung vorgenommen werden: Kulturelles Gedächtnis der Roma ist dann geprägt von indivi-

---

[1] Henriette Asséo: L'intelligentsia romani, S. 14.
[2] Marc Bordigoni: *Gitans*, S. 47 und S. 89. Aus der Innenperspektive postuliert dies auch Reinhold Lagrene: Die Erzählkultur und Erzählkunst, S. 132.
[3] Dies äußert Piasere, mit folgenden Worten: „La suprématie de la communauté sur l'individu est centrale dans le mode de vie des Tsiganes. Les aspects subjectifs de l'expérience ont toujours comme paramètre les aspects communautaires. Les représentations collectives et individuelles sont rarement considérées distinctes et la répétition des discussion joue une importance primaire pour la cohésion sociale." (Leonardo Piasere: *Connaissance tsigane et alphabétisation*. Verona: Università degli studi di Verona 1985, S. 18–19)

dueller Ebene, Sozialisierung und Erinnerungen durch Roma, den Erinnerungen des weiteren Roma-Kollektivs und schließlich durch die in der Außengesellschaft präsenten und weitergegebenen Erinnerungen. Diese werden bei den Roma fast ausschließlich mündlich tradiert, denn wie der französische Ethnologe Patrick Williams feststellt, ist die Weitergabe kulturellen Wissens unter Roma vorrangig durch den persönlichen Austausch charakterisiert: „La tradition au sein des groupes tsiganes [...] est restée orale et ne se transmet que dans les échanges individuels."[4] Trotz eines mehrheitlich schriftgeprägten Umfelds trifft auf Roma demnach auch heute noch die Einordnung als mündliche Kultur zu.[5]

Schreiben hingegen wird – zumindest in einigen Untergruppen – als eine Tätigkeit betrachtet, die zur Nicht-Roma-Gesellschaft gehört und fast ausschließlich von dieser ausgeübt und genutzt wird. Leonardo Piasere setzt die Alphabetisierung daher sogar mit einer ethnischen Kategorisierung als Zugehöriger zur Mehrheit gleich.[6] In diesem Sinne kann es zwar unter Umständen als vorteilhaft erachtet werden, schriftliche Kodizes entschlüsseln und anwenden zu können, gleichzeitig impliziert die Tatsache, lesen und schreiben zu können jedoch auch die Gefahr, von der Außengesellschaft über die Maßen beeinflusst zu werden.[7] Dieser grundlegenden Skepsis, die Roma dem Medium Schrift entgegenbringen, verleiht der argentinische Autor Jorge Emilio Nedich Ausdruck, indem er den identitätskonstruierenden Aspekt, den Schrift für andere Gesellschaften hat, in Opposition zur *gitano*-Gemeinschaft stellt.[8] Er führt die kritische Sicht auf die historische Dimension des Schreibens aus, wenn er die Meinung äußert: „La escritura obliga, retiene, encarcela y hace viva la presencia del pasado, y puede congelar en un documento la libertad del hombre."[9] Die Vergangenheit zu fixieren ist für den Rom folglich äquivalent mit einer Beschrän-

---

4 Patrick Williams: *Django*, S. 18.
5 Vgl. auch Veronika Görög-Karady/Micheline Lebarbier: Editorial: Oralité tsigane. In: Dies. (Hg.): *Oralité tzigane*. Paris: INALCO 1991, S. 9.
6 Vgl. Leonardo Piasere: *Connaissance*, S. 13. Mündliche Kommunikation kann damit im Sinne von Michel Foucault als eine Doktrin verstanden werden, die Inhalt, Form und sprechendes Subjekt kontrolliert. Es besteht dabei eine zweifache Unterordnung des Individuums, denn das sprechende Subjekt ordnet sich den Diskursen unter und die Diskurse werden durch die Gruppe sprechender Subjekte determiniert. Vgl. Michel Foucault: *L'ordre du discours*. Paris: Gallimard 1971, S. 49.
7 Vgl. Leonardo Piasere: *Connaissance*, S. 13–14. Diese Sicht auf die Alphabetisierung und vor allem das Verhältnis zur Schule teilen auch Jean-Pierre Liégeois: *Roms et Tsiganes*, S. 86–88 und Patrick Williams: Langue tsiganes. Le jeu *romanès*. In: *Études tsiganes* 16 (2001), S. 31–32.
8 Vgl. Jorge Emilio Nedich: Nomadismo y oralidad. In: ALAI América Latina en Movimiento (2007), S. 2.
9 Ebd.

kung von Freiheit und damit zutiefst negativ. Subversiv gegenüber der Roma-Gesellschaft handelt ein Autor – und Jorge Emilio Nedich im Besonderen – in diesem Sinn, indem er das Instrument der Dominanz nutzt, um über zurückliegende und aktuelle Geschehnisse zu schreiben. Jorge Emilio Nedich begibt sich damit in ein doppeltes Spannungsfeld, indem er einerseits das Kommunikationsmittel der Mehrheit skeptisch reflektiert und dasselbe andererseits für seine Zwecke und gegen die Minderheitentradition nutzt. Für die soziale Position des Schriftstellers in der Roma-Gemeinschaft ist dieses Vorgehen kritisch, denn dem Schreiben wird ein marginaler Raum zugewiesen und Autoren gelten im traditionellen Umfeld selbst als eine Minorität, die schon zur Außengesellschaft gehöre, wie Marianna Seslavinskaya es für die russischen Roma-Schriftsteller ausdrückt: „Ainsi, tous les écrivains roms [...] disent faire *un travail gadjikano* (non-romano) ou vivre *comme les Gadjé* (les non-Roms)."[10] Diese Wahrnehmung liegt in der Tatsache begründet, dass über den medialen Aspekt hinaus auch der Vermittlung des kulturellen Gedächtnisses an die Außengesellschaft mit Misstrauen begegnet wird.[11] Schreiben ist ein Bruch mit der Tradition des Schweigens, die für Roma einen „garant de l'incorruptibilité de l'identité, de la pérennité du groupe"[12] bedeutet. Dem Gruppenzusammenhalt in gewissem Sinne entgegen steht zudem die individuelle Erfahrung der Autorenschaft. Während in vorschriftlichen Gedächtniskulturen die Vermittlung von Wissen immer sehr eng an die Gruppe gebunden ist, kann mit dem medialen Übergang zur Schrift Erinnerung unabhängig von einzelnen Personen vermittelt werden.[13] Diese der schriftlichen Niederlegung innewohnende Individualisierung des Autors gegenüber dem Kollektiv wird ungern gesehen.[14] Durch seinen Text weicht der Schriftsteller die diasporische Grenze, die Roma und Außengesellschaft trennt und das Fortbestehen als kulturelle Einheit garantiert, folglich bis zu einem

---

10 Marianna Seslavinskaya: Publication d'auteurs roms contemporains de Russie: ‚l'intérieure', ‚l'extérieure' et le ‚vrai Romano'. In: *Études tsiganes* 43 (2010), S. 135.
11 Besonders betroffen davon ist das System ritueller Reinheit/Unreinheit. Vor allem unter den (deutschen) Sinti ist die Tabuisierung der eigenen Kultur gegenüber der Außengesellschaft ausgeprägt. Vgl. Katrin Reemtsma: *Sinti und Roma. Geschichte, Kultur und Gegenwart.* München: Beck 1996, S. 9–10 und S. 64–69 und Patrick Williams: *Nous, on n'en parle pas*, S. 62.
12 Patrick Williams: *Nous, on n'en parle pas*, S. 63.
13 Vgl. Jan Assmann: *Kulturelle Gedächtnis*, S. 22–23.
14 Diese kollektivistische Orientierung und Skepsis gegenüber individuellem Ausdruck findet sich bereits in der mündlichen Erzählkultur, nämlich in den rituellen Entschuldigungsformeln vor einer Erzählung oder dem Vortragen eines Liedes, bei der sich der Erzähler oder Sänger dafür entschuldigt, die Aufmerksamkeit allein auf seine Person zu ziehen. Vgl. Petra Cech/Christiane Fennesz-Juhasz u.a.: *Die schlaue Romnì*, S. 307. Entsprechend verschärft muss die negative Einstellung gegenüber der Individualisierung in der Schriftlichkeit gelten.

gewissen Grad auf. Das Schreiben der Roma kann daher mit Williams als ein Experiment verstanden werden, in dem Nähe und Distanz zwischen Individuum und Roma-Gesellschaft, aber auch zwischen Roma und Nicht-Roma ausgelotet werden.¹⁵ Dieses unkonforme Verhalten hat für Roma-Autoren allerdings unter Umständen die Konsequenz, selbst als nicht mehr zugehörig zur Gemeinschaft betrachtet zu werden und, wie im Extremfall der polnischen Roma-Dichterin Bronislawa Wajs, genannt Papusza, als Verräter an der eigenen Kultur ausgeschlossen zu werden.¹⁶

Mit Claude Lévi-Strauss kann die Roma-Gemeinschaft in Bezug auf die Schrift daher als eine *société froide* bezeichnet werden, die zum Traditionserhalt folgendermaßen vorgeht: „grâce aux institutions qu'elles se donnent, [elles tentent] à annuler de façon quasi automatique l'effet que les facteurs historiques pourraient avoir sur leur équilibre et leur continuité."¹⁷ Assmann entwickelte diese seiner Meinung nach zu einschränkende dichotomische Sicht von Lévi-Strauss weiter, indem er feststellt: „Gesellschaften bzw. Kulturen müssen nicht als Ganzes ‚kalt' oder ‚heiß' sein: man kann in ihnen ‚kalte' und ‚heiße' Elemente [...] unterscheiden."¹⁸ Eine solche Einschätzung ermöglicht es, das Schaffen der Schriftsteller im Umfeld einer mehrheitlich ‚kalten' (Roma-)Gesellschaft als Element des Umschwungs, der Veränderung, also als ein ‚heißes' Element zu betrachten. Der Schutzmechanismus gegenüber einem

---

15 Patrick Williams ist der Meinung, man könne keinesfalls von einer totalen Abschottung der Roma gegenüber der Schrift(-sprache) sprechen: „Il n'y a pas refus a priori. Il faut voir, expérimenter. Il ne leur est pas nécessaire d'adhérer à tous les usages de ce monde, mais ils ne peuvent s'enfermer dans un refus qui ferait bientôt d'eux des hommes illustrant un exotisme ou un archaïsme totalement inadaptés, une différence qui n'aurait aucune chance de survivre." (Patrick Williams: Langue tsiganes. Le jeu romanès, S. 32)
16 Vgl. Katrin Reemtsma: *Sinti und Roma*, S. 82. Papuszas Schicksal hat einen wahrhaftigen Symbolcharakter erhalten. Dies ist vor allem der Aufnahme ihrer Lebensgeschichte in das populärwissenschaftliche Buch *Begrabt mich aufrecht* (1998) von Isabel Fonseca zu verdanken. Der irische Schriftsteller Collum McCann adaptierte die Lebensgeschichte der Polin in seinem Roman *Zoli* (2007), der zum internationalen Erfolg wurde. Auch für Roma-Schriftsteller hat Papusza Idolcharakter. So sieht sich die rumänische Autorin Luminiţa Mihai Cioabă explizit in einer Traditionslinie mit der von ihrer Familie Verstoßenen. Vgl. Fevronia Novac: L'articulation de la voix dans la poésie de Bronislawa Wajs Papusza et de Luminiţa Cioabă. In: *Études tsiganes* 43 (2010), S. 82–95. Vgl. hierzu auch die Darstellung zur Ausgrenzungssituation des argentinischen Autors Jorge Emilio Nedich von Marina Ortrud M. Hertrampf: Schreiben im Dazwischen, S. 198–199 oder die Anfeindungen aus der Roma-Gemeinschaft gegenüber Kiba Lumberg. Vgl. Beate Eder-Jordan: Œuvres littéraires et artistiques des Tsiganes. Une critique interne est-elle possible?. In: *Études tsiganes* 43 (2010), S. 19–21.
17 Claude Lévi-Strauss: *La pensée sauvage*. Paris: Plon 1969, S. 309.
18 Jan Assmann: *Kulturelle Gedächtnis*, S. 69.

solchen Störfaktor erwächst entsprechend aus der Befürchtung, die kulturelle Identität und Integrität könne sich auflösen und hat soziale Sanktionierung zur Folge. Paradoxerweise wird also die Literatur, die aus einem Bewahrungsgedanken heraus entsteht und sich damit auch einer konservativen Tendenz verschreibt, zum Grund für die soziale Exklusion der Roma-Autoren. Diese Tatsachen machen die Betrachtung der literarischen Werke als Versuch, neue „konnektive Strukturen"[19] der Kultur zu etablieren, zwar besonders interessant, lassen aber zugleich die Frage aufkommen, für wen kulturelle Merkmale festgeschrieben werden. Von einem hauptsächlichen Roma-Zielpublikum kann auch unter Einbezug der Sprachwahl (fast ausschließlich die Mehrheitssprache) kaum ausgegangen werden. Mit Rückbezug auf die Diskussion der Roma als Diaspora im vorhergehenden Kapitel wird daher hier die These verfolgt, dass Roma-Autoren sich als Repräsentanten des (medialen) Umschwungs vor allem an die Außengesellschaft wenden, um ihre (politische) Identitätsvision der Roma als (diasporischer) Gemeinschaft mit einer eigenständigen Kultur und Geschichte zu vermitteln. Werden entsprechend in den Texten Erinnerungen der Roma nachgezeichnet, so basieren sie zwar auf der historischen Erfahrung der Gemeinschaft, spiegeln jedoch nicht den Willen zur Niederlegung und Tradierung der Gruppe wieder. Ob sich dieser Umstand eventuell im Zuge fortschreitender (Bildungs-)Integration ändert und entsprechend die Identifikation der Roma mit den schriftlich fixierten (historischen) Gegebenheiten steigt, kann nicht vorausgesagt werden. Angesichts dieser Problematik wird hier vorgeschlagen, in Bezug auf die neu entstandenen Roma-Literaturen und ihre Verbindung zum Gedächtnis eine vorläufige Zwischenform einzuführen. Diese soll in Relation zum Kontinuum von kommunikativem und kulturellem Gedächtnis als quasi-externe Instanz angesiedelt werden, da sich die Autoren mit ihrer schriftstellerischen Tätigkeit außerhalb der mündlich tradierten Gedächtnisformen der Gemeinschaft befinden, die Verbindung zu dieser jedoch nicht endgültig lösen. Das Spannungsfeld, in dem sich die Gedächtnisversionen der Autoren und des Kollektivs befinden, kann dann mit einem Dreiecksverhältnis verglichen werden. An den Polen einer Achse stehen demnach die von Assmann etablierten Gedächtnisformen und im dritten Extrem das durch eine Gruppe von Autoren niedergelegte Gedächtnis. Dabei ist entscheidend, sich die Verbindung zu Letzterem als durchbrochene Linie vorzustellen, da sowohl medial (mündlich vs. schriftlich) als auch sozial (Kollektiv vs. Individuen) keine Gleichwertigkeit besteht und außerdem nur von einer provisorischen Instanz ausgegangen wird, die eventuell von einem schriftlichen kulturellen Gedächtnis abgelöst

---

19 Ebd., S. 18.

werden wird.[20] Für diese vorübergehende Form wird im Folgenden die Bezeichnung fiktionales kulturelles Gedächtnis vorgeschlagen. Begrifflich bietet dieser Terminus den Vorteil, die subjektive Sicht der Autoren auf diejenigen Themen, die sie als kulturell verbindlich niedergelegt wissen wollen, zu verdeutlichen. In diesem Sinne präsentieren die Texte also die imaginäre Version des jeweiligen Schriftstellers vom Leben und den gesellschaftlichen Eigenarten der Roma und erschaffen eine eigene Welt derselben. Deutlich wird mit dem Begriff zudem die Position, welche die ästhetische Gestaltung im Verstehensprozess einnehmen muss.

Das fiktionale kulturelle Gedächtnis ist alltagsferner als das kommunikative Gedächtnis, aber weniger verbindlich als das kulturelle Gedächtnis insbesondere, da es nicht dem Konsens des Kollektivs entspricht. Im Verhältnis zu den beiden Assmann'schen Gedächtnispolen ist es dennoch nicht genau mittig situiert, da der Anspruch der Autoren, eine authentische und zeitüberdauernde Lebensdarstellung zu schaffen, überwiegt und sie damit versuchen sich einem (schriftlichen) kulturellen Gedächtnis der Roma anzunähern. Zieht man das Bild einer Dreieckskonstellation nochmals hinzu, würde es sich also nicht um ein gleichseitiges Modell handeln, sondern eine individuell mehr oder weniger geneigte Form. Dies verdeutlicht auch generell, dass der Vergleich mit einem Dreieck nur als offene und variable Struktur gilt. Da es sich um ein loses Konglomerat von Autoren handelt, die sich nicht explizit – beispielsweise über ein ästhetisches Konzept – als Gruppe konstituieren, positioniert sich jeder Autor in einem individuellen Verhältnis zu kommunikativem und kulturellem Gedächtnis der Roma-Gemeinschaft. Bedeutsam ist in diesem Zusammenhang ebenfalls die Feststellung, dass für das Roma-Kollektiv die zwei Assmann'schen kollektiven Ebenen rein mündlich geprägt sind, wohingegen die Ebene des fiktionalen Gedächtnisses durch Schriftlichkeit charakterisiert ist. Weiterhin ist das fiktionale kulturelle Gedächtnis zwar tendenziell durch Alltagsferne geprägt, speist sich jedoch auch aus dem kommunikativen Gedächtnis und zeichnet sich zudem durch relative Distanz zur Gemeinschaft und politische Orientierung aus. Obwohl es sehr individuell je nach Autor ausgestaltet ist, können gewisse Konvergenzen festgestellt werden – diese erlauben überhaupt den Begriff kulturelles Gedächtnis aufzunehmen –, denn die Autoren rekurrieren auf die dem Kollektiv gemeinsamen historischen Diaspora-Erfahrungen. Interessant ist nun die Frage, welche Voraussetzungen bestehen müssen, damit ein mitgeteiltes

---

20 Die schriftliche Niederlegung eines kulturellen Gedächtnisses ist zwar nicht ausgeschlossen, angesichts des geringen Existenzzeitraums und der geringen Zahl, den die literarischen Werken umfassen, jedoch noch nicht angebracht.

Ereignis, oder die Erinnerung an eine Person, einen Ort etc. in das fiktionale kulturelle Gedächtnis integriert werden kann. Assmann geht für das kulturelle Gedächtnis davon aus, dass die jeweilige Komponente eine reproduzierbare Struktur annehmen muss, die der diffusen Weitergabe innerhalb des kommunikativen Gedächtnisses entgegensteht. Dies ist mit einer Objektivierung des kommunizierten Inhalts gleichzusetzen und erscheint daher für die hier festgelegten Parameter des fiktionalen kulturellen Gedächtnisses (schriftlich und tendenziell objektivierend) ebenfalls anwendbar.[21] Nicht alle Elemente der Vergangenheitsdarstellung entfalten das Wirkungspotential, die Zeit zu überdauern und Teil des (fiktionalen) kulturellen Gedächtnisses zu werden. Um determinieren zu können, welche Faktoren die zeitübergreifende und objektive Erinnerung ermöglichen, führte Assmann das Konzept der ‚Erinnerungsfiguren' ein. Da hier davon ausgegangen wird, dass es sich beim fiktionalen kulturellen Gedächtnis um eine Übergangsform zum kulturellen Gedächtnis handelt, kann dieses aufgegriffen werden, um auf dieser Basis wiederkehrende Strukturen zu untersuchen.

3.3 Erinnerungsfiguren als Kristallisationspunkte

Die kulturell geprägten und sozial verbindlichen Bilder, die Assmann mit dem Begriff der ‚Erinnerungsfiguren'[22] bezeichnet, können sowohl bestimmte herausragende Ereignisse, Personen, Orte als auch narrative Strukturen sein. Das

---

21 Vgl. Jan Assmann: Kollektives Gedächtnis, S. 14.
22 Die Systematik von Assmann wird hier dem ähnlichen Modell von Noras *Lieux de mémoire* (1984–1992) vorgezogen. Dies hat zum einen denominatorische Gründe, zum anderen werden inhaltliche und Systematisierungskriterien dieser Entscheidung zugrunde gelegt. Was die Begrifflichkeit betrifft, erscheint die Benennung ‚Erinnerungsfigur' zutreffender als ‚Erinnerungsort', da diese weniger dominant in Bezug auf die räumliche Dimension ist. Noras Modell ermöglicht zudem nicht, „Narrativierungsprozesse" (Astrid Erll: Kollektives Gedächtnis und Erinnerungskulturen. In: Ansgar Nünning/Vera Nünning (Hg.): *Einführung in die Kulturwissenschaft*. Stuttgart u.a.: Metzler 2008, S. 178) zu betrachten, die in dieser Untersuchung eine wichtige Rolle spielen. Nicht zuletzt ist hier ausschlaggebend, dass Assmann klare Kriterien entwirft, mithilfe derer diskutiert werden kann, ob es sich bei einem bestimmten Aspekt um eine Erinnerungsfigur handelt. Ähnlichkeit besteht zu dem von Kurth in Bezug auf die Roma-Literatur Makedoniens verwendeten Modell der ‚Schlüsselwörter' mit dem er identitäre Konzepte, die sich in der Literatur zeigen, erfasst. Die assman'schen ‚Erinnerungsfiguren' werden demgegenüber vorgezogen, da ihre auch generationenübergreifende Funktion im fiktionalen kulturellen Gedächtnis deutlich wird. Vgl. Gérald Kurth: *Identitäten zwischen Ethnos und Kosmos. Studien zur Literatur der Roma in Makedonien*. Harrassowitz: Wiesbaden 2008.

Konzept wird hier herangezogen, um auf der Basis der narrativen Texte französischer Roma-Autoren diskutieren zu können, auf welche wiederkehrenden Motive und Themen rekurriert wird, ob diese als Erinnerungsfiguren der Roma im fiktionalen kulturellen Gedächtnis gelten können und ob sie damit auch das Potential anzeigen, im Lauf der Zeit ein schriftliches kulturelles Gedächtnis der Roma zu begründen. Zu diesem Zweck werden drei Charakteristika vorgestellt, welche Erinnerungsfiguren prägen und ihr Potential anzeigen, sich im kulturellen Gedächtnis einer Gemeinschaft zu etablieren.[23]

Erstens geht Assmann davon aus, dass das Gedächtnis einer Gruppe Fixpunkte in Raum und Zeit benötigt, um Orientierung zu gewährleisten. Dies ist allerdings nicht mit realen räumlichen Gegebenheiten oder historischen Situationen gleichzusetzen. So führt er zur zeitlichen Konkretisierung sowohl die Bedeutung urzeitlicher oder herausragender Ereignisse als auch die Repetition zum Beispiel in Form eines Festkalenders an. Darüber hinaus benötige die Erinnerung einen definierten Raum, unter dessen Zuhilfenahme symbolische Orte erschaffen werden, auf die sich das kulturelle Gedächtnis konzentriert. Dies heißt keineswegs, dass die Raumvorstellung des (fiktionalen) kulturellen Gedächtnisses der realen geographischen Situation entspricht. Vielmehr handele es sich hier um den Wert, der einem Raum zugesprochen wird und um die Art und Weise, wie er in der Erinnerung einer Gruppe geformt und mit Sinn angereichert wird.[24]

Erinnerungsfiguren, die in das (fiktionale) kulturelle Gedächtnis eingehen sollen, müssen zweitens affektiv an eine bestimmte Gemeinschaft und deren Lebenszusammenhang gebunden sein, um als verbindlich wahrgenommen zu werden. Sie zeigen das in der Gruppe normativ akzeptierte Verhalten und dienen den Mitgliedern als Modell beispielhaften Verhaltens. Dies beinhaltet auch eine (moralische) Wertung der jeweiligen Ereignisse, Personen, Narrative etc. Sie werden nach ihrer Entsprechung, Ähnlichkeit und Kontinuität für die Gruppe ausgewählt, nach ihrer Relevanz für die Gemeinschaft geordnet und von dem ihr eigenen Standpunkt aus interpretiert. Mithin fungieren sie als Strukturelemente des kollektiven Wissens.[25] Der Zweck von identitätskonkreten Symbolen ist es nicht nur, die Alterität und Identität der Gruppe aufzuzeigen, sondern

---
23 An anderer Stelle (Jan Assmann: Kollektives Gedächtnis, S. 14–15) benennt Assmann fünf Kriterien, die das kulturelle Gedächtnis prägen: Identitätskonkretheit, Verbindlichkeit, Reflexivität, Organisiertheit, Geformtheit und Rekonstruktivität. Diese finden sich, zum Teil implizit, in den drei hier wiedergegebenen Kriterien wieder.
24 Vgl. Jan Assmann: *Kulturelle Gedächtnis*, S. 38–39.
25 Vgl. Jan Assmann: Kollektives Gedächtnis, S. 15.

auch, diese über einen längeren Zeitraum zu erhalten.[26] Entscheidend ist dabei die organisierte Weitergabe der so ausgebildeten Symbole. Ihre Tradierung wird an eine Institution beziehungsweise an spezialisierte Gedächtnisträger (zum Beispiel Schamanen, Erzähler etc.) gebunden. In Schriftkulturen übernehmen diese Rolle auch kanonisierte Texte.[27]

Wie bereits in den zwei vorgestellten Merkmalen implizit vorausgesetzt wurde, verfährt das (fiktionale) kulturelle Gedächtnis drittens rekonstruktiv. Es bewahrt nicht die reale Vergangenheit, sondern reorganisiert Bereiche in Bezug auf den jeweiligen gesellschaftlichen Rahmen und ist entsprechend von dessen Wandel abhängig. Geschichtliche Ereignisse werden also aus der Gegenwart heraus für eine bestimmte Gruppe gedeutet und können als fundierend für die Gesellschaftsorganisation der Gegenwart und der Zukunft dienen.[28]

Ein fixierter Wissensschatz wie die literarischen Werke der Roma kann als eine Basis für die Entwicklung verbindlicher kollektiver Erinnerungsfiguren gesehen werden, gleichzeitig bedeutet das Festhalten individueller Erfahrungen in Alltagsgeschichte(n) unter Umständen ebenso einen Wiedererkennungswert. Beide Aspekte werden im Hinblick auf die Texte der französischen Roma-Autoren als entscheidend erachtet. Es wird daher erstens davon ausgegangen, dass das in den narrativen Texten vermittelte fiktionale Gedächtnis Teile des mündlichen kommunikativen Gedächtnisses nachbildet und den Text auf diese Weise mit Erfahrungswerten aus dem täglichen Leben anreichern und zweitens, dass die Etablierung von gemeinsamen Erinnerungsfiguren sichtbar wird, die für eine Objektivierung der Inhalte sorgt. Die drei Merkmale (konkreter Raum- und Zeitbezug, Identitätskonkretheit und Rekonstruktivität) werden hierbei als Diskussionsgrundlage für die in der Literatur der französischen Roma niedergelegten kulturellen Merkmale dienen und ihr Potential, zu Erinnerungsfiguren zu werden, ausgelotet. Die Verbindung aus fiktionalem kulturellem Gedächtnis und dem Spannungsfeld mündlicher und schriftlicher Form ist bei der Vermittlung dieser Erinnerungsfiguren bedeutend und kann wie zu Anfang des Kapitels bereits geschehen in Analogie zur Gedächtnisbildung in und durch Literatur in

---

26 Vgl. Jan Assmann: *Kulturelle Gedächtnis*, S. 39–40 und Jan Assmann: Kollektives Gedächtnis, S. 14–15.
27 Vgl. Jan Assmann: Kollektives Gedächtnis, S. 14.
28 Vgl. Jan Assmann: *Kulturelle Gedächtnis*, S. 40–42. Auch bei Stuart Hall ist dieser Gedanke der Rekonstruktivität vorhanden, wenn er Identität und Erinnerung der Diaspora beschreibt: „Far from being grounded in a mere ‚recovery' of the past, which is waiting to be found, and which, when found, will secure our sense of ourselves into eternity, identities are the names we give to the different ways we are positioned by, and position ourselves within, the narratives of the past." (Stuart Hall: Cultural Identity and Diaspora, S. 225)

der karibischen Gesellschaft gesetzt werden. Denn auch in diesem Kulturraum trafen und treffen mündliche Traditionen der kreolischen Bevölkerung und die Schriftkultur Frankreichs aufeinander und interagieren, zum Teil auf produktive, zum Teil aber auch auf konfliktuelle Weise. Das folgende Kapitel vertieft diesen Aspekt und widmet sich der Frage, wie Autoren produktiv mit der Oralität des Erzählens in ihren Texten umgehen.

4 Erzählkunst und *oraliture* der Roma: Wechselspiele von Nähe und Distanz

Gegenstand des folgenden Kapitels ist die Frage, auf welche Weise das (Spannungs-)Verhältnis von Mündlichkeit und Schriftlichkeit zu einem Analyserahmen für Roma-Literaturen beitragen kann.[1] Basierend auf der Feststellung des großen Einflusses mündlicher Erzählweisen und deren Aufgreifen im schriftlichen Medium wird hier davon ausgegangen, dass die Roma-Texte sich zwischen mündlich und schriftlich dominiertem Ausdruck bewegen. Hypothetisch vorausgesetzt wird, dass eine stärker mündlich orientierte Darstellung in den Texten ideelle Nähe zu den Roma repräsentiert und dazu genutzt wird, bedeutende Erinnerungsfiguren der Roma zu transportieren. Orientieren sich die Passagen hingegen eher an der Konzeption ‚geschrieben', wird eine Annäherung an die Mehrheitsgesellschaft angenommen.[2]

Die Verschriftlichung wird zunächst in Zusammenhang mit dem Modell von Nähe- und Distanzsprache, wie es die Linguisten Peter Koch und Wulf Oesterreicher entwickelten, gebracht.[3] Sodann wird auf das von karibischen Autoren – im Besonderen Ernest Mirville, Édouard Glissant und Patrick Chamoiseau – entwickelte Konzept der *oraliture* zurückgegriffen und auf diese Weise ein Rah-

---

[1] Mündlichkeit und Schriftlichkeit bilden zwar ein grundsätzliches Spannungsfeld der Literatur, es muss jedoch davon ausgegangen werden, dass es in Kulturen, die sich in einer Phase des medialen Übergangs befinden, verstärkt zutage tritt. In Bezug auf die Roma-Literatur weisen auf dieses Spannungsverhältnis bereits Eder-Jordan: *Mensch sein*, S. 88 und Paola Toninato, *Romani Writing*, S. 114 und Gérald Kurth: *Identitäten*, S. 77 hin, ohne daraus jedoch konkret auf die daraus folgenden ästhetischen Charakteristika einzugehen. Deike Wilhelm: *Wir wollen sprechen. Selbstdarstellungen in der Literatur von Sinti und Roma*. Saarbrücken: VDM 2008, S. 49–52, führt einige Aspekte (interaktiver Charakter, Genremischung und autobiographische Teile) als orale Charakteristika ein, untersucht sie allerdings nicht systematisch.
[2] Dabei handelt es sich beim Verhältnis Mündlichkeit und Schrift nicht zwingend um eine evolutive Relation, obgleich diese Sicht nicht gänzlich von der Hand zu weisen ist. Im Sinne Glissants wird daher davon ausgegangen, dass bevor zu einer eigenen *écriture* gefunden wird, die Mündlichkeit reflektiert und aufgenommen werden muss und diese in einem dialektischen Verhältnis zur Schriftlichkeit (der Außengesellschaft) steht. Vgl. Édouard Glissant: Le chaosmonde, l'orale et l'écrit. In: Ralph Ludwig (Hg.): *Écrire la ‚parole de nuit'. La nouvelle littérature antillaise*. Paris: Gallimard 1994, S. 116–117. In Bezug auf die Roma Literatur und deren Potential „fragile Mischformen" zu erhalten vgl. Gérald Kurth: *Identitäten*, S. 77.
[3] Vgl. Peter Koch/Wulf Oesterreicher: *Gesprochene Sprache*.

men geschaffen, innerhalb dessen Mündlichkeit in schriftlichen Texten als Wechselspiel von Nähe und Distanz erfasst werden kann.[4]

Sekundärliteratur zu den mündlichen Erzähltraditionen der Roma ist rar. Dass sich die Roma-Erzählkunst nahtlos in die europäische narrative Tradition integriert, zeigt jedoch die meist problemlose Einordnung verschiedener Erzählungen der Roma in die Typologie nach Antti Amatus Aarne und Stith Thompson, *The Types of the Folktale* (1961), sowie die Bestimmung der unterschiedlichen Motive gemäß dieses Nachschlagewerks.[5] Dies verdeutlicht, dass Märchen, Anekdoten, Schwänke etc. eine kulturelle Kontaktzone bilden,[6] die den Austausch von Mehrheit und Minderheit ermöglicht. Weitmöglich wird hier auf

---

4 Vgl. Ernest Mirville, Édouard Glissant; Patrick Chamoiseau: Que faire de la parole? Dans la tracée mystérieuse de l'oral à l'écrit. In: Ralph Ludwig (Hg.): *Écrire la ‚parole de nuit'. La nouvelle littérature antillaise.* Paris: Gallimard 1994, S. 151–158.
Besagte karibische Autoren entwickeln ihre Arbeiten in einem post-kolonialen Kontext, der auch in anderen Kulturräumen (zum Beispiel dem schwarz-afrikanischen oder maghrebinischen) existiert. Vgl. zum Beispiel Hans-Jürgen Lüsebrink: *Schrift, Buch und Lektüre in der französischsprachigen Literatur Afrikas. Zur Wahrnehmung und Funktion von Schriftlichkeit und Buchlektüre in einem kulturellen Epochenumbruch der Neuzeit.* Tübingen: Niemeyer 1990 und Birgit Mertz-Baumgartner: *Ethik und Ästhetik der Migration.* Da Benennung und theoretische Konzeptualisierung als *oraliture* jedoch im karibischen Raum entstanden sind, beschränken sich die folgenden Ausführungen auf die ihm zugehörigen Autoren.
5 Vgl. Antti Amatus Aarne/Stith Thompson: *The Types of the Folktale: a Classification and Bibliography.* Helsinki: Suomalainen Tiedeakatemia 1961. Zur Anwendung auf die Roma-Erzählungen vgl. zum Beispiel Petra Cech/Christiane Fennesz-Juhasz u.a.: *Die schlaue Romni* oder Heinz Mode/Milena Hübschmannová: *Zigeunermärchen aus aller Welt 1–4.* Wiesbaden: Drei Lilien 1983–1984, die diese Einordnung der abgedruckten Märchen und verwendeten Motive vornehmen. Reinhold Lagrene: *Erzählkunst*, S. 129–130 stellt dar, dass Märchen von Roma in die Mehrheitsgesellschaft getragen wurden, beziehungsweise die Roma-Erzähltradition von der Umgebung geprägt ist. Da das Typenverzeichnis von Aarne und Thompson auf der Basis der europäischen Märchen erstellt wurde, stößt man allerdings bei Motivketten und Themen, die dem asiatischen Kontext entstammen, an Grenzen der Einordnung, wie Heinz Mode: Vorwort. In: Heinz Mode/Milena Hübschmannová (Hg.): *Zigeunermärchen aus aller Welt* 1, Wiesbaden: Drei Lilien 1983, S. 22–23 kritisiert. Diese Einschränkung steht der These der Märchen als Kontaktzone keinesfalls entgegen, sondern stützt sie vielmehr, da sie eben genau diesen fruchtbaren, wechselseitigen Austausch von Roma und Mehrheit illustriert.
6 Vgl. Mary Louise Pratt: Arts of the Contact Zone. In: *Profession* 91 (1991), S. 36. In der Tat kann zwar davon ausgegangen werden, dass die schriftliche Tradition der jeweiligen Mehrheitsbevölkerung nur einen sehr limitierten Einfluss auf die Roma hat – da die Analphabetenraten nach wie vor hoch ist. Vgl. Jean-Pierre Liégeois: *Roms et Tsiganes*, S. 86–87 – die mündlichen Erzählungen von Minderheit und Mehrheit jedoch in ständigem Austausch standen. Als nicht schriftliches Verbreitungsmedium mehrheitsgesellschaftlicher Narrative unter den Roma fungieren seit dem 20. Jahrhundert ebenso Radio, Film und Fernsehen.

allgemeine und besondere Ausprägungen der Märchenerzählung und anderweitiger Kommunikation unter den Roma verwiesen werden. Rekurriert wird hierbei auf die wissenschaftlichen Arbeiten von Petra Cech, Christiane Fennesz-Juhasz u.a.

4.1 Orale Tradition und Verschriftlichung

Die Erzählkunst der Roma ist als soziales Ereignis, das *pro paramischa* – ‚für die Geschichten' – genannt wird, institutionalisiert. Unter Umständen mehrere Hundert Kinder und Erwachsene versammeln sich dann, um Geschichten zu lauschen, die neben der Unterhaltung auch dem Zweck dienen, kulturelle Werte und Normen zu tradieren. Der Einfluss dieser mündlichen Tradition auf die literarische Produktion wird hoch eingeschätzt. So stellt beispielsweise der Sinto und Autor Reinhold Lagrene fest, dass

> die mündliche Tradition der verschiedenen Formen der Erzählkunst [...] einen größeren Einfluss auf die Herausbildung und heutige Entwicklung der schriftlichen Literatur der Sinti und Roma genommen [hat] als die schriftliche Tradition der jeweiligen Mehrheitsbevölkerungen.[1]

Die hier dargelegte Kontinuität von mündlichem und schriftlichem Erzählen birgt allerdings eine gewisse Schwierigkeit, denn in (Minderheiten-)Gesellschaften, die primär oral orientiert sind, verwischen unterschiedliche Kommunikationsmedien und -konzeptionen, wie Claude Lévi-Strauss in einem pakistanischen Dorf beobachtete: „Tous connaissent l'écriture et l'utilisent au besoin, mais du dehors et comme un médiateur étranger avec lequel ils communiquent par des méthodes orales."[2] Die Feststellung, dass sich mündliche Strukturen auch im schriftlichen Medium zeigen können – ebenso wie *vice versa* – und dass dies unterschiedliche Nähe- und Distanzverhältnisse in der Kommunikation zum Ausdruck bringt, hat die Sprachwissenschaftler Koch und Oesterreicher veranlasst, das Konzept von Nähe- und Distanzsprache zu entwickeln.[3] Grundsätzlich wird dabei der Nähesprache eine größere Affinität zur

---

[1] Reinhold Lagrene: ‚Grenzerfahrungen' der Sinti in Deutschland, Frankreich und Italien. In: Julia Blandfort/Marina Ortrud M. Hertrampf (Hg.): *Grenzerfahrungen: Roma-Literaturen in der Romania*. Berlin: LIT 2011, S. 118.

[2] Claude Lévi-Strauss: *Triste tropiques*. Paris: Plon 1962, S. 342.

[3] Vgl. Peter Koch/Wulf Oesterreicher: *Gesprochene Sprache in der Romania*. Berlin: De Gruyter 2011² [1990]. ‚Nähe' bezieht sich in diesem Zusammenhang nicht ausschließlich auf physische oder psychische Nähe, sondern beispielsweise auch auf den Referenzbezug der Mitteilung und

gesprochenen Sprache und der Distanzsprache eine engere Bindung an die Schriftlichkeit zugesprochen. Allerdings begreifen die beiden Forscher kommunikative Nähe und Distanz als ein Kontinuum, in dem graduelle Abstufungen und multiple Kombinationsmöglichkeiten der Konzeptionen (gesprochen/geschrieben) und der Medien (phonisch/graphisch) möglich sind.[4] Die unterschiedlichen Verbindungsmöglichkeiten illustrieren sie an diversen Beispielen wie der Festrede, die medial in den mündlichen (phonischen) Bereich einzuordnen ist, durch ihren Duktus allerdings konzeptuell als geschrieben klassifiziert wird.[5] Ein ganz ähnliches Beispiel gibt der Ethnologe Patrick Williams für Roma.[6] Er untersucht den Bezug von Mündlichkeit und Schriftlichkeit in Alltagssituationen und stellt am Beispiel einer Predigt auf Romanès fest, wie geschriebene Konzeption im mündlichen Medium sichtbar wird:

> La traduction [en romanès], s'accompagne d'une confusion de l'oral et de l'écrit. La traduction là n'est pas seulement le passage d'un même contenu d'une langue à une autre, mais aussi d'un mode d'expression à un autre. Quand des passages des Evangiles sont lus au micro, il s'agit bien d'une performance orale, mais nous restons dans la dimension de l'écrit.[7]

Die hier beschriebene Verwirrung entsteht aus der Zuordnung des Romanès durch die Rezipienten ausschließlich zur konzeptuell gesprochenen Dimension und des Inhalts zur geschriebenen. Dies verweist auf die Grundproblematik, dass die Kommunikation der Roma untereinander generell weder mit dem Medium (graphisch) noch der Konzeption (geschrieben) verbunden wird und im Beispiel trotz der Verwendung der eigenen Sprache, Romanès, Distanz entsteht. Die konzeptuelle Variation im graphischen Medium, die auch in der vorliegenden Arbeit entscheidend ist, wird bei Untersuchungen, die sich mit dem Über-

---

deren Verbindung zur Lebenswelt des Sprechers. Insgesamt nennen die Forscher zehn Parameter, die kommunikative Nähe beeinflussen: Öffentlichkeit, Vertrautheit der Kommunikationspartner, emotionale Beteiligung, Situations- beziehungsweise Handlungseinbindung, Referenzbezug, physische Nähe der Kommunikationspartner, Kooperation, Dialogizität, Spontaneität, Themenfixierung. Vgl. Peter Koch/Wulf Oesterreicher: *Gesprochene Sprache*, S. 7. Schon Koch und Oesterreicher weisen auf die metaphorische Erweiterung, die in den Termini kommunikative Nähe/Distanz liegt, hin. Vgl. Peter Koch/Wulf Oesterreicher: *Gesprochene Sprache*, S. 10.
4 Vgl. Ebd., S. 10–13.
5 Vgl. Ebd., S. 4.
6 Er bezieht sich dabei jedoch nicht auf eine theoretische Grundlage, wie Koch und Oesterreicher sie bieten.
7 Patrick Williams: L'écriture entre l'oral et l'écrit. Six scènes de la vie tsigane en France 1997, S. 15.

gang von mündlich orientierten Gesellschaften zu einer Schriftkultur beschäftigen, häufig vernachlässigt, kritisieren Koch und Oesterreicher. So sieht unter anderem Walter J. Ong in seiner einschlägigen Studie *Orality and Literacy* (1982) zum Verhältnis von Mündlichkeit und Schrift ihrer Meinung nach „das Verhältnis von Medium und Konzeption oft zu mechanistisch [...] [und] berücksichtigt [nicht], dass auch in oralen Gesellschaften eine beträchtlich konzeptionelle Variation existiert."[8] In der Tat trifft Ong die Unterscheidung zwischen ritualisierter und diffuser mündlicher Kommunikation (zum Beispiel zwischen der Märchenerzählung und der Konversation über das Wetter) nicht. Erst Jan Assmann fasst diesen Unterschied wie bereits dargestellt – unter Betonung der historischen Dimension – mit den Termini von kommunikativem und kulturellem Gedächtnis.[9]

Die Repräsentation von Inhalten des kommunikativen Gedächtnisses, zum Beispiel der Alltagskommunikation, ist im Kontinuum von Nähe- und Distanzsprache konzeptuell auf der nähesprachlichen Seite einzuordnen.[10] Neben dieser lebensweltlich orientierten Darstellung können Texte aber auch sehr eindeutige Referenzen an strukturiertere und formalisierte Formen der Mündlichkeit wie Märchenerzählungen enthalten, die sich der Distanzsprache nähern und eher in der Mitte des Kontinuums anzusiedeln sind.[11] Wenn sich die Darstellung an der mündlichen Erzähltradition beziehungsweise der Alltagskommunikation orientiert, gilt in beiden Fällen jedoch, dass in schriftlichen Texten eine konzeptionelle Mündlichkeit zum Ausdruck gebracht wird, die einen Effekt von Unmittelbarkeit zur Folge hat. Speziell die literarische Umsetzung betrachtend, ist es entscheidend, diese mit Willi Erzgräber und Paul Goetsch als „fingierte Mündlichkeit"[12] zu verstehen, denn eine Gleichsetzung der

---

8 Vgl. Ebd., S. 29.
9 Vgl. Jan Assmann: Kollektives Gedächtnis, S. 10–11.
10 Vgl. Peter Koch/Wulf Oesterreicher: *Gesprochene Sprache*, S. 12–13.
11 Vgl. Ebd., S. 29. Sie bezeichnen die ritualisierte Form der Kommunikation in Form von Sprichwörtern, mündlicher Dichtung etc. als „elaborierte Mündlichkeit". Es wäre sogar möglich traditionell überlieferte Märchen und Erzählungen noch weiter auf der Seite der Distanzsprache zu positionieren, wie beispielsweise Ingrid Neumann-Holzschuh, die in Bezug auf die kreolischen Märchen von „nähesprachlicher Ausprägung von Schriftlichkeit" (Ingrid Neumann-Holzschuh: Les contes créoles – un exemple d'oralité elaborée? Recherches sur la syntaxe de textes oraux. In: Ralph Ludwig (Hg.): *Les créoles français entre l'oral et l'écrit*. Tübingen: Narr 1989, S. 252) spricht.
12 Vgl. Willi Erzgräber/Paul Goetsch: *Mündliches Erzählen*. Paul Goetsch: Vorwort. In: Willi Erzgräber/Ders. (Hg.): *Mündliches Erzählen im Alltag, fingiertes mündliches Erzählen in der Literatur*. Tübingen: Narr 1987, S. 6–14, unterscheidet fünf unterschiedliche Forschungsrichtungen, die sich mit mündlichen Elementen in der Literatur beschäftigen: 1. Mündlichkeit im

mündlichen Erzählung und ihrer Repräsentation ist, obgleich ein Bezug zum außerliterarischen Alltag als gegeben betrachtet werden muss, nicht möglich. Wie Goetsch betont, kann die kommunikative orale Realität nicht linear übertragen werden:

> Da das fingierte mündliche Erzählen eine Schreibstrategie ist, läßt es sich letztlich nicht mit dem mündlichen Erzählen zur Deckung bringen. Andererseits kommen aber bei der Fingierung von Mündlichkeit Elemente des alltäglichen Erzählens ins Spiel. Der Schriftsteller kann sich mit der Erschaffung einer Erzähler-Hörer-Beziehung begnügen, er kann jedoch auch weitergehen und die Erzählung selbst in Anlehnung an eigene Beobachtungen zum mündlichen Erzählen gestalten.[13]

Obgleich demnach keine direkte Transposition möglich ist, hat die alltägliche Kommunikationserfahrung also unter Umständen Einfluss auf schriftliche Fiktion und kann nicht von dieser getrennt werden. Interessant erscheint folglich besonders die partielle Abbildung von Nähesprachlichkeit, also der Wechsel zwischen Nähe- und Distanzsprache, wie sie, so hier hypothetisch angenommen, im fiktionalen kulturellen Gedächtnis zum Tragen kommt.[14]

4.2 *Oraliture*: Ein frankokaribisches Konzept

Die Frage, welche Position die Mündlichkeit, die das soziale Leben prägt(e) in der schriftlichen Literatur einnehmen kann und muss, beschäftigt besonders Schriftsteller der karibisch-kreolischen Literatur. Grundsätzlich besteht zwar ein erheblicher soziohistorischer Unterschied zwischen den ehemaligen französischen, spanischen, niederländischen oder englischen Kolonien der Karibik und der Situation der Roma als deterritorialisierter Minderheit; die kulturellen

---

Übergang von oraler zu skripturaler Kultur, 2. Übergang zur Nationalsprache, 3. Post-Kolonialsituation, in der zur vormaligen oralen Kultur zurückgefunden wird, 4. Wechsel von Erzählmedien (zum Beispiel Re-oralisierung), 5. Mündliches Erzählen in etablierten Erzählkulturen. Tatsächlich ist die Unterscheidung zwischen 1. und 3. nicht immer eindeutig, da auch in postkolonialen Situationen, in denen sich die Autoren von der paradigmatischen Kolonialsprache trennen, häufig erst eine Verschriftlichung der Muttersprache stattfindet. Die Roma-Literatur ist ebenfalls – auch wenn es sich nicht um eine postkoloniale Situation handelt – zwischen 1. und 3. anzusiedeln, da die gleichzeitige Verschriftlichung – wie im Fall der Kreolsprachen – zu beobachten ist.
13 Paul Goetsch: Vorwort, S. 13.
14 Zum Wechsel vgl. Peter Koch/Wulf Oesterreicher: Sprache der Nähe – Sprache der Distanz. Mündlichkeit und Schriftlichkeit im Spannungsfeld von Sprachtheorie und Sprachgeschichte. In: *Romanistisches Jahrbuch* 36 (1985), S. 24.

Subordinationserfahrungen und die orale Tradition der Gemeinschaften, die die Ausgangsbasis für die Entwicklung einer schriftlichen Literatur bilden, führen jedoch auch zu vergleichbaren Charakteristika. Eine dieser Gemeinsamkeiten – so eine der Thesen dieses Kapitels – ist die Abbildung mündlicher Strukturen in schriftlichen Texten, wie sie Glissant in Bezug auf die karibische Literatur beschreibt:

> Et cette question de l'écrit et de l'oral est une occasion d'angoisse vivifiante aujourd'hui pour le poète, l'écrivain. Il faut qu'il règle, lui, deux problématiques qui sont liées: la première est l'expression de sa communauté dans un rapport à la totalité-monde et la deuxième est l'expression de sa communauté dans une quête qui est à la fois d'absolu et de non-absolu, ou d'écriture et d'oralité.[15]

Glissant stellt damit eine Analogie zwischen Gemeinschaftsverantwortung und Beziehung zur Außenwelt auf der einen Seite und den sprachlichen Bereichen ‚Mündlichkeit und Schriftlichkeit' auf der anderen Seite her. Die orale Tradition ist das Bindeelement des Autors an seine Gruppe, während die schriftliche Form zur (feindlichen) Außengesellschaft gehört. Dieser Punkt ist durchaus mit Roma-Literaturen vergleichbar, denn wie Lagrene verdeutlicht, bedeutet für Roma Schreiben, „sich in Grenzräume vorzuwagen. Es impliziert Brüche mit dem eigenen Verständnis."[16] Ungleich radikaler formuliert der argentinische Roma-Schriftsteller Jorge Emilio Nedich seine Meinung. Für ihn ist Schriftlichkeit gleichbedeutend mit Indoktrination und Freiheitsberaubung durch die Mehrheitsgesellschaft.[17] Ganz im Gegensatz dazu steht in seinen Augen die naturgegebene Schönheit der Oralität: „En cambio las palabras en la oralidad (gitana) producen hechos legitimos, éticos y no necesitan del sello porque están llenas de religiosidad y de magia."[18] Wenngleich Nedich seine eigene Darstellung der Schriftlichkeit als Waffe der Mehrheitsgesellschaft *ad absurdum* führt, da er sie selbst – auch für dichterische Zwecke – nutzt, ist seine strikte Trennung und Zuordnung der beiden Kommunikationsmedien doch erhellend. Sie zeigt die Reaktion auf Exklusions- und Subordinationserfahrungen, die er als Rom mit karibischen postkolonialen Autoren teilt.

Die Tatsache, dass mündliche Erzählungen traditionsreich sind, ist für Autoren aus der Karibik besonders relevant, da die Kolonialmächte – vor allem Frankreich – die mündliche Erzählkultur grundsätzlich als primitiv herabsetz-

---

15 Édouard Glissant: *Poétique du divers*, S. 39.
16 Reinhold Lagrene: Grenzerfahrungen, S. 113.
17 Vgl. Jorge Emilio Nedich: Nomadismo y oralidad, S. 2.
18 Ebd., S. 3.

ten.[19] Der Haitianer Ernest Mirville beabsichtigte daher eine Aufwertung der oralen Traditionen, als er das Konzept der *oraliture* entwickelte. Er definiert diese als, „ensemble des créations non écrites et orales d'une époque ou d'une communauté, dans le domaine de la philosophie, de l'imagination, de la technique, accusant une certaine valeur quant à la forme ou au fond."[20] Mirville unternimmt folglich den Versuch, die mündlich tradierten Erzählungen und Denkströmungen der *littérature* gleichberechtigt gegenüberzustellen und auf diese Weise die (koloniale) Dichotomisierung aufzuheben. Obgleich sich sein Begriff nicht einheitlich durchgesetzt hat und häufig mehr von *oralité* die Rede ist, wurde das Konzept durch weitere karibische Theoretiker aufgegriffen.[21] So beispielsweise von Chamoiseau, der über die schriftliche karibische Literatur schreibt:

> [L]'écrivain se tourne tout naturellement vers ce que les Haïtiens appellent l'oraliture; ils désignent ainsi une production orale qui se distinguerait de la parole ordinaire par la dimension esthétique. Et dans le cadre de cette oraliture, il va s'intéresser aux contes et aux conteurs qui en sont les éléments centraux.[22]

Er greift die Idee einer mündlichen Erzählkultur, die mit der westlichen Schriftlichkeit auf einer Ebene steht, auf und versteht sie als die Grundlage der karibischen Literatur. In seiner Auffassung ist der Schriftsteller allerdings von der Erzähltradition seiner Umgebung nicht nur implizit geprägt, sondern überträgt diese Oralität auch effektiv in seine schriftlichen Texte. In diesem Sinne wird das ursprüngliche Konzept erweitert und umfasst nun auch mündliche Elemente, die sich in der schriftlichen Literatur manifestieren. In den Worten Chamoiseaus findet sich daher in den Texten eine „tracée mystérieuse de l'oral à

---

19 Vgl. Dumas, Pierre Raymond: Interview sur le concept d'oraliture accordée à Pierre Raymond Dumas par le Docteur Ernest Mirville. In: *Conjonction* 161 (1984), S. 161.
20 Ebd., S. 162.
21 Glissant weist auf den aus Haiti stammenden Neologismus hin, sieht allerdings den Ausdruck ‚littérature orale' als aussichtsreicher, um die Übertragung mündlicher Elemente zu fassen. Vgl. Édouard Glissant: *Le discours antillais*. Paris: Seuil 1981, S. 345. Wie Peter Koch und Wulf Oesterreicher anmerken, besteht jedoch bei der Bezeichnung ‚orale Literatur' das Problem, „dass man den Begriff Literatur mit dem [...] verdinglichten Textbegriff assoziiert. Damit werden jedoch konstitutive Züge der künstlerisch-ästhetischen Diskurse in primärer Mündlichkeit ausgeblendet: vor allem die Prozesshaftigkeit der Gestaltung, die Inszenierung des Vorgangs, die Interaktion zwischen Sänger, Spielmann, Erzähler und seinem Publikum." (Peter Koch/Wulf Oesterreicher: Sprache der Nähe, S. 30) Aus diesem Grund wird hier der Terminus ‚oraliture' bevorzugt.
22 Patrick Chamoiseau: *La tracée mystérieuse*, S. 153.

l'écrit".[23] Folglich bezeichnet die *oraliture* erstens den gleichwertigen oralen Gegenpol zur schriftlichen *littérature* und zweitens die Präsenz mündlicher Elemente in der schriftlichen Literatur.

4.3 Die *oraliture* der Roma: Untersuchungselemente

In Anlehnung an Ralph Ludwig wird hier von zwei Effekten, welche mündliche Charakteristika in geschriebenen Texten vermitteln, ausgegangen. Zum einen ein historisch-politischer Bereich, in dem die Erfahrungen der Schreibenden, die aus einer pluralistischen Mosaik-Gesellschaft stammen, ausgedrückt werden, und zum anderen die ästhetische Komponente, die ‚neue' Rhythmen einbringt und die sprachlichen Ausdrucksmöglichkeiten erweitert.[24] Die Aneignung der Schrift und deren Unterwanderung durch mündliche Elemente entsprechen damit einer Erzählstrategie der *Appropriation*, wie sie Bill Ashcroft, Gareth Griffiths und Helen Tiffin als typisch für postkoloniale Literaturen herausgearbeitet haben.[25] Demnach nutzen Autoren die Sprache des Zentrums – des Kolonisators –, unterwerfen sie neuen Formen und Nutzweisen und bringen über die ästhetische Gestaltung ihre (neue) Unabhängigkeit zum Ausdruck.[26]

Für die karibische Erzählkultur hatten die nächtlichen Treffen von Erzählern und Zuhörern im Verborgenen in Zeiten der Kolonisation eine politische Bedeutung, wie Chamoiseau vor Augen führt, wenn er die dort geäußerte „parole de nuit" zugleich als „parole de résistance" wertet.[27] Die nächtlichen Erzählzusammenkünfte ohne Überwachung durch die Kolonisatoren ermöglichten den karibischen Kreolsprechern, der kulturellen Unterjochung eine eigene – kreolische – Vision ihrer Lebensweise gegenüberzustellen und damit die imperialistische Weltsicht zu unterwandern. Einen solchen identitätsstabilisierenden Pol stellt Lagrene in Bezug auf das mündliche Erzählen auch für Roma fest,

---

23 Patrick Chamoiseau: *La tracée mystérieuse*, S. 151.
24 Vgl. Ralph Ludwig: Écrire la parole de nuit. Introduction. In: Ders. (Hg.): *Écrire la ‚parole de nuit'. La nouvelle littérature antillaise*. Paris: Gallimard 1994, S. 19–20. Beide Bereiche lassen sich nur analytisch abgrenzen, fallen in den Texten hingegen meist zusammen.
25 Vgl. Bill Ashcroft/Gareth Griffiths u.a., *Empire*, S. 37.
26 Über die Ambivalenz, mit der sich ehemalige Kolonisierte der Sprache des ehemaligen Kolonisators bedienen, reflektierte schon Léopold Sédar Senghor und begründete die Sprachwahl sowohl mit ästhetischen als auch politischen Erwägungen. Vgl. Léopold Sedar Senghor: Négritude et civilisation de l'universel. In: *Présence africaine* 46 (1963), S. 8–10.
27 Patrick Chamoiseau: *La tracée mystérieuse*, S. 154. Vgl. auch Jean Bernabé/Patrick Chamoiseau u.a.: *Éloge*, S. 34, wo *oralité* als eine „contre-culture" bezeichnet wird.

denn in seinen Worten haben „wir Sinti/Roma das Erzählen wohl immer gebraucht [...], um uns selbst zu bestärken und unseren Stolz zu behaupten."[28] In poetischeren Worten formuliert dies die Romnì und Autorin Margita Reiznerovà, wenn sie über die Roma-Erzählungen sagt:

> De retour à la maison, loin de la rue des Blancs, méfiante et chargée de haine, le conte romani lavait nos cœurs et nos âmes, nous sauvait des sentiments destructeurs d'infériorité, de culpabilité et d'insécurité. Le conte romani nous rendait notre dignité d'être humain....[29]

Beide bringen zum Ausdruck, dass der Widerstand gegen dominierende Strukturen und die Selbstbestärkung der Gruppe komplementär sind. Die subtile Unterwanderung der (kulturellen) Hegemonie und der positive Aspekt für das Selbstwertgefühl werden im schriftlichen Text mit dem Rekurs auf orale Erzählstrategien transportiert und (politische) Nähe zur Roma-Gemeinschaft ausgedrückt.[30] Die politische Ebene, welche sich hierin offenbart, gewinnt weiterhin an Bedeutung, führt man sich vor Augen, dass das Schrifttum selbst ein sehr machtvolles Mittel der Dominanz ist.[31]

Cécile Canut-Hobe sieht im Schreiben der bulgarischen Roma-Autorin Stefka Stefanova Nikolova neben dem politischen Einfluss ebenso wie Ashcroft, Griffiths und Tiffin das ästhetisch-poetische Potential, welches in der *oraliture* liegt, denn in ihren Worten dringe das Werk in „un nouveau lieu discursif [...] par le mouvement de la parole"[32] vor. Dessen Charakteristika sind, wie hier schon durch die unpräzise Formulierung deutlich wird, ungleich schwerer zu fassen als die politische Komponente. Einige mündliche Merkmale und ihre Wirkungen auf unterschiedlichen Niveaus benennt jedoch Chamoiseau:

---

28 Reinhold Lagrene: *Erzählkunst*, S. 136.
29 Margita Reiznerovà zit. nach Milena Hübschmannová: Mes rencontres avec le Romano šukar laviben. In: *Études tsiganes* 36 (2009), S. 98–135.
30 Vgl. Douaire, Anne: Introduction. In: Dies. (Hg.): *Oralités subversives*. Rennes: Presse universitaire 2004, S. 8. Werden mündliche Elemente in die schriftliche Literatur übertragen, so transportieren sie ein politisch-subversives Moment, das generell wie bereits erwähnt als Merkmal einer *littérature mineure* im Sinne von Deleuze und Guattari gilt. Vgl. Gilles Deleuze/Félix Guattari: *Kafka*, S. 29 und hier Kapitel *1.2 Eine transnationale Roma-Literatur*, S. 28 und S. 32.
31 Vgl. Claude Lévi-Strauss: *Triste tropiques*, S. 344.
32 Cécile Canut-Hobe: Écritures et subjectivation politique. Les mots du dehors. In: *Études tsiganes* 43 (2010), S. 49.

> C'est un matériau [les contes oraux] extraordinaire qui témoigne un peu du rythme originel, des stratégies de dissimulation du sens vrai, des tactiques pour opacifier[33] l'expression. Cela renseigne aussi sur les fractures de phrases, le concassage du récit, le jeu tourbillonnant des images, l'utilisation ambigüe de l'humour, les effets permanents de distanciations, l'économie générale de la description, le traitement particulier du temps et de l'espace.[34]

Obgleich auch seine Aufzählung abstrakt bleibt, ermöglicht sie einige ästhetische Aspekte (Brüche der Satzstruktur, ungebräuchliche Bilder, humoristische Passagen, Reduktion deskriptiver Teile und Dynamisierung der Sprache) einzubeziehen, welche in seinem Verständnis einen Bezug zur mündlichen Tradition erlauben. Für Ludwig ist es ebenfalls der Rhythmus der zwischen Kreol und Französisch pendelnden Sprache, der zu einer neuen ästhetischen Erfahrung führt. Er betont zudem, dass assoziative Strukturen der Darstellung von Kausalitäten vorgezogen werden, was seiner Ansicht nach ebenfalls auf die mündliche Tradition zurückzuführen sei.[35] Dies deckt sich mit einer Einschätzung von Ong, wonach die orale Gestaltung tendenziell „eher aggregativ als analytisch" sei.[36] Er hält zudem die Charakteristika „additiv und nicht unterordnend", „redundant und nachahmend", „konservativ und traditionalistisch", „eher einfühlend und teilnehmend als objektiv-distanziert" und „eher situativ als abstrakt" für typisch.[37] Koch und Oesterreicher nennen zusätzlich einige Anhaltspunkte in Bezug auf nähesprachliche Diskurse, die auch auf die literarische Repräsentation übertragen werden können: Spontaneität, Dialogizität, Vertrautheit, Expressivität und affektive Teilnahme können demgemäß in literarischen Texten Zeichen für Nähesprache sein.[38] Im Folgenden werden diese mit weiteren Attributen, wie sie von karibischen Vertretern als typisch für die *oraliture* dargestellt werden (zum Beispiel die Bedeutung des Erzählers, die Frage nach einem Ursprungsmythos und die Problematik der Sprachwahl), verbunden und in Zusammenhang mit der Erzähltradition der Roma gebracht, um Kennzeichen der *oraliture* der Roma festzuhalten. Auf der Basis der genannten Untersuchun-

---

33 Er bezieht sich hier auf das Alteritätsverständnis von Glissant, der die *opacité* als Gegensatz zur *transparence*, die er aus dem westlichen Hegemoniewillen herleitet, konstruiert. Demnach ist das Verständnis des anderen durch die Akzeptanz einer nicht vollständigen Durchsichtigkeit gekennzeichnet. Vgl. Édouard Glissant: Le chaos-monde, S. 127.
34 Patrick Chamoiseau: *La tracée mystérieuse*, S. 155–156.
35 Vgl. Ralph Ludwig: *Frankokaribische Literatur. Eine Einführung*. Tübingen: Narr 2008, S. 19.
36 Vgl. Walter J. Ong: *Orality and Literacy*, S. 36–55.
37 Walter J. Ong: *Orality and Literacy*, S. 36–55.
38 Vgl. Peter Koch/Wulf Oesterreicher: Sprache der Nähe, S. 19–24. Analog sind Zeichen von Distanzsprache unter anderem stärkere: Themenfixierung, Objektivierung, Informationsdichte und Komplexität.

gen werden hier sieben potentielle Aspekte einer *oraliture* der Roma dargelegt, mithilfe derer die Texte auf mündliche Kennzeichen untersucht werden können:[39] Rezeptionssituation, Genre, Stoff, Personenkonstellation, Redewiedergabe, Register und Stil und sprachliche Interferenzen.

Rezeptionssituation: Verwischung der Zielgruppen
Bei der Rezeption können zwei Einflussfaktoren als entscheidend für die kommunikative Nähe festgehalten werden. Zum einen hängt sie von der Größe der Zielgruppe ab, zum anderen von deren Zusammensetzung. Mit einer schriftlichen Publikation wird in der Regel eine breitere Öffentlichkeit erreicht als mit mündlicher Kommunikation und erstere ist folglich durch größere Distanz gekennzeichnet.[40] Neben der Größe der Zuhörer-/Leserschaft ist allerdings auch deren Zusammensetzung entscheidend. Speziell für die Situation der Minderheits-/Mehrheitskommunikation (Roma/Nicht-Roma) ist die Unterscheidung der Zielrichtung des Textes und dessen Ausrichtung auf verschiedene Rezipientengruppen sinnvoll.[41] Wenn die beiden Kommunikationspartner auf eine gemeinsame Kommunikationsgeschichte zurückblicken, herrscht größere Nähe und sie können leichter auf gemeinsame Erfahrungen rekurrieren.[42] Zwar muss generell davon ausgegangen werden, dass die Hauptzielgruppe sowohl im Fall der karibischen Literatur als auch der romani Literaturen die Mehrheitsgesellschaft ist – dies zeigt sich allein schon in der Sprachwahl – jedoch lassen sich stellenweise Verwischungen in den Rezipientengruppen feststellen.[43] Die unterschiedliche Leserschaft vollzieht beispielsweise Paola Trevisan bei der Analyse

---

39 Es muss darauf hingewiesen werden, dass die beleuchteten Kennzeichen nicht in jedem Zusammenhang als Kennzeichen einer *oraliture* gelten können, sondern kontextabhängig (wie hier in Relation zu einer „littérature émergente") als Abbildung mündlicher Strukturen verstanden werden können.
40 Vgl. Peter Koch/Wulf Oesterreicher: *Gesprochene Sprache*, S. 7.
41 Vgl. auch die Unterscheidung in vier Sender- und Empfängersituationen im Verhältnis von Roma und Schriftverkehr nach Leonardo Piasere. Als normal wird seiner Meinung nach aus der Perspektive der Roma die schriftliche Kommunikation zwischen Nicht-Roma eingeordnet. Als Empfänger einer Nachricht eines Nicht-Rom ist es für einen Rom zwar von Vorteil, diese entschlüsseln zu können, aber die Tatsache, lesen zu können, ist nicht mit Prestige verbunden. Für die Diskussion der Roma-Literaturen von weit größerer Bedeutung als diese beiden Kommunikationssituationen sind diejenigen, in denen ein Rom als Produzent agiert: also die Frage der Kommunikation zwischen Rom (Produzent) und Nicht-Rom (Rezipient) und Rom (Produzent) und Rom (Rezipient). Beide Fälle erscheinen Leonardo Piasere allerdings von marginaler Bedeutung für die Gemeinschaften. Vgl. Leonardo Piasere: *Connaissance*, S. 13–14.
42 Vgl. Peter Koch/Wulf Oesterreicher: *Gesprochene Sprache*, S. 7 und S. 11.
43 Vgl. dazu auch Kapitel *1.2 Eine transnationale Roma-Literatur*, S. 27.

autobiographischer Erzählungen von Sinti aus Italien nach. Die Erzählpassagen, die an die Außengesellschaft gerichtet sind, werden durch die Wortwahl und den er- beziehungsweise aufklärenden distanzsprachlichen Stil deutlich markiert. Eine Rolle spielt dabei ihrer Meinung nach auch die gedankliche Ausrichtung auf eine politische Zielsetzung der Publikation.[44] Wesentlich subtiler sind die Textbereiche, die sich an Rezipienten wenden, die mit der eigenen Lebensweise vertraut sind. Häufig nur über Anspielungen vermittelt, bleiben bestimmte (tabuisierte) Bereiche auch oft gänzlich unerwähnt. Ellipsen spielen folglich eine große Rolle.[45]

Textsorten und Genremischung: Zwischen deskriptivem und narrativem Text
Die im vorherigen Kapitel bereits umrissene schwirige Position des Autors in der Gemeinschaft, das ambivalente Verhältnis zum Aufzeichnen von Erinnerungen und die Verbindung von Nähe- und Distanz(-sprache) manifestieren sich ferner in der unklaren Genrezuordnung der Werke. Zwar wird die französischen Texte betreffend paratextuell zumeist eine Zuordnung zu fiktionalen Textsorten wie dem Roman oder der Erzählung vorgenommen, einige Publikationen entziehen sich aber wohl auch in den Augen der Herausgeber jeglicher Kategorie und werden daher gänzlich ohne dieselbe veröffentlicht.[46] Aber selbst diejenigen Texte, die unter den Rubriken *roman* oder *récit* klassifiziert wurden, subvertieren diese oftmals, indem alltagsweltliche oder historische Bezüge zumindest stellenweise vorherrschen. Ähnliches gilt für die von Roma produzierten Texte, die sich allein der Fixierung der mündlichen Tradition verschreiben und zum Beispiel Untertitel wie *conte(s) tsigane(s)* tragen.[47] Auch sie unterlaufen zum Großteil die durch den Paratext geweckten Erwartungen reiner Fiktion, denn referentielle Einflüsse sind nachvollziehbar oder sogar dominant. Damit entzieht sich fast die Gesamtheit der Texte einer klaren Genrezugehörigkeit. Der Anthropologe Jean-Luc Pouyeto konstatiert diese unmögliche Einordnung für das Werk *Où vas-tu manouche?* (1982) von Joseph Doerr, das weder als

---

44 Vgl. Paola Trevisan: Écrire pour qui? Auteurs, public et registres linguistiques dans les autobiographie des Sinti italiens. In: *Études tsiganes* 37 (2009), S. 99.
45 Vgl. Ebd., S. 97–100. In Trevisans Beispiel sind dies die Fluchtheirat der Erzählerin und die daraus entstehenden interfamiliären Spannungen.
46 Am auffälligsten ist dies bei den Werken von Sandra Jayat, die alle ohne paratextuelle Einordnung veröffentlicht sind, aber auch *La guerre noble* (2006) von Luis Ruiz, *Mes secrets tziganes* (1989) von Sterna Weltz und *La route des gitans* (2008) von Miguel Haler wurden keiner Gattung oder einem Genre zugeordnet.
47 Vgl. Joseph Stimbachs *Itsego* (2001), Vania de Gila-Kochanowskis *Le roi des serpents* (1996).

Familienchronik, Epos oder Autobiographie gelten kann.[48] Zutreffend scheint die Vermischung unterschiedlicher Genres auch für die tschechische Roma-Autorin Stefanova Nikolova, deren Publikation Canut-Hobe analysiert. Sie beschreibt sie mit den folgenden Worten:

> À travers ces multiples discours rapportés insérés dans des genres très différents allant du récit à la description, en passant par les dictons, les répliques de théâtre, les envolées lyriques, le pamphlet etc., c'est tout un petit monde qui se met en mouvement. Au-delà de cette polyphonie active, Stefka, renforce la dissolution des voix en citant ses propres mots, par un procédé de mise en abîme original.[49]

Obwohl in dieser Beschreibung in erster Linie der Eindruck erweckt wird, es würde sich bei einer solchen Vermischung von faktualen Elementen mit fiktionalem Erzählen und der daraus entstehenden mehrdeutigen Genrezuordnung um ein gänzlich neues – weil schriftliches – Charakteristikum handeln, ist dies nicht zwingend der Fall. Für die mündlichen Erzählungen der Roma stellen beispielsweise Lev Tcherenkov und Stéphane Laederich fest, dass „[t]he line between fantasy and real life is often blurred as certain beliefs such as the one of the mule and čoxane[50] are considered as part fantasy and part reality."[51] Ebenso ist die Überschreitung von vermeintlich starren Gattungsgrenzen schon im mündlichen Erzählen begründet. So werden zum Beispiel gesungene Teile in Erzählungen integriert.[52] Eine Beschreibung des karibischen Autors Chamoiseau lässt allerdings die These zu, dass die allmählich verschwindende orale Erzählkultur und der Kontakt mit der französischen Sprache und Literatur das (unbewusste) Einflechten verschiedener Genres in einen Text verstärkt:

> Demeurent, pour l'écrivain, des lambeaux de mémoire orale, disséminés à travers le pays des bouts de contes, des bribes de comptines, des éclats de titimes, des haillons de parles diverses, qui se bousculent, qui s'entrechoquent, qui ont subi les effets de la francisation et de diverses aliénations, et qui surtout semblent en voltige permanente, quasiment inac-

---
48 Vgl. Jean-Luc Pouyeto: Coucou Doerr, Un écrivain naif?. In: *Études tsiganes* 37 (2009), S. 125.
49 Cécile Canut-Hobe: Écritures et subjectivation politique, S. 48.
50 *Čoxano* bezeichnet böse Geister. Im Gegensatz zum *mulò*, der immer die Form einer bekannten (verstorbenen) Person hat, ist der *čoxano* eine abstrakte Gestalt. Allerdings ist es möglich, dass ein *mulò* zum bösen *čoxano* wird. Beide Figuren sind vielfach Teil von Erzählungen. Mit der weiblichen Form *čoxanja*, wird die – auch lebendige – Hexe bezeichnet, die nicht in derselben Weise Furcht einflößend ist. Vgl. Lev Tcherenkov/Stéphane Laederich: *The Roma 2. Traditions and Texts.* Basel: Schwabe 2004, S. 585–586.
51 Lev Tcherenkov/Stéphane Laederich: *The Roma 2*, S. 702.
52 Vgl. Petra Cech/Christiane Fennesz-Juhasz u.a.: *Fern von uns im Traum*, S. 402.

cessible dans leur essence, dans la mesure où aucune approche systématique, rationnelle, méthodique de récupérations de l'oralité n'existe en Martinique.[53]

Zu den von Chamoiseau beschriebenen Kontaktphänomenen addieren sich im Fall der Roma-Texte rhetorische Anleihen aus ethnographischen Texten und (auto-)biographische Bereiche, die einem genuin schriftlichen Genre zugeordnet werden können. Deskriptive Teile und bestimmte Textstrategien wie Introspektion und autodiegetischer Erzähler erzeugen einen Authentizitätsanspruch und inkludieren den Leser über die Nachvollziehbarkeit identitätsrelevanter Erfahrungen in die Innenwelt der Protagonisten und damit bis zu einem gewissen Grad in die Roma-Gemeinschaft. Mit dieser Leserorientierung – tendenziell außerhalb der Roma – symbolisieren derartige Passagen die relative Distanz zur Gemeinschaft und die stilistische sowie genrehafte Anpassung an die Diskurstradition der Mehrheit. Dem stehen Passagen oder auch ganze Texte gegenüber, die fiktionale Elemente in den Vordergrund stellen und sich aus der oralen Tradition der Roma speisen. Letzteren kann damit größere Nähe zur mündlichen Erzählkultur der Roma zugeschrieben werden. Das Oszillieren zwischen faktualen Beschreibungen und fiktionalen Teilen wird damit zeichenhaft für die Zwischenstellung der Autoren in Abgrenzung und Annäherung zur Roma-Mehrheit. Die autobiographischen Charakteristika der Texte sind hierbei von großer Relevanz, denn die Autobiographie dient zwar auch als Verhandlungsort kollektiver Identität, stellt jedoch *per definitionem* die Selbsterkenntnis ins Zentrum.[54] In kollektivistisch orientierten Kulturen ist diese Textsorte daher wesentlich seltener beziehungsweise in der Diskurstradition inexistent.[55] Da es sich zudem um ein ausgesprochen schriftliches Genre handelt, wird mit der Wahl autobiographischer Merkmale eine sehr hohe Distanz zur Roma-Gemeinschaft geschaffen. Mit dem Ziel, den darin liegenden Traditionsbruch zu verringern, nutzen einige

---

53 Patrick Chamoiseau: La tracée mystérieuse, S. 155.
54 Für Untersuchungen der Autobiographie unter dem Aspekt der kollektiven Identität Vgl. Magdalena Silvia Mancas/Dagmar Schmelzer: *Der Espace autobiographique und die Verhandlung kultureller Idenität – ein pragmatischer Ort der Autobiographie in den Literaturen der Romania*. München: Meidenbauer 2011.
55 Zur (Neu-)Entstehung des autobiographischen Genres in den maghrebinischen Literaturen französischer Sprache vgl. Claudia Gronemann: *Postmoderne, postkoloniale Konzepte der Autobiographie in der französischen und maghrebinischen Literatur*. Hildesheim: Olms 2002, S. 117–123 und zum subsaharischen Kontext und der Autobiographie vgl. Magdalena Silvia Mancas: Femmes d'afrique: stratégies narratives et identité culturelle dans les récits autobiographiques des femmes-écrivains de l'Afrique noire. In: Dies./Dagmar Schmelzer (Hg.): *Der Espace autobiographique und die Verhandlung kultureller Identität – Ein pragmatischer Ort der Autobiographie in den Literaturen der Romania*. München: Meidenbauer 2011, S. 53–69.

Autoren Verschleierungsstrategien gegenüber der Individualisierung, indem sie beispielsweise das Individuum deutlich hinter das Kollektiv zurücktreten lassen oder die individuelle Perspektive durch einen Erzähler in dritter Person verdecken.[56] Autoren, die sich in größerer realer Distanz zur Roma-Gemeinschaft befinden, greifen hingegen stärker auf die Autobiographie als Medium ihrer Selbsterfahrung zurück.[57]

Distanz und Nähe stehen damit in einem Spannungsfeld und lassen sich bis zu einem gewissen Grad an den Genrecharakteristika nachvollziehen. Damit wird der Diaspora-Diskurs auf die poetologische Ebene übertragen und das Wechselspiel von Grenzauflösung und -erhalt ausgedrückt.

Traditionelle Stoffe: *Bricolage* und Authentizitätsanspruch
Der Rückgriff auf traditionelle Stoffe bildet für Glissant eine erste Phase des karibischen Schreibens, die davon geprägt ist, die mündlichen Erzählungen nachzugestalten und sie auf diese Weise zu stabilisieren.[58] Den von ihm festgestellten Einfluss des traditionellen Stoffs sieht auch Lagrene in Bezug auf die Roma-Erzählungen. Er ist der Meinung, dass „die traditionelle Erzählung [...] die wesentliche Grundlage für das heutige literarische Werk der Minderheit [bildet], und zwar gilt das für die west- wie auch osteuropäischen Länder."[59] Rückgriffe auf derartige Archetypen mündlicher Erzähltradition in schriftlichen Texten wären zum Beispiel die Verortung der Handlung in modellhaften Situationen wie der Versammlung, dem Duell etc.[60] Auch das Einflechten von magischen Elementen, wie sie in Zaubermärchen vorkommen, die unter den Roma sehr verbreitet sind, ist als Rückgriff auf die mündliche Tradition zu verstehen. Solche Rekurse werden vor allem dadurch ermöglicht, dass Makrostrukturen stabil

---

56 Dies ist beispielsweise in den Werken von Joseph Doerr: *Où vas-tu manouche?*. Draguignan: Wâllada 1982; Lick Dubois *Il était une fois* (2003) und Sterna Weltz *Mes secrets tziganes* (1989) der Fall.
57 Das gilt beispielsweise für Sandra Jayats Werke *La longue route d'une Zingarina* (1978) und *Zingarina ou l'herbe sauvage* (2010) und den ersten Text von Miguel Haler *Le guitariste nomade* (2005), die zwar nicht als Autobiographien kategorisiert sind, jedoch eindeutige autobiographische Elemente aufweisen. Bedeutsam ist in dieser Hinsicht auch die Tatsache, dass der erste französische Autor Matéo Maximoff seine Autobiographie als letzten Text und kurz vor seinem Tod veröffentlichte. Für anderssprachige Roma-Literaturen gilt dies allerdings nur bedingt. So ist die deutsche (Holocaust-)Roma-Literatur wesentlich stärker durch die singuläre Erfahrung des Genozids und einer ausgeprägteren autobiographischen Entwicklung gekennzeichnet.
58 Vgl. Édouard Glissant: Le chaos-monde, S. 113.
59 Reinhold Lagrene: Grenzerfahrungen, S. 114.
60 Vgl. Walter J. Ong: *Orality and Literacy. The Technologizing of the Word*. London u.a.: Methuen 1982, S. 35.

sind, über Generationen weitergegeben werden und nur geringem Wandel unterliegen.[61] Entscheidend für die Etablierung und Erhaltung von Makrostrukturen ist die ständige Wiederholung. Dies führt zu einem tendenziell konservativen Charakter der mündlichen Erzählungen, mittels derer das Wissen einer Gesellschaft weitergegeben wird, wie Ong konstatiert:

> Since in primary oral culture conceptualized knowledge that is not repeated aloud soon vanishes, oral societies must invest great energy in saying over and over again what has been learned arduously over the ages. [...] Knowledge is hard to come by and precious, and society regards highly those wise old men and women who specialize in conserving it, who know and can tell the stories of the days of old [...].[62]

Aleida und Jan Assmann bezeichnen diese Wiederholungsstruktur aufgrund der Bedeutung für das kollektive Gedächtnis daher als den mnemotechnischen Aspekt der Narrative. So lässt sich in mündlichen Erzählungen häufig eine vergleichsweise repetitive Struktur feststellen, die damit zusammenhängt, dass kunstvolle Pausen oder Wiederholungen es dem Erzähler ermöglichen, die Handlung gedanklich weiterzuführen und die Kohärenz der Geschichte aufrechtzuerhalten.[63] Dieses Ziel wird auch über Formelhaftigkeit erreicht.[64] In den Roma-Märchen sind ritualisierte Formeln die auch in den Mehrheitsgesellschaften typischen Märchenanfänge „Sine kaj sine" – „Es war, weil es war", „Sas kaj na sas" – „Es war und es war nicht" und „Sine kaj sine jek paramisa" – „Es war, weil es war ein Märchen" etc. ebenso wie die formelhaften Enden der Erzählung, die eine noch größere Bandbreite haben und sich regional unterscheiden.[65] Auf der mikrostrukturellen Ebene hingegen wird die mnemonische Funk-

---

61 Vgl. Vladimir Propp/Karl Eimermacher (Hg.): *Morphologie des Märchens*. München: Carl Hansen 1972. Dass dies ebenso für kreolische Märchen gilt, zeigt Ingrid Neumann-Holzschuh: Les contes créoles, S. 235.
62 Walter J. Ong: *Orality and Literacy*, S. 42.
63 Vgl. für die Übertragung dieser Struktur in die Literatur der Karibik Raphaël Confiant: Questions pratiques d'écritures créole. In: Ralph Ludwig (Hg.), *Écrire la ‚parole de nuit'. La nouvelle littérature antillaise*. Paris: Gallimard 1991, S. 176.
64 Vgl. Aleida Assmann/Jan Assmann: Nachwort. Schrift und Gedächtnis. In: Dies. u.a. (Hg.): *Schrift und Gedächtnis. Beiträge zur Archäologie der literarischen Kommunikation*. München: Fink 1983, S. 270.
65 Vgl. Petra Cech/Christiane Fennesz-Juhasz u.a.: *Schlaue Romni*, S. 306–308. Diese entsprechen den in den Mehrheitsgesellschaften üblichen Formeln. Die Märchen enden häufig mit dem für Roma typischen „T'aven saste thaj baxtale" (Romanès: Möget ihr gesund und glücklich sein). Es werden aber auch die in den verschiedenen Mehrheitsgesellschaften vorhandenen Schlussformeln zum Beispiel „Und wenn sie nicht gestorben sind, dann leben sie noch heute" oder „Dort das Schlechte, hier das Gute" verwendet.

tion durch Rhythmisierung mithilfe von Alliterationen und Assonanzen sichtbar. Ebenso wie der Rekurs auf Modelle verringern diese Stilfiguren die Spontaneität und damit den nähesprachlichen Anteil.[66]

Während für die Untersuchung der Rückgriff auf traditionelle Stoffe mit diversen (Märchen-)Anthologien aus der oralen Tradition eine Basis besteht, ist auffällig, dass sich in den Roma-Erzählungen aus ganz Europa kein Hinweis auf einen einheitlichen Ursprungsmythos auffinden lässt. Zwar existieren einige wiederkehrende Erzählungen zur Herkunft der Roma, es muss jedoch davon ausgegangen werden, dass diese von der Außengesellschaft verbreitet wurden.[67] Dies gilt auch für die Karibik, wo aus theoretischer Perspektive das Fehlen eines Ursprungsmythos, der eine Ausgangsbasis für schriftliches Erzählen bieten könnte – ähnlich der germanischen Nibelungensage, der britischen Artuslegende oder der *Chanson de Roland* in Frankreich –, offensichtlich als Manko empfunden wird, denn Glissant beschäftigt sich explizit mit der Abwesenheit eines Nationalepos auf den Antillen und sucht eine Begründung für diese. Er erklärt sie aus einem Unterschied des Zeitverständnisses zwischen Karibik und westlicher Welt. Demnach würde die zyklische karibische Zeitperzeption der Mythosbildung entgegenstehen, während die lineare okzidentale Wahrnehmung sie begünstigt.[68] Auch für den Anthropologen Poueyto ist die Zeitwahrnehmung ein Faktor, der für die Entstehung eines Ursprungsmythos bei den Roma hinderlich war beziehungsweise ist. Er begründet dies zusätzlich mit der Tabuisierung der Toten.[69] Autoren versuchen verschiedentlich, diese Leerstelle zu füllen. Da ein Rekurs auf eine eigene Legende oder Heldensage jedoch nicht möglich ist, erfolgt Mythenbildung im Sinne Lévi-Strauss' als *bricolage*, also unter Bezugnahme auf ein bereits vorhandenes Instrumentarium und mit dessen Reorganisation. Im Zusammenhang mit dem Mythos ist dabei bedeutend, dass seine Komponenten durch die bestehenden Konzepte und den zuvor gegebenen Sinn gebunden sind. Jedoch besteht grundsätzlich die Möglichkeit, Elemente innerhalb der stabilen Grundstruktur auszutauschen und so ein neues

---

66 Vgl. Walter J. Ong: *Orality and Literacy*, S. 35.
67 Vgl. Ines Köhler-Zülch: Die heilige Familie in Ägypten, die verweigerte Herberge und andere Geschichten von ‚Zigeunern': Selbstäußerungen oder Außenbilder?. In: Daniel Strauß (Hg.): *Die Sinti/Roma-Erzählkunst*. Heidelberg: Dokumentations- und Kulturzentrum deutscher Sinti und Roma 1992, S. 35– 84.
68 Vgl. Édouard Glissant: *Le chaos-monde*, S. 121–123.
69 Die Tabuisierung der Toten und die Auswirkungen auf die ganze Lebensweise sind für einige Ethnologen eines der hervorstechendsten Merkmale der Sinti/*manouche*. Vgl. Patrick Williams: *Nous, on n'en parle pas* und Elisabeth Tauber: *Du wirst keinen Ehemann nehmen! Respekt, Bedeutung der toten und Fluchtheirat bei den Sinti Estraixaria*. Berlin: LIT 2006.

Ensemble zu schaffen.[70] Bei dieser Neuschöpfung wird die ambivalente Situation der Autoren zwischen Nähe und Distanz besonders deutlich. Indem sie sich dem Instrumentarium Außenstehender bedienen müssen, distanzieren sie sich von ihrer Gemeinschaft. Wird jedoch gleichzeitig die neue Form mit identitätskonkreten Markern angereichert und im Sinne von Ong auf die „human lifeworld"[71] zurückgegriffen, kann dies als ein Zeichen für Nähe gewertet werden.[72] Dabei handelt es sich nicht um einen realistischen Bericht, vielmehr werden referentielle Bezüge aus dem Leben der Erzählenden in die Handlung eingebettet.[73] Diesbezüglich stellt Walter Benjamin für mündliche Erzählungen fest:

> Die Erzählung [...] legt es nicht darauf an, das pure ‚an sich' der Sache zu überliefern wie eine Information oder ein Rapport. Sie senkt die Sache in das Leben des Berichtenden ein, um sie wieder aus ihm hervorzuholen. So haftet an der Erzählung die Spur des Erzählenden wie die Spur der Töpferhand an der Tonschale. Es ist die Neigung der Erzähler, ihre Geschichte mit einer Darstellung der Umstände zu beginnen, unter denen sie selber das, was nachfolgt, erfahren haben, wenn sie es nicht schlichtweg als selbst erlebt ausgeben.[74]

Die hier dargestellte Authentifizierungsstrategie ist bei den unter den Roma sehr verbreiteten *mulò*-Geschichten, die von Wiedergängern handeln, ausgeprägt. Bei ihrer Erzählung wird sehr oft auf bekannte oder vertrauenswürdige Personen rekurriert, um den Anspruch an die Handlung als gelebte Realität zu verstärken.[75] Aber auch in anderen (autobiographischen) Erzählungen spielt der Rekurs auf die eigene Lebenswelt eine große Rolle wie Paola Trevisan beobachtet:

> Les narrations des Sinti réaffirment continuellement le ‚critère de vérité' qui les soutient: on ne peut raconter (y compris par écrit) que ce qu'on a vu ou entendu directement. Un tel ‚critère de vérité', qui est à la base de tout discours de la part des Sinti n'est pas suffisant

---

70 Vgl. Claude Lévi-Strauss: *La pensée sauvage*, S. 26–33.
71 Walter J. Ong: *Orality and Literacy*, S. 42.
72 Vgl. Peter Koch/Wulf Oesterreicher: *Gesprochene Sprache*, S. 11.
73 Vgl. Walter J. Ong: *Orality and Literacy*, S. 42.
74 Walter Benjamin: Der Erzähler. In: Ders.: *Illuminationen. Ausgewählte Schriften*. Frankfurt a.M.: Suhrkamp 1961, S. 418.
75 Vgl. Petra Cech/Mozes F. Heinschink u.a.: *Kerzen und Limonen*, S. 260. Vgl. beispielsweise die Geschichte „Die zwei Totengeister", erzählt von Ljubiša Mitrović, die mit einer Genealogie der Familie beginnt, die das Figureninventar der Geschichte situieren. vgl. Christiane Fennez-Juhasz/Petra Cech u.a.: *Die schlaue Romnì*, S. 123. Wie der Bezug zur persönlichen Erfahrung aufgegriffen wird, illustriert ebenso die Erzählung von Redžep Ašik vgl. Petra Cech/Mozes F. Heinschink u.a.: *Kerzen und Limonen*, S. 163–164.

pour en garantir la justesse parce que tout aussi fondamental est le réseau relationnel à l'intérieur duquel se sont déroulés les faits dont on est témoin.[76]

Eine ähnliche Feststellung, wie Trevisan sie hier für den Realitätsbezug der Sinti in Italien hervorhebt, stellt auch Milena Hübschmannová heraus.[77] Diese Referentialität steht in enger Beziehung zum erzieherischen Charakter, den Erzählungen für orale Gesellschaften haben. Eine Bedeutung, die von Lagrene betont wird, wenn er sagt: „Ich erinnere mich gut an solche Situationen, wo uns Kindern eine Geschichte erzählt wurde, die uns in unsere spätere Lebenshaltung einführen sollte."[78]

Personenkonstellation: Die Bedeutung des Erzählers
Eines der dominantesten Charakteristika der *oraliture* ist laut Chamoiseau die Figur des (Märchen-)Erzählers. Er identifiziert ihn als das hervorstechendste Element der Transposition von karibisch oraler Kultur in die schriftliche Literatur.[79] In der mündlichen Erzählkunst der Roma spielt der Erzähler, wie in allen mündlich basierten Gemeinschaften, eine große Rolle. So berichtet Hübschmannová über die Erzählzusammenkünfte in der Slowakei der 1970er Jahre:[80]

> Man versammelte sich abends im größten Haus der Siedlung und erzählte bis spät in die Nacht hinein. Gute Erzähler waren sehr geschätzt, man veranstaltete gar Wettbewerbe im Erzählen. [...] In verschiedenen Häusern wurden verschiedene Märchen erzählt, und an die 700 Leute hörten zu. [...] Derjenige Erzähler besaß das größte Ansehen, der ein möglichst langes Märchen erzählen konnte. [...] Ich hatte einen Erzähler um ein Märchen gebeten, doch ich blieb nicht die einzige Zuhörerin. Sobald man erfahren hatte, daß ein Märchen erzählt wurde, kamen all die, die es ermöglichen konnten.[81]

---

76 Paola Trevisan: Écrire pour qui?, S. 103.
77 Vgl. Milena Hübschmannová: Mes rencontres, S. 102.
78 Reinhold Lagrene: Die Erzählkultur und Erzählkunst, S. 140.
79 Vgl. Patrick Chamoiseau: *La tracée mystérieuse*, S. 153.
80 Hübschmannová bezeichnet die Gesamtheit der oralen Erzählkultur der Roma als *schukar laviben*, die verschiedene unterschiedlich streng getrennte Formen hat. Sie unterscheidet *pro paramischa*: das formalisierte Märchenerzählen durch einen Erzähler von *vakeriben/divano*: dem weniger formellen Treffen von Familienangehörigen, um über ein reales Ereignis zu reflektieren, Meinungen und Bewertungen nach den Grundsätzen der *romanipé* auszutauschen. Vgl. Milena Hübschmannová: Mes rencontres. Aufgrund der Polyvalenz und der eher deutlich werdenden Vergleichbarkeit mit der karibischen Literatur wird hier der französische Begriff ‚oraliture' vorgezogen.
81 Milena Hübschmannová/Margita Reiznerová u.a.: Bedrohung und Verlust der eigenständigen Kultur? Anmerkungen zur Situation der Roma in der Tschechoslowakei. In: Daniel Strauß

Hier offenbaren sich die Anziehungskraft, welche die Erzählungen auf die Gemeinschaft ausüben, und die daraus folgende herausragende Position des Erzählers. Es lässt sich daher vermuten, dass dem intradiegetischen Erzähler in den Personenkonstellationen der Roma-Literaturen ebenso wie in der karibischen Literatur eine bedeutende Stellung zukommt.

Die Vermittlung gelebter Geschichte kann natürlich auch in einer sehr viel privateren Situation stattfinden, als die Großveranstaltungen, die Hübschmannová beschreibt. Zwiegespräche mit vertrauten Personen schaffen Nähe, wohingegen ein Vortrag vor einem großen Publikum für mehr Distanz spricht.[82] Signifikant für die Vertrauensbasis, die zwischen Erzähler und Zuhörer herrscht, ist die sprachliche Gestaltung unter den Roma, wie Tcherenkov und Laederich erläutern: „Tales and stories are generally told by elder people [...] and the storyteller is asked to part with a story – to confess or to betray – as the stories and tales are literally owned by him."[83]

Redewiedergabe: Dialogdichte und Spontaneität
Kommunikative Nähe wird nach Koch und Oesterreicher durch eine größere Dialogizität erreicht. Dies geht über die Reaktion in Form von Zwischenrufen hinaus und beschreibt den spontanen Rollenwechsel vom Rezipienten zum Produzenten.[84] In der mündlichen Erzählsituation der Roma bedeutet dies beispielsweise eine direkte Ansprache der Zuhörer, auf die Antworten gegeben werden, oder auch Rückversicherungen wie beispielsweise „nicht wahr?" oder „verstehst du?"[85] Der interaktive Aspekt ist für die mündlichen Zusammentreffen typisch, so bemerken Cech, Heinschink und Halwachs: „Bestimmte Zuhörer werden – oft mehrmals die ganze Erzählung hindurch – direkt angesprochen. [...] Es herrscht eine kommunikative Atmosphäre. In den Anreden kann sich ein enger Bezug zwischen Erzähler und Zuhörer manifestieren."[86] Dass die phatische Funktion auch bei der Verschriftlichung von großer Bedeutung ist, erläutert Williams am Beispiel eines intensiven Briefaustauschs innerhalb einer Roma-Familie:

(Hg.): *Die Sinti/Roma Erzählkunst*. Heidelberg: Dokumentations- und Kulturzentrum Deutscher Sinti und Roma 1992, S. 153.
82   Vgl. Peter Koch/Wulf Oesterreicher: *Gesprochene Sprache*, S. 7.
83   Lev Tcherenkov/Stéphane Laederich: *The Roma 2*, S. 701.
84   Vgl. Peter Koch/Wulf Oesterreicher: *Sprache der Nähe*, S. 19.
85   Vgl. Petra Cech/Christiane Fennesz-Juhasz u.a.: *Die schlaue Romni*, S. 304.
86   Petra Cech/Mozes F. Heinschink u.a.: *Kerzen und Limonen*, S. 304–305.

> L'écriture n'est plus là seulement le substitut de la présence, elle est la présence même. Et elle l'est d'autant mieux que le texte des lettres est stéréotypé et répétitif. L'apport en informations de ces missives est quasiment nul [...]. Il s'agit plus simplement d'établir la condition de base de l'échange oral: la coprésence. Le fait de la lettre importe, non son contenu [...].[87]

Auch bei den mündlichen Erzählungen muss dennoch tendenziell von einem monologischen Verhältnis ausgegangen werden, da die Vermittlung vor allem beim Erzähler liegt.[88] Hübschmannová relativiert den interaktiven Charakter bis zu einem gewissen Grad für die Erzählungen der slowakischen Roma. Dort wurden Zwischenrufe nicht gestattet, allerdings verlangt, dass die Zuhörer mit emotionalen Ausdrücken – Lachen oder Seufzen – an der Geschichte partizipieren.[89] Auch intradiegetisch kann die dialogische Struktur als typisch sowohl für das Vorgehen karibischer Autoren in ihren schriftlichen Texten als auch für die mündlichen Texte der Roma festgehalten werden.[90] Neben dieser szenischen Orientierung ist konzeptionelle Mündlichkeit nach Koch und Oesterreicher durch Spontaneität, Prozesshaftigkeit und Vorläufigkeit charakterisiert, die sich auch in der schriftlichen Konzeption als fingierte Mündlichkeit manfestieren können.[91]

Register und Stil: Affektive Beteiligung und Expressivität
Gefühlsausdrücke, die sich sprachlich zeigen, können sich auf den jeweiligen Kommunikationspartner oder den Gegenstand richten und auf diese Weise Nähe und Distanz zum Gesagten beziehungsweise zum Rezipienten ausdrücken und an die emotionale Beteiligung des Publikums appellieren. Ong führt aus, dass es die empathische und partizipatorische Form von Erzählungen ist, die in oralen Kulturen die Weitergabe von (gruppenspezifischem) Wissen ermöglicht. Denn auf diese Weise wird eine höhere Identifikation mit dem Erzählten erreicht, die Reaktion des Individuums bleibt nicht rein persönlich, sondern wird in ein Gemeinschaftserleben und -reagieren integriert und damit ein Zusammengehörigkeitsgefühl erzeugt.[92] Typisch für Roma-Erzählungen sind in diesem Bereich Intimitätsfloskeln, die besondere Nähe zu einem oder mehreren Zuhö-

---
87 Patrick Williams: L'écriture entre l'oral et l'écrit, S. 6–7.
88 Vgl. Ingrid Neumann-Holzschuh: Les contes créoles, S. 235–236.
89 Vgl. Milena Hübschmannová: Mes rencontres, S. 101.
90 Vgl. Petra Cech/Christiane Fennesz-Juhasz u.a.: *Die schlaue Romni*, S. 291–292 und Raphaël Confiant: Questions pratiques, S. 174. Confiant führt die ausgeprägte (kreolische) Dialogizität auf ein Manko an deskriptivem Vokabular zurück.
91 Vgl. Peter Koch/Wulf Oesterreicher: *Gesprochene Sprache*, S. 12.
92 Vgl. Walter J. Ong: *Orality and Literacy*, S. 45–46.

rern schaffen und immer wieder in die Erzählung eingestreut werden.[93] Ein Rekurs auf gemeinsame Kommunikationserfahrung des Märchenerzählens unter den Roma wird zudem im ritualisierten Sprechverhalten in Bezug auf Gott sichtbar oder in derben Ausdrucksweisen, die ein Ventil für den in der Realität äußerst strengen Sittenkodex sind.[94] Auch thematisch spiegelt sich dieser Umgang mit *realiter* reglementiertem Verhalten in anzüglichen Schwänken und Geschichten.[95]

Sprachliche Interferenzen: Romanès – *langue fragile*
Sowohl in der Situation des kreolischen Schriftstellers als auch des Roma-Autors ist der Übergang von Mündlichkeit zu Schriftlichkeit an eine Sprachwahl geknüpft. Die damit verbundenen Schwierigkeiten reflektiert Glissant in Bezug auf die Kreolsprachen, die er als *langues fragiles* bezeichnet:

> D'abord, elles sont contaminables par la langue officielle, la langue qui régi la vie officielle de la communauté. Ensuite, elles sont confrontées à des problèmes apparemment très difficiles à résoudre, des problèmes de fixation et de transcription. Il y a une sorte de tourment de langage, lors du passage de l'oralité à l'écriture qui fragilise, qui met dans une situation menaçante, pas du tout sécurisante, et qui fait que les gens qui appartiennent à ces cultures sont des gens très sensibilisés aux problèmes de langage.[96]

Neben den hier dargestellten Problemen von Normierung und Sprachsensibilität ist der Bezug zur Standardsprache ein bedeutender Aspekt, denn ein Großteil der Schriftsteller – und das gilt für die karibischen und die romani Autoren – wählen die Mehrheitssprache als Hauptsprache ihrer Texte. Dies bedeutet keineswegs eine Ausschließlichkeit. In den meisten Texten der Roma-Autoren finden sich sprachliche Interferenzen des Romanès. Die indoarische Sprache hat bei der Vermittlung von Gruppenzugehörigkeit im Allgemeinen eine bedeutende Rolle, wobei dieser identitätsstiftende Aspekt in Bezug auf die Texte erweitert werden kann, denn wenn Romanès-Ausdrücke im Text zunächst nur von konservatorischer Ambition zeugen, können sie auch den Willen zur Standardisierung transportieren. Gleichzeitig vermitteln Interferenzen Authentizitätsanspruch, indem sie Nähe zur Alltagsrealität herstellen und diese scheinbar

---

[93] Typische bildlich emphatische Ausdrücke sind im Romanès zum Beispiel: „chav tjo ilo" (ich esse dein Herz), „chav tjo muj" (Ich esse dein Gesicht), „chav tjo rat" (Ich esse dein Blut), „cumidav tut" (Ich küsse dich). Vgl. Petra Cech/Christiane Fennesz-Juhasz: *Die Schlaue Romni*, S. 312.
[94] Vgl. Mozes F. Heinschink: Romani Čhib, S. 124.
[95] Vgl. Petra Cech/Mozes F. Heinschink: *Kerzen und Limonen*, S. 260.
[96] Édouard Glissant: *Poétique du divers*, S. 111–112.

ungefiltert wiedergeben. Daneben hat der Rekurs auf die Muttersprache den Effekt, Fremdheit zum Ausdruck zu bringen, wie im Besonderen für postkoloniale Texte festgehalten wurde.[97]

Auf textueller Ebene kann der Gebrauch von anderssprachlichen Ausdrücken damit als metonymisch für kulturelle Differenz betrachtet werden.[98] Die Mehrsprachigkeit schreibt damit gleichzeitig Identität wie auch Alterität im Text ein.

4.4 Der Übergang von Mündlichkeit zur Schriftlichkeit

Der Ethnologe Williams untersucht in seiner bereits erwähnten Studie *L'écriture entre l'oral et l'écrit* die Relation von Mündlichkeit und Schriftlichkeit bei den Roma. Er stellt darin anhand verschiedener Beispiele (mehrere Briefe und Postkarten, ein Kochbuch, eine Predigt und Karaoke) fest, dass eine ausgeprägte Wechselwirkung zwischen beiden Formen der Kommunikation besteht und resümiert: „Dans les écrits produits par des Tsiganes, il y a de l'oralité. Dans l'oralité des Tsiganes, il y a de l'écriture."[99] Wenn diese Feststellung im Allgemeinen auch kaum erstaunt, so ist sie angesichts der oralen Tradition der Roma und dem Stereotyp des „schriftlosen Volkes"[100] von Bedeutung. Sie konterkariert das Bild einer starren und archaischen – weil lediglich mündlichen – Kommunikation und zeigt auf, wie ausgeprägt Anpassung und Interaktion beider Mitteilungsformen im tagtäglichen Leben sind. Ob intuitiv oder reflektiert nutzt der Autor, wenn er orale Elemente in seine Texte integriert, ein Potential, welches Chamoiseau als Produkt einer „zone de mystère créatif"[101] betrachtet. In dieser Kontaktzone treffen sich mündliche und schriftliche Tradition und erschaffen vielfältige Übergangsphänomene, denen gegenüber das (ideale) Vorgehen des Autors gemäß Chamoiseau das Folgende ist: „Il s'agit de mobiliser à tout moment le génie de la parole, le génie de l'écriture, mobiliser leurs lieux de

---

97 Vgl. Bill Ashcroft/Gareth Griffiths u.a.: *Empire*, S. 51.
98 Vgl. Ebd., S. 52. Dieser Aspekt ist keineswegs eine Erscheinung des 20. Jahrhunderts. Als Stilmittel erscheinen Xenismen bereits in wesentlich früheren Texten zum Beispiel bei Molières *Le Médecin malgré lui*, in dem mit Latinismen die Ärzteschaft der Lächerlichkeit preisgegeben wird. Vgl. Mitko, Julia: Rhetorik – Hilfswissenschaft literarischer Analyse. In: Jochen Mecke/Hermann H. Wetzel (Hg.): *Französische Literaturwissenschaft*. Tübingen u.a.: Francke 2010, S. 102.
99 Patrick Williams: L'écriture entre l'oral et l'écrit, S. 19.
100 Klaus-Michael Bogdal: *Faszination und Verachtung*, S. 11.
101 Patrick Chamoiseau: *La tracée mystérieuse*, S. 157–158.

convergence, mais aussi leurs lieux de divergence, leurs oppositions et leurs paradoxes."[102] Chamoiseau appelliert also an die (karibischen) Autoren, mündlichen Ausdruck keineswegs linear in die Schriftlichkeit zu überführen oder die oralen Spezifika der Schriftlichkeit anzupassen, sondern beide Bereiche in fruchtbare Interaktion treten zu lassen. Die folgenden Analysen sollen erkunden, ob in den Texten der Roma-Autoren eine ähnliche Tendenz deutlich wird und ob diese in Zusammenhang mit der Bewusstseinswerdung als diasporisches Volk gebracht werden kann. Der Traditionsbruch, der mit dem Medienwechsel einhergeht, betrifft in weiten Teilen die Speicherung von Wissen und damit das kollektive Gedächtnis, welches, wie diskutiert, in der Diaspora besondere Bedeutung hat. In einer ersten Phase der Schriftlichkeit kann daher davon ausgegangen werden, dass „die Schrift sich ganz in den Dienst des Gedächtnisses stellt."[103] Die erarbeiteten Parameter, die Kennzeichen der Mündlichkeit in den schriftlichen Texten erfassen, werden in den folgenden Analysen nicht schematisch abgearbeitet. Vielmehr handelt es sich darum, den generellen Einfluss der Mündlichkeit in den Texten zu erfassen und diesen punktuell an ausgewählten Textstellen aufzuzeigen.

---

102 Ebd.
103 Aleida Assmann/Jan Assmann: Schrift und Gedächtnis, S. 272. Dabei muss beachtet werden, dass der (historische) Kontextbezug schon immer ein Kennzeichen der Literatur war. So hält beispielsweise Walter Benjamin diese Tatsache als das herausragende Merkmal der Epik fest: „Jedwede Untersuchung einer bestimmten epischen Form hat es mit dem Verhältnis zu tun, in dem diese Form zur Geschichtsschreibung steht. Ja, man darf weitergehen und sich die Frage vorlegen, ob die Geschichtsschreibung nicht den Punkt schöpferischer Indifferenz zwischen allen Formen der Epik darstellt." (Benjamin, Walter: Der Erzähler, S. 422)

III. Facetten der Diaspora – Französische Roma und ihre Narrativik

Zur systematischen Darstellung von gesellschaftlichen und historischen Aspekten der Roma werden im Folgenden drei von Rogers Brubaker als persistent festgehaltene Hauptelemente der Diaspora herangezogen: Zerstreuung (*Dispersion*), Grenzen (*Boundary Maintenance*) und Herkunft (*Homeland Orientation*).[1] Bei aller von ihm kritisierten Begriffsunschärfe stellt der Soziologe heraus, dass diese Merkmale in der Forschung als konstitutiv für die Existenz einer Diaspora gelten und dementsprechend auch für die Entwicklung von Theorien und Diskursen entscheidend sind. Diese drei Aspekte bilden nicht nur einen soziohistorischen Referenzrahmen, vielmehr spielen sie in der narrativen Selbstwahrnehmung und -darstellung der Roma eine entscheidende identitätskonstituierende Rolle. Mit den Oberkategorien können daher einerseits kulturelle Spezifika, die sich als Motive in der Literatur wiederfinden, strukturiert dargestellt werden und andererseits kann diskutiert werden, ob Roma als Diaspora eingeordnet werden können und ob die Repräsentation der Motive als zeichenhaft für einen Diaspora-Diskurses gesehen werden kann.[2]

Den einzelnen Analysekapitel voraus geht jeweils eine Zusammenfassung zum Dasein der Roma, die auf ethnologischen, soziologischen, historischen und linguistischen Erkenntnisse beruhen. Diese dienen dazu die literarischen Texte in einen Kontext zu setzen, wobei die Wechselwirkung von politischer Forderung und verschiedenen Spielarten literarischer Verarbeitung verdeutlicht werden. Die Basis der literarischen Untersuchung bilden die einunddreißig Prosa-Publikationen der in Frankreich in Erscheinung getretenen Roma-Autoren. Da Textpassagen exemplarisch analysiert werden, ist eine Kurzzusammenfassung

---

1 Vgl. Rogers Brubaker: The ‚Diaspora' Diaspora, S. 5–6.
2 Damit handelt es sich um eine signifikante Erweiterung von bereits vorhandenen (komparatistischen) Motivanalysen wie bei Paola Toninato *Romani Writing* oder Beate Eder: *Geboren bin ich vor Jahrtausenden... Bilderwelten in der Literatur der Roma und Sinti*. Klagenfurt: Drava 1993, sowohl was die Quantität betrifft als auch die theoretischen Implikationen. Was die Zuordnung soziokultureller Merkmale und literarischer Präsentation in Kategorien betrifft, so muss diese als graduell betrachtet werden. Beispielsweise spielen Aspekte der Grenzziehung und Herkunft teilweise auch bei Themen, die der Zerstreuung zugeordnet werden, eine Rolle beziehungsweise *vice versa*. Es handelt sich also immer um den vorherrschenden Aspekt.

des Werks jedes einzelnen Schriftstellers zur Orientierung angebracht.³ Sie werden zu diesem Zweck alphabetisch nach Autoren geordnet.

Joseph Doerr dit Coucou (1902–1986)
In seiner auto-fiktionalen und einzigen Publikation *Où vas-tu manouche?* (1982) führte der Autor, der als Violinist bekannt war, eine Reihe von Fragmenten zu einem Text zusammen, der durch seine assoziative Struktur nah an der Mündlichkeit bleibt. Die Hauptfigur Coucou dokumentiert darin als Chronist Leben und Wanderschaften seiner Familie.

Lick Dubois
Die Trilogie *Scène de la vie manouche* mit den drei Publikationen *Sur les routes de Provence* (1998); *Il était une fois les bohémiens* (2003) und *Enfances tsiganes* (2007) erzählt die Geschichte einer wandernden Familie von *sinti piémontais*, die ab den 1950er Jahren sukzessive zu einem sesshaften Leben übergeht. Mit der Thematisierung des alltäglichen Lebens und der Dialogorientierung des Textes entsteht der Eindruck einer *Oral History*. In seiner aktuellen Publikation, *Romanestan* (2010) wendet der Autor sich dem zeitgenössischen Leben eines Sinti-Ehepaars zu.

Vania de Gila-Kochanowski (1920–2007)
Der aus Lettland nach Frankreich emigrierte Autor situiert seinen Roman *Romano Atmo* (1992), der in der ersten Dekade des 20. Jahrhunderts spielt, im Baltikum. Seine Figuren sind als kritische Geister und als Wanderer zwischen der Roma-Welt und der Mehrheitsgesellschaft konzipiert. Sie leisten einen entscheidenden Beitrag zum politischen Umschwung während der lettischen Revolution. Mit seinen zwei Anthologien, *Le roi des serpents* (1996) und *La prière des loups*, (2005) zeigt sich die Ambition des Autors einerseits zur Standardisierung und Verbreitung des Romanès (beide Bände sind zweisprachig Romanès-Französisch) und andererseits zur Konservierung des Erzählguts der Roma.

Miguel Haler (*1951)
Der autobiographische Text *Le guitariste nomade* (2005) erzählt das Leben des Autors im Spannungsfeld des Daseins als *gitan* und der Ambition als Gitarrist in der Mehrheit zu reüssieren. Der Roman *La route des gitans* (2008) hingegen

---

3 Ausführliche Informationen zu den Autoren und Zusammenfassungen ihrer Werke finden sich im Anhang. Insbesondere biographische Informationen zu den Autoren, wie beispielsweise die Geburtsjahre, liegen bedauerlicherweise nur zum Teil vor.

handelt von der dramatischen Geschichte einer interkulturellen Liebesbeziehung zwischen der polnischen Romnì Sara und dem deutschen Offizier Franz in den Wirren des Zweiten Weltkriegs. Ihre geächtete Beziehung endet mit Saras Ermordung in Auschwitz und Franz' Hinrichtung als Deserteur.

Sandra Jayat (*1939)
Die Autorin zeigt sich in ihrer bildenden Kunst, Lyrik und Prosa als engagierte Vertreterin der kulturellen Eigenständigkeit der Roma und der Integration in die Mehrheitsgesellschaft zugleich. Ihre Protagonisten spiegeln diese Einstellung. Stellina (*La longue route d'une Zingarina* und *Zingarina ou l'herbe sauvage*) flieht vor der Zwangsverheiratung nach Paris und schafft sich dort ein unabhängiges Leben, Romanino (*El Romanès*) flüchtet vor dem Spanischen Bürgerkrieg und dem Faschismus in ein Leben als Musiker und Libéra del Campo (*Les racines du temps*) ist die freiheitsliebende Hauptfigur einer Reihe von märchenhaften Erzählungen, die dem Mädchen Maggio erzählt werden.

Roberto Lorier
In seiner *Saga tsiganes. Pâni et le peuple sans frontières* (2010) stellt der Autor seine Vision der Roma-Emigration aus Indien vor. Die Invasion der muslimischen Eroberer unter Mahmud de Ghaznîs 1000 n. Chr. dient als historische Folie, um eine Vereinigung verschiedener nomadisch lebender Roma-Stämme im Kampf gegen die Aggressoren zu zeigen. Aller Heldenmut bleibt jedoch erfolglos und die überlebenden Roma werden versklavt und verschleppt.

Matéo Maximoff (1917–1999)
Der erste Roma-Autor hinterließ das umfangreichste Werk aller französischer Roma-Autoren. Seine neun Romane spielen zum Teil in Rumänien (*Les Ursitory*; *Le prix de la liberté*), Russland (*Savina*; *Vinguerka*; *Ce monde qui n'est pas le mien*), zwischen Ost und West (*Condamné à survivre*; *La poupée de Mameliga*) oder sind gänzlich in Frankreich verortet (*La septième fille*; *Dites-le avec des pleurs*; *Routes sans roulottes*). Allen Publikationen gemeinsam ist die Konzeption der Protagonisten als (tragische) Helden, der märchenhafte Ton und die vielen lebensnahen Darstellungen, welche die Nähe zur oralen Erzählkultur aufleben lassen.

Esmeralda Romanez
Die Liebesgeschichte von Sonia und Ringo in Les Saintes-Maries-de-la-mer bildet den Kern des Romans *Pour un bouquet de saladelle* (1998). Die junge Frau befindet sich auf einer Identitätssuche, als sie den traditionsbewussten *gitan*

Ringo kennenlernt. Sie kann sich in die wandernde Familie integrieren, nachdem ihre Abstammung von einem angesehenen Rom bekannt wird.

Luiz Ruiz
Das junge Mädchen Catalana in *La guerre noble* (2006) ist Teil einer wandernden *gitan*-Familie, die ständiger Schikane durch die *gendarmes* ausgesetzt ist. Unter der Anleitung ihres Großvaters entwickelt Catalana ein Programm zur Völkerverständigung. Die Roma sollen ihren Kindern zu besserer Bildung verhelfen, damit diese sich mit den Mitteln der Mehrheitsgesellschaft gegen die Unterdrückung wehren können. Der dialogische Charakter als Zwiegespräch von Catalana und ihrem Großvater unterstützt den appellativen Effekt des Buchs.

Joseph Stimbach (*1956)
Die beiden Erzählbände *Itsego* (2001) und *Réflexion d'un manouche* (2004) beinhalten fiktionale und dokumentarische Geschichten aus dem Leben der Roma und rufen zur Beibehaltung kultureller Unabhängigkeit auf. Der autobiographisch geprägte Text *Détenu particulièrement à surveiller* (2010) behandelt die Lebensstationen der Hauptfigur – kriminelle Aktivitäten, Verhaftung und Gefängnis und Rückkehr in die Gesellschaft – mit dem Ziel, die soziale Gleichstellung (wandernder) Roma zu fordern.

Sterna Weltz
In ihrem astrologisch geprägten Text *Mes secrets tziganes* (1989) liefert Sterna Weltz Anregungen für ein Leben im Einklang mit der Natur. Diese Ratschläge werden von einem fiktionalen Teil eingeführt, der die Vermittlung von Weisheiten durch die Großmutter thematisiert.

1 Zerstreuung – Migrationen und Verfolgung

Die Zerstreuung einer Ethnie von einem Ursprungsort aus an mindestens zwei oder mehrere periphere Orte, die unter Umständen mit einer traumatischen Erfahrung verbunden ist, wird als eine der grundlegenden Voraussetzungen für das Verständnis einer Gemeinschaft als Diaspora gesehen.[1] Allerdings hat dieses Merkmal in den Diskussionen verschiedener Ethnien und ihrer geographischen Situation in den letzten Jahren einen erheblichen Bedeutungswandel durchgemacht, sodass heute auch Minderheiten als Diaspora begriffen werden, wenn sie mehrheitlich in einer Region konzentriert sind.[2]

In Bezug auf Roma erscheint die Frage der Zerstreuung zunächst weniger problematisch, da sie in der öffentlichen Wahrnehmung als weit verteilt gelten und selbst in Gebieten mit einer vergleichsweise großen Konzentration, wie im heutigen Rumänien und Bulgarien, immer als kleine Gemeinschaften am Rand der Mehrheitsbevölkerungen leben.[3] Zwei Aspekte sind bei der Diskussion der Zerstreuung allerdings als bedeutend und potentiell kritisch einzustufen: erstens die Frage nach dem Ausgangspunkt der Zerstreuung und zweitens die sukzessiven Migrationen, die in fast allen europäischen Ländern zu heterogenen Roma-Minderheiten geführt haben. Beide Aspekte werden in den literarischen Werken vermittelt. So wird dort einerseits die Ambition deutlich, mythische Ursprungsorte zu schaffen und andererseits die Integration in verschiedene Aufnahmegesellschaften zu unterstreichen und damit die Identifikation mit einer Vielzahl von Ländern vor Augen zu führen. Der rekonstruktive Aspekt bleibt entsprechend nicht auf die ursprüngliche, indische Herkunft beschränkt, sondern wird auch auf die historische Präsenz der Roma in Frankreich übertragen. Um diese verschiedenen Darstellungen in einen historischen Kontext zu setzen, werden im Folgenden die Hauptwanderungen der Roma und soweit rekonstruierbar ihre Ursachen skizziert. Ausgangspunkt hierfür ist im ersten Unterkapitel die linguistische Erforschung des Romanès, die den Rückschluss auf Indien überhaupt erst ermöglichte und die mythisierende Transpo-

---
1 Vgl. Rogers Brubaker: The ‚Diaspora' Diaspora, S. 5.
2 So betont Brubaker, Ebd., S. 5–6, dass heute die diasporische Zerstreuung nicht mehr zwingend als eine räumliche Trennung verstanden wird, sondern zum Beispiel auch eine durch nationalstaatliche Grenzen geteilte Bevölkerung betreffen kann. Ein Beispiel stellt der Wandel im (Selbst-)Verständnis der Kurden als Diaspora dar. Zur Einordnung der Kurden als Diaspora vgl. Minoo Alinia: *Spaces of Diasporas: Kurdish Identities. Experiences of Otherness and the Politics of Belonging*. Göteborg: Department of Sociology Göteborg University 2004.
3 Vgl. Katrin Reemtsma: „…und ein Israel haben wir auch nicht'. Zur Lage der Roma in Südosteuropa. In: *Blätter für deutsche und internationale Politik* 11 (1990), S. 1367.

sition dieses über die Mehrheitsgesellschaft in die Roma-Gemeinschaften gelangten Wissens in die Literatur. Im Anschluss daran werden im zweiten Unterkapitel verschiedene Migrationsbewegungen umrissen, die Einblick in die aktuelle Zerstreuung der Roma geben. Einige historisch signifikante Daten und Fakten werden zu diesem Zweck herausgegriffen, wobei das besondere Augenmerk auf der Situation der Roma Frankreichs liegt. Diese werden in Relation zu den fiktionalen Versionen der Autoren zur Ankunft in Europa und Integration in die französische Gesellschaft gesetzt. Das dritte Kapitel setzt sich mit der politischen Organisation und deren Verhandlung in den literarischen Texten auseinander. Neben konfliktuellen Diskussionen um politische Integration und (nationale) Eigenständigkeit wird hier auch die Sicht der Roma auf das transnationale Roma-Netzwerk aufgegriffen. Letzteres steht in enger Verbindung zum Leben auf der Wanderschaft, welches Thema des vierten Kapitels ist. Der daran anschließende Teil beschäftigt sich mit traditionellen Erwerbsmöglichkeiten und dem Rückgriff auf dieselben in der literarischen Darstellung. Eine besonders wichtige Stellung kommt dabei künstlerischen Tätigkeiten zu. Dem homogenen Bild der Mehrheitsgesellschaft stellen die französischen Roma-Autoren die Sicht auf ihre Ethnie als zwar zusammengehörige Gemeinschaft, aber zusammengesetzt aus sehr unterschiedlichen Gruppierungen, entgegen. Diese Unterscheidung wird im sechsten Unterkapitel in den theoretischen Rahmen des Metagruppen-Konzepts von Lev Tcherenkov und Stéphane Laederich gestellt. Das letzte Teilkapitel hat die Verfolgung und Diskriminierung der Roma zum Gegenstand, die ein Hauptfaktor für die Zerstreuung der Roma ist.

1.1 Indien als Ausgangspunkt der Zerstreuung

Der Bezug zu einem Ursprungsort, von dem ausgehend Migrationen erfolgten, die es rechtfertigen würden, von einer Diaspora zu sprechen, ist in Hinblick auf Roma insofern problematisch, als über einen langen Zeitraum nicht bekannt war, aus welchem geographischen Raum sie stammen. Erst die sprachwissenschaftliche Untersuchung *Von der Sprache und Herkunft der Zigeuner aus Indien* (1782) von Christian Rüdiger lieferte wissenschaftliche Belege dafür, dass Romanès mit den indischen Sprachen verwandt ist. Auf dieser Grundlage wurde wenig später festgestellt, dass es sich um eine neuindische Sprache handelt, die aus dem Sanskrit entstand.[4] Diese Erkenntnis legte die Herkunft der Roma aus

---

[4] Vgl. Mozes F. Heinschink: E Romani čhib, S. 110–111. Für eine ausführlichere Darstellung des Ansatzes mithilfe von Erkenntnissen aus der Sprachwissenschaft, die Herkunft der Roma

Nordwestindien nahe. Die Gründe für die ursprüngliche Emigration der Roma aus dem indischen Subkontinent sind zwar unklar, der Zeitraum der Auswanderung vor dem Jahr 1000 n. Chr. und die Reiseroute, welche Roma auf dem Weg nach Westeuropa verfolgten, gelten jedoch als relativ gesichert und sind heute wissenschaftlicher Konsens.[5] Anzahl und Zusammensetzung der Lehnwörter aus dem Persischen, Armenischen und Griechischen dienen als Belege für die Reise durch die jeweiligen Länder.[6] Weniger Einigkeit als über den Ort und die Route herrscht hingegen über die Gründe der Auswanderung, denn durch die schlechte Quellenlage können darüber bis heute nur Vermutungen angestellt werden. So bleibt ungesichert, ob die Volksgruppe das Land freiwillig oder durch gewaltsame Vertreibung verließ und ob dies in einem einzigen Exodus oder mehreren Migrationswellen geschah.[7] Das Fehlen eines originären Trau-

---

zu bestimmen vgl. Yaron Matras: *Romani*, S. 14–48. Er diskutiert zwar auch die Möglichkeit, dass Roma von geographisch wie sprachlich diversifizierten Gruppen abstammen, nimmt aber die gemeinsame sozio-ethnische Wurzel und damit auch die Herkunft aus Indien als wahrscheinlich an. Dies deckt sich mit der historischen Sicht von Angus M. Fraser: *The Gypsies*, S. 10–32, der eine gute Übersicht über die Debatte gibt, und auch die seit der durch die rassistischen Ideologien der 30er Jahre korrumpierten Methoden der biologischen Anthropologie, welche aus diesem Grund häufig außen vor gelassen werden, wie auch Versuche, genetische Ähnlichkeiten anhand der Blutgruppen festzustellen, kritisch reflektiert.
5 Vgl. Jean-Pierre Liégeois: *Gypsies*, S. 29.
6 Vgl. Jean-Pierre Liégeois: *Roms et Tsiganes*, S. 13–22 und Yaron Matras: *Romani*, S. 14–18.
7 So vertritt zum Beispiel der amerikanische Roma-Linguist und Bürgerrechtler Ian Hancock die These, die Roma würden von einer Militärkaste abstammen, die Indien infolge mehrerer islamischer Eroberungszüge unter Mahmud Ghazni verlassen hätten. Vgl. Ian Hancock: The Emergence of Romani as a Koïné Outside of India. In: Thomas Acton (Hg.): *Scholarship and the Gypsy Struggle: Commitment in Romani Studies*. Hatfield: University of Hertfordshire Press 2000, S. 1–13; Lev Tcherenkov/Stéphane Laederich: *The Rroma 1* unterstützen diese These zwar nicht, sind aber auch der Meinung, es habe sich um einen einheitlichen Migrationszug gehandelt. Dagegen sind beispielsweise Grattan Puxon: Zur Geschichte der Zigeuner. In: Donald Kenrick/Grattan Puxon u.a. (Hg.): *Die Zigeuner. Verkannt – verachtet – verfolgt*. Hannover: Landeszentrale für politische Bildung 1980, S. 11; Katrin Reemtsma: *Sinti und Roma*, S. 17–18; Santino Spinelli: *La lunga strada*, S. 12 der Ansicht, es habe sich um kulturell verwandte Gruppen gehandelt, die aber zu unterschiedlichen Zeiten Indien verließen. Wie Yaron Matras: *Romani*, S. 18 beobachtet, ist die Frage auf welche Weise die Quellen zur Abstammung der Roma und ihrer Wanderbewegung interpretiert werden eng mit dem (Selbst-)Bild der Gruppe verbunden und wird daher wohl auch längerfristig kontrovers bleiben. Für eine Darstellung der Forschungsdebatte in Bezug auf Vertreibungsgründe und möglichen ethnischen Verwandtschaften und Abstammungen vgl. Jean-Pierre Liégeois: *Roms et Tsiganes*, S. 13–25. Einen guten Überblick über die Theorien zur frühen Migration und eine Bewertung ihrer Plausibilität geben auch Lev Tcherenkov/Stéphane Laederich: *The Rroma 1*, S. 225–234.

mas und dessen ritueller Erinnerung stellt damit einen entscheidenden Unterschied zur jüdischen Diaspora dar.

In wissenschaftlichen Abhandlungen von Roma und anderen dokumentarischen und fiktionalen Selbstdarstellungen wird allerdings teilweise eine Rekonstruktion der ursprünglichen Migration – aufgrund gewaltsamer Vertreibung – vorgenommen.[8] Der amerikanische Rom Ian Hancock beispielsweise beginnt sein Buch *The Pariah Syndrom*, eine Darstellung der Roma-Geschichte mit Fokus auf Marginalisierung und Verfolgung, mit den Worten: „The Romani people [...] are of northern Indian origin", um anschließend die These der gewaltsamen Verschleppung aufzugreifen und das unifizierende Potential der indischen Wurzeln zu betonen: „As an isolated population in foreign territory it [the romani population] remained intact, social barriers slowly giving way as their commonly shared Indian backgrounds increasingly became a unifying factor."[9] Im Hinblick auf den indischen Ursprungsort erfolgt die Konstruktion der romani Diaspora in impliziter Parallelisierung mit den Juden als ein ins Exil verschlepptes Volk, dessen Identität über die Erinnerung an den Ursprung kontinuiert wird. Ähnliche Vorgehensweisen lassen sich auch anhand der literarischen Texte französischer Roma-Autoren nachvollziehen. Die Literatur dient hier als Reservoir für Beispiele wie mit dem Thema des Ursprungs umgegangen wird.

Mythischer Ursprung: Literarische Chroniken der Auswanderung
Während der generelle Rückbezug auf die indische Herkunft in einem Großteil der Texte als Referenz präsent ist,[10] lässt sich die Mythologisierung der Emigration im Werk von zwei Autoren besonders prägnant aufzeigen: Sowohl in Matéo Maximoffs Erzählband *La poupée de Mameliga* (1986) als auch in Joseph Doerrs *Où vas-tu manouche?* (1982) wird die ferne Herkunft mit bedeutenden historischen Ereignissen verwoben und so quasi eine Migrationsgeschichte der Roma geschrieben.

Die Einführung „L'orgine de ma race" geht in der Publikation von Matéo Maximoff den sechzehn Haupterzählungen voraus. Die Historisierung der Auswanderung bildet dadurch einen Kontext für die unterschiedlichen Geschichten. Diese zeigen insofern eine große Nähe zur mündlichen Erzähltradition, da

---
8 Vgl. hierzu die Internetseite der *International Romani Union*, wo die Auswanderung ebenfalls als Versklavung durch islamische Eroberer präsentiert wird. Vgl. International Romani Union: Charter o.J. und das Kapitel 3 *Herkunft – (Re-)konstruktion und Überlagerung* S. 347.
9 Ian Hancock: *Pariah Syndrom*, S. 8. Vgl. dazu auch den historischen Abriss des italienischen Rom Santino Spinelli: *Rom, Genti libere. Storia, arte e cultura*. Milano: Dalai 2012, S. 39, der die Auswanderung als „esodo dall'India" bezeichnet.
10 Vgl. dazu Kapitel 3 *Herkunft – (Re-)konstruktion und Überlagerung* S. 343–366.

sie nicht nur inhaltlich die beliebten *mulò*-Schauergeschichten aufgreifen, sondern zum Teil auch explizit Erzählsituationen, in denen ein fiktives Publikum durch einen Erzähler angesprochen wird, abbilden.[11] Wenngleich die horizontale Vervielfältigung der Erzählsituation nicht durchgängig zum Beispiel durch eine entsprechende Rahmenhandlung den Band durchzieht, so wird der Text insgesamt von wechselnden Erzählern innerhalb einer Gruppe wiedergegeben und damit ein Eindruck von Repräsentativität für eine heterogene Roma-Gemeinschaft erzeugt. Gegenüber den Erzählungen, die von persönlichen Erfahrungen geprägt sind, erscheint die von einem auktorialen Erzähler vermittelte Einleitung objektiv. Erläutert wird dort die Geschichte der Roma als ein Volk, das bereits 3000 Jahre vor Christus in Indien lebte. Durch Verknüpfung mit historischen Ereignissen, wie der Wanderung der Arier über den Kyber-Pass oder den Mongoleneinfällen unter Dschingis Khan wird eine historische Vergangenheit der Roma in Wechselwirkung mit bekannten geschichtlichen Ereignissen konstruiert. Auffällig ist dabei, dass der Beginn der Roma-Migration weit zurück in das Jahr 1300 v. Chr. verlegt wird. Vier unterschiedliche Auswanderungswellen über einen Zeitraum von 2700 Jahren führten demzufolge zur heutigen Zusammensetzung der Roma-Gemeinschaft in Europa. Besonders interessant ist die Darstellung der ersten Emigration, die in den historischen Kontext der Schlacht von Kurukshetra in Indien eingebunden wird, ein Kampf, der in der indischen Mythologie eine herausragende Stellung einnimmt. Die diesbezüglichen philosophischen Reflexionen Krishnas, einer Inkarnation des Göttlichen, sind Teil des Bhagavadgitas, einem der zentralen Texte des Hinduismus. In der Version von Matéo Maximoff wird von den Roma erzählt als einer Kriegerkaste, die auf Seiten Krishnas kämpft und nach der Niederlage kastenlos wird. Als Folge dieser Exklusion aus dem Gesellschaftssystem verlassen die ehemaligen Krieger Indien und ziehen in Richtung Europa:

> Leur première étape fut Babylone. C'est là qu'ils se séparent en plusieurs groupes. Le premier partit pour la Crète avant de se répandre dans tous les Balkans. Le second traversa la Mer Rouge pour s'installer en Egypte; c'était le groupe le plus important. Par la suite, il se répandit jusqu'en Afrique du Nord et même jusqu'en Italie. Au cours de cette marche en avant, certains étaient allés jusque dans le sud de l'Espagne: ce sont les ancêtres de ceux

---

11 Folgende der insgesamt sechzehn Erzählungen in Matéo Maximoffs *La poupée de Mameliga*. Champigny sur Marne: Concordia 1986 befassen sich mit Scheintoten oder Wiedergängern: Die dritte (S. 43–56), die vierte (S. 57–66), die fünfte (S. 69–74), die sechste (S. 75–84), die achte (S. 101–107), die neunte (S. 111–116) und die dreizehnte (S. 163–166) Erzählung. Zum *mulò* vgl. Kapitel 2.4 *Tote Gegenstände und lebendig werdende Tote – mulò* S. 307–316.

qui sont devenus les Gitans. Un troisième groupe s'était installé dans le nord de l'Asie où il prit le nom de Kara-Louli.[12]

In dieser Passage wird nicht nur ein gemeinsamer zeitlicher, wie räumlicher Ausgangspunkt für die Auswanderung geschaffen, dieser wird auch an mythologisch aufgeladene Orte geknüpft. Die Referenz auf Babylon ist in Anbetracht der Stadt als einer der wichtigsten Stätten der jüdisch-christlichen Auseinandersetzung der Babylonier mit Gott bedeutsam. Die entscheidenden Assoziationen sind der Turmbau zu Babel und das babylonische Exil. Beide biblischen Erzählungen sind an die Zerstreuung der Menschheit beziehungsweise der Juden gebunden. Die Sprachverwirrung und die daraus folgende Zersplitterung der Menschen in verschiedene (Sprach-)Gruppen, mit der der Turmbau endet, wird hier assoziativ auf die Roma übertragen. Dabei hat die sprachliche Zerstreuung eine realistische Komponente, denn die Roma-Gruppen unterscheiden sich vor allem durch sprachliche Ausdifferenzierung.[13] Die Aufsplittung in unterschiedliche Subgruppen und ihre räumliche Verbreitung werden im Text in Relation zur gegenwärtigen Situation gebracht, indem der geschichtliche Abriss mit „ce sont les ancêtres de ceux qui sont devenus les Gitans" mit einer klar definierten Untergruppe assoziiert wird, wodurch Kontinuität von der Antike bis in die Gegenwart erzeugt wird. Diese Wirkung hat der Satz nicht nur für Roma(-kundige)-Leser, sondern auch für den Nicht-Roma-Rezipienten, da die Bezeichnung „gitan" ein allgemein gebräuchlicher und bekannter Terminus ist (vor allem im Vergleich zu *kalderasch*, *lovara* etc.). Der Rekurs auf das babylonische Exil ist ebenfalls signifikant, denn die Verschleppung des jüdischen Volkes durch König Nebukadnezar II. ist das entscheidende Ereignis für die Entwicklung eines jüdischen Identitätsgefühls der Diaspora. Indem hier im Text Babylon der eindeutige Ort der Trennung in verschiedene Roma-Gemeinschaften ist, wird auf diese Bedeutungsebene Bezug genommen. Die biblische Einbindung wird mit der Passage über das Rote Meer fortgeführt – wenngleich in umgekehrter Richtung zur Flucht der Juden aus Ägypten nach Israel. Die Parallelisierung mit dem jüdischen Volk ist unterschwellig vorhanden, wodurch sie die Folie bildet, vor der die Konstruktion einer einheitlichen Vergangenheit der Roma stattfindet. Roma-Geschichte wird damit zunächst in der indischen Tradition verankert und weiterhin an die christlich-jüdische Mythologie gebunden. Mythenbildung erfolgt hier als eine Überlagerung verschiedener semiotischer Sys-

---

12 Matéo Maximoff: *La poupée de Mameliga*, S. 12
13 Vgl. für eine Zusammenfassung der verschiedenen Varietäten Yaron Matras: *Romani*, S. 5–13 und als Schema Dieter W. Halwachs: Romani Classification and Varieties. In: *Rombase. Didactically Edited Information on Roma* (2001).

teme und der Erweiterung beziehungsweise Neuzuordnung ihres Sinns im Verständnis der *bricolage* nach Claude Lévi-Strauss,[14] womit eine historische Sicht aus Perspektive der Roma geschaffen wird. Obwohl der Erzähler sich mit der Überschrift „L'origine de ma race" klar als Teil der Minderheit positioniert und identifiziert, konterkariert der distanzsprachliche Stil im ersten Teil der Einleitung diese Nähe bis zu einem gewissen Grad und verdeutlicht die Ambition objektiver Geschichtsschreibung für die Roma.

Während die Mythenversion Matéo Maximoffs damit in relativer rhetorischer Distanz zur Erzählkultur der Roma steht, kann in Joseph Doerrs *Où vas-tu manouche?* (1982) in Bezug auf die ursprüngliche Zerstreuung die Nachbildung oraler Erzählmuster aufgezeigt werden. Die als Familiengeschichte präsentierte Publikation thematisiert die zahllosen Reisen der *manouche*-Familie Doerr durch Frankreich, Spanien und sogar über die europäischen Grenzen hinaus nach Südamerika. Der Text beginnt *in medias res* ohne eine Einführung oder Kapitelüberschrift. Im weiteren Text indizieren die Überschriften der einzelnen Kapitel, die meist Jahreszahlen beinhalten, eine chronologisch-historische Vorgehensweise, die sich auch mit der inhaltlichen Präsentation und dem vorherrschenden objektiven Erzählstil deckt.[15] Eine der seltenen dialogischen Textstellen, die damit auch für eine persönlichere und intimere Situation sinnbildlich ist, beschäftigt sich mit dem Ursprung der Roma und führt vor Augen, auf welche Weise die Kette von Trägern der Geschichte das kulturelle Gedächtnis der Roma-Gemeinschaft tradiert. Der Protagonist Coucou befragt die ältere Roma-Generation zur Geschichte seines Volkes und lernt auf diese Weise den Rom Toumela kennen. Der alte Mann erzählt dem Jungen seine Version der Auswanderungsgeschichte:

---

14 Vgl. Claude Lévi-Strauss: *La pensée sauvage*, S. 26–33. Vgl. dazu auch Kapitel 4.3 Die oraliture der Roma: Untersuchungselemente S. 92.
15 Dieser wird zum Beispiel durch die dem Text vorangestellte Zusammensetzung der Familie Doerr erzeugt. Lebensdaten, Geburtsorte und volle Namen von Coucou, seiner Frau Rose und den acht Kindern finden sich dort. Mit Ausnahme von Coucou tritt jedoch keine der genannten Personen als Figur im folgenden Text auf. Unterstützt wird dadurch allerdings der testimoniale Charakter des Werks, das einen authentischen Eindruck erweckt. Der dokumentarische Aspekt zeigt sich besonders deutlich in vier Transkripten von Audioaufnahmen, die vor allem eine Wallfahrt nach Rom behandeln. Sie stehen mit der Handlung der deskriptiven Teile jedoch nicht in direkter Verbindung. Das Nachwort verdeutlicht, dass es sich dabei um authentische Gespräche der Familie Doerr handelt, die von der Verlegerin eingefügt wurden. Die Transkripte werden daher in den folgenden Analysen nicht behandelt.

> Coucou, je te raconte le témoignage, tel que je l'ai vécu et entendu de la bouche de mon grand-père qui s'appelait RITARY (Chevalier). Il m'avait adopté alors que j'avais quatorze ans, car mon père est mort très jeune en pêchant de poissons. [...]
>
> Après une pause, marquée d'un grand soupir de regret d'avoir évoqué la mémoire de son père, TOUMELA fit le signe de la croix et poursuivit:
>
> ‚Mon grand-père était un de ces Anciens renommé pour sa grande intelligence. Il était fort et brave comme un vrai guerrier. Il jonglait de façon spectaculaire avec son bâton et faisait front à de nombreux adversaires à la fois. Jamais vaincu, il était respecté comme un dieu. Il était très superstitieux et parlait avec ses défunts, se laissant dominer par ses rêves. Il disait que ses Anciens lui parlaient en songe et le conseillaient pour s'orienter dans ses courses sans fin. Parfois il partait en pleine nuit à la suite des messages qui venaient de ses rêves. Il est mort à plus de cent ans.'[16]

Die intergenerationale Vermittlungssituation, die zwischen Toumela und Coucou besteht, wird in dieser Einführung mit der Nennung des Großvaters als originärem Erzähler der Geschichte, dupliziert. Toumela markiert dabei den Übergang von fremden Erinnerungen zu seinen eigenen Zeugnissen, womit auch auf Brüche im kommunikativen Gedächtnis verwiesen wird. Gleichzeitig wird jedoch auf diese Weise der traditionelle Charakter des Textes unterstrichen und Kontinuität über mehrere Generationen erzeugt, denn der alte Mann ist sowohl Rezipient als auch Vermittler des Geschilderten.[17] Diesem Zweck dienen auch die spirituellen Kompetenzen des Vermittlers. Dessen Kontakt mit den Toten stärkt seine identitäre Zugehörigkeit und lässt ihn als verlässliche Quelle der Erzählung wirken. Zu seiner Autorität trägt ferner seine Präsentation als Held bei, den nicht nur übermenschliche Stärke, sondern ebenfalls große Intelligenz charakterisiert. Rhetorisch umgesetzt wird dies durch die zahlreichen Vergleiche („comme un guerrier", „comme un dieu") die den epithetisch mündlichen Stil nachbilden und die affektive Bindung illustrieren, welche in mündlichen Erzählungen entscheidend ist, um Wissen zu vermitteln.[18] Eine ähnliche Wirkung haben auch die Hyperbeln, welche den Großvater zur Respektsperson machen und seine Autorität unterstützen. Zudem fügt sich diese Erzählercharakterisierung in die nachfolgende heroische Volksbeschreibung der indischen Roma ein und aktualisiert damit den Bezug zwischen den Auswanderern und der Gemeinschaft Coucous. Diese enge Verbindung zur Vorgängergeneration vertritt auch Toumela, der die dauerhafte Verbindung zu seinem verstorbenen

---

[16] Joseph Doerr: *Où vas-tu manouche?*, S. 61–62.
[17] Vgl. hierzu auch Kapitel 4.3 Die *oraliture* der Roma: Untersuchungselemente S. 94–94.
[18] Vgl. Walter J. Ong: *Orality and Literacy*, S. 38 und Kapitel 4.3 Die *oraliture* der Roma: Untersuchungselemente S. 96–97.

Vater mit einer Bekreuzigung andeutet und damit zugleich göttlichen Beistand für die folgende Erzählung erbittet. Die sehr ausführliche Situierung vor Beginn der eigentlichen Erzählung, deren Authentifizierungsstrategie mit der Anrufung mehrerer Erzähler(-generationen) eine typische orale Erzählsituation nachbildet, unterstreicht die Bedeutung der Inhalte, die der alte Rom an Coucou vermitteln möchte. Er bildet den als paradiesisch empfundenen mythischen Ursprung der Roma ab, wie er ihm selbst von seinem Großvater erzählt wurde:

Et voilà ce qu'il m'a raconté:

Contribution à l'histoire des Manouches

Les premiers groupes de Manouches se trouvaient vers des terres perdues du reste du monde, loin de toute civilisation organisée. Ils formaient une grande tribu, mais ils étaient souvent menacés et traqués par d'autres tribus plus fortes, des pilleurs et des tueurs qui leur imposaient la loi du plus fort. [...] Les Manouches ont eu des rencontres sanglantes avec ces tribus qui emportaient comme butin les femmes, les filles et les chevaux, tuant même les enfants et prenant en otages les Manouches qui avaient beaucoup d'amour pour leurs familles. [...] Grâce à leur astuce, ils étaient souvent vainqueurs. C'était alors à leur tour de se partager le butin, surtout les armes et les chevaux de leurs ennemis qui s'enfuyaient à travers bois, abandonnant parfois leurs femmes et leurs enfants. Les Manouches assistaient les blessés et adoptaient même les enfants délaissés qui restaient avec eux. C'est pour cela que les couleurs se sont mélangées chez les Manouches.

De nombreuses années ont passé. Les Manouches sont devenus très nombreux et très forts. Ils sont restés les maîtres de la nature et personne n'osait plus les affronter. Poussés par leur destin, leurs marches incessantes les ont conduits vers le Sud. Ils ont gagné la Terre Sainte au moment où les hommes égarés dans les ténèbres de l'idolâtrie et du péché, ne sachant plus reconnaître le bien du mal, se livraient au banditisme et aux actes de vandalisme. [...] Les Manouches étaient présents à la passion et à la mort de Jésus-Christ. Ils ont ajouté ainsi à leur langage de nouvelles phrases, pleines de clémence et de fraternité. Ils ont gardé dans leur cœur un seul idéal: Jésus-Christ, vers qui vont toutes leurs supplications, leurs espérances et leurs tristesses, leurs consolations et leur pardon, car ils ont été dispersés par le désordre, l'injustice et la méchanceté des hommes. Désorientés, les Manouches ont recherché la solitude dans les montagnes encore accueillantes, où les Anciens prêchaient l'Evangile parmi les leurs. Vivant en paix dans le silence et l'indépendance totale, ils continuèrent leur marche vers l'Ouest. D'autres tribus s'enfuirent vers l'Egypte et tout le long de la Méditerranée. Des centaines d'années ont passé, et ils continuaient toujours leur marche éternelle.

Marquant un arrêt, TOUMELA met la main sur ma tête et poussant un long soupir, il reprend: *Tu vois, Coucou, cette histoire est très longue, et elle ne finira jamais, car les Ma-*

nouches depuis qu'ils ont quitté la Terre Sainte, continueront toujours leur marche, tant qu'il y aura des hommes sur la terre.[19]

Der genaue Ort des Ursprungs bleibt hier zwar unbestimmt,[20] jedoch wird den Roma in den Auseinandersetzungen mit anderen Stämmen Durchsetzungskraft zugesprochen und damit eine Mitbestimmung der politischen Situation in der Region anerkannt. Die Menschlichkeit der siegreichen Roma wird als Gegensatz zur Unmenschlichkeit anderer Gruppen hervorgehoben und die daraus folgende – hier nur implizierte – ethnische Vermischung dient der Begründung interner Differenzierung der heutigen Roma-Bevölkerung.[21] Als herrschende Macht der Region ist die Auswanderung der Roma aus Asien keine Folge gewaltsamer Vertreibung wie bei Matéo Maximoff, sondern schicksalhaft. Erst der Tod Jesus' als traumatisches Erlebnis führt zu einer ‚wirklichen' Zerstreuung und ziellosen Wanderung der Roma. Eine derartige *Imitatio Christi* findet sich auch in zahlreichen mehrheitsgesellschaftlichen Erklärungsversuchen des Wanderlebens der Roma.[22] Mit der hier reklamierten Zugehörigkeit zu den ersten Christen werden die Roma in die religiöse Gemeinschaft integriert und eine plausible und positive Begründung für ihr unstetes Leben geliefert. Dass diese Wanderung nicht nur historische Kontinuität aufweist, sondern von gegenwärtiger und zukünftiger Bedeutung ist, kommt gleich zweifach zum Ausdruck. Nach der Unterbrechung seiner Erzählung, in der Toumela den physischen Kontakt zu seinem Zuhörer Coucou herstellt und sich damit dessen Aufmerksamkeit versichert, wiederholt der alte Mann die bereits im vorhergehenden Absatz dargestellte lang andauernde Wanderschaft und kündigt deren ewige Fortführung in Analogie zu Ahasverus, dem ‚ewigen Juden', an. Sowohl inhaltlich als auch die Zeitspanne und die Träger betreffend wird also keine alltägliche und diffuse Kommunikation, sondern das kollektiv geteilte Wissen mehrerer Generationen und damit ein Aspekt des kulturellen Gedächtnisses und dessen Weitergabe nicht nur abgebildet, sondern zugleich auch erst als solches konstruiert.[23] Der „monumentale Modus" des Erzählens, wie Astrid Erll die traditionsreich erscheinende und verbindliche narrative Repräsentation von Teilen des kulturellen Gedächtnisses

---

19 Joseph Doerr: *Où vas-tu manouche?*, S. 63–64, Hervorhebungen im Original.
20 Anschließend wird als spezifischere Ortsangabe Tibet genannt. Vgl. Joseph Doerr: *Où vas-tu manouche?*, S. 64.
21 Vgl. dazu auch Kapitel 1.6 *Heterogenität der Roma durch vielfältige Migration* S. 185–202.
22 Vgl. Klaus-Michael Bogdal: *Faszination und Verachtung*, S. 37.
23 Die ältere Generation, findet sich in einer Mittelstellung zwischen völlig diffuser Teilhabe und wirklich institutionalisiertem Speicher (zum Beispiel der *Hakawati*, der Märchenerzähler im arabisch-syrischen Raum oder die (religiösen) Vermittlerfiguren im haitianischen Voodoo *Oungan* (m.) und *Manbo* (w.)).

bezeichnet, steht hier im Vordergrund.[24] Für die Christen der ersten Stunde, als welche die Gruppe konstruiert wird, dient die Bibel als Ankerpunkt einer Gemeinschaft, die getrennt von der Außenwelt lebt und Unabhängigkeit bewahrt. Das Heilige Land als Ausgangsort der ewigen Wanderung und die Bibel als eine Möglichkeit, kulturelle Identität zu speichern, evozieren Parallelen mit den Juden, die hier ebenso unausgesprochen bleiben wie bei Matéo Maximoff. Explizit ist jedoch die Teilnahme der Roma an einem prägenden Erlebnis der europäischen Kulturgeschichte: der Passion Christi. Mit dieser Datierung wird die Idee einer andauernden Präsenz der Roma in Europa bekräftigt und mit dem Verlassen des Gelobten Landes ein schicksalhafter Grund für die Reise konstruiert.[25]

Die uneindeutige Genrezuordnung zwischen Epos, Familienchronik und Autobiographie, wie sie Jean-Luc Pouyeto bereits für Joseph Doerrs Werk festgestellt hat, gilt in etwas abgeschwächter Form auch für den Erzählband von Matéo Maximoff.[26] Zwar sind die einzelnen Erzählungen fiktional, allerdings kann innerhalb der Einführung eine Genremischung konstatiert werden: Von den allgemeinen geschichtlichen Reflexionen geht der auktoriale Ich-Erzähler zur speziellen Situation der Versklavung in Rumänien über, um dann seine Familiengeschichte einzubringen und die Tradition des Geschichtenerzählens einzuführen. Diese dient dann als Ausgangspunkt für die folgenden Erzählungen. Damit werden autobiographische Aspekte, die Erzählsituation und Erzählerkommentare evozieren, kollektiven (geschichtlichen) Charakteristika untergeordnet und die Individualisierung relativiert, denn inhaltlich steht mit der Konstruktion einer einheitlichen (Ursprungs-)Geschichte eine stabilisierende Kollektivfunktion im Vordergrund.[27] Die Vermischung unterschiedlicher Genres führt dabei zu erzählerischer Dynamik und einem Wechselspiel von pseudo-objektiver Darstellung und subjektivem Erleben. Die Erzeugung eines Ursprungsmythos wird so zum Fundament für die weitere(n) Geschichte(n).

Beide Darstellungen, sowohl jene von Matéo Maximoff als auch jene von Joseph Doerr, haben einen konsolidierenden Aspekt in Hinblick auf die Idee des gemeinsamen Ursprungs der Roma und ihrer Anteilnahme an der europäischen

---

24 Vgl. Astrid Erll: Literatur als Medium des kollektiven Gedächtnisses. In: Dies./Ansgar Nünning (Hg.): *Gedächtniskonzepte der Literaturwissenschaft. Theoretische Grundlegung und Anwendungsperspektiven*. Berlin u.a.: de Gruyter 2005, S. 269.
25 Wie bei Matéo Maximoff handelt es sich in Bezug auf die historisch vermutete Einwanderung um eine Vordatierung.
26 Vgl. Jean-Luc Pouyeto: Coucou Doerr, S. 125.
27 Zur Bedeutung der mythisierenden Komponenten für diasporische Gemeinschaften vgl. auch Ruth Mayer: *Diaspora*, S. 13.

Geschichte. Insofern steht hier weniger der Zerstreuungsgrad im Zentrum, als vielmehr die Konstruktion geteilter historischer Erfahrung sowie ein gemeinsamer Ursprung. Die heroische Komponente prägt dabei beide Erzählungen und evoziert im Zusammenspiel mit der zeitlichen Rückversetzung beim Leser den Eindruck von Ursprungsmythen und damit der Roma als ‚altem Volk'. Weniger entscheidend als der tatsächliche Ort ist hierbei also die zeitliche Komponente und in diesem Sinn die ‚Ursprünglichkeit' des Ursprungs. Beide Versionen sind jedoch auch anschlussfähig für die aktuelle Situation der Roma – beispielsweise durch die Nennung der Untergruppe oder die Betonung tiefer Religiosität. Die sehr unterschiedlichen Fassungen können als Spiegel der unklaren geschichtlichen Situation gelesen werden, denn beide Autoren versetzen zwar den Ausgangspunkt in den Fernen Osten, differieren jedoch die Zeit, Route und Beschreibung der Auswanderer betreffend.

1.2 Roma als Teil der europäischen Geschichte

Bis zu ihrer Ankunft in Griechenland im 14. Jahrhundert bleiben genaue Aufenthaltszeiten und Wanderbewegungen der Roma im Dunkeln und erst ab dem 14. Jahrhundert werden mit den ersten schriftlichen Zeugnissen über Roma in der Nähe von Kreta 1322 die historischen Belege dichter.[28] Die unterschiedlichen Quellenangaben aus Griechenland in den darauffolgenden beiden Jahrhunder-

---

28 Vgl. Katrin Reemtsma: *Sinti und Roma*, S. 19. Sie liefert einen fundierten Abriss der Geschichte der Roma und der Forschungslage. Es gibt immer wieder Versuche, die Aufenthaltsorte und -zeiten der Roma vor 1322 nachzuweisen. Dies betrifft vor allem Persien. Meist wird dazu auf den persischen Dichter Ferdousi und den arabischen Geschichtsschreiber Hamzah Al-Isfahani verwiesen. Wie Katrin Reemtsma: *Sinti und Roma*, S. 14–15 hervorhebt, ist diese Verbindung jedoch nicht gesichert. Eine wirklich umfassende Darstellung der Geschichte der Roma wurde *bis dato* nicht publiziert. Den Versuch, Quellen zur Geschichte der Roma in Europa zusammenzutragen, hat Reimar Gilsenbach mit seiner vierbändigen *Weltchronik der Zigeuner* (1994–1998) unternommen. Wie Christian Kleinert: Pilger, Bettler, edle Herren. Frankfurter Spuren zum Leben der Roma im 15. Jahrhundert. In: Heribert Müller (Hg.): „...Ihrer Bürger Freiheit'. Frankfurt am Main im Mittelalter. Frankfurt a.M.: Kramer 2004, S. 198, feststellt, handelt es sich bei ihm um einen kenntnisreichen Laien, dessen Werk trotz offensichtlicher Mängel bei der historischen Arbeit einen wichtigen Beitrag zur wenig erforschten Geschichte der Roma in Europa bedeutet. Vor allem die ausführliche Bibliographie ist für weitere Nachforschungen von Nutzen. Ähnliches gilt für die Sammlung zentraler geschichtlicher Ereignisse, Orte und Personen von Donald Kenrick: *Historical Dictionary of the Gypsies (Romanies)* Lanham US u.a.: The Scarecrow Press 2007. Mangelnde Quellenangaben verhindern hier die Nachvollziehbarkeit der Informationen. Die ausführliche und thematisch unterteilte Bibliographie kann allerdings einen guten Ausgangspunkt für weitere Nachforschungen bilden.

ten bringen Katrin Reemtsma zu dem Schluss, „dass es schon damals unterschiedliche Gruppen von Roma gab: reisende und sesshafte Roma."[29] Sie betont damit eine Differenzierung, die eine frühe Begründung für die heutige Fragmentisierung der Roma in eine Vielzahl von Gruppen wäre. Ob diese verschiedenen Lebensformen freier Wahl entsprangen, lässt sich nicht belegen. Tatsache ist allerdings, dass die gesellschaftlichen und politischen Situationen, mit denen Roma konfrontiert wurden, ihr Leben als sesshaft oder (semi-)nomadisch beeinflussten. So zeugen schriftliche Quellen ab 1385 nicht nur von der (erzwungenen) Sedentarisierung der Roma in Rumänien, sondern auch von den Schenkungen ganzer Roma-Gemeinschaften durch reiche Woiwoden vor allem an Klöster.[30] Die Leibeigenschaft der Roma, die später zur Versklavung führte, stellte in der Walachei, Moldawien und Siebenbürgen einen bedeutenden wirtschaftlichen Faktor für die Nicht-Roma dar und wurde erst 1855–56 abgeschafft. Ihr Ende verursachte eine Migrationswelle aus dem südosteuropäischen Raum in Richtung Westen.[31]

Historisch gesehen erscheint die Ankunft der Roma und auch ihre folgende Anwesenheit auf französischem Boden – insbesondere im Vergleich mit der Situation in Rumänien – vergleichsweise friedlich verlaufen zu sein.[32] Obwohl einige Konflikte mit der herrschenden Schicht – wie 1498 in Saint-Michel d'Angers, als einer großen Gruppe von Roma der Einlass in die Stadt verwehrt wurde – überliefert sind, zogen Roma ab der frühen Neuzeit in Kleingruppen und Familienverbänden relativ unbehelligt durch die Regionen des französischen Reichs und verteilten sich in den folgenden Jahrhunderten über ganz Frankreich.[33]

Trotz der zahlreichen Vertreibungen aus den jeweiligen Aufnahmegesellschaften blieb der kulturelle Kontakt nicht ohne Einfluss weder auf die Roma noch auf die jeweilige Umgebung. Dies gilt generell für die Lebensumstände der Minderheit und auch spezifisch für den literarischen Kontext, wie die Historike-

---

29 Katrin Reemtsma: *Sinti und Roma*, 1996, S. 21.
30 Reemtsma gibt einen kurzen Überblick über die Versklavungsgeschichte (vgl. ebd., S. 21–23). Etwas ausführlicher und aus rumänischer Perspektive Franz Remmel: *Die Roma Rumäniens. Volk ohne Hinterland*. Wien: Picus 1993, S. 36–44.
31 Vgl. Leonardo Piasere: *I Rom d'Europa*, S. 64–65, zur Bedeutung des Endes der Sklaverei als Auslöser für die Westwärtsbewegung. Auch Ian Hancock: *Pariah Syndrom*, S. 16–48 gibt einen Abriss der Versklavung und stellt die daraus resultierende Migration nach Westen dar.
32 Vgl. François de Vaux de Foletier: *Les bohémiens en France au 19ᵉ siècle*. Paris: Jean-Claude Lattès 1981, S. 18, und François de Vaux de Foletier: *Les Tsiganes dans l'ancienne France*. Paris: Société d'Édition Géographique et Touristique 1961, S. 35–36.
33 Vgl. Angus M. Fraser: *The Gypsies*, S. 94–96.

rin Henriette Asséo mit Blick auf die tschechische Roma-Autorin Ilona Lackovà konstatiert.[34] Während die Akkulturation bedeutsam ist und für die lokale Integration einzelner Roma-Gruppen spricht, können gleichfalls transnational wiederkehrende, historisch bedingte Gemeinsamkeiten festgestellt werden. Entsprechend konstituieren sich Diaspora-Projekte der Roma – wie im Falle anderer Diasporen ebenso – im Spannungsfeld von grenzüberschreitenden Aspekten und durch lokale Integration beeinflussten Merkmalen. Diese greifen die französischen Roma-Autoren insofern auf, als die Konstruktion eines entfernten (indischen beziehungsweise asiatischen) Ursprungs in fast allen Werken eine Rolle spielt und gleichzeitig der (geschichtliche Einwander-)Bezug zu Frankreich bedeutsam ist.

Europäische Integration und französische Identität
Für viele Autoren spielt in ihren Texten die lange Anwesenheit ihrer Ethnie in Frankreich und ihre französische Identität eine wichtige Rolle. Sie betonen ihre lokale Verankerung und reklamieren die politische Anerkennung ihrer Zugehörigkeit zu Frankreich. Drei verschiedene Herangehensweisen können bei der Verhandlung der europäischen Integration der Roma unterschieden werden. In Joseph Doerrs *Où vas-tu manouche?* (1982) ist sie historisch verankert, indem die Ankunft der Roma in Frankreich während des Mittelalters explizit im Text thematisiert wird. Eine Überlagerung mehrerer Heimatorte und die Konstruktion neuer Ursprungsorte, zeigt sich in der Auswandergeschichte eines amerikanischen Rom in *Romanestan* (2010) von Lick Dubois, der ebenfalls historisierend vorgeht, für den jedoch die aktuelle Identitätsbildung stärker im Fokus steht. Die in diesem Einzelfall geglückte hybride Identität kann sich der Protagonist nur erträumen, während sie für die Figuren von Sandra Jayat die Regel ist: In ihnen verschmelzen im Sinne von Édouard Glissants *créolisation*[35] verschiedene Herkunftsräume und werden fruchtbar in künstlerische Inspiration umgesetzt.

In Joseph Doerrs *Où vas-tu manouche?* (1982) wird die Auswanderung, von der Toumela am Anfang des Textes erzählt, durch einen Bezug auf die französische Roma-Geschichte gegen Ende der Publikation komplettiert. Coucou wird von einem andern nicht namentlich erwähnten Rom, der auch ansonsten keine Handlungsfunktion hat, nach seiner schriftstellerischen Tätigkeit gefragt. Auf dessen Bestätigung des Chronikprojekts hin, präsentiert er Coucou ein zufällig aufgefundenes historisches Pergament, das die Ankunft der Roma in Frankreich

---

34 Vgl. Henriette Asséo: L'intelligentsia romani, S. 17.
35 Vgl. Édouard Glissant: *Poétique du divers*, S. 15–16.

beschreibt.[36] Durch die Quellenentdeckung mithilfe des Rom erscheint das Werk Coucous als ein interaktiver Schaffensprozess, zu dem die Mitglieder der Roma-Gemeinschaft beitragen, was insbesondere durch die *mise en abyme* verdeutlicht wird. Die schriftstellerische Arbeit ist dementsprechend nicht nur von der Gruppe anerkannt, sondern gleicht einem kollektiven Vorhaben zur Geschichtsschreibung der Roma in Frankreich. Die zufällig fast wundersam, aufgefundene Quelle füllt für den Protagonisten nicht nur eine Lücke in seinem historischen Abriss, sondern dient ihm auch als Selbstbestätigung seiner eigenen Annahmen zur spirituell-religiösen Motivation der Reise seines Volkes. Die historische Glaubwürdigkeit unterstreicht er durch die relativ genaue Bestimmung des Fundortes der Dokumente und einem scheinbar direkt dem gelesenen Text entnommenes Zitat, welches Roma beschreibt als „aux yeux de feu, au teint de cuivre"[37]. Gleichzeitig wird mit dem eingebrachten Beleg die lange Präsenz der Roma auf französischem Boden betont, da durch einen Hinweis auf Paris am 17. April 1427 explizit ein historisches Datum ihrer Ankunft und ein spezifischer Ort genannt werden.[38] Der Text wird außerdem in seiner historischen Bedeutung an die aktuelle Situation der wandernden Roma geknüpft, indem diskriminierende Gesetzgebung und Gewalt gegenüber der Gemeinschaft als geschichtliche Erfahrung dargestellt werden, der die Roma jedoch immer widerstanden: „On avait beau en avoir brûlé des centaines sous l'inculpation de sorcellerie, et écartelé des milliers accusés de rapines, les Romani ont toujours réussi à déjouer les interdictions et à subsister envers et contre tous au cours de leurs vie errante."[39]

Ähnlich wichtig und zugleich spannungsgeladen ist der Bezug zu Frankreich in den vier Texten von Lick Dubois, wenngleich er nicht im gleichen Ausmaß wie Joseph Doerr historisiert. Frankreich ist zwar die Heimat der Figuren, sie können sich in ihrer marginalisierten Position jedoch nicht als anerkannter Teil der französischen Gesellschaft fühlen. So ist beispielsweise für den Ich-Erzähler in *Enfances tsiganes* (2007) die Tatsache, dass junge Roma-Männer im Algerienkrieg in der französischen Armee kämpfen und sterben, kein Zeichen dafür, dass sie als Mitglieder der französischen Gesellschaft betrachtet werden: „Ce n'est pas pour autant que nous étions considérés comme ‚français' sur le territoire français! Bien que présents depuis cent années au moins dans le midi

---

36 Vgl. Joseph Doerr: *Où vas-tu manouche?*, S. 214.
37 Joseph Doerr: *Où vas-tu manouche?*, S. 214. Bedeutsam ist hier ebenso die Denomination „les Romani", die einen eindeutig unifizierenden Anspruch transportiert, der insofern augenfällig ist, da im Text die Nennung der Untergruppe *manouche* vorwiegt.
38 Vgl. Ebd.
39 Ebd.

de la France!"⁴⁰ Eine zumeist resignative Sicht von französischer Integration haben die Roma in *Romanestan* (2010), dem aktuellen Werk des Autors. Im Gegensatz zu den vorherigen drei Texten (*Sur les routes* (1998), *Il était une fois les Bohémiens* (2003) und *Enfances tsiganes* (2007)) spielt in diesem Conte philosophique weniger das tägliche (Über-)Leben von Roma-Familien in historischem Rückblick eine Rolle. Es werden vielmehr unterschiedliche moderne Lebensweisen der Roma beleuchtet, so auch ihre Auswanderung in die USA, nachdem sie auf französischem Boden nicht Fuß fassen konnten. Retrospektiv wird Frankreich jedoch zum Identifikationsort für einen Sinto piémontais, der eine französische Ursprungsgeschichte erzählt:

> Je vais vous raconter comment mes ancêtres sont arrivés aux Etats-Unis. Mes grands-parents et toute leur famille d'alors, voyageaient en France. Ils allaient bien sûr dans plusieurs départements, comme tous les voyageurs de l'époque. Mais leur préférence restait le département de l'Ariège. [...] C'est au tout début du vingtième siècle que mes parents et grands-parents décidèrent de prendre le bateau en partance pour l'Amérique [...]. Quand plus tard je suis né, ma grand-mère m'a raconté leur arrivée sur le sol américain. [...] Dès qu'elles ont appris quelques rudiments de la langue anglaise, les femmes se sont élancées à pratiquer bonne aventure, tarot et boule de cristal. A partir de ce moment, les pièces d'or ont plu comme des flocons de neige. [...] Les hommes sont devenus d'habiles commerçants. [...] Mais au fil du temps passant, nous avons perdu nos racines.⁴¹

Die Vorfahren des Sinto sind nicht nur allgemein französischstämmig, sondern werden trotz ihrer nomadischen Lebensweise einer klar umrissenen Region (Ariège) zugewiesen, mit der sie eine affektive Beziehung verbindet. Auf diese Weise wird das Verhältnis zu Frankreich aufgewertet – ja fast verklärt – und konkretisiert. Interessant ist zudem, dass Frankreich als frühere Heimat zum Land der „racines" wird. Damit zeigt sich die Überlagerung verschiedener Heimatorte und ihres Einflusses auf die Gemeinschaft. Im Sinne von Avtar Brah wird hier das diasporische „Desire for a Homeland"⁴², also der Wille, sich einem Herkunftsland zugehörig zu fühlen, auf Frankreich übertragen und überlagert

---

40 Lick Dubois: *Enfances tsiganes*, S. 180. Ähnlich auch Ebd., S. 235 und Lick Dubois: *Scènes de la vie manouche. Sur les routes de Provence avec les Sinti Piémontais 1935–45*. Draguignan: Wâllada 1998, S. 156. Verklärender wird die Beteiligung an kriegerischen Auseinandersetzung hingegen in Joseph Doerrs *Où vas-tu manouche?* (1982) dargestellt. Die Mutterlandsliebe zu Frankreich „[l]a terre de notre berceau. La France des Francs qui nous a toujours bercés de ses mains maternelles" (Joseph Doerr: *Où vas-tu manouche?*, S. 186), erfordert beim Ausbruch des Zweiten Weltkriegs ein kämpferisches Engagement, dem sich die *manouches* nicht entziehen. Vgl. Joseph Doerr: *Où vas-tu manouche?*, S. 102.
41 Lick Dubois: *Romanestan. L'île du peuple rom*. Draguignan: Wâllada 2010, S. 52–53.
42 Avtar Brah: *Cartographies*, S. 180.

den ursprünglichen indischen Herkunftsort, womit zugleich die enge und andauernde Bindung an Europa deutlich wird. Dabei ist die Erinnerung an diesen (neuen) Ursprung ebenso bedroht wie der indische Bezug. Die Auswandergeschichte erhält zudem eine historische Dimension, indem die Großmutter als Vermittlerin der Geschichte eingeführt wird und der aktuelle Erzähler auf diese Weise die Doppelrolle als Rezipient und Träger der Migrationsgeschichte innehat, ähnlich wie in der Vermittlungssituation zwischen Toumela und Coucou. Während die Roma in USA mit ihrer erfolgreichen Integration der traditionellen Erwerbsmöglichkeiten in das Wirtschaftssystem den amerikanischen Traum leben,[43] ist in Frankreich sowohl die wirtschaftliche Integration als auch eine hybride Identität der Roma nur in den grotesken bis komischen Träumen des Protagonisten Gropelo möglich. Im Schlaf stellt er sich eine Zusammenkunft aller Roma Frankreichs im Hof des Elysée-Palasts in Paris vor. Sie versammeln sich und musizieren für die französische Regierung. Gropelo führt die Darbietung ein:

>'L'orchestre va interpréter pour vous la *Symphonie Bohémienne*!' Mais en fait, les musiciens exécutent *La Marseillaise* en style tsigane. J'allais serrer la main au Président non sans lui faire remarquer: ,Vous avez vu et entendu, malgré nos petites différences, nous savons chanter du Rouget de l'Isle, nous sommes français!'"[44]

Die kreative Reinterpretation der französischen Nationalhymne, in die Roma-Elemente integriert sind, deutet der Erzähler im Dialog mit dem französischen Staatsoberhaupt als Zeichen für die gleichberechtigte Zugehörigkeit der Roma zu Frankreich. Die im Titel *Symphonie Bohémienne* liegende Anspielung auf Komponisten der Mehrheitsgesellschaften wie Bizet, Liszt oder Debussy steht für die von diesen Künstlern aufgegriffenen und perpetuierten Stereotype der Roma, aber zugleich auch für die wichtige Rolle der Roma-Musik als Inspiration für die Komponisten. Geschickt wird diese Bedeutung erhöht, indem hier von Symphonie die Rede ist, die gängigen Stücke jedoch ,kleinere' Bezeichnungen wie *danse* oder *chanson* tragen.[45] Die Eigenarten der Roma fließen als ebenso „kleine Unterschiede" lediglich beiläufig ein, verdeutlichen aber eine Rekom-

---

43 Vgl. dazu auch Kapitel 1.5 *Erwerbsmöglichkeiten – Artisten, Kesselflicker und Wahrsager* S. 169–185.
44 Lick Dubois: *Romanestan*, S. 17.
45 Neben der Oper *Carmen* komponierte Bizet eine *Danse bohémienne* ebenso wie Debussy und Liszt schrieb unter anderem die *Chanson bohémienne*. Unwahrscheinlich ist hingegen, dass sich der Titel auf das Werk *Romani Symphonie – Bari duk* des österreichisch-rumänische Rom Adrian Gaspar bezieht, denn dieses wurde zeitgleich mit dem Erscheinen des Buchs 2010 uraufgeführt.

position mittels kultureller Spuren, die für Glissant die Grundlage der *créolisation* ist. Demzufolge nutzt ein Migrant bereits vorhandene Fragmente verschiedener Kulturen, um sie neu zusammenzusetzen und daraus ein für eine breite Gruppe anschlussfähiges Ganzes zu schaffen.[46] Entsprechend wehrt sich der Erzähler in einem anschließenden Dialog mit dem Präsidenten vehement gegen eine Segregation, welche die Divergenzen von Roma und Franzosen überbetont:

> Le Président [...] ajouta: ‚Ce soir, je vous invite tous dans les salons de l'Elysée, à déguster votre plat national, le niglo!'
>
> – C'est très aimable, Monsieur le Président. Nous sommes tous devenus écologistes, on ne mange plus de hérisson.[47]

Obwohl also die Anerkennung der Roma als Teil der französischen Gesellschaft gefordert wird, erscheint eine hybride Identität, wie sie die Beschreitung einer „terza via"[48] im Verständnis von Santino Spinelli bedeuten würde, erstrebenswert, aber noch in weiter – nämlich erträumter – Ferne. Die Figuren von Sandra Jayat hingegen symbolisieren die Verschmelzung multipler Herkunftsorte und zeigen einen zwar teilweise konfliktuellen, aber dennoch konstruktiven Umgang mit ihrer Multikulturalität.[49] Ähnlich wie in Versionen von Joseph Doerr und Lick Dubois hat die Herkunft von überall und nirgendwo für die Charaktere von Sandra Jayat zwar gelegentlich negative Konsequenzen, ist jedoch vorrangig ein Quell der Freiheit und damit positiv konnotiert. So bildet der Herkunftsort beziehungsweise die Unmöglichkeit, diesen klar zu bestimmen, im ersten Roman der Autorin *La longue route d'une Zingarina* (1978) einen entscheidenden Faktor in der Persönlichkeitsentwicklung der Protagonistin Stellina.[50] Nach der

---

46 Vgl. Édouard Glissant: *Poétique du divers*, S. 16–17. Glissant führt als Beispiel den Jazz an.
47 Lick Dubois: *Romanestan*, S. 18.
48 Vgl. Santino Spinelli: *La lunga strada*, S. 174.
49 Stellina (*La longue route d'une Zingarina* und *Zingarina ou l'herbe sauvage*) ist eine Sintizza aus Italien, die nach Frankreich auswandert, der *gitan* Romanino (*El Romanès*) stammt aus Spanien und flüchtet nach Frankreich. Bei Maggio (*Les racines du temps*) verweist der italienische Name auf den möglichen Bezug zu Italien und bei Kourako und Savyo (*Kourako et les deux lunes de Savyo*, 1972) bleibt der räumliche Bezug völlig ungeklärt.
50 Für eine Analyse der Identitätskonstruktion in *La longue route d'une Zingarina* (1978) vgl. Julia Blandfort: Die doppelte Grenze. Sandra Jayats Roman *La longue route d'une zingarina* als Raum diasporischer Identität. In: Dies./Marina Ortrud M. Hertrampf (Hg.): *Grenzerfahrungen: Roma-Literaturen in der Romania*, Berlin: LIT 2011, S. 217–244. Zentrale Unterschiede zwischen *La longue route d'une Zingarina* (1978) und *Zingarina ou l'herbe sauvage* (2010) beleuchtet der Artikel Julia Blandfort/Cécile Kovacshazy: Dialogue des cultures: Réflexions sur l'identité romani à travers deux romans de Sandra Jayat. In: *Études tsiganes* 46 (2012), S. 205–215.

Festnahme und Folter eines Mitglieds der Familie durch die Faschisten in Italien verlässt die Familie das Land und flieht über die Grenze nach Frankreich. Zwischen den beiden Ländern wird das Mädchen geboren und daher durch ihren Großvater mit den Worten charakterisiert: „Tu es plus de nulle part que nous tous, Stellina, car tu es née sur une terre sans nom [...] une terre sans noms qui n'appartient à aucun homme."[51] Die Unbestimmtheit des Ursprungsortes hat eine kollektive und eine individuelle Ebene. Zum einen sind es Roma im Allgemeinen, die keinen klar definierten Ort haben, der identitären Halt bieten könnte, und zum anderen ist es Stellina, deren Ursprungsort nicht eindeutig ist. Die hier deutlich vollzogene Ab- und Ausgrenzung Stellinas von der Gruppe lässt sie allein, wodurch sie selbst zu einer übersteigerten Symbolfigur der Wurzellosigkeit stilisiert wird. Die Undefiniertheit ihres Geburtsortes ist symbolisch für eine identifikatorische Leere, aber auch für die Möglichkeit identitärer Neudefinition. Die aus dieser Situation erwachsende Unsicherheit führt daher auch zu ambivalenten Gefühlen bei der Protagonistin: „Cette seule idée d'être encore plus de nulle part que tous ceux de ma tribu me donnait à la fois un certain chagrin et un peu de fierté."[52] Ohne Ankerpunkte ist Stellina sich selbst dabei überlassen, ihre Identität zu suchen; eine Suche, die angesichts des Niemandslandes ihrer Geburt paradox erscheint, durch ihre Wertung der Situation – sowohl negativ als auch positiv – jedoch produktiv umsetzbar wird, denn die Herkunft aus der Grenzregion ermöglicht ihr, Kritik an der Lebensweise ihrer Familie zu üben, auszubrechen, sich selbstständig zu entscheiden und so ihr eigenes identitäres Potential zu entwickeln. Ihre Heimat ist nicht mehr territorial verankert, sondern wird zu einer inneren Einstellung und sie vertritt in den Worten Ihab Hassans eine Position, „that makes the entire universe a home".[53] Allein diese Ausgangssituation schafft für die Protagonistin die Voraussetzung, sich von der Gemeinschaft zumindest physisch zu lösen und den Einschränkungen ihres Lebens zu entfliehen. Der zunächst vor allem durch Unbestimmtheit dominierte Herkunftsort wird damit auch zum Ausgangspunkt für freie Entfaltung, Unabhängigkeit und die Bereitschaft, sich im Einwanderungsland Frankreich auf Gesellschaft und Kultur einzulassen.

Für Romanino, den Protagonisten von *El Romanès* (1986), des zweiten Romans der Autorin Sandra Jayat, der vor dem Spanischen Bürgerkrieg nach Frankreich flüchtet, nur um dort von den deutschen Nationalsozialisten

---

51 Sandra Jayat: *La longue route d'une Zingarina*, S. 18.
52 Ebd.
53 Ihab Hassan: *Rumors of Change. Essays of Five Decades*. Tuscaloosa: University of Alabama Press 1995, S. 250.

(weiter-)verfolgt zu werden, hat die Unbestimmtheit seines Herkunftsortes ebenso negative wie positive Auswirkungen. Von einem feindlichen Spanier gefragt, woher er komme, antwortet er in seinen Augen unverfänglich: „Comme tous les gitanos, de partout et de nulle part."[54] Die ausweichende Antwort erregt den Ärger des Spaniers woraufhin Romanino, der zu diesem Zeitpunkt erst fünfzehn Jahre alt ist, festgenommen wird. Allerdings bleibt es auch in diesem Werk nicht allein bei der negativen Darstellung der unbestimmten Herkunft. Ungleich positiver ist eine Begegnung, die der Protagonist mit einem Unbekannten in Paris hat. Angezogen von Romaninos Gitarrenspiel fragt der Franzose:

– Quel est ton pays, mon frère?

– La terre.

– D'où viens-tu?

– Du voyage. [...]

– Qui es-tu?

– Gitano.

– Comment t'appelles-tu?

– Romanino El Romanès.

– Emmène-moi avec toi, Romanino. Je voudrais briser les chaînes de la nuit.

– Qui es-tu? lui demandai-je à mon tour.

– Un passant.

– Où vas-tu?

– Je l'ignore.

– Tu es poète?[55]

Die interrogative Sequenz erscheint durch die Kürze der Repliken szenisch und durch den rhythmischen Wechsel fast wie ein Verhör. Allerdings kommt es streng genommen kaum zu einem wirklichen Informationsaustausch, stattdes-

---

54 Sandra Jayat: *El Romanès*. Paris: Magnard 1986, S. 133.
55 Sandra Jayat: *El Romanès*, S. 77–78.

sen werden lediglich nichtssagende Klischees geäußert, die jedoch ihre Wirkung nicht verfehlen. Der von dem Fremden geäußerte Neid gegenüber der scheinbaren Ungezwungenheit ist der Anlass für einen Rollenwechsel, der allerdings ähnlich oberflächlich bleibt wie das Frage-Antwortspiel zuvor. Der Dialog und die darin sowohl inhaltlich als auch formal transportierte Dynamik sind allerdings in anderer Hinsicht entscheidend: Beide Figuren werden als Wanderer parallelisiert und ein poetisches Potential der ‚migrance' wird angedeutet. Dadurch steht eine vorteilhafte Deutung der Unzugehörigkeit im Vordergrund. Der metaphorisch poetisierende Stil, vor allem durch die Bildlichkeit in „je voudrais briser les chaînes de la nuit" und die dialogische Struktur zeigen einen kreativen Umgang mit der Sprache, der die thematisierte künstlerisch-dynamische Wirkung der deterritorialisierten Lebensweise verstärkt.[56] Dies offenbart ein Topos, welches das Werk von Sandra Jayat durchzieht und als ihr ästhetisches Konzept gelten kann.[57]

Die Herkunftsvisionen der Roma-Autoren illustrieren die Auseinandersetzung sowohl mit dem indischen Ursprung als auch mit der französischen Identität. Während eindeutige Versuche unternommen werden, einen mythischen Herkunftsort der Roma in Indien als Teil des fiktionalen kulturellen Gedächtnisses zu schaffen, ist die historische Dimension auch in Bezug auf Frankreich bedeutsam. In zweierlei Hinsicht sind diese Darstellungen für die Zerstreuung der Roma signifikant: Zum einen schaffen sie einen gemeinsamen romani Ursprung, auf den die separierten Gruppen gemeinschaftlich zurückblicken können und zum anderen wird die Ankunft in Frankreich zur impliziten Unterscheidung von anderen Roma-Gemeinschaften. Die Werke entsprechen damit zumindest gegenüber der französischen (Roma-)Leserschaft einer Verbreitung gemeinsamer historischer Erfahrungen, wie sie im Sinne Waltraud Kokots Teil einer transnationalen diasporischen Identitätskonstruktion sind.[58] Die langwährende Anwesenheit der Roma auf französischem Boden wird auf diese Weise betont und steht der in der Mehrheitsgesellschaft verbreiteten Vorstellung von

---

56 Vgl. die Forderung Patrick Chamoiseaus zum kreativen Einfließen oraler Elemente in der *oraliture* Patrick Chamoiseau: *La tracée mystérieuse*, S. 151 und S. 157–158, hier Kapitel 4.2 *Oraliture: Ein frankokaribisches Konzept* S. 80–82.
57 So ist die Dynamik einer mobilen Identität, welche nicht nur durch räumliche Losgelöstheit bestimmt ist, sondern vor allem durch persönliche Unabhängigkeit und eine eigene Interpretation der Vergangenheit bedeutet, auch für Maggio aus *Les racines du temps* (1998) deutlich. Hier wird die Bedeutung einer territorialen Verwurzelung, die im Titel kondensiert ist, mit der Mobilität der Figuren und ihrer abstrakten und vergeistigen Wahrnehmung von Vergangenheit und Herkunft verknüpft. Vgl. Sandra Jayat: *Les racines du temps*, S. 40.
58 Vgl. Waltraud Kokot: Diaspora und transnationale Verflechtungen, S. 101.

Unzugehörigkeit entgegen. Die Proklamation der deterritorialen Lebensweise, wie sie vor allem Sandra Jayat vertritt, greift dieses Stereotyp allerdings auf und konstruiert darauf aufbauend eine positive Identitätsvision von kultureller Mehrfachzugehörigkeit, wie sie sich auch im politischen Programm verschiedener Roma-Organisationen spiegelt.

1.3 Politisches Engagement: Romanestan vs. deterritorialisierte Nation

Internationaler Hauptvertreter der politischen Interessen der Roma ist die 1971 in London gegründete *International Romani Union*. Sie strebt die Bildung einer transnationalen Roma-Nation und den Kampf gegen Diskriminierung an. Ihrer Gründung geht die 1959 in Paris geschaffene *Communauté mondiale gitane* (CMG) voraus. Nach deren Auflösung durch die französische Regierung 1965 wurde das *Comité International Tsigane* (CIT) die Vertretung der Roma in Frankreich.[59] Die zunehmende Internationalisierung führte dann schließlich zu einer transnationalen Roma-Bewegung mit dem Ziel, eine nationale Identität zu entwickeln. Mit diesem Bestreben wurden in London beim Zweiten Weltkongress der *International Romani Union* der 8. April als internationaler Tag der Roma festgelegt, das Lied „Gelem gelem" zur Nationalhymne erklärt und eine Fahne entworfen. Mit zwei grünen und blauen Querstreifen und einem stilisierten roten Rad, das dem *chakra* (Sanskrit: Rad, symbolisch für das Lebensrad und die Unabhängigkeit Indiens von der Kolonialmacht Großbritannien) der indischen Fahne entspricht, beinhaltet sie eine eindeutige Referenz an Indien und dessen Nationalflagge.[60] Neben dem Rückbezug zu Indien hat für die Roma jedoch auch die europäische (Herkunfts-)Geschichte, wie sie im vorhergehen-

---

59 Es besteht weiterhin, als *Comité Catholique Internationale pour les Tsiganes* (CCIT), hat jedoch heute eine eindeutig katholische Ausrichtung.
60 Vgl. Ian Hancock: *Rromani people*, S. 113–124 und Puxon, Zigeuner, 1980, S. 32–35. Für einen konzisen Überblick der politischen Bewegung vgl. Helmut Samer: Emanzipationsbestrebungen auf internationaler Ebene. In: *Rombase. Didactically Edited Information on Roma* (2001), für eine ausführliche Darstellung der von Frankreich ausgehenden politischen Repräsentation vgl. Jean-Pierre Liégeois: Naissance du pouvoir tsigane und für die aktuelleren Entwicklungen Ilona Klímová-Alexander: The Development and Institutionalization of Romani Representation and Administration. Part 1. In: *Nationalities Papers* 32,3 (2004), S. 599–630. Ilona Klímová-Alexander: The Development and Institutionalization of Romani Representation and Administration. Part 2: Beginnings of Modern Institutionalization Nineteenth Century-World War II. In: *Nationalities Papers* 33,2 (2005), S. 155–210.

den Kapitel aufgegriffen wurde, eine wichtige Stellung. Patrick Williams glaubt, darin zu erkennen, dass die Proklamation der indischen Herkunft nur den stereotypen Exotismus stärken würde und sich Roma daher dieser Zuschreibung teilweise verweigern:

> [...] quand on leur demande d'où ils viennent, ils mentionnent en général la région que leurs grands-pères fréquentaient. Les noms qu'ils utilisent entre eux pour se distinguer font souvent référence à ces régions (Manouches d'Alsace, Sinti piémontais, Gitans Catalans, Rom de Serbie etc.).[61]

Obgleich die Gefahr einer weiteren Ausgrenzung, welche durch die Betonung des indischen Elements besteht, sicher in der Selbstzuschreibung der Roma eine Rolle spielt und daher nicht vernachlässigt werden sollte, kann der Verbindung mit Indien doch eine symbolische Rolle zugesprochen und festgestellt werden, dass in den politischen Darstellungen der Gedanke eines einheitlichen Volks mit gemeinsamem Ursprung vorherrscht und auf diese Weise ein diasporischer Rückbezug umgesetzt wird. Die Selbstdefinition als Nation mit gemeinsamem (indischem) Ursprung wird von verschiedenen politischen Organisationen nach außen getragen. Neben der *International Romani Union* vertritt auch der *Roma National Congress* eine unifizierende Position. Wie Lev Tcherenkov und Stéphane Laederich beobachten, sind diese politische Vertretung und die assoziierten Organisationen wesentlich erfolgreicher bei der Menschenrechtsarbeit als die *International Romani Union*. Letztere werde zwar von den Mehrheitsgesellschaften anerkannt, die von ihr erreichten Ziele seien jedoch sehr beschränkt und noch zusätzlich sei die demokratische Struktur der Organisation verschiedentlich korrumpiert worden.[62] Beiden Verbänden ist die unifizierende Perspektive auf die Roma als deterritorialisierte Nation mit gemeinsamen Wurzeln gemeinsam.[63] So präsentiert beispielsweise der *Roma National Congress* folgende Definition der Roma:

> The Roma are a European nation; their emancipation process needs to draw on common roots and common perspectives beyond national considerations, citizenship, group affiliation or country of residence.

---

61 Patrick Williams: *Django*, S. 13.
62 Vgl. Lev Tcherenkov/Stéphane Laederich: *The Rroma 1*, S. 213–214.
63 Vgl. Thomas Acton/Ilona Klímová: The International Romani Union. An East European Answer to West European Questions? Shifts in the Focus of World Romani Congresses 1971–2000. In: Guy, Will (Hg.).: *Between Past and Future. The Roma of Central and Eastern Europe*, Hatfield: University of Hertfordshire Press, S. 157–226 und Roma National Congress: General Principles 2008.

> As a stateless, non-territorial European Nation, the Roma occupy a unique position both historically and politically. This situation is comparable with that of the European Jews, except that Roma have neither the option nor the will to claim sovereignty over a land and declare an independent state. Efforts to improve their situation in Europe must acknowledge this special position.[64]

Wenngleich der Bezug zu Indien hier nicht explizit wird, zeigt sich doch die Bedeutung, die sowohl der Zugehörigkeit zu den europäischen Gesellschaften als auch dem gemeinsamen Ursprung gegeben wird, wobei der Unterschied zum jüdischen Vorbild prominent ist.[65] Roma werden als deterritorialisierte Nation präsentiert, die nicht danach strebt, einen Staat zu errichten, vielmehr wird ein solches Vorhaben sogar rundheraus als unmöglich dargestellt. Ebenfalls ablehnend verhält sich mittlerweile die *International Romani Union* zu dem programmatischen Vorsatz, einen Roma-Staat zu gründen. In ihrer Deklaration nach dem Weltkongress 2000 ist zu lesen:

> Individuals belonging to the Roma Nation call for a representation of their Nation, which does not want to become a State. We ask for being recognized as a nation, for the sake of Roma and Non-Roma individuals, who share the need to deal with new challenges. We, a Nation of which over half a million were exterminated in a forgotten Holocaust, a Nation of individuals too often discriminated, marginalized, victim of intolerance and persecution, we have a dream, and we are engaged in fulfilling it. We are a Nation, we share the same tradition, the same culture, the same origin, the same language: we are a Nation.[66]

Diese Erklärung ist insofern bedeutend, als sie eine Änderung in der politischen Strategie darstellt, denn tatsächlich existiert die Idee von der Errichtung eines unabhängigen Roma-Staates mit Namen *Romanestan*, die zuvor auch von politischen Institutionen wie eben der *International Romani Union* unterstützt wurde.[67] Dieses Projekt entstand schon in den 1920er Jahren in Russland, blieb je-

---

64 Roma National Congress: General Principles.
65 Vgl. auch die Internetseite der *International Romani Union*, wo in einem Forderungskatalog unter der Frage, wer Rom sei, die Bekenntniss zu einem indischen Ursprung fest verankert ist, aber ebenso die Zugehörigkeit als nationale Minderheit zu allen europäischen Staaten proklamiert wird. Vgl. International Romani Union: *Charter*.
66 zit. nach Thomas Acton/Ilona Klímová: The International Romani Union, S. 216–217. Derartige nationalistische Bewegungen und daraus folgende (literarische) Identitätsdiskurse sind für Mindherheitensituationen keine Seltenheit. Für eine Darstellung derselben beispielsweise in der Chicano-Bewegung vgl. Anja Bandau: Eine Chicana/o-Poetik zwischen *mestizaje* und Hybridität. Text- und Identitätsstrategien mexikanisch-amerikanischer Autor/inn/en. In: Gisela Febel/Angela Hamilton u.a. (Hg.): *Zwischen Kontakt und Konflikt. Perspektiven der Postkolonialismus-Forschung*. Trier: WVT 2006, S. 131–146.
67 Vgl. Paola Toninato: The Political Use of Romani Writing, S. 88.

doch ein theoretisches Konstrukt.⁶⁸ Die Forderung als deterritorialisierte Minderheit und gleichzeitiger Teil der europäischen Gemeinschaften anerkannt zu werden, hat hingegen heute viel größere Bedeutung, wodurch der Wandel des diasporischen Diskurses sichtbar wird.

In den Texten der französischen Autoren ist das politische Engagement der Figuren insofern Zeichen der Zerstreuung, da konfliktuelle Diskurse die schwierige Situation politischer Einheit beziehungsweise Integration in die Mehrheit reflektieren.⁶⁹ Gleichzeitig ist die Notwendigkeit der Einheit ein Zeichen für genau diese Zersplitterung der Gemeinschaft. Dem wirken die Darstellungen des transnationalen Roma-Netzwerkes, das einen unifizierenden Charakter hat, entgegen, wobei die Rekonstruktion der Roma als Nation in ihrer geschichtsdeutenden Funktion gleichsam Bedeutung für das gegenwärtige (Eigen-)Bild entfaltet.

Rekonstruktion und Utopie: Die Roma-Nation
Die Idee, einen Staat zu gründen, der alle Roma auf einem Territorium unter einer gemeinsamen Regierung vereint, wird besonders ausführlich in Lick Dubois' Text *Romanestan* verhandelt, wobei bereits der Titel das Projekt eines Nationalstaates der Roma aus den 1920ern evoziert. Der Protagonist Gropelo bezieht explizit am Anfang des Textes auf dieses auch von ihm und seinem Freund Barokar gehegte Vorhaben.⁷⁰ Am Ende des Werks taucht das Motiv ein weiteres Mal in einem Traum von Gropelo auf, den er seiner Frau Angela vermittelt:

> L'État mettait à notre disposition une île inconnue, encore vierge, mais à condition que les Tsiganes du monde entier soient réunis sur cette île lointaine, et nous devions y former notre gouvernement. Comme par enchantement, on se retrouvait plusieurs millions sur cette terre d'une beauté sans pareilles [...]. Presque comme dans la Bible! [...] Tu me disais: ‚tu vois bien qu'il n'y a rien de plus beau que notre Jardin d'Eden!' Je te réponds: ‚Oui, mais maintenant, il faut faire voter tous ces Tsiganes du monde entier. Il faudra désigner

---

68 Vgl. Klímová-Alexander: Modern Institutionalization, S. 164.
69 Vgl. zur Bedeutung des politischen Schreibens der Roma Paola Toninato: The Political Use of Romani Writing und Cécile Kovacshazy: Événement politique. Beide Autorinnen beschäftigen sich zwar mit der politischen Dimension von Roma-Texten, betrachten dabei aber ausschließlich die Außenwirkung gegenüber der Mehrheitsgesellschaft zur Reklamation ihrer Unabhängigkeit. Dies ist zwar ein entscheidender Faktor für jeden Roma-Text und spielt auch im folgenden Kapitel eine Rolle, darüber hinaus werden jedoch nach innen gewandte politische Kritik und Vorstellungen untersucht werden, auf die beide Forscherinnen nicht eingehen.
70 Vgl. Lick Dubois: *Romanestan*, S. 30–31. Wie bei fast allen Figuren handelt es sich auch hier um einen sprechenden Namen, der eine wichtige hierarchische Stellung der Figur impliziert, denn *baro kar* bedeutet auf Romanès ‚großer Penis'.

un Président et tous les ministres!' Tout à coup je vois Barokar courir vers nous en criant: ‚Gropelo, je suis élu Président par tous les Sinti sur notre terre du Romanestan! T'en souviens-tu, il y a fort longtemps que l'on voulait une île pour notre peuple? C'est chose faite! Ici, à partir de ce jour, il n'y aura plus ni Roms, ni Manouches, ni Kalé, ni Sinti! Nous sommes simplement des hommes voilà tout!' [...] Barokar réunissant tous les Sinti afin de faire son discours pour notre présent et notre avenir déclamait: ‚Nous devons être une nation exemplaire pour la Terre entière! Jamais plus de guerre! Ne travailler que pour la Paix, la Prospérité' [...] Tous les Tsiganes criaient: ‚Bravo! [...] Vive l'île de notre peuple, le Romanestan!' Puis je voyais l'île se dégrader, les arbre coupés, les rivières sales.[71]

Sowohl Angela als auch Barokar lassen sich von der Begeisterung über das eigene Territorium für alle Roma mitreißen und fokussieren die positiven Aspekte. Sprachlich äußert sich ihr Enthusiasmus in den mythischen Vergleichen mit dem biblischen Paradies und dem Garten Eden, wohingegen Gropelo eine wesentlich pessimistischere und zugleich realistischere Haltung gegenüber der Staatsgründung einnimmt. Weniger im Zentrum steht dabei die Überlegung, dass die Isolation auf einer Insel nicht nur ein eigenes Territorium, sondern auch die Ab- und extreme Ausgrenzung von der Welt bedeutet,[72] größtes Problem ist vielmehr die Hierarchiebildung unter den Roma. Die unifizierende Absicht („il n'y aura plus ni Roms, ni Manouches, ni Kalé, ni Sinti! Nous sommes simplement des hommes") und das idealistische Projekt („Jamais plus de guerre! Ne travailler pour la Paix, la Prosperité"), welches Barokar vertritt, scheitern an der Unfähigkeit, eine funktionierende Führung zu etablieren und letztlich lässt sich die Regierung ebenso korrumpieren wie in anderen Gesellschaften.[73] Symbolträchtig versinkt die Insel im Ozean und das Projekt Romanestan wird als Utopie entlarvt.[74] Einer nationalistischen Rekonstruktion des Heimatlandes, wie sie beispielsweise der postkoloniale Theoretiker Edward Said als

---

71 Lick Dubois: *Romanestan*, S. 134–137.
72 Dies klingt allerdings an einer Stelle im Text an, in der Gropelo Barokar die Frage stellt: „[M]ais qui serait à la tête du Romanestan, lui disait-je? – Eh ben, nous tous! – Cela ne serait pas sans problème. Qui tiendrait le rôle de la police et de tous les autres corps de métier? Tu sais très bien que les Sinti ne savent que chiner les Gadjé!" (Lick Dubois: *Romanestan*, S. 31).
73 Eine skeptische Position gegenüber der politische Organisation der Roma vertreten auch die Figuren in Lick Dubois' *Sur les routes* (1998). Dort wird ebenfalls die Hierarchiebildung als entscheidendes Problem und zudem eindeutige Struktur der Mehrheitsgesellschaft gesehen und kritisiert. Vgl. Lick Dubois: *Sur les routes*, S. 194–195.
74 Vorweggenommen wird dies mit der Beurteilung Gropelos zu Anfang des Textes, wenn er über das von ihm und Barokar gehegte Projekt Romanestan urteilt: „Nous délirions complètement." (Lick Dubois: *Romanestan*, S. 30)

Ziel von Exilanten – und dies kann auf Diasporen übertragen werden – beobachtet, wird hier eine klare Absage erteilt.[75]

Das Scheitern gilt jedoch nur für das separatistische Programm eines eigenen Staates. Wünschenswert scheint dem Protagonisten allerdings eine politische Bewegung innerhalb des französischen Staates, die diesen aktiv mitgestaltet und sich an dem Beispiel der großen französischen Minderheit aus Nordafrika und ihrem politischen Engagement orientiert: „Eh, bien, peut-être que nos enfants et petits-enfants vont commencer, comme les Maghrébins, à faire la politique et que nous aurons des élites intellectuelles pour participer elles aussi aux évolutions de notre pays des Droits de l'Homme souvent oubliés!"[76]

Ein Nationenprojekt in etwas anderer Form illustriert der in Bezug auf die indische Geschichte gänzlich als Rekonstruktion angelegte Roman *Pâni et le peuple sans frontières* (2010) von Roberto Lorier. Die paratextuell als Sage klassifizierte Handlung ist um das Jahr 1000 n. Chr. in Indien situiert und erzählt die Geschichte des jungen Roma-Mädchens Pâni, deren nomadisch lebende Familie von den feindlichen islamischen Truppen des Eroberers Mahmud de Ghaznîs ermordet wird. Die Heldin des Romans kann sich retten und warnt andere Roma-Stämme, die in der Umgebung leben. Ihre Warnung ist jedoch vergeblich, denn obwohl die Roma mit viel List die Invasoren mehrmals in die Irre führen und sich im heroischen Kampf auszeichnen, werden sie letztendlich gefangen und als Sklaven verschleppt. Interessant ist dabei, dass in diesem Text eine intakte und vollständige Sozial- und Hierarchiestruktur, die als eine Staatsform gelten kann, dargestellt wird. Der Auswanderung aus Indien wird auf diese Weise der ungeklärte geschichtliche Hintergrund genommen, ein wohlorganisiertes System – im Gegensatz zur Version von Lick Dubois sehr wohl hierarchisch – gezeigt und die Emigration als Folge von gewaltsamer Vertreibung nach heldenhafter Verteidigung dargestellt. Die Sklavenverschleppung, mit der die Handlung endet, evoziert die Parallele mit der jüdischen Diaspora und deren Begründung durch das Babylonische Exil. Parallelen werden zudem zum heutigen Leben der Roma gezogen und so die Kontinuität von Traditionen, wie zum Beispiel des Nomadismus, fingiert.[77] Mithin ist die Konstruktion einer Ro-

---

75 Vgl. Edward W. Said: *Reflections on Exile and Other Essays*. Cambridge: Harvard University Press 2001, S. 141. Er führt als Beispiel in diesem Zusammenhang Juden, Armenier und Palästinenser an.
76 Lick Dubois: *Romanestan*, S. 130.
77 Dies gilt auch für musikalisch artistische Begabungen. Vgl. Roberto Lorier: *Pâni et le peuple sans frontières. Saga Tsiganes. Première époque*. Draguignan: Wâllada 2010, S. 35 und S. 120.

ma-Nation, die seit jeher deterritorialisiert und nomadisch lebt, eines der Hauptziele des Romans. Dies wird in einer dem Haupttext vorangestellten Einführung deutlich, welche Roma als transnationale Minderheit und Grenzüberschreiter *par exellence* beschreibt: „Le peuple tsigane vivant en dehors de l'Inde et du Pakistan représente, à notre époque, plus de quinze millions de personnes. Il devient, de fait, la plus grande minorité mondiale n'ayant pas son propre pays. Seul ce peuple n'a jamais voulu de frontière!"[78] Innerhalb der Diegese spiegelt diese Sicht auf Roma als immer schon wanderndes und freiheitsliebendes Volk der Armeeführer Baro (Romanès: groß) gegenüber seinen Gefolgsleuten und in Konfrontation mit der fremden Armee. In seiner Rede vor der Entscheidungsschlacht betont er die defensive Einstellung der Roma:

> Notre peuple évitait, en voyageant, le plus de confrontations possible, mais quand cela était inévitable, nous étions là! **Toujours pour nous défendre, jamais pour prendre!** Pourquoi se battre pour une parcelle de terre quand nous pouvons nous installer sur une autre plus loin (?)[79]

Als Repräsentant der friedliebenden Bevölkerung stellt Baro sich und sein Volk durch die graphisch und rhetorisch hervorgehobene Verteidigungssituation in Kontrast zu den imperialistischen Bestrebungen der feindlichen Armee. Auf die mündliche Konzeption des Textes und die Nähe zu den Roma verweist hier nicht nur die Fettschreibung, die den Impetus, mit dem das Gesagte hervorgebracht wird, transportiert, sondern auch das in Klammern gesetzte Fragezeichen, welches die rhetorische Frage als Stilmittel explizit kenntlich macht. Die Position der Verteidiger wird durch die Antithese („défendre", „prendre") hervorgehoben und mit dem Reim kookkurrent, wodurch sich ihre mnemonische Funktion verstärkt. Mittels dieses partizipatorischen und emphatischen Vorgehens wird ein gemeinschaftliches Erleben nachgebildet, das hier nicht nur für das Genre der politischen Rede, sondern auch für die mündliche Tradition der Roma zeichenhaft ist. Der Appell an die Einheit unter dem Motto der Freiheitsliebe hat zudem eine zukunftsgerichtete Komponente, wie das Ende der Rede zeigt:

Als noch heute existente Tradition wird auch das Fischen mit bloßen Händen dargestellt. Vgl. Ebd., S. 55.

78 Ebd., S. 12.

79 Roberto Lorier: *Pâni*, S. 104, Hervorhebungen im Original. Gegenüber einem feindlichen Soldaten nimmt Baro während des Kampfes eine ähnliche Position ein. Vgl. Ebd., S. 98 und auch andere Heerführer vertreten seine Einstellung, wie sein Cousin Prala. Vgl. Ebd., S. 91.

> Même si plus tard et plus tard encore sous d'autres cieux, de puissantes forces veulent nous tuer, **nous vivrons!!** Car nous sommes trois grandes tribus **mais un seul et grand peuple!!!** Et il acheva par ces mots:
>
> **Miro dji ilo pash temengé!!**
>
> **Miro dji tshélo pash temengé!!!** (Fußnote: Mon cœur est chez vous! Mon cœur restera chez vous!)[80]

Eine Aktualisierung bedeutet diese Passage nicht ausschließlich inhaltlich mit dem zukunftsgerichteten Überlebensaufruf. Sie ist zusätzlich eine intratextuelle, aber extradiegetische Spiegelung, da der Romanès-Satz als Motto (und ohne Übersetzung) dem Roman vorangestellt wurde. Die identitätskonstitutive Bedeutung der Sprache wird damit für nationalistische Zwecke genutzt und direkt und ausschließlich die Roma-Leserschaft angesprochen. Dies zeigt sich auch in der Tatsache, dass französischer und romani Text hier streng getrennt voneinander präsentiert werden und es nicht, wie in den von den postkolonialen Theoretikern Bill Ashcroft, Gareth Griffiths und Helen Tiffin angeführten Beispielen zur Interaktion und Überlagerung von Sprachen kommt. Hier hingegen wird die Sprache essentialistisches Machtinstrument, welches die ‚andere' Kultur verkörpert.[81] Der angestrebte unifizierende (politische) Anspruch eines „seul peuple" ist in der Rede stark vertreten und auch rhetorisch ausgearbeitet. „Dji" bedeutet ‚Herz', wobei es auch metaphorisch für ‚Mut' steht. „Pash" hat neben der Bedeutung ‚bei' auch die Konnotation ‚entzwei' im Sinne von ‚gebrochen'. Es wird also das Bild eines Anführers geschaffen, der sein Herz und seinen Mut unter den Zuhörern (seinem Volk) mitteilt. Als Metonymie steht das Herz (der Mut) für die gesamte Person und transportiert die Opferbereitschaft und Hingebung des Anführers. Der Parallelismus verstärkt die Wirkung und lässt den dauerhaften Aspekt – durch „tshélo" (bleiben) – hervortreten. Da die metaphorische Bedeutung dem Nicht-Roma-Leser – sofern er kein Romanès kann – weitgehend verschlossen bleibt, findet hier allerdings auch die Exklusion dieser Leser statt. Der Autor konstruiert auf diese Weise seine Position als (politischer)

---

80 Roberto Lorier: Pâni, S. 151, Hervorhebungen im Original.
81 In den Augen von Ashcroft, Griffiths und Tiffin ist die Interpretation ausländischer Wörter im literarischen (postkolonialen) Text als „power words" die darinliegende kulturelle Übertragung des Fremden mit einer politischen Deutung verfehlt, da die linguistische Variation metonymisch für die kulturelle Überlagerung gesehen werden muss. Vgl. Bill Ashcroft/Gareth Griffiths u.a.: *Empire*, S. 52–54. Wie hier sichtbar ist, kommt es jedoch in diesem Fall zu keiner sprachlichen Interaktion. Vielmehr stehen beide Sprachen als abgeschlossene Systeme nebeneinander und eine Sicht der Sprache als Essenz der Kultur steht im Zentrum.

Repräsentant und Kämpfer für die Rechte der Roma und wendet sich mit seinem Appell exklusiv an diese Rezipienten.

Die Möglichkeit einer eigenen Roma-Nation als historische Rekonstruktion, wie sie Roberto Lorier zeigt, begründet ein Verständnis der Roma als historische Diaspora mit einem intakten System vor der erzwungenen Auswanderung. Ebenso rekonstruktiv geht Lick Dubois mit seinem Rückgriff auf die Idee von Romanestan vor, wobei dieses Staatsprojekt in der Sicht des Autors scheitert. Liest man beide Versionen parallel, findet sich darin die Argumentation der *International Romani Union* wieder, die zwar den gemeinsamen Ursprung aller Roma hervorhebt und damit das Gefühl der Heimatlosigkeit bis zu einem gewissen Grad relativiert, aber zugleich die Etablierung eines Roma-Staates ablehnt. Politischer Aktivismus jedoch ist in jedem Fall essentiell für das Fortkommen.

Patriotismus: Eine nationale Verantwortung
Das politische Engagement richtet den Fokus zwar in einem Großteil der Werke auf die Etablierung einer eigenen Nationenvision, in einigen Texten wird jedoch auch die Beteiligung an kriegerischen Auseinandersetzungen thematisiert und damit eine Teilhabe an den Auseinandersetzungen der jeweiligen Aufnahmegesellschaft illustriert. Mateï in Matéo Maximoffs *Dites-le avec des pleurs* (1990), schließt sich beispielsweise zumindest ideologisch einem Kampf an, der für Frankreich große historische Bedeutung hat: Er wird im Zweiten Weltkrieg Teil der *Résistance*, allerdings ohne effektiv tätig zu werden.[82] Aktiv hingegen beteiligen sich die *manouches* aus Joseph Doerrs *Où vas-tu manouche?* (1982) sowohl am Ersten als auch am Zweiten Weltkrieg und zeichnen sich durch heroische Taten aus.[83] Eine ähnlich kämpferisch-patriotische Einstellung vertreten die Hauptfiguren in Vania de Gila-Kochanowskis *Romano Atmo* (1992). Der Roman spielt im Vorfeld und während der lettischen Revolution 1905–6, bei der die Figuren wichtige Akteure sind und den Kampf gegen die deutschen beziehungsweise russischen Unterdrücker an der Seite der Letten ausfechten, wie die als Revolutionsführerin engagierte, gebildete Romnì Man'a. Diese Position bringt sie nicht nur in Konflikt mit den herrschenden und imperial orientierten Deutschen und Russen, sondern vor allem mit ihrer eigenen Familie. In einer hitzigen Diskussion mit den älteren Roma fordert sie von ihnen, politische Verantwortung zu übernehmen und für die lettische Nation einzustehen. Ihre Mut-

---

82 Vgl. Matéo Maximoff: *Dites-le avec des pleurs*. Champigny sur Marne: Concordia 1990, S. 177.
83 Vgl. Joseph Doerr: *Où vas-tu manouche?*, S. 78–79 und S. 102.

ter Zofka jedoch ist gegen eine solche Einmischung der Roma in Angelegenheiten der Mehrheitsgesellschaft, wie sie sagt:

– Les Tsiganes ne font pas de politique.

– C'est bien leur tort, coupa Man'a, et c'est pour cela qu'on les considère toujours comme des gens à part, des asociaux. Si vous adoptez une nationalité, il faut lutter pour l'idéal social de ce pays. [...]

[L']aïeule ajouta:

– Notre tradition, ma petite fille, est de n'appartenir à aucun parti. Les partis passent et changent, les nations demeurent et malheur à un Rom s'il se mêle aux luttes intestines du pays où il vit. Voilà un nouveau prétexte qui servirait aux gajé, et un prétexte valable cette fois, pour nous persécuter.

La jeune femme ne cédait pas:

– Si vous acceptez une nationalité vous devenez national: russe, allemand, letton.[84]

Für Man'a sind die Argumente ihrer Familie, dass die politische Integration Verfolgung nach sich zieht, nicht stichhaltig. Die Ablehnung des politischen Engagements der älteren Frau, mit deren Charakterisierung als Urahnin das althergebrachte Wissen und seine Basis auf Erfahrung betont werden, steht ganz in der Tradition der Unsichtbarkeit gegenüber der Umgebungsgesellschaft.[85] Man'a hingegen agiert hier als Vertreterin der Mehrheit. Aus dieser als Kontamination empfunden Situation resultiert der vollständige Rückzug ihrer Familie in die Unsichtbarkeit und zudem eine vehemente Abwehrreaktion gegenüber der jungen Frau. Man'as Festhalten am Engagement für den Unabhängigkeitskampf führt daher zum härtesten Urteil, das ihre Mutter über sie sprechen kann:

Zofka: Gaji!

Man'a lui jeta un regard où on lisait la lutte entre colère et pitié. [...]

---

84 Vania de Gila-Kochanowski: Romano Atmo, S. 190–191.
85 Initiativen des politischen Engagements werden gemäß dem Anthropologen Leonardo Piasere von Roma tendenziell skeptisch gesehen: „[L]a spinta alla visibilità è un'iniziativa die gagé e non sempre i rom ‚rispondono' come i gagé si attenderebbero. Anzi, spesso a tali richieste di visibilità i rom reagiscono con il metodoe tradizionale dell'azione contraria: La ricerca dell'invisibilità." (Leonardo Piasere: *I Rom d'Europa*, S. 109)

> – Essayez de me comprendre. Il n'existe actuellement pour un homme, un vrai homme (murmures: ‚comme si nous ne l'étions pas'), ni Rom, ni Russe, ni Français, ni Anglais, mais l'opprimé et l'oppresseur.[86]

Die Roma-Zuhörerschaft fühlt sich von Man'as Argumentation ausgeschlossen, wie der Einschub („murmures: ‚comme si nous ne l'étions pas'") anzeigt, der die Reaktion der intradiegetischen Hörer abbildet und auf diese Weise ein interaktives Element in den Text einbringt. Das Publikum wird als partizipativer und aufmerksamer Rezipientenkreis dargestellt, der seine Meinung kundtut. Performativ wird damit auf die orale Kommunikation verwiesen und eine noch bestehende Nähe zwischen Man'a und ihrer Familie illustriert. Inhaltlich zeigt sich jedoch bereits der nicht mehr zu überwindende Bruch. Ausgestoßen kehrt Man'a mit ihrem Bruder Kol'a der Familie endgültig den Rücken, um für ihre freiheitlichen Ideale zu kämpfen und so zum einen der Integration in die neuentstehende lettische Nation einen Schritt näher zu kommen, womit sie für ihre nationale Verantwortung eintritt und sich zum anderen der europaweiten sozialistischen Unabhängigkeitsbewegung anzuschließen. Ihr politisches Engagement und ihre patriotische Überzeugung sind die Ursachen des irreversiblen Bruchs mit ihrer Familie. Die von ihr gehegte Wunschvorstellung (politischer) Integration der Roma in die sich formierende lettische Gesellschaft scheitert am Widerstand ihrer Verwandten. Für sie wie für einen Großteil der Figuren anderer Autoren ist die (politische) Gleichberechtigung – und damit auch die lokale Integration – unerreichbar und es wird eine dichotomische Situation von Zugehörigkeit entweder zur Mehrheitsgesellschaft oder zu den Roma vertreten. Wenngleich hier die individuelle Vorstellung (politischer) Selsbverwirklichung im Vordergrund steht, wird im Allgemeinen die Stärkung der Roma-Gemeinschaft fokussiert. Entsprechend bedeutsam ist die grenzüberschreitende Verbindung verschiedener Roma.

Das transnationale Roma-Netzwerk
Obwohl die historische oder aktuelle Existenz eines Roma-Staates und damit die Unabhängigkeit nicht in allen Texten von Belang ist und politische (Staats-) Visionen mehrheitlich scheitern, trifft auf ausnahmslos alle Protagonisten die Inklusion in die deterritorialisierte Roma-Gemeinschaft zu.[87] Dabei charakteri-

---

[86] Vania de Gila-Kochanowski: Romano Atmo, S. 192–193.
[87] Dabei bestehen zwar graduelle Unterschiede, die meisten politischen Projekte sind jedoch nicht erfolgreich. So wird Catalanas (Luis Ruiz: *Guerre noble*) Programm der Aussöhnung zwischen Roma und Nicht-Roma zumindest nicht zu Ende geführt. Die interkulturelle – und in diesem Sinne ebenso politische – Verbindung des deutschen Franz und der Romnì Sara (Mi-

siert sie zwar ebenso eine gewisse Außenseiterstellung und häufig die Position als Mediatoren zwischen Roma und Mehrheitsgesellschaft, dennoch sind sie integriert in ein Kollektiv, das ein kulturelles Netz über die Landesgrenzen hinweg bildet und zu dem sich die Individuen zugehörig fühlen (können). Die Bewegung der Figuren, die durch die Wanderschaft zustande kommt, füllt dieses Netzwerk mit Leben, indem die Beziehungen ständig erneuert oder gänzlich neu aufgebaut werden. In Matéo Maximoffs Werken lassen sich die Protagonisten in ihrer Wanderschaft zum Beispiel nicht durch räumliche oder staatliche Grenzen aufhalten. Lediglich politische Entwicklungen, wie die Versklavung in Rumänien (*Le prix de la liberté*), die Leibeigenschaft in Russland (*Vinguerka*) oder die Internierung (*La septième fille*; *Dites-le avec des pleurs*) halten die Roma an einem Ort fest. Dies führt jedoch auch dazu, dass ein Großteil der Figuren in Matéo Maximoffs Werk seltsam unbeteiligt und unbeeindruckt von den Geschehnissen in der Welt um sie herum bleibt: „C'est avec quelques mois de retard qu'ils apprirent que leur pays était en guerre contre un autre."[88] Krieg und Konflikte scheinen an den Roma vorbeizuziehen und ihr Wille, Position zu beziehen, bleibt aus. Eine Tatsache, die ihnen auch von Mitgliedern der Mehrheitsgesellschaft zum Vorwurf gemacht wird, wie die russische Revolutionärin Marta gegenüber dem Flüchtling Khantchi in *Condamné à survivre* (1984) deutlich macht: „Nous avons sur les bras une guerre et une révolution. L'Europe entière est à feu et à sang, et vous, les Tziganes, vous ne vous intéressez qu'à vos petits règlements de compte. C'est mesquin."[89] Die grenzüberschreitende Existenz fördert dafür jedoch den Zusammenhalt der Roma untereinander und die häufigen Treffen führen zu Allianzbildungen und begünstigen die Etablierung von Kommunikationswegen.[90] Gemeinsame Lebensvorstellungen und

---

guel Miguel Haler: *La route des gitans*) wird durch das nationalsozialistische System beendet. Gleichsam scheitert die lettische Revolution, in der Man'a (Vania de Gila-Kochanowski: *Romano Atmo*) gekämpft hat. Lediglich ein Projekt, nämlich die von Isvan (Matéo Maximoff: *Le prix de la liberté*. Champigny sur Marne: Concordia 1981 [1955]) angestrebte Abschaffung der Sklaverei, ist tatsächlich erfolgreich.

88 Matéo Maximoff: *Condamné à survivre*, S. 78. Vergleichbar auch in Matéo Maximoff: *Savina*, S. 81; Matéo Maximoff: *Condamné à survivre*, S. 45 und S. 80; Matéo Maximoff: *La poupée de Mameliga*, S. 87.

89 Matéo Maximoff: *Condamné à survivre*, S. 111.

90 Vgl. zum Beispiel Matéo Maximoff: *La septième fille*, S. 11; Matéo Maximoff: *Dites-le avec des pleurs*, S. 166 und Matéo Maximoff: *Ce monde qui n'est pas le mien*, S. 66. In *Condamné à survivre* (1984) illustriert dies Khantchis Netzwerk: „Khantchi est toujours en relation avec les frères et les nombreux cousins de sa femme, Rakli. C'est ainsi qu'il apprend, par un coup de téléphone, qu'une rencontre générale des Roms va avoir lieu dans une grande capitale." (Matéo Maximoff: *Condamné à survivre*. Champigny sur Marne: Concordia 1984, S. 145) Ebenso

Rechtsprechungen spiegeln sich ferner in der grundsätzlichen Solidarität der Roma untereinander und bilden ein internes politisches System ab.[91] Transnationale Netzwerke und nomadisches Dasein stehen in Matéo Maximoffs Romanen in enger Verbindung, denn die Bewegung ermöglicht auch die Erneuerung von Freundschaften und Beziehungen.[92] Im Fall des Romans *Condamné à survivre* (1984) kann die räumliche Ungebundenheit an einer Stelle als poetologische Reflexion gelesen werden. Am Anfang des Romans wird das unabhängige Leben auf die nicht stattfindende Verortung der Erzählung des wegen Mordes angeklagten Khantchi übertragen und der Leser bewusst im Unklaren über Raum und Zeit gelassen: „Dans quel lieu se passe cette scène? Qu'importe! Dans quel pays? Qu'importe! A quelle date? Qu'importe! Le Rom naît n'importe où; il circule dans tous les pays, et le temps ne compte pas pour lui, pas plus que la mort."[93] Durch die rhetorischen Fragen und die Wiederholungsstruktur wird eine Ablösung von Ort und Zeitlichkeit vollzogen. Durch die Vehemenz, mit der die Verortung verweigert wird, erzeugt das Bild eine Stimmung von schwelender Bedrohung. Diese Atmosphäre entsteht vor allem durch die hier proklamierte Indifferenz gegenüber dem Tod. Die Repräsentationsweise bezieht sich in erster Linie auf die drohende Exklusion Khantchis aus der Roma-Gemeinschaft und spiegelt dessen scheinbare Gleichgültigkeit gegenüber seinem Schicksal. Allerdings wird die apokalyptische Stimmung durch die Generalisierung auf alle Roma übertragen und bedeutet eine Vorausdeutung auf das Ende des Romans, wodurch sie zu einer zyklischen Struktur führt. Khantchis Leben endet nicht als Ausgeschlossener auf dem Friedhof zu Beginn des Romans, sondern in einem deutschen Konzentrationslager als Teil einer Gemeinschaft, die zum kollektiven Opfer des nationalsozialistischen Genozids wird. Die Bindung der reisenden Gruppen an historische Ereignisse mit der Betonung transnationaler Verbindungen spiegelt sich in der Gesamtkonzeption von Matéo Maximoffs Werk. Durch die unterschiedliche zeitliche und geographische Situierung der Texte entsteht der Eindruck der Roma als stabiler Entitäten, die durch gemein-

---

über Mundpropaganda erfahren der *manouche* Falka und seine Familie aus Frankreich von der *kris* im Fall der intriganten Savina, die ihre Gegenspielerin Schero beschuldigt hat, dessen Schwiegervater Klebari verunreinigt zu haben. Vgl. Matéo Maximoff: *Savina*, S. 149.

91 Vgl. Matéo Maximoff: *Les Ursitory*, S. 90; Matéo Maximoff: *Savina*, S. 8; Matéo Maximoff: *Vinguerka*, S. 235; Matéo Maximoff: *Dites-le avec des pleurs*, S. 161 und Matéo Maximoff: *Ce monde qui n'est pas le mien*, S. 21.

92 Vgl. zum Beispiel Arniko und Prasniko in Matéo Maximoff: *Les Ursitory*; Klebari und Vasilia in Matéo Maximoff: *Savina*; Drago und Ahmed in Matéo Maximoff: *Vinguerka* oder Rouva und Sinto in Matéo Maximoff: *Ce monde qui n'est pas le mien*.

93 Matéo Maximoff: *Condamné à survivre*, S. 11.

same Sitten und Bräuche geprägt sind und sich durch Europa und seine Geschichte bewegen.

Auch bei Sandra Jayat evozieren die Begegnungen der Figur Stellina mit anderen Roma-Gruppen während ihrer Wanderung in Richtung der französischen Grenze die Vorstellung der Roma als einer transnationalen Gemeinschaft.[94] Die Verbindung, die zwischen den einzelnen Roma-Familien besteht, wird im Besonderen in *La longue route d'une Zingarina* (1978) erzählerisch vermittelt. Nachdem Stellina, unwillig zu heiraten, ihre Familie verlassen hat, trifft sie auf dem Weg zur Grenze mehrere Roma-Familien, die ihr kurzzeitig Unterschlupf gewähren. Der Aufenthalt bei den Familien bietet ihr vorläufigen Schutz vor der sprachlichen und körperlichen Gewalt durch die Mehrheitsgesellschaft, die sie nicht nur physisch verletzt, sondern auch psychisch auslaugt. So erhalten die Roma-Lager im Gesamtroman die Funktion kurzer Ruheorte. Zugleich vermitteln die Begegnungen eine fragmentarische Präsenz von Stellinas eigener Heimat und stehen für die dauerhafte Verbundenheit der Protagonistin mit dem Roma-Kollektiv, denn der vertraute Heimatraum der Roma, den Stellina durch ihre Flucht durchbrochen hat, wird in diesen Lagern nochmals zeitlich und räumlich begrenzt für die Protagonistin zugänglich. Die Raffung der erzählten Zeit während der Wanderung, der eine Verlangsamung mit deckenden Momenten gegenübersteht, sobald Stellina auf ein Roma-Lager trifft, verdeutlicht dies. So erscheint jedes Treffen mit anderen Roma wie ein tragender Augenblick der Handlung. Gleichzeitig wird hier der Eindruck eines dichten Netzwerkes von Roma geschaffen, die überall präsent zu sein scheinen.[95] Nicht nur ist der Großteil von ihnen bereits über Stellinas Ankunft informiert, noch dazu teilen sie alle die ablehnende Haltung gegenüber ihrer Flucht, die einen Ausschluss aus der Gemeinschaft der Roma rechtfertigt und dazu führt, dass sich jede Roma-Familie, auf die sie trifft, der Regel unterwirft, sie nicht länger als eine Nacht zu beherbergen.

Das transnationale Roma-Netzwerk ist für die Figuren folglich ein Raum, der in seiner konservativen Verhaftung auch außerhalb von Zeit und Ort bleibt. Für die Aktanten, die sich als Grenzgänger zwischen den Sozietäten bewegen, bedeutet er damit Schutz und Bedrohung zugleich, was die ambivalente Einstellung der Autoren gegenüber ihrer Gemeinschaft spiegelt.

---

94 Vgl. auch Julia Blandfort: Die doppelte Grenze, S. 237–239 und Julia Blandfort/Cécile Kovacshazy: Dialogue, S. 210.
95 Auch in einer der Erzählungen in *Les racines du temps* (1998) wird die Zusammengehörigkeit explizit konstruiert. Die Protagonistin der märchenhaften Erzählungen trifft unterwegs auf drei andere Roma und fortan reisen sie als „petite nation" (Sandra Jayat: *Les racines du temps*, S. 31).

Die Reflexionen politischen Engagements in den Werken französischer Autoren resümierend, führen sie vor allem zwei Schwierigkeiten vor Augen. Erstens spiegelt das Scheitern des eigenen Staatsprojekts bei Lick Dubois die soziale Realität, in der die kulturelle Zerstreuung und soziale Fragmentisierung bei der politischen Vereinigung hinderlich ist.[96] Zweitens illustriert das Beispiel von Man'a bei Vania de Gila-Kochanowski die heikle Position eines politisch tätigen Individuums, dessen Aktion als gleichbedeutend mit Revolution gewertet wird. Die Konfrontation, in deren Verlauf die junge Frau die indifferente Haltung ihrer Familie als heuchlerisch demaskiert, lässt an Jean-Paul Sartres Verständnis des *écrivain engagé* denken, der unter der Prämisse „parler c'est agire"[97] handelt und dem Gegenüber damit das eigene (Fehl-)Verhalten bewusst macht und machen muss. In eben diesem Sinne handeln Roma-Autoren, wobei die grundsätzliche Zusammengehörigkeit jedoch nie infrage gestellt wird, wie beispielsweise die Situation der ausgeschlossenen Stellina in Sandra Jayats *La longue route d'une Zingarina* (1996 [1978]) illustriert. Trotz ihrer Exklusion kann sie auf die zeitweilige Unterstützung der Roma hoffen, ebenso wie Khantchi in Matéo Maximoffs *Condamné à survivre* (1984), der nach dem Mord an seiner Frau ausgeschlossen wird, aber dennoch auf solidarische Roma trifft. Allerdings mischt sich auch in diese nur implizit politisch geprägten Visionen des grenzüberschreitenden Netzwerks der Roma ein kritischer Subtext, beispielsweise wenn Stellina in den Lagern immer auch mit ihrem Traditionsbruch konfrontiert ist und damit auf die konservativen Strukturen aufmerksam gemacht wird. Die Erhaltung dieser Normen ist ebenso wie das transnationale Netzwerk in den französischen Werken eng an die Wanderschaft geknüpft, da diese einerseits Kontakte unter den einzelnen Familien und Gruppen fördert und andererseits die Unabhängigkeit von der Mehrheitsgesellschaft ermöglicht.

1.4 Die Bedeutung der Wanderschaft

In allen europäischen Gesellschaften waren und sind Roma als Minderheit bis heute Ressentiments und Marginalisierung ausgesetzt, die mit Stereotypisierung einhergehen. Bei der Ankunft in Europa in der Umbruchszeit des späten Mittelalters zur frühen Neuzeit begegnete die Bevölkerung den Roma-Immigranten zunächst mit Faszination und Wohlwollen, bald aber auch mit der

---

96 Vgl. Jean-Pierre Liégeois: *Roms et Tsiganes*, S. 94.
97 Jean-Paul Sartre: *Qu'est-ce que la littérature?*. Paris: Gallimard 1948, S. 27.

andauernden Verdrängung an den Rand der Gesellschaft.[98] Roma-Gruppen, als sie in Mitteleuropa Anfang des 15. Jahrhunderts erstmalig schriftlich erwähnt wurden, schon in diesen ersten Quellen mit negativen Stereotypen belegt, die sich bis in die heutige Zeit perpetuieren. Als Diebe, Wahrsager, Ketzer und Spione betitelten die deutschen Chronisten die Einwanderer, die außerhalb der gesellschaftlichen Ordnung standen.[99] Wie persistent sowohl negative als auch positive Zuschreibungen die Zeit überdauern, zeigt eine der ersten schriftlichen Quellen, die die Anwesenheit der Roma in Frankreich belegt. François de Vaux de Foletier zitiert die Chronik, welche die Ankunft von etwa 30 Personen 1421 in Arras unter dem Titel „Merveilles. Venue d'estrangers du pais d'Égipte"[100] beschreibt. Der Enthusiasmus gegenüber den Fremden, der im Titel der Beschreibung deutlich wird, hielt nicht lange an und bekam erst im 19. Jahrhundert mit der Romantisierung des Roma-Daseins neuen Auftrieb.[101] Den radikalen Wechsel in den schriftlichen Zeugnissen sieht Katrin Reemtsma als Zeichen für die instabile Situation der mittelalterlichen Gesellschaft, in der die fremden Roma eine Projektionsfläche für soziale Probleme boten; ein Schema, das die Geschichte der Roma in Europa durchzieht.[102] Die literarische Repräsentation in den europäischen Literaturen befördert(e) die Vorstellung der Roma als Randfiguren mit festgelegten Typen wie dem geigenden Virtuosen, der herzlosen Kinderräuberin, der listigen aus der Hand lesenden Wahrsagerin oder der feurigen Tänzerin.[103] Derartige Bilder und Klischees bleiben auch auf die künstlerische Eigenproduktion nicht ohne Wirkung, wie zum Beispiel Kirsten von Hagen für

---

98 Vgl. Lev Tcherenkov/Stéphane Laederich: *The Rroma 1*, S. 92–93. Wie sie darlegen, hing die zunächst positive Einstellung gegenüber den Einwanderern mit der Vorstellung zusammen, es handle sich um christliche Pilger. Vgl. auch Klaus-Michael Bogdal: *Faszination und Verachtung*, S. 23–42.
99 Vgl. Klaus-Michael Bogdal: *Faszination und Verachtung*, S. 44–62, hier v.a. S. 45.
100 Zit. nach François de Vaux de Foletier: *Bohémiens*, S. 18. In diesem Werk gibt er einen kurzen historischen Abriss der Geschichte der Roma in Frankreich, um dann genauer auf die einzelnen Gruppen einzugehen, wie sie im 19. und beginnenden 20. Jahrhundert in Frankreich lebten. Für eine genauere Sicht auf die Geschichte vom Mittelalter bis zur französischen Revolution vgl. seine Monographie *Les tsiganes dans l'ancienne France*, 1961.
101 Vgl. Klaus-Michael Bogdal: *Faszination und Verachtung*, S. 177–203.
102 Vgl. Katrin Reemtsma: *Sinti und Roma*, S. 30–31. Die Belegung der Roma mit negativen Stereotypen und im historischen Verlauf auch romantisierenden Klischees hat einen erheblichen – wenn nicht sogar den ausschlaggebenden – Anteil an der Grenzziehung zwischen Roma und Mehrheitsgesellschaft. Näher wird die Konstitution dieser Grenze im anschließenden Kapitel 2 *Grenzen – Exklusion und Inklusion* S. 240–343 besprochen.
103 Vgl. Hans Richard Brittnacher: Europas Traurige Tropen. Zur medialen Inszenierung der Roma in Texten der *gadje*. In: Julia Blandfort/Marina Ortrud M. Hertrampf (Hg.): *Grenzerfahrungen: Roma-Literaturen in der Romania*. Berlin: LIT 2011, S. 33.

den Film *Gadjo dilo* (1997) von Tony Gatlif bemerkt: „In *Gadjo dilo* wird gleich auf mehreren Ebenen performativ das gängige Bild vom Zigeuner einer Revision unterzogen."[104] Die spielerische Auseinandersetzung Tony Gatlifs beschäftigt sich vorrangig mit dem Bild des den Roma nachgesagten Nomadentums und wendet dieses in ein modernes identitätskonstitutives Merkmal einer diasporischen Gemeinschaft der Roma.[105] Er greift damit das gebräuchlichste Bild auf, denn das tief verwurzelte Misstrauen gegenüber dem (imaginierten) Wanderleben der Roma manifestiert sich in einer Vielzahl vorrangig negativer Stereotype.[106]

Zumeist ungerechtfertigte Vereinfachungen – vor allem eine dichotomische Unterteilung in entweder sesshaft oder wandernd – werden auch in wissenschaftlichen Arbeiten zu Roma getroffen. Dies veranlasste die britische Ethnologin Aparna Rao zur Entwicklung des Terminus „peripatetics (commercial nomad)",[107] um die Verbindung von wirtschaftlicher Tätigkeit, Mobilität und Endogamie hervorzuheben. Diese Perspektive führt in Untersuchungen tendenziell zu einer Überbewertung der wirtschaftlichen (äußeren) Faktoren und vernachlässigt die soziokulturellen (inneren und äußeren) Einflüsse auf das Wanderleben, kritisiert Michael Teichmann.[108] Jean-Pierre Liégeois und Nicolae Gheorghe hingegen betrachten sowohl innere als auch äußere Gründe der Migration und führen die Differenzierung „Structural Nomadism", der auf sozialer

---

104 Kirsten von Hagen: *Gitan, gypsie*, Zigeuner – *disparaîtra*: Vom alternativen Umgang mit Stereotypen in Tony Gatlifs Film *Gadjo dilo*. In: Julia Blandfort/Marina Ortrud M. Hertrampf (Hg.): *Grenzerfahrungen: Roma-Literaturen in der Romania.* Berlin: LIT 2011, S. 57. Zur Interaktion von Stereotypen und Roma-Literatur vgl. auch Deike Wilhelm: *Wir wollen sprechen*, S. 36–39.
105 Das Nomadendasein kann als bestimmendes Topos für Tony Gatlifs Werk festgehalten werden. Vgl. Silvia Angrisani/Carolina Tuozzi: *Tony Gatlif* und unter Einbezug der Diaspora Blandfort, *Im Spiegel*, i.V. Der Nomadismus als Motiv und seine symbolische Wirkung in der europäischen Roma-Literatur wird komparatistisch von Paola Toninato: *Romani Writing*, S. 92–96 in einem Überblick festgestellt, wobei sie allerdings kaum auf unterschiedliche Facetten eingeht. Ihre Textbeispiele fokussieren die negative Sicht der gezwungenen Wanderschaft. Wie im Folgenden gezeigt werden wird, ist dies in den französischen Texten jedoch nicht die einzige Perspektive: Im Gegenteil wird vor allem eine sehr positive Deutung der Wanderschaft, als identitätskonstitutiv für Roma vorgenommen.
106 Vgl. Klaus-Michael Bogdal: *Faszination und Verachtung*, S. 38.
107 Vgl. Aparna Rao: *The Other Nomads. Peripatetic Minorities in Cross-cultural Perspective.* Köln: Böhlau, 1987. Der Begriff bezeichnet ursprünglich die Angehörigen der philosophischen Schule von Aristoteles (Peripatetiker) und erscheint daher in diesem Zusammenhang nur sehr bedingt geeignet.
108 Vgl. Michael Teichmann: Nomadisch und sesshaft. In: *Rombase. Didactically Edited Information on Roma* (2002).

interner Organisation beruht, und „Reactive Nomadism", der durch Außeneinwirkung provoziert wird, ein.[109] Auf diese Weise lassen sich die verschiedenen Push-Faktoren (Verfolgung, soziale sowie ökonomische Gründe) einordnen und unter verschiedenen Blickwinkeln sowie situativ betrachten. Interessant sind vor allem die strukturellen, nicht ökonomischen Beweggründe der Mobilität, welche die beiden Autoren beobachten. So werden gesellschaftliche Verbindungen (zum Beispiel Ehen) zwischen den einzelnen Gruppen durch Migration und territoriale Unabhängigkeit ebenso möglich wie auch die gegenseitige Abgrenzung, welche die eigene Einzigartigkeit und Unabhängigkeit verstärkt.[110] Michael Teichmann betont die große identitäre Bedeutung des Nomadisierens und sieht die Kontrastierung von Sesshaftigkeit und Wanderschaft als ein Mittel der internen Differenzierung, denn für ihn ist „das Gegensatzpaar sesshaft/nomadisch auch innerhalb der Roma-Gemeinschaften nach wie vor das zentrale Kriterium von *romanipé* – des ‚wahren Romatums'. Seit Jahrhunderten sesshafte Roma-Gruppen wie die Burgenland-Roma gelten für Vlach-Roma-Gruppen, wie die Kalderasch oder Lovara, als assimiliert und nicht der traditionellen Soziostruktur verpflichtet."[111]

Grundsätzlich wird eine nomadisierende Lebensweise der Roma als Gegensatz zur nationalstaatlichen Autorität interpretiert.[112] Von Regierungsseite werden daher legislative Maßnahmen ergriffen, um Wanderschaft zu unterbinden beziehungsweise zu kontrollieren. In Frankreich beginnt dieser schleichende Ausgrenzungsprozess 1912 mit der *Loi sur l'exercice des professions ambulantes et la circulation des nomades*.[113] Mit dem Gesetz wird ein anthropometrischer Ausweis eingeführt, der von ‚Nomaden' bei der jeweiligen Ankunft und dem Verlassen einer Kommune abgestempelt werden musste.[114] Neben dieser Einschränkung lag es zudem im Ermessen des jeweiligen Bürgermeisters, den Aufenthalt in der Gemeinde zu verweigern. Für Familien, die vom ökonomischen Austausch mit den Ortsansässigen abhängig waren, wurde damit das Überleben

---

109 Vgl. Jean-Pierre Liégeois/Nicolae Gheorghe: *Roma/Gypsies*, S. 16–17.
110 Ebd.
111 Michael Teichmann: Nomadisch, S. 3–4, Hervorhebung im Original.
112 Vgl. Henriette Asséo: *Les Tsiganes*, S. 85–87.
113 Das Gesetz kann unter: http://gallica.bnf.fr/ark:/12148/bpt6k6105294r/f6.image.swf [18.5.2013], eingesehen werden.
114 Damit wurde die Ausweispflicht für die wandernde Bevölkerung fast zehn Jahre früher eingeführt als dies für die restliche französische Bevölkerung der Fall war. Diese musste erst ab 1939 flächendeckend einen Personalausweis besitzen. Vgl. Jean-Pierre Gutton: Établir l'identité: L'identification des Français du Moyen-Âge à nos jours. Lyon: Presses universitaire de Lyon 2010, S. 154–155.

zusehends schwieriger.[115] Auch mit einer Überarbeitung des Gesetzes von 1969, das den Titel *Loi relative à l'exercice des activités ambulantes et au régime applicable aux personnes circulant en France sans domicile ni résidence fixe*[116] trägt, wurde diese Regelung nur bedingt beendet. Zwar wird der diskreditierte Begriff ‚*nomade*' hier durch ‚*gens du voyage*' ersetzt, jedoch sind wandernde Gruppen – dies schließt auch viele Nicht-Roma (Schausteller, Händler etc.) ein – immer noch verpflichtet, mit einem *carnet de circulation* zu reisen und dieses alle drei Monate von den Behörden kontrollieren zu lassen.

Obwohl Wanderbewegungen ein historischer Bezugspunkt für alle Roma sind, ist eine nomadisierende Lebensweise in der gesellschaftlichen Realität heute weniger häufig. Im Gegenteil: Etwa 80% der in Europa lebenden Roma sind sedentarisiert, manche Gruppen sogar schon über einen sehr langen Zeitraum hinweg.[117] Allerdings wird eine wachsende Identifikation mit dem Dasein als Fahrende und der damit verbundenen territorialen Unabhängigkeit beobachtet. Für die Konstruktion eines Selbstverständnisses als Roma gewinnt der Nomadismus an identitärer Bedeutung, wie Liégeois und Gheorghe hervorheben:

> Currently, and increasingly, migration and other forms of travel are taking on great significance in the collective Roma/Gypsy consciousness, not so much in the sense of day-to-day mobility as is generally thought, but more as an explanation of the dispersal resulting from centuries of movement. The Roma/gypsy people are becoming increasingly aware of this, and the ongoing rapprochement of Roma/Gypsy and Traveller[118] communities, re-

---

115 Vgl. Henriette Asséo: *Les Tsiganes*, S. 88–89.
116 Dieses Gesetz kann unter: http://www.legifrance.gouv.fr/affichTexte.do?cidTexte =LEGITEXT000006068336&dateTexte=20090101 [18.5.2013], eingesehen werden.
117 Leonardo Piasere: *I Rom d'Europa*, S. 12–14, stellt diesen Mehrheitsanteil sesshafter Roma fest und betont, dass der Übergang von Nomadismus zu Sedentarismus nicht als linearer evolutiver Prozess gesehen werden sollte, da in einigen Fällen auch sesshafte Roma zu einer nomadisierenden Lebensweise übergehen oder umgekehrt. Es handelt sich also eher um Tendenzen des Nomadismus oder Sedentarismus. Ebenso hält er fest, dass es sich nicht in jedem Fall um einen durch die Obrigkeit verursachten und erzwungenen Nomadismus handeln muss, sondern dass dieser auch durchaus auf freiwilliger Basis beruhen kann. Teichmann setzt den Anteil wandernder Roma mit 5% noch deutlich niedriger an. Vgl Michael Teichmann: Nomadisch, S. 4.
118 Wie Angus M. Fraser darstellt, ist auch in Großbritannien die Debatte um die Bezeichnung der Roma virulent. Vgl. Angus M. Fraser: *The Gypsies*, S. 7. Er führt die Definitionsproblematik auf die Existenz alteingesessener *Travellers* zurück, die schon in Großbritannien lebten, bevor die ersten Roma einreisten. Kultureller Austausch und die Gemeinsamkeiten zentraler Lebensweisen – wie des fahrenden Lebens – führten zu Vermischungen und heutzutage sind die Grenzen zwischen den Gruppen fließend. Hinzu kommt eine ausgeprägte Tendenz der (politischen) Vereinigung dieser Gruppen unter dem Heteronym *Travellers*. Neuere Immigranten

> gardless of where they are based, is clearly expressed in the emergence of a transnational Roma/Gypsy identity, that of a non-territorial people whose members are linked by culture and language.[119]

Die Forscher betonen hier die unifizierende Kraft, welche die zunehmende Reflexion und Berücksichtigung von historischen Migrationsströmungen, die als Begründung der Zerstreuung herangezogen werden können, für die Roma-Gemeinschaften entfaltet. Die Besinnung auf eine Geschichte als zerstreutes Volk und die Verlagerung effektiver Bewegung in ein metaphorisch gedeutetes und vereinheitlichendes Attribut illustrieren auf welche Weise die Wanderschaft einen Aspekt von Diaspora-Projekten konstituiert.

Die Thematisierung der Wanderschaft in den Werken der französischen Autoren nimmt in fast allen Werken als Topos eine bedeutende Stellung ein, zudem ist sie ausgesprochen facettenreich. Allein quantitativ wird damit die herausragende Bedeutung dieser Daseinsform betont. Gesamthaft betrachtet bilden die Texte der französischen Roma-Autoren allerdings ein ambivalentes Verhältnis zur Wanderschaft ab. Zum einen bedeutet sie Freiheit und Unabhängigkeit, zum anderen erzwungene Heimatlosigkeit und Prekariat. Sie steht ferner für die Zerstreuung der Roma in verschiedene Gebiete und die Ausgrenzung von der Mehrheitsgesellschaft, dient aber auch der Selbstabgrenzung der Roma. Die primären Themenkomplexe können an einem Textauszug aus Miguel Halers *La route des gitans* (2008) einführend aufgezeigt werden. Die schon durch den Titel hervorgehobene Bedeutung der Wanderschaft wird gleich zu Beginn der Binnenhandlung des Romans aufgegriffen, wenn die Roma als Wanderer Europas eingeführt werden:

> Il y a longtemps, bien longtemps, au début du XXe siècle, sur d'immenses territoires sauvage, dans le nord-est de l'ancienne Europe, vivaient des populations nomades, Tziganes ou Roms pour la plupart. Ils parcouraient les steppes et les toundras par petits groupes, dans de petites verdines tirées par de robustes chevaux. À cette époque lointaine où nous

---

bevorzugen jedoch unter Umständen die Bezeichnung ‚Roma' wodurch die Binnendifferenzierung sprachlich sichtbar wird. Neben diesen unterschiedlichen Bezeichnungen existieren im englischen (wissenschaftlichen) Sprachgebrauch noch einige andere Begriffe. Obwohl die britischen Roma die Bezeichnung ‚*Travellers*' der Fremdbezeichnung ‚*Gypsy*' vorziehen, ist auch die englische Ableitung der vermeintlich ägyptischen Herkunft vielfach zu finden. So zum Beispiel in der Benennung der ältesten wissenschaftlichen Vereinigung, die sich mit den Roma auseinandersetzt: der *Gypsy Lore Society*.
119 Jean-Pierre Liégeois/Nicolae Gheorghe: *Roma/Gypsies*, S. 17.

> n'étions qu'un petit milliard d'humains, les grandes plaines leur appartenaient encore. Il restait une place pour le peuple des vagabonds....[120]

Aus einer Außenperspektive wird hier ein archaisches Bild der wandernden Bevölkerung gezeichnet, indem sie in die weit entfernten und verlassenen Gebieten Nordeuropas versetzt und als geschlossene Gemeinschaft lebend dargestellt wird. Auf die Zersplitterung der Roma macht hier nicht nur die Unterscheidung in Gruppen „Tziganes ou Roms" aufmerksam, sondern auch die Repetition „petits/petites". Paradoxerweise erscheinen die weiten Ebenen nicht vorrangig als Ort der Unzugehörigkeit, wie ihre Leere suggeriert. Vielmehr bieten sie den Roma die Möglichkeit des Reisens und symbolisieren dadurch Entfaltungsmöglichkeit und Zugehörigkeit. Die in der ungebundenen Lebensweise scheinbar liegende Exklusion wird dadurch bis zu einem gewissen Grad relativiert: In Freiheit können die Nomaden die leeren Ebenen bereisen und haben so einen Platz im Weltgefüge, wie es Gilles Deleuze und Félix Guattari als typisch für Nomaden und ihren Bezug zum Territorium festhalten: „Le nomade se distribue dans un espace lisse, il occupe, il habite, il tient cet espace, et c'est là son principe territoriale."[121] In der gleichzeitigen Gebunden- und Ungebundenheit spiegelt sich demgemäß auch die Relation von literarischem Gedanken und Realität, die aneinander gebunden sind und in einer kreativen rhizomatischen Wechselbeziehung stehen, wie sie auch in diesem Textauszug in der Verbindung von nomadischem Dasein und oraler Tradition zum Tragen kommt.[122] So wird durch die Betonung der weit zurückliegenden Vergangenheit mit der Hyperbel und den Wiederholungen „Il y a longtemps, bien longtemps, au début du XXe siècle" und „cette époque lointaine" ein märchenhafter Eindruck geschaffen und die mündlich repetitive Struktur nachgebildet. Durch die schrittweise Fokussierung auf die Wandernden hat der Leser den Eindruck, allmählich in die Welt der Roma einzutauchen und sich ebenso wie der Zuhörer der Rahmenhandlung mit dem Erzähler – der Roman ist als mündliche Erzählung eines alten Rom konzipiert – langsam den sich durch die Ebene bewegenden Figuren anzunähern.

Die zentralen sich teilweise überlagernden Themen, mit denen Wanderschaft in den Texten der Roma-Autoren Frankreichs verbunden wird, offenbaren sich in diesem Auszug und zeigen eine Bandbreite fiktionaler Verarbeitung des Wanderlebens auf, die auch in anderen Publikationen signifikant für die Konstruktion diasporischer Identität der Roma ist: Erstens die Interpretation der

---

120 Miguel Haler: *La route des gitans*. Paris: Ginkgo 2008, S. 23.
121 Gilles Deleuze/Félix Guattari: *Mille plateaux*, S. 472.
122 Vgl. Ebd., S. 18.

nomadischen Lebensweise als Kern der Roma-Kultur und das nostalgische Empfinden gegenüber dieser Tradition, welche in starken Gegensatz zur Sesshaftigkeit gesetzt wird. Damit einhergehen das Leben am Rand der Mehrheit in scheinbarer Unberührtheit vom Weltgeschehen und die (erzwungene) Zerstreuung der Roma. In einigen Werken führt die nostalgische Retrospektive dabei zu einer Metaphorisierung der in der Wanderschaft liegenden Dynamik und deren Transposition auf eine geistige Ebene. Zweitens die stereotype Verklärung gegenüber dem nomadischen Dasein einerseits und die Unterwanderung genau dieser (mehrheitsgesellschaftlichen) Einschätzung andererseits. Drittens die Bedeutung der Wohnwagen als mobiler Raum und viertens ein Punkt, der im Textauszug nicht zur Geltung kommt, jedoch im Roman von Miguel Haler ebenfalls große Bedeutung hat: die durch Pilgerziele gebildeten Fixpunkte auf der Wanderschaft.

Nomadismus als Essenz des Roma-Daseins
Ausnahmslos alle Autoren konstruieren ihre Figuren als Wanderer, wobei ein fortschreitender (erzwungener) Übergang zur Sesshaftigkeit, wie er in der Passage von Miguel Haler angekündigt ist, vor allem in den dokumentarisch orientierten Familienchroniken von Joseph Doerr und Lick Dubois thematisiert wird. Dieser neuen Lebensform stehen die Schriftsteller skeptisch gegenüber und vertreten eine nostalgische Vision der verschwindenden Tradition. Der Nomadismus ist damit der erwünschte Zustand und essentieller Bestandteil des Roma-Seins.[123] So fasst beispielsweise der auktoriale Erzähler in Matéo Maximoffs *Condamné à survivre* (1984) aphoristisch für den Protagonisten Khantchi zusammen: „Nomade il est né et nomade il mourra."[124] Obwohl in den Romanen Matéo Maximoffs nicht alle Roma-Gruppen nomadisieren, durchziehen Bezüge zum Leben auf der Wanderschaft das Gesamtwerk des ersten Roma-Autors. Das nomadische Leben entspricht damit in seinem Werk dem Grundwesen der Roma; eine Position, die ebenso nachdrücklich vom Ich-Erzähler in Lick Dubois *Enfances tsiganes* (2007) vermittelt wird: „En fait, je me rendrais compte plus tard ce que je crois être une vérité: ‚Un Tsigane qui s'arrête de voyager est un

---

[123] Die Bedeutung des Nomadendaseins als literarischen Topos der Roma-Lyrik stellt Paola Toninato: Le mille voci della poesia romani. In: Giulia Baldini/Guido Baldoni u.a. (Hg.): *Alla periferia del mondo. Il popolo dei rom e dei sinti escluso dalla storia*. Milano: Fondazione Roberto Franceschi 2003, S. 79–101, S. 80–81 fest, ohne dabei allerdings auf deren ästhetische Umsetzung oder unterschiedliche Facetten derselben in den literarischen Werken einzugehen.
[124] Matéo Maximoff: *Condamné à survivre*, S. 144. Auf die gesamte Gemeinschaft übertragen wird dies Ebd., S. 75.

Tsigane MORT'."[125] Die Vehemenz der Aussage wird durch die Majuskeln emphatisch hervorgehoben womit die Bedeutung des Lebens auf der Wanderschaft betont wird. Ebenso wie für den Großteil der Protagonisten in Matéo Maximoffs Texten ist der wandernde Seinszustand für Lick Dubois' Figuren erstrebenswerter und entscheidender Teil ihrer Kultur, wodurch eindrücklich vor Augen geführt wird, zu welcher Verzerrung die Vernachlässigung essentialistischer Argumentationen in diasporischen Gemeinschaften führen kann.[126]

Entsprechend steht das fahrende Leben in scharfem Kontrast zur (mehrheitsgesellschaftlichen) Sesshaftigkeit, wodurch zwei kulturelle Systeme geschaffen werden. Am nachdrücklichsten wird die Gegenüberstellung von sesshaftem und wanderndem Leben in der Geschichte der in der Mehrheitsgesellschaft erzogenen Protagonistin Sonia in *Pour un bouquet de saladelle* (1998) von Esmeralda Romanez vermittelt. Für sie, die die Ortsgebundenheit gewohnt ist, bedeutet das Leben auf der Wanderschaft zu Beginn der Handlung ein trennendes Element von ihrem Geliebten Ringo. Sie ist sich zunächst unsicher, ob sie sich mit der Ungewissheit, die das fahrende Leben mit sich bringt, abfinden kann.[127] Schneller als ursprünglich geplant nimmt sie die nomadische Lebensweise der Familie an und zieht mit ihnen durch Frankreich. Bald kann sie sich keine andere Existenz mehr vorstellen.[128] Ihre schwärmeri-

---

125 Lick Dubois: *Enfances tsiganes*, S. 217. Ähnlich auch Ebd., S. 1 und Lick Dubois: *Il était une fois les bohémiens, Scènes de la vie manouche 1945–2000*. Draguignan: Wâllada 2007, S. 44.
126 Zur Vernachlässigung essentialistischer Argumentationen vgl. Kapitel 2.2 *Roma als Diaspora – ein Streitpunkt Kritik und Adaption* S. 54. Ebenso gilt die Darstellung der Wanderschaft als Essenz für die Publikationen von Joseph Stimbach. Vgl. z.B. Joseph Stimbach: *Itsego*, S. 14; Joseph Stimbach: *Réflexion*, S. 31 und S. 101. Vor allem für den zu 25 Jahren Gefängnis verurteilten Protagonisten in *Détenu particulièrement à surveiller* (2010) bietet der Gedanke an die Wanderschaft im gleichförmigen Gefängnisalltag eine notwendige und willkommene innere Fluchtmöglichkeit. Vgl. Joseph Stimbach: *Détenu*, S. 80 und S. 160. Diese Bedeutung setzt sich im Leben des Ich-Erzählers auch nach der Entlassung aus dem Gefängnis fort, als er sich für die Aufrechterhaltung der Tradition als *gens du voyage* einsetzt und eine Organisation, die dieses Ziel verfolgt, gründet. Die Namensgebung „Chave foun Winta' (les fils du vent)" (Ebd., S. 135) greift die stereotype Bezeichnung der Mehrheitsgesellschaft auf und reichert sie durch die Übersetzung ins Romanès (hier eindeutig die Varietät Sintetikes) mit eigenkulturellem Wert an. Und auch für den Großvater in Luis Ruiz' *La guerre noble* (2006) ist das Wanderleben gleichbedeutend mit der Kultur der Roma. Vgl. Luis Ruiz: *Guerre noble*, S. 74. Ebenso gilt dies für die polnisch-französischen Figuren in Miguel Halers *La route des gitans* (2008). Vgl. Miguel Haler: *La route des gitans*, S. 18, S. 44 und S. 129.
127 Vgl. Esmeralda Romanez: *Pour un bouquet de saladelle*. In: Dies.: *Les chemins de l'arc en ciel*. Draguignan: Wâllada 1998, S. 52.
128 Vgl. Ebd., S. 94.

sche Darstellung – „Je vis au grand air et je suis perpétuellement en vacance"[129] – erscheint zwar unrealistisch, verfehlt jedoch die Wirkung auf ihren sesshaften Nicht-Roma Adoptivvater nicht. Dieser kommt zu dem für den Leser etwas überraschenden Schluss: „Ma vie de sédentaire ne m'intéresse plus"[130] und nimmt mit der Familie seiner Tochter ebenfalls das Leben auf der Reise auf.[131] In diesem Werk bedeutet also die Aufgabe des sesshaften Lebens paradoxerweise die eigentliche Heimkehr, denn in der Bewegung liegt das den Figuren bestimmte Leben. Die existenzielle Bedeutung von Dynamik zeigt sich auch im Fall von Stellina aus Sandra Jayats *La longue route d'une Zingarina* (1978), deren innere Reflexionen zu Anfang des Romans von Wanderschaft und Reise dominiert sind:

> Sur ce terrain vague, les roulottes aux multiples couleurs lancent des jets de lumière, pour chanter la mélancolie. C'est le 12 mai 1953 et, autour du campement, la nostalgie du voyage devient lancinante. ,Nous, les Manouches, les Zingari d'Italie [...], resterons-nous sédentaires cette année...? C'est la question que je me pose sans cesse.[132]

Der Aufbruch wird als eine immer greifbare Option beschriebenund Stellinas Gedanken, die ohne Unterlass um dieses Thema kreisen, vermitteln die Dynamik, die ihnen auch inhaltlich zugrunde liegt.[133] Die einzelnen Figuren und ihre Charaktereigenschaften ergänzen dieses Bild einer Gemeinschaft in Bewegung. Narado, der Großvater, ist ein Weitgereister, Stellinas Großmutter war in ihrer Jugend Flamencotänzerin und Stellinas Mutter wird ein ätherischer Charakter zugeschrieben, der sie als von der Realität entfernt in ständigem künstlerischen Fluss erscheinen lässt. Bewegung ist mithin eines der durchgängigsten Merkmale für die gesamte Roma-Gemeinschaft. Dies wird durch die Charakterisierung der Figuren verstärkt, denn sie wird mit Stellinas Durchschreiten des (Lager-)Raums verbunden. Stationenhaft wird so ein Mitglied nach dem anderen vorgestellt und auf diese Weise erscheint auch das Erzählen als ein dynamischer Prozess, womit der performative Charakter des Textes unterstrichen wird.[134] Eine ähnliche Umsetzung des Themenschwerpunktes Nomadismus lässt sich an Lick Dubois' *Il était une fois les bohémiens* (2003) illustrieren. Dort werden zwi-

---

129 Ebd., S. 136.
130 Ebd., S. 140.
131 Dies gilt auch für den Maler Norbert, der für seine Geliebte Carmen das sesshafte Leben aufgibt und sich mit ihr auf die Reise begibt.
132 Sandra Jayat: *La longue route d'une Zingarina*. Paris: pocket junior 1996 [1978], S. 8.
133 Vgl. auch Sandra Jayat: *El Romanès*, S. 56 und Sandra Jayat: *Zingarina ou l'herbe sauvage*, S. 247.
134 Vgl. hierzu auch Julia Blandfort: Die doppelte Grenze, S. 234.

schen einzelne Textteile Gedichte beziehungsweise Liedtexten eingebracht, die sich positiv mit der Wanderschaft auseinandersetzten, so beispielsweise das als Motto dem Text vorangestellte Gedicht „Ils sont venus", aus dem fünf Verse lauten:

> Ils voyageaient depuis la nuit des temps
>
> Tout en suivant les nuages et le vent. [...]
>
> Ils n'ont jamais eu de racines aux pieds.
>
> Ils ont grandi, vieilli près des rivières,
>
> Ils ont crée un monde sans frontières.[135]

Das fahrende Leben erscheint hier in historischer Perspektive („depuis la nuit des temps", „grandi, vieilli") und wird durch die Verbindung mit der Isotopie ‚Natur' als natürlicher Zustand dargestellt. Die territoriale Ungebundenheit, welche die Wanderschaft mit sich bringt, ermöglicht gleichsam ein Leben ohne geistige und räumliche Beschränkungen, wie die Metapher der Grenzenlosigkeit illustriert. In kondensierter Form hebt das Gedicht damit die positiven Aspekte des Fahrens hervor und macht es zu einem Leitmotiv des Textes. Hinzu kommt ein strukturierender Aspekt der eingefügten Gedichte, die, indem sie den Nomadismus thematisieren, immer wieder auf diesen Grundgedanken verweisen. Mittels der Aufnahme eines weiteren Genres und dem semantischen Rekurs auf die Wanderschaft wird die identitäre Bedeutung auf die Textstruktur übertragen und zudem die inhaltliche Dynamik aufgegriffen. Das Werk vermittelt auf diese Weise nicht nur die künstlerisch breite Ausrichtung des Autors, der auch als Musiker und Sänger tätig ist, sondern greift mit der Einbindung lyrischer Passagen, auf die traditionelle Integration gesungener Teile in narrative Texte zurück.[136]

Wanderschaft und verhinderte Integration

Wenngleich das fahrende Leben zum überwiegenden Teil positiv konnotiert ist, wird in einigen Werken auch die negative Seite der ungebundenen Existenz thematisiert. Der Erzähler in Joseph Doerrs *Où vas-tu manouche?* (1982) benennt zwar auch die unerbittliche Witterung, vor allem während der Wintermonate,

---

135 Lick Dubois: *Il était une fois les bohémiens*. Scène de la vie manouche 1945–2000. Draguignan: Wâllada 2003, S. 11.
136 Vgl. Kapitel 4.3 *Die oraliture der Roma: Untersuchungselemente* S. 87–90.

als beeinträchtigenden Faktor der Reise,[137] für den jungen Protagonisten ist jedoch vor allem der mit den häufigen Ortswechseln verbundene Neuanfang ein Nachteil, denn dieser bedeutet immer Abschied von gerade gewonnenen Freunden: „J'avais beaucoup de peine à quitter ce coin où l'on avait vraiment fraternisé avec les *gadjé*, où mes petits amis italiens m'avaient appris l'alphabet. Le jour du départ, tous pleuraient avec nous."[138] Die Freundschaft mit Außenstehenden bleibt durch das Wanderleben kurzzeitig und unterbindet zudem für Coucou den Lernprozess. Diese Situation der verhinderten Integration und Lernsituation wiederholt sich beim Aufbruch aus einer spanischen Stadt. Dort hatte der ambitionierte jugendliche Geiger heimlich, ohne das Wissen seiner Familie, Unterricht bei einem Violinenlehrer, der ihn als Meisterschüler akzeptieren möchte:

> En rentrant, je rêvais déjà d'un avenir illustre [...]; mais, en arrivant à la roulotte, toutes mes illusions s'évanouirent et je sentis s'abattre sur moi une grande tristesse. On me cherchait partout, même dans les roulottes qui étaient près de la nôtre. Mes parents, ma mère surtout, me grondèrent sévèrement, me demandant d'où je venais. Je leur montrai le billet du professeur. Ils me l'arrachèrent des mains et le déchirèrent en petits morceaux, en me disant: ‚Allons, vite, monte à la roulotte!' Je regardais les petits bouts de papier qui s'envolaient aux quatre vents et me laissaient retomber sous le poids de mes désillusions, mettant à néant toutes mes espérances.[139]

Die widersprüchlichen Gefühle, die die Situation in dem Jungen hervorruft, spiegeln sich in der Kapitelüberschrift „Vocation contrariée".[140] Da er die Möglichkeit zu lernen jedoch nicht freiwillig aufgibt, ist der Aufbruch, der die Träume von einer professionellen Karriere beendet, besonders hart. Seine Eltern scheinen, überhaupt keine Kenntnis vom Inhalt der Botschaft des Lehrers zu nehmen. Die Zerstörung der Nachricht symbolisiert ihr Unverständnis gegenüber dem Wunsch zu bleiben, zu lernen und eventuell sogar gegenüber dem geschriebenen Wort. Der Leichtigkeit, mit der sich das Papier im Wind bewegt, wird das Bild der erdrückenden Enttäuschung, die Coucou am Boden festnagelt, entgegengesetzt. Die Statik, die damit verbunden ist, entspricht dem Wunsch von Coucou, an diesem Ort zu verweilen und die Zerstreuung der Papierfetzen im Wind nimmt den bevorstehenden Aufbruch vorweg, der alle Hoffnung auf einen längeren Aufenthalt zerstört.

---

137 Vgl. Joseph Doerr: *Où vas-tu manouche?*, S. 94–95. Ähnlich gilt dies auch in Lick Dubois: *Enfances tsiganes*, S. 60.
138 Ebd., S. 46. Ähnlich auch Ebd., S. 20.
139 Ebd. S. 81.
140 Ebd., S. 80.

Dieses ambivalente Verhältnis zur Wanderschaft gilt ebenso im Fall von *La guerre noble* (2006) des *gitan*-Autors Luis Ruiz. Für Catalana und ihren Großvater ist das Leben auf der Wanderschaft Bürde und Bestimmung zugleich. Catalanas Reaktion auf einen erneuten Aufbruch der Familie zeigt diese emotionale Bandbreite: „Au fond d'elle-même, elle avait un peu de regret, mais elle commençait à s'habituer au fait qu'il fallait toujours reprendre la route, laissant derrière elle des rires et des larmes."[141] Die Verbindung sowohl positiver als auch negativer Gefühle steht zum einen für die guten und schlechten Erlebnisse während des Aufenthalts, zum anderen für die durch den Aufbruch ausgelösten Gefühle. Obgleich das Zurücklassen von gerade vertraut gewordenem Territorium und Menschen schmerzhaft ist, bedeutet es doch auch immer wieder die Möglichkeit eines Neuanfangs, denn hinter sich lassen die Familien auch stereotype Beschuldigungen: „La dernière caravane partie, il ne reste plus sur le terrain que les critiques des Gadjos."[142] Ebenso wie Coucou ist Catalanas Großvater von der ständigen Reise und der damit verbundenen Heimatlosigkeit ausgelaugt. Als seine Enkelin ihn bei einem seltsamen Abschiedsritual beobachtet, erklärt er: „[J]e prends un peu de terre au moment du départ, en espérant qu'un jour nous ayons notre propre terre, car je commence à désespérer de la vie de nomade. [...] [J]e rêve d'une terre promise...."[143] Sein Wunsch nach einem eigenen gelobten Land evoziert zwar die jüdische Parallele und deren mögliche Rückkehr zu einem eigenen Territorium, wird allerdings durch seine vehemente Verteidigung der fahrenden Lebensweise konterkariert: „[L]es Gadjos ne comprennent pas que le voyage, c'est notre destin, notre culture, notre identité, et peut-être même la raison d'être de notre peuple."[144] Tatsächlich ist es nicht die effektive Aufrechterhaltung der fahrenden Lebensweise und deren Schicksalshaftigkeit, die hier zur Debatte stehen. Vielmehr sind das kulturelle Überleben und die soziale Einheit das Hauptziel wie Catalanas Wunschvorstellungen verdeutlichen: „Je sais qu'un jour, nous serons libres comme les autres peuples tout en restant un peuple de voyageurs avec sa joie, ses coutumes, sa culture et ses richesses."[145] Der Nomadismus ist hier als Surrogat für kulturelle Eigenständigkeit und gesellschaftliche Gleichberechtigung zu sehen, wie durch die Nebeneinanderstellung von „voyage", „culture" und „identité" im ersten Zitat und „voyageurs", „coutumes" und „culture" im zweiten Zitat verdeutlicht wird. Die damit verbundenen Personalpronomen „notre" beziehungsweise „sa/ses" ver-

---

141 Luis Ruiz: *Guerre noble*, S. 14.
142 Ebd.
143 Ebd., S. 15.
144 Ebd., S. 74.
145 Ebd., S. 46.

mitteln den angestrebten Zusammenhalt und die gewünschte Unabhängigkeit und illustrieren damit die Existenz eines eigenen kulturellen Systems.

Die Debatte um die Grundlage dieses Systems findet im Rahmen eines intensiven Austauschs zwischen Catalana und ihrem Großvater statt. Der Großvater symbolisiert in dieser Konstellation den Erhalt und die Weitergabe kultureller Identität, die Catalana in ihrer Rolle als Nachfolgegeneration annimmt. Zugleich steht sie jedoch auch für die Öffnung ihrer Gemeinschaft. Die diasporische Dualität von Kulturbewahrung und flexibler Anpassung ist hier in die Figurenkonstellation eingebettet.

Der limitierte Kontakt zur Mehrheitsgesellschaft ist nicht ausschließlich negativ konnotiert, wie ein Auszug ganz zu Beginn des Romans *Savina* (1957) von Maximoffs verdeutlicht: „Les cataclysmes, les guerres, les révolutions, rien ne peut arrêter la marche en avant des tziganes. Les inondations, les tremblements de terre ou les bouleversements politiques, n'ont aucune importance pour eux lorsqu'il s'agit de régler leurs affaires personnelles."[146] Die andauernde Reise ist ein Mittel, um sich der Einflussnahme von außen zu entziehen, aber auch, um zu verhindern, ungewollt in Konflikte involviert zu werden, die als nicht relevant für das eigene Dasein gelten. So geschieht es auch, dass die Roma-Familien unter der Führung von Vorta in *Ce monde qui n'est pas le mien* (1992), kaum nachdem sie sich an einem Ort vorläufig niedergelassen haben – bezeichnend ist hier der vergleichend-einschränkende Ausdruck „les nomades éternels, se sont pour une fois comme sédentarisés"[147] – die Strafe für die Bewegungslosigkeit erfolgt. Es bricht ein bewaffneter Konflikt aus, in dessen Folge das Kind Rouva verschwindet und erst zwei Jahre später zu seiner Familie zurückkehrt. Im Gesamtwerk des Autors bedeutet die Aufgabe der nomadischen Lebensweise ein entweder kurzzeitiger und schmerzhafter Identitätsverlust oder sie wird zum Gegenstand andauernden nostalgischen Verlangens, wie für die sesshafte Roma-Gruppe Russlands in *Vinguerka* (1987): „Les Roms sont là depuis si longtemps qu'ils en ont oublié leur vie nomade. Les vieux en parlent encore comme si elle avait été l'âge d'or de leur peuple."[148] Sesshaftigkeit wird zwar durchaus als Option dargestellt, die Wanderung jedoch als ungleich erstrebenswerter vermittelt. Im kollektiven Gedächtnis, das auch hier explizit an

---

146 Matéo Maximoff: *Savina*. Paris: Flammarion 1957, S. 19. Textstellen mit vergleichbarem Effekt: Matéo Maximoff: *Condamné à survivre*, S. 18 und S. 76; Matéo Maximoff: *Dites-le avec des pleurs*, S. 168 und S. 238 und Matéo Maximoff: *Ce monde qui n'est pas le mien*. Champigny sur marne: Concordia 1992, S. 11. Auch in Miguel Halers *La route des gitans* (2008) lässt sich dieses Topos feststellen. Vgl. Miguel Haler: *La route des gitans*, S. 92.
147 Matéo Maximoff: *Ce monde qui n'est pas le mien*, S. 67.
148 Matéo Maximoff: *Vinguerka*. Champigny sur Marne: Concordia 1987, S. 60.

die Vermittlung durch die ältere Generation gekoppelt wird, sind die Zeiten der Wanderschaft verklärend als Blüte der Roma verankert. Gegenüber wohlgemeinten Vorschlägen der Mehrheitsgesellschaft, sesshaft zu werden, wird das nomadische Leben verteidigt.[149]

Die Wanderschaft ist allerdings nicht immer freiwillig. Die Familie von Catalana in *La guerre noble* (2006) wird mehrfach vom kaum eingenommenen Lagerplatz vertrieben und auch die Beschilderung „Interdits aux nomades"[150] behindert verschiedene Roma-Familien in ihrer (Reise-)Freiheit und zwingt sie in das Bild der archaischen Fremden, die am Rande der Gesellschaft leben.[151] Hinzu kommt die Diskriminierung durch die Gendarme, die an jedem neuen Lagerplatz der Familien auftauchen und die „carnet nomades" kontrollieren.[152] Dies gilt auch für den Text *Mes secrets tziganes* (1989) von Sterna Weltz, die auf die Unsicherheit, die aus diesen Vertreibungssituationen entsteht, aufmerksam macht:

> Mais sur cette place comme ailleurs il y avait toujours les gendarmes et il fallait partir, atteler les chevaux, faire démarrer les moteurs avec de grandes manivelle qui se retournaient contre vous et cassaient les mains, et partir plus loin, encore partir jusqu'à ce qu'un paysan nous laisse un bout de champ contre de l'aiguisage ou autre troc.[153]

Die Struktur des Satzes mit den vorherrschenden Verben vermittelt einen abgehackten Eindruck, der die Eile, mit der angespannt beziehungsweise der Motor gestartet und losgefahren werden muss, transportiert. Insbesondere die dreimalige Verwendung von „partir", und die Verbindung mit „encore" zeigt die beständige Wiederholung der Situation. Diese wird im Text in direkten Bezug zur andauernden Präsenz der Roma auf französischem Territorium gesetzt, die im Widerspruch zur offiziellen französischen Politik, die den Roma zwar alle Obligationen der Staatsbürgerschaft (Armeedienst, Steuern usw.) auferlegt, ihnen aber die Rechte verweigert und sie zudem mittels des *carnet de circulation* dis-

---

149 Vgl. zum Beispiel Matéo Maximoff: *Condamné à survivre*, S. 67. Ähnlich auch Stimbach, für den Sesshaftigkeit und Wanderschaft „mondes différents" (Joseph Stimbach: *Détenu*, S. 171) sind.
150 Luis Ruiz: *Guerre noble*, S. 18 und S. 54; Lick Dubois: *Il était une fois les bohémiens*, S. 55, S. 57, S. 58 und S. 140; Lick Dubois: *Enfances tsiganes*, S. 49, S. 183 und S. 212.
151 Vgl. Luis Ruiz: *Guerre noble*, S. 12.
152 Vgl. zum Beispiel Lick Dubois: *Sur les routes*, S. 301 und Luis Ruiz: *Guerre noble*, S. 54. In Lick Dubois: *Enfances tsiganes*, S. 39 und Lick Dubois: *Sur les routes*, S. 425–426 wird in diesem Zusammenhang auch die französische Gesetzgebung erwähnt, die 1912 das *carnet antropométrique* zur Überwachung der fahrenden Bevölkerung einführte.
153 Sterna Weltz: *Mes secrets tziganes*. Nanterre: NBC 1989, S. 13.

kriminiert.[154] Die strikte Durchsetzung dieser Gesetzgebung führt für die Roma in Lick Dubois' *Sur les routes* (1998) und *Enfances tsiganes* (2007) zu zunehmender Exklusion der Familien, indem ihr Aufenthalt in den Dörfern und kleinen Städten erschwert wird. Diese „guerre avec les communes"[155] macht schlussendlich die Wanderschaft fast unmöglich und die Familien lassen sich (gezwungenermaßen) nieder.

In all diesen Texten wird das Unterbinden der Reise durch die gesetzlichen Einschränkungen der Mehrheitsgesellschaft und die Sesshaftmachung mit einer unerwünschten Assimilierung gleichgesetzt.[156] In Joseph Doerrs *Où vas-tu manouche?* (1982) wird auf die Konsequenzen dieser Entwicklung eingegangen, denn die eingeschränkte Reisefreiheit trifft die Familien umso härter, da die ständige Reise auch eine Voraussetzung für das wirtschaftliche Überleben der Gemeinschaft ist.[157] Als Wanderarbeiter oder Musiker sind die Figuren vom ständigen Ortswechsel abhängig und bereits vor den Beschränkungsmaßnahmen reichen die erwirtschafteten Mittel nicht immer aus, wodurch die ökonomische Situation oft prekär ist.[158] Allein die Anwesenheit der nomadisierenden Familie Doerr löst in den Dörfern das Misstrauen der Bevölkerung aus. Wiederholt wird auch hier die Konfrontation mit der Polizei beschrieben, die willkürlichen Hinweisen mit aller Härte nachgeht:

> Ils [les gendarmes] arrivaient sur les lieux de stationnement et, de leur voix de baryton bien timbrée, ils semaient la panique dans le campement. Aussi les Manouches se dérobaient-ils de leur mieux aux recherches des gendarmes qui étaient les braconniers et les Manouches le gibier.[159]

---

154 Vgl. Sterna Weltz: *Mes secrets tziganes*, S. 33.
155 Lick Dubois: *Enfances tsiganes*, S. 47.
156 Vgl. Joseph Doerr: *Où vas-tu manouche?*, S. 234.
157 Die Ausgrenzung zeigt sich deutlich in der beständig wachsenden gesetzlichen Einschränkung der fahrenden Lebensweise, die von den Familien als erdrückend wahrgenommen wird: „,Stationnement interdit aux nomades sous peine d'amende' Fou de colère, le père DOERR retient avec peine les injures qui lui brûlent les lèvres." (Joseph Doerr: *Où vas-tu manouche?*, S. 13) Die ungebundene Wanderschaft ist für die Familien nicht nur die ökonomische Grundlage, sondern auch eine wichtige Komponente ihrer Identität. Die Einschränkungen der *gens du voyage* in Frankreich nach 1912 ist daher ein Hauptbeweggrund für die Familie, den Aufenthalt in Spanien zu verlängern. Vgl. Joseph Doerr: *Où vas-tu manouche?*, S. 77.
158 Vgl. Joseph Doerr: *Où vas-tu manouche?*, S. 27. Weitere Arbeitsmöglichkeiten werden Ebd., S. 103 und S. 48 genannt.
159 Joseph Doerr: *Où vas-tu manouche?*, S. 4. Ähnliche Situationen ständiger Bedrohung und Repression werden beschrieben Ebd., S. 5–6, S. 17, S. 47, S. 53 und S. 87.

Die Tatsache, dass Besuche der Gendarme eine ständige Bedrohung sind und sich regelmäßig wiederholen, wird hier durch das *imparfait* vermittelt. Gleichzeitig wird deutlich, wie diese von den Ordnungskräften ausgehende Gefahr für die Fortbewegung der Familie verantwortlich ist. Dies wird auf der Mikroebene durch die Verben „semer" und „se dérober" vermittelt. Beide indizieren eine ausweichende Bewegung und sind damit sinnbildlich für die Zerstreuung der Roma. Die unterschiedlichen Konnotationen von „semer" (abschütteln, verbreiten und säen) evozieren dabei gleichzeitig das unvermittelte Auftauchen der Gendarme, aber auch die tief sitzende, verwurzelte Angst, welche die Begegnungen hervorrufen und immer erneut bestätigen.[160] Die Wehrlosigkeit, mit der die *manouches* dem Auftauchen der Polizisten gegenüberstehen, zeigt sich auch in der mit „dérober" (sich einer Sache entziehen) ausgedrückten Heimlichkeit. Dieses auf der Mikroebene angelegte (unter)wandernde Bild findet sich ebenfalls in der Figurenkonstellation wieder. Die inhaltliche Anspielung auf das Räuber-und-Gendarm-Spiel dient hier als Vorlage, die subvertiert wird. So flüchten zwar die Roma vor der Suche der Gendarme, deren Autorität wird jedoch durch den Vergleich mit Wilderern entkräftet und auf diese Weise das Unrecht der Verfolgung und die Hilflosigkeit der *manouches* hervorgehoben. Das Leben am Rand steht folglich in der Darstellung in einem thematischen Spannungsfeld. Einerseits werden die positiven Aspekte kulturellen Traditionserhalts dargelegt, die durch den eingeschränkten Kontakt Mehrheit-Minderheit bestehen, andererseits führt die ständige Vertreibung und Wanderschaft zu Angst und Unsicherheit. Die daraus folgende Strategie der Unsichtbarkeitsmachung und Zerstreuung wird in den Texten aufklärend für Leser der Mehrheitsgesellschaft dargelegt und mit der Gestaltung über Metaphern und Vergleiche verstärkt.

Frustration durch Statik und innere Migrationen
Während die Figuren von Matéo Maximoff, Joseph Doerr und Sterna Weltz zum Großteil erfolgreich mittels ihrer Ausweichstrategie den (kriegerischen) Konfrontationen mit der Mehrheitsgesellschaft entgehen, gelingt es Sandra Jayats Protagonisten selten, Konflikte gänzlich zu vermeiden. Die Dualität von Sesshaftigkeit und Wanderschaft steht in ihrem Werk in enger Verbindung zum geistigen Wohlbefinden sowohl in *El Romanès* (1986) als auch in *La longue route*

---

[160] In den Texten von Joseph Stimbach bezieht sich die Willkür, mit der die Roma behandelt werden, ebenso auf die Vertreibung von Lagerplätzen und die schlechte Ausstattung beziehungsweise Lage der *aires d'accueil* in der Nähe von Müllabladeplätzen und ohne sanitäre Einrichtungen und Wasseranschluss. Vgl. Joseph Stimbach: *Itsego*, S. 34 und S. 98 und Joseph Stimbach: *Détenu*, S. 145 und S. 174.

d'une Zingarina (1978), wobei der Nomadismus als Lebenselixier, mit dessen Ende auch das gesamte irdische Dasein endet, in ihrem Werk ein Topos ist: Statik löst Frustration aus, während Bewegung mit Freiheit und Glück gleichgesetzt wird. Diese essentielle Bedeutung von Bewegung beziehungsweise die Ablehnung von statischer Eingeschlossenheit in vier Wänden führt in *El Romanès* (1986) zu einem Neologismus, wenn Relio stellvertretend für alle Roma erklärt: „Nous souffrons tous de murophobie."[161] Die Ziellosigkeit der Reise ist dabei keine Einschränkung für den Bewegungsdrang, vielmehr erscheint das pure nomadische Dasein als das Ziel, welches das ganze Leben durchdringt, denn es gilt wie auch schon bei Matéo Maximoff die Maxime „Nomade tu es, nomade tu mourras."[162] Angesichts der Repressionen durch die nationalsozialistischen Besatzer unternehmen die drei jungen Erwachsenen Huda, Romanino und Loussimo den Versuch, sich durch Sesshaftigkeit der Verfolgung zu entziehen. Die drohende Einberufung von Romanino nach Berlin durch die Deutschen lässt ihnen jedoch keine andere Wahl als die Flucht. Während Huda diese als ein Zeichen der Verdammung sieht, ist sie für Romanino die einzige Möglichkeit zu überleben: „– Nous sommes condamnés à être des nomades, s'écria-t-elle. – Tu penseras demain, pour l'instant laisse le vent stationner près des nuages et dispersons-nous pour être sauvés."[163] Die Zerstreuung ist hier der Schutz vor drohender Verfolgung, wird allerdings in deutlichen Kontrast zum nomadischen Dasein gesetzt. Dies geschieht inhaltlich durch die Kontroverse und die dadurch entstehende Opposition der beiden Figuren Huda und Romanino. Während ihr Mann das Leben auf der Wanderschaft für einen begrenzten Zeitraum aufgeben will – hier metaphorisch durch das Paradox „laisse le vent stationner" ausgedrückt – vertritt Huda eine essentialisierende Ansicht. Dennoch scheint auch in ihrer Konzeption das zuvor als so wünschenswert dargestellte Leben auf der Wanderschaft nicht gänzlich freiwillig, denn sie fühlt sich dazu verdammt. Eine ähnliche Situation der erzwungenen Statik und des Ausbruchs erleben Stellina und ihre Familie in *La longue route d'une Zingarina* (1978), als sie 1940 auf dem Weg nach Les-Saintes-Maries-de-la-mer sind. Die Brücke, die aus dem Dorf hinaus über den Fluss führt, wird durch den Einmarsch der deutschen Truppen blockiert und hindert Stellinas Familie an der Weiterfahrt.

---

161 Sandra Jayat: *El Romanès*, S. 57. Eine ähnliche einschränkende Bedeutung der Wände für alle Roma wird auch deutlich in Sandra Jayat: *Les racines du temps*, S. 9.
162 Sandra Jayat: *El Romanès*, S. 98 ähnlich auch Ebd., S. 56 und S. 84. In der Erzählung *Kourako* (1972) ist die räumliche Ungebundenheit gar an eine essentialistische Vererbungslogik geknüpft. Vgl. Sandra Jayat: *Kourako suivi de Les deux lunes de Savyo*. Tournai: Casterman 1972, S. 33.
163 Sandra Jayat: *El Romanès*, S. 108.

Dadurch sind sie auf das Territorium des Dorfes beschränkt und quasi gefangen. Die erzwungene Unbeweglichkeit unterstreicht die durch die Nationalsozialisten und Faschisten erzeugte – auch geistige – Enge. Die beschriebene Situation wird zudem symbolisch aufgeladen, indem die Statik auf die gesamte Kriegsdauer übertragen wird: „Cette guerre qui allait nous empêcher de poursuivre nos voyages comme nous le souhaitions."[164] Die Einschränkung des Bewegungszirkels der Figuren wird im weiteren Verlauf des Textes fortgeführt, wenn Stellina und Narado gezwungen werden, ihren Wohnwagen aufzugeben und in ein Haus zu ziehen. Ein Entschluss, der bei Stellinas Tante Modriva die Assoziation weckt, lebendig begraben zu werden: „Tu veux nous faire vivre dans une maison [...]. Tu veux nous obliger à sentir la mort qui se cache derrière les murs!"[165] Die Beschränkung auf einen stationären Ort hat hier besonderen Stellenwert, da generell nur sehr wenige Innenräume beschrieben werden. Ausnahmslos handelt es sich bei allen weiteren um Wohnwagen, also Orte, die Mobilität verkörpern und sich einer eindeutigen räumlichen Zuordnung entziehen. Als der Versuch fehlschlägt, sich mit dem Umzug in ein Haus unter den Augen der deutschen Besatzer unsichtbar zu machen und Modriva von den deutschen Soldaten grausam misshandelt wird, stellt Narado fest: „Il n'est plus possible de supporter l'absence de l'espace."[166] Im Empfindungsspektrum von Modriva und Narado zeigt sich damit die enge Verbindung von Raumwahrnehmung und psychologischer Verfassung. Die Begrenzung auf einen Ort wird mit Lethargie gleichgestellt und erzeugt zwangsläufig einen starken Ausbruchswillen, der im Text mit der Flucht über die Grenze in die unbesetzte Zone im Süden Frankreichs endet.

Die Konsequenzen für das soziale Verhalten und den mentalen Zustand zeigen sich auch noch in einem weiteren Aspekt. Mit dem von Modriva empfundenen Gefühl des langsamen Erstickens wird die Monotonie der in der Enge des Hauses verbrachten Tage unterstrichen. Diese Gleichförmigkeit spiegelt sich darüber hinaus im veränderten Kommunikationsverhalten. Der Großvater Narado, der durch seinen sprechenden Namen *per se* als Erzähler charakterisiert ist, verfällt in Schweigsamkeit und wird so seines wichtigsten Charakterzugs beraubt.[167] Gleichzeitig jedoch führt die eingeschränkte Bewegung auch dazu, dass die Figuren immer näher zusammenrücken und so ein neuer Ort der Kul-

---

[164] Sandra Jayat: *La longue route d'une Zingarina*, S. 21.
[165] Ebd., S. 27–28. Ein ebenso negatives Fazit zieht Romanino aus der Strategie, sich der NS-Verfolgung durch Sesshaftigkeit zu entziehen. Vgl. Sandra Jayat: *El Romanès*, S. 107.
[166] Sandra Jayat: *La longue route d'une Zingarina*, S. 40.
[167] Narado lässt sowohl an das italienische Verb *narrare* (‚erzählen') als auch an das französische Nomen *narration* (‚Erzählung') denken.

turvermittlung entsteht, wie Stellina dies verdeutlicht: „Pour m'empêcher de jouer dans les rues, ma tante Modriva me racontait, pendant des heures, de vieilles légendes bohémiennes."[168] Die verhinderte Bewegung wird damit verlagert und in eine innere Migration und Reise verwandelt. Die Wechselhaftigkeit des Lebens wird mit der dynamischen Bewegung, die der Nomadismus bedeutet, parallelisiert, wenn Stellina sich an eine von Narado weitergegebene Weisheit erinnert: „N'oublie pas, la seule chose permanente dans la vie, c'est le changement. C'est pour cela que nous sommes nomades."[169]

Der Nomadismus wird zu einem identitätsstabilisierenden Aspekt, der kontinuierliche Veränderung einschließt. Wie eng die territoriale Ungebundenheit mit einer identitätsstabilisierenden Erinnerungskonstruktion verbunden wird, illustriert zudem ein Satz aus dem Motto von *Les racines du temps* (1998): „Quand les Tziganes changent de lieu, bien souvent ils ne changent que de temps. Le souvenir est la seule chose qui leur appartienne vraiment."[170] Erinnerung wird hier an die Situation des (nomadischen) Ortswechsels geknüpft und als einzige Konstante über die Zeit hinweg konstruiert, wodurch die räumlichen Referenzpunkte, die das Gedächtnis bildet, eine stabilisierende Wirkung erhalten. Zudem ist die Betonung der Einzigartigkeit bedeutend, mit der die kulturelle Eigenständigkeit der Roma ins Zentrum rückt und zudem der Appell zu erinnern zum Ausdruck kommt. Dieser manifestiert sich in Stellinas eigener Erinnerung als tradiertes Wissen: „Combien de fois m'a-t-on dit ‚souviens-toi, n'oublie pas'?"[171] Der Satz kann als emblematisch für das gesamte Werk der Autorin gelten, denn die hier proklamierte Erinnerungskonstruktion – die in Anbetracht des Gesamtwerks durchaus als Parallele zur jüdischen Erinnerungskultur gesehen werden kann – wird vielfach umgesetzt.[172] Für die Protagonistin Stellina bedeutet die innere, künstlerische Migration ein Surrogat für das effektive, nomadische Leben, welches sie nach dem Bruch mit ihrer Familie aufgibt. In ihrer Erinnerung jedoch hält sie die nomadische Lebensweise und damit ihrer Roma-Identität aufrecht. Romanino hingegen versucht mit der Rekonstruktion seiner eigenen Vergangenheit, die durch die Vermittlung über eine Vielzahl von Analepsen einer Reise in die Geschichte gleicht, den traumatischen Verlust seiner Frau Huda zu verwinden.

---

168 Sandra Jayat: *La longue route d'une Zingarina*, S. 25. Vgl. hierzu auch Julia Blandfort: Die doppelte Grenze, S. 229–230.
169 Sandra Jayat: *Zingarina ou l'herbe sauvage*, S. 149.
170 Sandra Jayat: *Les racines du temps*, S. 3.
171 Sandra Jayat: *Zingarina ou l'herbe sauvage*, S. 24–25.
172 Vgl. Sandra Jayat: *Kourako*, S. 9; Sandra Jayat: *El Romanès*, S. 7; Sandra Jayat: *Les racines du temps*, S. 53–54 und S. 100 und Sandra Jayat: *Zingarina ou l'herbe sauvage*, S. 14 und S. 57.

Gegenüber einer zunehmend verschwindenden wandernden Tradition nehmen die Texte eine metaphorische Bedeutungserhöhung vor, die sich bei Joseph Doerrs *Où vas-tu manouche?* (1982) durch den ganzen Text zieht. Ortsnamen werden generell mit Großbuchstaben hervorgehoben. Die Aufmerksamkeit des Lesers wird auf diese Weise auf die unterschiedlichen Etappen gelenkt und es entsteht der Eindruck einer Reiseroute, anhand derer sich Figuren und Leser durch den Text bewegen. Wenngleich dadurch in gewisser Weise Fixpunkte geschaffen werden, liegt dennoch die in der zurückzulegenden Wegstrecke das eigentliche Ziel, wie Deleuze und Guattari es als typisch für das nomadische Dasein konstatieren: „Même si les points déterminent les trajets, ils sont strictement subordonnés au trajets qu'ils déterminent à l'inverse de ce qui se passe chez le sédentaire. Un trajet et toujours entre deux points, mais l'entre deux a pris toute la consistance, et jouit d'une autonomie comme d'une direction propre."[173] In diesem Fall zielen die Stationen darauf ab, die Bewegung performativ in den Text zu übertragen und dadurch die faktisch nicht mehr praktizierte Wanderschaft zu ersetzen. Dieses Vorgehen wider die erzwungene Sesshaftigkeit und mit einer ideellen Transposition zeigt sich ebenso für den Erzähler in Lick Dubois' *Il était une fois les bohémiens* (2003), der gar mit historischem Rückbezug auf die Emigration aus Indien reflektiert: „Est-ce la fin du Voyage? Même si cela va devenir réalité, les Sinti auront toujours une petite roulotte qui roule sous leurs crânes. On n'efface pas mille ans d'histoire de voyage et d'habitudes prises depuis leur départ des rives de l'Indus au Nord de l'Inde."[174]

Das ungebundene Leben auf der Wanderschaft wird damit als eines der zentralen Charakteristika dargestellt, welches auch der Übergang zur Sesshaftigkeit nicht beenden kann. Der Kommentar des Erzählers, der durch die einleitende rhetorische Frage ein interaktives Element enthält, stellt vielmehr die Übersetzung von effektiver Bewegung in eine ideelle innere Migration dar. Eine derartige Verinnerlichung der Migrationsbewegungen zeigt sich gleichfalls in Sandra Jayats *Les racines du temps* (1998). Vor dem inneren Auge Maggios, die ihre Tage immer am selben Ort unter einem Baum den Geschichten von Ribeiro Verdé lauschend verbringt, entstehen neue Welten. Die orale Kultur wird zum Ersatz für die physische Bewegung, die sich in der Dynamik der Erzählung zeigt. Inhaltlich wird in den Erzählungen, denen Maggio zuhört, die Suche nach identitären Ankerpunkten sichtbar.[175] Dieser stabilisierende Aspekt wird vor allem in

---

173 Gilles Deleuze/Félix Guattari: *Mille plateaux*, S. 471.
174 Lick Dubois: *Il était une fois les bohémiens*, S. 77.
175 In *La longue route d'une Zingarina* (1978) sind es hingegen die (erinnerten) Erzählungen, die der Protagonistin Stellina, die sich in ständiger Bewegung befindet, Stabilität bieten. Vgl. Julia Blandfort: Die doppelte Grenze, S. 222.

der zweiten Erzählung deutlich, in der Libèras Entdeckung der sieben Meere als Erklärung für die endlose Reise aller Roma dient, die auf ewig dieses Paradies suchen:

> Depuis lors, me dit Ribeiro, nous voyageons en essayant de vendre le temps qui passe, mais les heures qui coulent comme une source ne sont pas toujours d'eau fraîche.
>
> Un jour peut-être, comme Libèra, nous régnerons au-dessus des sept mers fleuries en compagnie des sept oiseaux bleus. Ainsi nous allons depuis des générations sur la route interminable, poussés par notre curiosité insatiable et nous sommes des nomades car au fond de nos yeux brillent les sept mers fleuries.[176]

Die märchenhafte Umsetzung gibt der immerwährenden Reise eine Zielsetzung, die mythischen Charakter hat. Insbesondere die auch in Märchen verbreitete Zahlenmagie verursacht diesen Eindruck. Der gesamte Roman als eine einzige *mise en abyme* des mündlichen Erzählens ist eine Form der inneren Migration: Maggio und Ribeiro sind statisch an einem Ort und folgen zusätzlich einer Routine, die jeden Tag gleich ablaufen lässt. Dynamik findet lediglich auf der metadiegetischen Ebene mit Libèra statt, die ständig in Bewegung ist.[177] Es gilt Deleuzes und Guattaris Erkenntnis: „Pour le nomade, au contraire, c'est la déterritorialisation qui constitue le rapport à la terre, si bien qu'il se reterritorialise sur la déterritorialisation même."[178] Die literarische Umsetzung des Motivs ‚Wanderschaft' in erzählerische Dynamik mittels performativer Textgestaltung oder Metaphern steht damit für einen derartigen Versuch einen identitätskonstitutiven Anker festzuschreiben und damit eine gemeinsame ideelle „rétorrialisation" nachzubilden.

Leben auf der Wanderschaft als Auto- und Heterostereotyp
Die positiven Aspekte des Wanderlebens werden zum Teil explizit mit dem Rückgriff auf Stereotype verstärkt, aber auch unterwandert.[179] Klischeehaft wird die räumliche Ungebundenheit in fast allen Werken mit Freiheit assoziiert.[180] In

---

176 Sandra Jayat: *Les racines du temps*. Cergy-Pontoise. Point de suspension 1998, S. 27.
177 Während in diesem Roman die Erzählungen auch auf der diskursiven Ebene Dynamik vermitteln, ist es in *El Romanès* (1986) die Musik, welche Befreiung von den äußeren Zwängen verspricht. Vgl. Sandra Jayat: *El Romanès*, S. 32.
178 Gilles Deleuze/Félix Guattari: *Mille plateaux*, S. 473.
179 Dies gilt für eine Vielzahl der bereits vorgestellten Zitate und soll im Folgenden exemplarisch aufgezeigt werden.
180 Vgl. zum Beispiel Matéo Maximoff: *Savina*, S. 7 und S. 213; Matéo Maximoff: *Les Ursitory*, S. 49. Ähnlich gilt das auch für die Figuren in Joseph Doerrs *Où vas-tu manouche?* (1982). Vgl. Joseph Doerr: *Où vas-tu manouche?*, S. 5. Auch für Vania de Gila-Kochanowskis *Romano Atmo*

Lick Dubois' Texten wenden sich die Reflexionen allerdings interessanterweise sowohl gegen die stereotype Wahrnehmung der Mehrheitsgesellschaft als auch gegen die illusorische Perzeption der Wandernden selbst. Pacalo in *Sur les routes* (1998) vertritt eine derartige realistische Perspektive und kontrastiert die romantische Vorstellung eines Händlers mit seiner ernüchternden Version des Lebens als Fahrender, jedoch ist dies kein Grund für ihn, von seiner traditionellen Lebensweise abzurücken:

> Viens passer les six mois de l'hiver avec nous et tu verras que notre vie n'est pas si facile que tu crois. Tu auras vite envie de retrouver ta cave, comme un rat son trou. Mais attention, ce n'est pas pour cela que je changerais ma vie contre la tienne. Comme toi, nos parents nous ont habitués à vivre de la sorte. En somme, personne ne peut blâmer l'un ou l'autre.[181]

Wie so oft nimmt der junge Mann eine vermittelnde Position zwischen Roma und Mehrheit ein, die weder die eine noch die andere Lebensweise als höhergestellt betrachtet. Nicht selten kritisiert er die abgrenzenden Argumentationen seiner Familie (vor allem des Großvaters Kashuko) und vertritt modernisierende Ansichten.[182] Der Erzähler in *Il était une fois les bohémiens* (2003) urteilt hingegen explizit über die idealistischen Eigenvorstellung der Wandernden, wenn er sagt: „C'est peut-être ça leur plus lourd fardeau à porter, commun à tous les Gens du voyage, LEUR LIBERTE illusoire."[183] Die hier als eingebildet diskreditierte Wahrnehmung der Freiheit kann als rückwirkender Stereotyp der Mehrheitsgesellschaft gewertet werden; ein Effekt, den Jean-Paul Sartre für jüdische Identitätskonstruktion beobachtet: „Ils [les Juifs] se sont laissé empoisonner par une certaine représentation que les autres ont d'eux et ils vivent dans la crainte que leurs actes ne s'y conforment, ainsi pourrions-nous dire [...]

(1992). Vgl. Vania de Gila-Kochanowski: *Romano Atmo*, S. 3 und S. 21. Die Roma-Familie von Man'a wird als eine nomadisch lebende Roma-Gemeinschaft dargestellt, jedoch spielt dieses Dasein lediglich als Kontrast zum sesshaften Leben auf Schloss Siegelfeld und den damit einhergehenden gesellschaftlichen Unterschieden und Zwängen eine Rolle. Vgl. Vania de Gila-Kochanowski: *Romano Atmo*, S. 143. Wesentlich bedeutender ist für Man'a das Erlangen persönlicher Freiheit, die unabhängig von ethnischer Zugehörigkeit für sie vor allem ein politisches Ziel darstellt.

181 Lick Dubois: *Sur les routes*, S. 171. Ähnlich auch Lick Dubois: *Sur les routes*, S. 218 und Lick Dubois: *Enfances tsiganes*, S. 60.

182 Vgl. zum Beispiel Lick Dubois: *Il était une fois les bohémiens*, S. 83, wo er versucht, die Roma aus ihrer Lethargie zu wecken und die Pflasterung des Terrains, auf dem sie leben, zu beginnen.

183 Lick Dubois: *Il était une fois les bohémiens*, S. 90.

que leurs conduites sont perpétuellement surdéterminées de l'intérieur."[184] Dieser (unbewussten) Rückkopplung unterliegt Lick Dubois also nicht, vielmehr wird in seinen Werken die romantisierende Sicht der Wanderschaft übergreifend als unzutreffend vermittelt, denn die Familien sind der beständigen Einschränkung ihrer Reisefreiheit ausgesetzt. Diese Entlarvung wird hier durch die Majuskeln, welche das Augenmerk der inhaltlichen Ausrichtung zum Trotz auf die Freiheit lenken, unterlaufen, denn das Illusorische verliert ihnen gegenüber an Bedeutung, wird im wahrsten Sinne des Wortes verkleinert und damit den „conduites [...] sur-déterminée de l'intérieur" entgegengestellt. Eine ebenso emphatische Beziehung zur Wanderschaft wie Lick Dubois bringt die *manouche*-Autorin Sterna Weltz in ihrem Text *Mes secrets tziganes* zum Ausdruck. Wo Lick Dubois mit Vehemenz vorgeht, wählt sie eine ludische Herangehensweise, um geläufige Stereotype zu unterwandern, aber auch, um sie identitätsaffirmierend zu nutzen. Die sprachliche Ausgestaltung des Themas zeigt ihr lyrisches Talent.[185] Sie nutzt die Metaphorik der Wanderschaft spielerisch, wie in diesem Textbeispiel deutlich wird: „Le tzigane vit à cheval entre son passé, bien présent, dans lequel il évolue et s'identifie, et le présent actuel, dans lequel il travaille et continue sa route et son nomadisme."[186] Eine lineare Verbindung von Vergangenheit und Gegenwart wird auf semantischer und formaler Ebene hergestellt und mit (nomadischer) Bewegung verbunden.

Inhaltlich gesehen subvertiert die Aktualisierung der Vergangenheit („son passé, bien présent") das Stereotyp der Roma als geschichtslosem Volk und betont nicht nur das Bewusstsein für diese Vergangenheit, sondern auch die Verankerung und Entwicklung im Rückbezug zur Geschichte („il évolue et s'identifie"). Der Vorstellung einer statischen (Roma-)Identität wird hier also entgegengewirkt. Diese Dynamik wird im zweiten Teil des Satzes, in dem die gegenwärtige Situation im Zentrum steht, fortgeführt. Hier stehen der Nomadismus und die Straße metonymisch für eine beständige Weiterentwicklung des Volks. Vergangenheit und Gegenwart werden auf diese Weise an eine kontinuierliche Bewegung gebunden, die auf sprachlicher Ebene mit dem Wortspiel „vivre à cheval" eingeleitet wird. Dieses steht auf einer ersten Bedeutungsebene für das Leben zwischen Vergangenheit und Gegenwart („à cheval" – „zwischen"), was sich formal durch die parallele Struktur der beiden Satzteile manifestiert. Vergangenheit und Gegenwart werden einander gegenübergestellt und zugleich ihr enger Bezug zueinander ausgedrückt. Besonders wirksam wird die

---

184 Jean-Paul Sartre: *Réflexions sur la question juive*. Paris: Gallimard 1954, S. 115.
185 Die erste Publikation der Schriftstellerin ist die Lyrikanthologie *Romanes* (1975).
186 Sterna Weltz: *Mes secrets tziganes*, S. 27.

Wendung in diesem Satz jedoch in Verbindung mit der Wanderschaft, die stereotyp mit dem vom Pferd gezogenen Wohnwagen verknüpft ist. Indem diese Bedeutungsebene zu den üblichen – dem französischen Leser bewussten – hinzugefügt wird, erhält der Ausdruck eine eigene Bindung an das Roma-Dasein. So wird eine affirmativ positive Strategie gegenüber dem bekannten Stereotyp der Roma als Nomaden dargestellt und diesem eine identitätskonstituierende Wirkung gegeben. Andererseits greift hier der subtil unterwandernde Umgang mit dem Bild der Roma als geschichtslosem, nicht arbeitendem Volk.

Der Wohnwagen als mobile Heimat

Die Wohnwagen sind für das Leben auf der Wanderschaft fundamental. Sie ermöglichen nicht nur die Fortbewegung, sondern bilden auch das mobile Zuhause der Familien und stehen damit, wie es zuvor in Sandra Jayats *La longue route d'une Zingarina* (1978) schon deutlich wurde, der Sesshaftigkeit diametral entgegen.[187] Die identitätskonstitutive Bedeutung, die dabei dem Wohnwagen zukommt, wird in *Zingarina ou l'herbe sauvage* (2010) besonders hervorgehoben, als in Verbindung mit der Geburt der Protagonistin auch das Innere des Wohnraums beschrieben wird: „[...] Lario, mon père, avait peint le plafond en bleu cobalt avec, au centre, un soleil épanoui comme une fleur, dans un coin un croissant de lune et, jetées ici et là neuf étoiles."[188] Die magisch-mystisch wirkende Bemalung des Wohnwagens erschafft einerseits einen märchenhaften Eindruck und verweist andererseits auf die Bedeutung der Malerei im Roman. Einmal in Paris angekommen, ist die Malerei nicht nur die wichtigste Einkommensquelle Stellinas, sondern auch ihr praktisch in die Wiege gelegter identitätsstabilisierender Fixpunkt. Die Sterne im Wohnwagen symbolisieren die Orientierungsmöglichkeit auf der (inneren) Wanderschaft in besonderer Weise. Künstlich vom Vater geschaffen, prägen sie die Kindheit der Protagonistin und stehen für Stabilität in ihrem Leben. Eine fast symbiotische Beziehung zwischen dem Kind und dem Wohnwagen zeigt sich zudem durch ihre Namensgebung (*Stellina* Italienisch: kleiner Stern). Sie wird auf diese Weise zur lebenden Verkörperung des künstlichen Firmaments, das für Malerei und Wanderschaft zugleich steht. Nach dem Bruch mit der Familie und der daraus folgenden Unsicherheit wird die Kunst zum ideellen Fixpunkt, die die andauernde Verbindung mit der Heimat(-kultur) aufrechterhält.

---

187 Detaillierte Beschreibungen des Inneren von Wohnwagen findet sich in Sandra Jayat: *La longue route d'une Zingarina*, S. 69; Sandra Jayat: *Zingarina ou l'herbe sauvage*, S. 15–16 und Lick Dubois: *Sur les routes*, S. 38.
188 Sandra Jayat: *Zingarina ou l'herbe sauvage*, S. 15.

Als derartiger (geistiger) Rückzugsort haben die Wohnwagen auch in anderen Texten eine wichtige Stellung und werden daher bis ins Detail beschrieben. So beispielsweise in *Mes secrets tziganes* (1989) von Sterna Weltz, wo der Wohnwagen der Großmutter das Lebenszentrum ist. Er wird mit einer detailgenauen Beschreibung gewürdigt, der den individuellen Zug hervorhebt:

> La verdine était remplie de pots d'onguents, d'herbes séchées, collées ou pendues au plafond, en voûte. Il y avait un grand lit très haut et des portes ajourées de petits cœurs fermaient le bas, qui ordinairement, servait de placards un peu comme les lits bateau. Dans ce lit clos improvisé des paillasses gonflées recouvertes de tissus colorés étaient surmontées de couvertures tricotées avec des fils multicolores. Un vrai camaïeu de couleurs qui donnait envie de se coucher et de se fondre dans ces montagnes floconneuses. Sur les quatre angles intérieurs elle n'avait pas de lampes à pétroles en cuivres rutilants comme les nôtres mais des lampes en porcelaine transparente et je trouvais ça du plus bel effet. Cette voiture avait été confectionnée par un artisan méticuleux, comme c'était l'usage à l'époque surtout en Forêt noire. Tout ce qui la composait ressemblait à la nôtre mais il y avait des détails étonnants par rapport à celles de France.[189]

Die mobile Behausung der Großmutter ist zugleich ihr Vorrats- und ihr Lebensraum. Diese Polyfunktionalität steht in Zusammenhang mit dem Charakter der alten Frau und ihrer Bedeutung als Lehrerin und Bezugsperson für das Mädchen. Die farbenfrohe, einladende Gemütlichkeit des Innenraums und seine wertvolle Ausstattung stehen für die liebevolle Beziehung der beiden Figuren. Die Ähnlichkeit von Großmutter und Enkelin, der autodiegetischen Protagonistin, wird schon zu Beginn von der Ich-Erzählerin hervorgehoben, wenn sie das erste Treffen als einen Schock des Erkennens bezeichnet, denn: „J'étais son double".[190] Die beschriebenen Kräuter und Salben verweisen auf die Heilkunst der Großmutter, die als Vermittlerin dieses Wissens eine authentifizierende Position innerhalb des Textes hat. Darauf wird indirekt mehrmals im zweiten Teil des Textes Bezug genommen. Dieser astrologisch ausgerichtete Part erteilt explizit Anweisungen und Ratschläge für ein ausgeglichenes Leben im Einklang mit der Natur und liefert Rezepte für den Erhalt von Liebe, Gesundheit, Schönheit und Glück. Der fiktionale erste Teil, aus dem der Textauszug stammt, nimmt eine Legitimationsfunktion für die im zweiten Part folgenden Informationen ein, denn das Dasein als ‚Naturmensch' wird hier zur Voraussetzung für das astrologisch-spirituelle Wissen und etabliert eine Verbindung des doku-

---

189 Sterna Weltz: *Mes secrets tziganes*, S. 10.
190 Ebd., S. 9.

mentarischen mit dem erzählerischen Teil.[191] So werden beispielsweise die ‚verratenen' Rezepte glücklichen Lebens kommentiert und dabei auf die intergenerationale Weitergabe von Wissen bei den Roma verwiesen: „Chez les tziganes, quelle tribu que ce soit, seule la tradition orale met en lumière leur savoir. D'où l'importance des ancêtres dans le clan."[192] Die Betonung der mündlichen Weitergabe unterstreicht das Geheimnisvolle dieses Wissens, das nur im direkten Kontakt zugänglich ist.[193] Dem Leser wird angeboten, ebenso wie ein Kind an dieser intuitiven Nachahmung teilzunehmen und sich in die Reihe der Wissenden, zu der schon die Großmutter und die Erzählerin gehören, zu integrieren. Indirekt wird damit die Großmutter für den Leser gleichfalls zur Vermittlerin ihrer gleichsam im Inneren des Wohnwagens angesammelten Weisheit.

Fixpunkte auf der Wanderschaft: Pilgerziele

In der ständigen Bewegung durch das Land bieten nicht ausschließlich die Wohnwagen Stabilität, sondern in gleicher Weise sorgen wiederkehrende Reiseziele für Struktur und Beständigkeit. Eine besonders wichtige Rolle spielt dabei die Reiseform des Pilgerns. Es bildet zum Beispiel für die Figuren in *Il était une fois les bohémiens* (2003), die an der Schwelle zwischen fahrendem und sesshaftem Leben stehen, noch eine Fortbewegungsmöglichkeit. Die religiöse Komponente und das Zusammentreffen vieler Roma tragen dabei zur faszinierenden Wirkung der bevorstehenden Reise nach Notre-Dame-de-Laghet bei, obwohl der Ort nicht die gleiche Ausstrahlung hat, wie die im Jahresturnus stattfindende Wallfahrt zu den bekannten Pilgerorte Lourdes und Les Saintes-Maries-de-la-mer.[194] Die Verbindung wird jedoch besonders hervorgehoben und schafft damit ein rituelles System, in das auch die bevorstehende Reise der Roma-Familie eingebettet wird. Dabei hat das Pilgern in Bezug auf Roma mit der

---

191 Vgl. Auch Julia Blandfort: *Liberté*: Die Prosa der Roma Frankreichs. In: Dies./Marina Ortrud M. Hertrampf (Hg.): *Grenzerfahrungen: Roma-Literaturen in der Romania*. Berlin: LIT 2011, S. 133–134.
192 Sterna Weltz: *Mes secrets tziganes*, S. 146, ähnlich auch Ebd., S. 34. Die Bedeutung der ‚Alten' wird in Kontrast zum mehrheitsgesellschaftlichen Stereotypisierung der Hierarchie mit (‚Zigeuner-')Königen gesetzt vgl. Ebd., S. 33.
193 Die Integration in eine Wissenskette als Voraussetzung für magisches Können wird auch im Folgenden betont. Vgl. Ebd., S. 149.
194 Vgl. Lick Dubois: *Il était une fois les bohémiens*, S. 71. Auch bei Joseph Doerr sind es die Wallfahrten nach Lourdes und Les-Saintes-Maries-de-la-mer, die viele Familien zusammenbringen und sie in der Andacht vereinen. Vgl. Joseph Doerr: *Où vas-tu manouche?*, S. 113, S. 114–116 und S. 125–128.

Inklusion verschiedener Untergruppen vor allem eine unifizierende Komponente.[195]

Die Bedeutung der jährlichen Wallfahrt in den provenzalischen Ort Les Saintes-Maries-de-la-mer spiegelt sich in einer Vielzahl von Publikationen. So wird die Handlung des Romans *Pour un bouquet de saladelle* (1998) von Esmeralda Romanez gänzlich in die Provence versetzt. Das Leben ist zwar von den Unwägbarkeiten der Wanderschaft bestimmt,[196] jedoch orientiert sich diese zyklisch an der Pilgerreise nach Les Saintes-Maries-de-la-mer, deren Datum einen Fixpunkt im Jahr bedeutet, wie die Romnì Carmen betont: „Ensuite nous passerons dix jours en mai aux Saintes-Maries pour le pèlerinage. Tu sais que chaque année c'est ainsi."[197] Dem südfranzösischen Städtchen und der dort beheimateten Patronin der Roma, der schwarzen Sara, wird in diesem Roman eine herausragende Bedeutung zugesprochen. Als Schicksalsfügerin wird Sara beständig angerufen und um Schutz gebeten.[198] Ihre Krypta ist für die Familie ein traditionsreicher Anziehungspunkt, der zum unsteten Leben der Wanderschaft einen stabilisierenden Gegenpol bildet. Die Taufe von Ringos und Sonias Sohn, kann daher nur in Les Saintes-Maries-de-la-mer stattfinden.[199] Der Initiationsritus bedeutet nicht nur die Aufnahme in die katholische Kirche, sondern wird gleichzeitig zum Zeichen eines speziellen Roma-Katholizismus, der mit seiner eigenen Patronin eine besondere spirituelle Dimension hat.[200] Diese einzigartige Beziehung zeigt sich in Sonias erstem Besuch in der Krypta. Intuitiv

---

195 Vgl. Lick Dubois: *Il était une fois les bohémiens*, S. 74. Dies gilt auch für die Pilgerreise nach Rom, wo Papst Paul VI. die Roma erstmalig empfängt. Vgl. Lick Dubois: *Il était une fois les bohémiens*, S. 93. Dieses Ereignis und seine historische Bedeutung, werden auch bei Joseph Doerr dargestellt. Vgl. Joseph Doerr: *Où vas-tu manouche?*, S. 135–136.
196 Vgl. Esmeralda Romanez: *Bouquet de saladelle*, S. 113.
197 Ebd., S. 130.
198 Vgl. zum Beispiel Ebd., S. 17, S. 24, S. 27, S. 33, S. 74, S. 77–78 und S. 120. Ähnliche Anspielungen auf die schwarze Sara finden sich auch in Sandra Jayat: *La longue route d'une Zingarina*, S. 69 und Sandra Jayat: *Zingarina ou l'herbe sauvage*, S. 172–173.
199 Vgl. Esmeralda Romanez: *Bouquet de saladelle*, S. 114.
200 Auch bei Sterna Weltz wird die (katholische) Heiligenverehrung der schwarzen Sarah in Zusammenhang mit einer eigene Spiritualität gebracht. Aufschlussreich ist, dass es hier bei einer Andeutung bleibt und nicht explizit vermittelt wird, dass es sich um die heilige schwarze Sara in Les-Saintes-Maries-de-la-mer handelt, die als Schutzpatronin von vielen Roma verehrt wird. Die Anspielung ist also nur für kundige Leser verständlich, im Gegensatz zum Anspruch des Textes, der den Leser über die Lebensweise der Roma aufklären soll. Vgl. Sterna Weltz: *Mes secrets tziganes*, S. 14 und S. 25. Vgl. auch Ebd., S. 13, wo die schwarze Jungfrau als Ortsangabe für Les-Saintes-Maries-de-la-mer herangezogen wird.

scheint die personifizierte Statue, die Roma-Herkunft der jungen Frau zu erkennen und ihr damit ein Indiz auf ihrer Identitätssuche zu vermitteln.[201]

In den beiden Texten von Miguel Haler *Le guitariste nomade* (2005) und *La route des gitans* (2008) hat die Pilgerreise nach Les Saintes-Maries-de-la-mer ebenso Handlungsfunktion. Interessanterweise wird dem südfranzösischen Städtchen in *La route des gitans* (2008) das polnisches Pendant Czestochowa[202] zur Seite gestellt, wo die Großeltern der Protagonistin Sara einst geheiratet haben: „Les épousailles [de Milanda et Tochka] eurent lieu ce même mois en territoire polonais occupé, dans la ville de Czestochowa, lieu mythique où de nombreux Gitans viennent chaque année en pèlerinage pour glorifier la Vierge noire."[203] Die Schauplätze des Romans, Frankreich und Polen, werden so miteinander verbunden und ihre Bedeutung als Lebensraum für Roma hervorgehoben.[204] Dennoch sind Les Saintes-Maries-de-la-mer und die dort jährlich stattfindende Wallfahrt von größerem Interesse für die Figuren:

> En 1925, il fut décidé, à l'unanimité, que toute la tribu de Bolochka se rendrait aux Saintes-Maries-de-la-Mer pour le plus célèbre des pèlerinages. Cette fête religieuse était un hommage à la Vierge Noire, elle avait lieu tous les ans, à la fin du mois de mai. Chaque Gitans devait, au moins une fois dans sa vie, s'agenouiller et se signer devant les dépouilles de Marie Jacobée et de marie Salomé dans l'église mythique. Il devait aussi implorer Sara la Noire, patronne universelle de tous les voyageurs.[205]

---

201 Vgl. Esmeralda Romanez: *Bouquet de saladelle*, S. 24.
202 Die im Süden Polens gelegene Großstadt Częstochowa ist ein weltbekannter Wallfahrtsort aufgrund einer Ikone, die schwarze Madonna von Częstochowa. Sie ist die wichtigste Reliquie des Landes, allerdings im Gegensatz zur ‚schwarzen Sara' in Les Saintes-Marie-de-la-mer nicht speziell für die Roma-Wallfahrt bekannt.
203 Miguel Haler: *La route des gitans*, S. 26.
204 Eine ähnliche interkulturelle, religiöse Verbindung wird in Sandra Jayats *La longue route d'une Zingarina* (1996 [1978]) verdeutlicht. Die erschöpfte Stellina kommt in einem Roma-Lager unter und verbringt die Nacht in einem Wohnwagen, dessen Inneres sie detailliert beschreibt: „Deux petites statues en bronze trônent dans une vitrine; l'une est sainte Sarah, l'autre sainte Rita. Je drape ces deux saintes de promesses fabuleuses: le sommet d'une montagne en pierreries contre ma guérison et mon bonheur." (Sandra Jayat: *La longue route d'une Zingarina*, S. 69) Die beiden Heiligenfiguren stehen einheitlich nebeneinander und indizieren die Zugehörigkeiten der Familie zu zwei Kulturkreisen. Während die schwarze Sara als Patronin der Roma und durch ihre Wallfahrt nach Les Saintes-Maries-de-la-mer vor allem in Frankreich bekannt ist, wird die heilige Rita (Rita von Cascia), die eine italienische Nonne war, im Besonderen in Italien verehrt. Die Wallfahrt zu ihrer Grabstätte nach Cascia hat dort volkstümlichen Charakter. Vgl. http://www.heiligenlexikon.de/BiographienR/Rita_von_Cascia.html [18.5.2013].
205 Miguel Haler: *La route des gitans*, S. 43–44. Ähnlich auch in Miguel Haler: *Le guitariste nomade*. Paris: Presse de la Renaissance 2005, S. 291.

Die dargestellte (religiöse) Obligation zur Pilgerschaft gilt im Text für die gesamte fahrende Bevölkerung Europas und vereint diese jährlich in Südfrankreich. Für die ursprünglich in Polen lebende Familie von Tochka und Mariv bedeutet der Ritus eine beschwerliche und lang währende Reise quer durch Europa. Die Einhelligkeit, mit der die Entscheidung getroffen wird und die Mühen in Kauf genommen werden, erhöhen die Bedeutung des Pilgerorts erheblich. Beharrlichkeit und Durchhaltevermögen haben ein positives Ergebnis, denn Mariv lernt während der abendlichen Zusammenkünfte den *gitan* Diego kennen und heiratet ihn. Les Saintes-Maries-de-la-mer hat damit auch eine persönliche Bedeutung für die beiden, die sie aufgreifen, indem sie ihre Tochter nach der dortigen Patronin, Sara, benennen.[206] Vereinenden Effekt hat der „melting-pot improvisé"[207] auch auf globaler Ebene durch das Zusammentreffen verschiedener Roma-Gruppen, die aus ganz Europa nach Frankreich strömen: „Toutes les ethnies du monde des Bohémiens allaient particier à une cérémonie grandiose, festive et spirituelle. Toutes allaient se retrouver pour la procession. Toutes prieront ensemble avant de repartir chacune de leur côté, vers une contrée du bout de la terre."[208] Die Parallelismen heben die wiederkehrende rituelle Struktur der Wallfahrt hervor, wobei deren umfassende Gültigkeit für alle Roma wird mit der dreimaligen Wiederholung von „toutes" besonders betont wird. Das Gemeinschaftserlebnis erscheint durch diese Form dauerhaft und der unifizierende Faktor hat für die einzelnen Pilger, auch in der Zerstreuung, Bestand. Das südfranzösische Städtchen wird auf diese Weise zu einem hoch symbolischen Ort stilisiert.

Zusammenfassend kann festgehalten werden, dass die fahrende Lebensweise für alle Autoren identitätskonstitutiv ist. Das Aufgeben der Wanderschaft ist daher gleichbedeutend mit Identitätsverlust oder zumindest der Gefahr desselben, weswegen Versuche sichtbar sind, die Dynamik metaphorisch umzudeuten. Neben dieser flexiblen Transposition stehen jedoch vor allem konservative Bestrebungen in Verbindung mit der Wanderschaft, da durch sie der Kontakt zur Außengesellschaft minimiert werden kann. Unter Rückbezug auf die Überlegungen von Gilles Deleuze und Félix Guattari zum nomadischen Dasein zeigt sich, dass dies nicht unbedingt für einen Widerspruch steht. Die beiden Philosophen unterscheiden die Bewegung des Nomaden betreffend zwischen *mouvement* und *vitesse* wie folgt:

---

[206] Vgl. Ebd., S. 65.
[207] Ebd., S. 52.
[208] Ebd., S. 52. Sehr ähnlich Miguel Haler: *Le guitariste nomade*, S. 35 und Miguel Haler: *La route des gitans*, S. 17.

> Le mouvement est extensif, et la vitesse intensive. Le mouvement désigne le caractère relatif d'un corps considéré comme ‚un', et qui va d'un point à un autre; *la vitesse au contraire constitue le caractère absolu d'un corps dont les parties irréductibles (atomes) occupent ou remplissent un espace lisse à la façon d'un tourbillon,* avec possibilité de surgir en un point quelconque. (Il n'est donc pas étonnant qu'on ait pu invoquer des voyages spirituels qui se faisaient sans mouvement relatif, mais en intensités sur place: il font partie du nomadisme).[209]

Wie auch schon in den vorangegangenen Textanalysen festgestellt wurde, ist es nicht die tatsächliche körperliche Bewegung – also das *mouvement* –, welche den Roma-Autoren bedeutsam erscheint, sondern vielmehr die Bewahrung einer Lebensweise, die als eigenkulturell fixiert mit Deuleuze und Guattaris Worten durch „intensités sur place", wobei der Ort der Literatur hier diesen Kristallisierungspunkt für die Erfahrung bietet. Die von Jean-Pierre Liégeois und Nicolae Gheroghe festgestellte allgemeine Bedeutung der Wanderschaft als Gemeinsamkeit spiegelt sich damit auch im literarischen Schaffen französischer Roma.[210]

1.5 Erwerbsmöglichkeiten – Artisten, Kesselflicker und Wahrsager

Für traditionelle Roma-Berufe haben Selbstständigkeit und Flexibilität einen hohen Stellenwert.[211] Sehr häufig handelt es sich daher bei den Tätigkeiten um nicht ortsgebundene Dienstleistungen, Handel oder Unterhaltungsberufe. Die Arbeitsfelder spiegeln sich vielfach in den Gruppenbenennungen, die allerdings zum Großteil Fremdbezeichnungen sind. Die Tatsache, dass diese von den Roma selbst übernommen wurden, mag jedoch dafür sprechen, wie wichtig die jeweilige Beschäftigung – ganz entgegen jedem Stereotyp – für ihre Identität ist: So zum Beispiel lauten einige Termini: die Kesselschmiede (*kalderasch*), die Pferdehändler (*lovara*), die Bärenführer (*ursari*) oder die Musiker (*lautari*).[212] Weiterhin traditionell vertretene Berufe sind das Korbflechten, die Wahrsagerei

---

[209] Gilles Deleuze/Félix Guattari: *Mille plateaux*, S. 473, Hervorhebung im Original.
[210] Vgl. Jean-Pierre Liégeois/Nicolae Gheorghe: *Roma/Gypsies*, S. 17.
[211] Vgl. Katrin Reemtsma: *Sinti und Roma*, S. 61 und Michael Teichmann: Traditionelle Berufe. In: *Rombase. Didactically Edited Information on Roma* (2002), S. 1.
[212] Vgl. Lev Tcherenkov/Stéphane Laederich: *The Roma 2*, S. 531 und Michael Teichmann: Berufe, S. 1, für die Bedeutung der jeweiligen Tätigkeit und für die Bezeichnungen Michael Teichmann: Berufe, S. 1. Bei ‚*kalderasch*' und ‚*lovara*' handelt es sich um Ungarismen. ‚*Ursari*' und ‚*lautari*' hingegen sind Begriffe aus dem Rumänischen.

und das Betteln. Insbesondere das Korbflechten war über einen langen Zeitraum eine weitverbreitete Möglichkeit, ganze Gemeinschaften zu ernähren und in jeder Roma-Gruppe vertreten.[213] Der Beruf verlor jedoch mit der Verbreitung von Kunststoffen zunehmend an Bedeutung, sodass er heute fast keine Rolle mehr spielt. Ähnliches gilt für das Kupferschmieden beziehungsweise das Kesselflicken und den Pferdehandel, die über Jahrhunderte hinweg stabile Einkommensquellen der Roma waren, heute aber kaum noch praktiziert werden.[214] Ersetzt wurden diese traditionellen Tätigkeiten zum Beispiel durch den Handel mit gebrauchten Gegenständen auf Märkten oder den Verkauf von Antiquitäten und Teppichen.[215] Zudem arbeiten viele Roma als Wahrsager, Schausteller und Artisten auf Volksfesten oder im Zirkus.[216] Historisch gesehen sorgten bei den Schaustellern die Bärenführer mit ihren dressierten Tanzbären für das größte Aufsehen, wobei diese Beschäftigung heutzutage keine Bedeutung mehr hat.[217] Nach wie vor Einkommensmöglichkeiten sind hingegen das Hausieren beziehungsweise das Betteln. Es gilt unter einigen Roma als ein legitimer, harter Beruf, der vor allem von Frauen ausgeübt und innerhalb der Gemeinschaft nicht mit niedrigem sozialem Ansehen gleichgesetzt wird.[218] Die prekäre wirtschaftliche Situation vieler Roma aus Osteuropa hat dazu geführt, dass Betteln häufig die einzige verbliebene (unfreiwillige) Überlebensmöglichkeit ist.[219] Aus Sicht der Umgebungsgesellschaften deutlich positiver konnotiert ist hingegen das

---

213 Vgl. Mozes F. Heinschink/Michael Teichmann: Korbflechter. In: *Rombase. Didactically Edited Information on Roma* (2001), S. 1. Die türkischen *sepecides* wurden nach dieser Tätigkeit benannt und bestritten bis in die Mitte des 19. Jahrhunderts fast ihren kompletten Unterhalt damit. Vgl. Ebd.
214 Zum Kupferschmieden als traditionellem Beruf vgl. Mozes F. Heinschink/Michael Teichmann: Kupferschmiede. In: *Rombase. Didactically Edited Information on Roma* (2003) und Lev Tcherenkov/Stéphane Laederich: *The Roma 2*, S. 534–535. Zum Pferdehandel als historische Möglichkeit des Broterwerbs vgl. Michael Teichmann: Pferdehandel. In: *Rombase. Didactically Edited Information on Roma* (2001) und Lev Tcherenkov/Stéphane Laederich: *The Roma 2*, S. 536.
215 Vgl. Michael Teichmann: Handel. In: *Rombase. Didactically Edited Information on Roma* (2002); Lev Tcherenkov/Stéphane Laederich: *The Roma 2*, S. 373.
216 Vgl. Michael Teichmann: Vergnügungsberufe. In: *Rombase. Didactically Edited Information on Roma* (2002) und Lev Tcherenkov/Stéphane Laederich: *The Roma 2*, S. 373.
217 Vgl. Michael Teichmann: Vergnügungsberufe und Lev Tcherenkov/Stéphane Laederich: *The Roma 2*, S. 540.
218 Vgl. Elisabeth Tauber: *Respekt*, S. 107 und Michael Teichmann: Berufe. Zum *manghel*, dem Hausieren und Wahrsagen als Einkommensquelle der Sinti in Südtirol vgl. Elisabeth Tauber: *Respekt*, S. 105–132. Der äquivalente französische Ausdruck ist *la chine*. Vgl. dazu Patrick Williams: *L'écriture entre l'oral et l'écrit*, S. 8.
219 Vgl. Michael Teichmann: Berufe, S. 2.

musikalische Können einiger Roma. Zu Weltruhm brachte es eine ganze Anzahl Roma-Musiker wie der französische Swing-Gitarrist Django Reinhardt (1910–1953) oder der Violinist Schnuckenack Reinhardt (1921–2006) und auch in der Populärkultur sind Roma durch musikalische Fähigkeiten berühmt geworden. Erwähnt seien die deutsche Sintizza und Schlagersängerin Marianne Rosenberg und die Bukovina-Band *Fanfare Ciocarlia*, die mit großem Erfolg in Diskotheken auftritt.

Aus den angeführten Beispielen lässt sich folgern, wie bedeutend die selbstständigen Tätigkeiten sind, die zumeist relativ ortsunabhängig sind und damit das Überleben auch nach Vertreibung oder wirtschaftlicher Migration gewährleisten. Da traditionell – ob die Gruppe nun nomadisch oder sesshaft lebt – alle Mitglieder die gleiche Beschäftigung ausüben, besteht zusätzlich eine große Identifikation über die jeweilige Berufssparte.[220] Diese können sowohl der Abgrenzung zu anderen Roma als auch zur Umgebungsgesellschaft dienen und symbolisieren zugleich eine kulturelle Zerstreuung der Roma, wobei in den Texten der französischen Autoren weniger als vielleicht erwartet räumliche Ungebundenheit mit den Berufen assoziiert wird.[221] Dies ist auf die herausragende Stellung zurückzuführen, die künstlerische Tätigkeiten dort haben, denn sie sind vor allem sinnbildlich für die Aufnahme lokaler Stile und ihrer Reinterpretation, womit sie für die alltägliche Identifikation mit der Umgebung stehen, wie sie Waltraud Kokot als bedeutend für diasporische Gemeinschaften beobachtet.[222] Signifikant für die Zerstreuung beziehungsweise die Etablierung eines transnationalen Netzwerkes sind die künstlerischen Berufe dennoch, denn die Aufnahme externer (musikalischer) Inspiration steht sowohl für die unterschiedlichen Kontexte, durch die die einzelnen Roma-Gruppen beeinflusst werden, als auch für die Betonung einer allen Roma gemeinsamen künstlerischen Ader, welche ein Indiz für die Konstruktion einer transnationalen Roma-Gemeinschaft ist.

---

[220] Vgl. Ebd., S. 1.
[221] Thematisiert werden die Berufe in allen Werken, allerdings spielen sie in einigen eine untergeordnete Rolle. So in Vania de Gila-Kochanowskis *Romano Atmo* (1992), da im Zentrum nicht das tagtägliche Überleben der Roma steht, sondern vielmehr fundamentale Fragen der Lebensweise von Roma und Nicht-Roma. Dennoch wird auch hier das Wahrsagen als Verdienstmöglichkeit erwähnt. Vgl. Vania de Gila-Kochanowski: *Romano Atmo*, S. 17. Auch in Roberto Loriers Roman *Pâni et le peuple sans frontières* (2010) haben die Berufe eine wenig bedeutende Funktion, da es im Besonderen um die kriegerischen Auseinandersetzungen geht. Aber auch hier werden die künstlerischen Fähigkeiten hervorgehoben. Vgl. Roberto Lorier: *Pâni*, S. 31 und S. 35.
[222] Vgl. Waltraud Kokot: Diaspora und transnationale Verflechtungen, S. 105.

Künstlerische Werke: Ökonomische Basis und Integrationsversuche

Da das künstlerische Talent der Roma das positivste Fremdbild ist, wird es – ebenso wie der Nomadismus – in der Selbstdarstellung für essentialistische Aussagen verwandt. So zum Beispiel bei Matéo Maximoff, der die Verbindung zwischen der künstlerischen Tätigkeit und dem wirtschaftlichen Auskommen herstellt: „Tous les tziganes sont musiciens, chanteurs ou danseurs. C'était là une de leurs principales ressources avant la guerre de 1914."[223] In seinem Werk ist der Kontakt, der über die Musik mit Außenstehenden erfolgt, durchweg positiv und ein Zeichen der Integration in die jeweilige Umgebung. Das Virtuosentum, mit dem Rouva in *Ce monde qui n'est pas le mien* (1992) im östlichen Russland die Balalaika spielt, bietet ihm die finanzielle Unabhängigkeit, um Terkina zu heiraten.[224] In *Le prix de la liberté* (1955) wie auch in *Vinguerka* (1987) ist es die Kunst der Roma-Kapellen und das Beherrschen der landesüblichen Musik- und Tanzstile (die *Hora* in Rumänien und die *Vinguerka* in Russland), die den Familien das Wohlwollen der Fürsten und wirtschaftliches Auskommen verschafft. Auch die Protagonistin Sara in *La route des gitans* (2008) von Miguel Haler und ihr Großvater bestechen durch ihren ausdrucksstarken Tanz beziehungsweise ihr virtuoses Geigenspiel.[225] Es ist daher auch die Musik, welche im Deutschen Franz die Faszination weckt, ihn in (musikalischen) Dialog mit den Roma bringt und mit seiner positiven Rolle während der nationalsozialistischen Verfolgung zum „bienfaiteurs de la nation gitane" und damit zum Vermittler zwischen den Welten macht.[226]

Durch ihr musikalisches Können beeindrucken auch die Figuren von Joseph Doerr, welche über die Musik positive Kontakte mit den Nicht-Roma etablieren.[227] Die Musik wird zum Ort interkultureller Begegnung und bleibt nicht einseitig, indem die Roma ausschließlich in der Position der Produzenten verharren und die Nicht-Roma lediglich Rezipienten sind. Während ihres Aufenthalts in Italien nutzt die Familie das musikalische Angebot des Landes: „[L]es passionnés de la musique se regardent dans les yeux. L'heure approche d'aller en

---

223 Matéo Maximoff: *Savina*, S. 22.
224 Vgl. Matéo Maximoff: *Ce monde qui n'est pas le mien*, S. 145–146.
225 Vgl. Miguel Haler: *La route des gitans*, S. 13; Miguel Haler: *Le guitariste nomade*, S. 105. Auch für den Ich-Erzähler in *Le guitariste nomade* (2005) ist es das musikalische Talent, das ihn als *gitan* auszeichnet. Vgl. Miguel Haler: *Le guitariste nomade*, S. 48 und S. 69.
226 Miguel Haler: *La route des gitans*, S. 114. Für die erste Begegnung der beiden Figuren vgl. Ebd., S. 14.
227 Die Aufzählung von Stücken des Repertoirs der Roma unterstreicht den Integrationsgedanken. Vgl. dazu Joseph Doerr: *Où vas-tu manouche?*, S. 15, S. 16 und S. 57.

ville voir jouer ‚La Traviata' de Verdi à l'Opéra."²²⁸ Mit dem Besuch einer der meist gespielten Opern des italienischen Nationalkomponisten Giuseppe Verdi manifestiert sich die Teilnahme der Roma am mehrheitsgesellschaftlichen (National-)Leben. Für Coucou ist seine Violine das Instrument des Kontakts und der Integration in die italienische Gesellschaft. Mittels der Geige erhält er Zugang zu Bildung, denn die Kinder in Italien bringen ihm Lesen und Schreiben bei und integrieren ihn in ihre Gemeinschaft.²²⁹

Musik und anderer künstlerischer Ausdruck wie der Gesang und der Tanz fungieren damit in den verschiedenen Romanen vorrangig als Medien des Kontakts mit den Mehrheitsgesellschaften; deutlich seltener hingegen sind die Hörer die Familien selbst. In Matéo Maximoffs *Savina* (1957) wird jedoch mehrfach auf die Musik im Alltag der Roma-Gruppe verwiesen und damit eine interne Sicht in den Mittelpunkt gestellt. Dies ist insofern interessant, weil in den entsprechenden Textpassagen an die Gesangstradition der Roma angeknüpft wird, Gemeinsamkeiten herauszustellen und Verbindungen zu etablieren, aber auch interne Kritik, Befindlichkeiten und Schwierigkeiten abstrahiert zu äußern.²³⁰ Im ersten Kapitel des Werks ist der Gesang während eines Festes eine der wenigen Berührungspunkte der Freunde und späteren Opponenten Klebari und Vasilia:

> Pour une fois, les deux amis étaient d'accord, mais ce n'était pas au sujet d'une de leurs discussions coutumières. C'était au sujet d'une vieille romance tzigane qu'ils fredonnaient ensemble, une de ces chansons dont on n'a jamais connu l'auteur quant à la mélodie et dont les paroles ne sont jamais les mêmes. Ceux qui la chantaient pouvaient dire tout ce qui leur passait par la tête.
>
> Ce chant nostalgique n'avait pas de rythme précis, pas de cadence. Etait-ce un vrai chant, ou simplement un monologue chanté? Chacun à son tour, Klebari et Vasilia, racontait ses misères, ses déboires, son bonheur ou ses espérances. Parfois s'y mêlaient des mots insultants ou obscènes.²³¹

Während die detaillierte Beschreibung die traditionelle Verankerung der Gesangsweise und damit ein konservatives Element betont, liegt zusätzlich ein Schwerpunkt auf der Flexibilität und der situative Einbindung der Interpretati-

---

228 Joseph Doerr: *Où vas-tu manouche?*, S. 32.
229 Vgl. Joseph Doerr: *Où vas-tu manouche?*, S. 44.
230 Vgl. Christiane Fennesz-Juhasz: Loki gjili, loki d'ili – langsames, lyrisches Lied. In: *Rombase. Didactically Edited Information on Roma* (2004), S. 1.
231 Matéo Maximoff: *Savina*, S. 15.

on.[232] Da der Inhalt individuell ausgestaltet wird, entsteht der Eindruck von Übertragbarkeit und Allgemeingültigkeit der musikalischen Tradition, die sich in jede Situation und jeden räumlich-musikalischen Kontexte eingliedern lässt. Diese Kombination ermöglicht den beiden Männern einen gemeinsamen und zugleich individuellen Austausch. Die Kenntnis der jeweiligen Probleme und Hoffnungen ist entscheidend, da sich auf dieser der anschließende Schwur gründet, ihre beiden ungeborenen Kinder miteinander zu verheiraten. Dieses Versprechen beziehungsweise das Nichteinlösen desselben bestimmt die gesamte weitere Handlung. Die musikethnographisch wirkende Darstellung der Gesangstradition wird an einer weiteren Stelle im Roman aufgegriffen, in der noch wesentlich deutlicher wird, welch unterschwellig aufbegehrendes Potential im gesungenen Text liegen kann. Nach einer Konfrontation zwischen Klebaris Sohn Ika und Vasilia, aus der Ika als Sieger hervorgeht, fordert Klebari seine Tochter Kali zum Singen auf:

> – Kali, où es-tu? Kurva![233] Viens me chanter une chanson de bataille en l'honneur de mon Ika.
>
> Kali apparut et, malgré les brutalités de son père, se mit à chanter.
>
> *Un vol de corbeaux dans la morne grisaille,*
>
> *Un vol de vautours sur le champ de bataille;*
>
> *L'air est empesté d'une odeur de carnage,*
>
> *Le ciel retentit d'une clameur sauvage,*
>
> [...]
>
> *Et comme un encens, les âmes dégagées*
>
> *S'élèvent des corps et planent, soulagées.*
>
> *La lune se cache et tire son rideau,*
>
> *Tout devient obscur comme un vaste tombeau.*[234]

---

232 Es wird daher wahrscheinlich auf eine traditionelle *loke gjila* (langsames Lied), wie sie unter den Vlax-Roma verbreitet ist, angespielt.Vgl. Christiane Fennez-Juhasz: Loki gjili, S. 2.
233 Romanès: Hure.
234 Matéo Maximoff: *Savina*, S. 70–71, Hervorhebung im Original.

Im Gegensatz zum vorherigen Beispiel ist der Gesang hier nicht als Begegnungspunkt konzipiert. Klebari ist alleine mit seiner Tochter, die unter seinen Gewaltausbrüchen leidet. So ist auch der Text nicht, wie von ihm gefordert, eine Lobeshymne auf den Helden, sondern ein Todesgesang voller Schmerz und Leid, der das tragische Ende Klebaris – er begeht Selbstmord – voraussahnen lässt und Kalis unglückliche Gemütsverfassung expressiv zum Ausdruck bringt, wie es typisch für die unter den Kalderash verbreiteten Balladen ist.[235] Der musikethnographische beziehungsweise dokumentarische Aspekt der Gesangseinlage wird des Weiteren dadurch betont, dass in einer Fußnote die Übersetzerin des Textes aus dem Romanès ins Französische angegeben wird. Die Tatsache, dass der Text auf Französisch wiedergegeben wird, spricht in diesem Fall für die extradiegetische Rezipientenorientierung auf die Mehrheitsgesellschaft und damit für eine gewisse Distanzierung von den Roma. Intradiegetisch wird allerdings eine Situation abgebildet, in der allein Roma als Interpreten und Rezipienten beteiligt sind, zudem wird durch den Hinweis auf die Übersetzung explizit der eigenkulturelle beziehungsweise eigensprachliche Anteil betont und damit das künstlerische Potential der Roma hervorgehoben.

Während im vorangegangenen Beispiel also eine Gratwanderung zwischen der innengewandten Bedeutung und der Vermittlung an die Außengesellschaft und damit Nähe und Distanz zur Roma-Gemeinschaft nachgebildet werden, spielt in allen anderen Werken die Außenwirkung und damit auch der Broterwerb eine größere Rolle. Allerdings ist sie ebensowenig wie im vorherigen Beispiel immer positiv und steht damit der allzu romantisierenden Sicht der Außengesellschaft entgegen. Dies gilt zumindest für den Protagonisten von Sandra Jayats *El Romanès* (1986), Romanino. Er ist ein begnadeter Gitarrist, der seinen Lebensunterhalt durch Musik verdient. Allerdings hat sein Können den negativen Effekt, dass die deutschen Besatzer in Nizza auf ihn aufmerksam werden und ihn gemeinsam mit seinem Cousin Loussimo zwingen, für sie zu spielen. Wider Willen treten sie auf:

> Au Regina, sous des dizaines d'yeux, un Allemand chercha à lier amitié avec Romanino qui ne voulut pas comprendre. ‚C'est un mauvais rêve' se dit-il. Il se réfugia dans sa musique et pour se défouler, il joua un Flamenco.
>
> Sa guitare bourdonna et l'emplit d'orgueil. Loussimo l'accompagna en frappant des mains et en chantant:
>
> *Je suis un gitano*

---

235 Vgl. Christiane Fennez-Juhasz: Loki gjili, S. 2.

J'ai vécu

Dans l'ombre et la lumière [...]

Terrorisé par les cris

Et les craintes

Comme un torero

Je me tire toujours d'affaire

Je suis un gitano.

Les lumières craquèrent sous les applaudissements et le sang de Romanino bouillonna. Par contradiction, il joua un morceau de Jazz. Ses idées se transformaient et volaient de-ci, de-là. A certains moments, sa musique était un secours ou une protection bien provisoire. [...] Pour terminer, il joua la rapsodie hongroise de Liszt, sur un rythme de jazz. Karl Fuller fut visiblement troublé.[236]

Musik ist in diesem Roman noch deutlicher als bei Matéo Maximoffs *Savina* (1957) Integrationsmittel und rebellisches Element zugleich. Die Faszination, die der Deutsche Karl Fuller für Romaninos Kunst empfindet, nähert die beiden Figuren einander an und ermöglicht, eine erste Verhaftung von Romaninos Frau Huda abzuwenden und sie aus den Händen der Gestapo zu befreien. Als die beiden Männer nach dem Ende des Krieges in einem Pariser Jazz-Club erneut aufeinandertreffen, entwickelt sich über die gemeinsame Begeisterung für Musik eine wahre Freundschaft und die durch den Krieg ins Extreme verstärkte Trennung der Ethnien wird aufgehoben. In der zitierten Passage steht hingegen die subversive Funktion der Musik im Zentrum. Seine künstlerische Flexibilität befähigt Romanino, seine Gefühle gegenüber den Deutschen abstrakt zum Ausdruck zu bringen.

Die Verschmelzung verschiedener Musiktraditionen spiegelt sich auf der makrostrukturellen Ebene durch die Integration des gesungenen (Gedicht-) Textes in die deskriptiven Passagen, wodurch eine Genremischung entsteht.[237] Der nachgebildete typische Musikstil der Roma zeigt hier sowohl die Aufnahme als auch die Unterwanderung gängiger Strukturen. Der Flamenco als expressives Ausdrucksmittel für Schmerz und Unterdrückung ist *per se* ein musikalisches und kulturelles Amalgam, welches der rassenreinen Logik der National-

---

236 Sandra Jayat: *El Romanès*, S. 29–30, Hervorhebung im Original.
237 Vgl. Kapitel 4.3 *Die oralture der Roma: Untersuchungselemente* S. 87–90.

sozialisten entgegensteht. Dies gilt ebenso für den Jazz, der zumindest offiziell in der damaligen Zeit als ‚Negermusik' verpönt war.[238] Auf die Spitze treibt Romanino seine Unterwanderung jedoch mit der Improvisation über Franz Liszts ungarischer Rhapsodie. Indem er einen bekannten Komponisten der Mehrheitsgesellschaft wählt, der seine Inspiration aus der ungarischen Roma-Musik bezog, und das Stück mit einem Jazz-Rhythmus auf der Gitarre spielt, verbindet er die Musik in zweifacher Hinsicht mit subversiven Stilen, die sich deutlich gegen die deutsche Vorherrschaft richten. Er verfährt mit einer Neuordnung von semantischer Bedeutung bekannter Muster im Sinne der *bricolage* nach Claude Lévi-Strauss und erschafft dadurch eine neue Struktur, die Möglichkeit zur Identifikation – vor allem für Roma – bietet.[239] Zudem symbolisiert die musikalische Zusammenstellung die Aufnahme verschiedener eigentlich räumlich basierter Stile, die für die produktive Umsetzung der Zerstreuung stehen.

Der destabilisierende Effekt der ungewöhnlichen Spielweise auf Karl Fuller ist offensichtlich. Für Romanino hingegen eröffnet das Spiel eine Sphäre geistiger Freiheit und Unabhängigkeit und dient dem Schutz seiner Individualität gegen alle Repression. Die Möglichkeit der inneren Flucht ist jedoch nicht von Dauer und seine Virtuosität wird Romanino fast zum Verhängnis, da die Begeisterung der Deutschen für seine Musik zu seiner Beorderung nach Berlin führt. Aus Verzweiflung und Angst verlässt er daher Nizza und trennt sich von Loussimo und Huda, die er nie wiedersehen wird. Die Befürchtung, trotz seiner Flucht gefunden und zum weiteren Spiel gezwungen zu werden, lässt ihn drastische Maßnahmen ergreifen: Er bricht sich absichtlich das Handgelenk, um nicht spielen zu können. Erst nach dem Ende des Krieges und der Besatzung gewinnt er seine Fähigkeiten wieder und die Musik wird erneut zum Mittel seiner inneren Befreiung.[240] Dieses Motiv legt die Parallelisierung der Figur mit einem realen und berühmten musikalischen Vertreter der Roma nahe. Der *manouche*-Gitarrist und Begründer des *Gypsy-Swing* Django Reinhardt wurde durch einen Brand in seinem Wohnwagen verletzt. Er trug schwere Verbrennungen an

---

238 Vgl. Michael H. Kater: *Gewagtes Spiel. Jazz im Nationalsozialismus*. Köln: Kieptenheuer&Witsch 1995, S. 47.
239 Vgl. Claude Lévi-Strauss: La pensée sauvage, S. 26. Vgl. Hier auch Kapitel 4.3 *Die oraliture der Roma: Untersuchungselemente* S. 87–90.
240 Diese Vision der Unabhängigkeit der Kunst und der Freiheit der Künstler als der Bedingung dieser Kunst zeigt sich auch in Sandra Jayats Erzählung *Kourako* (1972). Der kleine Roma-Junge Yerko unternimmt eine Suche nach künstlerischer Vollendung, die zugleich Freiheit bedeutet. Er forscht nach der mythischen Figur Kourako, der mit seinem virtuosen Gitarrenspiel auf vergoldeten Saiten fasziniert. Die märchenhafte Suche zeichnet das Bild von musikalischer Kunst, die unabhängig von Zeit, Raum und anderen Menschen ist.

seiner linken Hand davon und verlor zeitweise die Fähigkeit zum Spiel. Hartnäckiges Üben ließ ihn seine Fingerfertigkeit nicht nur wiedererlangen, sondern führte auch zur Kreation eines gänzlich neuen Stils, der heute in der ganzen Welt berühmt ist. Diese Parallele wird in *El Romanès* (1986) zwar nicht explizit ausgeführt, in anderen Werken – sowohl Sandra Jayats und anderer Autoren – erscheint die namentliche Referenz an den Gitarristen der 1930–40er allerdings häufig. Die (Helden-)Figur Django Reinhardt dient dabei zumeist als Bezugspunkt, wenn das musikalische Können der Figuren beleuchtet wird und illustriert die Orientierung am sowohl französischen als auch romani Musikkontext. Dies gilt beispielsweise für Matéo Maximoffs *Dites-le avec des pleurs* (1990), wo ein Großvater den Kindern die kulturellen Errungenschaften ihres Volkes nahe bringt, allgemeingültig die bedeutende Stellung der Musiker hervorhebt und dabei auch auf Django Reinhardt rekurriert:

> Je vous rappelle qu'en Amérique, le meilleur accordéoniste était Miska Tziganoff, un cousin de mon pàre [sic], et qu'en France, le meilleur guitariste était Django Reinhardt, un cousin de ma mère. Rassurez-vous mes enfants, moi, je ne joue d'aucun instrument de musique; je ne sais que manier ma plume pour écrire.[241]

Als realer und berühmter Musiker ist der Gitarrist auch für die Leser der Mehrheitsgesellschaft ein Begriff. Er ist ein Fixpunkt, der die zuvor erwähnte positive Verbindung über die Musik zwischen Roma und Nicht-Roma etabliert und konkretisiert. Zugleich ist er durch das dargestellte Verwandtschaftsverhältnis als integrierter und integraler Bestandteil der Roma-Welt dargestellt.[242] Für den Großvater persönlich hat der Gitarrist insofern Vorbildcharakter, als er das Können des Musikers auf seine eigenen schriftstellerischen Ambitionen überträgt und diese als gleichbedeutend in das künstlerische Repertoire der Roma integriert.

Den Zweck, die Gruppenzugehörigkeit des Musikers und seiner Musik zu bestätigen, erfüllt die Verwandtschaftsbeziehung mit Django Reinhardt gleichfalls in *Sur les routes* (1998) von Lick Dubois. Für die *manouches*-Musiker ist Django Reinhardt eine lebende Legende und der von ihm geprägte Jazz hat Vorbildfunktion:

> Écoute voir, il y a un garçon en ce moment qui fait parler de lui partout déjà dans toute la France. Si tu l'entends jouer de la guitare, *krat pèrè mulo* (juste tu tombes mort). Comment

---

241 Matéo Maximoff: *Dites-le avec des pleurs*, S. 247. Auf Django Reinhardt wird ebenfalls verwiesen in Matéo Maximoff: *Dites-le avec des pleurs*, S. 41 und S. 178.
242 Vgl. hierzu auch die häufige Betonung der Verwandtschaftsbeziehung der Protagonistin und Django Reinhardts in Sandra Jayat: *Zingarina ou l'herbe sauvage*.

> j'vas t'dir' qu'il joue...C'est unique au monde. Tu d'vins *dinlo* (fou). Il joue de cette nouvelle musique qui vient de l'Amérique. Comment qu'i s'appelle déjà, Tintin? Comment elle s'appelle cette musique?
>
> – Le jazz, précise son fils.
>
> – Ah voilà le jazz, qu'i disent. Écoute voir, c'est une affaire de l'autre monde. Tiens, demande à la Kali, c'est sa cousine germine. [...] Les gadjé qui veulent s'occuper de lui, ils deviennent fous. Quand il doit aller jouer à quelques part, il est jamais à l'heure, et tu sais qu'il joue avec deux doigts depuis que son *compine* a brûlé. [...] Après il a dû y avoir un *miraque* (miracle) de Dieu, c'est pas possible autrement. Il joue encore mieux qu'avant, *Baro Devel*.
>
> Ce n'est certes pas le grand Django, mais cela sent le même feu de bois, un style dont seuls les Manouches connaissent le secret. Sous leurs doigts crépitent la joie, la peine, la passion, la liberté et le voyage.[243]

Die Einzigartigkeit des Musikstils, der emotional an das Dasein der *manouches* gekoppelt ist, wird als Neuentwicklung dargestellt, die nur der Gruppe selbst zugänglich ist. Diese Reklamation der Musik als eigenes Element wird auf mehreren Ebenen wiederholt beziehungsweise bestätigt. So betonen die emotiven Ausdrücke auf Romanès einerseits die Wirkung der Musik – vor allem auf eine Roma-Zuhörerschaft – und machen andererseits die Zugehörigkeit des neuen Stils zur Welt der *manouches* im Text sichtbar. Gleichsam wird mit der interaktiven Rückfrage und der Betonung der Verwandtschaft eine Authentifizierungsstrategie angewandt, wie sie bei mündlichen Erzählungen genutzt wird und auf diese Weise die Glaubwürdigkeit des Gesagten erhöht.[244] Die Aufmerksamkeit der intradiegetischen Zuhörerschaft wird durch weitere Verfahrensweisen erregt und gesteigert. So wird schon durch die auf einer Synästhesie basierende Einführung „Écoute voir" verdeutlicht, dass mehrere Sinne nötig sind, um die Einzigartigkeit der Musik und ihres Komponisten begreifbar zu machen und die affektive Beteiligung des Publikums notwendig ist. Die nähesprachlichen Markierungen, die das Sprechen des Vaters charakterisieren, stehen hier zum einen für die französische Prägung der Sinti/*manouches* und der Verwandtschaft beider Gruppen. Zum anderen werden sie jedoch auch genutzt, um den Unterschied zwischen beiden Gemeinschaften zu verdeutlichen, denn keiner der Sinti – im Gegensatz zu den *manouches* – legt ein ähnlich verschliffenes Sprachver-

---

243 Lick Dubois: *Sur les routes*, S. 199, Hervorhebung im Original. Noch einmal erwähnt wird der berühmte Gitarrist in Lick Dubois: *Sur les routes*, S. 249.
244 Vgl. Kapitel 4.3 *Die oraliture der Roma: Untersuchungselemente* S. 90–94.

halten an den Tag.²⁴⁵ Die Neuartigkeit der Musik hingegen wird vor allem durch die Interaktion mit dem Sohn in der Rückfrage zur Bezeichnung des Stils vermittelt. Obgleich die Virtuosität Django Reinhardts von den *manouches* der Erzählung nicht erreicht werden kann, verschafft die Nachahmung des berühmten Gitarristen den Musikern Ansehen. Die Diffusion des typischen Django-Reinhardt-Stils und seine Etablierung in der Gemeinschaft der Roma werden damit in diesem Textauszug sehr anschaulich vermittelt und auf diese Weise auch die Stellung des Gitarristen als Ikone der *manouche*-Musik gezeigt. Mit der starken Orientierung an oralen Strukturen wird zudem rhetorisch Nähe zur Tradition der Roma hergestellt und damit die inhaltliche Reklamation Django Reinhardts als berühmtem Rom verstärkt.

Auch für Stellina in *Zingarina ou l'herbe sauvage* (2010) hat Django Reinhardt die Position eines Vorbilds. In seiner konkreten Figur vereinen sich Sehnsucht und Freiheitssuche der jungen Frau, denn der berühmte Musiker, der auch in ihrem Text als Verwandter bezeichnet wird, ist für sie der ausschlaggebende Anziehungspunkt nach Paris.²⁴⁶ Sie verleiht der Hoffnung auf eine Begegnung mit ihm sehr große Bedeutung für ihre eigene Persönlichkeitsentwicklung.²⁴⁷ Neben dieser individuellen Bedeutung für Stellina wird dem Musiker eine wichtige Position in der Gemeinschaft der Roma gegeben. Stellina erinnert sich an einen Ausspruch ihres Großvaters: „La musique de Django nous donne l'espoir de vivre dans notre liberté et nous accorde droit de cité."²⁴⁸ Stellvertretend für alle Roma erspielt Django Reinhardt der Minderheit eine Position in der französischen Gesellschaft und reklamiert das Recht auf Teilhabe, ohne die eigene Freiheit zu beschränken. Stellina setzt diese idealistische Lebensvision für sich um. Die Kunst, vor allem die Malerei, wird zum entscheidenden Instrument ihrer Inklusion in die Pariser Gesellschaft, aber auch ihrer Persönlichkeitsentwicklung. Ihre Gedichte bringen sie in Kontakt mit berühmten französischen Künstlern wie Jean Cocteau und Marcel Aymé, die ihr Talent anerkennen und fördern.²⁴⁹ Für die junge Frau ist die Position Django Reinhardts in der Mehrheitsgesellschaft daher auch gleichbedeutend mit einer Anerkennung der Roma im Allgemeinen: „[J]e veux seulement retrouver Django. Là-bas, tout le monde l'aime et si à Paris on aime Django, c'est qu'à Paris, on aime les Tzi-

---

245 Zur Sprache als Mittel der internen Differenzierung vgl. Kapitel *2.6 Gemeinschaftssprache(n) Romanes* S. 318–339.
246 Vgl. Sandra Jayat: *Zingarina ou l'herbe sauvage*, S. 130, S. 154, S. 169 und S. 246.
247 Vgl. Ebd., S. 154.
248 Ebd., S. 171.
249 Vgl. Ebd., S. 167 und S. 178.

ganes."[250] Der Jazz-Musiker wird also zum Kristallisationspunkt für künstlerische, individuelle und kulturelle Entfaltung und zur Figur von Unabhängigkeit und Integration.

Das musikalische Können der Roma im Allgemeinen sowie der Rekurs auf Django Reinhardt entstehen aus einer vereinigenden Ambition heraus und erschafft die Grundlage für eine französische Roma-Gemeinschaft. Allerdings werden ebenso musikalische Charakteristika aus anderen Räumen thematisiert, welche für die diversen (musikalischen) Erfahrungen unterschiedlicher Gruppen beziehungsweise Protagonisten stehen. Transnationale und lokale Aspekte werden hier jedoch nicht als Widerspruch gesehen, sondern verbinden sich zu einzigartigen musikalischen Roma-Darbietungen.

Aller chiner – Hausieren als Einkommensmöglichkeit

Obwohl die künstlerische Tätigkeit für fast alle Protagonisten ökonomisch ausschlaggebend ist, leisten auch andere Erwerbsmöglichkeiten einen wichtigen Beitrag zum täglichen Überleben der Figuren, wobei sie wesentlich offensichtlicher mit der marginalisierten Situation einer nomadisierend lebenden zerstreuten Gruppe in Zusammenhang gebracht werden als die künstlerischen Tätigkeiten. In den Werken Lick Dubois' ist die mit Abstand bedeutendste Erwerbsquelle für die Familien das Hausieren. Es wird an eine lange Tradition mit eigener Terminologie geknüpft, wie der Erzähler in *Il était une fois les bohémiens* (2003) verdeutlicht:

> La rashaï[251] oubliait que les Gens du Voyage sont un peuple de ‚java mangav da lé gadjé' (je vais demander chez les *gadjé*), ce qui veut dire aussi ‚vendre sa marchandise'. En français ils diront: ‚Je vais chiner', un mot que le non-tsigane a adopté, qui n'a rien à voir avec ‚mangav', mot propre à toutes les ethnies. Leur esprit est conditionné depuis des siècles à ce ‚mangav', qui pour la plupart d'entre eux continue à les faire vivre.[252]

Als traditioneller Broterwerb wird „aller chiner" zu einem übergreifenden Merkmal, was durch die Existenz des Wortes „mangav" in allen Gruppen scheinbar objektiv belegt wird. Die relative Distanz zu den Figuren, die durch die Unterbrechung der Handlung diskursiv entsteht, zeigt sich auch inhaltlich mit der Orientierung an einen Nicht-Roma-Rezipienten, denn der erklärende Part dient dazu, die Wissenslücke des Priesters für den Leser offensichtlich zu machen und sie zu schließen.

---

250 Ebd., S. 95.
251 Romanès: Priester.
252 Lick Dubois: *Il était une fois les bohémiens*, S. 123, Hervorhebung im Original.

In den Werken Lick Dubois' sind es ausschließlich die Frauen, die der Tätigkeit nachgehen, Spitzen oder andere Produkte an die Nicht-Roma zu verkaufen und um Nahrungsmittel zu bitten. „Aller chiner" hat dabei den Status einer Arbeit und das Können der unterschiedlichen Frauenfiguren wird bei den Beschreibungen hervorgehoben, zum Beispiel Njan und ihre Tante Trompette, die beide als „bonne chineuse" bezeichnet werden und deren Anstrengungen für das Überleben der Familie entscheidend sind.[253] Die Redegewandtheit und Überredungskünste, welche die Romnìa dabei an den Tag legen, sind nicht nur für das Hausieren, sondern auch für die Wahrsagerei nützlich. Dieses Können rettet die Familien bei Lick Dubois aus prekären Situationen, zum Beispiel als das Auto mitten auf der Straße liegen bleibt oder als ein Landwächter günstig gestimmt werden muss, der die Familie zunächst vertreiben will.[254] Gar als alleinige ökonomische Versorger der Familien agieren die Frauen in *Mes secrets tziganes* (1989) von Sterna Weltz. Mit dem Verkauf ihrer Handarbeit oder als Wahrsagerinnen verdienen sie mit harter Arbeit den Unterhalt für die Familien.[255] Eine fiktionale Binnenerzählung – die erste von zwei – der Großmutter thematisiert eine Situation, in der ein Familienvater wegen seines Alkoholismus nicht zum Unterhalt beiträgt und die Mutter von sechs Kindern allein für das Überleben sorgen muss: „[Ç]a faisait déjà deux semaines qu'ils étaient arrêtés et le bourg n'était pas assez important pour augmenter l'argent de la ‚chine'. Elle irait donc plus loin encore."[256] Das Umherziehen ist Voraussetzung für ein ausreichendes wirtschaftliches Auskommen der Roma und damit mitursächlich für die Zerstreuung der Familien. Dieser Zusammenhang von Broterwerb und territorialer Losgelöstheit wird an anderer Stelle auf die Roma im Allgemeinen übertragen, wenn in historischer Perspektive verschiedene Arbeitsmöglichkeiten beschrieben werden:

---

[253] Lick Dubois: *Enfances tsiganes*, S. 61. Auch in Lick Dubois: *Sur les routes*, S. 65 und Lick Dubois: *Il était une fois les bohémiens*, S. 63 und S. 115. Das gilt auch für die Beschreibung der Roma in Joseph Doerrs *Où vas-tu manouche?* (1982). Vgl. Joseph Doerr: *Où vas-tu manouche?*, S. 105.
[254] Vgl. Lick Dubois: *Enfances tsiganes*, S. 65 und Lick Dubois: *Sur les routes*, S. 46. Weitere ähnliche Textstellen finden sich in: Lick Dubois: *Sur les routes*, S. 65 und S. 181 und Lick Dubois: *Enfances tsiganes*, S. 28. Während die Frauen als Hausiererinnen unterwegs sind, versuchen die Männer vor allem durch Gelegenheitsarbeiten wie das Ausbessern von Korbstühlen oder das Scheren von Hunden zu Geld oder Nahrungsmitteln zu gelangen. Zum Korbflechten vgl. Lick Dubois: *Sur les routes*, S. 216; Lick Dubois: *Il était une fois les bohémiens*, S. 36 und zum Hundescheren vgl. Lick Dubois: *Sur les routes*, S. 62; Lick Dubois: *Il était une fois les bohémiens*, S. 19 und Lick Dubois: *Enfances tsiganes*, S. 166.
[255] Vgl. Sterna Weltz: *Mes secrets tziganes*, S. 14, S. 17 und S. 39.
[256] Ebd., S. 16.

> Autrefois beaucoup d'homme étaient Maîtres d'Armes et s'enrôlaient dans les armées royales pour des périodes fractionnés. Il y a aussi des peintres, des écrivains, des sculpteurs, des poètes, des guérisseurs, des sourciers. Tous ces métiers ou profession n'exigent pas la sédentarité ou bien très peu de temps, afin de ne pas entraver la marche des autres.[257]

Die Ungebundenheit, die all diese Arbeitsbereiche zu Eigen ist, stellt hier das Mittel dar, um gegenseitige Konkurrenz zu minimieren und auf diese Weise allen Wandernden eine ökonomische Basis zu bieten. Bezeichnend ist hier, dass Künstler – und vor allem Dichter – explizit und nach Genre differenziert („écrivains", „poètes" beziehungsweise „peintre" und „sculpteurs") in die Aufzählung von Arbeitsmöglichkeiten aufgenommen werden und auf diese Weise metareflexiv eine Aufwertung der Arbeit der Autorin stattfindet.

Im Werk von Matéo Maximoff wird zwar – im Gegensatz zu Sterna Weltz – der Beitrag der Männer als Musiker, Kesselschmiede oder Pferdehändler zum wirtschaftlichen Auskommen aufgenommen, jedoch tragen auch hier die Frauen einen entscheidenden Anteil zum Haushalt bei, wie es die Außenseiterin Kali (*Savina*) zeigt, deren erfolgreiches Hausieren zeitweise die gesamte Familie am Leben erhält. Das Hellsehen ist hierbei die wichtigste Beschäftigung.[258] Kommentierend und sprachspielerisch stellt dies der extradiegetische Erzähler in *Dites-le avec des pleurs* (1990) dar:

> Il est vrai que les Romnìa sont allées parfois vont encore, deux par deux, pour lire les lignes de la main. Lire? Drôle d'expression! Elles qui ne connaissent pas la moindre lettre de l'alphabet. Parlons de bonne aventure, l'expression est plus exacte, car nos Romnìa ne disent jamais la mauvaise aventure, pour ne pas attrister le client.[259]

Der stereotype Anspruch an das Wahrsagen, die Zukunft vorherzusagen, wird hier gekonnt unterwandert. Die rhetorische Frage, die ironische Wertung und die expressive Gestaltung lösen einen Reflexionsprozess zur Wortbedeutung aus, der auch anschließend im Wortspiel („bonne" vs. „mauvaise aventure") fortgeführt wird. In ihrer Position gestärkt werden, trotz ihrer Unkenntnis, die Romnìa, denn sie sind es, die die Macht gegenüber dem Klienten haben und diese zu ihren Gunsten nutzen. Dies gilt auch für die weiblichen Figuren Stellina (*La longue route d'une Zingarina*, 1978 und *Zingarina ou l'herbe sauvage*) und Huda (*El Romanès*) in Sandra Jayats Werken, deren wichtigste Einnahmequelle

---

[257] Sterna Weltz: *Mes secrets tziganes*, S. 39.
[258] Vgl. zum Beispiel Matéo Maximoff: *Les Ursitory*, S. 64; Matéo Maximoff: *Savina*, S. 191; Matéo Maximoff: *La poupée de Mameliga*, S. 190.
[259] Matéo Maximoff: *Dites-le avec des pleurs*, S. 167.

neben den künstlerischen Tätigkeiten das Wahrsagen ist. Im Fall von Huda scheint ein übernatürliches Element vorhanden, wenn beschrieben wird, wie alle Menschen ihrem Bann erliegen: „Parfois, Huda s'en allait dire la bonne aventure sur un collier de perles de bois. Elle marchait pareille à une ombre. Jeunes et vieux se laissaient conter leur avenir. Dès qu'elle posait les yeux sur eux, ils tombaient sous son charme."[260] Auch Stellina macht sich in *La longue route d'une Zingarina* (1978) den Aberglauben der Mehrheitsgesellschaft zunutze, wenn ihre hellseherischen Dienste verweigert werden: „Parfois quelques refus et ricanements me laissent mal à l'aise. [...] Alors je crache à leurs pieds de manière à leur lancer un sort."[261] Diese Taktik hat jedoch immer wieder zur Folge, dass das junge Mädchen weggejagt wird. Sie gibt die Versuche, ihre Einsamkeit zu überwinden und Kontakt zur menschlichen Außenwelt herzustellen, jedoch nicht auf. Die Reaktionen auf diese Annäherungsversuche werden an zwei Textstellen besonders deutlich. Künstlerischer Ausdruck und Wahrsagerei sind dort miteinander verbunden. In einer beschaulichen kleinen Stadt sieht Stellina auf der Terrasse eines Cafés eine unglücklich wirkende Frau:

> Je m'approche d'elle pour fouiller au fond de ses yeux et je lui dis simplement:
>
> – Tu n'es pas heureuse. Je vais danser pour toi une danse qui apaise la douleur.
>
> Elle me donne cinq cents lires.
>
> Solitaire, avec au ventre un chant de faim et sur ma peau la sensation d'un sommeil inachevé, je commence ma danse.
>
> La danse provoque en moi un sentiment d'existence réelle.
>
> Je suis le spectateur et l'acteur car la belle dame a disparu.[262]

Stellinas Kontaktaufnahme vermittelt den Eindruck hellseherischer Fähigkeiten und wird von der Frau im Café auch entsprechend interpretiert, indem sie das Mädchen entlohnt. Die Interaktion gehorcht also von Stereotypen geprägten Handlungsmustern. Diese haben zum Teil eine positivierende Wirkung. So nimmt Stellina die Rolle einer Dienstleisterin ein, nachdem sie kurz zuvor das Angebot der Frau, eingeladen zu werden, abgelehnt hat, und widerlegt so das Bild der die Gesellschaft ausnutzenden Roma. Sie erkennt nicht nur die Beun-

---

260 Sandra Jayat: *El Romanès*, S. 29.
261 Sandra Jayat: *La longue route d'une Zingarina*, S. 47.
262 Sandra Jayat: *La longue route d'une Zingarina*, S. 49–50.

ruhigung der Frau, sondern bietet ihr auch eine Möglichkeit, ihren Schmerz zu lindern; ein Angebot, das akzeptiert und vergütet wird. Diese positiv dargestellte Möglichkeit, die Existenz zu sichern – auch vorher schon hat Stellina die Zukunft vorhergesagt und sich auf diese Weise finanzielle Ressourcen verschafft –, wird hier mit einem weiteren positiven Stereotyp verbunden: dem Tanz. Seine Dynamik löscht die körperlichen Bedürfnisse von Hunger und Schlafmangel und das Gefühl von Einsamkeit der Protagonistin quasi aus und vermittelt ihr den Eindruck, sich in ihm selbst zu finden. Dieser Selbstfindungsprozess durch die Bewegung des Tanzes wird zusätzlich dadurch unterstrichen, dass sie nach dem Verschwinden der Frau tatsächlich alleine auf der Straße ist. Sie bezeichnet sich als Akteur und Publikum zugleich und erzeugt so einen schlaglichtartigen Fokuswechsel von der Innen- in die Außenperspektive. Für einen Moment entsteht der Eindruck, sie würde sich selbst von außen betrachten und die Haltung eines Außenstehenden einnehmen. Durch diese Distanz wird ihr Wunsch, sich an die Mehrheit anzunähern, vermittelt. Gleichzeitig wird mit der Theaterreferenz der performative Aspekt ihres Tanzes hervorgehoben.

Die herausragende Stellung, die künstlerische Tätigkeiten in vielen Werken haben, spricht für die Bedeutung, welche die Autoren ihrem eigenen Schaffen zurechnen. Die konfliktuelle Position, die das Schreiben für die Roma hat, wird dabei überdeckt, indem das schriftstellerische Schaffen entweder nur am Rande erwähnt wird oder in Einklang mit der anerkannten musikalischen Ausdrucksform gebracht und auf diese Weise eine implizite Aufwertung vorgenommen wird. Entsprechend sind die Textpassagen weniger durch einen dokumentarischen als vielmehr einen spielerischen Stil gekennzeichnet, der die künstlerische Orientierung betont. Die Nähe zur (musikalischen) Roma-Tradition wird auch hier durch den Rekurs auf orale Muster transportiert, wobei die Integration von gesungenen Texten und die in ihnen liegende Emotionalität und Expressivität dies besonders gut verdeutlicht. Wenngleich auch andere traditionelle Berufssparten erwähnt und ihre Notwendigkeit für das tägliche Überleben betont werden, so ist die künstlerische Ader der Figuren doch die Hauptbeschäftigung und korrespondiert dadurch mit der Tätigkeit der Autoren.

1.6 Heterogenität der Roma durch multiple Migrationsströme

Roma sind weit weniger homogen, als dies allgemein angenommen wird. Verschiedene Gruppen bildeten sich vermutlich durch die (Teil-)Integration in die jeweiligen Mehrheitsgesellschaften und vielfältige Migrationsbewegungen zu unterschiedlichen historischen Zeitpunkten heraus. Als emblematisch für diese Heterogenität der Roma kann die große Zahl an Ethnonymen ebenso wie die vielen unterschiedlichen Dialekte des Romanès', die verschiedene Gruppen sprechen, gesehen werden.[263] In der Forschung werden daher unterschiedliche Einteilungen in Großgruppen vorgenommen. So unterscheidet beispielsweise Santino Spinelli die fünf Gruppen *rom, sinti, kalé, manouches* und *romanichals*[264], wobei er die Unterteilung lediglich auf die unterschiedliche Namensgebung zurückführt. Er differenziert dann weiter in Subgruppen, die er mit unterschiedlichen Arbeitsfeldern begründet.[265] Die Einteilung erscheint allerdings wenig gewinnbringend, da er vor allem einzelne Gruppen aufzählt und keine Unterschiede beziehungsweise Parallelen diskutiert.

Eine gänzlich andere Herangehensweise wählen Lev Tcherenkov und Stéphane Laederich.[266] Sie führen nach historischen, linguistischen und sozialen Aspekten die Einteilung in Roma-Metagruppen ein, also Oberkategorien, die als solche nicht explizit unter den Roma existieren. Sie nehmen dann mit diesem Hilfsmittel eine Zuordnung einzelner Gruppen zu diesen Überkategorien vor und begründen die Einteilung mit Gruppenbewusstsein, Lebensweise (nomadisch, sesshaft etc.) und Arbeit, interne (Familien-)Struktur, Traditionserhalt (zum Beispiel Reinheit/Unreinheit) und linguistischen Merkmalen. So unterscheiden sie die Balkan-, die Karpaten-, die Nordische- und die Vlax-Metagruppe und ordnen diesen die tatsächlich existierenden Gemeinschaften zu. Jede Untergruppe wird sehr detailliert erörtert und die Zuordnung darüber hinaus mit Textbeispielen belegt. Ihre Argumentation führt dazu, dass von Spinellis fünf Gruppen drei (*sinti, manouches* und *kalé*) derselben Kategorie zugeordnet werden (der Nordischen-Metagruppe).[267] Trotz der vorteilhaften Innenperspektive als Angehöriger der Roma, die Spinelli mit seiner Einordnung liefert, erscheint seine Argumentation daher nicht im gleichen Maß fundiert wie

---

263 Jean-Pierre Liégeois/Nicolae Gheorghe: *Roma/Gypsies*, S. 29. Vgl. hierzu auch die Terminologiediskussion in Kapitel *1.1 Terminologische Vielfalt als Zeichen der Heterogenität* S. 18–25. Für eine Übersicht über die unterschiedlichen Dialekte vgl. Yaron Matras: *Romani*, S. 5–13 und schematisch Dieter Halwachs: Romani. Zur Bedeutung der Sprache als Identitätsfaktor vgl. das Kapitel *2.6 Gemeinschaftssprache(n) Romanès* S. 318–339.
264 Das Wort ‚romanichal' ist das Äquivalent für ‚Rom' aus dem britischen Raum und damit eine Eigenbezeichnung. Es wird auch in USA, Kanada und Australien von englischen Auswanderern genutzt. Vgl. Angus M. Fraser: *The Gypsies*, S. 8.
265 Vgl. Santino Spinelli: *La lunga strada*, S. 87–89.
266 Vgl. Lev Tcherenkov/Stéphane Laederich: *The Rroma 1* und Lev Tcherenkov/Stéphane Laederich: *The Rroma* 2.
267 Tatsächlich scheint die Basis von Lev Tcherenkov und Stéphane Laederich wesentlich besser fundiert und weniger eurozentristisch, als diejenige Spinellis, der beispielsweise die russischen und baltischen Roma völlig außer Acht lässt.

die Einteilung von Tcherenkov und Laederich. Daher wird hier das Konzept der Metagruppen vorgezogen.

Die Unterteilung in verschiedene Gruppen ist insofern bedeutsam, als die Unterschiede auch von den Roma selbst als sehr wichtig wahrgenommen und für sie die individuelle Identifikation über die Zuordnung zum sozialen Organisationssystem von engerer Familie (*familja*), weiterer Verwandtschaft (*vitsa*) und die Zugehörigkeit zu einer Subgruppe (*natsia*) von großem Belang ist.[268] Die Reklamation als Teil einer Untergruppe steht damit keineswegs im Widerspruch zur Etablierung eines Diaspora-Projekts, denn, wie bereits angesprochen, wird hier von Roma als Mosaik ausgegangen. Insofern ist die eigenkulturelle Positionierung als *manouche*, *gitan*, *kalderasch* etc. ebenso Ausdruck eines diasporischen Projekts wie die Identifikation als *tsigane* oder Rom. Um die Gruppenzusammensetzung innerhalb Frankreichs situieren zu können, wird im Folgenden ein Überblick über die historischen Migrationsströme verschiedener Roma-Gruppen gegeben, aus der die heutige Zusammensetzung der französischen Roma resultiert.

Die erste französische Roma-Bevölkerung wuchs im 19. Jahrhundert durch mehrere große Einwanderungswellen erheblich an.[269] Ursprünglich im Mittelalter durch Frankreich nach Spanien gelangte Roma, die sich nunmehr als *gitans* (Nordische Metagruppe) verstanden, bewegten sich kontinuierlich zwischen den Grenzen der iberischen Halbinsel und dem französischen Territorium. In der ersten Hälfte des Jahrhunderts jedoch kamen einige von ihnen über die Pyrenäen nach Südfrankreich und ließen sich permanent im *Midi* nieder.[270] Auch eine neue Einwanderungswelle aus Zentral- und Osteuropa führte zu größerer Diversität. Bei diesen Einwanderern handelte es sich primär um die aus der Sklaverei befreiten rumänischen (Vlax-)Roma.[271] Ungarische Roma, die wohl zum Großteil der Gruppe *kalderasch* (Vlax-Gruppe) angehörten, hofften ihren Lebensunterhalt im Westen besser bestreiten zu können und schlossen sich den aus Rumänien Immigrierenden an.[272] Hinzu kommt eine wahrscheinlich aus

---

[268] Vgl. Katrin Reemtsma: *Sinti und Roma*, S. 60 und 62. Für eine detailliertere Betrachtung der Gruppenunterschiede vgl. Lev Tcherenkov/Stéphane Laederich: *The Rroma 1*, S. 334–336.
[269] Einen Überblick über die unterschiedlichen Einwanderungsgruppen gibt François de Vaux de Foletier: *Bohémiens*, S. 11–12. Er behandelt anschließend jede einzelne in einem eigenen Kapitel.
[270] Vgl. François de Vaux de Foletier: *Bohémiens*, S. 63. Eine ausführliche Beschreibung findet sich auf den S. 63–75.
[271] Vgl. François de Vaux de Foletier: *Bohémiens*, S. 115.
[272] Vgl. Ebd., S. 115–138 für eine detaillierte Darstellung der Einwanderung ungarischer und rumänischer Roma.

dem Balkan stammende Gruppe *ursari* (Vlax-Gruppe) – eine Bezeichnung, die auf den Beruf des Bärenführers zurückgeht.[273] Diese auf die Franzosen pittoresk wirkenden Migranten, zu denen auch eine größere Anzahl Musiker aus Russland gehörte, wurden zunächst mit Neugier, später mit offenem Misstrauen betrachtet.[274] Weniger Aufsehen erregte hingegen die kontinuierliche Immigration der *sinti piémontais* aus Italien und der *manouches* aus dem Elsass und aus Lothringen (beide Nordische-Metagruppe). Diese entschlossen sich nach der Annexion 1871 zum Teil gegen die Zugehörigkeit zur deutschen und für die französische Nation, siedelten ins Zentralland um und nahmen die französische Staatsangehörigkeit an.[275]

Im 20. Jahrhundert können innerhalb Europas zahlreiche größere Westwärtsbewegungen, vor allem aus der Tschechischen Republik, der Slowakei, Rumänien und Bulgarien festgestellt werden. Eine bedeutende Anzahl von (Vlax-)Roma kam so nach dem Fall des ‚Eisernen Vorhangs' direkt nach 1989 in den Westen.[276] Der Kosovokrieg führte 1998–99 zusätzlich zu einer massiven Fluchtbewegung von (Balkan-)Roma in westeuropäische Länder.[277] Die wirtschaftliche Motivation spielte bei der Immigration von rumänischen und bulga-

---

273 Vgl. Ebd., S. 131.
274 Vgl. Ebd., S. 12. Ihre Fremdartigkeit beeinflusste vermutlich die romantische Stereotypisierung der Roma im 19. Jahrhundert.
275 Vgl. Ebd., S. 100. Für eine genauere Darstellung der Immigration der *manouches* aus dem Elsass und Lothringen vgl. S. 91–112 und für die *sinti piémontais* S. 134–138.
276 Für eine Sammlung der Migrationsbewegungen der Roma aus ehemaligen Ostblockstaaten (Tschechische Republik, Slowakei, Ungarn, Bulgarien) vgl. Will Guy/Zdenek Uherek u.a.: *Roma Migration in Europe: Case Studies*. Münster: Etnologicky Ustav 2004.
277 Für einen historischen Überblick über die Migration von Roma aus Ex-Jugoslavien inklusive der Vertreibung beziehungsweise Flucht während des Konflikts vgl. Dragoljub Acković: Migration by Roma from Former Yugoslavia. In: Guy Will/Zdenek Uherek u.a. (Hg.): *Roma Migration in Europe: Case studies*. Münster: LIT 2004, S. 143–155. Eine Darstellung der Situation der Roma im Kosovo mit Zeugenaussagen zur gewaltsamen Vertreibung und Verfolgung, die als Form der ethnischen Säuberung eingeschätzt wird, und eine Presseschau zu diesem Thema gibt Tilman Zülch: *Bis der letzte ‚Zigeuner' das Land verlassen hat. Massenvertreibung der Roma und Aschkali aus dem Kosovo*. Göttingen: Gesellschaft für bedrothe Völker 1999. Zur schwierigen Situation der Roma im Spannungsfeld von Albanern und Serben und als Opfer beider Seiten vgl. Donald Kenrick: Former Yugoslavia: a Patchwork of Destinies. In: Will Guy (Hg.): *Between Past and Future. The Roma of Central and Eastern Europe*. Hatfield: University of Hertfordshire Press 2001, S. 413–417. Eine literarische Verarbeitung dieses Themas war die Produktion *Kosovo-Karussell* des Roma-Theaters *Phralipe* in Mühlheim a.d. Ruhr. Der Text des ursprünglich nur auf Romanès aufgeführten Stückes ist ins Französische übersetzt und in einer zweisprachigen Version mit dem Original auf Romanès veröffentlicht. Vgl. Jovan Nicolić/Sejdović Russo u.a.: *Kosovo mon amour*. Paris: L'espace d'un instant 2004.

rischen (Vlax-)Roma nach der EU-Osterweiterung 2004 wohl eine große Rolle. Aber auch soziale Marginalisierung und die Zunahme von pogromartigen Zwischenfällen hatten bei diesen Migrationsbewegungen einen nicht zu unterschätzenden Einfluss.[278]

Während sich also die meisten Einwanderungswellen der Roma vom Osten ausgehend Richtung Westen bewegten, gab es auch in Frankreich beginnende Migration, weniger Richtung Zentral- und Osteuropa, als nach Übersee.[279] Ebenso wie Angehörige der Mehrheitsgesellschaften gelangten die ersten Roma als Strafgefangene, vor allem aus Portugal, Großbritannien und Spanien, aber auch Frankreich, ab dem 16. Jahrhundert in die transatlantischen Kolonien, nach Indien und in den weiteren pazifischen Raum. Neben dieser erzwungenen Migration waren wirtschaftliche und soziale Faktoren für Roma, wie auch für viele andere Europäer, ausschlaggebend für die Entscheidung, in die Kolonien zu emigrieren, vor allem nach Nord- und Südamerika, aber auch nach Australien, sodass Roma heute auf allen fünf Kontinenten zu finden sind.[280]

Eine Aussage zur Verteilung der unterschiedlichen Metagruppen auf die verschiedenen europäischen Länder und eine Beantwortung der Frage, wie viele Roma in Europa leben, ist fast unmöglich. Dies liegt an der Tatsache, dass

---

278 So stellt Mít'a Castle-Kaněrová fest, dass „their migration from their home countries in former Eastern Europe to the EU is readily perceived as merely a form of economic migration. However, such oversimplification has harmful consequences." (Mít'a Castle-Kaněrová: Roma Refugees: The EU Dimension. In: Guy Will (Hg.): *Between Past and Future. The Roma of Central and Eastern Europe*. Hatfield: University of Hertfordshire Press 2001, S. 121) Sie stellt anschließend die strukturelle Diskriminierung durch die Regierungen der ehemaligen Blockstaaten, aber auch die allzu bereitwillige Akzeptanz der EU-Organe dieser Haltung dar. Darüber hinaus ist festzuhalten, dass „fear of ‚uncontrolled' migration" (Mít'a Castle-Kaněrová: Roma refugees, S. 119) vor und nach der EU-Osterweiterung Misstrauen in der Mehrheitsbevölkerung auslöst und daher ein relativ großes Konfliktpotential birgt. Dies trifft auf die Immigration der Roma nach Westeuropa verstärkt zu. Vgl. Jean-Pierre Liégeois/Nicolae Gheorghe: *Roma/Gypsies*, S. 17. Sichtbar wird dies immer wieder in Debatten um Abschiebung und Ausweisung, die sich zum Teil am Rande der Legalität bewegen, wie im Sommer 2010 in Frankreich. Aber auch an der Situation der Roma aus dem Kosovo zeigt sich die Migrationspolitik der europäischen Staaten, insbesondere der Bundesrepublik, denn die Roma aus dem Kosovo leben seit ihrer Flucht 1999 zum Großteil lediglich mit Duldungsstatus in Deutschland und können dementsprechend jederzeit abgeschoben werden. Vgl. o.A.: Deutschland.

279 Vgl. François de Vaux de Foletier: *Bohémiens*, S. 128–129, für einen Einzelfall rekonstruierbarer Migration von Frankreich nach Deutschland im 19. Jahrhundert. Er stellt darüber hinaus fest, dass die Migration sonst in entgegengesetzte Richtung stattfand.

280 Vgl. François de Vaux de Foletier: *Mille ans d'histoire des Tsiganes*. Paris: Fayard 1970, S. 55–57. Für eine ethnographische Darstellung über Roma in den USA vgl. Ann H. Sutherland: *Gypsies. The Hidden Americans*. London: Tavistock 1975.

Roma ihren Minderheitenstatus nicht deklarieren müssen und, dass ethnische Zugehörigkeiten bei Volkszählungen in den meisten europäischen Ländern nicht erfasst werden, um Diskriminierung zu verhindern.[281] Schätzungen gehen heute von 8–12 Millionen Roma aus, die als Minderheiten verteilt auf die europäischen Staaten leben. Den proportional größten Anteil haben sie dabei vermutlich in Rumänien (1,8–2,4 Mio.) und Spanien (650 000–800 000). In Frankreich bewegt sich ihre Zahl zwischen 300 000 und 400 000.[282] Davon sind 10 000 bis 15 000 Einwanderer aus Rumänien und Bulgarien.[283] Eine genauere Korrelation der einzelnen Gruppenzugehörigkeit mit statistischen Daten ist aufgrund fehlender Erfassung nicht möglich. Festhalten lässt sich jedoch mit Morgan Garo, dass folgende Zusammensetzung der Roma auf französischem Gebiet besteht: Roma – hier im Sinne der durch den osteuropäischen Raum

---

281 So ist in Deutschland die Erfassung zwar nicht gesetzlich verboten, unterliegt jedoch im Rahmen des §3(9) des Bundesdatenschutzgesetzes dem Schutz der „besonderen Art personenbezogener Daten" und damit strengen datenschutzrechtlichen Vorschriften. In Deutschland wird daher keine zentrale Statistik über Migrationshintergrund geführt. Auch in Frankreich wird die Erfassung ethnischer Zugehörigkeit mithilfe statistischer Erfassung kontrovers diskutiert. Für einen Überblick über die umstrittene statistische Situation in Deutschland und Frankreich vgl. Peter Schaar: Ethnic Monitoring: Datenschutzrechtliche Aspekte bei der Erfassung des Migrationshintergrundes. In: Heinrich-Böll Stiftung (Hg.): *Ethnic Monitoring Datenerhebung mit oder ohne Minderheiten?*. 2009, S. 20–25 und Silvia Cleff le Divellec: Frankreich auf der Suche nach effizienten Instrumenten und Maßnahmen gegen ethnische Diskriminierung. In: Heinrich-Böll Stiftung Hrg.: *Ethnic Monitoring Datenerhebung mit oder ohne Minderheiten?* 2009, S. 26–36. Peter Vermeersch: *The Romani Movement. Minority Politics and Ethnic Mobilization in Contemporary Central Europe.* New York: Berghahn Books 2006, S. 17–20 weist zusätzlich auf die den statistischen Angaben zugrunde liegende politische Motivation sowohl vonseiten der jeweiligen Staaten als auch vonseiten der Wissenschaftler wie auch Roma-Aktivisten hin. In Deutschland gehen die Bundesregierung und der Zentralrat der Deutschen Sinti und Roma übereinstimmend von einer Zahl von 70 000 Angehörigen der Roma aus. Vgl. Bundesministerium des Inneren: *Erster Bericht der Bundesrepublik Deutschland gemäß Artikel 25 Absatz 1 des Rahmenübereinkommens des Europarates zum Schutz Nationaler Minderheiten.* 1999, S. 9 und Dokumentations- und Kulturzentrum Deutscher Sinti und Roma o.A.: Sinti und Roma.
282 Für die Zahlenangaben vgl. Jean-Pierre Liégeois: *Roms et Tsiganes*, S. 29, wobei zu beachten ist, dass er hier einen weiten geographischen Begriff von Europa verfolgt, der auch Teile von Russland, den Kaukasus und die Türkei einschließt. Die große Varianz ist auch hier auf politische Gründe zurückzuführen. Furcht vor Diskriminierung ist die Ursache für eine wesentlich geringere Zahl von deklarierten Roma im rumänischen Zensus.
283 Vgl. Le Monde, 19.4.2009, zit. nach Marc Bordigoni: *Gitans*, S. 19. Es ist davon auszugehen, dass diese Zahlen relativ großen Schwankungen unterliegen. Insbesondere nach der massiven Ausweisungs- und Rückführungswelle im Sommer 2010 kann man vermuten, dass die Zahlen ost- und südosteuropäischer Roma deutlich von diesem Wert abweichen. (Es sei dahin gestellt, ob nach oben oder unten, denn die Wahrscheinlichkeit, dass viele der Ausgewiesenen wiederkehr(t)en ist durchaus gegeben).

geprägten Vlax-Metagruppe –, Sinti/*manouches* und *kalé/gitan* – also Angehörige der Nordischen-Metagruppe.[284] Dabei stellen die *manouches* wohl die größte dieser Untergruppen auf französischem Boden.[285] Für die Mehrheit der Roma Frankreichs gilt, dass ihre Vorfahren bereits vor langer Zeit einwanderten, sie die französische Staatsangehörigkeit besitzen und sich selbst als ‚Fahrende' verstehen.[286]

Zusammenfassend lässt sich festhalten, dass man heute in den westeuropäischen Ländern von einer stratifizierten, heterogenen Roma-Bevölkerung ausgehen kann, je nachdem, in welchen Zeiträumen sie in welche Länder immigrierten.[287] Politische Organisationen der Roma wie die *International Romani Union* oder das bereits 1970 in Paris gegründete *Comité International Tsigane* (CIT heute CCIT *Comité Catholique International pour les Tsiganes*) und in Frankreich der Zusammenschluss verschiedener französischer Organisationen unter dem Dachverband FNASAT (*Fédération nationale des associations solidaires d'action avec les Tsiganes et les Gens du voyage*)[288] versuchen, die Unterschiede zu glätten und eine gemeinsame Vertretung verschiedener Gruppen zu etablieren. Sie sind entweder gänzlich von Roma (*International Romani Union*) geführt oder handeln unter der Mitwirkung von Vertretern der Volksgruppe (CCIT und FNASAT) und agieren damit im Sinne eines Diaspora-Projekts mit Repräsentationsanspruch sowohl gegenüber Roma als auch den Umgebungsgesellschaften.

---

284 Vgl. Morgan Garo: *Une nation*, S. 105. Er reflektiert über die Problematik der Gruppeneinteilung (siehe oben) nicht. Im Sinne von Lev Tcherenkov/Stéphane Laederich würde es sich nur um zwei Gruppen Vlax- und Nordische-Metagruppe handeln. Seine Aufzählung indiziert allerdings eine grundsätzliche Problematik bei der Definition der Vlax-Roma. Diese werden häufig verallgemeinernd unter einem Oberbegriff zusammengefasst und die Untergliederung in *kalderasch*, *lovara* etc. nicht thematisiert. Im Gegensatz dazu wird wie auch bei Garo in Sinti, *manouches* und *gitans* unterschieden. Woher dieses Informationsungleichgewicht rührt, sei es dass die Vlax-Gruppen ihre eigene genaue Zugehörigkeit zu Untergruppen weniger oft deklarieren oder ob sich hierin eine unbedachte Homogenisierung oder gar ein latenter Rassismus gegenüber osteuropäischen Gruppen äußert, ist nicht festzustellen.
285 Vgl. Patrick Williams: *Django*, S. 8.
286 Vgl. Morgan Garo: *Une nation*, S. 106. Er gibt den Anteil der Roma mit französischer Nationalität mit 95% an, schränkt aber selbst ein, dass alle Zahlenangaben Schätzungen seien. Eine Orientierung zur Stratifikation der Gruppen gibt er S. 105–106.
287 Vgl. Leonardo Piasere: *I Rom d'Europa*, S. 66–67. Diese Fragmentisierung der Roma führt dazu, dass Piasere von *diaspore* im Plural spricht, eine Haltung, die Paloma Gay y Blasco: *Diasporas* teilt.
288 Für letztere Organisationen gilt zwar der grundsätzliche Anspruch von Zusammenarbeit zwischen Roma und Nicht-Roma, *realiter* sind beide jedoch durch einen Mitarbeiteranteil von Nicht-Roma dominiert und können zunehmend als karitative Einrichtungen gelten.

Die französischen Roma-Autoren nutzen diverse thematische Bereiche, um die Heterogenität der verschiedenen Roma-Gruppen (Sinti, *kalderasch*, *gitan* etc.) hervorzuheben. Die genaue Verwendung der Ethnonyme ist ein Ausgangspunkt für diese Differenzierung, aber auch unterschiedliche Erwerbsmöglichkeiten werden zum Zweck der internen Unterscheidung hinzugezogen. Obwohl damit die diversen Tradition und verschiedenen Bezeichnungen eine wichtige Position haben, werden diese sehr häufig mit unifizierenden Aspekten auf eine Ebene gestellt, womit das Bild eines mannigfaltigen Roma-Mosaiks gezeichnet wird.

Einkommensquellen als Unterscheidungsmerkmal

Die verschiedenen Berufssparten sind neben der individuellen Identifikation und der Darstellung des wirtschaftlichen Auskommens eine Möglichkeit, um Unterschiede zwischen Roma-Gruppen hervorzuheben. Die Aufsplitterung verschiedener (Berufs-)Gruppen wird zum Beispiel in Matéo Maximoffs *Le prix de la liberté* (1955) gezeigt, wo mit der zeitlichen Versetzung in die Phase nach der Befreiung aus der rumänischen Sklaverei im 19. Jahrhundert eine Historisierung der Gruppenbildung stattfindet:

> Les tziganes devenus libres se groupèrent en *vatrachi* (tribus), commandés par des vatafs.[289] Deux sortes de clans se formèrent: Les nomades et les sédentaires. Ces derniers s'installant dans les faubourgs des grandes villes exercèrent divers métiers qui se divisaient en plusieurs groupes:
>
> Les *oursary*, qui faisaient danser les ours au milieu des villages [...]. Les *kalderas* (chaudronniers), qui faisaient des casseroles, des seaux en cuivres [...]. Les plus nombreux étaient les *sastrary* (travaillant le fer) [...]. Las *anotoary* (étameurs), libérés de Turquie [...], les *kastary* (fabriquant de bois) [...], les *grastary* (maréchaux-ferrants et les maquignons) les *tayary* (serruriers) les *laoutary* (musiciens) [...]. Les nomades allaient parcourir non seulement la Roumanie, mais la plupart des pays d'Europe exerçant tous les métiers auxquels ils pouvaient avoir accès [...] tandis que les femmes disaient la bonne aventure.[290]

Die grundsätzliche Unterteilung in nomadisch und sesshaft lebende Roma-Gruppen bildet eine Oberkategorie, die hier an die unterschiedlichen Berufe geknüpft wird, wobei das sesshafte Leben durch die detaillierte Aufzählung deutlich definierter und klar strukturiert wirkt, wohingegen die Wanderschaft mit unklaren Berufen verbunden ist. Dies steht zum einen für die ökonomische Unsicherheit und zum anderen für das kontrastive Vorgehen in Bezug auf die

---

[289] Zuvor erklärt Matéo Maximoff, dass es sich dabei um die Führer der einzelnen Roma-Gruppen handelt.
[290] Matéo Maximoff: *Le prix de la liberté*, S. 258–259, Hervorhebung im Original. Aufgegriffen wird diese Textstelle fast wortwörtlich in Matéo Maximoff: *La poupée de Mameliga*, S. 16.

ortsgebundenen Roma. Die Wanderer erscheinen als eigene, auch innerhalb der Roma unabhängige Kategorie und ihre Lebensweise durch die gewählte zeitliche Gestaltung mit dem *future proche* zukunftsgerichtet. Die Doppelstruktur von Ethnonym und Übersetzung ins Französische in Klammern zeigt den kulturvermittelnden Aspekt der Passage besonders gut und trägt zur Authentifizierung bei.[291] Die erklärenden Relativsätze und der damit vorherrschende deskriptive Ton zeugen von der distanzsprachlichen Orientierung auf die Mehrheitsgesellschaft.

Auch in Joseph Doerrs *Où vas-tu manouche?* (1982) werden die durch Frankreich wandernden Gruppen über ihre Berufssparten charakterisiert.[292] So zum Beispiel die aus Spanien stammenden Roma: „Prenons d'abord les Gitans andalous et catalans qui ont longtemps exercé le métier de maquignons et qui font comme nous la vente de tissus et de linge de maison. J'ai vécu fraternellement avec eux."[293] Die Darstellungen bei Joseph Doerr beschränken sich nicht darauf, die Obergruppen zu nennen. Vielmehr werden spezifische Untergruppen differenziert wie hier die katalanischen und andalusischen *gitans*, wodurch die komplexe Struktur der Ethnie – für den Leser der Mehrheitsgesellschaft – offengelegt wird. Das diese Zersplitterung einem Zusammenleben nicht entgegensteht, verdeutlicht der nachgestellte Satz. Differenzierung und Einheit stehen in der Darstellung zwar in einem Spannungsfeld, werden jedoch nicht als unvereinbar gesehen.

---

291 Vgl. Ähnlich auch Matéo Maximoff: *La septième fille*, S. 103 und Matéo Maximoff: *La poupée de Mameliga*, S. 15 und S. 77.
292 Im Gegensatz zu den Texten von Matéo Maximoff und Joseph Doerr werden in Sterna Weltz' Text die unterschiedlichen Erwerbsmöglichkeiten nicht explizit an verschiedene Roma-Gruppen gebunden. Dennoch finden auch hier die (Groß-)Gruppen Erwähnung, wenn es beispielsweise heißt: „Il y a en tout trois familles importantes chez les tziganes, et des sous familles. Les roms, les plus nombreux, les Gitans, et les Manûsh." (Sterna Weltz: *Mes secrets tziganes*, S. 40) Vgl. auch Ebd., S. 30.
293 Joseph Doerr: *Où vas-tu manouche?*, S. 104. Ähnliches gilt für das Zusammentreffen von Sinti und *gitans* in Lick Dubois' *Sur les routes* (1998). Die wenigen Unterschiede zwischen den beiden Gruppen beziehen sich auf das Äußere und die Aussprache, bleiben aber diffus, wenn es zum Beispiel heißt: „Il [Toina] est [...] très typé Gitane. On ne peut le confondre avec un Sinto." (Lick Dubois: *Sur les routes*, S. 303) und auf sein rollendes <r> verwiesen wird. Vgl. Lick Dubois: *Sur les routes*, S. 303. Die osteuropäischen Roma in Joseph Doerrs *Où vas-tu manouche?* (1982) werden ebenso mit ihren Berufen identifiziert. Vgl. Joseph Doerr: *Où vas-tu manouche?*, S. 105.

Interne Vielfalt: *manouches* und Roms

Während in den Texten von Matéo Maximoff gesamthaft gesehen ‚roms' als Überkategorie genutzt wird, steht in *Où vas-tu manouche?* (1982) von Joseph Doerr die Identifikation als *manouche* – der Zugehörigkeit des Autors entsprechend – an oberster Stelle. Als Überbegriff wird zwar auch das Wort ‚tsiganes' gebraucht, klar im Zentrum findet sich jedoch die Gruppe der *manouches* und ihre Unterteilung in Subkategorien beziehungsweise die Unterscheidung derselben von anderen Roma-Gruppen.[294] Eine grundsätzliche Differenzierung in eine Nord- und eine Südgruppe wird gleich zu Anfang des Textes getroffen: „On les connaît sous les noms de *Praistiké* (Manouches prussiens du Nord de l'Allemagne) et de *Gaschkané* (Manouches du Sud)."[295] Die Wiederholung und Ergänzung dieser Differenzierung von Toumela in seiner Erzählung für Coucou betont deren Bedeutung:

> Par la suite, ces Manouches se trouvèrent divisés en deux grandes tribus: les Gaschkané manouches ou Manouches du sud de l'Allemagne et de l'Autriche, et les Praistiké manouches, ou Manouches prussiens. Mais la seule différence pour eux était d'ordre géographique. Ils ne pouvaient admettre d'être divisés par les guerres et la politique qui opposaient entre eux les divers pays.[296]

Die Übereinstimmung in den Sitten und Gebräuchen der beiden geographisch getrennten Gruppen sorgt für Zusammenhalt und zeigt die transnationale Verbindung auf, die auch die italienischen Sinti der Grenzregion, zu denen die Familie ein freundschaftliches Verhältnis hat, einschließt.[297] Damit wird ein

---

[294] Ähnliches gilt auch für die Werke von Lick Lick Dubois: in denen Roma-Untergruppen genau mit den verschiedenen Bezeichnungen unterschieden und immer die Eigennamen der Gruppe verwendet werden wie zum Beispiel die Aufzählung in *Romanestan* verdeutlicht: „Il y a plusieurs groupes ici en Europe: les Roms, les Kalé ou Gitans, les Manouches et les Sinti." (Lick Dubois: *Romanestan*, S. 77–78) Der Oberbegriff, um alle Gruppen zu bezeichnen, ist hingegen ‚tsigane(s)'. Insbesondere die Gruppen Sinti und (osteuropäischen) Roma betreffend werden die Unterschiede, die dem Verständnis unter Umständen im Weg stehen, benannt und diskutiert.

[295] Joseph Doerr: *Où vas-tu manouche?*, S. 5.

[296] Joseph Doerr: *Où vas-tu manouche?*, S. 66, Hervorhebung im Original.

[297] Vgl. Ebd., S. 27. Die hier marginalen Unterschiede zwischen *gaschkané*- und *praïstiké manouches* werden allerdings an anderer Stelle im Text als gravierender dargestellt, wenn Toumela sagt: *Ces deux troupes se rencontraient souvent, mais voyageaient très peu ensemble. Pour respecter les traditions des uns et des autres et pour ne pas tomber, dans la tentation du péché, sous la loi de la „dégénération", on se séparait en bonne amitié jusqu'à la prochaine rencontre* (Joseph Doerr: *Où vas-tu manouche?*, 72, Hervorhebung im Original). Der Widerspruch, der sich einerseits aus der Verwandtschaft und andererseits aus dem Abgrenzungswillen ergibt, wird nicht aufgelöst. An dieser Stelle entsteht daher der Eindruck einer unklaren

Sinti/*manouches*-Netzwerk geschaffen, innerhalb dessen Unterschiede marginal erscheinen, denn die Traditionen der *sinti piémontais* sind „rien de très original" und Eheschließungen zwischen den Gruppen ohne Schwierigkeiten möglich.[298] Größer sind die Gegensätze zu den aus dem Osten stammenden Roma, bei deren Vorstellung eine detaillierte Differenzierung in Untergruppen zum Tragen kommt, welche einer homogenisierenden Sicht der Vlax-Roma entgegensteht.[299] Die anderen Traditionen dieser (osteuropäischen) Roma erwecken das Interesse und die Neugier des Erzählers und Protagonisten Coucou, der eine exakt wirkende Beschreibung eines Zusammentreffens mit einer Roma-Familie aus Russland und ihrer orientalisch anmutenden Bräuche liefert.[300] Trotz der als herzlich beschriebenen Begegnung ist der Kontakt zu den Roma, die aus Osteuropa stammen, sehr limitiert.[301] Dies gilt nicht für die Werke von Lick Dubois, wo das Zusammentreffen von Sinti und Roma häufiger dargestellt wird. Insbesondere die Gruppen Sinti und (osteuropäische) Roma betreffend werden die Unterschiede, die dem Verständnis unter Umständen im Weg stehen, benannt und diskutiert.[302] Treffen zwei Familien unterschiedlicher Gruppen aufeinander, ist daher zunächst Zurückhaltung gefragt, wie es das Beispiel aus *Sur les routes* (1998) verdeutlicht: „Cependant Kijalo et Bashno restent près de leur *verdines* pour déjeuner. Ils ont honte car c'est la première fois qu'ils rencontrent une famille de Roms. Bova les a pourtant invités à sa table, qui est basse et orientale."[303] Nach anfänglichem Zögern verstehen sich die Familien, die nur kurzzeitig miteinander kampieren, jedoch gut und tauschen sich rege über die Sittenunterschiede aus. So zum Beispiel im Kontakt von Pirangli und Nina und den Roma-Frauen, die die beiden Sintezze über ihre Kleidungsgewohnheiten befragen:

Abgrenzung einzelner Untergruppen der *manouches*, der im teilweisen Gegensatz zu den zuvor scheinbar klaren Differenzierungen steht.
298 Vgl. Ebd., S. 107.
299 Vgl. Ebd., S. 105.
300 Vgl. Ebd., S. 106–107.
301 Vgl. Ebd., S. 112.
302 Auch andere Gruppen treffen aufeinander. Lediglich eine Gruppe bleibt in den Texten fast gänzlich außen vor: Die Jenischen werden zwar immer wieder erwähnt, es findet jedoch kein einziges Zusammentreffen zwischen den Protagonisten und ihnen statt. Vgl. zum Beispiel Lick Dubois: *Sur les routes*, S. 187 und S. 313 und Lick Dubois: *Il était une fois les bohémiens*, S. 141. Dies kann als symbolisch für die Zwischenstellung, welche die Gruppe in Relation zu den Roma einnimmt, gesehen werden, denn tatsächlich teilen die Jenischen zwar häufig die fahrende Lebensweise der Roma, unterscheiden sich jedoch durch Sprache und Sitten. Vgl. Lev Tcherenkov/Stéphane Laederich: *The Rroma 1*, S. 299–300.
303 Lick Dubois: *Sur les routes*, S. 87.

> Mais pourquoi vous gardez toujours vos foulards dans vos tresses? Vous n'êtes plus devant les gadjé, là?
>
> – *Devla, ci zhanés sar si a mendé?* (Dieu, vous ne savez pas alors comment c'est chez nous?).
>
> – A non, pas du tout, fait Nina, d'un air très étonné, et curieuse de savoir.
>
> – Et bien, tu vois, toutes les femmes qui se marient chez nous, elles sont obligées de porter le *diklo* (foulard). Chez les gadjé, tu as vu, ils portent l'anneau au doigt et chez les Roms, c'est le foulard pour distinguer les romnia mariées des jeunes filles.[304]

Hier werden die Erklärungen intradiegetisch an die anderen Roma gerichtet und mit der internen Kulturvermittlung die Unterschiede zwischen den Gruppen betont. Zugleich werden die verschiedenen Sitten jedoch auch dem unkundigen Nicht-Roma-Leser erläutert. Dies gilt auch für den unterschiedlichen Umgang mit Sexualität in den verschiedenen Gruppen. Diesen diskutieren parallel zu den Frauen die jungen Männer miteinander.

Der Sinto Micha provoziert die Roma ungewollt mit seiner unverblümten Art:

> – Si j'avais une gadji ici pour faire l'amour... Je la ferais mourir tel *moro paro tulo* (sous mon grand dard). Toi aussi, hein, tu voudrais, dit Micha en se lavant la figure.
>
> – Il n'a pas honte de parler de ça, celui-ci, dit Bula scandalisé vis-à-vis des Sinti, bien qu'ils soient entre jeunes.[305]

In diesen beiden Beispielen steht der innerkulturelle Austausch, der für eine Annäherung der beiden Gruppen sorgt, im Mittelpunkt. Die dialogische Struktur dieser Kulturvermittlung nähert nicht nur die Figuren der beiden Gruppen an, wobei der Austausch betont wird, sondern erzeugt auch eine größere Nähe für den Leser. Manche Sitten bleiben der jeweils anderen Gruppe jedoch verschlossen wie in *Enfances tsiganes* (2007), wo der Brauch der *kris*[306] eindeutig in der

---

304 Lick Dubois: *Sur les routes*, S. 88.
305 Lick Dubois: *Sur les routes*, S. 90.
306 Die *kris* ist eine in diversen Roma-Gruppen existente institutionalisierte Versammlung, die über rechtliche, soziale und moralische Ordnung wacht. Im Extremfall wird ein verurteiltes Individuum von der kris als unrein erklärt und aus der Gemeinschaft ausgeschlossen. Die *kris* kann damit als eine Institution der Abgrenzung von Roma und Nicht-Roma gewertet werden, in deren Rahmen die Loyalität gegenüber der Gruppe im Vordergrund steht. Vgl. Mozes F. Heinschink/Michael Teichmann: Kris. In: *Rombase. Didactically Edited Information on Roma* 2002. Literarisch betrachtet, hat die Gerichtsinstanz *kris* mit Abstand die größte Bedeutung in den Romanen Matéo Maximoffs, wo sie über eine Vielzahl von Figuren richtet. Schwere Verbrechen

Welt der Roma verortet wird, zu der die Sinti keinen Zugang erlangen (können).[307] Auch die räumliche Distanz, in der die Wohnorte von Sinti- und Roma-Familien in der Sesshaftigkeit voneinander abgeschieden bleiben, spricht für die zwar oberflächlich gute Beziehung, der jedoch eine Sphärentrennung vorgezogen wird.[308] Die lokale Trennung wird mit dem Aufenthalt in unterschliedlichen Ländern auch als historische Begründung für die Differenzen dargestellt. Neben den unterschiedlichen Berufen ist der Gegenstand der folgenden deskriptiv-erklärenden Beschreibung die unterschiedliche Reiseerfahrung:

> Bova n'est pas du même groupe que Kashuko. Il appartient au groupe des Roms, les ‚Hongrois' comme les appellent les Sinti, avec des coutumes et métiers différents. Ils pratiquent surtout la chaudronnerie, l'étamage ou encore l'affûtage. Bova est de la caste des Tchouari, qui voyageaient encore au siècle dernier, dans les pays de l'Est: Roumanie, Hongrie et Yougoslavie.[309]

Die genaue Benennung der Untergruppe *roms tchouari* steht für die Differenzierung der Familie von den Sinti und trägt gleichzeitig der Heterogenität der Vlax-Roma Rechnung. Dabei handelt es sich hier jedoch nicht um einen ursprünglichen, grundsätzlichen Gegensatz, sondern um die Ausbildung unterschiedlicher Sitten aufgrund äußerer Einflüsse in verschiedenen Ländern – hier in Südosteuropa und dem Balkan. Ebenso ist der Einfluss Italiens auf die Familie von Kashuko im wahrsten Sinne des Wortes sichtbar: Die Sintezze tragen die traditionelle Kleidung der piemontesischen Bäuerinnen.[310]

In allen angeführten Beispielen wird damit ein Spektrum unterschiedlicher Sitten und Bräuche dargestellt, das die Heterogenität der Roma erläutert. Wie aber im letztzitierten Auszug sichtbar ist, wird die grundsätzliche Zusammengehörigkeit nicht infrage gestellt. Unterschwellig verweist die Bezeichnung „caste" auf den gemeinsamen indischen Ursprung aller Roma und vermittelt so eine ursprüngliche und unifizierende Perspektive. Die Unterschiede der Grup-

---

wie Mord (*Condamné à survivre* 1984), Totschlag (*Ce monde qui n'est pas le mien* 1992), Hinterhalt (*Les Ursitory* 1946) und Verstöße gegen die Reinheitsregeln (*Savina* 1957) werden verhandelt. In Matéo Maximoffs Werken erscheint die kris als eine Institution, die ein distinktives Merkmal der Roma ist. Symbolisch steht sie für die kulturelle Unabhängigkeit der Roma-Gesellschaft von der dominierenden Kultur. Allerdings hat die kris in keinem Werk eines anderen Autors eine wirklich handlungstragende Funktion.

307 Vgl. Lick Dubois: *Enfances tsiganes*, S. 192.
308 Vgl. Lick Dubois: *Il était une fois les bohémiens*, S. 101 und 102.
309 Lick Dubois: *Sur les routes*, S. 83. Explizit einander gegenübergestellt werden die Berufe von Roma und Sinti Ebd., S. 47.
310 Vgl. Ebd., S. 53. In *Sur les routes* (1998) gibt Pacalo Italien als Herkunftsland der Sinti an. Vgl. Lick Dubois: *Sur les routes*, S. 401.

pen werden also kausal mit der Zerstreuung in unterschiedliche Räume verbunden, wie es Gropelo in *Romanestan* (2010) zusammenfasst: „Le manque d'homogénéité vient tout simplement de la dispersion."[311]

Dementgegen steht die Beschreibung in Roberto Loriers Roman *Pâni et le peuples sans frontières* (2010). Denn dort werden die Roma schon zur Zeit ihrer Auswanderung – also vor der bei Lick Dubois betonten Zerstreuung – als heterogene Bevölkerung dargestellt. Einheit und Differenzierung in die drei Stämme *Rom*, *Kalé* und *Sindté* erhalten dort eine traditionsreiche Bedeutung. Den Sinti wird – entsprechend der Zugehörigkeit des Autors – eine besondere Stellung zugeschrieben. Aus ihrer Perspektive wird erzählt, denn die Hauptfigur das junge Mädchen Pâni und auch der Anführer Baro gehören zu diesem Stamm und sie zeichnen sich durch besonderen Mut, Tapferkeit und kämpferisches Können aus.[312] Die Vereinigung der verschiedenen Roma-Stämme im Kampf gegen die muslimischen Invasoren steht allerdings gegenüber der Differenzierung im Vordergrund. Unifizierende Elemente wie die Sprache, aber auch das Wissen um eine gemeinsame Vergangenheit werden daher hervorgehoben.[313] Schlussendlich teilen die drei großen Sippen *Rom*, *Kalé* und *Sindté* allerdings nicht nur Sprache, Vergangenheit und Freiheitsliebe, sondern auch das Schicksal der Versklavung: „Une longue file de prisonniers rom, sindté et kalé avançait vers de territoires inconnus."[314] Im Zug findet sich auch Pâni und ihr Freund Yako, mit dem sie eine (noch) unschuldige Kinderliebe verbindet und damit auch eine Zukunft des Volkes der Roma. Die Verantwortung für diese Zukunft hat den Kindern in einer dramatischen Bitte Pânis Vater Parno auferlegt:

> Mes enfants, je vous demande de vivre (prenant leurs mains) je vous en supplie, (puis les larmes coulant sur ses joues) ne le faites pas pour moi, non, ne le faites même pas pour vous, mais pour votre race! Pour votre peuple! Faites votre possible pour ne pas vous quitter et si cela arrive, ne perdez pas espoir. Allez toujours la tête haute même si c'est difficile, n'oubliez jamais vos racines![315]

Mit den beiden Kindern als Stellvertretern für alle Roma formuliert der Vater hier einen politischen Appell wider die Zerstreuung. Gemeinsame Herkunft und Tradition dürfen nicht dem Vergessen anheimfallen, was er expressiv zum Ausdruck bringt. Die in Klammern vom Fließtext getrennten, Regieanweisungen

---

311 Lick Dubois: *Romanestan*, S. 29.
312 Vgl. Roberto Lorier: *Pâni*, S. 48, S. 102, S. 103 und S. 167.
313 Vgl. Ebd., S. 124.
314 Ebd., S. 167.
315 Roberto Lorier: *Pâni*, S. 159

ähnelnden Einschübe vermitteln die Interaktion zwischen Vater und Kindern und die emotionale Beteiligung, wodurch die Nähe zwischen den Figuren betont wird. Durch die explizite Bennenung des Handelns und dem damit einhergehenden Appell zur Verbundenheit schaffen sie einen performativen Charakter des Textes, der sich der oralen Tradition annähert. Indem die Bedeutung für das gesamte Volk hervorgehoben wird, legt der Text den Grundstein für einen diasporischen Zusammenhalt in der Fremde, der der Zerstreuung entgegensteht.

Spiritualität als Mittel der Unifikation
Eine ambivalente Stellung zwischen Unterscheidungsmöglichkeit und vereinigendem Element haben ebenso wie unterschiedliche Berufe und verschiedene Sitten die religiösen Orientierungen der Gruppen. In Matéo Maximoffs *Vinguerka* (1987) dienen sie der Betonung von Diversität. Das Treffen der russischen Roma mit dem orientalischen Rom Ahmed bietet dabei Anlass zur Reflexion über die verschiedenen Religionen: „Les Roms adoptent facilement la religion du pays où ils vivent: orthodoxes en Russie, ils sont catholiques dans d'autres pays, musulmans en Asie. Le rom va à l'église, au temple ou à la mosquée, dans le but de faire croire aux Gayziés qu'il est un bon croyant."[316] Die vorgebliche Religiosität, die nur den Anschein von Integration erwecken soll, vermittelt den Eindruck einer unbenannt bleibenden gemeinsamen und ‚wahren' religiösen Glaubensrichtung der Roma, die nicht mitgeteilt wird und im Dunkeln bleiben soll. Diese Sicht einer eigenen spirituellen Orientierung wird von der Ich-Erzählerin in Sterna Weltz's *Mes secrets tziganes* (1989) ausgeführt. Sie wächst als Kind zweier unterschiedlicher Roma-Gruppen auf und hat damit eine für sie positive Zwischenstellung inne, die ihr ermöglicht, verschiedene Aspekte zu beleuchten.[317] Trotz aller Differenzen der verschiedenen Roma überwiegt für sie die ursprüngliche religiöse Gemeinsamkeit: „Bien avant que les religions modernes fassent leur apparition (christianisme, islamisme, boudhisme) il faut savoir et comprendre que les tziganes obéissaient à la grande religion de la nature, qu'elle vénéraient comme une mère nourricière."[318] Mit der hier dargestellten zeitlichen Vorläufigkeit eines ursprünglichen Animismus wird eine Doppelfunktion erfüllt: Zum einen wird das im Text widergegebene astrologi-

---

316 Matéo Maximoff: *Vinguerka*, S. 162. Eine ähnliche Überlegung wird auch durch das Zusammentreffen mit den *rom xoraxané* in Maximoffs *Ce monde qui n'est pas le mien* (1992) ausgelöst. Vgl. Matéo Maximoff: *Ce monde qui n'est pas le mien*, S. 58.
317 Vgl. Sterna Weltz: *Mes secrets tziganes*, S. 9.
318 Ebd., S. 147. Für die Differenzen vgl. Ebd., S. 9.

sche Wissen legitimiert und zum anderen eine gemeinsame religiöse Basis aller Roma geschaffen und damit eine unifizierende Position eingenommen.

Diese Perspektive der Vereinigung in der Religion vertritt auch Joseph Doerr.[319] Der Katholizismus hat für ihn als Gemeinsamkeit unterschiedlicher Gruppen eine besondere Stellung. Die Höhepunkte sind in diesem Zusammenhang zwei Reisen nach Rom und die Begegnung mit dem Papst Paul VI., welcher die Roma als Teil der Kirche empfängt und ihnen auf diese Weise einen Platz in der katholischen Gemeinschaft schafft.[320] Obgleich diese religiösen Zusammentreffen alle Roma versammeln, wird die zahlenmäßige Bedeutung und Verteilung einer Gruppe hervorgehoben: „Les Gashkené manouches étaient les plus nombreux, venus du Nord, de l'Alsace et d'Allemagne. [...] Avec eux se trouvaient des Roms, des Sinti, des Manouches des Pyrénées et de PARIS, des Hollandais, des Belges etc."[321] Die Aufzählung dient der Betonung einer weiten Anreise und der Vielzahl von Roma, die der Einladung nach Rom gefolgt sind. Mit den *gashkené* als der größten und einzigen genau spezifizierten Untergruppe erscheint deren religiöse Hingabe besonders ausgeprägt und hebt sie von den anderen Roma ab.[322] Neben diesen außergewöhnlichen religiösen Ereignissen charakterisiert Religiosität den Alltag der Gruppen. Religiöse Formeln und Überlegungen ziehen sich durch den gesamten Text und Gebete sowie Heiligenverehrung werden als allgegenwärtig dargestellt.[323] Sie sind damit ein weiteres vereinigendes Element der Gruppen, die die Möglichkeit haben, bei den Pilgertreffen ihre Gemeinsamkeiten zu festigen und Einheit in der Diaspora zu schaffen.

Sprachliche Unterschiede und die Gemeinsamkeit des Erzählens
Als weiteres Differenzierungskriterium zwischen den einzelnen Gruppen werden in einigen Werken sprachliche Unterschiede thematisiert. So haben die *gitans* in *Où vas-tu manouche?* (1982) eine eigene Sprache und auch das Romanès der osteuropäischen Roma ist für den Protagonisten unverständlich.[324] Auch die Roma bei Lick Dubois sprechen unterschiedlich.[325] Ein Sonderfall bei

---

319 Vgl. Joseph Doerr: *Où vas-tu manouche?*, S. 112 und S. 190.
320 Vgl. Joseph Doerr: *Où vas-tu manouche?*, S. 136 und S. 193.
321 Ebd., S. 190.
322 Im Text wird tatsächlich nie explizit die Zugehörigkeit der Familie Doerr zu einer der beiden *manouche*-Gruppen (*gaschkené* oder *praïstiké*) verdeutlicht, sodass sich an dieser Stelle keine Aussage machen lässt, ob es sich um die eigene Gruppe des Erzählers handelt, die hier besonders hervorgehoben wird.
323 Dies ist vor allem der Fall ab Ebd., S. 115.
324 Vgl. Ebd., S. 104 und S. 106.
325 Vgl. Lick Dubois: *Il était une fois les bohémiens*, S. 96.

der Präsentation sprachlicher Unterschiede ist die Anthologie von Vania de Gila-Kochanowski *Le roi des serpents* (1996). Innerhalb der zweisprachlichen Publikation (Romanès-Französisch) wird explizit auf die linguistische Diversität der einzelnen Roma-Gruppen hingewiesen. So heißt es zum Beispiel in einer der Randnotizen: „Les Romané Chavé du nord ne disent pas ‚parole d'honneur' (adrano lov), mais ‚parole tsigane' (romano lov), en cautionnant qqch."[326] Diese erklärenden Kommentare verdeutlichen die (sprachliche) Heterogenität vor allem für Nicht-Roma-Rezipienten, wofür hier die distanzsprachliche Orientierung an einem Wörterbucheintrag spricht. Demgegenüber steht jedoch auch hier die Ambition, die Zusammengehörigkeit der Roma über die lokalen (oberflächlichen) Differenzen zu stellen. Auf einer extradiegetischen Ebene wird der Wille Gemeinsamkeiten zu etablieren, in Bezug auf die (orale) Erzähltradition deutlich. Vor dem eigentlichen Text werden die Aussagen von drei Vertretern (*manouche*, *gitan* und Rom) unterschiedlicher Roma-Gruppen wiedergegeben, in denen sie den Vorstoß des Autors begrüßen und damit denselben in die Gemeinschaft einbinden. So das Zeugnis des *manouche* Jacop Richard:

> Par la tradition orale, les contes ont toujours tenu une grande place aussi bien dans la vie des enfants que des jeunes et des adultes. Avec cette manière beaucoup plus moderne, l'écrit, ils redécouvrent, comme dans les soirées autour du feu, ces contes de la tradition, d'une manière qui leur convient davantage. Ce qui est une preuve certaine d'insertion.[327]

Die mündliche Erzähltradition wird dadurch zum unifizierenden Element der Roma, das zudem in seiner neuen, schriftlichen Form eine Integration in die Mehrheitsgesellschaft ermöglichen soll, während eine kontinuierliche Weiterführung und -entwicklung der Tradition stattfinden kann. Neben diesem vereinheitlichenden Aspekt der drei Aussagen wird ebenfalls eine Legitimation der schriftlichen Fixierung und damit auch der Autorenschaft bewirkt. Autor und Roma-Gemeinschaft(en) stehen hier in Einklang.

Gesamthaft gesehen wird in den betrachteten Auszügen die Intention sichtbar, den Unterschied zwischen den einzelnen Gruppen Kausalitäten zuzuordnen und auf diese Weise diffusen Differenzen entgegenzuwirken. Historische Begründungen beziehungsweise die Beeinflussung durch die Mehrheitsgesellschaft haben dabei besondere Bedetung und indizieren die Zerstreuung der Roma. Obwohl damit die Divergenzen besonders betont werden, steht die grundlegende Zusammengehörigkeit der Roma dabei nicht zur Debatte. In Bezug auf die *oraliture* lässt sich feststellen, dass einige Texte (in Joseph Doerrs *Où*

---

326 Vania de Gila-Kochanowski: *Le roi des serpents*, S. 38.
327 Ebd., S. 5.

vas-tu manouche? ist dies in Bezug auf die Heterogenität besonders ausgeprägt) stärker auf mündlich orientierte Strukturen zurückgreifen. Insbesondere starke Dialogorientierung erzeugt Nähe zur Roma-Welt. Dahingegen sind (historische) Ableitungen der Gruppenunterschiede deutlich distanzsprachlich gestaltet und wenden sich offensichtlich an Leser der Mehrheitsgesellschaft. Auf diese Weise stellen die Autoren in einer politischen Orientierung die Heterogenität der Gemeinschaft heraus und wirken stereotypen Vereinfachungen entgegen.

1.7 Marginalisierung und Verfolgung

Die als Fremde wahrgenommenen Roma waren seit ihrer Ankunft in Europa immer wieder Opfer von Ausgrenzung und Diskriminierung, der sie sich häufig nur durch Flucht entziehen konnten.[328] Die Aktualität gewaltsamer Übergriffe und Verfolgung führt nicht nur die prekäre Situation der Kosovo-Roma vor Augen, die als Flüchtlinge vor allem in Deutschland leben, sondern auch die Zwangsausweisungen aus Frankreich insbesondere im Sommer 2010.[329] Pogromartige Vorfälle in Südosteuropa im Verlauf der letzten Jahre machen einen wiederaufflammenden Rassismus sichtbar, der im 20. Jahrhundert im Genozid während des Holocaust kulminiert war.[330] Von Deutschland ausgehend nahm die Verfolgung in der damaligen Zeit vor allem in Zentral- und Südosteuropa

---

328 In diesem Unterkapitel werden Exklusionserfahrungen behandelt, die vor allem mit physischer Gewalt in Zusammenhang stehen und die zur Vertreibung führen. Sie stehen daher in thematischem Zusammenhang mit der diasporischen Zerstreuung. Als Motiv, ist dies für alle Roma-Literaturen bedeutsam, wie schon Beate Eder: *Bilderwelten*, S. 91–143 und Paola Toninato: *Romani Writing*, S. 96–106 in ihren Überblicksdarstellungen festhalten. Die unterschiedlichen Facetten dieses Themas in der französischen Roma-Literatur werden hier dargelegt. Verschiedene andere Themenbereiche zielen auf die Alteritätskonstruktion von Roma und Nicht-Roma ab. Ihnen wird im Kapitel 2 *Grenzen – Exklusion und Inklusion* S. 240–342 Raum gegeben.
329 Einen Überblick über die Verfolgungsgeschichte im Allgemeinen liefert aus amerikanischer Roma-Perspektive Ian Hancock: *Pariah Syndrom*. Für eine Darstellung der geschichtlichen Kontinuität von Verfolgung der Roma vgl. Jean-Pierre Liégeois: *Gypsies*, S. 87–141 und für eine Zusammenfassung der aktuellen Situation im Bezug auf die Diskriminierung in Europa vgl. die Zeitschrift der Gesellschaft für bedrohte Völker: *Pogrom Bedrohte Völker* 254, 2009.
330 Auf die Verwendung der Bezeichnung ‚porrajmos' für den Genozid an den Roma während des Zweiten Weltkriegs, die vor allem Ian Hancock: *Romani people* und Ian Hancock: On the Interpretation of a Word: Porrajmos as Holocaust. In: *The Romani Archive and Documentation Center* (2007–2008), als Eigenbezeichnung analog zu ‚Shoa' für die Juden propagiert, wird hier bewusst verzichtet. Der Begriff hat, wie Lev Tcherenkov/Stéphane Laederich: *The Roma 2*, S. 184 feststellen für viele Roma eine sexuelle Konnotation und wird daher als unpassend abgelehnt.

grausame Ausmaße an.³³¹ Aber auch in Frankreich wurden Roma während dieser Zeit als rassisch minderwertig klassifiziert und zwischen 1940 – noch vor der deutschen Besatzung – und 1946 interniert. Wenngleich die Situation in den französischen Internierungslagern nicht mit derjenigen in den Vernichtungslagern Deutschlands und Osteuropas verglichen werden kann, so muss dennoch nachdrücklich betont werden, dass Roma dort unter unmenschlichen Bedingungen mit mangelnder Versorgung und unter schlechten hygienischen Zuständen festgehalten wurden.

Der Genozid während des Zweiten Weltkriegs ist eine Verfolgungserfahrung, die besondere Bedeutung für die unifizierenden politischen Strukturen der Roma entfaltete.³³² Ian Hancock hebt mit Nachdruck die internationale Dimension und die Einzigartigkeit der Verfolgung während der 1930er Jahre hervor:

> Some Gypsies were sterilized as early as 1933, though no Jews had yet been; beginning in the same year, camps were being established by the Nazis to contain Gypsies [...] although at so early a date, Jewish victims were not being sent en masse to any camps. It is a matter of singular disgrace that, in 1936, the anti-Gypsy campaign became globalized, through the establishment of the *International Center for the Fight against the Gypsy Menace* by Interpol in Vienna [...].³³³

Der amerikanische Rom nutzt die in der Öffentlichkeit anerkannte jüdische Verfolgung durch die Nationalsozialisten weniger mit dem Ziel einer Paralleli-

---

331 Allgemein zur Verfolgung der Roma während des Holocaust vgl. Michael Zimmermann: *Rassenutopie und Genozid. Die nationalsozialistische Lösung der ‚Zigeunerfrage'*. Hamburg: Christians 1996. Für einen speziellen Fokus auf die Verfolgungsgeschichte in Frankreich vgl. Emmanuel Filhol/Marie-Christine Hubert: *Les Tsiganes en France. Un sort à part 1939–1946*. Paris: Perrin 2009.
332 Allerdings ist der Wille, die Anerkennung von Verfolgung und Mord in der Öffentlichkeit zu reklamieren, nicht immer von der Gruppe selbst getragen, sondern geht häufig von Bürgerrechtsorganisationen der Mehrheitsgesellschaft aus. Vgl. Leonardo Piasere: *I Rom d'Europa*, S. 108–109. Dennoch ist Verfolgung identitätskonstituierend und wird auch literarisch verarbeitet. Zu Verfolgung und Ausgrenzung als generelle thematische Konstanten in den Roma-Literaturen vgl. Beate Eder: *Bilderwelten*. Zur fälschlichen Wahrnehmung, der Holocaust an den Roma würde innerhalb der Gruppe nicht thematisiert vgl. Paola Toninato: *Romani Writing*, S. 101. Im Gegenteil wird in der Sekundärliteratur der Erinnerung an das Leiden während des Holocaust beziehungsweise dem Gedenken an seine Opfer mittlerweile eine besondere Stellung für die Konstruktion einer kollektiven Identität der Roma zugeschrieben. Vgl. Susan Tebbutt/ Nicholas Saul: Introduction: The Role of the Romanies: Images and Counter-Images. In: Dies. (Hg.): *The role of the Romanies: Images and Counter Images of ‚Gypsies'/Romanies in European Cultures*. Liverpool: Liverpool University Press 2004, S. 10.
333 Ian Hancock: *Pariah Syndrom*, S. 64, Hervorhebung im Original.

sierung, sondern vielmehr zur Unterstreichung der unvergleichlichen und umfassenden Grausamkeit gegenüber den Roma. Er reklamiert damit die Anerkennung der Minderheit als Teil der Opfergemeinschaft des Nationalsozialismus, wobei der Auszug durch ein Wechselspiel von Annäherung und Distanzierung an das jüdische Vorbild geprägt ist und die Entstehung eines diasporischen Diskurses in diesem Spannungsfeld aufzeigt.[334] Generell ist jedoch vor allem die tagtägliche Konfrontation zwischen Roma und Mehrheitsgesellschaft, bei der die Roma grundsätzlich in der schwächeren Position sind, eines der wichtigsten Themen der Werke französischer Roma-Autoren und einer der Hauptgründe für Vertreibung und Fluchtbewegungen. Neben der beständigen Diskriminierung, haltlosen Beschuldigungen und stereotypen Beschimpfungen werden historische Gewalt- und Verfolgungserfahrungen thematisiert, unter denen der Holocaust beziehungsweise die Internierung der Roma in Frankreich eine herausragende Stellung haben. Bei der Vermittlung dieser Erlebnisse kommt der älteren (Erzähler-)Generation eine besonders wichtige Stellung zu.

Grenz- und zeitübergreifende Diskriminierung
Zwar behandeln die meisten Texte konkrete Situationen der Ausgrenzung und Demütigung, die Allgegenwart dieser Vorfälle lässt jedoch ein Bild omnipräsenter Diskriminierung entstehen, wie im Fall von Matéo Maximoffs Werk. Das betrifft sowohl die thematische Präsenz in allen Publikationen als auch ihre Repräsentation als eine länder- und zeitübergreifende Parallele. Die generelle Gefahr wird sichtbar an Aussagen, wie „[l]e nomade est chassé par les peuples dits civilisés d'un pays à l'autre, d'une ville à l'autre, même d'une commune à l'autre."[335] Indem der Blick von der Länderebene auf die Ebene der Kommunen verengt wird, zeigt sich die ständig präsente Bedrohung, die alle geographischen Sphären durchdringt und die Roma zur ständigen Flucht zwingt. Die existentielle Unsicherheit wird zusätzlich an spezifische Länder gebunden. So ist das erste Kapitel von *Vinguerka* (1987) der Darstellung von Verfolgungssituationen in den verschiedensten Ländern gewidmet. Erschreckend wirkt dabei vor allem die Gleichgültigkeit, mit der die Figuren aus den Mehrheitsgesellschaften gegenüber den Roma repräsentiert werden. Sie agieren kaltblütig und mit extremer Gewalt wie beispielsweise der spanische Offizier, der sich durch einen

---

334 Vgl. für eine Darstellung des Holocaust als kosmopolite Erinnerung und die Opfergemeinschaft der Juden, in der sich eine Vielzahl von Gruppen wiedererkennen Daniel Levy/Natan Sznaider: *Erinnerung im globalen Zeitalter. Der Holocaust*. Frankfurt a.M.: Suhrkamp 2007, S. 62–64.
335 Matéo Maximoff: *La septième fille*, S. 12.

Rom gestört fühlt: „Il laisse le Gitan descendre l'unique marche, puis sort son revolver et tire. Une seule fois. Le Gitan est mort. [...] C'était du temps du général Franco."[336] Mit ähnlicher Indifferenz gegenüber dem Schicksal von Roma-Kindern, -Frauen und -Männern agieren auch Figuren unterschiedlicher Zeitperioden in Großbritannien, Südamerika und Frankreich, womit nicht nur die Gemeinsamkeit der Verfolgung für alle Roma herausgestellt wird, sondern auch die Zerstreuung derselben.[337] Neben diesen individuellen Beispielen wird in weiteren Romanen des Autors vor allem die staatliche Repressionspolitik wie die Versklavung in Rumänien denunziert. Letztere hat eine allgemeine Bedeutung für das Werk Matéo Maximoffs, denn in vielen Texten wird auf die Leibeigenschaft der Roma in Südosteuropa verwiesen.[338] Die institutionalisierte Form von Diskriminierung wird folglich betont und es entsteht die Sicht auf die europaweite Unterdrückung einer marginalisierten Bevölkerung.

Diese Perspektive einer nicht enden wollenden Verfolgung, die sich in abgewandelter, aber sehr ähnlicher Form wiederholt, zeigt sich auch in Sandra Jayats *El Romanès* (1986). Zwei gewalttätige Auseinandersetzungen des 20. Jahrhunderts werden in diesem Roman in Verbindung gebracht: der Spanische Bürgerkrieg und die Verfolgung während des Nationalsozialismus. Romanino ist Zeuge beider Konflikte und steht ihren Ursachen und Konsequenzen mit gleichbleibender Verständnislosigkeit gegenüber. So ruft die politische Argumentation während des spanischen Bürgerkriegs bei ihm Verwirrung hervor: „J'entendais des hommes crier: ‚Vive la République!' D'autres: ‚Vive Franco!' Pour moi, ce n'était que des mots. Tant de choses me semblaient anormales."[339] Als ebensowenig nachvollziehbar bewertet er die nationalsozialistische Argumentation: „Pourquoi les gitans sont-ils classés parmi les races inutiles?"[340] Die Vorgänge zu ignorieren, erscheint daher ein adäquates Mittel, um sich von der drohenden Gewalt fernzuhalten, zumal die Freiheit der *gitanos* in Spanien durch die politischen Geschehnisse zunächst nicht tangiert wird: „Des gens parlaient de Franco, d'autres, des républicains, des Arabes, des Italiens. Pour les gitans, c'étaient des hommes habillés de vert, de jaune, de noir et de rouge."[341] Die naive Unberührtheit – hier durch die metonymische Reduktion der Anhänger auf die Farbe ihrer Kleidung – gegenüber den politischen Ge-

---

336 Matéo Maximoff: *Vinguerka*, S. 12.
337 Vgl. Ebd., S. 12–14.
338 Vgl. zum Beispiel Matéo Maximoff: *Le prix de la liberté*; Matéo Maximoff: *La poupée de Mameliga*, S. 16 und Matéo Maximoff: *Vinguerka*, S. 18.
339 Sandra Jayat: *El Romanès*, S. 22.
340 Ebd., S. 235.
341 Ebd., S. 17.

schehnissen in Spanien kann jedoch nicht von Dauer sein. Unweigerlich werden auch die Roma durch den wachsenden Rassismus in den Konflikt hineingezogen: „Cependant, le racisme surgit rapidement et s'enroula si fort autour des gitans que notre vie devint de plus en plus fébrile."[342] Romanino muss sich für eine der kämpfenden Seiten entscheiden und auch selbst in Kampfhandlungen aktiv werden. Zu diesem Zweck stellt seine spanische Umgebung seine doppelte Zugehörigkeit explizit heraus: „Tu es un gitano, né en Espagne."[343] Die Teilnahme des jungen *gitan* an der kriegsentscheidenden Auseinandersetzung, der Schlacht von Teruel, betont den Integrationsversuch in die spanische Gesellschaft.[344] Allerdings ist Romanino weit davon entfernt, von der Einstellung der Republikaner überzeugt zu sein. Vielmehr ist es das grundsätzliche Unverständnis des Protagonisten gegenüber der Gewalt und der Aufspaltung in generische Gruppen, das im gesamten Roman im Zentrum steht. Sein Engagement für die Republikaner ist daher von einer generellen Skepsis gegenüber der Methode des Freiheitskampfs geprägt:

> Mi Capitan m'apprit à tuer pour défendre la liberté.
>
> Je ne comprenais pas pourquoi les hommes se déchiraient entre eux pour défendre la liberté.
>
> Un jour, Mi Capitan m'a dit: ‚Toi, petit gitano, tu es brave au combat mais tu défends ta liberté à ton idée…La liberté des hommes! c'est autre chose, crois-moi, c'est défendre un grand idéal.'
>
> ‚Porqué? Porqué faut-il tuer?'[345]

Für die Spanier in Romaninos Umgebung ist die Verteidigung der Freiheit gleichbedeutend mit dem Erhalt der Republik; eine Parallelisierung, die hier auch auf sprachlicher Ebene mit den wiederkehrenden Fügungen „défendre la République", „défendre la liberté" und „défendre un grand idéal" deutlich wird. Die aktive Rolle der Kämpfer zeigt sich dabei in der direkten Rede, wohingegen Romanino durch die innere Reflexion und seine rhetorischen Fragen eine passi-

---

342 Ebd., S. 18.
343 Ebd., S. 19.
344 Die Schlacht von Teruel (Dezember 1937–Februar 1938) gilt als eine der entscheidenden Konfrontationen im Spanischen Bürgerkrieg, in der die Republikaner so große Verluste erlitten, dass sie sich von diesen nicht mehr erholten und den Krieg letztlich verloren. Vgl. Walther L. Bernecker: *Krieg in Spanien 1936–1939*. Darmstadt: WBG 1991, S. 32.
345 Sandra Jayat: *El Romanès*, S. 24–25.

ve Stellung einnimmt.[346] Diese sprachliche Passivität spiegelt seine Unentschlossenheit und fehlende Überzeugung gegenüber den Idealen der Republikaner. Tatsächlich sind die Einschränkungen, die Romanino als *gitano* erduldet für ihn unabhängig von Raum und Zeit, denn sie ändern sich weder durch unterschiedliche Länder noch durch die verschiedenen Auseinandersetzungen der Mehrheitsgesellschaften. Grund für die Limitierung seiner Freiheit ist aus Romaninos Perspektive immer seine Zugehörigkeit zu einer Minderheit, der mit willkürlicher Gewalt begegnet wird.[347] So kommt er zu dem Schluss: „En Espagne, c'est le franquisme, ici en France, c'est le fascisme. C'est pareil! C'est la même guerre qui se poursuit."[348] Die Erinnerungen an den Krieg verfolgen den jungen Mann kontinuierlich und er hat keine Möglichkeit, ihnen zu entkommen, außer sie zu kommunizieren und dadurch anderen Figuren die Absurdität solcher Gewalt zu vermitteln:

> – J'ai déjà conté cette période à Huda, dit Romanino, en s'asseyant sur ses talons. Il faut que tu saches toi aussi, petit.
>
> En 1936, j'étais en Espagne, les heures sonnaient l'incertitude et le temps rajustait la faim. [...] Le vrai, le faux, la cruauté, tout se mélangeait dans une pénible attente, pourtant il fallait être en pleine possession de sa volonté et de son désir de vivre.[349]

Die narrative Repetition der Erlebnisse unterstreicht sowohl ihre Bedeutung und die Notwendigkeit für Romanino, diese zu verarbeiten als auch die Omnipräsenz der Gewalt. Weitere Erinnerungen kommuniziert er direkt Loussimo, seinem Freund Tartaro oder dem kleinen Jungen Mathia; lediglich ein einziger Erinnerungsstrang, der sich mit seiner Flucht aus Spanien beschäftigt, wird in einem inneren Monolog geschildert.[350] Auffällig ist die Präsentation der vorletzten Erinnerungssequenz, denn sie wird weder direkt von Romanino erzählt, noch von ihm innerlich (wieder-)erlebt. In einer Gruppe alter *gitanas* wird die grausame Szene des Massakers aus zweiter Hand und damit in ihrer Brutalität auch bis zu einem gewissen Grad gefiltert wiedergegeben. Die Wiederholung der Erzählung findet in zweifacher Weise statt. Erstens durch die Verdopplung der Erzähler und zweitens durch das inhaltliche Aufgreifen, denn die Szene wurde bereits vorher angesprochen und wird, wenn auch ausführlicher und

---

346 Vgl. dazu auch Julia Blandfort: Liberté, S. 136.
347 Vgl. Sandra Jayat: *El Romanès*, S. 135.
348 Ebd., S. 97 und S. 60–61.
349 Sandra Jayat: *El Romanès*, S. 16.
350 Vgl. Ebd., S. 94–97, S. 100–106, S. 127–139, S. 212–221. Für den inneren Monolog vgl. Ebd., S. 186–191.

sprachlich abgewandelt, wiederholt. Sie zeigt so nicht nur die prägende und umfassende Gewalterfahrung, die sich durch den Text zieht, sondern ebenso wie die Erinnerungen in das kollektive Gedächtnis der Roma Gruppe übergehen, deren mündliche interaktive Prägung die Erzählsituation mit der Beteiligung mehrerer Figuren betont. Als alte Frauen repräsentierten die Sprecherinnen die typischen Trägerinnen des Gedächtnisses einer oralen Gemeinschaft. Die dadurch vollzogene Entfernung des Protagonisten von den Geschehnissen bedeutet eine Außensicht auf seine Beteiligung und Reaktion. Obgleich infolgedessen ein gewisser Abstand des Protagonisten zu den Erinnerungen und ein Beginn der Verarbeitung vermutet werden könnte, lässt Romaninos Reaktion diese positive Deutung nicht zu:

> Quand Romanino m'a conté cette histoire, expliqua la plus vieille des gitanes, il était fiévreux de haine et de douleur. Puis il m'a regardé durement. Ses dents ont grincé, ses yeux se sont fermés pour essuyer des larmes et finalement, il a ri, comme pour apaiser la violence.[351]

Der emotionale Aufruhr, der in Hysterie endet, um die gewaltsamen Erinnerungen nicht überhandnehmen zu lassen, illustriert, dass der junge Mann dauerhaft von den Erlebnissen des Krieges geprägt ist. Die erfahrene Gewalt in Spanien hat allerdings keine primär ethnischen Beweggründe. Vielmehr handelt es sich um einen Bürger- und Bruderkrieg, in den Romanino involviert ist. Obgleich dieser zu einer weiteren Spaltung der ohnehin schon heterogenen spanischen Gesellschaft führt, bedeutet die Beteiligung des Protagonisten auch seine kurzfristige Einbindung in die Gemeinschaft. Schlussendlich vertreten er und die Republikaner jedoch nicht die gleiche Auffassung und er verlässt die Kämpfer, nur um in Frankreich ethnischer Verfolgung durch die Nationalsozialisten ausgesetzt zu sein.

Diese allgegenwärtige Gefahr der Verfolgung in ihrer historischen Perspektive, aber auch in Bezug auf die Aktualität kommt ebenso in *Romanestan* (2010) von Lick Dubois zum Tragen. Hier jedoch fungiert die Verfolgung als Appell an den Protagonisten, sich seiner Zugehörigkeit (wieder) bewusst zu werden. Zu Beginn des Textes träumt der Protagonist von seiner Familie und den möglichen Vorwürfen, nicht mehr als Sinto zu leben, sondern zum ‚gadjo' geworden zu sein. Der Großvater will mit dem Enkel auf die Erinnerung der Toten trinken:

> ‚Tiens, bois à la santé de tous nos pauvres morts!'
>
> Je mis le goulot à ma bouche, et bus une gorgée avant de lui faire remarquer:

---

351 Sandra Jayat: *El Romanès*, S. 197.

> ‚Mais...c'est du sang que tu m'as fait avaler!'
>
> – Oui c'est le sang de nos ancêtres morts pendant toutes les guerres des Gadjés!³⁵²

Die Erinnerung an die Verfolgungsgeschichte soll den ‚verlorenen' Enkel wieder in den Kreis der Sinti zurückholen. Die Inkorporation des Blutes steht damit zum einen für die Aufnahme der Lebensessenz der Vorfahren und zum anderen für die abstoßenden Konsequenzen der Verfolgung. Unifikation nach innen und Abgrenzung nach außen werden in diesem Textauszug metaphorisch über das Blut vermittelt. Während die allgegenwärtige Verfolgung in Romaninos Fall effektive Flucht und Zerstreuung nach sich zieht, die den Protagonisten zum Einzelgängertum zwingt, bleibt für Gropelo die kulturelle Distanzierung ausschlaggebend. Er ist nicht räumlich, sondern vielmehr ideell – worauf auch die Vermittlung des Inklusionsversuchs innerhalb eines Traums hinweist – vom traditionellen Sinti-Leben entfernt. Die erduldete gewaltsame Diskriminierung soll dieser Distanz entgegenwirken. Die gemeinsame Verfolgungsgeschichte wird damit in den Texten von Matéo Maximoff, Sandra Jayat und Lick Dubois zu einem starken Inklusionsmittel in die Roma-Gemeinschaft.

Ausgrenzung in Frankreich: Pauschalurteile
Der unifizierende Charakter von Verfolgung speziell innerhalb Frankreichs lässt sich an einer Textstelle aus *Romanestan* (2010) besonders gut nachvollziehen. Gropelo sieht im Fernsehen die Ausweisung und Zwangsräumung der verkommenen *bidonvilles* rumänischer Roma in Frankreich. Obgleich er dies aus der Entfernung betrachtet – durchaus eine Distanz, die als Unterscheidung der Gruppen zu sehen ist – fühlt er sich mit ihnen verbunden und wird von den Bildern aus seinem Alltag gerissen.³⁵³ Die gewaltsame Exklusion erscheint durch diesen aktuellen Bezug – die Massenausweisung ging vor allem im Sommer 2010 durch die Medien – als kontinuierliche und prägende Erfahrung der Roma, die jedoch von den lokalen Gegebenheiten abhängt. Die Thematisierung französischer Beteiligung wird daher eindeutig auf den französischen Kontext bezogen, wie auch in Matéo Maximoffs *Vinguerka* (1987): „N'allez pas croire qu'en France on les ait laissés tranquilles."³⁵⁴ Der aufklärerische Charakter, den die Darstellung von Verfolgung durch den französischen Staat hat, ist hier vor al-

---

352 Lick Dubois: *Romanestan*, S. 14.
353 Vgl. Lick Dubois: *Romanestan*, S. 27.
354 Matéo Maximoff: *Vinguerka*, S. 16. Ähnlich explizit auf die französische Situation eingegangen wird in Matéo Maximoff: *Condamné à survivre*, S. 173 und Matéo Maximoff: *Dites-le avec des pleurs*, S. 68–69.

lem durch die direkte Ansprache des Lesers evident. Das Manko der Aufarbeitung kritisiert der Schriftsteller, wenn er dem Leser *à propos* der Verfolgung mitteilt: „Vous ne l'avez pas lu parce qu'on ne l'a pas écrit et vous ne l'avez pas entendu parce qu'on ne l'a dit pas."[355] Diese Leerstelle zu füllen, strebt der Autor mit seinen Publikationen sichtlich an und verbindet aus diesem Grund beim Thema Verfolgung häufig fiktionale mit dokumentarischer Präsentation.[356] Eine derartige Ambition, Repression aufzudecken, zeigt sich ebenfalls in Joseph Doerrs *Où vas-tu manouche?* (1982), wo für den Erzähler das willkürliche Vorgehen der französischen Gendarme der französischen Kultur entgegensteht: „Adieu, courtoisie française."[357] Die Zugehörigkeit zu Frankreich, die der Protagonist empfindet und die er sehr häufig betont, wird der Familie in eben diesen frequenten Begegnungen mit der Polizei abgesprochen. So auch bei der Einreise aus Italien nach Frankreich:

> Ils nous ont traités de ‚sales racaille' [...] Nous leurs avons répondu:
>
> – Nous sommes ici chez nous, nous sommes des citoyens français comme vous.
>
> – Des Français! Vous n'êtes de nulle part, vous appartenez à un monde sans patrie, sans frontière, sans attache avec les autres hommes, en dehors de toute civilisation...[358]

Der Appell an die gemeinsame Zugehörigkeit von Roma und Grenzpolizisten stößt auf Ablehnung. Nicht nur wird den Roma-Familien die französische Staatsangehörigkeit verwehrt, sondern sie werden als heimatlose Vagabunden, die kein Interesse an Kontakten mit anderen Menschen haben, stereotypisiert. Mit dieser Exklusion der ‚Fremden' wird nicht nur eines der häufigsten Fremdbildschemata in Bezug auf Roma abgebildet, sondern auch auf die sehr negativen Konsequenzen dieses Stereotyps aufmerksam gemacht.[359] Eine positive Deutung der Deterritorialisierung ist im Gegensatz zu anderen Werken nicht möglich.[360] Dies manifestiert sich auch darin, dass es sich allein um eine Einschätzung der Polizei handelt und nicht der Roma selbst. Vergleichbare stereo-

---

355 Matéo Maximoff: *Vinguerka*, S. 16. Die erklärende Funktion, welche die Texte aufweisen, bezieht sich nicht nur auf die Verfolgung, sondern auch auf Sitten und Gebräuche der Roma. Besonders deutlich zeigt sich der pädagogische Aspekt in den Endnoten nach jeder Erzählungen in *La poupée de Mameliga* (1986).
356 Vgl. Matéo Maximoff: *Condamné à survivre*; Matéo Maximoff: *Routes sans roulottes*. Champigny sur Marne: Concordia, 1993 und Matéo Maximoff: *Dites-le avec des pleurs*.
357 Joseph Doerr: *Où vas-tu manouche?*, S. 172.
358 Ebd., S. 210.
359 Vgl. Klaus-Michael Bogdal: *Faszination und Verachtung*, S. 11–12.
360 Vgl. dazu Kapitel 1.4 *Die Bedeutung der Wanderschaft* S. 139–169.

type Pauschalurteile sind für die Roma-Familien in den Werken Lick Dubois' Teil der alltäglichen Verfolgung. Dies drückt beispielsweise die nachfolgende Strophe eines Gedichts in *Il était une fois les bohémiens* (2003) aus, das den ersten Teil des Textes einleitet:

> On n'est pas toujours voleurs
>
> Dans ce monde de menteurs,
>
> Simplement des Voyageurs
>
> Qui avons peur.[361]

In aufklärerischem Ton wird die heuchlerische Gesellschaft verurteilt, die einzelne ausgegrenzt, indem sie sie generalisierend zu Dieben erklärt. Die Einfachheit bezieht sich dabei in doppelter Weise auf das genügsame Leben der Wandernden wie auch auf die (ver)einfachen(den) Urteile diesen gegenüber. Die dadurch erzeugte allgegenwärtige Angst wird hier durch die Stellung von „peur" im letzten Vers als abschließendes Wort besonders betont. Die Zurückhaltung und das ausweichende Verhalten, das die Sinti der Mehrheitsgesellschaft gegenüber meist an den Tag legen, nützen ihnen allerdings nicht. Wie Micha, ein Rom, den die Familie unterwegs kennenlernt, resigniert feststellt: „Face à la justice, on a toujours tort, même lorsqu'on sait que l'on a raison. La parole du romanichel contre celle du gajdo, elle est nulle."[362] Tatsächlich werden mehrfach Familienmitglieder ungerechtfertigt des Diebstahls und sogar des Mordes bezichtigt.[363] Während diese unverhältnismäßigen Reaktionen der Exekutive keine Spuren hinterlassen, trägt der Rom Bovo die Narben einer gewalttätigen Auseinandersetzung mit Nicht-Roma am Körper.[364] Körperliche, aber vor allem seelische Narben zeichnen auch den Großvater von Catalana in Luis Ruiz'

---

[361] Lick Dubois *Il était une fois les bohémiens*, S.13. Vgl. auch Lick Dubois: *Sur les routes*, S. 152.

[362] Lick Dubois: *Sur les routes*, S. 94.

[363] In *Sur les routes* (1998) wird zuerst Pacalo beschuldigt, Schmuck gestohlen zu haben und er muss daher eine Nacht im Gefängnis verbringen, bevor sich seine Unschuld herausstellt. Vgl. Ebd., S. 150–161. Auch Ninetu wird willkürlich auf dem Markt von einem gänzlich Unbeteiligten angeklagt, eine Hose entwendet zu haben. Vgl. Ebd., S. 322. Härter trifft es hingegen Kashuko und seinen Sohn Menela in *Il était une fois les bohémiens* (2003). Sie werden des Mordes an einem Nicht-Roma-Freund bezichtigt. Die Entschuldigung des Gendarmes, mit der er die Unschuldigen freilässt, wirkt nach einer im Gefängnis verbrachten Woche zynisch. Vgl. Lick Dubois: *Il était une fois les bohémiens*, S. 50–51.

[364] Vgl. Lick Dubois: *Sur les routes*, S. 133.

La guerre noble (2006). Für ihn hat die ständige Diskriminierung eine besondere Bedeutung, die ihn dazu bringt, sich aktiv zur Wehr zu setzen. Am Ende des Textes offenbart eine interne Fokalisierung auf sein Innenleben Erinnerungen an die nationalsozialistische Verfolgung: „[...] Grand-père se rappela ce temps lointain où, non loin de là, son corps fut transformé en machine et sa personne en numéro....“[365] Der verbale Widerstand gegen die erneute Diskriminierung der Familie führt allerdings zu seiner Verhaftung und zu seiner deprimierenden Schlussfolgerung Catalana gegenüber: „L'histoire continue malgré le passé."[366] Die Aufgabe, an die Verfolgungsgeschichte zu erinnern, kommt daher Catalana zu. Sie wird ihr in einer magischen Begegnung mit den Seelen der im Holocaust ermordeten Roma überantwortet.[367] Dies zeigt die besondere Stellung, die französische Roma der nationalsozialistischen Verfolgung und der Erinnerung an dieselbe geben.

Nationalsozialismus und Holocaust an den Roma
Der Holocaust an den Roma wird in fast allen Werken zumindest erwähnt. Interessanterweise sind einige davon jedoch von einer relativ offensichtlichen Ausklammerung beziehungsweise nur sehr beiläufigen Erwähnung dieses Themas geprägt. Sowohl in Joseph Doerrs *Où vas-tu manouche?* (1982) als auch in Sterna Weltz' *Mes secrets tziganes* (1989) ist die faschistische und nationalsozialistische Rassen- und Verfolgungspolitik eine deutliche Leerstelle. Obwohl der Krieg in den behandelten Zeitraum fallen würde, werden weder Internierung in Frankreich noch Deportation nach Deutschland ausführlich thematisiert.[368] Das auffällige Ausklammern des Zweiten Weltkriegs gilt ebenso für die Texte von Vania de Gila-Kochanowski, in denen die Verfolgungserfahrungen fast keine Rolle spielen.[369] In einer einzigen Erzählung im Band *La prière des loups* wird auf den Zweiten Weltkrieg hingewiesen und dies in eine biographische Erzählsituation eingebettet, welche einige Themen, die auch in anderen Texten in Bezug auf die nationalsozialistische Verfolgung bedeutsam sind, anspricht: Ein Lette, der über seine erzwungene Mitgliedschaft in der SS und ein Massaker in

---

365 Luis Ruiz: *Guerre noble*, S. 89.
366 Ebd.
367 Vgl. Ebd., S. 77.
368 Vgl. Joseph Doerr: *Où vas-tu manouche?*, S. 102 und S. 211 und Sterna Weltz: *Mes secrets tziganes*, S. 9, S. 12 und S. 22.
369 Dies ist insbesondere insofern bemerkenswert, da sich der Autor aktiv an Erinnerungsveranstaltungen zur Ermordung der Roma während des Holocaust beteiligt, wie Fotographien und Text im Anhang von *La prière des loups* (2005) zeigen. Vgl. Vania de Gila-Kochanowski: *La prière des loups*. Draguignan: Wâllada 2005, S. 146.

den lettischen Wäldern erzählt, berichtet dem Ich-Erzähler das Schicksal von dessen Cousine Ruz'a:

> Les allemands nous avaient fait servir, un soir, un repas plus important que de coutume et surtout beaucoup de schnaps. Aussitôt après le repas, nous reçûmes l'ordre d'entasser tous les Tsiganes dans des camions et de les conduire dans la forêt de Vilani. Quand on voulut leur faire creuser une fosse, ils s'y refusèrent, moins dociles que les Juifs, et cela aurait dégénérée en bagarre. Mais, tenus en respect par les mitraillettes, ils se calmèrent tandis que d'autres prisonniers creusaient. [...] Tout à coup, voici que se détache du groupe la silhouette menue d'une jeune fille. Je pense que, sous l'émotion, aucun de nous n'aurait tiré avant qu'elle puisse atteindre le couvert du bois. Elle en était toute proche, lorsqu'une voix impérieuse s'éleva de cet amas pitoyable de Tsiganes: ,Ruz'a, Ruz'a! ma petite fille, reviens, mourons ensemble!'[370]

Im Gegensatz zu den Juden – so die Darstellung – wehren sich die Roma gegen ihre drohende Ermordung und können nur mit Waffengewalt zur Ruhe gebracht werden. Allerdings löst auch dieser versuchte Aufruhr sich in Schicksalsergebenheit auf, als der Großvater seine Enkelin zurückholt und damit ihr Tod unvermeidlich wird. Der hier zum Ausdruck kommende starke Kollektivsinn kann für den Einzelnen – in diesem Fall Ruz'a – fatale Folgen haben. Dies kündigt sich schon durch die Vorgeschichte an, denn das junge Mädchen konnte ihre große Liebe nicht heiraten, da dies nur entgegen der Zustimmung des Vaters möglich gewesen wäre. Ebenso wird ihre Flucht in die rettenden Wälder durch den Gehorsam gegenüber der älteren Generation unmöglich. Die Unterordnung des Einzelnen erscheint hier als ein stabiles System einer im Sinne Lévy-Strauss' ,kalten Gesellschaft' gegen die keine Auflehnung möglich ist.[371] Die hier deutlich werdende Orientierung an der jüdischen Verfolgungserfahrung findet sich in einer Vielzahl von Texten, ebenso wie die darin implizit liegende Reklamation, als Teil der Opfergemeinschaft des Nationalsozialismus anerkannt zu werden.

Einen weiteren Aspekt, der damit angesprochen wird und auch für weitere Texte relevant ist, stellt die kollektive Erfahrung der Verfolgung und die daraus resultierende Zerstreuung dar, aber auch die Möglichkeit, als gemeinsames Element unifizierend zu wirken. Der dritte aufgegriffene Themenkomplex umfasst die als wichtig erachtete Tradierung der an den Holocaust geknüpften Erinnerung. Der intradiegetische Erzähler stößt zufällig zu der Gruppe von Klas-

---

370 Vania de Gila-Kochanowski: *La prière des loups*, S. 103.
371 Diese Vision steht im Gegensatz zur Protagonistin Man'as aus *Roman Atmo* (1992), deren rebellischem Verhalten dem übergeordneten Ziel der gesellschaftlichen Freiheit dient und dadurch ein anderes Kollektiv als das der Roma in den Vordergrund stellt. Für Man'a hat politische Verantwortung einen hohen Stellenwert und zum Ziel, ein egalitäres Gesellschaftssystem einzuführen.

senkameraden, die einen fröhlichen Silvesterabend miteinander verbringen. Als er hört, dass einer der Anwesenden ein Rom ist, berichtet er von seinen Erfahrungen. Diese Darstellungsweise zeigt die Bereitschaft zur Auseinandersetzung mit den traumatischen Erlebnissen innerhalb der lettischen Gesellschaft. Zusätzlich wird aus Roma-Perspektive die Bedeutung einer Klärung des Schicksals der verfolgten Roma unterstrichen. Der Ich-Erzähler ersten Grades erfährt durch die Erzählung von der Ermordung seiner Cousine Ruz'a und bleibt nicht länger im Ungewissen. Durch die Situierung der Rahmenerzählung am Beginn eines neuen Jahres kann die Auseinandersetzung mit der Geschichte positiv gedeutet werden, da dies auch einen möglichen Neuanfang im Verhältnis von Roma und Letten allgemein und für den Erzähler persönlich symbolisiert. Diese zentralen Aspekte werden auch in anderen Texten französischer Roma aufgegriffen, wenn die (nationalsozialistische) Verfolgung thematisiert wird, womit diese wiederkehrenden Themen Möglichkeit zur einheitlichen Gedächtnisbildung geben.

Jüdische Verfolgungsparallelen
Wenngleich sich ein Großteil der jüdischen Verfolgungsparallelen auf die NS-Zeit bezieht, ist dies nicht ausschließlich der Fall. So steht in Matéo Maximoffs Roman *Condamné à survivre* (1984) bei der Begegnung des Protagonisten mit zwei Juden während einer Deportation Richtung Sibirien die zeitübergreifende gemeinsame Erfahrung der Vertreibung im Vordergrund. Unmenschlich eng zusammengepfercht findet Khantchi sich neben zwei jüdischen Männern und wird über die historischen und aktuellen Parallelen der Marginalisierung, Diskriminierung und Opfersituation beider Völker unterrichtet.[372] Es wird eine dialogische Lernsituation abgebildet, die das Schicksal der beiden Individuen – Khantchis und des jüngeren Juden – und ihrer Völker zusammenführt. Die Erklärung von Ursachen für die wiederholt erlittene Gewalt, die Khantchi von seinem Schicksalsgenossen erwartet, kann dieser nur bedingt geben. Er führt sie auf die dauerhafte Stereotypisierung beider Völker zurück. Die Veränderung solcher Vorurteile bleibt ebenso hoffnungslos wie die Frage nach der Rückkehr aus dem Exil. Denn die lange Dauer der Verschleppung und deren Wiederholung stehen hier in Zusammenhang mit den Stereotypen, die sich nicht nur hartnäckig halten, sondern selbst in der jeweils anderen Minderheit vorhanden sind. Juden und Roma werden dadurch als Schicksalsgemeinschaft präsentiert und die (gegenseitige) Aufklärung als essentiell.[373]

---

[372] Vgl. Matéo Maximoff: *Condamné à survivre*, S. 48–49.
[373] Ebd.

Während diese Situation also nicht im Bezug zum Holocaust steht, bildet der Genozid in anderen Romanen Matéo Maximoffs beziehungsweise an anderer Stelle in *Condamné à survivre* (1984) den Anlass, um das Schicksal der Roma mit dem der Juden in Beziehung zu bringen. Die Vergleiche, die dabei gezogen werden, beziehen sich auf die individuelle Ebene, wie im Fall von Luludji in *Dites-le avec des pleurs* (1990), an der medizinische Experimente ebenso wie an den Juden durchgeführt werden.[374] Häufiger jedoch wird die Parallele zwischen jüdischem und romani Schicksal auf einer generellen Ebene gezogen.[375] Im dabei evozierten Diskurs der Opfer des Holocaust ist die mangelnde historische Aufarbeitung der Verfolgung von Roma ein Kritikpunkt und zugleich eine Frage: „L'histoire des Juifs, de leurs souffrances, de l'holocauste final, du massacre de million s'entre eux a été racontée par des milliers d'auteurs. Mais qui racontera l'histoire du génocide tzigane?"[376] Die hier erwähnte Leerstelle in der Wahrnehmung der Außenwelt, die zugleich an eine eher orale Vermittlung („racontera") geknüpft ist, wird in *Dites-le avec des pleurs* (1990) in zweifacher Form gefüllt. Im dokumentarisch angelegten letzten Teil des Werks wird erstens der Zeitzeugenbericht von Bogomila Michalewicz unter dem Titel „L'Holocauste des Tziganes en Pologne" eingefügt. Mit dieser zusätzlichen Stimme findet eine Objektivierung der vorhergehenden fiktionalen Handlung statt.[377] Zweitens wird die Funktion des Geschichtsschreibers vom Protagonisten der Handlung des Romans übernommen:

> Mateï, qui sait lire et écrire s'est fait écrivain comme il l'a pu, pour tenter de devenir l'historien de sa race. Mais seul, il ne suffit pas à la tâche. Il souhaite que de nombreux Roms, ses frères de race, l'imitent, non dans un but pécuniaire, mais en témoins. Voici d'ailleurs quelques témoignages enregistrés par Mateï, au magnétophone. Dits en romanès, il les a traduits en français, mais en respectant autant que possible le parler des Roms.[378]

Auf diese Einführung hin folgen drei szenisch dargestellte Interviews mit unterschiedlichen Figuren, die von ihrer Internierung in verschiedenen französi-

---

374 Vgl. Matéo Maximoff: *Dites-le avec des pleurs*, S. 27. Vgl. auch Marta, die auf der Suche nach Khantchi ist, wird mit einer ebenso vagen wie erschreckenden Mitteilung daran gehindert, weitere Nachforschungen anzustellen: „Madame, je ne puis rien pour votre mari. C'est bien plus grave que vous le pensez. Il a été envoyé là où on envoie les Juifs." (Matéo Maximoff: *Condamné à survivre*, S. 186)
375 Vgl. Ebd., S. 182, S. 188–189 und S. 202; Matéo Maximoff: *Dites-le avec des pleurs*, S. 43–44 und S. 65 und Matéo Maximoff: *Vinguerka*, S. 47.
376 Matéo Maximoff: *Dites-le avec des pleurs*, S. 202.
377 Vgl. Ebd., S. 185–198.
378 Matéo Maximoff: *Dites-le avec des pleurs*, S. 204

schen und deutschen Konzentrationslagern berichten. Fakt und Fiktion verwischen hier, denn es erscheint zwar, als würde es sich um authentische Interviews handeln – vor allem weil von der Interviewten namens Paprika eine Fotographie eingefügt wird –, durch die Fortsetzung der fiktionalen Handlung mit dem Protagonisten wird diese Wirkung jedoch unterlaufen und es entsteht der Eindruck verschiedener Genres deren Grenzen verwischen. Für den Leser wird durch die Genremischung zwischen Dokumentation und Fiktion auf zwei Ebenen größere Nähe erzeugt. Erstens führt die szenische Repräsentation des Interviews zu größerer Unmittelbarkeit des Gesagten und erzeugt so das Gefühl direkten Kontakts. Zweitens rekurriert der Interviewer auf die vorherige Handlung des Romans. Diese verbindet den Leser mit dem Protagonisten, wodurch ebenfalls Nähe geschaffen wird.[379]

Verfolgungserfahrungen prägen in den Romanen von Sandra Jayat nicht nur die gemeinsame Vergangenheit der Roma, sondern auch andere Gemeinschaften, deren Leidenserfahrung einbezogen wird. In dieser Hinsicht nimmt die Parallelisierung mit den Juden wie bei Matéo Maximoff eine wichtige Stellung ein. In *La longue route d'une Zingarina* (1978) wird die Verfolgung der Roma in Italien durch eine Erzählung des Großvaters vermittelt:

– Écoute-moi bien, Stellina, je vais te raconter...Cela se passait au printemps 1938... Nous nous apprêtions à fêter l'arrivée du soleil... À cette occasion, tous les membres de la tribu s'étaient donné rendez-vous à Sesto Calende. Mais l'atmosphère générale en Italie n'était pas à la fête. [Fußnote: En 1938, l'Italie était dominée par la dictature fasciste de Mussolini, tandis qu'en Allemagne Hitler était au pouvoir]. Ce soir là, ton oncle Divio avait été arrêté.

– Qu'avait-il fait, grand-père? Demandai-je effrayée.

– Rien, petit, rien...Nous étions accusés de vivre, alors que nous n'étions, disait-on, qu'une race inutile.

– Comment est-ce possible! Tant de haine contre nous...

– Ce fut possible bien souvent, petit...Mais cette fois-là, l'oncle Divio avait été arrêté, et les Chemises noires [Fußnote: On appelait Chemises noires les groupements qui soutenait, en Italie, la dictature fasciste de Mussolini. (La chemise noire était leur uniforme)] lui avait

---

[379] Die Geschichte von Rakli, wie sie bereits zuvor im Roman erzählt wurde, wird von Mateï aufgegriffen und nacherzählt. Vgl. Matéo Maximoff: *Dites-le avec des pleurs*, S. 214. Eine ähnliche Verwischung von dokumentarisch wirkenden Sequenzen und fiktionalen Handlungsteilen findet sich noch an weiteren Stellen im Roman. Vgl. Matéo Maximoff: *Dites-le avec des pleurs*, S. 168–169.

fait boire un litre d'huile de ricin... L'idée même d'un tel traitement avait fait naître une indignation sans bornes chez les Anciens, car cela s'ajoutait aux brimades et aux insultes qui nous poursuivaient sur les routes, et aux affiches qui fleurissaient sur les murs, représentant, sous le titre de ‚Difesa della razza', une tête de Romain séparée par un glaive des profils d'un Juif, d'un Nègre et d'un Tzigane.[380]

Die spezifische Verfolgungssituation in Italien wird hier mit dem deutschen nationalsozialistischen Regime parallelisiert und es wird explizit auf die ‚Rassenreinhaltung' und die in Italien *camicia nera* genannten Faschisten hingewiesen. Die allgegenwärtigen Verleumdungen und Beleidigungen, welche die Familie verfolgen, rufen besonders bei den Alten starke Reaktionen hervor. Als Autoritätspersonen verleihen sie ihrem Ärger Ausdruck und werden damit zu Repräsentanten für das Kollektiv. Die so geschaffene Gemeinschaft von Ausgegrenzten speziell in Italien wird hier mit dem beschriebenen Plakat zusätzlich in Relation zu anderen Minderheitengruppen gesetzt. Mit dem Bild wird auf die Frontseite der im Faschismus gegründeten italienischen Zeitschrift *La Difesa della razza* verwiesen. Auf deren erster Ausgabe waren die stilisierten Köpfe einer antiken Römerstatue, eines Juden und einer Schwarzen zu sehen, die von einem Schwert symbolisch in zwei Gruppen getrennt werden. Auf der einen Seite der vermeintlich ‚rassenreine' Römer und auf der anderen die ‚minderwertigen' Ethnien. Bildlicher Bezug zu den Roma wurde dabei nicht hergestellt.[381] Die Beschreibung im Text projiziert also einen Rom zusätzlich in das Plakat. Damit werden Roma mit anderen Marginalisierten auf eine Ebene gestellt und auf diese Weise eine Verbindung zwischen ihnen konstruiert. Dies kann als Appell an unterschiedliche Minderheiten zur Vereinigung im Kampf gegen ihre Unterdrückung und Verfolgung gesehen werden. Darüber hinaus wird hier die Anerkennung der rassischen Verfolgung der Roma während des Faschismus reklamiert. Die Diskriminierung wird auf diese Weise in einen größeren und allgemein bekannteren Kontext eingeordnet und ihr so stärkeres Gewicht verliehen.[382] Eine ähnliche Strategie greift in *Sur les routes* (1998) von Lick Dubois, wo der *manouche* Bottine bei seinem Zusammentreffen der Sinti-Familie Kashukos sein Wissen über das unmenschliche Vorgehen der deutschen Besatzer vermittelt:

---

380 Sandra Jayat: *La longue route d'une Zingarina*, S. 19–20.
381 Vgl. die Beilage zu *Patria Indipendente* 1 (2007).
382 Vgl. dazu auch Julia Blandfort: Die doppelte Grenze, S. 228–229.

I paraît que la première fois, les Allemands, quand ils sont venus voir les voyageurs, ils leur ont fait croire n'importe quoi. *O bareskro* (L'allemand), i leur disait: ‚On va vous emmener en Allemagne, là-bas tout sera bien. On vous donnera des maisons. Vous aurez à manger. Vous n'aurez plus aucun souci à vous faire', dit l'oncle.

Tu parles, quand les Manouches ont entendu ça, surtout quand tu vois les *tikné chavé* (petits enfants) mourir de la faim, *mar mulé*. Nous, on aurait fait pareil, *Baro Devel*. I paraît, c'est *imaginab'* les souffrances qu'i passent avant de mourir. Un juif qui a pu s'échapper par miracle nous disait: ‚Vous voyez, les SS, ils arrachent les bébés des bras de leur mère, les prennent par leurs petits jambes, *Baro Devel*, et éclatent leur tête contre les murs'. Tu crois que c'est rien, toi? Tu as les cheveux qui se dressent sur la tête quand on te raconte ça. On voulait même pas le croire.[383]

Die diabolische Stellung der Deutschen, welche die Roma bewusst mit falschen Versprechungen täuschen und nach Deutschland locken, wird hier durch die Ambivalenz des Romanès-Begriffs „bareskro" für einen Sprachkundigen hervorgehoben. Eigentlich handelt es sich nämlich um die (eher herablassende) Bezeichnung für Jenische und nicht unbedingt für Deutsche. Damit wird eine Zwischenstellung des Verführers erzeugt, die ihn auf der Grenze von Fahrenden und Mehrheitsgesellschaft positioniert und den Verrat ungleich grausamer erscheinen lässt, da das bestehende Vertrauen in Gleichgesinnte ausgenutzt wird. Allerdings werden die Ernüchterung der Verführten bei der Wahrheitsfindung und ihre Überführung in die Konzentrationslager ausgespart. Es wird vielmehr direkt zu den dort erlebten Leiden übergegangen. Dies steht auch für eine Wissensleerstelle, da die *manouches* keine direkten Überlebenden aus dem Lager kennen. Dies zeigt sich auch in der Verbwahl von Bottines Erzählung „[i] paraît que" und wird besonders in der Vermittlung der Grausamkeiten im Lager deutlich. Denn diese werden nicht von Bottine oder einem Roma-Überlebenden berichtet, sondern von einem geflohenen Juden. Die Fremdvermittlung hat zum einen den Zweck, Objektivität zu erzeugen und beruft sich zum anderen auf die Autorität des Juden als anerkannt nationalsozialistisch Verfolgtem. Besondere Nähe der vermittelten Grausamkeit bewirkt das in der Passage verwendete Präsenz, das einen Gegensatz zur zuvor stehenden Vergangenheitsform bildet. Für Nähe von Erzähler und Zuhörerschaft sorgt zusätzlich die allgemeine sprachliche Gestaltung als *oraliture* mit den zahlreichen emotiven Romanès-Ausdrücken (*Baro Devel* Romanès: großer Gott, *mar mulé* Romanès: meine Toten). Die Tatsache, dass diese nicht übersetzt werden, steht zusätzlich für die Nähe zu den Roma und den relativen Ausschluss der Nicht-Roma-Leser. Hinzu kommt, dass Bottine sich und seine direkte Umgebung an die Situation der

---

383 Lick Dubois: *Sur les routes*, S. 403.

Verführten annähert, indem er eine ähnliche Entscheidung vermutet („on aurait fait pareil"). Für die affektive Beteiligung und Interaktion mit den Zuhörern steht zudem die rhetorische Frage („Tu crois que c'est rien, toi?") und die Beschreibung der körperlichen Reaktion auf die erzählten Grausamkeiten. Die Gesamtgestaltung lässt den Leser, der sich mit dem direkten Ansprechpartner Kashuko und der restlichen Familie als Zuhörerschaft ein Doppel hat, das Leiden und die Grausamkeiten der Roma im Lager besonders effektiv nachvollziehen. Interessant ist in dieser Hinsicht, dass die Situation innerhalb des Werkes noch einmal sehr ähnlich wiederholt wird und so eine gespiegelte Version entsteht. Der Ich-Erzähler in *Enfances tsiganes* (2007) berichtet das Zusammentreffen mit dem überlebenden Juden ebenfalls.[384] Hier jedoch ist der Erzähler direkt im Kontakt mit dem Juden und es wird keine weitere Vermittlungsebene mit einem zusätzlichen intradiegetischen Erzähler zwischengeschaltet. Erzählt wird die Grausamkeit des Lagers direkt von dem Überlebenden.

In direkten Kontakt mit Überlebenden des Holocaust kommen auch die Protagonisten von Sandra Jayats *El Romanès* (1986) und *Zingarina ou l'herbe sauvage* (2010). In diesen Texten bilden die Begegnungen der Protagonisten, Stellina und Romanino, ebenso Möglichkeiten der Annäherung an die jüdische (Schicksals-)Gemeinschaft, wobei hier im Gegensatz zu vorher eine zusätzliche zweite Strategie auftritt. Einerseits wird die ähnliche Verfolgungserfahrung wie zuvor zum Anlass genommen, die Inklusion in eine jüdische Schicksalsgemeinschaft darzustellen, andererseits aber findet die Distanzierung von einer solchen Verfolgungsgruppe statt. Nach seiner Flucht aus Spanien begegnet Romanino auf der Promenade von Nizza einem jüdischen Mann und seiner Mutter. Die Jüdin hält den jungen *gitano* fälschlich für ihren Enkelsohn. Nachdem das Missverständnis der anderen Ethnizität aufgeklärt ist, werden zwar ähnliche historische Erfahrungen, musikalische Begabung und Verfolgung betont, die Verbindung jedoch nicht weiter vertieft.[385] Auffällig ist, dass die hier beschriebene Ausgangssituation fast identisch in *Zingarina ou l'herbe sauvage* (2010) aufgegriffen wird und damit als intertextueller Verweis gelesen werden kann. Parallelisierung findet hier also nicht nur zwischen Roma und Juden statt, sondern auch auf diegetischer Ebene. Allerdings führt in Stellinas Fall und der Begegnung mit dem Juden Joseph und seiner Mutter die Annäherung zwischen dem jungen Roma-Mädchen und der jüdischen Familie wesentlich weiter:

---

384 Lick Dubois: *Enfances tsiganes*, S. 90–91.
385 Vgl. Sandra Jayat: *El Romanès*, S. 169.

> Soudain, j'entends quelqu'un crier:
>
> – Sarah! Sarah!...Oh! Sarah! qu'est-ce qu'ils ont fait de toi?
>
> Sans avoir le temps de réagir, la tête d'une femme se cale contre ma joue et ses bras enchaînent mon corps. Je tente de me débattre, mais ma force se brise contre la surprise de l'événement. [...] un jeune homme nous rejoint. Tous deux parlent une langue que je ne connais pas vraiment... Pourtant, elle m'évoque instantanément un souvenir.
>
> Un jour, je devais avoir sept ou huit ans, ma mère me parla dans cette langue. Sachant que je ne la comprenais pas, elle avait murmuré:
>
> ‚C'est ma langue maternelle! Un jour, quand tu es plus grande, je t'apprendrai, je te raconterai les choses atroces que peuvent faire les hommes.'
>
> Les jours, les mois, les années avaient passé et voilà qu'aujourd'hui un des tiroirs de ma mémoire s'ouvre avec fracas. ‚Qui suis-je?'[...]
>
> Il [le jeune homme] m'explique alors l'inattendu de la situation:
>
> – Vous ressemblez tellement à Sarah, ma sœur qui est restée dans l'épouvante des camps de l'horreur![386]

In beiden Texten fungiert die Sprache als Erkennungsmerkmal. Im Fall von Romanino ist das Unverständnis der Sprache eine Möglichkeit, Zugehörigkeit auszuschließen. Bei Stellina hingegen löst das akustische Signal einen Erinnerungsprozess aus, der zu einer Infragestellung ihrer Identität führt. Indem sie die Sprache ihrer Mutter wiedererkennt, entdeckt sie ihre jüdische Identität. Diese wird untrennbar mit den Gräueltaten des Holocaust verbunden. Gleichzeitig findet ein zweiter Erkennensprozess statt. Josephs Mutter glaubt aufgrund der äußerlichen Ähnlichkeit, in Stellina ihre verlorene Tochter wiedergefunden zu haben. Die Protagonistin wird damit in zweifacher Hinsicht in die jüdische Schicksalsgemeinschaft inkludiert. Aufgenommen wird Stellina schließlich effektiv in die jüdische Familie, die ihr in ihrer ersten Pariser Zeit Unterkunft gewährt und ihr dabei behilflich ist, sich als Künstlerin zu etablieren. Die Einschränkungen ihrer individuellen Freiheit durch Joseph und seine Mutter und die Aufoktroyierung einer fremden Identität – diejenige der ermordeten Tochter – lösen bei Stellina allerdings zunehmende Abwehr aus. Letztlich erkennt die Protagonistin die Gemeinsamkeit der Verfolgungserfahrung zwar als bedeutend an, trennt sich aber dennoch von der jüdischen Familie:

---

386 Sandra Jayat: *La Zingarina ou l'herbe sauvage*, S. 133.

> Une révolte éclate dans mon cœur tandis que dans mon ventre tourbillonne un micmac de cris et de douleurs qui m'ahurissent comme si j'entendais le pas des ombres de la nuit. Même si nous avons subi la même oppression qui campe et qui campera indéfiniment sur le présent, je ne suis pas Sarah![387]

Stellinas Körper erscheint von einem Schmerz besetzt, der nicht ihr eigener ist, der sie jedoch durchdringt und so die Gemeinsamkeit der leidvollen Erfahrungen unterstreicht und sie als Individuum in die Geschehnisse und deren Konsequenzen einbindet. Ebenso wie Stellina durchdrungen zu sein scheint, dringt die Vergangenheit in die Gegenwart ein und wirkt sich auf diese aus. Mit der deautomatisierenden Verwendung von „camper" wird die Bedeutung der Lagererfahrung und ihre anhaltende Wirkung für die gegenwärtige Situation von Roma und Juden unterstrichen. Trotz dieser Betonung aller Gemeinsamkeiten lehnt Stellina letztlich eine Gleichsetzung mit der jüdischen Identität ab und strebt weiterhin nach ihrer individuellen Freiheit.[388]

In Sandra Jayats Werk herrscht der Eindruck vor, die Verfolgung hätte lediglich in weiter Ferne stattgefunden und sei nur durch fremde Vermittler kommunizierbar, weil die französischen Roma nur am Rande betroffen waren. Weitaus konkreter auf den französischen Kontext bezogen ist eine Textpassage in Lick Dubois *Romanestan* (2010). Gropelo beschreibt explizit die französische Repression und zieht dabei zugleich eine eindeutige Parallele zur jüdischen Verfolgungssituation.[389] Er wird von seiner Frau Angela nach dem Grund für dieses Schicksal ständiger Diskriminierung gefragt:

> – Je ne comprends pas: on a toujours persécuté le peuple juif, pourquoi?
>
> – Mais les Tsiganes aussi, nous avons subi le même sort, bien que suivant des chemins différents, et cela remonte à des temps très anciens. Nous avons certains points communs: avoir été gazés, petits et grands, pendant la Deuxième Guerre mondiale, d'être éparpillés de par le monde… Un jour, je t'emmènerai visiter un camp de concentration de plusieurs hectares au cœur de la forêt, sans pour autant courir à Dachau ou à Sobibor. Il se trouve dans notre belle France, près de la ville de Strasbourg, plus exactement à quatre ou cinq kilomètres du Mont Saint-Odile. Des milliers de Sinti ont péri dans ce camp de la mort après d'atroces souffrances. Plusieurs bâtiments sont encore debout, les salles de torture,

---

387 Ebd., S. 141.
388 Für eine Analyse unter dem Aspekt des kindlichen Blicks in Verbindung mit dem Holocaust dieser Passage vgl. Julia Blandfort: Rétrospective d'un peuple errant: le regard de l'enfant sur l'Holocauste dans deux romans de Sandra Jayat. In: Isabella von Treskow/Silke Segler-Meßner (Hg.): *Enfance, jeunesse et génocide: théories – textes – témoignages*. Frankfurt a.M. u.a: Lang 2014, S. 301–314.
389 Neben den bereits zitierten Textstellen findet eine Parallelisierung von Roma und Juden auch in Lick Dubois: *Sur les routes*, S. 205 und S. 377 statt.

le four crématoire qui pourrait encore fonctionner de nos jours, la salle d'expérience pour la médecine où l'on stérilisait hommes et femmes, les abus sexuels de jeunes filles... Et tout cela, dans ma ‚France' comme le chantait Jean Ferrat![390]

Neben der Parallele der Zerstreuung ist die Verfolgung während des Zweiten Weltkriegs hier das ausschlaggebende Argument für einen Vergleich von jüdischer und romani Erfahrung. Für Gropelo spielt dabei keine entscheidende Rolle, dass die Verfolgung überhaupt stattgefunden hat, sondern vor allem die Tatsache, dass sie mit aller Grausamkeit auch auf französischem Boden durchgeführt wurde. Die räumliche Nähe wird hier mit einer zeitlichen Komponente kombiniert. „Le four crématoire qui pourrait encore fonctionner de nos jours" macht deutlich, wie allgegenwärtig und aktuell die Gefahr weiterer – auch systematischer Verfolgung – ist. Durch den Einbezug des jüdisch-französischen Chansonniers Jean Ferrat und dessen bekanntestes Album „Ma France" wird die Parallelisierung mit der jüdischen Erfahrung vom Anfang wieder aufgegriffen und so eine zirkuläre Struktur geschaffen. Über die jüdische Parallele hinaus wird hier der französische Bezug erneuert und mit einer konkreten Figur verbunden, die eben jene doppelte Zugehörigkeit (jüdisch-französisch) charakterisiert, wie sie auch für Gropelo und Angela als romani-französisch entscheidend ist. Während in *Sur les routes* (1998) noch die Unkenntnis der Familien gegenüber den sie erwartenden Konsequenzen der Internierung – vor allem die durch die Statik entstehenden ökonomischen Schwierigkeiten – herrscht, ist für Gropelo das Konzentrationslager ein etabliertes Symbol für Verfolgung.[391] Er träumt von seinem Großvater, der sich als Leiter einer Großdemonstration in Paris für die Rechte der Roma stark macht und sich an die Spitze des Zuges setzt: „Je regarde mon grand-père tenant la bride de son cheval et cours vers lui en criant: ‚Ils vont nous remettre tous dans les camps de concentration!'"[392] Das Sich-Sichtbarmachen und öffentliche Eintreten für die Anerkennung der Roma wird hier direkt mit der drohenden Wiederkehr historischer Verfolgungserfahrung verbunden. Dadurch werden Ängste artikuliert, die auch die Möglichkeit befördern, öffentliche Aufmerksamkeit negativ auf die Gemeinschaft zu beziehen. Zudem wird das Konzentrationslager als Symbol verankert und auf die andau-

---

390 Lick Dubois: *Romanestan*, S. 42. Der Erzähler bezieht sich auf das Konzentrationslager Natzweiler, das im Dorf Struthof etwa 60km von Straßburg entfernt lag. In den Jahren 1941–44 starben dort ca. 22 000 Menschen. Vgl. http://www.struthof.fr/fr/le-kl-natzweiler/introduction-a-lhistoire-du-camp/ [18.5.2013].
391 Vgl. Lick Dubois: *Sur les routes*, S. 388. Ähnlich auch in Lick Dubois: *Enfances tsiganes*, S. 19.
392 Lick Dubois: *Romanestan*, S. 16.

ernde Wirkung des kollektiven Todesurteils sowie des damit verbundenen Trauma hingewiesen.

Tradierte Verfolgungserfahrung als gemeinsame Vergangenheit
Für die Konstruktion gemeinsamer Erfahrungen hat die nationalsozialistische Verfolgungsgeschichte in zahlreichen Texten herausragende Bedeutung. Im Fall der Romane von Sandra Jayat wird sie mit einer augenfälligen Anzahl von Prolepsen vor allem in *La longue route d'une Zingarina* (1978), *El Romanès* (1986) und *Zingarina ou l'herbe sauvage* (2010) manifest. Sie illustrieren vor allem die Situation von Flucht und Verfolgung und damit eine hauptsächlich verantwortliche Komponente für die Zerstreuung in der Diaspora. Romaninos Erinnerungen an den Spanischen Bürgerkrieg offenbaren zum Beispiel nicht nur seine eigene identitäre Unsicherheit, sondern illustrieren die allgemeinen Konsequenzen gewaltsamer Auseinandersetzungen, die zur Vertreibung und Flucht führen. Vergangenheit und Gegenwart vermischen sich hier nicht nur in der Perzeption der Figur, sondern auch auf der textstrukturellen Ebene, denn die Prolepsen werden in die gegenwärtigen Handlungen der Figuren eingeflochten. Die kollektive Wirkung einer solchen Verfolgungserinnerung zeigt sich auch deutlich in *La longue route d'une Zingarina* (1978), als Stellina gemeinsam mit ihrem Großvater die Verfolgung während des Zweiten Weltkriegs rekonstruiert. Die Unsicherheit der Situationen von Flucht und Verfolgung wird durch stabilitätserzeugende Erinnerungsvisionen ergänzt, etwa im Rückgriff auf die Zeit des Faschismus.[393] Der Großvater Narado ruft bei Stellina die Erinnerung an die Diskriminierung und Gewalt wach, die die Familie während dieser Zeit erdulden musste. Mit den folgenden Worten führt er zum Verfolgungsthema hin: „Au cours de cette guerre, plusieurs milliers de Tziganes ont été exterminés. Les autres ont dû masquer leur origine tant bien que mal pour essayer de survivre."[394] Der Großvater nimmt die traditionelle Rolle eines Geschichtsvermittlers ein und macht Stellina im Zwiegespräch mit der Vergangenheit ihrer Familie und Ethnie vertraute. In der Darstellung wird zunächst auf das Leid, das alle Roma während des Zweiten Weltkriegs erdulden mussten, rekurriert und damit ein allgemeingültiger Bezugspunkt für die gesamte Gemeinschaft der Roma geschaffen. Entgegen der Erwartung, nun würde seine persönliche Erinnerung an die Ereignisse folgen, werden nach den Konsequenzen für das Kollektiv zunächst Stellina und ihre Reaktion auf das Gesagte fokussiert. Eine Flut von Erinnerungen überschwemmt sie:

---

[393] Vgl. Sandra Jayat: *La longue route d'une Zingarina* 1996 [1978], S. 21–40.
[394] Ebd., S. 21.

> Ces pensées m'envahissent et font surgir derrière mes yeux la fièvre du souvenir.
>
> – Je me rappelle, grand-père Narado! Je me rappelle! C'est vrai, je n'étais qu'une enfant... Mais ces sombres années ne se sont pas diluées dans l'air. Cela se passait à Moulins. Les hommes verts avançaient lourdement sur la ville....[395]

Durch die Wörter „envahir" und „fièvre" wird die Gewaltsamkeit vermittelt, mit der die verschütteten Erinnerungen aus Stellina herausbrechen und deren traumatische Komponente unterstrichen. Die Ausrufe und ihre Wiederholung unterstützen diesen Eindruck affektiver Beteiligung und rechtfertigen die Unterbrechung der Erzählung Narados. Durch die folgenden beiden Sätze werden die erweckten Erinnerungen kanalisiert und es beginnt, ein konkretes Bild der Besetzung zu entstehen. Zum zweiten Mal wird so – unterstützt auch durch die Verwendung des *imparfait* – der Anschein einer Einführung in eine Erzählung erweckt. Insbesondere durch das Anakoluth scheint dies indiziert. Jedoch findet der angekündigte Inhalt nicht sofort eine Fortsetzung, vielmehr wird ein neues Kapitel begonnen und eine weitere Einleitung eingeschoben, die nochmals Narado als Vermittler der Geschichte vorstellt: „Deux fois déjà, Narado m'avait raconté ces moments tragiques de l'interminable massacre qui mit en jeu tant de vies humaines, que l'on disait de ‚races inutiles' et qui conservaient, malgré tout, l'espérance d'un demain."[396] Erst nach dieser zweiten Einführung beginnt die Binnenhandlung, die aus der Perspektive von Stellina in der ersten Person erzählt wird. Der Handlungsverlauf wird hier also hinausgezögert und eine interaktive (orale) Kommunikationssituation mit mehreren Erzählern – Narado und Stellina – verschriftlicht, mithin bildet der Text durch die Verzögerung der Handlung mit mehreren Erzählanfängen den dynamischen Erzählprozess mit verschiedenen Beteiligten ab. Narado nimmt dabei die Position eines Katalysators für Stellinas Erinnerung ein und die partizipatorische Form des Erzählens zeigt den Lernprozess an. Indem Narado die Erzählung erstmalig beginnt, werden ihre Erinnerungen lebendig und ermöglichen eine Weiterführung. Die Darstellung scheint jedoch nicht vollständig aus ihrem Gedächtnis zu entstehen. Denn Narados Vermittlerrolle wird nochmals miteinbezogen, wenn Stellina erwähnt, er habe ihr die entscheidenden Ereignisse bereits zweimal erzählt. So entsteht der Eindruck, seine Erzählungen und ihre Erinnerungen würden sich überlagern und zu einer Geschichte verschmelzen. Mit der wiederholten Durchbrechung der Handlungsfortführung wird nicht nur der Erzählakt besonders hervorgehoben, sondern auch der Entstehungsprozess der Erzählung selbst in

---

[395] Sandra Jayat: *La longue route d'une Zingarina*, S. 21.
[396] Ebd., S. 23.

den Mittelpunkt gerückt und so eine dominant poetische Funktion der Kommunikation geschaffen. Sandra Jayat rekurriert auf die Kennzeichen einer oralen Kultur der Roma, indem sie den performativen Charakter des Erzählprozesses ins Zentrum stellt und dadurch mittels der Erzählstruktur einen identitären Bezug zur Tradition herstellt. Dabei bildet die intergenerationale Figurenkonstellation ebenfalls die orale Prägung der Roma-Kultur ab, denn die Dialogsituation mit Narado als weisem alten Mann und Stellina als Vertreterin einer jüngeren Generation zeigt eine typische Situation der Kulturvermittlung. Die Anwesenheit des Großvaters und die durch ihn erfolgende Kanalisierung des Erlebten sind für das junge Mädchen, das seine Erinnerungen erst wiederentdeckt, also ein stabilisierender Faktor.[397] Dieser wird thematisch mit der Verfolgungsgeschichte und der daraus folgenden Vertreibung verknüpft. Die Wirkung zeigt sich vor allem in einer Stärkung der Beziehung zwischen den beiden Charakteren und festigt ihr Zusammengehörigkeitsgefühl.

Die Bedeutung von historischer Dimension, von Zeugenschaft und Erinnerung über die Generationen hinweg zeigt sich ebenfalls in *La guerre noble* (2006) von Luis Ruiz. Catalana hat eine übernatürliche Begegnung mit den Seelen der in den Konzentrationslagern ermordeten Roma:

> Ne vois-tu pas les traces laissées par une mémoire oubliée? Ne vois-tu pas la tristesse de nos âmes qui errent dans cet espace? Sois le témoin de notre mémoire, en poursuivant la guerre noble. Ne fais pas la même erreur que nos vieux. Donne l'envie à nos enfants de réussir là où les collines sont hautes; transmets nos traditions en même temps que celle des Gadjos. Ne ferme pas ton cœur aux erreurs du passé, ouvre-les aux générations futures.[398]

Die Seelen irren nicht nur räumlich umher, sondern sind vor allem dadurch heimatlos, da sie dem Vergessen anheimfallen. Catalanas Aufgabe, diesem Vergessen entgegenzuwirken und die Erinnerung zu bewahren, wird mit dem Paradox der Spuren („les traces laissées par une mémoire oubliée") aufgegriffen. Die Spuren zeigen die Gleichzeitigkeit von An- und Abwesenheit, wobei Catalana durch leidenschaftliches Eintreten letzterer entgegenwirken soll. Die Ambition geht tatsächlich über das bloße Bezeugen hinaus, denn nicht nur die Erinnerung an die Vergangenheit, sondern auch der Blick in die Zukunft und deren aktive Gestaltung sind Teil der ihr übertragenen Pflicht.

Die intergenerationale Vermittlung von Verfolgung während des Nationalsozialismus stärkt in Joseph Stimbachs Texten die Zugehörigkeit zur Gemein-

---

[397] Vgl. Ebd., S. 41. Für diese Analyse vgl. auch Julia Blandfort: Die doppelte Grenze, S. 230–232.
[398] Luis Ruiz: *La guerre noble*. Saint-Hippolyte-du-Fort: Le navire 2007, S. 79.

schaft sowohl mittels fiktionalisierter als auch dokumentarischer Sequenzen. Die Allgegenwart der (geschichtlichen) Verfolgung setzt er in einem der fiktionalen Texte von *Itsego* (2001) um. Eine Familie übernachtet an einem Ort, wo des Nachts Stimmen zu hören sind. Die alte Romnì erklärt den Kindern den Ursprung dieser Geistererscheinung:

> À cet endroit, des miliciens ont arrêté un couple avec deux enfants. Ils les ont encerclés et comme c'étaient des Tziganes qui venaient de Hongrie et ne parlaient pas bien français, ils les ont pris pour des espions, ils les ont fusillés: le père, la mère et les deux enfants. Il y a eu tellement de haine dans les yeux des Tziganes et tellement de souffrance qu'aujourd'hui, à partir de minuit, ils essaient de raconter aux vivants ce qui s'est passé ici.³⁹⁹

Über die Großmutter als Mediatorin wird das Mitteilungsbedürfnis der Toten wider das Vergessen erfüllt und den Enkeln die grausame Verfolgungsgeschichte vermittelt. Zudem spiegelt diese Situation auch die Tradierung der Verfolgungserfahrung an den Leser, der auf die Leiden der Roma aufmerksam gemacht werden soll. Der Bruch mit dem Schweigen hat vor allem in Bezug auf die Roma-Gemeinschaft Bedeutung, wie der Erzähler in *Détenu particulièrement à surveiller* (2010) in Rekurs auf das Thema des Nationalsozialismus und die Verfolgung verdeutlicht: „Les Manouches parlent très peu de cette période, ça a été fait, c'est du passé, ce n'est pas en en parlant qu'on va faire quelque chose. C'est dommage!"⁴⁰⁰ Der Bruch dieses Schweigens hat also ein doppeltgerichtetes Aufklärungsziel: Roma und Nicht-Roma.⁴⁰¹ In der fiktionalen Erzählung in *Itsego* (2001) wird zudem ein weiterer Effekt sichtbar. Neben den ermordeten Roma bevölkern auch andere Geister der unschuldig von den Nationalsozialisten Getöteten die Landschaft. Die Familie trifft zum Beispiel den Geist eines kopflosen Pfarrers, den die SS wegen seiner Tätigkeit in der *Résistance* erschoss.⁴⁰² Damit wird die ermordete Roma-Familie in die Gemeinschaft der NS-Verfolgten inkludiert und auf die Willkür der Nationalsozialisten hingewiesen. Integriert in diese Gruppe wird bis zu einem gewissen Grad auch die Großmutter mit ihren Enkeln, da sie sich der Anwesenheit der Toten und ihrer Geschichten

---

399 Joseph Stimbach: *Itsego. Contes manouches*. Draguignan: Wâllada 2001, S. 124–125.
400 Joseph Stimbach: *Détenu particulièrement à surveiller. La fin du voyage pour un Manouche?*. Paris: L'Harmattan 2010, S. 30.
401 Dies zeigt sich auch darin, dass die NS-Verfolung vielfach – auch nur am Rand – erwähnt wird. Vgl. Joseph Stimbach: *Itsego*, S. 157; Joseph Stimbach. *Réflexion d'un manouche. Laissez-nous vivre!*. Paris: L'Harmattan 2004, S. 53, S. 101, S. 107, S. 109 und S. 119; Joseph Stimbach: *Détenu*, S. 31, S. 52 und S. 144.
402 Vgl. Joseph Stimbach: *Itsego*, S. 126.

bewusst sind und dadurch an ihr teilhaben. Die generationenübergreifend anhaltende Wirkung der Verfolgung und die Weitergabe von erlittenen Traumata während dieser Zeit werden auf diese Weise vermittelt.[403]

Um die Bedeutung der weitergegebenen Erinnerungen an die erlittene Verfolgung hervorzuheben, wird ihre Tradierung an die älteren Respektspersonen in den Texten gebunden. Großväter und -mütter vermitteln das kommunikative Gedächtnis und damit in Form von Oral Histories auch die von ihnen selbst erlebten Geschehnisse. In den Textauszügen von Sandra Jayat, Luis Ruiz und Joseph Stimbach wird jedoch ebenso die Tradierung von Verfolgungserinnerungen in rituellen und zum Teil mysthischen Formen aufgegrifffen, womit die zeitüberdauernde Bedeutung dieser Erlebnisse im fiktionalen kulturellen Gedächtnis indiziert wird.

Internierung, Deportation und Ermordung

In Hinblick auf die Internierung der Roma in den französischen Lagern sieht Matéo Maximoff sichtlich Aufklärungsbedarf: „[U]n camps de concentration en France! Tout le monde ignorait son existence. Le camp de Gurs, avec ses miradors et ses gardiens armés, ses sentinelles, ses portes grillagées et bien gardées. Peut-être même électrifiées?"[404] Der Unkenntnis der Mehrheitsgesellschaft wird sowohl durch die inhaltliche als auch sprachliche Gestaltung entgegengewirkt. Die Exklamation betont das Bestehen des Konzentrationslagers auf französischem Boden, wobei die Verwendung der Bezeichnung, die mehrheitlich mit Deutschland beziehungsweise Osteuropa verknüpft ist, die Verbindung zwischen Frankreich und nationalsozialistischen Denkweisen verstärkt. Die detaillierte Aufzählung von den Gegebenheiten im Lager, welche allesamt dazu dienen, ein Entkommen unmöglich zu machen, führt den dokumentarisch-aufklärerischen Anspruch fort. Dieser Effekt wird jedoch durch die zuletztstehende Frage gebrochen, die nicht nur einen stilistischen Bruch bedeutet, sondern auch ein Perspektivwechsel indiziert. Der Erzähler ist nun nicht mehr der allwissende außenstehende Betrachter, sondern vermittelt die Unsicherheit der

---

403 Vgl. auch Joseph Stimbach: *Détenu*, S. 135–136. Hier wird eine intergenerationale Traumavermittlung thematisiert. Nach Jahren der unerklärbaren Anspannung bei seinen Besuchen in Les-Saintes-Maries-de-la-mer erinnert der Protagonist sich daran, dass seine Mutter in einem Lager in der Nähe internieert war. Die unbewusst weitergegebene Verfolgungserfahrung ist für den Ich-Erzähler damit die Erklärung für sein beständiges Unwohlsein an dem für die Roma so bedeutenden Wallfahrtsort.
404 Matéo Maximoff: *Dites-le avec des pleurs*, S. 145. Ähnliche Bezüge zur Internierung in: Matéo Maximoff: *La septième fille*, S. 45; Matéo Maximoff: *Condamné à survivre*, S. 190; Matéo Maximoff: *Dites-le avec des pleurs*, S. 202 und Matéo Maximoff: *Routes sans roulottes*, S. 59.

Internierten gegenüber dem Lageraufbau und dessen möglicherweise (tödlichen) Konsequenzen. Distanz und Nähe zu den Roma werden dadurch umgesetzt, wobei dieses Wechselspiel hier vor allem für die Ausgrenzung der Roma als Fremde steht, denn die Internierung spricht ihnen definitiv die Zugehörigkeit zu Frankreich ab:

> L'Allemagne avait attaqué la Belgique, la Hollande et la France au printemps de 1940. Le lendemain de cette attaque, le gouvernement français décréta une loi interdisant à tout étranger de circuler à travers la France, et les étrangers devaient résider là où ils se trouvaient. [...] En 1941, il se trouvait en France une dizaine de camps d'internement pour les tziganes. Le gouvernement considérait comme étrangers tous les nomades, y compris ceux de nationalité française dont les fils étaient morts ou prisonniers. Au printemps de 1941, les Tziganes, les bohémiens, les romanichels et les gitans, tous de même origine, furent parqués dans certains départements.[405]

Die Gemeinsamkeit aller Roma als Opfer der Ausgrenzung zeigt sich hier in der expliziten Aufzählung der einzelnen Gruppen, die das gleiche Schicksal teilten. Die Zwangssedentarisierung und die anschließende Internierung in einer Vielzahl von Lagern betreffen den gesamten französischen Raum.

Die Verfolgung gipfelt im Völkermord. Die tatsächliche Deportation in die deutschen und osteuropäischen Vernichtungslager wird allerdings nur von einigen wenigen Texten thematisiert. Im Werk Matéo Maximoffs ist sie – sicher auch aufgrund seiner Biographie[406] – jedoch von großer Bedeutung und vor allem in den Romanen *Condamné à survivre* (1984) und *Dites-le avec des pleurs* (1990) handlungstragend.[407] So wird das Schicksal von Rakli, der Tochter der Hauptfigur Khantchi in *Condamné à survivre* (1984), aus nächster Nähe beschrieben: „Déporté en Allemagne, le mari de Rakli sera brûlé dans un four crématoire, avec bien d'autres Roms. Il n'y aura pas de survivant."[408] Mit der Annäherung an die Figuren geht in den Romanen Matéo Maximoffs die Darstellung heldenhaften Verhaltens der Figuren gegenüber der drohenden Ermor-

---

405 Matéo Maximoff: *La septième fille*. Champigny sur Marne: Concordia 1982 [1958], S. 29.
406 Der Autor war selbst mit seiner gesamten Familie für mehrere Jahre in den französischen Internierungslagern Gurs, Tarbes und Lennemazan gefangen und setzte sich später für die Anerkennung dieses Unrechts ein. Vgl. Milena Hübschmannová: Matéo Maximoff. In: *Rombase. Didactically Edited Information on Roma* (2002), S. 8–9.
407 Die nachhaltige Prägung des Autors durch die Internierung zeigt sich sowohl in der Autobiographie *Routes sans Roulottes* (1993) als auch in Illusionsbrüchen innerhalb der Romane, die sich auf die Erfahrung des Autors als Internierter beziehen. Vgl. Matéo Maximoff: *Routes sans roulottes*, S. 21 und S. 123; Matéo Maximoff: *Dites-le avec des pleurs*, S. 44 und S. 202 und Matéo Maximoff: *La septième fille*, S. 14.
408 Matéo Maximoff: *Condamné à survivre*, S. 194.

dung einher. Khantchis Tochter Rakli rächt sich für die Ermordung ihrer Kinder und ihres Ehemannes an einem deutschen Offizier und wird zu einer Figur der Hoffnung: „Ce n'est pas la première fois qu'un officier allemand est tué par un déporté dans un camp. Mais c'est la première fois qu'il l'est par une femme, et qui plus est une Romnì qui devient une sorte d'héroine."[409]

Eine Begründung für den Holocaust, die eine Romnì zur vorausschauenden Heldin macht, wird in *Dites-le avec des pleurs* (1990) dargestellt: „La bruit avait couru parmi ce peuple errant qu'une Romnì avait un jour prédit à Hitler qu'il perdrait finalement la guerre. Ainsi le führer et son gouvernement avaient-ils décidé de supprimer le peuple de celle qui avait osé proférer une telle prophétie."[410] Die fiktionale Erklärung, die märchenhafte Züge trägt, bringt die Wahrsagerin zunächst in eine übergeordnete Stellung und schafft durch den Rekurs auf den traditionellen Beruf einen Bezug zum Roma-Dasein. Die prophetische Romnì erscheint durch ihre Wahrsagung in einer Machtposition, deren fatale Folgen sie allerdings nicht vorhersieht, die jedoch eine Begründung für den sonst unerklärlichen Rassenhass liefert. Romanino in *El Romanès* (1996) von Sandra Jayat fehlt diese Hellsicht: Die Ungewissheit über das Schicksal seiner Frau Huda, die die nationalsozialistische Verfolgung mit sich bringt, verunsichert ihn in seiner gesamten Existenz. Die Erzählung einer alten Romnì, welche die Lager überlebt hat, hilft ihm nur teilweise, Gewissheit zu erlangen:

> Ses dents en or brillèrent sur son visage sombre. Elle s'écria:
>
> – Je suis une échappée de la mort!
>
> Je me levai d'un bond, bouleversé. Elle me pria de me rasseoir et de prendre grand soin de ses paroles.
>
> – Je suis l'une des rares survivantes des camps...
>
> Elle s'efforça de se souvenir, mais tout s'embrouilla dans sa tête. Je n'entendis plus qu'un chuchotement. Soudain, elle se racla la gorge et tonna:
>
> – J'ai vu Huda.
>
> – Parle! demandai-je sèchement.
>
> – Oui, j'ai vu Huda, Romanino... Elle dansait au rythme des flammes!

---

[409] Matéo Maximoff: *Condamné à survivre*, S. 201.
[410] Matéo Maximoff: *Dites-le avec des pleurs*, S. 158.

- Où était-ce? Rappelle-toi!

- C'était en Allemagne, la dernière année de la guerre...

- Est-elle en vie? murmurai-je.

- Je me souviens, ce jour-là, il y avait des Allemands tout autour d'elle, leurs mains semblaient accrochées sur leurs fusils, ils riaient comme des fous. Brusquement, une colombe bleu pâle s'arrêta près de Huda qui posa les mains sur ses ailes et s'envola. Plus tard, je l'ai vue debout parmi les étoiles, son corps brillait d'une douce lumière...

Je fis taire cette vieille gitane en criant:

- Regarde dans quel état m'a mis ton histoire, la sueur brûle mon front!

- C'est la vérité, Romanino, c'est la vérité, m'affirma-t-elle. Puis, elle s'éloigna doucement en bougeant la tête. J'en frisonne encore Loussimo, dois-je me fier à cette vieille femme et à sa voix inquiétante ou dois-je rire? Je ne sais pas, je ne sais pas. Mais, porqué, porqué cette histoire me rend fou de rage. Je refuse de croire et pourtant je frémis.[411]

Ähnlich wie bei Stellinas Versuch in *La longue route d'une zingarina* (1978), sich an die Verfolgungszeit zu erinnern, ist auch die Situation der alten Frau von Erinnerungsfragmenten geprägt. Im Gegensatz zu Stellina erhält sie jedoch keinen Beistand und ist daher bei der Darstellung auf sich allein gestellt. Obwohl sie die diffusen Gedanken zu einer klaren Aussage über das Erkennen von Huda zusammenfassen kann und auch eine akkurat wirkende Beschreibung der Bedrohung durch die deutschen Soldaten liefert, driftet ihre anschließende Darstellung in eine märchenhafte Wunschvorstellung ab, sodass Romaninos Bedürfnis nach einer eindeutigen Antwort über Hudas Schicksal enttäuscht wird. Ihre Kommunikationsweise in Bildern löst bei ihm Frustration aus und ihr Versuch, Frieden in einer Auferstehungsvision zu finden, trägt lediglich dazu bei, seine Suche nach Gewissheit und innerem Frieden zu unterlaufen. Er sieht daher nur eine Möglichkeit, sich von der Realität der Geschehnisse zu überzeugen: eine Reise nach Deutschland und den Besuch eines Konzentrationslagers. Es bleibt allerdings bei einem Versuch. Die emotionale Reaktion Karl Fullers, des deutschen Fotografen, der Romanino und Huda in Frankreich zur Seite gestanden hatte, bringt Romanino von seinem Plan ab. Die Aussöhnung mit der Vergangenheit beginnt im persönlichen Austausch der beiden und einer wahren Freundschaft, wie sie Karl Fuller sich immer gewünscht hatte, steht nichts mehr im Wege.

---

411 Sandra Jayat: *El Romanès*, S. 246–247.

Die Einschränkungen und Bedrohung der zunehmenden Nazifizierung betreffen in Miguel Halers *La route des gitans* (2008) nicht nur die Roma. Dem deutschen Großvater des Protagonisten Franz, der als aufrechter und großzügiger Adeliger beschrieben wird, sind die Nationalsozialisten und ihre Ideologie verhasst und er erleidet vor Zorn und Ärger über ihre Engstirnigkeit einen Herzinfarkt.[412] Dennoch kann sich sein Enkel Franz der Zwangseingliederung in die Armee nicht entziehen. Als Offizier der Wehrmacht spürt er die in den polnischen Wälder versteckt lebende Roma-Gruppe auf und spricht Urteil über sie: „La loi du Reich qui s'applique aussi en territoire polonais interdit toute forme de nomadisme et stipule que les tziganes doivent être regroupés dans des camps spéciaux! Nous allons vous emmener."[413] Angesichts von Saras klischeehaft überzeichneter Schönheit und des musikalischen Könnens von Tochka beginnt die Indoktrination der nationalsozialistischen Ideologie, ihren Effekt auf ihn allerdings zu verlieren und er entscheidet sich zu dem folgenschweren Schritt, die beiden Begleitsoldaten zu ermorden und mit der Familie zu flüchten. Dem effizienten Verfolgungssystem können die Flüchtigen jedoch nicht entgehen. Die scheinbare Rettung der beiden Protagonisten, Franz und Sara, in ihr Liebesnest in der Hohen Tatra macht das tödliche Ende der Handlung besonders deprimierend. Der Erzähler der Geschichte weist darauf hin: „L'histoire merveilleuse de Franz, déserteur de l'armée allemande, et de Sara, la danseuse gitane, aurait pu se terminer très bien, comme dans les contes de fée: ,Il vécurent heureux et eurent beaucoup d'enfants après Tochka...' Hélas, la réalité fut autre."[414] Der metareflexive Verweis auf den Bruch zwischen märchenhaft romantischer Geschichte und harter Realität steigert die Spannung und erhöht den Authentizitätsanspruch. Gleichzeitig findet mit dieser Einleitung ein Perspektivwechsel statt. Von der vorherigen internen Fokalisierung auf Franz mit dessen Tagebucheinträgen wird nun in eine externe Fokalisierung gewechselt und damit Abstand zu den beiden Figuren geschaffen. Der Leser entfernt sich von ihrer Geschichte und nähert sich der diegetischen Realität der Rahmenhandlung, in der der Ich-Erzähler einem alten Rom in Les Saintes-Maries-de-la-mer lauscht. Der Bezug zur oralen (Märchen-)Tradition wird hier also semantisch hergestellt, aber auch auf der diskursiven Ebene vermittelt. Das anfängliche märchenhafte Ambiente wird aufgegriffen und eine zirkuläre Struktur geschaffen. In Korrespondenz mit der Handlung des vorherigen Textes steht das letzte Kapitel aber dennoch. Denn die beiden Roma-Figuren Tochka und Sara werden beleuchtet.

---

412 Vgl. Miguel Haler: *La route des gitans*, S. 80.
413 Ebd., S. 101.
414 Ebd., S. 233.

Beide erleiden dasselbe Schicksal, die Deportation nach und Ermordung in Auschwitz. Nach seiner Verhaftung wird Tochka deportiert und seine Ankunft im Lager beschrieben:

> Il était dans un camp entouré de fils barbelés et surmonté de miradors. Autour de lui, à perte de vue, des baraquements en bois s'enfilaient les uns derrière les autres. Il apercevait aussi un enchevêtrement de bâtisses en ciment, puis, au loin, de longue cheminées qui crachaient une fumée sombre et répandaient une odeur affreuse.[415]

Die abstoßenden Schornsteine und der widerliche Geruch, der von ihnen ausgeht, haben vorausdeutende Funktion, denn nicht nur Tochka, sondern auch seine Enkelin Sara werden in den Gaskammern des Konzentrationslagers ermordet und ihre Leichen in den Krematorien verbrannt. Parallelen und Kontraste zeigen sich dabei auf der inhaltlichen wie der diskursiven Ebene. Tochkas letzte Worte, während das Gas in die Kammer strömt, lauten: „‚Oské? Oské?' [Fußnote: Pourquoi? Pourquoi?]".[416] Das Unverständnis gegenüber dem grausamen Tod wird inhaltlich durch die Frage nach dem Warum vermittelt und durch die zweifache Wiederholung verstärkt. Die Repetition betrifft zum einen die Verdopplung der Frage und zum andern die doppelte Situationsbeschreibung: Ebenso wie Tochka stirbt Sara in der Gaskammer mit den Worten „Oské? Oské?" auf den Lippen.[417] So wird die Qual der Ermordeten betont und die empfundene Sinnlosigkeit vermittelt. Ein Unterschied besteht hingegen in der Einbindung der beiden Figuren in die Lagersituation. Während in der Szene von Tochkas Tod Einsamkeit und individuelles Erleben im Vordergrund stehen, wird die Perspektive in der Passage, die Saras Schicksal erzählt, erweitert. Die junge Frau verbringt eine kurze Zeit vor ihrer Ermordung im ‚Zigeunerlager'[418] und hat kurz vor ihrem Tod Kontakt zu zwei Romnìa:

> [...] Sara entendit parler ses compagnes d'infortune en romanès. Cette langue, qui avait bercé son enfance et sa trop courte jeunesse ébranla sa boîte à souvenirs. Elle en fut si agréablement surprise qu'elle se mit à papoter de tout et de rien avec les deux vieilles qui se trouvaient juste à côté d'elle. Cette prononciation si particulière, c'était leur culture,

---

415 Miguel Haler: *La route des gitans*, S. 163.
416 Ebd., S. 164.
417 Vgl. Ebd., S. 245.
418 Ebd., S. 243. Im Zigeunerlager Auschwitz-Birkenau wurden zwischen 1942 und 1944 ca. 23 000 Sinti und Roma getrennt von anderen Internierten gefangen gehalten. Die meisten unter ihnen fielen den unmenschlichen Lagerbedingungen, der Zwangsarbeit, den Massenvergassungen und den Grausamkeiten der SS zum Opfer. In der Nacht vom 2. auf den 3. August 1944 wurden die wenigen Überlebenden ausnahmslos vergast. Vgl. Romani Rose: *Den Rauch*, S. 218 und Michael Zimmermann: *Rassenutopie*, S. 293–345.

leur appartenance. Elle ne l'avait plus entendu depuis la disparition de son grand-père. Ce fut ce dernier bonheur simple mais profond que Sara connut avant que la mortelle cérémonie ne commence.[419]

Über das Spracherlebnis wird ihre Zugehörigkeit zu den Roma erneuert und sie stirbt im Bewusstsein, Teil einer Schicksalsgemeinschaft zu sein. Dieser Effekt wird dadurch verstärkt, dass ihr Tod nicht als singulär dargestellt wird: „Cette nuit-là, le peuple tzigane vécut les heures les plus sombres de son histoire. Plus de trois mille nomades périrent gazés par les nazis. C'était l'abominable nuit du 1er août 1944."[420] Die Beschreibung des Lagers und der Gaskammern wird durch die persönliche Perspektive Saras und der Wiederentdeckung ihrer Ethnizität verstärkt und entfaltet ein hohes Identifikationspotential. Die Einbettung in das historische Ereignis und die genaue Datierung der Liquidierung des ‚Zigeunerlagers' erhöhen den symbolischen Gehalt der Passage. Auf diese Weise entsteht ein individueller Blick auf diese ‚schwarze Nacht' der Geschichte des Roma-Volks.

Diskriminierung und Verfolgung haben in allen Texten französischer Roma eine herausragende Stellung. Neben der alltäglichen Exklusion in verschiedenen Zeiträumen spielt die konkrete Erfahrung der nationalsozialistischen Verfolgung dabei eine entscheidende Rolle. Im Gegensatz zu anderen Roma-Werken, vor allem jenen aus dem deutschsprachigen Raum, sind die französischen Publikationen jedoch nicht überwiegend durch autobiographische und dokumentarische Charakteristika in Bezug auf den Holocaust geprägt.[421] Vielmehr liegt im französischen Sprachraum eine starke fiktionale Komponente im Umgang mit dem Thema vor. Dies ist auf den historischen Kontext zurückzuführen, da es sich bei den französischen Autoren nicht um direkt von der Deportation – wohl aber von der Internierung – betroffene Zeitzeugen beziehungsweise deren Nachkommen handelt. Die narrative Gestaltung zielt dabei darauf ab, die Erfahrungen des Kollektivs mit denjenigen von Einzelschicksalen zu verbinden, weswegen der Fokus in Textpartien, die den Holocaust behandeln, häufig auf einzelnen Figuren und deren emotionalen Reaktionen auf die Situation liegt. Die didaktische Zielsetzung wird folglich durch die narrative Gestaltung verstärkt, indem die Leidenserfahrungen dem Leser näher gebracht werden.[422]

---

419 Miguel Haler: *La route des gitans*, S. 244
420 Ebd., S. 245.
421 Vgl. für eine Untersuchung dieser Kennzeichen der deutschsprachigen Roma-Literatur Marianne Zwicker: *Journeys into Memory*.
422 In gewisser Weise wird dadurch eine umgekehrte Strategie eingenommen, als sie Paola Toninato für den Umgang mit dem Thema in Zeitzeugenberichten feststellt. Sie konstatiert, dass „[t]he ethical imperative of bearing witness often entails a certain level of self-effacement

Allerdings wird auch der kollektive Aspekt durch die narrative Gestaltung hervorgehoben. Die Repetition ähnlicher Textpartien in den Werken verschiedener Autoren verweist ebenso wie die Repräsentation des Themas in intergenerationalen Vermittlungssituationen auf die Weitergabe von Erinnerungen innerhalb der Gruppe, wodurch der Übergang in das fiktionale kulturelle Gedächtnis abgebildet und ein gemeinschaftlicher Referenzpunkt geschaffen wird. Dieser hat das Potential, sich als Erinnerungsfigur zu etablieren.

1.8 Zusammenfassung: Roma – In Vielfalt vereinte Wanderer

Diverse Themenkomplexe vermitteln in den Werken der französischen Roma-Autoren die Zerstreuung ihrer Ethnie und sind Teil eines Diaspora-Diskurses. Der Versuch, mythische Ausgangspunkte der Verteilung zu etablieren, bildet eine Basis für eine Bewusstseinswerdung als zusammengehöriges, aber verstreutes Volk. Hierbei ist allerdings auffällig, dass die Gestaltung als *bricolage* im Sinne von Claude Lévi-Strauss zu Ursprungsmythen führt, die sich semantisch an mehrheitsgesellschaftlichen Legenden und Sagen orientieren. Dadurch fungieren die Texte der Roma-Autoren als Kontaktzone.[423] Sie drücken die Zugehörigkeit zur Minderheit wie auch zur Umgebungsgesellschaft aus. Diese Doppelzugehörigkeit zu Frankreich und den Roma zeigt sich auch in einem weiteren geschichtlich orientierten Aspekt: Die historische Präsenz der Roma in Frankreich wird betont und zum Beispiel durch ihre Teilnahme an der französischen (Kriegs-)Geschichte hervorgehoben. Dabei entsteht keine Dialektik von transnationaler Gemeinschaft und lokaler Integration, sondern vielmehr ein komplementäres Bild. Dies gilt auch für den Umgang mit den aufgrund der sukzessiven Verteilung entstehenden Roma-Gruppen und ihrer Prägung durch unterschiedliche Kulturräume. Zwar wird die Heterogenität als wichtig erachtet, die Autoren nehmen jedoch zugleich eine unifizierende Sicht ein. Sie vertreten damit in doppelter Hinsicht die Position als Mediatoren: Zum einen fungieren ihre Figuren als Vermittler zwischen den verschiedenen Gruppen und tauschen sich über Unterschiede aus. Mit dieser nach innengewandten Sicht wirken sie eventuellen Konflikten und damit der Zersplitterung entgegen. Die Darstellungen tragen damit einen vereinigenden Appell an eine eventuelle Roma-Leserschaft in sich. Zum anderen ist die Illustration der Heterogenität an eine

---

on the part of the authors, since for them what comes first is not their individual suffering but that of the group as a whole." (Paola Toninato: Romani Writing, S. 102)
423 Vgl. Mary Louis Pratt: Contact Zone, S. 36.

Nicht-Roma-Leserschaft gerichtet, die von einem in der Mehrheitsgesellschaft verbreiteten fälschlich einheitlichen Roma-Bild ausgeht. Einschränkend bemerkt werden muss jedoch, dass sich die transnationale Orientierung nur auf der Handlungsebene findet. So sind die Figuren zwar Grenzüberschreiter, der sprachliche Ausdruck bleibt jedoch auf das französischsprachige Publikum begrenzt. Damit können die Texte nur bedingt als Medium eines transnationalen Diaspora-Bewusstseins gelten.

In fast allen Werken hat Zerstreuung sowohl eine kollektive als auch eine individuelle Komponente. Die Figuren sind Teil einer zerstreuten, transnationalen Gemeinschaft, die über alle geographischen und kulturellen Grenzen hinweg eng verbunden bleibt. Bedeutend für die Wanderungen des Roma-Kollektivs sind zum einen das Streben nach Ungebundenheit, das sich im Nomadismus manifestiert, zum anderen aber auch die Verfolgungen, welche die Familien in den Romanen immer wieder zum Ortswechsel zwingen und die Dichotomie von Selbst- und Fremdbestimmung unterstreichen. Betrachtet man das hier untersuchte Gesamtkorpus, so entsteht durch die unterschiedliche zeitliche und geographische Situierung der Texte der Eindruck von Roma als einer transnationalen Gemeinschaft, die durch ähnliche Sitten und Bräuchen geprägt ist und als stabile Entität durch Europa – beziehungsweise im Fall von Roberto Lorier Nordindien – und seine Geschichte migriert. Die literarische Präsentation bietet Kristallisationspunkte, um eine gemeinsame (Leidens-)Geschichte zu konstruieren. Sie entfalten ihr Wirkungspotential, indem in ähnlicher Form aus unterschiedlicher Perspektive von verschiedenen Autoren auf sie rekurriert wird und sie damit zu Erinnerungsfiguren eines fiktionalen kulturellen Gedächtnisses der Roma werden. Es muss von einer gewissen Dynamik sowohl in der Umsetzung durch einzelne Autoren als auch zeitlich ausgegangen werden. Dies ist zum einen auf den betrachteten Zeitraum der literarischen Werke, der mehr als ein halbes Jahrhundert umfasst, zurückzuführen und zum anderen auf die jedem Autor eigene künstlerische Herangehensweise. Im Folgenden werden diejenigen mit der diasporischen Zerstreuung in Zusammenhang stehenden herausragenden Ereignisse, Orte und Personen rekapituliert, welche als etablierte beziehungsweise sich etablierende Erinnerungsfiguren bezeichnet werden können. Die drei Kennzeichen Raum- und Zeitbezug, Gruppenbezug und Rekonstruktivität nach Jan Assmann werden diesen Resümees zugrunde gelegt.[424]

---

424 Vgl. Jan Assmann: Kulturelle Gedächtnis, S. 38–42, hier Kapitel 3.3 *Erinnerungsfiguren als Kristallisationspunkte* S. 71–74.

Erinnerungsfigur: Wanderschaft

Im Zusammenhang mit der Wanderschaft von einem sich konkretisierenden Raumbezug zu sprechen, wie ihn Jan Assmann als Voraussetzung für eine Erinnerungsfigur festlegt,[425] erscheint paradox und tatsächlich steht in den Darstellungen zum nomadischen Leben eher die territoriale Losgelöstheit im Mittelpunkt als ein definierter Raum. Zwar bewegen sich die Figuren zum Großteil im französischen Gebiet und sogar in den meisten Fällen in Südfrankreich, aber in den Werken von Matéo Maximoff, Vania de Gila-Kochanowski und Miguel Haler werden die ost- und südosteuropäischen Räume ebenfalls zum Schauplatz der Handlungen.[426] Zudem sind die Figuren in den seltensten Fällen an einen konkreten Ort gebunden. So ist gesamthaft betrachtet die Unabhängigkeit von einem festen Raum entscheidend und damit der Eindruck einer raum- und zeitlosen Komponente des Roma-Daseins. Die Deterritorialisierung der Figuren tritt an die Stelle einer eindeutigen Verortung. Diese Darstellung steht allerdings im Kontrast zur Reklamation der französischen (lettischen, rumänischen oder europäischen) Zugehörigkeit, wie sie in den Texten ebenfalls zur Sprache kommt. Dieser Konflikt zeigt die schwierige Zweifachzugehörigkeit der Figuren als Roma und Franzosen (Rumänen, Letten etc.).

Als Abgrenzungsmittel zur sesshaften Mehrheitsgesellschaft kommt dem Leben auf der Wanderschaft eine große identitätsstiftende Wirkung für die Figuren der Romane zu. Entscheidend ist in dieser Hinsicht der rekonstruktive Charakter der Texte, die sich fast ausschließlich als Vergangenheitsdarstellungen präsentieren, wodurch auch das Leben auf der Wanderschaft in der Retrospektive betrachtet wird. Entsprechend bedeutet der Übergang zur Sesshaftigkeit in einigen Texten einen fundamentalen Bruch.[427]

In der Folge wird räumliche Distanz in einigen Werken vermehrt zu einem kulturellen Abstand umgedeutet und die Wanderschaft von einer effektiven zu einer vorgestellten, inneren Migration, wodurch sie eine imaginär-ideelle Komponente erhält. Dies zeugt von der Neuauslegung einer von den Roma-Autoren als eigenkulturell gewerteten Lebensweise, womit die Wanderschaft das Potential hat zu einem objektiven Fixpunkt des Gedächtnisses der Roma zu werden, also zu einer Erinnerungsfigur.

---

425 Vgl. Ebd., S. 38–39.
426 Vgl. Matéo Maximoff: *Le prix de la liberté*; Matéo Maximoff: *Vinguerka*; Matéo Maximoff: *Ce monde qui n'est pas le mien*; Vania de Gila-Kochanowski: *Romano Atmo*; Miguel Haler: *La route des gitans*.
427 Vgl. Joseph Doerr: *Où vas-tu manouche?*; Lick Dubois: *Sur les routes*; Lick Dubois: *Il était une fois les bohémiens*, Lick Dubois: *Enfances tsiganes*; Miguel Haler: *La route des gitans*; Miguel Haler: *Le guitarriste nomade*, 2005 und Joseph Stimbach: *Détenu*.

Erinnerungsfigur: Die schwarze Sara in Les Saintes-Maries-de-la-mer
Das südfranzösische Städtchen Les Saintes-Maries-de-la-mer hat durch die Wallfahrt und die dortige Patronin, die schwarze Sara, in einer ganzen Reihe von Romanen eine zentrale Rolle als vereinigender und vereinheitlichender Ort für Roma.[428] Durch die jährlich wiederkehrende Wallfahrt findet eine Strukturierung statt, die neben der geographischen auch zu einer temporalen Konkretisierung führt. Außerhalb der rituellen Wiederholung sind der Ort beziehungsweise die schwarze Sara auch bedeutsam im alltäglichen Leben der Figuren und durchdringt dieses in einigen Texten in Form von Anrufungen oder ähnlichen wiederkehrenden Bezügen.[429] Auf diese Weise wird die Patronin eng an die Gruppe gebunden und zum Schutz- und Einigungssymbol für die Familien. Dies spiegelt zumindest bis zu einem gewissen Grad die reelle Situation in Südfrankreich, wo die Wallfahrt mittlerweile zwar vor allem als Touristenattraktion kommerzialisiert wird, aber dennoch der jährlichen Vereinigung verschiedener Roma-Gruppen dient.[430] Interessant ist in diesem Zusammenhang der rekonstruktive Charakter, der in Bezug auf die Roma-Wallfahrt in Les Saintes-Maries-de-la-mer in der Realität stattgefunden hat und sich bis zu einem gewissen Grad auch in der Publikationsabfolge und deren Korrelation mit der Erwähnung des Ortes spiegelt. Während beispielsweise für Matéo Maximoffs Werk der Bezug zu dem provenzalischen Städtchen keinerlei Bedeutung hat, nehmen die Referenzen auf Les Saintes-Maries-de-la-mer in den später publizierten Werken anderer Autoren deutlich zu. Dies kann in Relation zur zunehmenden Folklorisierung des Ortes gesetzt werden und spiegelt damit auch die Bewusstseinswerdung über die Bedeutung eines gemeinsamen räumlichen und zeitlichen Bezugspunktes.

---

428 Vgl. Miguel Haler: *La route des gitans*; Miguel Haler: *Le guitarist nomade*, 2005; Esmeralda Romanez: *Bouquet de saladelle*; Lick Dubois: *Il était une fois les bohémiens* und Joseph Stimbach: *Détenu*.
429 Vgl. vor allem Sandra Jayat: *La longue route d'une Zingarina*; Sandra Jayat: *Zingaria ou - l'herbe sauvage*, 2010; Esmeralda Romanez: *Bouquet de saladelle*.
430 Vgl. Monica Rüthers: Juden und Zigeuner im europäischen Geschichtstheater. ‚Jewish Spaces', ‚Gypsy Spaces' – Kazmierz und Saintes-Maries-de-la-Mer in der neuen Folklore Europas. Bielefeld: transcript 2012, S. 93–123.

Erinnerungsfigur: Django Reinhardt

Der französische Gitarrist und Begründer der europäischen Jazz-Strömung ist für einige Autoren ein Bezugspunkt, um Angehörigkeit zu den Roma und hohen Bekanntheitsgrad in der Mehrheitsgesellschaft miteinander zu verbinden und in einer Figur zu vereinen. Aus französischer Perspektive bedeutet Django Reinhardts nationale (französische) Zugehörigkeit und sein Bekanntwerden mit dem Pariser *Quintette du Hot Club de France* eine räumliche Bindung an Frankreich, die der Identifikation von (französischen) Lesern aus Mehr- und Minderheit mit ihm zuträglich ist. Der Gruppenbezug wird nicht nur über die Zugehörigkeit des Virtuosen zu den *manouche* ausgedrückt, sondern zudem mit Verwandtschaftssituationen – meist als Cousin – konkretisiert.[431] Ein rekonstruktiver Charakter zeigt sich in der Stilimitation des Gitarristen, der in der außerliterarischen Realität von großer Bedeutung ist, aber auch intradiegetisch abgebildet oder als Grundlage der Figurencharakterisierung genutzt wird.[432]

Einschränkend muss allerdings darauf hingewiesen werden, dass eine geringere Zahl von Autoren als vielleicht erwartet auf den Gitarristen verweist und insofern von einem Potential zur Erinnerungsfigur gesprochen werden kann, nicht jedoch von einer bereits etablierten.

Erinnerungsfigur: Der Holocaust an den Roma

Aufgrund des geschichtlichen Hintergrunds in Frankreich spielt die Internierung, welche die französischen Roma erlebten, bei der Darstellung der 1930er und 1940er Jahre in den Texten der Autoren ebenso eine Rolle wie die Deportation und Ermordung in deutsche Konzentrationslagern. Allerdings ist die narrative Umsetzung, was Zeit und Raum betrifft, in Bezug auf letztere Lager wesentlich konkreter und entfaltet dadurch auch eine größere Wirkung. So werden zwar in vielen Werken Anspielungen auf die französischen Internierungslager gemacht, aber nur im Werk eines Autors, Matéo Maximoff, sind sie tatsächlicher

---

[431] Vgl. Matéo Maximoff: *Dites-le avec des pleurs*, S. 247; Lick Dubois: *Sur les routes*, S. 199 und Sandra Jayat: *Zingarina ou l'herbe sauvage*, S. 154. Als interessant festzuhalten ist, dass Django Reinhardt eventuell ein größerer Identifikationswert in Bezug auf die *manouches* zugesprochen werden kann, denn der *gitan* Protagonist in Miguel Halers *Le guitariste nomade* (2005) wählt den berühmten Flamencomusiker und Manitas de Plata zum Vorbild. Von Einfluss dabei ist sicherlich die grundsätzliche Stilorientierung, insbesondere bei Lick Dubois und Miguel Haler, die beide als Gitarristen (ersterer im Gypsy-Swing und letzterer als Flamencoguitarrist) auftreten.

[432] Vgl. zum Beispiel Lick Dubois: *Sur les routes*, S. 199 und Sandra Jayat: *El Romanès*, S. 29–30.

Handlungsraum.[433] Allerdings ist selbst in den Texten des ersten Roma-Autors der Bezug zu den Vernichtungslagern im Osten und die Erinnerung an dieselben wesentlich stärker ausgearbeitet als bei anderen Autoren, wobei er insofern diffus bleibt, als dass keine konkreten Lager benannt werden, sondern auf die allgemeine Bezeichnung ‚*camp de concentration*' zurückgegriffen wird.[434] Konkret wird in diesem Zusammenhang lediglich die Darstellung von Miguel Haler und dem gedoppelten Tod von Sara und ihrem Großvater in *La route des gitans* (2008). Dort wird explizit Auschwitz als Schauplatz von Vernichtung und Ermordung der Roma Europas thematisiert.[435]

Der rekonstruktive Charakter der Bezüge zum Holocaust ist, wie generell bei narrativ-fiktionalen Texten, relativ deutlich und wird dadurch verstärkt, dass zwar referentielle Bezüge bestehen, keiner der Autoren jedoch tatsächlicher (Zeit-)Zeuge des Holocaust ist – Matéo Maximoff und Vania de Gila-Kochanowski wurden zwar Opfer der Internierung, entgingen jedoch der Deportation. Der Genozid wird als gemeinsames Vergangenheitserlebnis aller Roma gedeutet; eine Tatsache, die sich in der Bedeutung von Vermittlungssituationen mit Erzählerfiguren aus der älteren Generation im Zusammenhang mit dem Thema spiegelt. Auf diese Weise entwickelt der Rekurs auf das geschichtliche Ereignis unifizierendes Potential für Roma.

Die vorgestellten Erinnerungsfiguren zeigen die dynamische Form der Gedächtnisbildung, wie sie im ersten Teil der vorliegenden Arbeit für ein fiktiona-

---

[433] Vgl. Matéo Maximoff: *La septième fille*; Matéo Maximoff: *Dites-le avec des pleurs* und Matéo Maximoff: *Routes sans roulottes*. In allen drei Texten spielen die schlechten ökonomischen und sanitären Bedingungen eine Rolle, treten aber zum Beispiel in *La septième fille* (1958) hinter den magischen Kampf zwischen Voso und der Hexe Dharani um das Mädchen Silenka zurück. In *Dites-le avec des pleurs* (1990) wird angesichts der auf die Internierung folgenden Deportation in ein deutsches Vernichtungslager letztere wesentlich bedeutender. Erwähnt werden die französischen Internierungslager hingegen häufiger auch in anderen Werken und sind daher als Referenz bedeutend. Vgl. Lick Dubois: *Romanestan*, S. 42 und Joseph Stimbach: *Détenu*, S. 135–136.

[434] Dies gilt auch für andere Werke zum Beispiel Sandra Jayat: *El Romanès*; Lick Dubois: *Sur les routes* und Luis Ruiz: *Guerre noble*.

[435] Die wachsende Bedeutung von Auschwitz für die osteuropäischen Roma untersucht Slawomir Kapralski: Ritual of Memory in Constructing the Modern Identity of Eastern European Romanies. In: Susan Tebbutt/Nicholas Saul (Hg.): *The Role of the Romanies. Images and Counter-images of ‚Gypsies'/Romanies in European Cultures*. Liverpool: Liverpool University Press 2005, S. 208–225. Er stellt die Tendenz fest, das ehemalige Konzentrationslager, wie im Fall jüdischer Erinnerungskultur, als emblematischen Ort für die Verfolgung während des Holocaust zu sehen. Zur symbolischen Form von Auschwitz in den Narrativen der Roma vgl. auch Julia Blandfort: Remnants of Auschwitz – Roma Narratives and the Aesthetics of Holocaust. In: *The Holocaust in History and Memory* 6 (2013), S. 107–116.

les kulturelles Gedächtnis der Roma als Merkmal festgelegt wurde. Zwar kann von den Autoren (noch) nicht auf ein schriftliches Repertoire an etablierten Erinnerungsfiguren der Roma zurückgegriffen werden, jedoch besteht sichtlich die Intention, bestimmte Personen, Orte, Daseinsformen etc. als eigenkulturell festzuhalten.

2 Grenzen – Exklusion und Inklusion

Die Grenzziehung zur aufnehmenden Gesellschaft ist eines der bedeutendsten Kriterien für die Einordnung einer Gruppe als Diaspora. Aus- und Abgrenzung können dabei sowohl durch eine von der Außengesellschaft ausgehende soziale Exklusion entstehen als auch durch die Verweigerung von Assimilation der Gemeinschaft selbst.[1] Rogers Brubaker lenkt die Aufmerksamkeit in diesem Zusammenhang auf einen Aspekt, der in theoretischen Diskussionen häufig – obwohl schon 1985 von Richard Marienstras als bedeutend herausgestellt –[2] nur implizit zugrunde gelegt wird: die generationenübergreifende Dauer der Grenzziehung zwischen Außengesellschaft und diasporischer Gemeinschaft, denn „the question relevant to the existence of a diaspora, is to what extent and in what forms boundaries are maintained by second, third and subsequent generations."[3] Stereotypisierung, Marginalisierung und gewaltsame Verfolgung durch die europäischen Mehrheitsgesellschaften haben seit der Ankunft der Roma in Europa dazu geführt, dass sie am Rande der Gesellschaft verbleiben; gleichzeitig widersetzte sich die Roma-Kultur hartnäckig allen von den Nicht-Roma ausgehenden Assimilationsversuchen.[4] Wechselseitige Aus- und Abgrenzung von Mehrheit und Minderheit sowohl in räumlicher als auch in sozialer und kultureller Hinsicht ist so eines der länder- und gruppenübergreifend feststellbaren Merkmale in der Lebensrealität aller Roma.[5] Allerdings handelt es sich nicht allein um eine Grenzziehung gegenüber dem jeweils anderen. Vielmehr entsteht diasporische Identität in einem Spannungsfeld von Inklusion und Exklusion, denn, so James Clifford, „[d]iasporic cultural forms [...] encode practices of accommodation with, as well as resistance to, host countries and their norms."[6] Die Folge sind Verhaltensweisen, die gleichzeitig von großer Flexibilität und strengem Konservativismus geprägt sind.[7] Für Roma ist die Aufnahme verschiedenster Einflüsse in ihre Kultur seit der Emigration aus Indien alltäglich; die scharfe Trennung von den Mehrheitsgesellschaften ist jedoch gleichfalls eine

---

1 Vgl. Rogers Brubaker: The ‚Diaspora' Diaspora, S. 7.
2 Vgl. Richard Marienstras: Sur la notion de diaspora. In: Gérard Chaliand (Hg.): *Les minorités à l'âge de l'État-Nation*. Paris: Fayard 1985, hier v.a. S. 225.
3 Rogers Brubaker: The ‚Diaspora' Diaspora, S. 6.
4 Vgl. Ann H. Sutherland: *Gypsies*, S. 3.
5 Vgl. Ian Hancock: *Rromani people*, S. 58. Dies ist ein tatsächlich übergreifend für alle Roma geltendes Merkmal.
6 James Clifford: Diasporas, S. 307.
7 Vgl. Ruth Mayer: *Diaspora*, S. 46–47.

historische Konstante.[8] Dieser Grenzziehung zugrunde liegt eine Bewusstseinsbildung, über deren Entstehung sich Patrick Williams folgendermaßen äußert:

> On pourrait dire que les Tsiganes sont devenus Tsiganes (c'est-à-dire Manouches, Sinte, Rom, Gitanos etc.) [...] sans le savoir; mais, du jour où ils s'en sont rendus compte, ils ont voulu le rester. C'est cette prise de conscience (qui est révélation à travers leur propre regard et le regard de tous ceux, installés, qu'ils croisent) qu'ils ont eu eux et dans leur vie quelque chose qui ne les fait pas accepter, cet éveil, qui est, à proprement parler, le moment de l'apparition des Tsiganes. Et ce moment n'est pas assigné dans un point de l'histoire (où et quand ces Indiens se sont-ils changés en Tsiganes?), il est quotidiennement renouvelé. Chaque contact avec ceux qui ne sont pas Tsiganes met le Tsigane au monde. L'origine est cet écart.[9]

Wie der Ethnologe darstellt, ist es erst die Bewusstewerdung der Alterität, die die Kategorie ‚Roma' erschafft und die sich in einer grundsätzlich dichotomen Weltsicht äußert.[10] Diese Zweiteilung trägt entscheidend zum Erhalt kultureller Integrität bei und konkretisiert sich in den Bezeichnungen ‚gadjo' und ‚Rom', die durch ihre Verankerung der Differenz im Sprechakt als performativer Ausdruck der diasporischen Identität gewertet werden können.[11] Bedeutend ist dabei die Feststellung, dass es sich durchaus um eine reziproke Ausgrenzung handelt. Nicht nur schließen die Mehrheitsgesellschaften Roma seit Jahrhunderten von der gleichberechtigten Teilnahme am sozialen Zusammenleben aus, sondern gleichzeitig und bedingt dadurch grenzen sich Roma deutlich von ihrer Umgebung ab, um eine eigene Identität aufrechtzuerhalten. Denn die sprachliche Umsetzung in der Dichotomie Rom/‚gadjo' ist Zeichen für tieferliegende kulturelle Konzepte, deren Gesamtheit und die durch sie ausgedrückte Identität *romanipé* genannt wird.[12] Dieses Bezugssystem reguliert das Leben der Roma

---

8 Vgl. Angus M. Fraser: *The Gypsies*, S. 44.
9 Patrick Williams: *Django*, S. 19. Diese alltägliche Alteritätskonstruktion gegenüber der Umgebungsgesellschaft hält auch Ann H. Sutherland: *Gypsies*, S. 9, als entscheidend für die Grenzziehung fest. Dass diese sich ständig wiederholende Schaffung des ‚Fremden' ebenso für die Mehrheitsgesellschaft und deren „Erfindung der Zigeuner" zutrifft, stellt Klaus-Michael Bogdal: *Faszination und Verachtung*, hier v.a. S. 26, dar. Die Tatsache, dass es sich um ein grundsätzliches Schema gegenüber dem ‚Anderen' handelt, verdeutlichen die Überlegungen von Jean-Paul Sartre zur (Ausgrenzungs-)Situation der Juden. Vgl. Jean-Paul Sartre: *Réflexions*, hier v.a. S. 173–176.
10 Vgl. Santino Spinelli: *La lunga strada*, S. 142 und Mozes F. Heinschink/Michael Teichmann: Gascho Gadžo/Das/Gor. In: *Rombase. Didactically Edited Information on Roma* (2003), S. 1–2.
11 Vgl. Jean-Pierre Liégeois: *Gypsies*, S. 83; Santino Spinelli: *La lunga strada*, S. 96 und S. 142 und Ann H. Sutherland: *Gypsies*, S. 8, die diese grundsätzliche Trennung in zwei Sphären feststellen.
12 Vgl. Santino Spinelli: *La lunga strada*, S. 142 und Ian Hancock: *Rromani people*, S. 58.

und ist durch Tabus und Vorschriften charakterisiert, welche sich in Gegensatzpaaren äußern.[13] Das rituelle System basiert auf rein (*žužo*) und unrein (*mahrimé*), Ehre (*patjiv*) und Scham (*laž*), Glück (*baxt*) und Unglück (*bibaxt*).[14] Das „soziale Kontrollsystem"[15] von Reinheit und Unreinheit kann als Ausgangspunkt für die dichotomischen Beziehungen, die das Leben der Roma je nach Gruppenzugehörigkeit in unterschiedlicher Intensität charakterisieren, gesehen werden.[16] Es äußert sich in Tabus, die sich auf die Nahrung und ihre Zubereitung, den Körper, Tod und Krankheit und zum Teil auch auf mit diesen Bereichen verbundene Gegenstände und Gesprächsthemen beziehen. Die soziale Trennung von Roma und Umgebungsgesellschaft und soziale Hierarchien werden ebenfalls durch die Zweiteilung beeinflusst. Auch beinhaltet das Kontrollsystem eine Instanz (die *kris*), die nichtkonformes Verhalten gegenüber dem rituellen System sanktioniert.[17]

Die im Vorangegangenen erwähnten, auf dem Konzept ‚Reinheit' und ‚Unreinheit' basierenden Aspekte der Abgrenzung sind nicht erschöpfend und ihre Ausprägungen variieren, je nachdem wie konservativ die Traditionen in der einzelnen Gruppe befolgt werden und welcher Religion die jeweilige Familie angehört.[18] Zusätzlich unterliegen solche Tabus und Reinheitsvorschriften zeitlichem Wandel und sind in ihrer Befolgung vor allem von den ökonomischen und sozialen Lebensumständen abhängig.[19] Dennoch stellen sie einen wichtigen Teil des Selbstverständnisses als Roma und der *romanipé* dar. Alteritäts-

---

13 Die Darstellungen von derartigen Kulturstandards beinhalten immer auch die Gefahr der Homogenisierung. Es sei daher an dieser Stelle darauf hingewiesen, dass diese Einordnungen sicher nicht für alle Roma-Gruppen und erst recht nicht für alle Individuen in gleichem Maß zutreffen. Allerdings, und so begründet sich die Darstellung hier, spielen sie in der Weltsicht vieler Roma eine große Rolle.
14 Vgl. Santino Spinelli: *La lunga strada*, S. 142–160.
15 Katrin Reemtsma: *Sinti und Roma*, S. 61.
16 Wie Lev Tcherenkov/Stéphane Laederich: *The Rroma 1*, S. 296 anmerken, ist die Befolgung insbesondere dieser Traditionen sehr gruppenabhängig und zeitlichem Wandel unterworfen. Sie kann aber, auch wenn sie faktisch nicht mehr praktiziert wird, in anderen Bereichen, zum Beispiel im Sprachgebrauch, nachgewiesen werden.
17 Vgl. Mozes F. Heinschink/Michael Teichmann: Kris. In: *Rombase. Didactically Edited Information on Roma* (2002).
18 Die Religionszugehörigkeit der Roma ist nicht einheitlich. Oft passen sich die einzelnen Gruppen dem vorherrschenden Glauben der Mehrheitsgesellschaft an. In den letzten Jahrzehnten konnte allerdings ein übergreifender Zuwachs an Anhängern der Pfingstkirche unter allen Roma beobachtet werden. Vgl. Ian Hancock: Religion und Johannes Ries: *Welten Wanderer* 2007 und mit speziellem Fokus auf Frankreich, William, *Pentecôtisme*, 1987.
19 Vgl. Mozes F. Heinschink/Michael Teichmann: Marhimé. In: *Rombase. Didactically Edited Information on Roma* (2002), S.1–2 und S. 4.

marker gegenüber der Umgebungsgesellschaft zu etablieren, kann damit als eines der Hauptziele kultureller Ausdrucksformen festgehalten werden. In den Werken der französischen Roma-Autoren tragen essentialisierende Aussagen und die Unterscheidung in verschiedene Rezipientengruppen (Roma und Nicht-Roma), wie bereits im vorherigen Kapitel *Zerstreuung – Migrationen und Verfolgung* gezeigt wurde, dazu bei, das eigene Identitätsgefühl zu stärken.[20] Gleichzeitig führt die damit entstehende Kluft zwischen Roma und Mehrheit häufig dazu, die Grenze zwischen den Soziätäten unüberwindbar erscheinen zu lassen. Für einige Figuren sind ethnisch-kulturelle Grenzen allerdings eine Gegebenheit, die zwar Freundschaften und Beziehungen erschwert, aber nicht gänzlich unterbindet. Die scheinbare Unüberwindlichkeit der Differenzen wird daher zum Teil mittels der Figurenkonzeption konterkariert. Die Akteure sind als Mittler zwischen den Welten angelegt und vertreten zum einen eine kritische Sicht auf die französische Gesellschaft, zum anderen jedoch auch eine moderate Stellung gegenüber der Abschottung von Roma-Seite. Die Charakterisierung der Figuren zeigt damit die flexible Anpassung an sich ändernde Umstände im Kontakt mit dem Umfeld, aber auch die konservative bis rigide Haltung des zerstreuten Kollektivs, unter dessen werterhaltendes Primat individuelle Bedürfnisse untergeordnet werden müssen. Dieser sozialen Ordnung fügen sich nicht alle Figuren kritik- beziehungsweise wehrlos. Durch diese Zwischenstellung wird ihre (angespannte) Relation zu beiden Kollektiven zum Thema und ihre Funktion als Intermediatoren offenbaren Grenzerhalt und -auflösung der Diaspora.[21]

---

20 Vgl. Kapitel 1.3 *Politisches Engagment:Romanestan vs. deterritorialisierte Nation* S. 125–139 vor allem S. 132.
21 Aus unterschiedlichen Motiven entfernen sich einzelne Figuren emotional oder auch geographisch von der Roma-Gemeinschaft, wobei diese Entfernung und gelegentlich auch eine damit einhergehende Entfremdung häufig einem Zwang unterliegt. In Stellinas Fall (Sandra Jayat: *La longue route d'une Zingarina*, 1978; Sandra Jayat: *Zingarina ou l'herbe sauvage*) ist dies die Exklusion durch die Familie. Romanino (*El Romanès*) betreffend vollzieht sich die Distanzierung mittels der erzwungenen Teilnahme am Bürgerkrieg und daraufffolgend der Verfolgung durch die Nationalsozialisten. Pâni (Roberto Lorier: *Pâni et le peuple sans frontières*, 2010) flüchtet nach der Ermordung ihrer Familie zu einem anderen Roma-Stamm, Coucous explorativer Geist (Joseph Doerr: *Où vas-tu manouche?*) macht ihn zum Außenseiter in seiner Familie, Arniko (Matéo Maximoff: *Les Ursitory*) und Rouva (Matéo Maximoff: *Ce monde qui n'est pas le mien*) werden in der Mehrheitsgesellschaft aufgezogen, Khantchi (Matéo Maximoff: *Condamné à survivre*) wird von der Gemeinschaft als Mörder ausgeschlossen, Man'a (Vania de Gila-Kochanowski: *Romano Atmo*) und Catalana (Luis Ruiz: *Guerre noble*) stellen in ihrem Revolutionswille das Allgemeinwohl über die Integrität der Gruppe, das ethnisch gemischte Liebespaar Franz und Sara (Miguel Haler: *La route des gitans*) muss vor der Verfolgung fliehen und für den

Die Annäherung an die Mehrheitsgesellschaft oder Distanzierung zu den Roma wird zudem diskursiv umgesetzt: Themen wie die räumliche Exklusion, physische Unterschiede, verschiedene Bildungsideale, diverse Hochzeitsbräuche und bevorzugte beziehungsweise verbotene Lebensmittel werden vermehrt in deskriptiven Textteilen sichtbar und die Präsentation weist daher weniger mündliche Strukturen auf. Damit zeugen diese Passagen von einer gewissen Inklusion in die Roma-Gemeinschaft, denn gerade die Repräsentation grenzziehender Unterschiede zwischen Roma und Nicht-Roma hat einen ausgeprägt kulturvermittelnden Anspruch und ist im Besonderen an Nicht-Roma-Rezipienten gerichtet.

Die folgenden Analysen nähern sich der Grenzziehung und -auflösung mit einer Aufteilung in sieben thematische Unterkapitel. Im ersten Bereich werden die grundsätzliche Trennung zwischen Roma und Nicht-Roma und deren Umsetzung in den Texten vorgestellt. Wenngleich dieser Aspekt der herausragendste in Bezug auf die Grenzziehung und damit besonders signifikant für die Aufrechterhaltung der diasporischen Trennung in eine Innen- und Außenwelt ist, können noch weiter grenzerhaltende und grenzkonstruierende Kennzeichen festgehalten werden. So führt beispielsweise die deutliche Rollentrennung zu einer Separation in männliche und weibliche Sphäre. Diese wird von den Autoren nicht etwa als konservativ kritisiert, sondern weitgehend bestätigt, wodurch ihre interiorisierte Bedeutung als grenzerhaltendes Element deutlich wird. Wie in verschiedenen ethnologischen Arbeiten herausgearbeitet wurde, korrespondieren diverse Hochzeitsriten tendenziell mit unterschiedlicher Gruppenzugehörigkeit. Diese Position wird auch von den französischen Roma-Schriftstellern eingenommen, wobei allerdings ebenso eine homogenisierende Absicht zum Ausdruck gebracht wird, indem gruppenübergreifende, innerethnische Eheschließungen als möglich dargestellt werden. Ein prägendes Element der Roma-Kultur ist die enge Beziehung zu den Verstorbenen, die sich auch in zahlreichen Märchen und Schauergeschichten niederschlägt. Die Vermittlung des Glaubens an den Untoten *mulò* wird im Gegensatz zu den in den ersten drei Unterkapiteln aufgegriffenen Textpassagen, die vor allem durch distanzsprachlichen dokumentarischen Stil gekennzeichnet sind, mit starkem Rückbezug auf die orale Tradition vermittelt und zeigt damit die Verwurzelung dieses Themas in der Erzählkunst. Fast schon folkloristischen Charakter haben die rezeptartigen Darstellungen von Essgewohnheiten, wobei der Igel als symbolisches Leibgericht eine große Rolle spielt. Die Vermittlung trägt distanzsprachliche, ethno-

---

Ich-Erzähler in Lick Dubois *Il était une fois les bohémiens* (2003) ist der Wunsch, Gitarrist zu werden, zumindest zeitweise mit der räumlichen Distanz zu seiner Familie verbunden.

graphische Züge, wie das fünfte Kapitel zeigt. Während bei den Motiven ‚Gerichtsinstanz' und ‚Essgewohnheiten' zwar die Vermittlung kultureller Eigenarten an Rezipienten aus der Mehrheitsgesellschaft entscheidend ist, sind sie doch vor allem als Zeichen der Grenze beider Gemeinschaften zu verstehen. Eine Zwischenposition nimmt hingegen die Sprache ein. Einerseits, so im sechsten Kapitel dargestellt, wird von den Autoren eindeutig eine Aufwertung des Romanès als eigenständiges Idiom angestrebt, andererseits zeigt sich die Orientierung an Lesern der Mehrheitsgesellschaft besonders deutlich, denn es wird bis auf einzelne Ausnahmen immer eine Übersetzung der Romanès-Ausdrücke angeboten und damit der Nicht-Roma-Leser inkludiert.

2.1 Roma und ‚*gadje*' – Weltentrennung

Die in Reinheit und Unreinheit trennende Weltsicht der Roma zieht eine grundsätzliche Unterteilung der Menschen in zwei Gruppen nach sich: auf der einen Seite diejenigen, die sich an Reinheitsgebote halten und auf der anderen Personen, die diesen traditionellen Standards nicht genügen. Menschen, die die kulturelle Praxis von Reinheit und Unreinheit nicht befolgen – das schließt Roma und Nicht-Roma ein – werden von traditionsbewussten Roma als unrein bewertet. Auf Basis der Überzeugung, dass die Unreinheit kontaminierend auf andere wirken kann, können diese danach streben, soziale Kontakte zu ‚Unreinen', vor allem in Bereichen von Nahrungsaufnahme und Sexualität, zu unterbinden beziehungsweise soweit wie möglich zu minimieren.[1] Dies führt zu einer vergleichsweise strengen Differenzierung in Innen- und Außenwelt beziehungsweise zur Legitimation dieser Grenzziehung. Dass jedoch auch eine Abhängigkeitsbeziehung zwischen Roma und Außengesellschaft besteht, zeigt die Aussage der Ethnologin Elisabeth Tauber in Bezug auf die Südtiroler Sinti: „Die Gaže sind ein Teil der Sinti. Sie sind diejenigen, die die Sinti immer umgeben. Für die Sinti besteht die größte Herausforderung darin, inmitten der Gaže Sinti zu bleiben."[2] Diese ambivalente Relation äußert sich sprachlich im Ausdruck *amare gadjé* – unsere ‚*gadjé*', ein Konzept, das die Verbundenheit mit der Au-

---

[1] Vgl. Ian Hancock: Religion und Milena Hübschmannová: Untergruppen der Roma, S. 4. Zum Teil wird diese soziale Segregation auf das indische Kastensystem zurückgeführt und damit versucht, Aspekte zu finden, die Herkunft aus Indien zu untermauern. Vgl. zum Beispiel Ian Hancock: *Rromani people*, S. 68. Wie Lev Tcherenkov und Stéphane Laederich festhalten, sind dies allerdings lediglich Hypothesen, die nicht belegt werden können. Vgl. Lev Tcherenkov/Stéphane Laederich: *The Roma 2*, S. 555–557.
[2] Elisabeth Tauber: *Respekt*, S. 36.

ßengesellschaft vor Ort erfasst. Dies ist nicht unbedingt mit einem Sympathieausdruck gleichzusetzen, beinhaltet aber dennoch das Gefühl einer Beziehung und des besseren Verständnisses, das man von der lokalen Bevölkerung im Gegensatz zu einer fremden hat.[3] Die Anpassung an die Außengesellschaft und ihre kulturellen Werte werden entsprechend als – wenn auch nicht erstrebenswert – erlernbar angenommen. Für Nicht-Roma hingegen ist es in den Augen der Gruppe auch mit ausreichenden Sprachkenntnissen und dem Willen, sich in die Roma-Gesellschaft zu integrieren, nicht möglich, Rom zu ‚werden', denn dies wird als eine von der Abstammung abhängige ethnische Zugehörigkeit betrachtet.[4]

Während sich der Binarismus von Reinheit und Unreinheit vor allem auf die Unterscheidung von Roma und Nicht-Roma bezieht, wird die Wertung auch in Relation zu anderen Roma-Gruppen manifest. Sie äußert sich sprachlich in der Einteilung in *amare Roma* (Romanès: unsere Roma) und *cuža Roma* (Romanès: fremde Roma), was wiederum für die bereits angesprochene Heterogenität der Roma signifikant ist.[5] Diese Abgrenzung – sowohl gegenüber Nicht-Roma als auch fremder Roma – ist metonymisch für eine kulturelle Distanz. Die sprachlichen Fügungen stehen damit als Forderung kultureller Eigenständigkeit gleichsam für eine ‚Sprache' der Diaspora im Sinne Rogers Brubakers, mit der eine Grenze von Zugehörigkeit und Unzugehörigkeit ausgedrückt wird.

Distanzierung durch Essentialismus und Stereotype
Die strenge Trennung zwischen Roma und Nicht-Roma in den Denkstrukturen beider Gemeinschaften und deren Undurchdringlichkeit illustriert eine dezidiert an den Nicht-Roma-Leser gerichtete Erläuterung der (sprachlichen) Differenzierung in Matéo Maximoffs *La poupée de Maméliga* (1986): „‚Rom' est celui par lequel nous nous reconnaissons entre nous. C'est pour nous, les Tziganes, nous sommes des hommes tandis que les autres ne le sont pas! Nous les désignons sous le nom de Gadgés, ce qui signifie étranger."[6] Der (Rom-)Erzähler vollzieht auf diese Weise die in seinen Augen fundamentale und unter den Roma herrschende Trennung in Außen- und Innenwelt mit einer essentialistischwertenden Begründung nach. Die Intensität, die dieser Trennung zugrunde liegt und die zumindest an dieser Stelle nicht kritisch reflektiert wird, wird durch die Exklamation verdeutlicht. Diese Argumentation verfolgt auch der Rom Luka in

---
3 Vgl. Lev Tcherenkov/Stéphane Laederich: *The Rroma 1*, S. 333.
4 Vgl. Mozes F. Heinschink/Michael Teichmann: Gadscho, S. 2.
5 Vgl. Milena Hübschmannová: Untergruppen der Roma, S. 4. Vgl. zur Alteritätskonstruktion auch Leonardo Piasere: *Connaissance*, S. 21.
6 Matéo Maximoff: *La poupée de Mameliga*, S. 14.

Vania de Gila-Kochanowskis *Romano Atmo* (1992). Er bringt eine Beurteilung der Roma als ‚besseres' Volk zum Ausdruck, wenn er postuliert: „Ne sommes-nous pas, nous autres, plus près de la nature et plus heureux que tous ces gajé?"[7] In beiden Werken wird dieser essentialisierenden Sicht jedoch eine kritische Reflexion gegenübergestellt. Im Fall von Vania de Gila-Kochanowskis *Romano Atmo* (1992) geht dies mit einer Oppositionsbildung in der Figurenkonstellation einher. Lukas Argumentation, die auf eine vorgebliche Naturnähe und Ursprünglichkeit der Roma zurückgreift, steht in klarem Konflikt zur bildungsorientierten und aufklärerischen Position seiner Frau Man'a und wird zu einem der Gründe für das Scheitern ihrer Ehe. Man'a vertritt eine wesentlich differenziertere Sicht, wie deutlich wird, als sie die von ihrer Mutter Zofka erzählte Schaffensgeschichte, die ein ideales Bild der Roma als von Gott perfekt kreierte Wesen zeichnet, mit den Worten kommentiert: „Quelle raciste! Les Roma sont encore une fois les plus beaux et les meilleurs!"[8] Ihr ironischer Kommentar und die schonungslose Aufdeckung der rassistischen Argumentation steht damit auch stilistisch der romantisierenden Auffassung ihres Ehemanns entgegen. Die inhaltliche Diskrepanz der beiden Positionen wird folglich durch die sprachliche Gestaltung verstärkt. In *La poupée de Mameliga* (1986) von Matéo Maximoff wird die Selbstausgrenzung ähnlich problematisiert, wenn es heißt: „On voit que, contrairement à ce qu'on croit, le Rom est aussi raciste que les autres. Il ne veut pas chez lui de sang impur, c'est-à-dire provenant de gens qui ne sont pas roms."[9] Auffällig ist auch hier die diskursive Gestaltung der beiden Textstellen. Wenngleich beide vom Erzähler ersten Grades geäußert werden, schließt dieser sich im ersten exkludierenden Beispiel in die Gruppe ein („nous"), während die zweite aufklärende Passage eine objektiv-nüchterne Außensicht („on voit que") vermittelt. Die kritische Sicht auf die Kultur trägt damit einen deutlich distanzierten Zug. Die Nebeneinanderstellung beider Einschätzungen verdeutlicht nicht nur die inhaltliche Unstimmigkeit, sondern indiziert auch die ambivalente Stellung der Autoren zwischen Abgrenzung und Nähe zu den Roma. Diese kontrastierende Sicht wendet sich folglich in beiden Texten gegen Simplifizierungen beider Gemeinschaften – Roma und Nicht-Roma – und positioniert die kritischen Figuren zwischen den beiden Parteien.

In *Romano Atmo* (1992) wird die Grenze zwischen Roma und Nicht-Roma zusätzlich auf der graphischen Ebene vermittelt. Das Wort ‚Roma', das fast durchgängig als Bezeichnung für die Gemeinschaft verwendet wird, ist immer

---

7 Vania de Gila-Kochanowski: *Romano Atmo*, S. 106.
8 Vania de Gila-Kochanowski: *Romano Atmo*, S. 21.
9 Matéo Maximoff: *La poupée de Mameliga*, S. 140.

kursiv hervorgehoben. Dadurch liegt einerseits der Akzent auf der Unterscheidung zu nicht besonders gekennzeichneten Fremdbezeichnungen wie ‚*tsiganes*' oder ‚*gitans*' und andererseits auf der Aufwertung als (politisch) korrekt vorgeführten Schreibung und Eigenbezeichnung. Zudem werden auf diese Weise auch Nähe und Distanz zu den Roma illustriert. So spricht der Deutsch-Lette Robert de Siegelfeld explizit von ‚Roma' und verleiht damit seinem Respekt für die andere Kultur Ausdruck.[10] Gleichsam wird der Übergang Roberts von einer distanzierten Außenperspektive zu einer subjektiveren Innensicht sprachlich transportiert und seine Annäherung an die Gemeinschaft, die in seiner späteren Hochzeit mit Son'a einen glücklichen Ausgang findet, vorweggenommen. Eine derartige sprachliche Trennung zwischen Minderheit und Mehrheit wird auch in Lick Dubois' Texten vollzogen, wenn die Roma-Kinder andere Gleichaltrige mit dem Romanès-Wort ‚*raklé*' (Romanès: Nicht-Roma Kinder) bezeichnen und damit aufgezeigt wird, wie sehr schon im Kindesalter ein Unterschied zwischen ihrer eigenen Gemeinschaft und der Umgebungsgesellschaft etabliert ist.[11] Derartige Argumentationen sind konsequenterweise von einer homogenisierenden Perspektive auf die Roma begleitet, die ebenso deutlich zur Grenzziehung beiträgt, wie im Beispiel des *tchouari* Bovo, der gegenüber dem Sinto Kashuko an die Zusammengehörigkeit aller Roma appelliert: „Rom sam amé (Nous sommes tous des hommes)".[12] Interessant ist hierbei, dass der Romanès-Ausspruch sich mit der Verwendung der Eigenbezeichnung „Rom" eindeutig an die Innengruppe der Roma richtet, die Übersetzung jedoch mit „hommes" ein allgemeingültiger, also für Roma und Nicht-Roma zutreffender, Terminus ist. Auf Romanès wird die Außengesellschaft also in zweifacher Hinsicht – sprachlich und inhaltlich – ausgeschlossen, in der Übersetzung hingegen ein universelles Gemeinschaftsbild der Menschheit vermittelt, denn die Übersetzung von ‚Rom' mit ‚Mensch' ist zwar gängig, aber falsch. Dies spricht für die Mehrheits-Minderheitsbeziehung, in der die kleinere Gemeinschaft ein verstecktes Leben führt und die Grenze zur Außengesellschaft aufrechterhalten wird, indem mehrheitsgesellschaftlichen Lesern nur ein Teilbereich zugänglich gemacht wird. Wie in den vorherigen Beispielen illustrieren die fremdsprachlichen Ausdrücke hier Andersartigkeit und Authentizität im Sinne des Romanès als *langue fragile*.[13] Gleichzeitig wird jedoch die unterschiedliche Rezipientenorientierung

---

10 Vgl. de Gila Kochanowski, *Romano Atmo*, S. 45.
11 Vgl. Lick Dubois: *Il était une fois les bohémiens*, S. 31.
12 Lick Dubois: *Sur les routes*, S. 102.
13 Vgl. Édouard Glissant: *Poétique du divers*, S. 111–112 und hier Kapitel 4.3 *Die* oraliture *der Roma: Untersuchungselemente* S. 97–98.

durch sprachliche Ausschlussstrategien sichtbar, die den vollständigen Sinn verbergen.

Neben diesen essentialistischen Argumentationen, die meist wenig konkret in Einzelaussagen von einer grundsätzlichen Unüberwindbarkeit der Grenze ausgehen, bilden stereotype Vorstellungen Anlass dazu, die Grenzziehung an präzisen Punkten festzumachen. Aus diesem Grund sind derartige Überlegungen stärker ausgearbeitet. Dies gilt nicht ausschließlich für Vorurteile der Mehrheit gegenüber den Roma. Die Welt der Mehrheit dient den Roma-Figuren zwar als Folie, um Alterität herzustellen, aber auch als Muster einer erstrebenswerten Lebensweise, wie für die Akteure in *Il était une fois les bohémiens* (2003) von Lick Dubois: „Outre leur timidité, ils se sentaient très inférorisés par rapport au monde des gadjé, qu'ils ne connaissaient que superficiellement. Sonakaï admirait leur savoir, leur organisation des choses; dans sa naïveté, il ne percevait que la dorure du milieu non tsigane."[14] In diesem Textauszug ist es im Besonderen die negative Darstellungsweise der Roma durch die Mehrheit, welche eine Trennung zwischen den beiden Gemeinschaften nach sich zieht. Die herabwürdigende Weise, mit der die Roma sich behandelt fühlen, steht in enger Verbindung zur mangelnden Kenntnis über das Leben der Mehrheit. Dies ist insofern auffällig, als hier eine eindeutige Innenperspektive beibehalten wird, obwohl eher mit einer Argumentation zu rechnen wäre, welche die negative Darstellung der Roma auf das mangelnde Wissen der Mehrheit zurückführt. Das hängt damit zusammen, dass der Protagonist Sonakaï die Annäherung an die Mehrheitsgesellschaft anstrebt. Seine Beziehung zur Roma-Gemeinschaft ist durch sein Einzelgängertum geprägt, was der grundsätzlichen kollektiven Orientierung seiner Familie entgegensteht. Er möchte als Gitarrist reüssieren und strebt daher eine Annäherung an die Welt der Mehrheit an, wobei er sich von der dichotomischen Gegenüberstellung – negativer (Roma) und positiver Aspekte (Mehrheit) – blenden lässt; eine Verkürzung der Realität, die der auktoriale Erzähler als naiv verurteilt.

Meist sind es jedoch nicht die rassistischen Argumente der Roma, sondern die negativen Fremdbilder der Außengesellschaft über die Roma, die in den Werken denunziert werden und angesichts derer die Protagonisten Argumentationsstrategien entwickeln, um ihre eigene Position zu stärken. Genau als Gegenbeispiel zum zuvor dargestellten Neid Sonakaïs auf das organisierte Leben der Mehrheitsgesellschaft beleuchtet der Auszug aus Joseph Doerrs *Où vas-tu*

---

[14] Lick Dubois: *Il était une fois les bohémiens*, S. 90. Ähnlich auch in Lick Dubois: *Enfances tsiganes*, S. 216. Für diese Verhaltensweise in einem postkolonialen Kontext vgl. Frantz Fanon: *Peau noire, masques blancs*. Paris: Seuil 1952, S. 20–32.

manouche? (1982) deren negative Bilder von den Roma und führt zugleich ihr Verlangen nach der (vermeintlichen) Freiheit der *manouches*-Familien vor Augen: „Les Manouches roulent leur bosse à travers les routes du monde, avec toujours le même amour de la liberté, sous les regards méprisants de *gadjé*, et une barrière se dresse entre ces deux peuples."[15] Der vorurteilsbehaftete zuschauende Blick von außen ist damit auch ursächlich für die zahlreichen trennenden Stereotype. Diese führen auch in Sandra Jayats *El Romanès* (1986) zu einer Konfrontation zwischen einem unwissend naiven Zuhörer und Romanino. Auslöser ist dabei die musikalische Darbietung des *gitan*. Während diese, wie anhand zahlreicher Textbeispiele im Kapitel *1.5 Erwerbsmöglichkeiten* dargestellt wurde, zumeist eine positive Begegnungsform zwischen Roma und Mehrheitsgesellschaft ist, fungiert sie in der folgenden Passage als Auslöser zur Aufdeckung fälschlicher Wahrnehmung und Stereotypisierung der Roma und zeugt damit von der Barriere zwischen ihnen und der Umgebung:

> – Je vais souvent t'écouter jouer de la guitare! Mon Dieu que c'est beau quand tu joues. Vous, les gitans, vous dégagez une sorte de mystère qui donne envie de rêver...C'est beau, beau, comme un conte de fées. Vous êtes un peuple secret...
>
> – Non! coupa brutalement Romanino, en relevant la tête, un peuple discret.[16]

Romanino stellt Zurückhaltung als ein allgemeines Charakteristikum der Roma dar. Das Wortspiel „secret" vs. „discret" verstärkt die Ablehnung, die er den romantisierend übertreibenden Vorstellungen des Zuhörers entgegenbringt. Diese Ablehnung wird stilistisch durch die sehr kurze Replik verstärkt. Die Bedeutungsebenen von ‚ruhig' und ‚verschwiegen' erzeugen zudem die Assoziation einer in sich geschlossenen und unauffälligen Roma-Gemeinschaft. Damit unterwandert der *gitan* nicht nur die romantisierende Vorstellung, die ihm hier aufgezwungen wird, sondern setzt dieser zudem die Sicht eines Volks, das keinen Wert auf soziale Kontakte außerhalb der Gruppe legt, entgegen. Der übergriffige Sprecher und der zurückhaltende Romanino werden dadurch als stark gegensätzliche Figuren konstruiert, die für ihre jeweiligen Gemeinschaften stehen und eine scharfe Trennung derselben symbolisieren.

---

15 Joseph Doerr: *Où vas-tu manouche?*, S. 6, Hervorhebung im Original. Ähnlich auch Ebd., S. 94.
16 Sandra Jayat: *El Romanès*, S. 226. Eine ähnlich romantisierende Vorstellung bringt Guillaume von Siegelfeld in *Romano Atmo* (1992) zum Ausdruck. Für ihn machen die archaisch wirkenden Bräuche die Roma zur Verkörperung scheinbar verlorener Werte und heben sie damit von anderen (herrschenden) Völkern positiv ab. Vgl. de Gila Kochanowski, *Romano Atmo*, S. 94.

Während Romanino auf die Konfrontation vergleichsweise barsch und explizit reagiert, lässt Stellina in *La longue route d'une Zingarina* (1978) die Verweigerung eines Glases Wasser von einem Bauern, der seine negativen Bilder nicht überwinden kann, an sich abperlen. Der Rat ihres Großvaters Narado kommt ihr bei dieser Gelegenheit in den Sinn und hilft: „Si les soi-disant civilisés te refusent l'eau, c'est qu'ils oublient que l'eau c'est la vie et qu'ils n'aiment pas la vie... Alors, passe ton chemin!"[17] Hier greift die Strategie, sich durch räumliche Trennung dem negativen Kontakt mit der Mehrheit zu entziehen, die Stellina auch in anderen Situationen verfolgt, wenn sie offensiv mit Stereotypen – „sale Zingarina" und „Tous des voleurs"[18] – konfrontiert wird. Anderseits wird mit „passer ton chemin" bildhaft auch die eigene Vorgehensweise, zu welcher der Großvater der jungen Romnì rät, illustriert und damit nicht nur die geographische, sondern auch die ideologische Abgrenzung transportiert. Die negativen Annahmen lassen jeglichen ihrer Versuche, Kontakt zur Mehrheitsgesellschaft aufzunehmen, scheitern. Einen Ausweg, derartige Diskreditierungen durch die Mehrheit zu verwinden, zeigt eine Märchenerzählung, die in *El Romanès* (1986) eingefügt wird. Die Roma-Familien haben kein Geld, um die Kinder an Weihnachten zu beschenken und wollen sie vor der Enttäuschung, keine Geschenke zu erhalten mit einer Geschichte schützen:

> Chaque nuit de Noël, les enfants devront être couchés à minuit. Si des pleurs se faisaient entendre, un homme blanc, un non-gitan, vêtu d'une longue robe blanche, cheveux longs et barbe blanche, muni d'un grand sac en jute, apparaîtrait dans une fumée noire, touffue et de ses longues mains crochues, cueillerait les larmes sur les joues de l'enfant. Au contact de ses doigts, ces larmes deviendraient des diamants qu'il déposerait, précieusement dans son sac. Cet homme blanc deviendrait très riche tandis que l'enfant gitan ne connaîtrait tout au long de sa vie que malheur, tristesse et pauvreté.[19]

Die Figur des Mannes wird als furchteinflößende Alteritätsfigur konstruiert, wobei mit der Betonung seiner hellen Haut ein körperliches Merkmals in Verbindung zu seiner Unzugehörigkeit zu den Roma gesetzt wird. Der eigentlich großväterlich-gütige Weihnachtsmann, an dem sich die Darstellung offensichtlich orientiert, wird zum Unheil symbolisierenden Schreckgespenst, das sich am Unglück der Kinder bereichert und einen parasitären Zug hat. Die Grenze zwischen Roma und Nicht-Roma wird durch die Subvertierung des märchenhaften Stoffes zementiert, wobei die Vermittlung als mündliche Erzählung an die Kinder als Zuhörer einen traditionellen Charakter des Topos impliziert. Dennoch ist

---

17 Sandra Jayat: *La longue route d'une Zingarina*, S. 82.
18 Sandra Jayat: *Zingarina ou l'herbe sauvage*, S. 27.
19 Sandra Jayat: *El Romanès*, S. 243–244.

diese Darstellung harmlos gegenüber anderen Situationen, in denen die Alterität der Roma und das Unverständnis der Mehrheit gegenüber ihren Gepflogenheiten in Gewaltausbrüchen enden. In Spanien wird Romanino aus diesem Grund davor gewarnt aufzufallen: „Quand on est un Gitano, en temps de guerre, on n'étale pas ses couleurs. On met un masque et on entre chez les gens sans faire de bruit."[20] Die Wirkung dieser Warnung und der Aufruf zum Unsichtbarmachen – im Sinn Frantz Fanons hinter einer *masque blanc*[21] zu verschwinden – sind umso größer, als sie von einem Mitglied der Mehrheitsgesellschaft kommen.

Wie an den hier angeführten Beispielen deutlich wird, vertreten die französischen Roma-Autoren eine ambivalente Sicht auf die Grenze zwischen Roma und Umgebungsgesellschaft. Einerseits werden essentialisierende Aussagen und Stereotype explizit und gegenüber beiden Gemeinschaften als zu verkürzend verurteilt, andererseits führen Exklusion und Armut zur Verstärkung der gesellschaftlichen Grenze und zu Schuldzuweisungen gegenüber der Mehrheit. Die Doppeldeutigkeit äußert sich auch sprachlich, wenn zwar auf der einen Seite die französische Mehrheitssprache Verständnis erzeugt, auf der anderen Seite die eigene Sprache jedoch zum impliziten Ausschluss der Mehrheit genutzt wird. Transgressionen der Barriere sind entsprechend nur punktuell möglich, wie sich auch in den weiteren Punkten, die der Grenzziehung oder -stabilisierung zuzuordnen sind, zeigt.

Der Körper als Zeichen der Grenze
Im Gegensatz zu Romanino, der sich der Entdeckung durch die franquistischen und nationalsozialistischen Verfolger erfolgreich entzieht, zeigt sich bei Mathia, einer weiteren Figur in Sandra Jayats *El Romanès* (1986), dass die Strategie, sich unsichtbar zu machen, vor allem durch physische Unterschiede erschwert wird. Er ist das Kind einer Mischehe und seine Zugehörigkeit zu den Roma allzu offensichtlich, wie er Romanino erzählt:

> Un jour, elle [la mère] me dit: ‚J'ai l'impression que tu te laves avec du thé, tu as la peau sale, Mathia. Frotte-toi avec un gant de crin.' Je lui fis remarquer que ma peau avait effectivement la couleur du thé et que cela ne me dérangeait aucunement. ‚J'avais oublié que ton père est un tzigane!' murmura-t-elle.[22]

---

20 Sandra Jayat: *El Romanès*, S. 105. Auch Romaninos Mutter versucht im Bürgerkrieg nicht aufzufallen und geht aus diesem Grund wie ihre Nachbarn jeden Tag in die Kirche. Vgl. Ebd., S. 193.
21 Frantz Fanon: *Peau noire*.
22 Sandra Jayat: *El Romanès*, S. 117.

Seine Hautfarbe ist für Mathia selbst eigentlich unproblematisch; für seine Mutter jedoch ist sie ein störendes Zeichen seiner Andersartigkeit. Die Problematik des Nichterkennens und die daraus folgende Aggression zeigt hier ein Exklusionsmuster, dass Frantz Fanon in Rückgriff auf das Spiegelstadium nach Jacques Lacan wie folgt beschreibt: „[P]our le Blanc, Autrui est perçu sur le plan de l'image corporelle, absolument comme le non-moi, c'est-à-dire le non-identifiable, le non-assimilable."[23] Die Ausgrenzung vonseiten der Mutter, die sich in ihrem Sohn nicht wiedererkennt, wirkt für Mathia durch die innerfamiliäre Exklusion zutiefst verletzend und zeigt die starke Verwurzelung der Vorurteile, die nicht überwindbar ist. Die ideelle wie auch räumliche Distanzierung des kleinen Jungen von seiner Mutter ist unabänderlich und der kaum Dreizehnjährige verlässt die mütterliche Wohnung in Paris, um sich in den Wirren der deutschen Besetzung in den Süden Frankreichs durchzuschlagen.

Gesamthaft betrachtet, spielen körperliche Zeichen der Alterität zwar immer wieder eine Rolle in den Werken der französischen Autoren, stehen aber hinter der ideellen Abgrenzung zwischen Roma und Nicht-Roma weit zurück. Die äußerlichen Charakteristika werden nämlich mit tabuisierten oder akzeptierten Verhaltensweisen in Zusammenhang gebracht, wodurch das äußere Erscheinungsbild vor allem den oberflächlichen Unterschied zwischen Roma und Außengesellschaft symbolisiert, wie für den Protagonisten von *Il était une fois les bohémiens* (2003), Sonakaï:

> Dans cette école, douche obligatoire tous les quinze jours. [...] Et l'on me disait qu'il fallait ‚se mettre tout nu devant les autres camarades'. Quelle angoisse! Non pas de passer sous la douche mais par le fait d'être nu devant eux, et surtout à cause de mon teint foncé par rapport aux petits gadjé...[24]

Die von Sonakaï empfundene Scham steht in zweifacher Verbindung zu seiner Herkunft als Sinto. Zum einen ist sein dunkler Hauttyp für ihn ein Grund, sich als Außenseiter zu fühlen, denn er sieht ihn in Fanons Worten als „épidermisation de [l']infériorité".[25] Entscheidend ist zum anderen die Befürchtung, sich überhaupt vor anderen zu entkleiden, da dies unter Sinti tabu ist und den Jungen vor einen normativen Konflikt stellt. Letztere Tatsache zeigt sich in der hier augenfällig beiläufigen Erwähnung, der die Hautfarbe als Argument hinterhergeschoben wird.

---

23 Frantz Fanon: *Peau noire*, S. 131.
24 Lick Dubois: *Enfances tsiganes*, S. 62. Auch in Lick Dubois: *Sur les routes*, S. 161 und Lick Dubois: *Romanestan*, S. 130 wird auf den dunklen Hauttyp als Erkennungsmerkmal hingewiesen.
25 Frantz Fanon: *Peau noir*, S. 8.

Eine vergleichbare (diesmal sexuelle) Zurückhaltung und Scham legt das Liebespaar Neni und Tura in *Sur les routes* (1998) an den Tag, wenn sie von anderen umgeben sind: „Neni meurt d'envie de l'embrasser, mais trop d'yeux les regardent. Ils sont trop réservés pour le faire devant les gadjé. On ne montre pas ses sentiments amoureux chez les Sinti."[26] Für dieses Pärchen verhindert explizit die Anwesenheit von Außenstehenden das offene Zurschautragen von körperlicher Anziehung und Zuneigung. Im Falle von Pirangli und Pacalo, deren Sexualleben detailliert thematisiert wird, ist es hingegen generell die Präsenz anderer Menschen, die das Offenbaren von Emotionen verhindert. Auch hier werden körperliche und sexuelle Freizügigkeit und ihr offenes Ausleben in der Öffentlichkeit als Charakteristikum der Mehrheitsgesellschaft dargestellt. Zärtlichkeiten bleiben allein der Zweisamkeit vorbehalten.[27] Der Wechsel von Introspektion und allgemeiner Reflexion verstärkt diesen Gegensatz von innerlich empfundener Leidenschaft und erwarteter Reserviertheit. Diese zurückhaltende Einstellung vertritt auch das Liebespaar Ringo und Sonia in *Pour un bouquet de saladelle* (1998) von Esmeralda Romanez. Bis die beiden jedoch eine Beziehung eingehen können, muss die grundsätzliche Schwierigkeit von Sonias vermeintlicher Unzugehörigkeit zu den Roma überwunden werden, da zu Anfang nicht klar ist, ob einer der Elternteile der jungen Frau wirklich zur Minderheit gehörte. Ihre (Re-)Integration in die Roma-Gemeinschaft ist folglich eine essentielle Voraussetzung, wobei die Frage aufgeworfen wird, inwiefern Merkmale angeboren sind. Interessanterweise wird der helle Ton von Sonias Haut als Merkmal der Distanz zu den Roma hervorgehoben, während ihre Kleidung und ihre Bewegungen als typischer Roma-Stil gelten. Obwohl letztere nicht erblich sind, interpretiert Ringo, der fasziniert von ihrem Tanz ist, diese Aspekte seiner dichotomischen Weltsicht entsprechend: „Sa façon de danser est typiquement gitane. Elle n'a pas pu apprendre avec un professeur tout ce qu'elle exprime dans la danse. C'est inné."[28] Unwissentlich stützt Sonia die Zweiteilung, als sie, nach ihren langen bunten Röcken gefragt, antwortet:

> Ma garde-robe n'est composée que de jupes longues, pour certaines, très vives en couleurs, pour d'autres, de formes plus classiques et de teintes neutres et unies. Sans connaître mes origines, j'avais opté pour ce genre de vêtements parce que je m'y sens bien. Je trouve irrespectueux de porter des jupes qui montrent les jambes. Il me semble que seul le

---

26 Lick Dubois: *Sur les routes*, S. 354.
27 Vgl. Ebd., S. 179.
28 Esmeralda Romanez: *Bouquet de saladelle*, S. 16.

mari doit connaître les formes de sa femme. Je n'affectionne vraiment pas les tenues provocantes, et je serais mal à l'aise si Ringo souhaitait me voir en porter.[29]

Hier werden instinktive Zugehörigkeit zu den Roma und regelkonformes Verhalten gegenüber deren Wertevorstellungen dargestellt, die mit Sonias Erziehung innerhalb der Mehrheitsgesellschaft kontrastieren. Die Normen der Roma werden auf diese Weise als unveränderliche und von der Umgebung unabhängige Erbeigenschaften dargestellt, die nicht ausschließlich mit physischen Charakteristika in Verbindung stehen. In Sonias instinktivem und als moralisch richtig gewertetem Verhalten – verdeutlicht durch „je trouve irrespectueux" – drückt sich zudem eine den Roma zugeschriebene Ursprünglichkeit aus, die auch eine spirituelle Ebene umfasst.[30] Der ‚ererbte' Zugang zur Spiritualität der Roma erleichtert Sonias Integration in die Gruppe erheblich, wie eine Szene verdeutlicht, in der sie an einer Geisterbeschwörung durch ihre zukünftige Schwiegermutter teilnimmt.[31] Die Passage stellt zugleich eine Einführung in die Glaubensvorstellung der Roma dar, in der die Grenze zwischen Toten und Lebenden zuweilen durchlässig ist und ein Kontakt zwischen beiden hergestellt werden kann. Sonia zeigt einen intuitiven Zugang zu dieser an sich geschlossenen Welt und stellt auf diese Weise erneut ihre Zugehörigkeit zu den Roma unter Beweis. Diese typischen Roma-Charakteristika sind nötig, damit Sonia überhaupt als gleichwertige Partnerin für Ringo infrage kommt. Ihre Zugehörigkeit zur Außengesellschaft steht der Verbindung im Wege, denn Ringo schließt aufgrund dieser eine Beziehung zu Sonia zunächst aus und macht sie von ihrer Roma-Abstammung abhängig.[32] Seine vehemente Ablehnung lässt ihn als Herr der Situation erscheinen, sodass er zusätzlich dem Bild eines aufrechten, leidenschaftlichen Liebhabers entspricht. Die Sentimentalität wird durch die Situierung der beiden Figuren in der Brandung bei Blick auf die nächtlich erleuchtete Kirche von Les Saintes-Maries-de-la-mer bis ins Klischeehafte überreizt. Archaische Werte und romantische Situierung bewirken einen erheblichen Aufbau von Spannung, in dessen Rahmen die Bedeutung der Zugehörigkeit von Sonia zu den Roma verstärkt wird. Nachdem diese Hürde überwunden ist und Sonias Vater als ein bekannter Rom anerkannt ist, wird die Distanz ihrer Mutter zu den Roma bis zu einem gewissen Grad verringert und auf diese Weise Sonias Nicht-

---

29 Esmeralda Romanez: *Bouquet de saladelle*, S. 61. Ähnlich auch Esmeralda Romanez: Ebd., S. 13, S. 15 und S. 25.
30 Dies zeigte sich auch beim ersten Besuch der jungen Frau in der Krypta der schwarzen Sara. Sie spürt, dort von der Statue wiedererkannt zu werden. Vgl. Ebd., S. 36.
31 Vgl. Ebd., S. 85–89.
32 Vgl. Ebd., S. 15 und S. 31.

Roma Abstammung relativiert: „Tu n'es pas une *gadji*, même si la moitié de tes origines le sont. Ta mère a été choisie. C'est qu'elle avait des qualités semblables aux femmes gitanes."[33] Folglich wird die Erblichkeit betont und gerade mit dem Fall einer vermeintlichen Überwindung der Diskrepanz zwischen Roma und Außengesellschaft die prinzipielle Unüberwindbarkeit hervorgehoben.

Trennungen im Raum und die Roma-Welt als Schutzzone
Die räumliche Abgeschiedenheit von der Mehrheit ist ein Charakteristikum des Roma-Lebens, das in einem Großteil der Texte thematisiert wird. Einsamkeit und Absonderung haben sowohl Ausgrenzungs- als auch Schutzcharakter. Selbst in der Gemeinschaft der russischen Armee in Matéo Maximoffs *Vinguerka* (1987), wo Roma und Russen zusammen kämpfen, herrscht eine strikte Trennung: „Le campement des Roms est à l'écart de ceux des Gayziés et des ketani (soldats)."[34] Das Roma-Dorf in *Vinguerka* (1987) ist in seinem Elend wohlweislich vor dem Blick aus dem Schloss verborgen und die Lager in *Le prix de la liberté* (1955) oder in *La septième fille* (1958) befinden sich weit entfernt von den Dörfern. Dies führt auch dazu, dass kultureller Interferenz durch die Mehrheit bis zu einem gewissen Grad vorgebeugt wird. Die Roma in *Le prix de la liberté* (1955) schmieden in Ruhe den Plan, Lena und Isvan miteinander zu verheiraten, um das junge Mädchen vor ihrem Gegenspieler Yon zu schützen. Zudem bietet die entfernte Bergregion, in die sie sich flüchten, Schutz vor den rumänischen Unterdrückern. Die Familien in *La septième fille* (1958) sind bei ihrem Unterfangen, den *mulò* und Dharani zu bekämpfen, ebenfalls vergleichsweise ungestört. Diese Ruhe wird jedoch nur durch die Ausgrenzung der Familie, die in einem Lager interniert ist, aufrechterhalten. Dort leben sie unter miserablen Umständen. Das Leben in der Peripherie ist daher ambivalent, wie der Textauszug aus *La poupée de Mameliga* (1986) zeigt: „Les Gayziés, les Russes, étaient à des dizaines de kilomètres. Ils ne viendraient donc pas à notre secours. Pourquoi d'ailleurs le feraient-ils? Ce n'était pas leur affaire."[35] Die rhetorische Frage vermittelt die Interessens- und Teilnahmslosigkeit der Mehrheit, welche in Verbindung mit den unter Umständen grausamen Folgen der Abgeschiedenheit steht: „Personne, parmi les roms, ne pense emmener l'enfant chez le médecin qui se trouve d'ailleurs à des kilomètres du camp. [...] Il faut s'abandonner à la fatalité. Si l'enfant doit mourir, il mourra."[36] Mit der hier dargestellten Kommunikations-

---

33 Ebd., S. 43, Hervorhebung im Original.
34 Matéo Maximoff: *Vinguerka*, S. 137.
35 Matéo Maximoff: *La poupée de Mameliga*, S. 31.
36 Matéo Maximoff: *Ce monde qui n'est pas le mien*, S. 78.

und Geschichtslosigkeit ist der abgeschiedene Raum der Roma im Sinne Marc Augés ein *non-lieux*.[37] Diese finden sich vor allem in Form von Transiträumen auch in anderen Werken: Die Familie von Stellina in *La longue route d'une Zingarina* (1978) und *Zingarina ou l'herbe sauvage* (2010) lebt auf einem „terrain vague", während die Angehörigen von Romanino in *El Romanès* (1986) in Spanien zwar noch auf einer Insel in relativer Freiheit, in Paris jedoch zusammengedrängt auf einem Abstellplatz wohnen. In Joseph Doerrs, Lick Dubois' und Luis Ruiz' Publikationen ziehen die Familien von einem Lagerplatz zum nächsten. Alle Plätze finden sich in den Randgebieten und liegen außerhalb der Siedlungen der Mehrheitsgesellschaft. Häufig steht damit der exkludierende Charakter der Aufenthaltsräume und der kontinuierliche Übergangszustand, in dem sich die Figuren befinden, im Zentrum.

Im Gegensatz zu der Identitätslosigkeit der *non-lieux* ist die Unzugänglichkeit der *gitans*-Siedlung in *Le guitariste nomade* (2005) für den Protagonisten durch ihre isolierte Lage eine Schutzzone und Ort identitärer Rückbesinnung. Miguels Eltern haben kein Verständnis für seine Verweigerung der Fabrikarbeit und seine künstlerischen Ambitionen. Er flüchtet sich daher in die in einem Brachland liegende Siedlung der (Roma-)Familie seiner Mutter: „C'est ainsi que je me suis installé chez mon papi; j'ai repris cette vie libre et sauvage que j'avais connue autrefois, dans ma petite enfance."[38] Der Großvater ist für den Protagonisten die wichtigste Person in der Roma-Welt und agiert als Vermittler der Zugehörigkeit zu den *gitans*.[39] Diese Zugehörigkeit besteht zwar von Geburt an, für Miguel, der sowohl in der Welt der *gitans* als auch in der Mehrheitsgesellschaft aufgewachsen ist, muss der Bezug zu den Roma allerdings in regelmäßigen Abständen erneuert werden. In Momenten des Umbruchs sucht der Protagonist immer wieder die Nähe zu den Roma, die in ihm die Erinnerungen an seine Kindheit erwecken.[40] Die versteckte Welt der Roma bietet Miguel damit identitäre Fixpunkte und ist im metaphorischen Sinn ein Schutzraum. Diese Transposition gilt auch für Stellina in *La longue route d'une Zingarina* (2010). Dort sind zwei erinnerte Erzählungen des Großvaters Zeichen für die Etablierung eines solchen ideellen und dabei stabilen Heimatraums, in dem Bezug zu traditionellen Erfahrungen und Werten hergestellt wird. Der Rekurs auf Erzählmuster oraler Kulturen verstärkt diese Konstruktion. Dabei kommt dem Erzähler eine besondere Bedeutung zu. Für Stellina in *Zingarina ou l'herbe sauvage*

---

37 Vgl. Marc Augé: *Non-lieux*, S. 99–100.
38 Miguel Haler: *Le guitariste nomade*, S. 103.
39 Vgl. Miguel Haler: *Le guitariste nomade*, S. 285.
40 Vgl. Ebd., S. 168 und S. 284.

(2010) sind die Erinnerungen an Narado besonders bedeutend, sie flüchtet sich immer wieder in innere Dialoge mit ihrem Großvater:

> J'ai l'impression de voir Narado. [...]
>
> – Oh, Narado! Jusqu'où vas-tu guider mes pas? [...]
>
> – Te souviens-tu de cette chanson que je te chantais quand tu étais petite?
>
> – Oui, grand-père, je me souviens. Elle s'appelle *Dikhav la notte*.
>
> Je regarde ici
>
> Je regarde là
>
> Je vois les étoiles
>
> Sourire dans le ciel
>
> Je regarde ici[41]

Die stabilisierende Funktion wird hier auf zweifache Weise erzeugt. Erstens ist die Erinnerung an Narado als Person für das junge Mädchen eine Quelle der Sicherheit. Zweitens setzt sie die von ihm weitergegebene Tradition innerlich fort, indem sie das erlernte Lied wiederholt und damit die Konstruktion einer distinktiven Identität wachruft – hier vor allem durch das Romanès-Verb im Titel ‚dhikav' – ich sehe. Als Träger von Erinnerung, welche die Identität der Protagonistin formen, haben auch andere Erzähler für Stellina Bedeutung. Sie erinnert sich: „Soudain, je pensai à ma grand-mère, Vava, qui savait tisser des histoires d'instants vécus, de légendes et d'anecdotes. Je sais aujourd'hui que c'était sa manière à elle de me construire jour après jour."[42] Derartige Erzählsituationen erzeugen Nähe zwischen den Figuren, zeigen die Konstruktion eines eigenen Gedächtnisses und dessen Weitergabe über die Generationen hinweg, womit sie Gedächtnisbildung durch Repetition abbilden, wie sie typisch für orale Kulturen ist. Auf die Speicherfunktion und auf den stabilisierenden Einfluss des Erzählers verweist gleichfalls eine Szene in *Les racines du temps* (1998). Ribeiro unterbricht seine Erzählung für einen Moment und verunsichert seine Zuhörerin Maggio, die dies mit folgender Bemerkung verdeutlicht:

---

41 Sandra Jayat: *Zingarina ou l'herbe sauvage*, S. 57, Hervorhebung im Original.
42 Ebd., S. 14. Vergleichbar auch in Sandra Jayat: *Les racines du temps*, S. 8 und Sandra Jayat: *Kourako*, S. 9.

Je l'observais et je me disais: ‚il a peut-être oublié la suite de l'histoire.'

Sans lui montrer mon inquiétude, je lui murmurai:

– Si tu ne connais pas la suite, cela ne fait rien. Je suis néanmoins contente de t'avoir rencontré.

– Que veulent dire ces mots? Dit-il, étonné.

Puis il éclata d'un rire sonore. Il prit encore un moment pour rassembler ses idées et il poursuivit l'histoire de la vie de Libèra.[43]

Explizit wird hier auf die Gedächtnisleistung des Erzählers hingewiesen. Indem die Zuhörerin Maggio die Anstrengung anerkennt und die Möglichkeit der unbekannten Fortsetzung direkt äußert, werden performativ die Fähigkeiten des Erzählers in den Fokus gerückt. Der eigene Erinnerungsraum wird auch symbolisch umgesetzt. Während die Erzählung für Stellina unabhängig vom Raum ist und praktisch als portabler Heimatort mit ihr wandert und ihr Schutz bietet, ist für Maggio und Ribeiro die Erzählsituation an einen eindeutigen Ort gebunden. Der Baum, unter dem sie ihre Erzählung täglich fortsetzten, steht zeichenhaft für Stabilität und Schutz und wird angesichts seiner Zerstörung durch einen Blitzschlag personifiziert: „Nous restâmes plantés un long moment, en silence, face à l'arbre témoin du récit de la vie de Libèra. Cet arbre qui avait offert son ombre pendant des jours et des jours, son calme, son rêve, la musique de ses feuilles, la douceur de sa lumière."[44] Durch die animistische Beschreibung wirkt der Baum nicht als unbeteiligter Gegenstand, sondern als integraler Part der Erzählsituation, die zum Fortlauf der Geschichte beiträgt. Ribeiro und Maggio spiegeln diese wichtige Beziehung, indem sie einen Moment die Rolle des Baumes – reglos und stumm – einnehmen. Die Zerstörung dieses friedvollen Ortes des Erzählens, die beschrieben wird, lässt ein baldiges Ende der Sicherheit und der Erzählung erahnen.

Während in *Les racines du temps* (1998) Stabilität und (lokale) Verwurzelung mit dem Baum metaphorisch im Vordergrund stehen und Bewegung allein in den Metadiegesen stattfindet, ist in *El Romanès* (1986) die Straße der bildhafte Ort, der Erinnerung evoziert, wobei die Dynamik im Zentrum steht: „Regarde la route, Gian-Carlo! Quel dialogue interminable avec le vent, pour cercler nos mémoires et le cercueil de nos solitudes."[45] Als Metapher wird die Straße zum

---

43 Sandra Jayat: *Les racines du temps*, S. 53–54.
44 Sandra Jayat: *Les racines du temps*, S. 100.
45 Sandra Jayat: *El Romanès*, S. 7.

klischeehaften Zeichen für eine innere (Erzähl-)Reise und einem dialogischen Ort der Begegnung, der Erinnerungen auferstehen und im Roma-Kollektiv zirkulieren lässt, wie es hier auch die dialogische Erzählsituation zwischen dem Erzähler und Giancarlo zeigt. Der scheinbaren Undefiniertheit der Durchgangsräume wird damit eine positive Deutung gegeben und die *non-lieux*[46] werden vor allem im Fall von Sandra Jayats Werk identitätskonstitutiv. Aber auch die negativen Konsequenzen der für die soziale Segregation sinnbildlichen räumlichen Trennung werden thematisiert. Dies wird insofern umgesetzt, als dass die Beschreibung des Raums in den meisten Werken unbedeutend ist. Lediglich die Durchquerung der Landschaft und damit auch die Aufrechterhaltung der Distanz zu den Nicht-Roma sind bedeutsam.

Institutionalisierte Grenzziehung
Die besondere Lebensweise der Roma äußert sich, wie im theoretischen Kapitel zur Grenzziehung dargestellt, in einem speziellen Wertesystem, das vor allem auf der Dichotomie ‚rein-unrein' fußt. Diese wird nur selten explizit angesprochen, sondern manifestiert sich vielmehr in konkreten Beispielen. Der Versuch, diese Ordnung als eine solche objektiv und strukturiert zu vermitteln, lässt sich besonders gut in Joseph Doerrs *Où vas-tu manouche?* (1982) nachvollziehen. Dort werden die Bräuche der Roma mehrfach als überlieferte und althergebrachte Normen beschrieben und zum Beispiel als „les traditions sacrées de leurs Anciens"[47] bezeichnet, das heißt sogar einer transzendentalen Sphäre zugehörig betrachtet. Diese Darstellung zeigt, wie im Sinn von Michel Foucault kulturelle Grenzen abgesteckt werden und auf diese Weise Alterität geschaffen und historisch aufrechterhalten wird.[48] Dabei bleibt es im Fall von Joseph Doerr jedoch nicht bei der von Foucault als interiorisiert und unreflektiert angenommenen Abgrenzung in Form von „gestes obscurs",[49] sondern es findet eine kontrastive Gegenüberstellung statt, die einer kulturellen Bewusstseinswerdung entspricht. Die Tradierung dieser eigenen positiven Sicht und den „rejet [...] [de] quelque chose qui sera pour elle [la culture] l'Extérieur"[50] illustriert in *Où vas-tu manouche?* (1982) Toumela. In seiner Darstellung sind die Normen und Werte der *manouches* in eine strukturierte Gesetzgebung gefasst, die in einem demokratischen Zustimmungsprozess angenommen wurde:

---

46 Marc Augé: *Non-lieux*.
47 Joseph Doerr: *Où vas-tu manouche?*, S. 28. Ähnlich auch Ebd., S. 5.
48 Vgl. Michel Foucault: Préface. Folie et déraison. Histoire de la folie à l'âge classique. In: Ders.: *Dits et Écrits* 1 1994 [1961], S. 161.
49 Ebd.
50 Ebd.

Ces deux peuples [Manouches du Rhin et du Danube] étaient fidèles aux traditions de leurs anciens chefs qui imposaient leur loi par des comités formés des Anciens et des chefs de famille universellement respectés. Aussi les lois concernant la vie privée étaient-elles considérées comme sacrées et rigoureusement observées. Ces lois étaient édictées lors des réunions générales et les articles en étaient les suivants:

1° L'homme qui avait touché de ses mains un linge de femme, s'il était repéré par un Ancien, était puni. Étaient également punis:

2° Celui qui frappait un cheval ou un chien jusqu'au sang et dont on avait trouvé les mains ensanglantées;

3° Le mensonge conjugal et le blasphème envers Dieu;

4° Quiconque avait mangé de la viande de cheval;

5° Le coupable de chantage et de détournement conjugal;

6° L'adultère;

7° La femme ou la fille qui avait eu des relations sexuelles avec de **gagé**;

8° L'homme qui avait tué son prochain, soit gadjo, soit manouche;

9° Celui qui contrevenait à l'hygiène et à la salubrité;

10° Celui qui touchait de ses mains un bébé nouveau-né ou des chiens nouveau-nés.[51]

Deutlich werden hier die moralischen Grenzen etabliert, die nicht übertreten werden dürfen. Angesichts der großen Bedeutung, die Religiosität im Text hat, ist die Anzahl von zehn Gesetzen in Anlehnung an die Zehn Gebote des Alten Testaments sicher nicht zufällig. Die ausgeprägte distanzsprachliche Gestaltung indiziert zudem die Orientierung an mehrheitsgesellschaftlichen Vorlagen und verleiht der kulturellen Grenze eine objektivere Form. Die Zahl unterstreicht, ebenso wie das Untersagen von Blasphemie, Ehebruch und das generelle Mordverbot, die Integration christlicher Werte in das dargelegte *manouche*-Normschema und zeugt von der „tension toujours en voie de se dénouer",[52] in der sich nach Foucault eine Kultur in Relation zu ihrer Umgebung etabliert. Die Inkulturation ist damit Zeichen für die Dialektik von Mehrheit und Minderheit und dient nicht etwa der Aufhebung der kulturellen Grenze, sondern vielmehr

---
51 Joseph Doerr: *Où vas-tu manouche?*, S. 68, Hervorhebung im Original.
52 Michel Foucault: *Préface*, S. 161.

deren Bestätigung, ebenso wie es inhaltlich der Fall des sexuellen Kontakts der Frauen verdeutlicht, der klar auf Angehörige der eigenen Gruppe beschränkt bleiben soll. Als ebenso althergebrachte Traditionen erscheinen in der Zusammenstellung von Gesetzen die Speisevorschriften, die Verhaltensregeln von Männern, was die Wäsche von Frauen, aber auch von Neugeborenen und die Misshandlung von Tieren betrifft.[53] Das Reglement beruht nicht nur auf moralischen und hygienischen Gründen, sondern wird darüber hinaus als Eigenart der Roma empfunden. Dies ist insofern bemerkenswert, als diese Regelungen vor allem bei den Sinti häufig als ‚geheimes' Gut nicht in der Öffentlichkeit preisgegeben werden.[54] Explizit wird auf die drohende Strafe hingewiesen, mit der nicht-konformes Verhalten zum Zweck des Traditionserhalts sanktioniert wird:

> La plus redoutée de ces punitions était la ‚dégénération' totale, toute relation étant entièrement coupée entre le coupable et le groupe dont il faisait partie. Il vivait alors complètement relégué avec sa femme et ses enfants. S'il était célibataire, il restait près de ses parents, mais il était tenu de manger à part et de se servir uniquement de sa propre vaisselle.[55]

Eine Revision der Bestrafung ist möglich: Sie kann nach einiger Zeit und dem Beweis entsprechender Reue wieder aufgehoben werden. Dies gilt jedoch nicht für die Figuren in Sandra Jayats *La longue route d'une Zingarina* (1978) und *Zingarina ou l'herbe sauvage* (2010), ebensowenig wie Matéo Maximoffs Texte und dabei vor allem *Condamné à survivre* (1984), wo der Ausschluss aus der Gemeinschaft nicht nur die schlimmste Strafe, sondern grundsätzlich irreversibel ist. In aller Deutlichkeit werden Hintergründe und Vorgehen der „punition millénaire",[56] wie die Exklusion in Matéo Maximoffs erstem Roman *Les Ursitory* (1946) genannt wird, beschrieben:

> Quelques explications sur le mot ‚marimé'. C'est une croyance qui est aussi vieille que la race tzigane. Comme les roms sont incontestablement de race hindoue, il existe chez eux la superstition de ‚marimé', comme il existe chez les Hindous les ‚intouchables'. Peu de chose suffit pour qu'un rom soit déclaré marimé et banni des tribus le reste de ses jours. On fait l'aumône à un mendiant, on donne un bout de pain à un lépreux, mais on ne donne rien à un rom qui a été proscrit par la loi de marimé. Aucun rom ne doit lui parler,

---

[53] Zum Verbot, Pferdefleisch zu verzehren, vgl. auch Kapitel 2.5 *Speisevorschriften und Leibgericht niglo* S. 316.
[54] Vgl. Lev Tcherenkov/Stéphane Laederich: *The Rroma 1*, S. 341–343. Dies gilt im Besonderen für Sinti in Deutschland, wie zum Beispiel in der Autobiographie von Dotschy Reinhardt thematisiert wird. Vgl. Reinhardt, *Gypsy*, 2006, S. 47.
[55] Joseph Doerr: *Où vas-tu manouche?*, S. 69.
[56] Matéo Maximoff: *Les Ursitory*. Paris: Flammarion 1946, S. 124.

> fut-ce son propre fils, et encore moins le toucher, sans déroger à la loi et être rejeté lui-même.
>
> La chose est simple en elle-même. Qu'un morceau de pain tombe par terre et qu'un rom le ramasse et le mange, il est marimé. De même, un rom ne doit pas se servir d'un couteau ou d'une cuiller qui a eu contact avec la terre. Aucun rom ne doit entrer dans une tente pendant les quarante-deux premiers jours de la naissance d'un enfant. Il y a mille façons de se rendre marimé et la réhabilitation est longue et incertaine. Toute une vie est parfois insuffisante pour purifier un rom atteint de ces malheurs.
>
> Chez les grands nomades, la femme doit laver ses robes et ses jupes dans un autre récipient que celui où elle lave les chemises de son rom.[57]

Der Bezug zum indischen System der Unberührbaren hat die Funktion der Historisierung und der Aktualisierung des Unreinheitsschemas zugleich. Eine geschichtliche Dimension entfaltet die Textstelle, indem der Ursprung der Roma in Indien eindeutig affirmiert wird; hinzu kommt die Betonung der langen Tradition („aussi vieille que la race tziganes"). Die hier auch syntaktische Parallelisierung von „marimé" und „untouchable" beziehungsweise Roma und Hindus verstärkt den Effekt der Kontinuität. Aktualisiert wird der Dualismus ‚rein-unrein' mittels der als quasi alltäglich hervorgehobenen Bedrohung und der Bindung an spezielle Akte der ‚Unreinheit'. Die Einführung in den übergreifend für alle Roma existenten Verhaltenskodex ist allerdings nur oberflächlich, denn die genaue Kenntnis der diffus scheinenden Regeln erzeugt den Eindruck eines Systems, das nur dem (eingeweihten) Roma-Kreis zugänglich ist und bleiben soll. Insofern wird der aufklärerische und objektive Eindruck, der stilistisch wie auch bei Joseph Doerr erzeugt wird, durch das Vorenthalten von spezifischeren Informationen unterwandert. Rezipienten sind damit relativ eindeutig Nicht-Roma, denen jedoch ein völliger Zugang weiterhin verwehrt wird. Das gilt auch für die Darstellung der Normen in Sterna Weltz' *Mes secrets tziganes* (1989). Eine kritische Sicht der Roma-Welt wird hier als nicht opportun und sogar gefährlich dargestellt, wie folgender Textauszug über die Verbannung aus der Roma-Gemeinschaft zeigt:

> Pour de multiples raisons il arrive que des sanctions soient infligées à certains membres du groupe. Il y aura alors quarantaine mais aussi bannissement du clan. Chez quelques uns des ‚jugements' sont organisés auxquels ne participent jamais les femmes et qui décident de telle punition. Le ‚bannissement' est quand même la plus redoutée. Ce qui au sein des groupes paraît très grave n'est aux yeux des occidentaux bien souvent que secondaire. Encore une fois, tout est affaire de valeurs, il ne faut pas critiquer, il faut essayer de com-

---

57 Matéo Maximoff: *Savina*, S. 122.

prendre que le fonctionnement des lois internes tziganes n'a pas la même référence. Si par hasard un être devenait homosexuel il se bannirait et serait banni automatiquement. Rien n'est à rejeter ou à prendre, il faut l'admettre tout simplement.[58]

Im Gegensatz zu Matéo Maximoffs oder Joseph Doerrs Aufzählungen bleibt hier unklar, welche genauen Vergehen oder Tabubrüche – sieht man von Homosexualität ab, die explizit erwähnt wird – zur Verbannung aus der Gruppe führen. Ausdrücklich zeigt sich allerdings, dass dieses Verfahren als ein systematischer Unterschied zur Mehrheitsgesellschaft wahrgenommen wird und Exklusion die härteste Strafe ist. Die Grenze zwischen Roma und Nicht-Roma erscheint damit in den drei Passagen mit Foucaults Worten als „vide creusé, cet espace blanc",[59] mit dem sich eine Kultur von ihrer Umgebung isoliert und in den der Ungehorsame verbannt wird.

Die Bewusstseinswerdung über derartige kulturelle Muster steht für den Nicht-Rom Norbert in *Pour un bouquet de saladelle* (1998) am Anfang der Inklusion in eine Gemeinschaft mit rigiden Verhaltensvorschriften. Die Romnì Carmen beschreibt für ihren Geliebten die Forderung des absoluten Regelgehorsams:

– [...] Si tu démérites, par respect pour ces traditions auxquelles je me réfère pour être sûre de toujours prendre la bonne décision, je devrai te chasser.

– Que ne faut-il pas faire afin de ne pas démériter?

– Toucher à une femme gitane puisque à présent tu es le *Rom* d'une d'entre elles.

– Et toucher aux femmes *gadja*, je peux?

– Si on te le demande. Je suis d'une tribu dont l'une des traditions veut que si les gadjé nous enfoncent la fourche dans le dos, leurs femmes reçoivent nos hommes en elle.

– J'ai peur de comprendre?

– Pourquoi? Tu ne penses tout de même pas que les injustices dont nous sommes sans cesse souillés doivent rester impunies?

– Il y a d'autres moyens?

– Tout dépend de celui qu'eux ont employé!

---

58 Sterna Weltz: *Mes secrets tziganes*, S. 36.
59 Michel Foucault: *Préface*, S. 161.

- Là, je suis d'accord.

- Œil pour œil, tu connais?

- Je n'ai jamais pratiqué.

- Avec nous, si on te le demande, il faudra pratiquer.[60]

Unverhohlen wird hier die Vergewaltigung außenstehender Frauen als Mittel der Rache legitimiert und ein gewalttätiges, archaisches Bild der Roma gezeichnet. Die Trennung von Außenwelt und Roma-Innengruppe wird durch den strengen Gehorsam aufrechterhalten, dem sich auch Norbert beugen muss, will er nicht von Carmen abgelehnt werden. Die dialogische Form, in der dieser Inhalt vermittelt wird, betont den Integrationswillen, wobei seine zögerlichen Nachfragen und geäußerten Zweifel an den brutalen Praktiken durch Carmens bestimmte Antworten, die keinen Widerspruch dulden, gegenstandslos werden. Deutlich wird zum Ausdruck gebracht, dass er keine andere Wahl hat, als sich dem Reglement zu unterwerfen, will er mit Carmen zusammenbleiben. Damit wird auch aufgezeigt, wie eventuelle Kritik am Gemeinschaftsleben und dessen Normen in einer kalten (Roma-)Gesellschaft im Sinne Claude Lévi-Strauss unterdrückt wird.[61] Es ensteht also kein interkultureller Dialog, in dem die Kommunikationspartner auf gleicher Ebene stehen. Die inhaltlich krude Darstellung der undurchdringlichen Grenze zwischen Roma und Außengesellschaft steht in krassem Gegensatz zu den so romantisch gezeichneten Liebesgeschichten, welche beide Paare – Sonia mit Ringo und Carmen mit Norbert – verbindet. Dieser scharfe Kontrast löst sich nur auf, indem sich sowohl Sonia als auch Norbert den herrschenden Normen der Roma beugen.[62]

Die Grenzüberschreitung in *Pour un bouquet de saladelle* (1998) beschränkt sich auf eine einseitige Anpassung der Nicht-Roma Sonia und Norbert. Die strikte Aufrechterhaltung der kulturellen Tradition hat größten Stellenwert, denn sie ist neben der gemeinsamen Verfolgungsgeschichte der einzige unifizierende Faktor: „Nous faisons partie des derniers Gitans. Nous devons engager notre honneur à vivre dans la loi de nos pères afin de laisser derrière nous l'image d'un peuple opprimé certes, mais qui a résisté du mieux qu'il a pu, gardant ses

---

60 Esmeralda Romanez: *Bouquet de saladelle*, S. 133, Hervorhebungen im Original.
61 Vgl. Claude Lévi-Strauss: *La pensée sauvage*, S. 309–310.
62 Vgl. Esmeralda Romanez: *Bouquet de saladelle*, S. 50. Die (Liebes-)Beziehungen, die Sonia und Norbert zu den Roma eingehen, werden von Außenstehenden entsprechend kritisch gesehen und die stereotypen Beschuldigungen der Mehrheit aufgegriffen. Vgl. Ebd., S. 128.

traditions, seul patrimoine dont nous héritons."⁶³ Aufschlussreich ist die Tatsache, dass die Repressionserfahrungen zwar angesprochen werden, ihre Bedeutung hier aber zugunsten der althergebrachten Tradition gemindert wird. Dadurch kommt auch zum Ausdruck, dass ein Eintreten für die eigene Kultur ein Ende der Unterdrückung bedeutet. Diese Perspektive vertreten auch die *gitans* in *La guerre noble* (2006) von Luis Ruiz. Für sie hat die (Selbst-)Ausgrenzung einen traditionellen Aspekt angenommen, der sich in der beruflichen Unabhängigkeit spiegelt. Diese ist primordial, um den Einfluss der Außenwelt gering zu halten, wie das Beispiel der Arbeitswelt illustriert:

> Au fil des années, les Gitans se sont forgé une règle, en refusant de travailler dans une entreprise ou chez un patron, histoire de ne pas se séparer de leurs frères et de garder leur identité et leur culture intactes. Entre nous on dit: ‚quand un Gitan est trop souvent avec les Gadjos, il prend ses habitudes!'. L'idéal, ce serait que le Gitan devienne son propre patron.⁶⁴

Die in den Berufswünschen deutlich werdende Bestrebung, die Distanz zwischen Roma und Nicht-Roma aufrechtzuerhalten, wird durch den großen Assimilationsdruck gefördert, dem Roma ausgesetzt sind und dem sie sich trotzig widersetzen: „Mais au fond, ce qu'ils [les Gajos] souhaitent, c'est que les Gitans s'adaptent à toutes leurs pratiques, se fondent dans la population et s'intègrent totalement dans leur pays, le prétendu pays des Droits de l'Homme!"⁶⁵ Mit der Anspielung auf die Menschenrechte wird der Verstoß gegen die (kulturelle) Freiheit der Minderheit denunziert und zugleich ein direkter Bezug zur französischen Nation hergestellt, die sich der Begründung dieser Menschenrechte rühmt. Zugleich weist die Passage auf die schwierige Erhaltung kultureller Identität in der industrialisierten Gesellschaft hin und betont die Machtlosigkeit, mit der eine kleine Gemeinschaft den Assimilationsbestrebungen gegenübersteht, die von der Umgebung ausgehen.

Die Darstellungen der Sphärentrennung von Roma und Nicht-Roma als institutionalisierte und objektive kulturelle Muster in distanzsprachlich aufklärendem Stil ergänzt die Vermittlung der Abgrenzung von Joseph Stimbach in zwei Erzählungen in märchenhaft- oder fabelhaftem Ton. Während in *Pour un bouquet de saladelle* (1998) eine zumindest einseitige Grenzüberschreitung als möglich erachtet wird, ist in der Liebesgeschichte „Histoire de Loutre et de Zaïto" von Joseph Stimbach sowohl für Roma als auch für Nicht-Roma kein

---

63 Ebd., S. 62.
64 Luis Ruiz: *Guerre noble*, S. 19.
65 Luis Ruiz: *Guerre noble*, S. 21.

glückliches Ende möglich. Das Beispiel des kleinen *manouche* Zaïto und seiner Freundin Loutre zeigt auf dramatische Weise, wie der Versuch, die ethnischen Grenzen zwischen Roma und Nicht-Roma zu überschreiten, scheitert. Die *manouche*-Familie von Zaïto hat es geschafft, auf einem Campingplatz unterzukommen, der den Nicht-Roma vorbehalten ist. Dort verlieben sich Zaïto und Loutre ineinander. Die drohende Verweisung der Roma vom Campingplatz und damit die Trennung der beiden führen zu einem tragischen Ende: „Alors, on en trouva un allongé sur un dépotoir, le couteau dans le cœur, c'était le petit Zaïto. On trouva sa Loutre chérie, sa fiancée, dans une baignoire en forme de cœur, rose, très chic, un couteau, le couteau que Zaïto lui avait donné, planté dans le cœur...."[66] Die soziale Trennung wird hier durch die räumlichen Differenzen weitergeführt: Der *manouche* ist auf der Abhalte gleichsam als Müll abgelegt und das Mädchen in der hochstilisierten Badewanne drapiert. Der rituell wirkende Selbstmord hingegen schafft durch die gleiche Todesart eine vom Einfluss anderer unabhängige und damit untrennbar ewige Verbindung der beiden Liebenden.[67] Die Parallele mit dem tragischen Ende von Romeo und Julia ist offensichtlich. Die Darstellung liefert damit eine eigene Version dieses mehrheitsgesellschaftlichen Textes, wobei im Gegensatz zum Vorbild auch in der Sterbesituation die räumliche Trennung zwischen den beiden Liebenden aufrechterhalten wird. Die kulturelle Distanz bleibt damit symbolisch bestehen und die Verbindung fragil. Selbst der Tod kann die von der Gesellschaft konstruierten und den Individuen aufgezwungenen Differenzen nicht gänzlich überwinden.

Ähnlich wirkungsvoll wird die Abgrenzung der Roma gegenüber der Mehrheitsgesellschaft auch in der fabelähnlichen Geschichte „Dame Bécasse et les Nigli" aus Joseph Stimbachs Erzählsammlung *Itsego* (2001) vermittelt. Eine hilfsbereite Gans will einer hermetisch geschlossenen Igelgemeinschaft helfen und schafft es, dank ihres Durchhaltevermögens eine Versammlung einzuberufen:

> Lors du rendez-vous, elle se trouva en face d'un *niglo* venu de l'Est, tout à fait résolu à faire changer les choses:

---

66 Joseph Stimbach: *Itsego*, S. 38.
67 Eine solch radikale Position wird nicht durchgehend vertreten: „Il y des *gajé* sympathiques, humains, chez eux c'est comme chez les Manouches, il y en a des très bien et d'autres très mauvais, comme dans tous les peuples!" (Ebd., S. 135) Ähnlich in Joseph Stimbach: *Réflexion*, S. 19.

> – J'ai pas peur de leur mettre trois ou quatre cents nigli sur la route pour manifester, et que les choses changent. On va voir ce que c'est que les *nigli*!
>
> – [...] Elle trouva un gashkeno manush un peu bizarre.
>
> – Oui, il faut les tuer, ceux qui sont pas de notre race!
>
> En fait, il n'était pas si méchant mais il voulait surtout défendre les siens et qu'on les respecte. [...] Comme sécretaire, elle découvrit un *niglo* gitan, toujours de bonne humeur, en train de penser aux affaires qu'il pourrait faire et connaissant bien tout ce petit monde (Gitans et Manouches) parce qu'il avait beaucoup voyagé.[68]

Die Verwendung der Igel als Substitut für die Roma-Gemeinschaft hat symbolische Wirkung. Als eigenkulturelles Zeichen spielt das Tier bei der Abgrenzung eine große Rolle, die hier durch die Verwendung der Romanès-Bezeichnung ‚*niglo*' besonders hervorgehoben wird.[69] Dies unterstreicht die thematisierte vehemente Abgrenzung zwischen Marginalisierten und ihrer Umgebung. Dass die Separation in Rassismus umschlagen kann, offenbart der grausame Vorschlag der Ausrottung. Obgleich er sofort relativiert wird, zeigt er Uneinigkeit und interne Differenzierung auf, denn die Meinungen werden zwar von Individuen geäußert, aber durch deren Gruppenzuordnung generalisiert. Die Verwendung der Untergruppenbezeichnung „gashkeno manush"[70] und „gitan" bricht die Igel-Fiktion und lenkt die Aufmerksamkeit auf die als metaphorisch zu verstehende Beziehung von Roma- und Igelwelt.

Mit der Aufzählung gesetzesgleicher Normen und der Nennung von Strafen, die aus der Nichtbefolgung resultieren, geht stilistisch eine distanzsprachliche Form einher, die den Passagen einen objektivierenden Charakter verleiht und damit das Roma-System gegenüber außengesellschaftlichen Urteilen stärkt. Dementgegen stehen die Anlehnung an den Romeo-und-Julia-Stoff und die Igelgeschichte mit der fiktionalen Übertragung der Grenzziehung zwischen Roma und Mehrheit durch ihren romantischen und fabelhaften Stil für eine Orientierung an oralen Erzählungen, die zudem durch die nähesprachliche Umsetzung der Alltagskommunikation angenähert wird. Dadurch wird nicht nur Nähe zu den Roma symbolisiert, sondern im Fall der Liebesgeschichte zudem eine eigenkulturelle Version dieses Teils des kulturellen Gedächtnisses der

---

68 Joseph Stimbach: *Itsego*, S. 145–146.
69 Vgl. dazu auch das Kapitel 2.6 *Speisevorschriften und Leibgericht* niglo S. 316–318.
70 Eine wörtliche Übersetzung würde ‚deutscher Mensch' ergeben. Allerdings handelt es sich hier um eine Untergruppe, die sich nur auf die Roma – hier als Oberbegriff – bezieht und dabei diejenigen bezeichnet, die durch den germanophonen Raum geprägt sind.

Mehrheit geschaffen, womit die doppelte Rezipientenorientierung verdeutlicht wird. Beide Erzählstrategien dienen letztlich dazu, die Trennung in zwei kulturelle Sphären zu transportieren und die Roma-Identität nach außen wie nach innen zu stabilisieren.

Kulturelle Auflösung und Traditionsverlust
Grundsätzlich werden die in den Romanen dargestellten Roma-Gemeinschaften als werterhaltend und konservativ gezeichnet. Eine individuelle Einflussnahme oder gar Anpassung der Normen ist dabei schwierig oder sogar unmöglich. Der Grad an Interiorisierung dieser Unmöglichkeit führt in *La longue route d'une Zingarina* (1978) zu Stellinas Aussage: „Les traditions sont les traditions, je ne peux pas les changer."[71] Unmissverständlich wird als Begründung für die Existenz strikter Verhaltensregeln die Gefahr der kulturellen Auflösung herangezogen und daher beispielsweise die Ausbrecherin Stellina von der Gemeinschaft isoliert: „Ne sait-elle pas que notre liberté, c'est le groupe et que si le groupe se dissout, nous n'existerons plus?",[72] kommentiert ein Rom ihre Gehorsamsverweigerung. Passend zur vehementen Abgrenzung der Roma-Figuren ist die Befürchtung des Traditionsschwunds in Joseph Stimbachs Texten ein wiederkehrendes Thema, der mit Identitätsverlust gleichgesetzt wird: „Ceux qui sont presque comme vous ne pensent plus comme les vrais Tziganes; seuls ceux qui ont gardé leurs traditions ont gardé leur identité."[73] Worauf dieser Auflösungsprozess sich allerdings genau bezieht, bleibt in der Regel diffus.[74] Meist wird er lediglich in Verbindung zum Assimilationsdruck durch die Mehrheitsgesellschaft gebracht.[75] Die explizit erwähnten Gefahren sind der Sprachverlust oder auch der Übergang zum sesshaften Leben.[76]

Noch ausgeprägter zeigt sich die Befürchtung der kulturellen Auflösung in Lick Dubois' Texten. Die eigene ethnische Zugehörigkeit zu verleugnen oder zu vergessen, ist ein Motiv, das in allen Werken des Autors auftaucht – in *Il était une fois les bohémiens* (2003) ist die nostalgisch-melancholische Perspektive

---

71 Sandra Jayat: *La longue route d'une Zingarina*, S. 13. Ähnlich auch in Sandra Jayat: *El Romanès*, S. 56 und Sandra Jayat: *Zingarina ou l'herbe sauvage*, S. 29.
72 Sandra Jayat: *Zingarina ou l'herbe sauvage*, S. 48. Ähnlich auch in Sandra Jayat: *La longue route d'une Zingarina*, S. 45.
73 Joseph Stimbach: *Réflexion*, S. 31.
74 Vgl. Joseph Stimbach: *Itsego*, S. 158 und Joseph Stimbach: *Réflexion*, S. 33.
75 Vgl. Joseph Stimbach: *Réflexion*, S. 37, S. 61 und S. 124.
76 Vgl. Joseph Stimbach: *Itsego*, S. 45 und Joseph Stimbach: *Réflexion*, S. 51.

den schwindenden Traditionen gegenüber schon im Titel ersichtlich.[77] In *Sur les routes* (1998) konkretisiert sich diese sonst in Einzelbemerkungen sichtbare Sorge in einer intradiegetischen Erzählung von Kijalo über einen Sinto, der, nachdem er materiellen Reichtum erlangt hat, alle Solidarität gegenüber seiner Familie und der Gemeinschaft vergisst: „[L']argent lui fit perdre la tête. Il se vantait à tous les gens qu'il rencontrait, qu'ils soient sinti ou gadjé, qu'il était riche, le plus riche de tous les Sinti du monde. [...] Il était devenu invivable. Tous les Sinti le fuyaient."[78] Kijalo entwirft das negative Szenario, um die anderen Sinti dazu zu bewegen, einen ominösen Geldbetrag – er taucht nach der nächtlichen Begegnung mit einigen Untoten (*mulé*) in Pacalos Hosentasche auf – in der Kirche zu spenden. Die hier beschriebene (Selbst-)Ausgrenzung des Sinto wirkt mehr als abschreckend auf die Zuhörer, die sich sofort entscheiden, das Geld nicht zu behalten. Die Folgen von (unfreiwilliger) Assimilation, wie sie hier in der Geschichte Kijalos erzählt werden, stellen ein grundsätzliches Dilemma für kulturelle Weltenwanderer dar, wie Frantz Fanon anhand des Beispiels eines aus der Metropole Paris zurückkehrenden Kreolen beschreibt: „Il n'entend plus le patois, parle de l'opéra, [...] mais surtout adopte une attitude critique à l'égard de ses compatriotes. [...] [L]e fait [...] d'adopter un langage différent de celui de la collectivité qui l'a vu naître, manifeste un décalage, un clivage."[79] Die hier aufgeworfene Sprachproblematik ist in Lick Dubois' Werk einer der Faktoren, an dem sich die Besorgnis der kulturellen Assimilation am deutlichsten kristallisiert. Sie beschäftigt die Figuren Pacalo und Tintin in *Sur les routes* (1998):

> Mais tu vois, toutes ces familles qui font les fêtes foraines, ils ne parlent même plus le sinto avec leurs enfants, de peur de se faire remarquer par les gadjé. Je les comprends, peut-être que de parler le sinto, ça gêne leur métier, vu notre réputation.
>
> Tintin se révolte: – Non mon frère, je suis pas d'accord. Même si demain je fais ce métier, je pourrais jamais m'empêcher de parler le rabouin, rends-toi compte. C'est plus des Sinti, sur ma mère.
>
> – Non, je ne crois pas que ce n'est plus des Sinti. Ils se sont adaptés à un autre style de travail. C'est peut-être une forme d'évolution. [...]

---

77 Vgl. Lick Dubois: *Il était une fois les bohémiens*, S. 145, S. 172 und S. 186; Lick Dubois: *Enfances tsiganes*, S. 233 und Lick Dubois: *Romanestan*, S. 11 und S. 57.
78 Lick Dubois: *Sur les routes*, S. 34. Eine ähnliche Argumentation, die ökonomisches Wohl mit Traditionsauflösung verbindet, findet sich auch Ebd., S. 171.
79 Frantz Fanon: *Peau noire*, S. 18–19.

– Non, non, ma bonne couille. [...] Ils ont honte de leur langue, tu vois bien que c'est de la crânerie. Tiens, va pas chercher plus loin, les Bouglione, quand tu vas chez eux, ils te parlent en sinto, comme vous, et pourtant c'est déjà des messieurs, ces hommes-là, dit Tintin en tressant sa chaise.[80]

Die Frage des Aufgebens von Traditionen ist für die beiden Figuren konkret mit der Sprachwahl verbunden. Zum einen scheint das Französische für die Integration in die Mehrheitsgesellschaft notwendig, zum anderen bringt diese Entscheidung jedoch die Gefahr von kultureller Assimilation mit sich. Diese Bedrohung wird hier jedoch mit dem Gegenbeispiel der sehr bekannten französischen Sinto-Zirkusfamilie Bouglione kontrastiert. Materieller Reichtum, Anerkennung in der Mehrheitsgesellschaft und Selbstverleugnung sind nach dieser Argumentation also nicht gleichbedeutend. Dafür spricht auch die positive Verwendung der eigentlich abwertenden Bezeichnung „rabouin", was gewöhnlich als pejorativer Begriff für *bohémien* und nicht, wie hier, für die Sprache steht. Tintin spricht sich damit vehement gegen eine evolutive Sicht aus, die in seinen Augen der Aufgabe ethnischer Identität gleichkommt. Diese Position kann im Gesamtwerk des Autors als führend festgehalten werden und gilt auch für andere Autoren, wie zum Beispiel Matéo Maximoff. In seinem Roman *Ce monde qui n'est pas le mien* (1992) ist der drohende Sprachverlust für den kleinen Rouva im russisch-orthodoxen Kloster ein Quell der Unsicherheit. Der Junge muss eine Strategie entwickeln, um den Identitätsverlust zu verhindern, denn er weiß, dass sein Aufenthalt in der Welt der Russen nur kurzfristig sein wird: „Dès qu'il en aura la possibilité, il s'enfuira pour aller rejoindre des Roms [...]. En attendant, il fait comme les autres."[81] Die mimetische Vorgehensweise hat jedoch ihre Tücken: „Chaque jour lui fait perdre un peu plus le sens de sa race car chaque jour aussi, il devient un peu plus russe."[82] Die Erziehung durch die russischen Mönche liefert dem Jungen allerdings auch ein Instrument gegen das Vergessen: die Schrift. Sobald er ausreichend schreiben gelernt hat, notiert der Junge alle Romanès-Wörter, die ihm einfallen,[83] und so kann er zwei Jahre später, als sein Cousin Vorta unvermittelt ins Kloster kommt, um ihn abzuholen, selbstbewusst sagen: „Je suis un Rom."[84] Die Unzugehörigkeit zur Welt der Mehrheitsgesellschaft, die schon im Titel *Ce monde qui n'est pas le mien* (1992) kondensiert zum Ausdruck gebracht wird, zeigt sich in diesem Satz als klare ethnische Zuord-

---

80 Lick Dubois: *Sur les routes*, S. 219.
81 Matéo Maximoff: *Ce monde qui n'est pas le mien*, S. 75.
82 Ebd., S. 76.
83 Vgl. Ebd.
84 Ebd., S. 89.

nung. Obwohl Rouva durch seinen Aufenthalt bei den russischen Mönchen – wider Willen – zum Kenner der Außenwelt geworden ist und sich mit dieser Kompetenz auch als erfolgreicher Vermittler zwischen Roma und Russen betätigt, besteht die Trennung der beiden Welten auch für ihn fort.

Während sich Rouva aktiv gegen eine Assimilation zur Wehr setzt, erscheint dem Protagonist von *Condamné à survivre* (1984) die Option, in der Mehrheitsgesellschaft unterzutauchen, notwendig, da er auf diese Weise hofft, der Vergeltung durch die Roma-Familie zu entgehen, die sich an ihm für die Ermordung seiner Frau rächen will: „Foncer dans le vide, dans l'inconnu, telle était la première réaction de Khantchi. [...] La meilleure façon, c'est encore de se faire passer pour un Gayzio. Comme je suis jeune et pas très brun, cela ne sera pas difficile, se dit-il."[85] Obwohl dem jungen Rom dank der physischen Ähnlichkeit mit der Umgebung das Untertauchen oberflächlich betrachtet relativ leicht fällt, ist die psychologische Grenze, welche die zwei Kulturkreise trennt, für ihn sehr viel schwerer zu überwinden. Sein Verständnis für die Nicht-Roma stößt schnell an Grenzen und sein Versuch, die Verhaltensweise eines einfachen Vagabunden anzunehmen, misslingt. Mit Frantz Fanon gesprochen scheitert Khantchi an der Dichotomie von „peau noire, masques blancs"[86] und gesteht sich dies gezwungenermaßen ein: „Khantchi ne comprend rien, ou presque rien, à toute cette histoire. Et puis, à quoi bon savoir ce que font les autres, les Gayzié, ceux qui ne sont pas de sa race. Ils sont bizarres pour lui; il n'arrivera jamais à les comprendre."[87] Die Außenwelt kann nicht dominiert und auch nicht verstanden werden. Die Wiedererlangung der ‚Roma-Nationalität', die dem Rom wegen Mordes abgesprochen wurde, bleibt daher für Khantchi das höchste Gut und er wird von seinen Gefühlen überwältigt, als er sie wieder für sich beanspruchen kann: „Et c'est dans un sanglot, la voix brisée par l'émotion, que Khantchi ajoute: – Mais je suis un rom!"[88] Insofern vertritt er ebenso wie Rouva die Einstellung, dass die Zugehörigkeit zu seiner Gemeinschaft allen anderen Optionen absolut übergeordnet ist.

Eine Auflösung der Grenzen zwischen Roma und Nicht-Roma ist damit in den meisten Fällen einseitig und zudem nur von kurzer Dauer. Die Vorbehalte, die von beiden Seiten Grenzüberschreitern entgegengebracht werden, sind hartnäckig und scheinen zunächst unüberwindbar. Nicht immer können die

---

85 Matéo Maximoff: *Condamné à survivre*, S. 26.
86 Frantz Fanon: *Peau noire*.
87 Matéo Maximoff: *Condamné à survivre*, S. 33. Das gilt ebenfalls für die Hexe Dharani in *La septième fille* (1958). Ihre Macht über die Roma ist zwar fast unbegrenzt; die Welt der Nicht-Roma kann sie jedoch nicht beeinflussen. Vgl. Matéo Maximoff: *La septième fille*, S. 160.
88 Matéo Maximoff: *Condamné à survivre*, S. 205.

Figuren ihre Kultur gegenüber dem Außeneinfluss beziehungsweise der Bildungsinstitutionen allerdings so gänzlich bewahren wie Rouva. In Lick Dubois' *Il était une fois les bohémiens* (2003) ist es die Schule, die zu einer sukzessiven kulturellen Auflösung beiträgt: „Les jeunes filles et les garçons qui fréquentent les écoles, commencent à s'identifier aux gadjé de leur âge."[89] Der Erzähler behält gegenüber dieser Situation eine neutrale Position bei und kommentiert die Entwicklung weder positiv noch negativ. In einer Vielzahl von Werken zeigt sich jedoch eine ambivalente Stellung gegenüber der Schulbildung. Den Versuchen einiger Figuren, die trennende Barriere zu überwinden, werden sowohl von mehrheitsgesellschaftlicher als auch von Roma-Seite ausgehend teilweise scharfe Absagen erteilt. Diese zwiespältigen Darstellungen spiegeln damit den Status der Autoren, die sich zwischen den beiden Gemeinschaften befinden. Es gibt zwar entsprechend einen gewissen Kulturaustausch, dieser bleibt jedoch entweder fragmentarisch oder unilateral. Am deutlichsten äußert sich dies im (partiellen) Erwerb der Schriftsprache. Aber auch in anderer Hinsicht positionieren sich die Figuren als Grenzgänger, die zwischen den Gemeinschaften stehen und der Kritik von beiden Seiten ausgesetzt sind. Die Figurencharakterisierung als revolutionäre Innovationsträger und Reflexionen zur Dichotomie von Mündlichkeit und Schriftlichkeit unterstützen den Eindruck eines grundsätzlichen und quasi unüberbrückbaren Spannungsfeldes. Nur in wenigen Fällen setzt sich die idealistische Sicht auf ein universelles Weltbürgertum durch.

(Eingeschränkte) Kulturvermittlung

Als Zeichen für die bis zu einem gewissen Grad gehende Grenzauflösung steht der Erwerb der Schrift, deren Kenntnis für eine Vielzahl an Figuren erstrebenswert erscheint und die Roma an die Mehrheit annähert. Obwohl generell von einer Aufwertung der mündlichen Kultur in den Texten gesprochen werden kann,[90] wird die Verbesserung der (Schul-)Bildung ebenso positiv beurteilt. In einigen Werken werden die Figuren sogar explizit über die Kenntnis der Schrift charakterisiert. Stellenweise hat sie auch handlungstragende Funktion, wie für Arniko aus Matéo Maximoffs *Les Ursitory* (1946), der ein Tagebuch führt, dessen

---

89 Lick Dubois: *Il était une fois les bohémiens*, S. 152–153.
90 Vgl. Matéo Maximoff: *La septième fille*, S. 13 und S. 43; Matéo Maximoff: *La poupée de Mameliga*, S. 169–170; Matéo Maximoff: *Vinguerka*, S. 48; Matéo Maximoff: *Dites-le avec des pleurs*, S. 36, S. 59, S. 64, S. 67, S. 78, S. 113 und S. 237; Matéo Maximoff: *Ce monde qui n'est pas le mien*, S. 50–51; Joseph Doerr: *Où vas-tu manouche?*, S. 73; Vania de Gila-Kochanowski: *Le roi des serpents et autres contes tsiganes balto-slaves*. Châteauneuf-les-Martigues: Wâllada 1996, S. 11; Sandra Jayat: *Les racines du temps*, S. 8 und S. 53–54; Sandra Jayat: *Zingarina ou l'herbe sauvage*, S. 14, S. 57, S. 113 und S. 231 und Luis Ruiz: *Guerre noble*, S. 72.

Existenz seine Gefühle für die Tochter des Grafen, Héléna, verrät und letztlich die Ursache für seinen frühen Tod ist. Stellina in Sandra Jayats *Zingarina ou l'herbe sauvage* (2010) hält ihre Gedanken und Gefühle in Gedichten fest und erschreibt sich auf diese Weise Zugang zur Künstlerszene in Paris und der Protagonist in Joseph Doerrs *Où vas-tu manouche?* (1982) hat die Rolle des Berichterstatters. Auch Mateï in Matéo Maximoffs *Dites-le avec des pleurs* (1990) zeichnet die Erinnerungen seines Volkes an die Verfolgung auf und sorgt so für eine Verbreitung dieser Erfahrungen. Die Unkenntniss der Schrift wird als typisches Merkmal der nomadisierenden Roma empfunden und das Erlernen des Schriftsystems führt die Figuren immer zu einer Annäherung an die Mehrheit und bis zu einem gewissen Grad zu einer Entfernung vom Roma-Kollektiv.[91] Die Problematisierung des Verhältnisses von oraler und schriftlicher Kultur zeigt damit das Spannungsfeld dieser beiden Traditionen an. Ist eine Figur des Lesens und Schreibens mächtig, wird dies besonders hervorgehoben.[92]

Die Schwierigkeiten gegenüber der wichtigsten Vermittlungsinstitution von schriftlicher Bildung, der Schule, zeigt das gänzlich negative Urteil über die schulischen Institutionen bei Joseph Stimbach. Die Schule ist eher ein Ort der Ausgrenzung als der Integration.[93] Die Einstellung gegenüber der schulischen Bildung, die für Roma keinen direkten Nutzen verspricht, ist daher ablehnend: „Les Manouches ne cherchent pas à acquérir l'instruction car ça prend trop de temps et pour lui ça sert à rien dans l'immédiat."[94] Nicht nur bietet der Schulbesuch in den Augen des Erzählers – wie auch in der Realität nur selten – keine direkten Anwendungsmöglichkeiten, noch dazu, so die Überlegungen des Erzählers, führt die Auseinandersetzung mit der Denkweise der anderen zu fundamentalen Schwierigkeiten, die allerdings unbenannt bleiben. Die eigene

---

91 Vgl. Matéo Maximoff: *Les Ursitory*, S. 73; Matéo Maximoff: *La septième fille*, S. 43; Matéo Maximoff: *Condamné à survivre*, S. 127 und S. 139; Sandra Jayat: *La longue route d'une Zingarina*, S. 92; Sandra Jayat: *El Romanès*, S. 15; Joseph Doerr: *Où vas-tu manouche?*, S. 25; Vania de Gila-Kochanowski: *Romano Atmo. L'âme tsigane*. Châteauneuf-les-Martigues: Wâllada 1992, S. 3 und S. 190–191; Lick, *Il était une fois les bohémiens*, 2003, S. 58 und S. 195; Luis Ruiz: *Guerre noble*, S. 42; Miguel Haler: *La route des gitans*, S. 24 und S. 181.
92 Vgl. Matéo Maximoff: *Les Ursitory*, S. 73; Matéo Maximoff: *Le prix de la liberté*, S. 11; Matéo Maximoff: *Condamné à survivre*, S. 139; Matéo Maximoff: *Vinguerka*, S. 161; Matéo Maximoff: *Dites-le avec des pleurs*, S. 45 und S. 156; Matéo Maximoff: *Ce monde qui n'est pas le mien*, S. 26 und S. 132. Zusätzlich wird in einigen Textstellen Nicht-lesen-können als Manko hervorgehoben. Vgl. Matéo Maximoff: *La septième fille*, S. 139; Matéo Maximoff: *Condamné à survivre*, S. 75 und S. 127; Matéo Maximoff: *La poupée de Mameliga*, S. 49 und S. 170.
93 Vgl. Joseph Stimbach: *Itsego*, S. 30; Joseph Stimbach: *Réflexion*, S. 67 und Joseph Stimbach: *Détenu*, S. 35 und S. 39.
94 Joseph Stimbach: *Réflexion*, S. 115. Ähnlich Ebd., S. 31.

Kultur muss sowohl vor dem fremden Einfluss geschützt werden, darf aber auch nicht nach außen getragen werden. Wo also eine aktive Interaktionsmöglichkeit wie beim Schreiben besteht, ist die Gefahr der Grenzauflösung zu groß, als dass sie toleriert werden könnte. Lediglich eine passive Haltung kann geduldet werden, da sie der Integrität der Gruppe nicht schadet. Schreiben hingegen kommt dem Verrat gleich.[95] Diese Position, die vor allem in *Refléxion d'un manouche* (2004) vertreten wird, erhält durch das Negativbeispiel eines assimilierten *manouche*, der seine Ethnie für die Schulbildung und den sozialen Aufstieg aufgibt, einen zusätzlich abschreckenden Effekt.[96]

Eine ambivalente Haltung vertritt allerdings der Ich-Erzähler in *Détenu particulièrement à surveiller* (2010) mit seiner Arbeit zur Verständigung von Roma und Nicht-Roma. Die schwiegige Überwindung von Differenzen liegt für ihn hauptsächlich im Unterschied von oraler und schriftlicher Kultur: „J'ai essayé de comprendre le système des gadjé. Ça m'a coûté beaucoup d'énergie, beaucoup de souffrances, car je ne suis pas quelqu'un de l'écrit."[97] Die zu gründende Kulturorganisation, der Lebenstraum des Protagonisten, soll eine Brücke zwischen den zwei getrennten Weltsichten schlagen und so zur Völkerverständigung beitragen, wie der Erzähler in seinem Programm für das Begegnungszentrum formuliert: „Ce serait un lieu de rencontre avec les Gadjé lors de colloques aussi avec les enfants car il y aurait des expositions permanentes sur la vie et la culture des Voyageurs. Par les théâtres, les marionnettes, la musique et la danse on transmettrait nos coutumes et nos richesses."[98] Diesem Ziel der Vermittlung kulturellen Wissens verschreibt sich explizit die Publikation von Sterna Weltz *Mes secrets tziganes* (1989). Die relativ einfache Aneinanderreihung von Erklärungen und Darstellungen unterschiedlicher Gepflogenheiten der Roma-Gruppen im Gesamttext, die nur stellenweise narrativ verknüpft sind, zeigt diesen Anspruch. Dies passt sich in die Gesamtsicht des Textes auf die Beziehung von Roma und Außengesellschaft. Sie wird als geprägt von Unkenntnis und mangelndem Interesse beschrieben, woraus sich die oberflächliche Wahrnehmung und Folklorisierung der Gruppe durch die Außengesellschaft ergibt, die nicht in ihrer ganzen kulturellen Vielfalt gesehen wird.[99] *Mes secrets tziganes* (1989) präsentiert hingegen einen Gegenentwurf, denn der Leser soll in den

---

95 Vgl. Joseph Stimbach: *Réflexion*, S. 117.
96 Vgl. Ebd., S. 25. Dies ist vergleichbar mit der der zuvor erwähnten Situation bei Lick Dubois: *Sur les routes*, S. 34.
97 Joseph Stimbach: *Détenu*, S. 159.
98 Ebd., S. 191.
99 Vgl. Sterna Weltz: *Mes secrets tziganes*, S. 27.

inneren Kreis der Eingeweihten aufgenommen werden, obwohl damit gegen die Konvention einer rein internen Weitergabe von Wissen verstoßen wird:

> Les secrets de magie tzigane ne courent ni les rues, ni les grimoires. Ils sont inscrits dans la mémoire du vent, le miroir d'une eau dormante, l'élan d'une flamme vive, le cœur de la Terre-Mère.
>
> Parfois, ils franchissent les lèvres usées d'un Ancien pour les transmettre à ceux de sa race. Si aujourd'hui ma langue se délie c'est que partager un peu de bonheur devient, en ces temps d'indifférence, aussi nécessaire que le pain.[100]

Die enge Beziehung der Roma zur Natur, die als Wissensspeicher fungiert, wird hier hervorgehoben. Weitergabe und Speicherung werden dabei in den Gegensatz von Mündlichkeit und Schriftlichkeit gesetzt. Im „grimoire", dem Zauberbuch (der Mehrheitsgesellschaft) scheinen die niedergelegten Weisheiten zu rennen, sind also flüchtig. Hingegen sind die magischen Geheimnisse der Roma „inscrit dans la mémoire", haben mithin einen dauerhaften Charakter. Der Eindruck von Permanenz wird verstärkt, wenn sie mit der Tiefe der Muttererde und der Übertragung durch die Alten verbunden werden. Die mündliche Form und Weitergabe wird folglich aufgewertet, indem ihr Attribute zugewiesen werden, die im Allgemeinen mit der Schriftlichkeit verknüpft sind, womit der Traditionsbruch, mündliches Wissen schriftlich zu fixieren, geschmälert wird.

Die ambivalente Haltung gegenüber der Mehrheit zeigt sich ebenso in Lick Dubois' Werk. Dort wird einerseits für Kulturerhalt geworben und andererseits die partielle Öffnung gegenüber der Mehrheit von den Roma gefordert. Die Unabhängigkeit der Roma von der Mehrheit wird dabei insofern verteidigt, als dass der Informationsfluss über Lebensgewohnheiten nur in eine Richtung fließt, wie das Beispiel der Nonne Joanne zeigt, welche in die Kultur der Roma eingeführt werden möchte: „Je ne connais pas encore toutes vos coutumes, je compte sur vous pour me les apprendre. – Oui, oui, ma sœur. Un oui qui voulait dire non."[101] Freundschaften und Sozialarbeit lassen Roma und Nicht-Roma tatsächlich nur bis zu einem gewissen Grad näher aneinander rücken und die Grenze niemals gänzlich verschwinden, wie im Fall des Ethnologen aus *Il était une fois les bohémiens* (2003): „Malgré la considération que les Roms avaient pour cet homme [l'ethnologue], ils essayaient toujours de lui soutirer quelque profit à leur avantage: pour les Roms, le gadjo, c'est le gadjo."[102] So können sich zwar die

---

100 Sterna Weltz: *Mes secrets tziganes*, S. 25.
101 Lick Dubois: *Il était une fois les bohémiens*, S. 69.
102 Lick Dubois: *Il était une fois les bohémiens*, S. 131–132. Ähnlich auch Lick Dubois: *Enfances tsiganes*, S. 195 und S. 217.

Roma der Außenwelt annähern, in die Gegenrichtung ist die Grenze jedoch undurchlässig und Roma bleiben „un peuple incompréhensible pour un gadjo".[103] Der grundsätzliche Tenor des Werks ist ein wehmütiger Rückblick auf die Zeit, in der Sinti in Südfrankreich noch die fahrende Lebensweise pflegten. Mit der Sesshaftwerdung beginnen die Sozialstrukturen und vor allem die eigene Sprache an Bedeutung zu verlieren. Dass die Kultur sich zusehends auflöst, zeigt sich auch im Urteil über die Zukunft der Erzählkultur: „Toute tradition orale est vouée à disparaître avec le temps."[104] Dem steht indessen der dokumentarische Wille des Erzählers entgegen. „Si j'écris ce récit c'est bien sûr pour que les miens en gardent la trace, et pour témoigner auprès des gadjés de notre vie d'autrefois."[105] Die Absicht der Kulturbewahrung und -vermittlung sowohl an die Außenwelt als auch für die nächste Generation offenbart, dass der autodiegetische Erzähler ein Geschichtsbewusstsein schaffen will. Außerhalb des Mikrokosmos der Roma-Gemeinschaften ist das Schreiben damit ein nützliches Mittel, Stereotypen entgegenzuwirken und ein neues Selbstbewusstsein zu schaffen. Rezipienten sollen nicht nur Roma, sondern auch Nicht-Roma sein. Die Literatur wirkt damit sowohl als Instrument der Grenzziehung als auch der -auflösung. Dass diese Absicht allerdings nicht gefahrlos für den Dokumentaristen ist, illustriert ein metareflexiver Verweis auf das Schaffen des Autors in Lick Dubois' *Romanestan* (2010):

> À l'époque où mon père était jeune, il y avait un jeune Sinto du nom de Lick. De son temps, il y avait très peu de jeunes Sinti ayant appris à lire et écrire. [...] Le jeune Lick contestait déjà un peu son milieu, ne voulant pas faire comme son père ou ses oncles, apprendre à tresser des paniers. Il rêvait d'une autre vie. Il jouait de la guitare et composait, traduisait en chansons la vie quotidienne de sa tribu. Il quitta même son milieu afin de tenter sa chance à Paris. Il faillit être rejeté par les siens comme s'il avait trahi sa communauté. On ne comprenait pas sa démarche. Pour sa famille, il était devenu presque un Gadjo. Son but était de faire découvrir son peuple si mal connu des sédentaires. On le critiquait à tort, la famille, les cousins, les oncles, croyant qu'il dénonçait les coutumes, les traditions...tout, quoi. Ce qui était complètement faux. Bien au contraire.[106]

Die dargestellte drohende Ausgrenzung des Autors zeigt die prekäre Situation des Intermediators, der sich auf der Grenze zwischen Roma- und Außengesellschaft bewegt und die Trennung der beiden Sphären aufweicht. Auch die wohl-

---

103 Lick Dubois: *Enfances tsiganes*, S. 195. Ähnlich auch Ebd., S. 217; Lick Dubois: *Il était une fois les bohémiens*, S. 43 und S. 115 und Lick Dubois: *Romanestan*, S. 61.
104 Lick Dubois: *Il était une fois les bohémiens*, S. 196.
105 Lick Dubois: *Enfances tsiganes*, S. 236.
106 Lick Dubois: *Romanestan*, S. 123–124.

wollende Absicht wird hier als missverstanden dargestellt, die Figur kämpft gegen die Vorurteile der Mehrheit und der Minderheit zugleich.[107] Gegenüber dem innerhalb eines Traumes zum Ausdruck gebrachten Vorwurf seines Vaters, ein ‚gadjo' geworden zu sein, verteidigt er seine Position und betont die Existenz guter und schlechter Charakteristika in beiden Volksgruppen.[108] Eine ähnlich differenzierte Argumentation verfolgt er auch in einer Konversation mit seinem Großvater. Diese erscheint wie eine umgekehrte Vermittlungssituation, in der der Enkel als Lehrender auftritt: „Mon grand-père, assis dans l'herbe fraîche, [...] m'ordonna de m'asseoir près de lui: ‚Alors, raconte-moi le monde des Gadjé.' – Tu sais, c'est un peu comme dans notre monde à nous les Sinti, il y a des bonnes choses et des mauvaises!"[109] Die Darstellung Gropelos führt zu Abgrenzung und Annäherung der beiden Sphären zugleich. Während die Roma-Gemeinschaft als von der Mehrheit getrennt („notre monde à nous") konstruiert wird, liegt das Augenmerk auf der parallelen, dabei dichotomischen Grundstruktur (gut vs. schlecht) der beiden Gesellschaften. Aufgrund dieser Gemeinsamkeit hegt der Sinto die Hoffnung, dass eine Integration für zukünftige Generationen möglich wird: „Oui, j'espère que les futures générations qui feront des études n'auront pas à dissimuler leur origine, comme par le passé."[110] Dass der Integrationswille wie hier als Folge eines Generationenumbruchs wächst, ist eine Position, die ebenfalls Matéo Maximoff und Joseph Doerr einnehmen.[111] Letzterer lässt seinen Erzähler über die unterschiedliche Herangehensweise verschiedener Altersstufen reflektieren:

> Leur intelligence et leur instruction permettent désormais à nos jeunes de se mesurer avec les gadjé dans le monde moderne où nous avons à vivre; tandis que leurs Anciens gardent toujours la nostalgie d'un passé rustique, sans ambitions ni problèmes, ne voyant que la vie libre dans la nature [...]. Notre jeunesse insiste toujours sur cette réconciliation nécessaire avec les *gadjé*.[112]

Das christliche Element des Versöhnungswillens wird in der gesamten Argumentation deutlich, wenn von der Beziehung zwischen Roma und Nicht-Roma die Rede ist. Aber auch die Brüderlichkeit, die nicht nur als christliches Element, sondern vor allem als Leitmotiv der französischen Republik im Bewusst-

---

[107] Ähnlich findet sich dies auch in Lick Dubois: *Enfances tsiganes*, S. 236 und ebenfalls bei Joseph Doerr: *Où vas-tu manouche?*, S. 45 und S. 55.
[108] Vgl. Lick Dubois: *Romanestan*, S. 15.
[109] Ebd., S. 14.
[110] Ebd., S. 130.
[111] Vgl. Joseph Doerr: *Où vas-tu manouche?*, S. 236 und Matéo Maximoff: *Vinguerka*, S. 49.
[112] Joseph Doerr: *Où vas-tu manouche?*, S. 118. Ähnlich auch Ebd., S. 165 und S. 174.

sein verankert ist, spielt in der Darstellung eine Rolle. Unter Einbezug sowohl der kirchlichen als auch der laizistischen Institutionen werden geschickt zentrale französische Werte – Humanismus und Brüderlichkeit – in die Diskussion um die Roma eingebunden.[113] Dabei steht die gemeinsame Arbeit mit dem Ziel der Integration im Vordergrund und wird zu einem positiven Ergebnis geführt. Diese Hoffnung hat sich für den Protagonisten des Werks allerdings nicht erfüllt. Er will als kleiner Junge seinen musikalischen Horizont erweitern, die mehrheitsgesellschaftliche Musik kennenlernen und aus den althergebrachten Strukturen ausbrechen. In Spanien nimmt er aus diesem Grund Musikunterricht:

> Je m'adonnai avec passion à l'étude de la musique, à l'insu de mes parents, sachant qu'ils trouveraient étrange cette nouvelle occupation où, le crayon à la main, je fredonnais des notes et battais la mesure, au risque de me faire ridiculiser par mon monde et mes frères qui ignoraient totalement la musique de solfèges. Alors je me dérobais dans la nature et me tenais éloigné même des *gadjé* qui m'auraient pris pour un fou.[114]

Coucous Wissbegier macht ihn zum zweifachen Außenseiter. Seine eigene Familie steht den Lernmethoden der Außengesellschaft unverständig gegenüber und auch die Nicht-Roma – so glaubt Coucou – begegnen seinem Verhalten abschätzig. Seiner Leidenschaft kann der Protagonist auch tatsächlich nicht lange nachgehen. Das Leben auf der Wanderschaft und die Abwehr seiner Eltern beenden seinen Integrationsvorstoß, ebenso wie der Schriftsteller bei Lick Dubois, der am Unverständnis scheitert.

Während Coucou vergeblich versucht, einen Lernprozess in Gang zu setzten, gelingt er den Protagonisten von *La route des gitans* (2008) in ihrem abgeschiedenen Leben in der Hohen Tatra durchaus. Mit ihrer Liebesbeziehung beginnt für Franz und Sara ein erfolgreicher interkultureller Austausch, den Franz in seinem Tagebuch festhält: „Grâce à elle, j'apprends beaucoup de choses sur les us et coutumes de son peuple. Leur langage, le romanès a une phonétique particulière. Certains mots sont très beaux et évocateur."[115] Dabei spielt für den jungen Deutschen wie schon bei Beginn der Beziehung zu Sara die stereotype erotische Wirkung der jungen Romnì auf ihn eine große Rolle. Nichtsdestotrotz führt diese die beiden Figuren auf einer Ebene zusammen, denn während Franz die Eigenarten der Roma kennen und schätzen lernt, beginnt Sara zu lesen und zu schreiben.[116] Aber auch ihr erfolgreicher kultureller Austausch kann der feindlichen Außengesellschaft auf Dauer nicht standhalten. Beide

---

113 Vgl. Joseph Doerr: *Où vas-tu manouche?*, S. 236.
114 Joseph Doerr: *Où vas-tu manouche?*, S. 80, Hervorhebung im Original.
115 Miguel Haler: *La route des gitans*, S. 203–204.
116 Vgl. Ebd., S. 201.

Figuren werden von den Nationalsozialisten ermordet, womit auch diese Kontaktversion scheitert.

Positive Ausprägungen des Kulturkontakts in Verbindung mit Mündlichkeit und Schriftlichkeit liefert hingegen Sandra Jayat. Der junge *gitan* Romanino hegt bereits als Kind ein grundsätzliches Interesse an der Welt der Mehrheit und zeigt dies mit seinem Verhältnis zum geschriebenen Wort. Die fremde Welt der Bücher hat für Romanino eine unerklärliche Anziehungskraft, der er schließlich eines Tages nachgibt, all seinen Mut zusammennimmt und einen Annäherungsversuch wagt:

> Un jour, après avoir lancé un ‚Olé!', je cambrai ma taille pour donner un peu d'insolence à mon allure et j'entrai dans une petite boutique de journaux, de revues et de livres d'occasion.
>
> – Romanino El Romanès, tu éprouves des battements de cœur pour la littérature, me dit une voix tranquille.[117]

Die Begegnung mit dem Buchhändler, der Romanino nicht nur eine Arbeitsmöglichkeit verschafft, sondern ihm auch anbietet, seine Wissenslücke zu schließen und ihm Lesen und Schreiben beizubringen, erfüllt Romanino mit einer Flut von Emotionen: „Ce n'était plus le rêve qui enflammait mes yeux, mais les mots de cet homme qui traversaient sagement la lumière et qui semblaient vouloir remettre ma vie en question."[118] Es scheint ihm ganz so, als würde ein neues Leben anbrechen, das im Kontrast zu seiner bisherigen Lebensweise steht und diese hinterfragt. Durch die damit verbundenen Gefühle, die hier metaphorisch durch die begehrende Flamme und das aufklärende Licht umgesetzt werden, wird dieses kritische Infragestellen sehr positiv dargestellt.

Auch für Stellina in *Zingarina ou l'herbe sauvage* (2010) ist ihre mangelnde Kompetenz mit einer starken emotionalen Komponente verbunden. Die Diskussion des Mankos ist allerdings auch der Anlass zu einer Verteidigung der Mündlichkeit und der ihr innewohnenden Weitergabe von Erinnerung:

> – Tu ne sais ni lire ni écrire?
>
> – Non, je ne sais pas. [...]
>
> Cette fois, c'est moi qui recule d'un pas...Je me redresse comme si j'allais foncer dans l'arène.

---

117 Sandra Jayat: *El Romanès*, S. 22.
118 Sandra Jayat: *El Romanès*, S. 23.

> – Chez nous, les adultes nous expliquent d'où nous venons, qui nous sommes et où nous allons. Nous nous interrogeons sur nos souffrances et nos persécutions.[119]

Sowohl Stellina als auch Romanino überwinden die (Schrift-)Grenze mithilfe von Mitgliedern der Mehrheitsgesellschaft und erhalten so Zugang zu einer neuen Welt, alternativen Lebenskonzepten und weiteren Kommunikationsmethoden.[120] Insbesondere für Stellina ist dabei die Begegnung mit Dichterfiguren prägend. Den Einfluss von Jean Cocteau auf das junge Mädchen unterstreicht dessen Ausspruch bei der Begegnung der beiden: „Le poète est un menteur qui dit toujours la vérité. Les poètes ne dessinent pas, ils dénouent l'écriture et la renouent autrement."[121] Der intertextuelle Verweis zeigt eben diese geforderte Flexibilität des Dichters, dessen Werk auf der Basis von bereits Bestehendem stets Neues erschafft.

Grenzgänger und Weltbürgertum
In den hier untersuchten Textbeispielen geht der Integrationswille und interkulturelle Austausch fast gänzlich von den Roma aus und wird sowohl intradiegetisch als auch durch die Gestaltung der Werke selbst als Instrumente der Kulturvermittlung vor allem an Rezipienten der Mehrheit gerichtet. Dennoch kann eine gewisse Tendenz zum Appell der (schulischen) Integration, der sich an eventuelle Roma-Leser richtet, festgehalten werden. Derartige integrative Ambitionen äußern die Protagonisten gegenüber ihrer Umgebung zum Teil sehr explizit und positionieren sich damit als wahrhafte Grenzgänger. Eine solche Mittlerposition hat beispielsweise eine der Figuren, Pacalo, in Lick Dubois' *Sur les routes* (1998) inne. Er wehrt sich gegen eine Opferhaltung der Roma, wie sie zum Beispiel sein Großvater Kashuko vertritt:

> – Oui, il nous a punis dieu, surtout nous les Sinti, car nous sommes toujours dans l'incertitude du lendemain. On ne sait jamais si demain la marmite sera pleine. On vit plus souvent dans la misère que dans l'opulence. Ce n'est pas être puni ça?
>
> – Non je ne crois pas qu'on soit puni par Dieu, mais par nous-mêmes. En fait, c'est le monde entier qui vit dans l'incertitude, chacun à son niveau.[122]

---
119 Sandra Jayat: *Zingarina ou l'herbe sauvage*, S. 113.
120 Vgl. Sandra Jayat: *Zingarina ou l'herbe sauvage*, S. 165 und Sandra Jayat: *El Romanès*, S. 24.
121 Sandra Jayat: *Zingarina ou l'herbe sauvage*, S. 176.
122 Lick Dubois: *Sur les routes*, S. 187. Diese Rolle nimmt er auch angesichts der stereotypen Reaktion einer Frau ein, die ihrem Kind damit droht, es bei Fehlverhalten den ‚Bohémiens' mitzugeben. Er antwortet auf Tintins Ärger: „Tu n'as jamais entendu ta mère dire à une de tes

Tatsächlich versucht Pacalo, seine Familie zu bewegen, ihr Schicksal in die Hand zu nehmen und aktiv gegen herrschende Missstände anzugehen, wenn er zum Beispiel vorschlägt, den Lagerplatz zu pflastern, auf dem die Familie den Winter verbringen wird.[123] Eine Initiative, mit der er scheitert. Trotz der folgenden Frustration verwehrt sich Pacalo, als offener Kritiker verstanden zu werden, wenn er klarstellt: „Attention, je ne dis pas ça pour critiquer, sur mes enfants, bien loin de ma pensée".[124] Der Protagonist von *Enfances tsiganes* (2007) Sonakaï hingegen ist wesentlich offener kritisch gegenüber den Gepflogenheiten seiner Familie generell und der Beziehung zwischen Roma und Mehrheit im Speziellen. Der junge Sinto hat den Eindruck, die Familie sei gegenüber der Außengesellschaft rückschrittlich und sieht dies negativ: „[J]e commençais à contester un peu le milieu tsigane...je trouvais que nous étions en retard sur tous les plans."[125] Seine Kritik wendet sich allerdings in beide Richtungen, wenn er etwa die Situation in der Roma-Siedlung beschreibt, in der Psychologen und Sozialarbeiter einander die Klinke in die Hand geben, um der Gemeinschaft zu helfen: „Personnellement, et après mûre réflexion, sans pour autant mettre en cause la bonne foi des personnes qui s'intéressent à notre peuple, je ne suis pas sûr que cela soit positif de vouloir ‚aider' les Tsiganes...."[126] Dennoch ist der Kontakt zwischen Roma und Nicht-Roma sowohl in *Enfances tsiganes* (2007) als auch in *Il était une fois les bohémiens* (2003) häufig sehr positiv, so wie im Fall von Tilt und Sonakaï, die sich beide über stereotype Vorstellungen hinwegsetzen und eine enge Beziehung zueinander entwickeln.[127] Der zweite Teil von *Il était une fois les bohémiens* (2003) steht ganz im Zeichen des Austauschs und Kontakts von Roma und Nicht-Roma. In diesem wird vorgeführt, wie die Grenzen durch guten Willen durchlässig werden können. Gleichwohl

---

petites sœurs ou frères quand il pleure ou qu'il ne veut pas s'endormir: *Dava tu ko karo gajo sé na céy ashtil!* (Je te donne au grand gadjo si tu n'arrêtes pas de pleurer)." (Lick Dubois: *Sur les routes*, S. 255)

123 Vgl. Lick Dubois: *Il était une fois les bohémiens*, S. 83. Ähnlich argumentiert auch der *gitan* Toina in *Sur les routes* (1998), dass Roma selbst dazu beitragen müssen, ihre Situation zu verändern. Vgl. Lick Dubois: *Sur les routes*, S. 328.

124 Ebd.

125 Lick Dubois: *Enfances tsiganes*, S. 153. Ähnlich kritisch äußert er sich auch Ebd., S. 33 und S. 201.

126 Ebd., S. 154.

127 Vgl. Lick Dubois: *Il était une fois les bohémiens*, S. 89, Hervorhebung im Original. Die Forderung nach Gleichberechtigung und der Appell an die Menschlichkeit von Roma und Nicht-Roma als einer beiden gemeinsamen Eigenschaft zeigen sich auch in der zweiten Strophe eines Gedichts, das dem zweiten Teil des Bandes als Motto voran steht. Vgl. Lick Dubois: *Il était une fois les bohémiens*, S. 81.

kommt es zu Irritationen, wenn Sonakaï in Paris zum Beispiel in einem katholischen Gästehaus unterkommt und sich mit einem dort wohnenden Mann unterhält: „Tout en faisant la conversation, il continue la lessive qu'il avait commencée, dans le bac à cuisine. Sonakaï fait semblant de ne pas être choqué par cette laverie dans un bac à cuisine."[128] Der Verstoß gegen die Roma-Reinheitsvorschrift, Küchengegenstände nicht mit Wäsche in Kontakt zu bringen,[129] könnte den jungen Sinto in einen interkulturellen Konflikt bringen. Auffälligerweise erwachsen hier gerade keine weiteren Schwierigkeiten.[130] Trotzdem wird der Unterschied wahrgenommen und implizit auf das Reinheitsgebot verwiesen, aber auch demonstriert, dass Kontakte und sogar Freundschaften möglich sind, wenn die nötige Toleranz aufgebracht wird. Diese Option besteht allerdings immer nur in Einzelfällen, wohingegen eine positive Beeinflussung der Gesamtgemeinschaft grundsätzlich scheitert. So ist der Einzelkämpfer Voso in Matéo Maximoffs *La septième fille* (1958) wenig erfolgreich damit, den Roma eine positive Einstellung gegenüber der Mehrheitsgesellschaft nahezubringen, obwohl er zur Völkerverständigung beitragen möchte. Sein Ziel, den Roma lesen und schreiben beizubringen, scheitert, woraufhin er versucht, als Erzähler der Gemeinschaft Wissen zu vermitteln.[131] Sein Konzept erläutert er den anderen Roma folgendermaßen:

> Pour vous, le monde n'a pas changé. Vous voyez les choses telles que les ont vues vos ancêtres. Sur un sujet particulier vous avez une idée préconçue; vous l'adoptez une fois pour toutes et vous ne croyez pas au reste. Moi que j'ai beaucoup lu, je développe toujours une idée. Je réfléchis d'abord comme un Rom, et ensuite comme un gadgeo (non-tzigane). Je suis obligé de reconnaitre que bien souvent nos conceptions de la vie sont fausses.[132]

---

128 Ebd., S. 120.
129 Vgl. Lev Tcherenkov/Stéphane Laederich: *The Roma 2*, S. 558–559. Eine ähnliche Situation wird in den Texten von Matéo Maximoff als der Grund des langandauernden Konflikts zwischen Klebari und Savina beschrieben. Vgl. hier Kapitel 2.2 *Männer und Frauen – Getrennte Sphären* S. 294.
130 Als ‚unrein' wird in *Enfances tsiganes* (2007) auch das Krankenhaus beschrieben. Vgl. Lick Dubois: *Enfances tsiganes*, S. 132 und S. 138.
131 Voso ist eine der vielen Erzählerfiguren in Maximoffs Werk – prominent sind zum Beispiel auch die Erzählungen des Großvaters in *Ce monde qui n'est pas le mien* (1992) und in *Vinguerka* (1987). Die Inhalte solcher Intradiegesen decken das Spektrum von legendenhafter Nacherzählung der Roma-Geschichte bis zu Schauermärchen mit dem Wiedergänger *mulò* als Hauptfigur ab. Auch weitere magische Elemente und Stoffe in Matéo Maximoffs Werk rekurrieren auf die Oraltradition der Roma und tragen dadurch dazu bei, eine distinktive Identität zu konstruieren.
132 Matéo Maximoff: *La septième fille*, S. 32.

Wenngleich Voso trotz seiner kritischen Sichtweise der konservativen Einstellung von den Roma geachtet wird, bleibt er ein Außenseiter, der nicht ausreichend Macht besitzt, um die Kraft seiner Gegenspielerin, der Hexe Dharani, zu brechen und ihre Pläne dauerhaft zu verhindern oder auch nur wirksam zu durchkreuzen. Seine Versuche, das kleine Mädchen Silenka aus dem Einflussbereich der Hexe zu retten, misslingen allesamt. Am Ende hat sein aufgeklärter Geist der Fortführung magischer Tradition nichts mehr entgegenzusetzen, womit auch seine Versuche der Verständigung zwischen Roma und Nicht-Roma endgültig scheitern.

Ähnlich wie Voso und Pacalo in den Romanen von Matéo Maximoff und Lick Dubois hat Catalana in *La guerre noble* (2006) von Luis Ruiz die Rolle einer Vermittlerin zwischen Roma-Gemeinschaft und Außengesellschaft inne und steht damit allein. Die von ihrem Großvater übertragene Aufgabe als Intermediatorin umfasst die Bewahrung und Vermittlung der eigenen Geschichte wie auch der Aneignung neuer Methoden und Öffnung hin zu den Nicht-Roma. Ihr ‚nobler' Kampf wendet sich damit gegen die Vorteile und gegen Exklusion auf beiden Seiten. Das herrschende Misstrauen unter den Roma kann Catalana jedoch auch mithilfe ihrer Cousinen nicht so leicht auflösen. Die Pläne zur Versöhnung durch die *guerre noble* werden durch einseitige Beschuldigungen erschwert: „L'affaire se compliqua lorsque les parents de Vanessa commencèrent à parler des Gadjos avec mépris, pour ne pas dire dégoût, les accusant d'être les éternels responsables de leurs problèmes."[133] Obgleich die Ausgrenzung und stereotypen Beleidigungen durch die Mehrheit vielfach kritisiert werden, steht hier die Kritik an den lamentierenden Roma im Zentrum.[134] Die abschätzige Redeweise ihrer Familie bringt Catalana ebenso auf wie die Vorurteile der Nicht-Roma. Sie und ihr Großvater halten trotz der scheinbar unversöhnlichen Positionen an ihren Vermittlungsbestrebungen fest, wobei der Großvater explizit an das Roma-Kollektiv appelliert: „C'est notre terre mais aussi la leur, et nous devons accepter de la partager avec eux."[135] Seine Argumentation bleibt im Gegensatz zu der seiner Verwandten und derjenigen der Nicht-Roma also nicht einseitig. Er reklamiert zwar die Zugehörigkeit der Roma („notre terre"), stellt aber zugleich den Anspruch der Außenstehenden heraus („la leur") und tritt damit für ein friedliches Zusammenleben ein. Catalana, die mit ihrem Großvater übereinstimmt und versucht, diese Position innerhalb ihrer Familie zu verbreiten, sieht sich der Kritik ihrer gleichaltrigen Verwandtschaft ausgesetzt: „[À

---

133 Luis Ruiz: *Guerre noble*, S. 44.
134 Vgl. Ebd., S. 13, S. 34 und S. 51.
135 Ebd., S. 52.

force de poser des questions à Grand-père, tu pourrais déranger certains de nos cousins. [...] – Je sais, mais si c'est le prix à payer; je suis prête à déranger ceux qui se foutent de notre *guerre noble* et croient tout régler avec leur seule ruse."[136] Auch sie appelliert an den Kollektivsinn der Roma, indem sie die Gegner der *guerre noble* indirekt mit „leur seule ruse" als Alleingänger darstellt. Die rhetorische Gestaltung ihrer Argumentation schafft dabei eine strikte Trennung ihrer Stellung und derjenigen der Gegner. Ihrem pazifistischen Ziel werden Konnotationen gegenübergestellt, die für die unaufrichtige („se foutre") Hinterlist („ruse") mit gewaltsamen („régler") Mitteln stehen. Sie diskreditiert auf diese Weise die Kontrahenten und wertet ihr eigenes Bestreben auf.

La guerre noble (2006) hat den Charakter eines Manifests zur Verständigung von Roma und Mehrheitsbevölkerung, den der ausgeprägte Dialogcharakter unterstützt. Da es sich fast ausschließlich um Gespräche zwischen dem Großvater und der Protagonistin handelt, wirkt der Roman fast wie ein Zwiegespräch. Die auf diese Weise geschaffene Kulturvermittlungssituation von der älteren zur jüngeren Generation und die merkliche Nähe zur oralen Kultur in Verbindung mit der poetischen Wortwahl knüpfen an grundlegende Roma-Werte und Kommunikationsformen an. Damit wird zugleich die Bedeutung des kulturellen Fortbestands der Roma-Gemeinschaft unterstrichen. Die Dauerhaftigkeit wird mit einer expliziten Aufwertung der oralen Tradition in Einklang gebracht:

> L'héritage de nos pères et grands-pères, c'est par la parole que nous le transmettons là où d'autres ont besoin de livres ou de preuves! À chaque fois qu'une histoire est racontée, au début, elle est simple et apparemment insignifiante; mais quand elle a fait le tour du campement, qu'elle a voyagé à bord de nos caravanes, elle s'enrichit de l'imagination de chacun et c'est alors l'histoire de notre peuple qui se transmet. On dit que les paroles s'en vont, et que les écrits restent. Chez nous, c'est le contraire: les paroles durent et les écrits ne viennent jamais nous rendre visite.[137]

Aspekte, die gewöhnlich für die Unverlässlichkeit und Instabilität mündlicher Vermittlung gelten, werden hier aufgegriffen und ins Positive gewendet. Die Geschichten werden durch die interaktive Vermittlung, die das gesamte Kollektiv einbezieht, ständig bereichert und erweitert. Jeder einzelne Bewohner kann sich mit einem persönlichen Beitrag einbringen und trägt so zum komplexen Gesamtbild bei, welches sich in unentwegtem Dialog flexibel weiterentwickelt. Obwohl sich Catalana mit dieser Einschätzung der mündlichen Kultur traditionserhaltenden Bestrebungen verschreibt, bemüht sie sich auch um eine Öffnung der Roma-Gemeinschaft gegenüber der Mehrheit. In ihren Augen ist der

---

136 Ebd., S. 53, Hervorhebungen im Original.
137 Luis Ruiz: *Guerre noble*, S. 72.

wichtigste Schritt, um eine gesellschaftliche Gleichstellung der Roma zu erreichen, deren Bildungsstand zu verbessern, angefangen bei den Kindern:

> [J]'ai enfin compris que nous devions nous révolter; non pas avec des armes mais avec le savoir et l'éducation. [...]
>
> – Quoi? Quelle révolte? Pour quoi faire? On est bien comme ça. Tu veux faire de nous de ‚intellos' comme disent les Gadjos!
>
> – Non, je ne veux pas faire de nous un peuple de Gadjos. Je veux juste leur dire et leur montrer que nous pouvons aussi faire des projets et avoir des rêves pour plus tard.
>
> – Comment tu vas faire?
>
> – En commençant par envoyer les enfants à l'école![138]

Die Absicht, das eigene Schicksal in die Hand zu nehmen und so eine Zukunft für Roma zu schaffen, verbindet sich mit dem Argument der Bildung.[139] Als Institution, die Werte der Mehrheitsgesellschaft vertritt und verbreitet, birgt die Schule die Gefahr unerwünschter Assimilation. Dem entsprechenden Einwand ist sich Catalana wohl bewusst („je ne veux pas faire de nous un peuple de Gadjos") und tritt ihm mit der Aufwertung der Bildungseinrichtung entgegen. Deren Besuch soll kein passives Anpassen, sondern ein aktiver („révolte") Widerstand sein und auf diese Weise eine Zukunftsperspektive schaffen. Diese positive Bildungseinstellung vertritt gleichfalls Man'a, die Protagonistin von Vania de Gila-Kochanowskis *Romano Atmo* (1992). Der Besuch des mehrheitsgesellschaftlichen Internats ermöglicht der jungen Frau, ihre intellektuellen Fähigkeiten weiterzuentwickeln und ihr Wissen vor allem im Bereich der Naturwissenschaften zu vertiefen.[140] Auch der aufbegehrende Charakter der lettischen Romnì

---

138 Luis Ruiz: *Guerre noble*, S. 41.
139 Vgl. auch Ebd., S. 42.
140 Vgl. de Gila-Kochanowski *Romano Atmo* 1992, S. 3. Obwohl der Text die Selbstverständlichkeit, mit der die Bildung der Roma-Kinder vorangetrieben wird, betont, ist Man'as Besuch der weiterführenden Schule eine Ausnahme. Vgl. Vania de Gila-Kochanowski: *Romano Atmo*, S. 3. Keiner ihrer Geschwister oder weiteren Verwandten besucht die Schule. So hat ihre Schwester Son'a zwar ebenfalls einen ausgeprägten Wissensdurst, erwirbt ihre Kenntnisse aber rein autodidaktisch. Dennoch schafft sie es den gebildeten Robert, mit ihren literarischen Einschätzungen zu beeindrucken. Vgl. Vania de Gila-Kochanowski: *Romano Atmo*, S. 8. Wie bedeutend Bildung für eine Verbesserung der sozialen Lage bei gleichzeitiger Bewahrung der Unabhängigkeit ist, vermittelt auch der Rom aus der Geschichte „Brebis" in *Le Roi des Serpent* (1996). Er weigert sich, für die Nicht-Roma zu arbeiten und findet daher nur sehr schwer ein Auskommen. Zu seinem Glück trifft er ein verzaubertes Schaf, das ihm seinen ungewöhnlichen

ähnelt Catalanas und führt wie bei dieser zu Konflikten sowohl innerhalb ihrer Gemeinschaft als auch mit der Mehrheit. Dabei hatte sie ursprünglich alle Voraussetzungen zu einer doppelten Zugehörigkeit. Sie hat sowohl das Leben der Roma-Gemeinschaft als auch jenes der lettischen Mehrheit kennen und schätzen gelernt. Trotz ihres Bildungshungers erscheint ihr allerdings das Leben im Internat durch die Beschneidung ihrer Freiheit wie ein Gefängnisaufenthalt, von dem sie nur die Rückkehr zu ihrer Familie erlösen kann.[141] Allerdings wird ihre Freiheit im weiteren Verlauf des Romans durch ähnliche Zwänge und durch das konservative Festhalten an Strukturen ihrer eigenen Familie ebenfalls beschnitten. Gänzlich unstrittig ist die Bestrebung nach Wissen innerhalb der Roma-Gemeinschaft nämlich nicht. Insbesondere die Tatsache, die Mädchen in einer fremden Institution erziehen zu lassen, stößt auf Widerstand. Der alte Rom Kost'a Kalamari ist kritisch eingestellt: „Moi, dit-il, je ne tiens pas à envoyer mes enfants à l'école. [...] [T]u sais comment se tiennent ces filles des collègues! Ah! Non, je préfère élever mes enfants moi-même."[142] Man'a versucht zwar ihn und auch die anderen Anwesenden von der Kurzsichtigkeit ihrer Argumentation zu überzeugen, scheitert jedoch an der Starrköpfigkeit der älteren Generation. Ganz ähnlich wie Stellina, in den Romanen von Sandra Jayat muss sie ihre unabhängige Denkweise daher mit dem Ausschluss aus der Gruppe bezahlen. Als Revolutionsführerin vertritt sie zudem politische Befreiungsziele, die sie nicht nur von ihrer Familie entfernen, sondern auch zur Opponentin der herrschenden Deutschen und Letten machen. Weder in ihrer Familie noch in der Mehrheitsgesellschaft findet die Protagonistin schlussendlich eine ideelle Heimat und auch die Wiedervereinigung mit ihrem Mann Guillaume hat einen bitteren Beigeschmack des Unverständnisses. Es entsteht dadurch eine negative Sicht auf den Konstruktionsversuch einer hybriden Identität der Roma im Sinne einer „terza via".[143]

Fast noch radikaler als Man'a von Vania de Gila-Kochanowski treten die Figuren von Sandra Jayat dem Roma-Kollektiv gegenüber, wenngleich sie nicht von politischen Ambitionen wie Man'a getrieben werden. Alle Hauptfiguren der Romane sind Einzelgänger. Nicht immer ist die daraus folgende Einsamkeit so freiwillig gewählt wie im Fall von Savyo in der Erzählung „Les deux lunes de

---

Wunsch erfüllt: „Je voudrais être instruit et devenir un grand homme afin d'aider les malheureux. Donne-moi mémoire et intelligence….Le savoir en un mot." (Vania de Gila-Kochanowski: *Le roi des serpents*, S. 103)
141 Vgl. Vania de Gila-Kochanowski: *Romano Atmo*, S. 12.
142 Ebd., S. 59.
143 Santino Spinelli: *La lunga strada*, S. 174.

Savyo" im Band *Kourako* (1972).¹⁴⁴ In seiner Gedankenwelt auf dem einsamen Berggipfel ist der junge Rom zufrieden und lebt seine Unabhängigkeit. Im Gegensatz dazu werden Stellina und Romanino von unterschiedlichen äußeren Zwängen in ihrer Freiheit beschränkt und müssen sich diese hart erkämpfen beziehungsweise teuer bezahlen. Für Stellina geht die Begrenzung der Freiheit auf den Zwang der Gruppe zurück und die Befreiung von diesem kann nicht ohne Opfer ihrerseits vonstattengehen, wie ihr einer der Rom unterwegs ins Gedächtnis ruft: „Tu as voulu te fabriquer une liberté, Stellina. N'oublie pas qu'il n'y a pas de liberté sans blessure!"¹⁴⁵ In Stellinas Fall ist der Preis, den sie für ihre Freiheit bezahlt vor allem die Einsamkeit. Diese wirkt umso härter, als das Zusammenleben als essentieller Bestandteil des Lebens als Roma dargestellt wird. Kurz nach dem Verlassen des Lagers und dem Beginn ihrer einsamen Wanderung erinnert sich Stellina an Narados Worte: „Tu ne verras jamais une roulotte isolée, ni occupée par une seule personne."¹⁴⁶ Die Einsamkeit ist die Folge der unwiederbringlichen Ausgrenzung, welche ihre Weigerung zu heiraten ausgelöst hat. Während diese Exklusion Stellinas in *La longue route d'une Zingarina* (1978) nur implizit zum Tragen kommt,¹⁴⁷ ist sie in *Zingarina ou l'herbe sauvage* (2010) ungleich direkter. Nach ihrer Flucht beobachtet Stellina von einem höher gelegenen Punkt, wie ihre Familie eine Beerdigungszeremonie ohne Tote durchführt:

> [J]e me rends compte que je suis juste à côté d'une fourmilière. Je tape des pieds dessus pour faire fuir les insectes. Prise de remords, je recule d'un pas et je les observe... Les rescapés s'agitent autour des blessées et des cadavres. Elles viennent récupérer les corps et repartent en procession les déposer à l'écart, toutes au même endroit.
>
> À l'extérieur du campement, des hommes, des femmes et des enfants marchent lentement sur une petite route bordée d'arbres. [...] Mon père, sous le regard attentif de la famille, entre dans la roulotte. J'imagine qu'il en caresse la paroi intérieure. J'imagine son sourire nerveux, mêlé de nostalgie et de colère. [...] Il égoutte le reste des bouteilles sur les marches et scrute Sarina dans les yeux... Elle est impassible, son visage ne traduit rien...rien que du vide. Sans se retourner, Lario craque ensemble deux allumettes et les jette derrière lui. Le feu rampe sur les marches et prend possession de la roulotte.
>
> De la colline, j'entends crépiter le bois et, bientôt, je ne vois plus qu'un nuage de fumée sur lequel roule la lune. [...] Les fourmis ont achevé leur enterrement. Elles tournent main-

---

144 Vgl. Sandra Jayat: *Kourako*, S. 34.
145 Sandra Jayat: *Zingarina ou l'herbe sauvage*, S. 51.
146 Sandra Jayat: *La longue route d'une Zingarina*, S. 44.
147 Zur Analyse von Stellinas Exklusion in *La longue route d'une Zingarina* vgl. Julia Blandfort: Die doppelte Grenze, S. 235.

tenant dans une sorte de ronde. Soudain, un cri jaillit de la vallée, je me lève pour mieux voir, mieux écouter. En cercle autour du feu, ma famille regarde brûler la roulotte. Ma mère porte de nouveau ma robe entre ses mains. Le souffle de la chaleur fait voler les dentelles. Zerko semble devenir fou devant le tissu qui virevolte. [...] Ma mère vient de déposer délicatement ma robe de mariée dans les flammes.[148]

Die rituelle Verbrennung des Wohnwagens, der Stellinas zukünftiges Heim gewesen wäre, und des Hochzeitskleids, das sie hätte tragen sollen, besiegeln die endgültige Trennung von Stellina und ihrer Familie. Interessant ist hier die Analogie mit der Ameisenkolonie. Stellina beobachtet, wie die Insekten die toten Körper einiger von ihr zuvor zertretenen Ameisen wegtragen. Der extreme Kollektivismus der Ameisen wird hier mit der Roma-Gemeinschaft parallelisiert und durch den verdoppelten Beerdigungsritus die Endgültigkeit des Ausschlusses unterstrichen. Zudem betont die Analogie mit den Ameisen auch ihren eigenen Beitrag zur gewaltsamen Durchbrechung – ihre Weigerung zu heiraten und das Töten der Insekten – des ruhigen Daseins. Als Ruhestörerin hat Stellina keinen Platz in der Gemeinschaft, deren Leben strengen Regeln folgt; eine Tatsache, die hier zwar mit einiger Bitterkeit, aber dennoch schlüssig dargestellt wird. Der Verankerung in der Roma-Gemeinschaft kann und will sich Stellina jedoch nicht völlig entziehen und so lebt sie nach dem Credo: „Ne cache jamais tes origines, n'oublie pas tes traditions, soutient ta liberté; sois fière d'être du voyage."[149]

Die Akzeptanz der eigenen Andersartigkeit ist für Sandra Jayats Hauptfigur Stellina in *Zingarina ou l'herbe sauvage* (2010) entscheidend, um mit sich selbst in Einklang zu sein und dauerhaft eine – wenn auch meist nur noch ideelle – Beziehung zu den Roma aufrechtzuerhalten. Stellina besinnt sich zu diesem Zweck auf die Weisheit ihrer Großmutter, deren Lebenswissen zur Basis des selbstständigen Lebens der jungen Sintizza wird:

> Nous ne sommes pas des sauvages, mais des civilisés d'une autre civilisation. Nous ne sommes ni supérieures ni inférieurs au reste de l'humanité. Nous sommes différents, c'est tout! Bien des gens ne supportent pas que l'on ne vive pas comme eux. Nous vivons notre vie sans nous préoccuper du nom du pays où nous séjournons.[150]

Diese Sicht auf die Existenz als Roma ermöglicht es Stellina, nicht nur die Unterschiede ihrer Lebensweise von denen anderer Menschen zu akzeptieren, sondern auch die Vision eines multikulturellen und liberalen Austauschortes zu

---

148 Sandra Jayat: *Zingarina ou l'herbe sauvage*, S. 31–32.
149 Ebd., S. 58.
150 Ebd., S. 103.

entwickeln: „Je voudrais organiser un club dans lequel circulent toutes les origines, toutes les politiques, toutes les formes d'écriture. Un club où l'on écoute l'homme dire *bonjour, ciao, salam* et *shalom*."[151] Diese Sicht der Menschen als Weltbürger zeigt sich stellenweise auch in *El Romanès* (1986), wo der tunesische Beduine Menaham mit den Roma auf eine Ebene gestellt wird und ihr gemeinsames nomadisches Dasein sogar als Existenzkonzept für alle Menschen gilt: „Nous sommes tous des nomades, s'écria le vieil homme."[152] Der Grundstein für die Freundschaft des Deutschen Karl Fuller und Romanino, mit der eine Feindschaft nach ethnischen und nationalen Gesichtspunkten beendet wird, ist der Antirassismus-Appell des Deutschen: „Il ne faut pas généraliser, dit l'Allemand. C'est comme cela que naît le racisme."[153] Auch wenn der Deutsche bereits zu Kriegszeiten kein überzeugter Nationalsozialist war, so steht dieser Ausspruch aus seinem Mund doch für ein Überwinden alter Strukturen und einen Erkenntniszugewinn aus den Ereignissen des Krieges und ihren schrecklichen Konsequenzen. Auf diese Weise wird eine allgemeine Bereitschaft für die Aussöhnung signalisiert, die hier im Persönlichen vollzogen wird. Denn Romanino verzeiht dem Deutschen seine Teilnahme am Krieg. Die über einen Großteil des Romans als hermetisch dargestellte Grenze zwischen Romanino und der Mehrheitsgesellschaft wird damit aufgeweicht.

Obwohl sämtliche Figuren der französischen Autoren Integrationsversuche unternehmen und sich als Mittler zwischen Roma und Nicht-Roma positionieren, scheitern ausnahmslos alle Versionen und Versuche, gleichzeitige Zugehörigkeit zu den Roma und Integration in die Mehrheit zu realisieren am Widerstand der Umgebung und stellen damit die Grenze zwischen beiden Gesellschaften als undurchdringlich dar. Als Einflussinstrument der Umgebung ist die Schrift ein Zeichen der befürchteten Assimilation und die Teilnahme am Bildungssystem ein kritischer Weg, den nur einige wenige Figuren unternehmen und damit sämtlich erfolglos bleiben. Wenngleich die Vorbehalte, Stereotype und Gewalt der Nicht-Roma gegenüber der Minderheit dabei ein entscheidender Scheiterungsgrund bedeuten, sind es auch die konservativen Abgrenzungstendenzen der anderen Roma, welche die Integrationsbemühungen der Figuren zum Misslingen bringen, womit die Grenzziehung in den französischen Werken durchaus als reziprok zu betrachten ist. Deutlich wird mit der werterhaltenden Darstellung des Roma-Kollektivs zugleich, dass die Trennung

---

151 Ebd., S. 221, Hervorhebung im Original.
152 Sandra Jayat: *El Romanès*, S. 50.
153 Ebd., S. 208.

2.2 Männer und Frauen – Getrennte Sphären

Innerhalb des sozialen Systems der Roma besteht – wie in jeder anderen Gesellschaft auch – eine Abgrenzung zu anderen Altersklassen und Geschlechtern. Die interne hierarchische Struktur fasst Marc Bordigoni für die *gitans* in Südfrankreich folgendermaßen zusammen:

> Loin d'être un collectif libertaire et égalitaire, la société tsigane est fortement clivée dans ses classes d'âge, mais aussi et surtout par la différence hommes/femmes. Si comme l'on écrit certains, le monde gitan est un univers machiste, c'est indéniable dans sa forme visible et sa mise en scène, la place des femmes est bien évidemment essentielle, dans la vie quotidienne, l'activité économique, la transmission des valeurs et la perpétuation, même renouvelée, des traditions, et dans les transformations à venir.[154]

Die hier beschriebene patriarchale Struktur und die Rollentrennung von Mann und Frau werden häufig als sehr strikt gewertet und sind eng an das Konzept von Reinheit und Unreinheit gebunden.[155] So wird der weibliche Körper von der Hüfte abwärts und insbesondere die Genitalien als unrein betrachtet.[156] Dinge ebenso wie Menschen können folglich durch Kontakt, zum Beispiel mit den Röcken einer Frau, verunreinigt werden.[157] Ebenso sind Geburt und Menstruation mit Tabus belegt, die unter anderem verbieten, dass während dieser Zeit von der Frau Nahrung zubereitet wird. Zudem wird die Wäsche von Männern und Frauen getrennt gewaschen, wobei meist auch noch nach Bekleidung für den Ober- und den Unterkörper getrennt wird.[158] Bei wandernden Roma bedeutet dies auch, dass bei der Verwendung des Wassers strenge Regeln für die Trennung von Männern und Frauen zu befolgen sind.[159] In Bezug auf die Frauen ist die sozial-hierarchische Bedeutung an das Konzept der Reinheit oder Unreinheit

---

154 Marc Bordigoni: *Gitans*, S. 93.
155 Zu dieser Trennung von männlicher und weiblicher Sphäre und der Verbindung mit Reinheit und Unreinheit als gesellschaftliches System vgl. auch Claude Lévi-Strauss: *La pensée sauvage*, S. 122–125.
156 Vgl. Mozes F. Heinschink/Michael Teichmann: Marhimé und Santino Spinelli: *La lunga strada*, S. 149–150.
157 Vgl. Mozes F. Heinschink/Michael Teichmann: Marhime, S. 2.
158 Vgl. Lev Tcherenkov/Stéphane Laederich: *The Roma 2*, S. 559.
159 Vgl. Mozes F. Heinschink/Michael Teichmann: Marhimé, S. 2.

auch insofern gekoppelt, als sie nach der Menopause als ‚rein' angesehen werden. In der sozialen Hierarchie nehmen sie dann als Teil der älteren Generation (*amare phure* Romanès: unsere Alten) eine wichtige Stellung ein.[160]

Der Bruch des Normsystems zieht vor allem gegenüber dem weiblichen Teil der Gemeinschaft sofortige Konsequenzen nach sich, wie Spinelli feststellt: „La donna che non si conforma ai valori etici condivisi viene, in base anche alla dicotomia che distingue la cultura romanì (puro e impuro), immediatamente ripudiata e collocata nella sfera dell'impuro."[161] Die soziale Exklusion als Folge von nicht-konformem Verhalten führt vor Augen, auf welche Weise Grenzziehung gefordert wird, um die kulturelle Integrität zu erhalten. Obschon die Grenzziehung in den Werken der französischen Roma-Autoren vorrangig mit der Trennung von Roma und Nicht-Roma in Verbindung steht, haben auch die soziale Hierarchisierung und die unterschiedlichen Rollenverteilung eine Bedeutung in einer Vielzahl von Texten.

Männliche Entscheidungsgewalt: Traditionserhalt, Kritik und Rebellion
Um Regelbrüche, welche die sozialen Rollen betreffen, zu vermeiden, ist das Erlernen der Verhaltensnormen, die das Leben einer verheirateten Frau bestimmen, essentiell. Dies erfährt beispielsweise die junge Sonia in *Pour un bouquet de saladelle* (1998), die mit einer Reihe von Verboten auf ihre zukünftige Rolle als Ehefrau Ringos von dessen Mutter vorbereitet wird:

> Ne te pose jamais de question sur ce que fait ton homme. Les femmes ont leurs occupations, les hommes les leurs. Il ne te demandera jamais où tu vas, ni ce que tu fais de l'argent qu'il te posera sur la table. Ne lui demande donc jamais comment il a occupé les heures qui l'ont tenu éloigné de toi.[162]

Den Frauen wird Einfluss zugesprochen, die an anderer Stelle im Roman allerdings unterwandert wird, denn allein die Männer entscheiden im wahrsten Sinne des Wortes, wohin sie die Reise führt.[163] Ganz ähnlich wie Sonia ergeht es der Protagonistin der Erzählung *La poupée de Mameliga* (1986) von Matéo Maximoff im gleichnamigen Band, die von ihrer Mutter in ihre zukünftige Rolle als verheiratete Frau eingeführt wird, wobei ebenfalls untersagte Vorgehensweisen benannt werden:

---

160 Vgl. Milena Hübschmannová: Amare Phure. In: *Rombase. Didactically Edited Information on Roma* (2002), S. 1 und Lev Tcherenkov/Stéphane Laederich: *The Roma 2*, S. 631.
161 Santino Spinelli: *Rom*, S. 178.
162 Esmeralda Romanez: *Bouquet de saladelle*, S. 83.
163 Vgl. Esmeralda Romanez: *Bouquet de saladelle*, S. 84.

> Bien entendu, Mamo m'apprenait à devenir une Romnì. Elle me disait tout de qu'une femme mariée doit savoir: comment m'habiller, marcher, respecter les Roms en ne passant pas devant eux sans leur en avoir demandé la permission, ne pas non plus passer devant leurs chevaux. Faire attention à mes robes pour qu'elles ne touchent rien de malpropre de façon à ne pas devenir marimé (souillées). Ces mille et une petites choses qu'une Romnì doit savoir.[164]

Durch die einem Lehrbuch ähnelnde Aufzählung wird die Vermittlungssituation von Mutter zur Tochter illustriert und zugleich der Leser in den Lernprozess eingebunden. Dabei verstärken in beiden Textbeispielen die von (verneinten) Verben geprägten Parallelismen den Eindruck einer Lehr-Lernsituation und einer Liste, an die sich die jungen Frauen halten müssen. Die detaillierte Nennung vor allem im zweiten Beispiel erzeugt zudem den Eindruck eines komplexen Systems, welches das Leben der Frauen strukturiert und für dessen Einhaltung sie verantwortlich sind. Die Aufgabe, die Unreinheit zu verhindern, obliegt hierbei – vor allem in Matéo Maximoffs Romanen wird dies dargestellt – den Frauen. Für die Männer ist die Welt der Frauen auch aus diesem Grund tabuisiert. Ist eine Thematisierung unumgänglich, erfordert dies Behutsamkeit, wie in Matéo Maximoffs *Ce monde qui n'est pas le mien* (1992) in der Diskussion von Petruska und Vorta über die gerade verwitwete Tchuli deutlich wird: „– Et Tchuli! Demande Petruska à son fils. – Elle est plus morte que vive. Met-toi à sa place. Elle n'a plus personne. [...] Tu connais sa situation excuse-moi de parler ainsi devant toi! Elle attend un enfant.[165]"

Die formelhafte Entschuldigung („excuse-moi de parler ainsi devant toi") ist eine direkte Übersetzung der auf Romanès üblichen Redewendung, wenn ein Tabuthema angesprochen werden muss, und überträgt die sprachliche und kulturelle Gepflogenheit ins Französische, um die delikate Natur des Gesprächs sichtbar zu machen. Die Trennung der Männer- und Frauensphäre zeigt sich dadurch im sprachlichen Gebrauch. Zusätzlich wird sie auch im inhaltlich vermittelten eingeschränkten Kontakt der beiden Geschlechter offensichtlich: In *Les Ursitory* (1946) ist Téréina nach der Geburt von Arniko der Kontakt mit den anderen Roma gänzlich untersagt. Ihr Versuch, diese Regelung zu umgehen, stößt auf Ablehnung: „Les Roms, sans répondre, s'écartèrent. Nul n'avait le droit de lui parler ou même de l'approcher, son enfant n'avait pas encore six semaines."[166] Zumeist werden derartige Situationen eher beiläufig erwähnt und haben keine direkte Auswirkung auf die Handlungsführung. In Matéo Maximo-

---

164 Matéo Maximoff: *La poupée de Mameliga*, S. 179.
165 Matéo Maximoff: *Ce monde qui n'est pas le mien*, S. 46.
166 Matéo Maximoff: *Les Ursitory*, S. 37.

ffs *Savina* (1957) trägt die Nichtbefolgung der Reinheitsregel beziehungsweise deren Konsequenzen jedoch zum bestimmenden Konflikt bei. Intrigant versucht Savina, die Frau des von ihr geliebten Ika, zu diskreditieren:

> – Schero a donné à son beau-père à manger de la viande qu'elle avait auparavant lavée dans l'eau sale où elle avait fait tremper ses robes!
>
> Plus grave accusation ne pouvait exister pour les roms. Si cela était vrai, Klebari serait marimé (souillé) pour la vie.[167]

Die Folgen dieser Beschuldigung treffen also nicht etwa Schero, sondern ihren Schwiegervater Klebari. Das Schicksal, das ihn erwartet, sollten die Vorwürfe zutreffen, ist alles andere als erstrebenswert, wie die für den Mehrheitsleser verständnisbringende Zusatzerklärung verdeutlicht. Sprachlich wird der Tabubruch mit der Integration des Romanès-Wortes *marimé* transportiert, womit die Aufmerksamkeit auf das zugrundeliegende System von Reinheit und Unreinheit gelegt wird. Durch die Bedeutung, die dem Ereignis für den weiteren Verlauf der Handlung zukommt, manifestiert sich der strukturierende Effekt dieser Dichotomie für das gesamte Leben der Roma und deren Relevanz für den Gruppenzusammenhalt.

Neben diesen negativen Auswirkungen der strengen Rollentrennung zeigt das Beispiel jedoch auch, wie den Frauen in Matéo Maximoffs Werken durch das Ordnungsprinzip der Reinheit und Unreinheit eine gewisse Macht zuteil wird. Die Möglichkeit einen Mann zu ‚verunreinigen', kann als Waffe eingesetzt werden. So bedroht Téréina in *Les Ursitory* (1946) ihren Schwiegervater Yakali damit, ihn zu berühren, wodurch sie ihn verunreinigen würde, um die Ursache für den Mord an ihrer Mutter zu erfahren.[168] Auch Ordanka in *Savina* (1957) nutzt eine ähnliche Drohung, um ihre Tochter Savina nach deren Blendung durch Ika vor weiteren gewalttätigen Übergriffen zu schützen.[169] Letztere Situation entbehrt nicht einer gewissen Ironie, da Savina gerade der fälschlichen Beschuldigung Scheros, ihren Schwiegervater verunreinigt zu haben, überführt wurde. Als Schutzmechanismus der Frauen vor den Männern ist das System von Reinheit und Unreinheit damit bei Matéo Maximoff durchaus effektiv. Bei keinem anderen Autor wird es so explizit und häufig erwähnt wie bei ihm.[170] Etli-

---

167 Matéo Maximoff: *Savina*, S. 122.
168 Vgl. Matéo Maximoff: *Les Ursitory*, S. 39–40.
169 Vgl. Matéo Maximoff: *Savina*, S. 183.
170 Erwähnt werden die Reinheitsvorschriften und die dualistische Unterteilung in rein und unrein beispielsweise in Bezug auf den Umgang mit Neugeborenen und Wöchnerinnen und die Menstruation in Sterna Weltz: *Mes secrets tziganes*, S. 32.

che Male zeigen sich allerdings auch eine weitere Folge des Systems, nämlich die Unterordnung der Frauen im patriarchalen System und die alleinige Entscheidungsmacht der Männer. Dies gilt auch für die Texte von Lick Dubois, in denen die Männer als ausschließliche Entscheidungsträger dargestellt werden. Sie beschließen, wann und wohin die Familie aufbricht und wann geheiratet wird, wie im Fall von Tura, die Tintin davon überzeugen wollte, sich nicht im Herbst von der Familie zu trennen, sondern im Frühjahr, wenn bessere Wetterbedingungen für die Reise herrschen. Seine Entscheidung kann sie jedoch nicht in Frage stellen und kommentiert diese nur mit: „Enfin, c'est lui l'homme, c'est lui qui décide."[171] Klare Worte für die Zustände in Bezug auf Geschlechtergerechtigkeit findet auch Pacalo gegenüber Pirangli: „Oui, vous êtes un peu nos esclave, vous, les femmes chez nous…."[172] Nicht nur der erforderte Gehorsam der Frauen gegenüber den Männern wird thematisiert, sondern auch eine klare Trennung in (Konversations-)Sphären: „Merilka leur apporte l'eau, avec le sourire bien qu'elle soit gênée par la présence des Sinti, car les femmes ne viennent jamais au milieu des hommes quand ils discutent. Chacun tient son rôle."[173] Die untergeordnete Position der Frauen in diesen Feststellungen kann fast lakonisch genannt werden und wird auch nicht weiter hinterfragt oder Gegenstand kritischer Diskussionen, wenn es beispielsweise über die Ehefrau heißt: „Elle obéira normalement aux hommes car sur elle reposera la famille future et l'honneur de son père."[174] Diese Darstellungsweise deckt sich auch mit der von Joseph Doerr in *Où vas-tu manouche?* (1982) vertretenen Meinung. Dort wird die Position der Frauen zusätzlich dazu genutzt, Unterschiede zwischen den einzelnen Roma-Gruppen hervorzuheben und die französischen *manouches* im besten Licht erscheinen zu lassen. So betont der Erzähler die Gepflogenheiten der deutschen Roma-Gemeinschaft:

> Chez ces Manouches du Rhin et du Danube, les hommes se considéraient très supérieurs aux femmes. Les relations de l'un à l'autre sexe étaient d'une discrétion totale, la femme restant toujours sous la domination de l'homme, comme une servante à sa disposition, sans avoir droit à la réplique.[175]

---

171 Lick Dubois: *Sur les routes*, S. 354.
172 Ebd., S. 398. Diese Einschätzung äußert auch Nina vgl. Ebd., S. 146.
173 Lick Dubois: *Sur les routes*, S. 89.
174 Sterna Weltz: *Mes secrets tziganes*, S. 30.
175 Joseph Doerr: *Où vas-tu manouche?*, S. 68.

Die Darstellung bleibt hier auf einer abstrakten Ebene und beschränkt sich auf eine Beschreibung der Situation, ohne diese zu kritisieren oder gutzuheißen.[176] Wenngleich keine explizite Kritik ausgesprochen wird, wirkt die Schilderung der französischen *manouches* wesentlich enthusiastischer als die nüchternen Worte in der vorherigen Passage: „Cette catégorie de Tsiganes [...] est pleine de sentiment et d'amour à l'égard de leur femmes et de leurs enfants. [...]. Leurs femmes sont belles et de caractère aimable, mais ils tiennent à faire respecter la primauté de l'homme."[177] Die positiven Äußerungen zur Beziehung von Mann und Frau stehen dem zuvor zitierten Subordinationsverhältnis bei der anderen *manouche*-Gruppe und ebenso bei *gitans* und der Untergruppe Roma stilistisch entgegen. Die Anerkennung einer männlichen Vorherrschaft wird hier als freiwillige Verhaltensnorm der Frauen konstruiert und auf diese Weise gegenüber dem erwarteten Urteil des Nicht-Roma-Lesers entschärft. Dieser Eindruck entsteht allerdings allein durch die sprachliche Form, denn inhaltlich wird das patriarchale System als übergreifend existent dargestellt und nicht revidiert.

Die ständige Überwachung der jungen Mädchen durch die Familie und die prüde Sicht der Eltern ist für die Sintizze in *Sur les routes* (1998) von Lick Dubois hingegen Anlass zur Beschwerde.[178] Sie wehren sich jedoch nicht aktiv gegen die patriarchalen Strukturen, sondern suchen subtilere Mittel, um ihre eingeschränkte (sexuelle) Freiheit zu kompensieren: Sie erzählen sich gegenseitig anzügliche Anekdoten, wie sie typisch für die orale Tradition der Roma sind.[179] Dieser traditionelle Bezug wird in der Kapitelüberschrift „Paramisi du lézard vert et du serpent" verdeutlicht, wo das Romanès-Wort für Geschichte („paramisi") als *Codemixing* in den französischen Titel eingeführt wird. Lediglich Erzählungen ermöglichen den Frauen damit, eine dominante Position einzunehmen, denn außerhalb der metadiegetischen Ebene sind Ausbrecher aus klassischen Rollenverteilungen sehr selten.[180] Ausnahmen sind das Zirkusmäd-

---

176 Ganz ähnlich wird auch in Weltz *Mes secrets tziganes* (1989) argumentiert. Hier werden unterschiedliche Bekleidungsvorschriften der Frauen zur Unterscheidung der Gruppen herangezogen. „Chez les manûsh ces coutumes [de ne pas faire voir ses jambes] ne sont pas répandues et bien que leurs jupes soient assez longues le fait que l'on voit leurs mollets n'est pas discriminatoire. Chez les gitans non plus." (Sterna Weltz: *Mes secrets tziganes*, S. 32) Dies wird als Gegensatz zu den Bekleidungsnormen bei der Untergruppe Roma dargestellt.
177 Joseph Doerr: *Où vas-tu manouche?*, S. 107. Ähnlich auch Ebd., S. 13.
178 Vgl. Lick Dubois: *Sur les routes*, S. 241.
179 Vgl. Ebd., S. 271–276.
180 Vgl. zum Beispiel Lick Dubois: *Enfances tziganes*, S. 77. Allerdings wird die Auflösung der traditionellen Rollentrennung in *Il était une fois les bohémiens* (2003) dargestellt, wenn es heißt: „Est-ce vraiment dramatique que ces jeunes filles portent le pantalon? Perdront-elles pour autant leurs spécificités de femmes tsiganes? Ou bien sont-elles des précurseuses? Venge-

chen Katia in *Sur les routes* (1998) und der Hausmann Sonakaï in *Il était une fois les bohémiens* (2003).[181] Katias Art, im Herrensitz auf dem Pferd zu reiten, führt zu einer Diskussion mit Nina und Pirangli über die Sittenstrenge der Eltern. Nina kommentiert die Konsequenzen mit den folgenden Worten: „Si nos pères ou nos frères nous voyaient sur le dos d'un cheval, ils diraient tout de suite qu'on aime écarter les cuisses et qu'à la place de nos sexes on aurait celui d'un homme."[182] Der Kontrast zwischen der unverblümten Wortwahl auf der einen Seite und der verlangten Züchtigkeit auf der anderen mutet seltsam an. Er steht im Gesamtwerk allerdings nicht allein, denn sexualisierte Ausdrucksweisen werden hier häufig als typisch für die Roma karikiert und stellen dadurch Realitätsbezug her. Die Sitzposition auf dem Pferderücken wird mit übersteigerter Sexualität gleichgesetzt und nicht nur als anzüglich dargestellt, sondern hat sogar die Konsequenz, dass Katia die Weiblichkeit gänzlich abgesprochen wird. Eine positive Einstellung zu Sexualität und Lust wird dadurch mit Männlichkeit verbunden. Interessant ist an dieser Darstellung, dass sich die scheinbar emanzipierte Position von Katia sukzessive auflöst, als sie den beiden Cousinen gesteht, keine Jungfrau mehr zu sein, obwohl sie nicht verheiratet ist. Die Gleichsetzung von männlichem Reitersitz und Zügellosigkeit wird also hier keineswegs als konservativ entlarvt, sondern im Weltbild der Sintizze bestätigt.[183]

Auch bei Sterna Weltz wird die soziale Unterordnung der Frauen unter die Männer aufgegriffen und ebensowenig kritisch hinterfragt. In gewisser Weise unterwandert der Text *Mes secrets tziganes* (1989) jedoch durch die Figurenkonstellation und die Metadiegesen im ersten vorwiegend fiktionalen Kapitel die Unterordnung der Frauen. Handlungstragende Figuren sind ausschließlich weiblich; Männer, wie der Vater der Protagonistin, kommen nur als Nebenfiguren vor. Dies gilt ebenso für eine Metadiegese, in der die Frau der starke Charakter gegenüber ihrem schwachen alkoholabhängigen Ehemann ist. Ihr Durchhaltevermögen sorgt für das Überleben der Familie und ihre aus der Not geborene

---

raient-elles inconsciemment leurs mères, leurs grands-mères qui ont vécu pendant des décennies soumises à leurs maris, alors qu'elles avaient la charge d'assurer la pitance de tous les jours de leurs familles très souvent nombreuses? Pourtant, elles ne se plaignaient pas; dans le milieu, ce rôle était normal, et se transmettait de génération en génération." (Lick Dubois: *Il était une fois les bohémiens*, S. 152–153)
181 Vgl. Lick Dubois: *Il était une fois les bohémiens*, S. 170.
182 Lick Dubois: *Sur les routes*, S. 120.
183 Die Tatsache, dass Männer ungleich größere Freiheit in ihrer Sexualität haben, wird auch in Sterna Weltz' *Mes secrets tziganes* (1989) explizit erwähnt. Vgl. Sterna Weltz: *Mes secrets tziganes*, S. 34.

List führt zur Heilung der Alkoholsucht ihres Mannes. Das einzige Mittel, um ihn sonst zu beruhigen, ist ein Glas lauwarme Milch. Eines Abends jedoch ist die einzig noch vorhandene Milch sauer geworden. In dieser Notsituation weiß sich die Frau nur zu helfen, indem sie dem Mann ohne dessen Wissen ihre Muttermilch zu trinken gibt und ihn damit überraschend von seinem familienfeindlichen Egoismus und Alkoholismus befreit. Der weibliche Körper wird mit seiner heilenden Kraft auf diese Weise als dem Mann übergeordnet dargestellt.[184] Dabei muss allerdings betont werden, dass dies nur auf indirekte Weise geschieht. Oberflächlich betrachtet werden die Rollentrennung und die stärkere Position der Männer keinesfalls in Zweifel gezogen. Die Autorin nimmt dabei ebenso wie die männlichen Schriftsteller eine nur unterschwellige Kritik beziehungsweise Aufwertung der Stellung der Frauen vor. Letztlich vertreten sie alle jedoch eine resignierte bis aktzeptierende Position gegenüber der weiblichen Unterordnung. Dies gilt selbst für Sandra Jayat, deren Protagonistin Stellina in *La longue route d'une Zingarina* (1978) und *La Zingarina ou l'herbe sauvage* (2010) sich zwar dem repressiven System nicht fügen möchte, aber dennoch keine offene Konfrontation sucht, sondern sich durch Flucht der arrangierten Heirat mit ihrem Cousin entzieht.[185] Der Verstoß gegen die Tradition hat für ihre Familie eine moralische Komponente und kann nicht toleriert werden.[186] Das junge Mädchen muss daher ihre Familie für immer verlassen. Diese Unterordnung der Frau gegenüber der männlich dominierten Gemeinschaft wird in den Texten von unterschiedlichen Figuren erwähnt oder sogar kritisiert. In *Zingarina ou l'herbe sauvage* (2010) äußert Stellina deutlich ihre Ungeduld gegenüber den konservativen Werten: „Chez nous, un homme n'a pas le droit d'être seul avec une femme dans une pièce fermée. De ce fait, Cérani ne vient jamais dans le studio. Ah, la tradition!"[187] Auch in *La longue route d'une Zingarina* (1996 [1978]) werden die in der Vergangenheit verhafteten Normen explizit kritisiert. Diese Kritik wird zwar auch in diesem Text von Stellina selbst geäußert, vermehrt

---

[184] Auch die entscheidende Position der Großmutter, als Erzählerin der Geschichte und Verantwortliche für das Überleben der Kinder in den Kriegszeiten stärkt die Position der Frauen innerhalb des Werks.
[185] Ebenso wie Stellina gibt auch Libèra del Campo aus *Les racines du temps* (1998) ihrem Freiheitsdrang nach und stellt ihn über die Familie. Ihre Angehörigen sind ihrem Verhalten gegenüber jedoch nicht negativ eingestellt und ihre Freiheit scheint unbegrenzt. Vgl. Sandra Jayat: *Les racines du temps*, S. 54 und S. 62. Als intradiegetische Märchenfigur hat Libèra allerdings größere Freiheit als Maggio und es kann vermutet werden, dass sie in ihrer Ungezwungenheit zur Projektionsfläche für die Protagonistin wird.
[186] Vgl. Sandra Jayat: *La longue route d'une Zingarina*, S. 9–10.
[187] Sandra Jayat: *Zingarina ou l'herbe sauvage*, S. 193.

allerdings von Figuren, die sie auf ihrem Weg trifft. Kritische Feststellungen beziehen sich vor allem auf den Brauch, demzufolge sie sich als Ausgeschlossene lediglich eine Nacht in jedem Lager aufhalten darf, bevor sie weiterziehen muss. Durch die Verteilung der Äußerungen auf mehrere Personen wird der Eindruck von Repräsentativität für eine breite Roma-Gruppe erzeugt. Obwohl die negativen Auswirkungen der Tradition erkannt werden und Kritik geäußert wird, stellen alle Roma ausnahmslos fest, dass Änderungen nicht möglich sind, wie ein Dialog zweier Brüder zeigt, in deren Wohnwagen Stellina völlig erschöpft unterkommt:

> – Il faudrait réformer les traditions, dit une voix pleine de fraîcheur.
>
> – Ce n'est pas possible, petit frère, les Anciens nous les ont enseignées et nous ferons de même à nos enfants.
>
> – Mais enfin, voyons, il est inhumain de la laisser partir demain à l'aube![188]

Die Weitergabe der Tradition von der älteren an die jüngere Generation wird hier ebenso illustriert wie ihre Aufrechterhaltung. Dies verdeutlicht ein System, das keine Subversion zulässt, sondern jegliches Zuwiderhandeln sanktioniert sowie Kritik im Keim erstickt und damit als Beschreibung der sozialen Mechanismen einer kalten Gesellschaft im Sinne von Claude Lévy-Strauss' gesehen werden kann.[189] Dem konservativen Primat des Kollektivs ordnen allerdings auch die Männer gezwungenermaßen ihren individuellen Freiheitswillen unter, womit lediglich durch die Entfernung von der Familie persönliche Wünsche in die Realität umgesetzt werden können. Die strenge Rollentrennung von Mann und Frau wird resümierend betrachtet nur von wenigen Autoren tatsächlich kritisiert, sondern vielmehr als akzeptierter und zu akzeptierender Fakt dargestellt. Wird dieser Norm nicht Folge geleistet, führt dies unweigerlich zum Ausschluss aus der Gemeinschaft, wie das Beispiel Stellinas deutlich vor Augen führt. Als integraler kultureller Bestandteil dient der Erhalt der Sphärentrennung von Männern und Frauen gleichsam dazu, die Abgrenzung zur Mehrheit zu garantieren.

---

188 Sandra Jayat: *La longue route d'une Zingarina*, S. 64.
189 Vgl. Claude Lévi-Strauss: *La pensée sauvage*, S. 309–310. Zur Anwendung von Lévi-Strauss' Konzept der kalten und warmen Gesellschaft auf *La longue route d'une Zingarina* (1978) vgl. auch Julia Blandfort: Die doppelte Grenze, S. 240.

2.3 Hochzeitsriten – Flucht und Arrangement

Zumeist werden zwei unterschiedliche Arten der Heirat bei den Roma unterschieden: die arrangierte Hochzeit und die Fluchtheirat, also das heimliche Verschwinden des Brautpaares für eine gewisse Zeit.[190] Wie Tcherenkov und Laederich feststellen, ist eine Zuordnung der ersten Form zu sesshaften Gruppen und der zweiten zu nomadisch lebenden Roma nicht durchzuhalten.[191] Vielmehr können beide Modi bei traditionell lebenden Gruppen festgestellt werden. Dabei ist die arrangierte Hochzeit zwischen zwei Familien insbesondere mit der Entrichtung eines Brautpreises für die Schwiegertochter (Romanès: *borî*) unter den Vlax-Gruppen wie den *kalderasch* und den *lovara* aber auch den Balkan-Gruppen besonders häufig.[192] Zwar ist in diesen Gruppen ebenfalls die Fluchtheirat üblich, sie ist jedoch unter den Sinti/*manouches* noch wesentlich weiter verbreitet.[193] Als deutlicher Unterschied zu den Heiratsarten der Umgebungsgesellschaften haben diese nur scheinbar weniger verbindlichen Eheschließungen identitären Wert.

In den Texten von Matéo Maximoff, Joseph Doerr, Sterna Weltz und Lick Dubois dient die Beschreibung verschiedener Hochzeitsrituale der Betonung von Gruppenunterschieden der Roma untereinander. Typisch für die Roma – hier als Untergruppe betrachtet – ist demgemäß die Hochzeit über Brautvermittlung und -geld, bei den *manouches*/Sinti die Fluchtheirat und bei den *gitans* ebenfalls eine Vermittlung der Braut, wobei für diese Gruppe die Entjungferung der Braut durch die Frauen vor der Hochzeit als Eigenart beschrieben wird.[194] Das diskursive Vorgehen ist dabei ähnlich wie in den Textpassagen, die sich mit der Rollentrennung beschäftigen, vor allem im Fall von Joseph Doerr und Sterna Weltz deskriptiv und nicht kritisch reflektierend. Deutlich wird der mehrheitsgesellschaftliche Leser angesprochen, wenn diese Bräuche gegenüber

---

190 Vgl. Katrin Reemtsma: *Sinti und Roma*, S. 61; Santino Spinelli: *La lunga strada*, S. 116 und S. 147 und Lev Tcherenkov/Stéphane Laederich: *The Roma 2*, S. 614.
191 Vgl. Ebd., S. 614.
192 Vgl. Ebd., S. 615.
193 Vgl. für eine Darstellung der Fluchtheirat bei einer Gruppe Sinti in Südtirol Elisabeth Tauber: *Respekt*.
194 Vgl. Sterna Weltz: *Mes secrets tziganes*, S. 30–31. Diese Rituale werden analog auch in Joseph Doerrs *Où vas-tu manouche?* (1982) nachgezeichnet. Vgl. Joseph Doerr: *Où vas-tu manouche?*, S. 104 und S. 106. Weniger eindeutig Gruppen zugeordnet werden Fluchtheirat und Brautgeld bei Matéo Maximoff. Zwar wird die Flucht als ausgehend von den *manouches*/Sinti beschrieben, aber gleichzeitig dargestellt, dass sie ebenso eine Heiratsweise anderer Gruppen ist. Vgl. Matéo Maximoff: *Vinguerka*, S. 218 und Matéo Maximoff: *Dites-le avec des pleurs*, S. 25.

einem vermeintlichen Urteil als ‚primitiv' bei Sterna Weltz in Schutz genommen werden: „Ces habitudes vous sembleront peut être [sic] archaïques ou barbares mais n'oubliez jamais que notre éducation nous y prépare et tout cela est naturel, le contraire enlèverait de notre joie et de notre bonheur."[195]

Eine etwas kritischere Sicht zeigt sich hingegen im Werk von Matéo Maximoff. Dort wird die arrangierte Ehe tendenziell als problematisch präsentiert, insbesondere wenn die Partner schon in ihrer Kindheit versprochen wurden. Aus diesem Vorgehen der Väter entsteht in *Savina* (1957) eine Krise, denn die Verlobung von Ika und Savina noch vor ihrer Geburt wird der zentrale und unlösbare Konflikt.[196] Auch in *Les Ursitory* (1946) ist die Verlobungstradition ein Hindernis. Der Protagonist Arniko möchte Parni zur Frau. Sie ist jedoch seit ihrer Kindheit mit einem ihrer Cousins verlobt. Für Arniko wird die problematische Lage gleichzeitig zu einer Möglichkeit, seine Integrität zu beweisen: „Croyez que je suis un rom et jamais je ne serais venu demander une jeune fille promise à un autre."[197] Ganz der Figurenkonzeption als tragischem Held entsprechend zieht er seinen Hochzeitswunsch zurück und ordnet seine individuellen Wünsche dem Normerhalt des Kollektivs unter, indem er die Roma vorerst verlässt.[198] Für die verliebte Parni ist dies unerträglich. Es kommt zu einer überraschenden Wendung, als sie sich aus Liebe zu Arniko das Leben nimmt und ihr Tod Anlass zu einer blutigen Fehde gibt. So aussichtslos wie in *Les Ursitory* (1946) ist die Situation allerdings nicht immer. Die Fluchtheirat kann der, wenn auch unrühmliche, Ausweg für zwei Liebende sein; völlig konfliktfrei ist allerdings auch diese Möglichkeit nicht, wie in *Vinguerka* (1987) erläutert wird:

> Dans certains clans de Tziganes, il arrive que des jeunes ne soient pas d'accord avec le choix de leurs parents. Alors le ternear (jeune Rom) enlève la terni (jeune Romnì) qu'il aime. Cela crée des histoires de famille à n'en plus finir. Le jeune commet un tel enlèvement est catalogué comme malhonnête; on considère qu'il a vraiment volé quelque chose à celle qui devait devenir sa Romnì.[199]

---

195 Sterna Weltz: *Mes secrets tziganes*, S. 31.
196 Weniger kritisch als vielmehr nur beschreibend – und auch nicht handlungstragend – ist die Erklärung der frühen Verlobung allerdings in *Dites-le avec des pleurs* (1990). Vgl. Matéo Maximoff: *Dites-le avec des pleurs*, S. 25.
197 Matéo Maximoff: *Les Ursitory*, S. 103.
198 Das gleiche Problem hat Romanino, der sich in Huda verliebt hat, die aber einem anderen Mann versprochen ist. Er schleicht sich nachts zu ihr und lässt sich absichtlich mit ihr überraschen, um sie heiraten zu können. Vgl. Sandra Jayat: *El Romanès*, S. 87.
199 Matéo Maximoff: *Vinguerka*, S. 39.

Die hier allgemein gefasste Darstellung wendet sich mit ihrem aufklärenden Ton an Nicht-Roma-Leser und zeigt eine objektivierende Sicht auf das Vorgehen bei der Hochzeit. Wie in Bezug auf die Rollentrennung zeichnen sich auch im Fall der Eheschließung damit die Normtreue der Figuren und damit ihre Integration in die Gemeinschaft ab.

Interne Konflikte durch unterschiedliche Heiratsmodi

Da in fast allen Werken Roma unterschiedlicher Gruppenzugehörigkeit aufeinandertreffen, führen die verschiedenen Hochzeitsarten zum Auftreten interner Gegensätze. Bei der Begegnung der Väter von Lolia und Elisa, eines osteuropäischen Rom und eines *manouche*, in Matéo Maximoffs *Dites-le avec des pleurs* (1990) ist der Brautpreis Auslöser der Kontroverse:

> – Voilà, mon frère! Mon fils, Lolia, que tu connais, m'a chargé de te demander la main de ta fille Elisa. Dis-moi ton prix; je suis riche, je peux payer!
>
> Nicolas n'en revenait pas. De quoi lui parlait cet homme? Son langage lui était incompréhensible. Avant même qu'il ait ouvert la bouche, Mimi, qui n'était pas loin s'était écriée:
>
> – Ma fille n'est pas une vache pour être vendue!
>
> – Ce n'est rien, femme, lui répondit Nicolas. C'est l'habitude des Hongrois d'acheter les femmes comme si elles étaient des esclaves.
>
> Puis, s'adressant à Yono:
>
> – Mon frère, comme tu m'appelles, si je ne connaissais pas vos coutumes, tu me verras vexé. Pour nous les Manouches, c'est une affaire de jeunes. Si ma fille aime ton fils, qu'ils partent ensemble, cela les regarde, ce n'est pas mon affaire. Nous, les vieux, nous avons honte de parler de cela.[200]

Der anfängliche Unglaube Nicolas gegenüber der Frage von Kolias Vater wird hier über die internalisierte Frage vermittelt. Dabei ist die Anspielung auf die sprachliche Ausdrucksweise vermutlich doppelt belegt. Sie bezieht sich nicht nur auf die inhaltliche Seite, sondern betont auch die unterschiedlichen Varianten des Romanès und damit die Gruppenzugehörigkeit der beiden Männer, die sich in der *langue fragile* äußert.[201] Die interkulturelle Kompetenz von Nicolas löst das Missverständnis und verhindert eine Eskalation.

---

[200] Matéo Maximoff: *Dites-le avec des pleurs*, S. 19. Ein vergleichbarer Konflikt bricht auch in *Sur les routes* (1998) von Lick Dubois aus. Vgl. Lick Dubois: *Sur les routes*, S. 84.
[201] Vgl. Édouard Glissant: *Poétique du divers*, S. 111–112.

Die beiden verschiedenen Hochzeitsriten werden eindeutig zu den unterschiedlichen Gruppen zugeordnet und in zweifacher Hinsicht als indiskutabel dargestellt.[202] Erstens muss sich Kolia den Gepflogenheiten der *manouches* anpassen, wenn er Elisa heiraten möchte und zweitens handelt es sich um einen Gegenstand, der eigentlich nicht in der Öffentlichkeit diskutiert wird. „[N]ous avons honte de parler de cela" stellt eine Übertragung des kulturell aufgeladenen Romanès-Ausdrucks *laž* dar und verbannt das Thema wirksam aus der weiteren Konversation.[203]

Die diversen Riten, nach denen geheiratet wird, sind auch im Werk Lick Dubois' Zeichen für die unterschiedliche Gruppenzugehörigkeit und in seinen Handlungen entstehen ebenfalls Konflikte aus den unterschiedlichen Herangehensweisen.[204] Entsprechend werden Hochzeiten zwischen den beiden Gruppen als problematisch wahrgenommen, denn schon die Art und Weise, mit der dem Willen zusammenzuleben Ausdruck verliehen wird, kann für unüberbrückbare Differenzen sorgen.[205] Die (osteuropäischen) Roma werden in dieser Hinsicht wesentlich traditioneller und strikter dargestellt als die Sinti. Im seltenen Fall einer gemischten Hochzeit (Sinti-Roma) wird die Anpassung der Frau an die Sitten der Gruppe verlangt.[206] Die Konsequenzen, die eine der seltenen Abweichung von diesen Bräuchen nach sich zieht, zeigt eine gemeinsame Erzählsituation von Kashuko und Bova. Sie bestätigen sich gegenseitig und der Zuhörerschaft, die aus ihren Kindern und Enkeln besteht, die Unterschiede, welche verschiedene Roma-Gruppen voneinander trennen:

– Dieu seul le sait, dit Bova. Tu es Sinto, moi Rom. Tes larmes, mes larmes ont le même goût de sel.

– Pourtant, on se dit différents.

---

[202] Ähnliche Erklärungen der Fluchtheirat finden sich auch in Matéo Maximoff: *Vinguerka*, S. 39; Matéo Maximoff: *Ce monde qui n'est pas le mien*, S. 136 und S. 167–168; Matéo Maximoff: *La poupée de Mameliga*, S. 159 und Matéo Maximoff: *Routes sans roulottes*, S. 16.
[203] Vgl. dazu die Einführung in das dichotomische System der Roma im Kapitel 2.1 *Roma und ‚gadjé' – Weltentrennung*, S. 245–291.
[204] Gegenüberstellungen von Fluchtheirat und Brautgeld finden sich in Lick Dubois: *Sur les routes*, S. 106 und Lick Dubois: *Romanestan*, S. 37. Als typischer Hochzeitsmodus der Sinti wird die Fluchtheirat dargestellt in Lick Dubois: *Il était une fois les bohémiens*, S. 46 und S. 153 und in Lick Dubois: *Enfances tsiganes*, S. 59.
[205] Das wird am Beispiel von Tutu deutlich. Er hatte sich in ein junges *kalderasch*-Mädchen verliebt und war mit ihr geflüchtet. Die daraus entstehenden Folgen für ihren Ruf sind unwiderruflich. Vgl. Lick Dubois: *Il était une fois les bohémiens*, S. 83.
[206] Vgl. Lick Dubois: *Sur les routes*, S. 98.

– Quelquefois, il y a même de grandes bagarres, dit Bova, Tu te souviens, toi Kashuko, *do rom kaldérash, o Lili?* (du rom kaldérash le Lili).

– Ah oui, celui des dents en or.

– Voilà, exactement. Tu vois, il a perdu toutes ses dents dans les bagarres. Que je te dise, o rom kaldérash, il se croit le plus haut des roms. Lili n'a jamais voulu donner une de ses filles à un rom Tchouari, comme moi, tu vois.

– Je me rappelle qu'il se prenait pour un roi, celui-là, dit Kashuko.

– Une de ses filles est tombée amoureuse d'un garçon Tchouari que je connais, le fils de Rila. Je ne sais plus combien de fois *o* Rila a été la demander à Lili. *O* Rila se ruinait dans *les paciv* (fêtes pour la demande). Rien à faire. Un beau jour ils ont fait comme chez vous. Le garçon et la fille se sont *nashav* (enfuis). Son père, fou il devenait. [...] Ils sont revenus trois jours après. [...] ‚Bari kurva ké san' (grande putain que tu es), criait o Lili. [...] Après avoir passé trois jours et trois nuits avec le garçon, la fille n'était plus jeune fille. Il valait mieux les laisser ensemble car plus personne ne viendrait la demander. Tu sais bien que chez nous on fait *o diklo parno* (le foulard blanc). Quand on se marie, si le foulard n'est pas taché, cela veut dire que la mariée n'était pas pure. Enfin, pour finir cette histoire, Lili a consenti à laisser sa fille, mais pendant des années il a embêté le Rila en reprenant et relaissant sa fille. Il a même fait faire une *kris* (c'est-à-dire le Tribunal des roms) mettant *o* Rila à l'amende.[207]

Interessant ist an dieser Textstelle die dialogische Einführung, mit der zunächst eine gemeinsame (Wissens-)Basis für den *tchouari* Bova und den Sinto Kashuko geschaffen wird. So betont Bova die Zusammengehörigkeit der beiden Gruppen mit der Tränenmetapher und stellt anschließend die gemeinsame Bekanntschaft mit dem Rom Lili fest. Kashuko hingegen verweist auf die scheinbare Differenz zwischen den Gruppen, die durch die Formulierung („on se dit") einen expliziten Konstruktcharakter erhält. Dies gilt auch für den von Lili erzeugten Hierarchieunterschied („il se croit le plus haut des roms"). Dieser trägt tatsächlich weniger dazu bei, die höhere Stellung von Lili zu akzeptieren oder zu hinterfragen, sondern führt vor allem zur Verringerung von Unterschieden der beiden Anwesenden Bova und Kashuko und ihrer Solidarisierung gegenüber diesem Dritten, wobei hilfreich ist, dass es sich bei der Geschichte um den Konflikt zweier Roma-Familien handelt und nicht um Angehörige der Untergruppen *tchouari* und Sinti. Dadurch wird hier die Aufmerksamkeit auf die unorthodoxe Art der Hochzeit gelegt, nicht jedoch mit einem innerethnischen Gruppenkonflikt verbunden. Auf diese Weise wird unterstrichen, dass die verschiedenen Modi der Hochzeit zu einer Gruppe gehören und dies auch positiv zu werten ist,

---

207 Lick Dubois: *Sur les routes*, S. 99–100, Hervorhebungen im Original.

zugleich wird dies nicht als Hinderungsgrund für eine gute Beziehung zwischen *tchouari* und Sinti dargestellt. In diesem Sinn zeigen sowohl die Textbeispiele von Matéo Maximoff als auch von Lick Dubois eine intern vereinigende Tendenz. Unterschiede (in den Riten zur Eheschließung) zwischen den Gruppen bestehen zwar, sind aber grundsätzlich überwindbar und betonen die grundsätzliche Zusammengehörigkeit der Roma als Diaspora.

Interkulturelle Hochzeiten – Konfliktpotential und Grenzüberschreitung
Unterschiedliche Vorstellungen gegenüber der Heirat trennen nicht nur Roma untereinander, sondern auch Roma und Mehrheitsgesellschaft. Im Gegensatz zu den innerethnischen Hochzeiten stellen sich interkulturelle Hochzeiten aber weitaus schwieriger dar. Für einen Heiterkeitsausbruch sorgt daher die Vorstellung eines jungen Franzosen in *Sur les routes* (1998) von Lick Dubois. Er möchte den Eltern von Pirangli vorgestellt werden, um seinen Willen, sie zu heiraten zu bekunden und zeigt damit seine völlige Unkenntnis der Bräuche, denen zufolge ein Bräutigam in jedem Fall von seiner Familie vorgestellt werden muss.[208] Die Wahrscheinlichkeit extern zu heiraten ist allerdings in jedem Fall eher gering, denn, wie der Sinto Kashuko und der *tchouari* Bova erörtern, sehen sie es nicht gerne, wenn Außenstehende geehelicht werden.[209] Die Verbindungen zwischen Männern und Frauen unterschiedlicher Herkunft (Roma-Mehrheit) sind auch bei Matéo Maximoff meist unvereinbar. Für Savina im gleichnamigen Roman von 1957 erscheint die Vorstellung, einen Außenstehenden zu heiraten absurd und mit der Zerstörung jeglichen Lebensglücks vergleichbar.[210] Drago im Text *Vinguerka* (1957) findet nach dem Tod seiner Ehefrau einzig in der intakten Abgrenzung einen gewisser Trost: „Au moins, pense Drago, Vinguerka est morte sans avoir été souillée par un étranger à sa race."[211] Weibliche Verbindungen mit Außenstehenden kommen dieser Haltung gemäß nicht infrage.

Anders sieht die Situation bei Transgressionen der ethnischen Grenze von männlicher Seite aus. Während es bei Matéo Maximoff im Fall Arnikos (*Les Ursitory*) noch bei dem Versuch bleibt, mit Héléna glücklich zu werden, sind sowohl Isvan (*Le prix de la liberté*) als auch Khantchi (*Condamné à survivre*)

---

208 Vgl. Lick Dubois: *Il était une fois les bohémiens*, S. 40–41.
209 Vgl. Lick Dubois: *Sur les routes*, S. 106.
210 Vgl. Matéo Maximoff: *Savina*, S. 177.
211 Matéo Maximoff: *Vinguerka*, S. 96. In Matéo Maximoff: *Dites-le avec des pleurs*, S. 94–95 wird darüber reflektiert, dass Roma-Frauen, die ihre Familien verließen, selbst als berühmte Schauspielerinnen, nicht mehr zurückkehren können.

tatsächlich erfolgreich in ihren Beziehungen mit Nicht-Roma-Frauen.[212] Sie sind damit wirkliche Mediatoren und Grenzgänger zwischen Roma- und Nicht-Roma-Welt. Die zunehmenden Verbindungen auch außerhalb der Gemeinschaft werden als Neuentwicklung dargestellt, die mit einer generellen Umbruchzeit im Leben der Roma gleichzusetzen ist, wie der Fall der französischen Familie in *La septième fille* (1958) verdeutlicht: „Son fils ainé avait même épousé une fille du pays, ce qui était déjà un début de sédentarisme, et nous dirons même de modernisme, étant donné que la mésalliance chez les Tziganes est rare."[213] Dass die „mésalliance" insbesondere wegen des mit ihr einhergehenden Traditionsverlusts als eine solche gesehen wird, zeigt die größere Toleranz, die gegenüber Partnern herrscht, die akzeptieren, in den Roma-Gemeinschaften zu leben. Dies ist der Fall von Georges und Marta, die beide in *Condamné à survivre* (1984) in Khantchis Familie einheiraten.[214] Die Integration bleibt jedoch vor allem in Georges Fall immer unvollständig. Die Hochzeit mit einer Romnì wurde ihm nicht so leicht verziehen und auch noch Jahre später bleibt er ein Außenseiter:

> Si le Gayzio avait commis une faute aux yeux de tous les Roms, il l'avait racheté en acceptant de rester parmi eux, et donc de ne pas emmener sa femme avec lui. Il était donc resté dans la famille de sa femme, au sein de sa tribu. En quelques années, Georges avait appris à parler la langue des Roms, le romanès, suffisamment pour s'entretenir et parler couramment, mais les finesses et les astuces de cette langue lui échappaient encore. Si Georges est le père de cinq petits Roms, il est néanmoins gayzio, et en tant que tel, beaucoup de Roms ne lui auraient pas permis de siéger parmi eux. Pas plus que de lui donner la parole. Certes, on avait confiance en lui, peut-être même plus qu'en certains Roms, mais telle est la loi, et pour éviter un nouveau scandale, on l'a autorisé à assister, mais de loin.[215]

Die Ausgrenzung äußert sich hier vor allem sprachlich durch die Bezeichnung „le Gayzio", wobei die von Georges ausgehenden Bemühungen um das Erlernen der Sprache sichtlich auch zu zunehmender Akzeptanz führen, wie im Text durch den Gebrauch des Vornamens vermittelt wird. In diesem Sinn ist der

---

[212] Diese grundsätzliche Skepsis zeigt sich auch in Sandra Jayats *Zingarina ou l'herbe sauvage* (2010). Stellina trifft Gianni, einen Rom, der eine Außenstehende heiraten möchte. Er muss einige Zeit um die Zustimmung der Familie bangen. Vgl. Sandra Jayat: *Zingarina ou l'herbe sauvage*, S. 80.
[213] Matéo Maximoff: *La septième fille*, S. 100. Ähnlich auch in Matéo Maximoff: *La poupée de Mameliga*, S. 140.
[214] Dies wird in *Vinguerka* (1987) reflektiert und auch in *Dites-le avec des pleurs* (1990) ist eine Situation dargestellt, in der ein Außenstehender einheiratet. Vgl. Matéo Maximoff: *Vinguerka*, S. 219 und Matéo Maximoff: *Dites-le avec des pleurs*, S. 85.
[215] Matéo Maximoff: *Condamné à survivre*, S. 14.

Spracherwerb mit einer Menschwerdung des Mannes und dessen Wahrnehmung als Individuum außerhalb der gesichtslosen, fremden Außengesellschaft zu sehen. Dennoch bleibt seine Integration partiell, was der Erzähler nicht nur inhaltlich („il est néanmoins gayzio") bestätigt, sondern auch sprachlich mit dem erneuten Gebrauch der diskriminierenden Bezeichnung „gayzio" transportiert.

In Einzelfällen können folglich Entscheidungen auch gegen die konservative Einstellung der Familie getroffen werden und so die ethnischen Grenzen überwunden werden. Dies wird bei Lick Dubois mit dem wachsenden Einfluss der Mehrheitsgesellschaft begründet und zeigt sich in der Anpassung an die Hochzeitsriten. So lassen sich die – nun sesshaften – Sinti-Familienväter Giorgi und Beku in *Il était une fois les bohémiens* (2003) von der Nonne Joanne überzeugen, sich kirchlich trauen zu lassen, obwohl sie beide bereits seit Jahren mit ihren Frauen zusammenleben und zahlreiche Kinder haben.[216] Es zeigt sich, dass die zumindest der Außengesellschaft erscheinende formlose „mariage tsigane"[217] zunehmend an Bedeutung verliert und allmählich durch den offiziellen Akt der kirchlichen oder standesamtlichen Trauung verdrängt wird und damit auch die Grenze zur Mehrheit aufgeweicht wird.

2.4 Tote Gegenstände und lebendig werdende Tote – *mulò*

Ein weiterer Bereich, in dem rituelle Verunreinigung eine wichtige Rolle spielt, betrifft Krankheit und Tod. Der Tod eines Verwandten oder einer nahestehenden Person birgt nach Ansicht der Roma grundsätzlich die Gefahr, dass diese, wenn ihr Andenken nicht mit ausreichend Respekt behandelt wird, als Wiedergänger – als *mulò* – zurückkehren. In den meisten Fällen wird ein solches Auftauchen bereits Verstorbener als negativ empfunden und dient dazu, Angst zu erzeugen, es kann aber auch als durch eine drohende Gefahr motiviert interpretiert werden, vor der gewarnt werden soll, und also positiv für die Lebenden sein.[218] Die zentrale Vermittlungsinstanz zu den *mulé* (Romanès: den Toten) stellt die Großelterngeneration dar. In einigen Gruppen – vor allem bei traditionellen Sinti – ist der alltägliche Bezug zu den Verstorbenen von fundamentaler

---

216 Vgl. Lick Dubois: *Il était une fois les bohémiens*, S. 67.
217 Lick Dubois: *Enfances tsiganes*, S. 26.
218 Vgl. Milena Hübschmannová: Mulò. In: *Rombase. Didactically Edited Information on Roma* (2002). Wie sie betont, ist der Glaube an den Wiedergänger *mulò* allen Roma gemeinsam.

Bedeutung für die gegenwärtige und nicht ausschließlich die jenseitige Existenz.[219]

Wenngleich dieser Glaube eine deutlich mystische Komponente hat, die sich auch in den zahlreichen *mulò*-Märchen und -Erzählungen spiegelt, so hat die Vorstellung des Wiedergängers doch auch Auswirkungen auf das Alltagsleben. Sie ist beispielsweise der Grund dafür, weswegen vor allem die Gegenstände der Toten mit Tabus belegt werden. Bei einigen Sinti-Gruppen war es – und ist es zum Teil heute noch – aus diesem Grund üblich, den Wohnwagen eines Verstorbenen und manchmal auch der Person zu Lebzeiten gehörende Gegenstände zu verbrennen. Falls sie nicht den Flammen übergeben wurden, sondern in den Besitz einer anderen Person übergegangen sind, müssen sie mit besonderem Respekt und äußerster Sorgfalt behandelt werden. Dabei besteht eine Gefahr auch darin, ‚tote Dinge' durch den Gebrauch respektloser Sprache zu verunreinigen.[220] Durch dieses Verhalten wird die Bedeutung des *mulò*-Glaubens als „gesellschaftliches Regulativ"[221] deutlich, denn die Verärgerung eines Mitmenschen kann nach seinem Tod die Wiederkehr als *mulò* und Rache nach sich ziehen. Der erzieherische Aspekt spielt daher in den *mulò*-Geschichten eine große Rolle und demonstriert die Umsetzung und Tradierung der kulturellen Werte in literarische Texte. Dies setzt sich auch in den schriftlichen Formen fort, denn der Geisterglaube ist ein Kennzeichen, das als eigenkulturelles (Roma-)Merkmal wahrgenommen wird und damit identitätsstärkend wirkt.

In Matéo Maximoffs Werk sind Geschichten über den Wiedergänger *mulò* die klarste und häufigste Referenz an die orale Erzähltradition.[222] Eine zentrale

---

219 Vgl. Leonardo Piasere: *Connaissance*, S. 23 und Elisabeth Tauber: *Respekt*.
220 Vgl. Patrick Williams: *Nous, on n'en parle pas*, S. 7. Hierbei muss allerdings beachtet werden, dass es sich bei der von ihm untersuchten *manouche*-Gruppe aus der Auvergne um eine sehr traditionsverhaftete und geschlossene Gemeinschaft handelt. Andere Roma pflegen diese Traditionen entweder gar nicht oder nur in abgeschwächter Form. Wie die Beziehung zu den Toten das tägliche Leben und die gesamte Sozialstruktur beeinflusst, untersuchte auch Elisabeth Tauber: *Respekt* bei einer Gruppe Südtiroler Sinti. Für die Bedeutung der Toten und ihre Beziehung zu den Lebenden in Sozialsystemen generell vgl. Claude Lévi-Strauss: *Triste tropiques*, S. 259–277.
221 Milena Hübschmannová: Mulò.
222 Der engste Bezug zur mündlichen Erzähltradition besteht durch die Themenwahl in *Les Ursitory*. Mit der Darstellung dreier Schicksalsgeister, die das Leben der Menschen vorbestimmen, greift Maximoff die typische Form des magischen Roma-Märchens auf. Vgl. Milena Hübschmannová: Matéo Maximoff, S. 8. Aber auch die Figur *mamhiori* in *Ce monde qui n'est pas le mien* (1992) lässt an klassische Märchen denken. Ihr Charakter, ob Bote des schlechten Schicksals oder gute Beschützerin bleibt unbestimmt und trägt so entscheidend zur Spannungserzeu-

Rolle spielen derartige Erzählungen in *Savina* (1957), *La septième fille* (1958), in sieben Erzählungen von *La poupée de Mameliga* (1986) und in *Vinguerka* (1987). Die Vermittlung des Geisterglaubens an die Protagonisten erfolgt über Erzählerfiguren, die eine bedeutende Stellung in der Roma-Gemeinschaft innehaben, wie den weisen Voso oder allgemeiner den Großvater. Die Beschreibung des letztgenannten in *Vinguerka* (1987) als alter Mann mit langem Bart, dem viel Respekt entgegengebracht wird entspricht dabei auch ganz dem klassischen Bild eines Märchenerzählers, womit eine traditionelle Komponente unterstrichen wird.[223] Diesen Effekt hat ebenso die Benennung der Tatsache, dass sich die Geschichten zwischen Fakt und Fiktion bewegen und oft nicht erkennbar ist, welche Teile erfunden wurden, was ein Charakteristikum oraler Erzählungen darstellt.[224] Im Fall von Voso in *La septième fille* (1958) schlägt sich diese Tatsache sogar in seiner Persönlichkeitsbeschreibung nieder, die dadurch ambivalent wirkt: „[Voso] aimait à [sic] raconter des histoires, des légendes, pour la plupart inventées par lui-même. On ne pouvait déceler en lui le vrai du faux."[225] Die verschwimmenden Grenzen und seine ironische Erzählweise tun Vosos Fähigkeit das Publikum zu fesseln jedoch keinerlei Abbruch. Daher wird er auch sofort zu Rat gezogen, als die Frage aufkommt, ob Tantchi von den Toten wiederauferstanden sein könnte und wie in diesem Falle vorzugehen sei. Wie auch in Vosos Charakter mischen sich hier in der Wahrnehmung der Figuren die Vorstellungen von Fakt und Fiktion. Die Geschichten Vosos dienen als Erklärungsmuster der Welt, die durch die unerklärbare Auferstehung Tantchis von den Toten kurzzeitig unverständlich scheint.[226] Die durchschlagende Wirkung, welche allein der Gedanke an den *mulò* hat, wird im folgenden Textauszug deutlich:

---

gung bei. (Schon das Romanès-Wort trägt diese Doppelbedeutung von gut und böse in sich. Es bedeutet zugleich Großmutter und Cholera). Die beiden Geschichten über Tikla, die in *La poupée de Mameliga* (1986) veröffentlicht sind, lassen die Nähe zu den Schwankgeschichten der mündlichen Roma-Tradition nachvollziehen. Die erste „Tikla et le diable" findet sich in ähnlicher Form in der Märchensammlung Emmerich Gärtner-Horvath/Dieter Halwachs u.a.: *Der Rom und der Teufel*, S. 11.
223 Vgl. Matéo Maximoff: *Vinguerka*, S. 47–48.
224 Vgl. Matéo Maximoff: *La poupée de Mameliga*, S. 19 und S. 84; Matéo Maximoff: *Dites-le avec des pleurs*, S. 56 und S. 237. Für diesen Aspekt als Kennzeichen mündlicher Erzählungen vgl. Kapitel 4.3 *Die oraliture der Roma: Untersuchungselemente* S. 87–90.
225 Matéo Maximoff: *La septième fille*, S. 43.
226 Tatsächlich war der alte Mann nur in einen totenähnlichen Schlaf gefallen, aus dem er plötzlich und unerwartet zum Schrecken der Umgebung erwachte.

> Soudain, une exclamation étranglée: Le Mulo! Une bombe aurait éclaté à leurs pieds, la terre serait mise à trembler que l'angoisse n'eut pas été plus vive chez tous les Roms rassemblés. [...] – LE MULO! Dès qu'ils le purent, chacun se mit à crier des mots incohérents et sans suite. L'affolement était quasi général. En un clin d'œil, la tsera fut désertée. [...] Lentement, comme un automate, à la force de ses reins, Tantchi, le mort, s'était dressé sur son séant, à l'intérieur de son cercueil.
>
> Était-il un mort ou un vivant?
>
> Était-il un revenant ou un homme qui renaissait?
>
> Était-il un réincarné ou un mulo?[227]

Expressiv wird hier Furcht illustriert. Die Majuskeln indizieren die Lautstärke und das Chaos, welche im Lager herrschen und die Unkenntnis spielerisch auf den Nicht-Roma beziehungsweise den unkundigen Leser übertragen. Er wird im Unklaren darüber gelassen, welches Ereignis die Panik eigentlich auslöst, da das Romanès-Wort *mulò* ohne Erklärung steht. Diese Unklarheit wird mit den Fragen und vor allem den darin enthaltenen Oppositionen fortgeführt. Unglauben und Furcht werden auf diese Weise in eine interaktiv wirkende Struktur gebracht, die den Leser in Unsicherheit über das Geschehen lässt. Den Figuren erscheint es so, als wäre eine der albtraumhaften *mulò*-Geschichten Vosos wahr geworden. Seine Erzählung von zwei ähnlichen Situationen wirkt dann auch als adäquates Vorbild, um die Gemeinschaft von dem Untoten zu erlösen. Das Vorgehen der Figuren aus Vosos Geschichten, die sich vom *mulò* befreien, indem sie ein Messer in sein Herz stoßen, wird entsprechend als tragischer Ausweg gewählt: Tantchis Söhne imitieren die Methode und begehen dadurch unwissentlich Vatermord.[228]

Eine solche Verwischung von intradiegetischer Fiktion und diegetischer Realität findet auch in *Vinguerka* (1987) statt. Drago, der sich die Halluzinationen von seiner ermordeten Frau Vinguerka nicht erklären kann, bittet seinen Freund Xitro ihm, während ihres Gefängnisaufenthalts eine *mulò*-Geschichte zu erzählen, die ihm eine Erklärungsmöglichkeit liefern soll. Xitro kommt der Aufforderung nach und stellt ein starkes Heimatgefühl für die beiden Gefängnisinsassen her: „Voici donc cette histoire telle que papo l'a souvent racontée et que Xitro, qui a bonne mémoire, raconte à son tour pour Drago."[229] Nachgebildet

---

[227] Matéo Maximoff: *La septième fille*, S. 45–46.
[228] Die Methode, sich vom *mulò* zu befreien, wird auch dargestellt in Matéo Maximoff: *La poupée de Mameliga*, S. 55.
[229] Matéo Maximoff: *Vinguerka*, S. 101.

wird hier die Kette der Weitergabe von der älteren an die jüngere Generation und die Fortführung der Erzähltradition. Diese authentifizierende und identitätsstärkende Strategie wird auch in der Sammlung *La poupée de Mameliga* (1986) deutlich. Teilweise werden die einzelnen Geschichten durch eine typisch mündliche Erzählsituation eingeführt, in der die Erzähler zum Beispiel Zeugen benennen, die ihre Geschichte bestätigen oder reklamieren, selbst an den Geschehnissen teilgenommen zu haben:

> Ah oui! C'est une drôle d'histoire. Je certifie qu'elle est vraie puisque j'étais là quand elle est arrivée. Et puisque c'est à mon tour de raconter quelque chose et bien que l'affaire soit courte, je m'en vais vous la dire.
>
> Donc, il y a de cela fort longtemps...Tu sais, quand on raconte une histoire qu'on a inventée, on commence par ‚il était une fois'. Mais quand c'est une histoire vraie, on dit qu',il y a de cela longtemps'. Tout simplement parce que nous ne savons pas très bien lire et écrire et que, pour nous, dix ans ou cent ans, c'est la même chose.[230]

Die Frage, ob die folgende Erzählung einem realen Vorkommnis entspricht, geht über die reine Zeugensituation hinaus und wird metalingual fortgeführt. Die Erzählerfigur reflektiert über die zu verwendende Formel als Einführung in die Geschichte und unterstreicht auf diese Weise deren wahrhaftiger Charakter. Die Erklärung, dass dies am Analphabetismus der Roma liege, sorgt dafür, dass eine eindeutige Beziehung zum intradiegetischen Publikum und eine Verbindung zur realen Situation hergestellt werden. Verstärkend wirkt die direkte Ansprache, die die interaktive Verfasstheit und damit die Mündlichkeit betont.

In der ersten Erzählung Lick Dubois' *Sur les routes* (1998) verschwimmen diegetische Realität und Fiktion in Verbindung mit mehreren übernatürlichen Begegnungen vergleichbar zu den Geschichten Matéo Maximoffs. Die Familie lagert an einem Ort, der Schauplatz eines grausigen Verbrechens war, als plötzlich Musik aus dem Nichts ertönt. Der Großvater Kashuko kann diese jedoch einordnen und erzählt die entsprechende Geschichte:

> Cette musique me rappelle celle que me jouait mon grand-père quand j'étais petit. On nous disait que cette musique était *mulani* car elle avait été composée par un pauvre Sinto mort depuis fort longtemps. Ce Sinto, paraît-il, avait été assassiné avec toute sa famille dans ces parages par des gadjé, à la suite d'un soi-disant vol de chevaux.[231]

Die Komposition muss, da sie von einem Toten stammt, mit besonderem Respekt behandelt werden. Mit dem doppelten Vergangenheitsbezug der Musik als

---

230 Matéo Maximoff: *La poupée de Mameliga*, S. 163.
231 Lick Dubois: *Sur les routes*, S. 14.

„mulani" – einem Toten angehörend – und die Vermittlung dieser Tatsache durch die ältere Generation wird dieses respektvolle Verhalten gegenüber dem Toten und seinem Schaffen als ein traditionelles Charakteristikum dargestellt. Die anfangs scheinbar aus der Einbildungskraft der Familie entstandene Musik geht in eine wahre Geistererscheinung über und vor den Augen der Sinti zeigen sich zweimal im Laufe der Nacht drei untoten Figuren.[232]

Nicht immer können die Geschichten jedoch in Einklang mit der Realität gebracht werden. Seine elende Situation im Gefängnis bringt Drago in *Vinguerka* (1987) von Matéo Maximoff zu der Aussage: „Papo ne pourrait même pas raconter la vie que je mène ici; sa tristesse défie l'imagination."[233] Allerdings können Legenden flexibel an die Geschehnisse angepasst werden. Tchuli, die Mutter der Hauptfigur Rouva in *Ce monde qui n'est pas le mien* (1992), liegt nach der Geburt ihres Sohnes alleine und geschwächt im Wald, wo sie eine magische Begegnung hat:

> – Ton enfant vivra!
>
> Est-ce la voix des Ursitory, ces Anges du Destin dont les Romnìa lui ont plus ou moins parlé. Mais elle [Tchuli] n'a rien fait pour cela. Elle ne les a pas invoqués. [...] – Et si c'était la Mamhiori? se demande Tchuli.
>
> Nous y voici! La légende tant attendue prend forme pour elle. La Mamiorhi fait en général peur aux enfants mais ce n'est pas le cas ici. Au contraire, sa voix n'est pas menaçante, elle rassure plutôt.[234]

Tchuli zieht die Möglichkeit mehrerer magischer Wesen in Betracht. Tatsächlich erscheint ihr eine Begegnung mit den *ursitory*, den Schicksalsgeistern, wahrscheinlicher, denn diese bestimmen traditionell die Zukunft eines Neugeborenen. Eine Herbeirufungsprozedur, wie sie eigentlich nötig wäre – diese ist in *Les Ursitory* (1946) beschrieben – hat sie jedoch nicht vollzogen. Der Leser wird eng an ihren Neudeutungsprozess herangeführt. Dafür sorgt nicht nur die rhetorische Frage Tchulis, sondern auch die Exklamation. Die darin enthaltene doppelte Verortung („y" und „voici") bindet den Leser eng an das Vorgehen und kündigt eine Weiterentwicklung an. Die Personifikation der Legende in der Stimme aus dem Dunkeln gibt ihr eine fast fassbare Form und Tchuli deutet die negative Figur konform zu ihren eigenen Hoffnungen um. Ab diesem Zeitpunkt ist die *mamihori* für das Kind Rouva eine übernatürliche Beschützerin.

---

232 Vgl. Lick Dubois: *Sur les routes*, S. 26.
233 Matéo Maximoff: *Vinguerka*, S. 77.
234 Matéo Maximoff: *Ce monde qui n'est pas le mien*, S. 53.

Die Roma-Welt in Matéo Maximoffs Romanen ist von magischen Figuren bevölkert und das ganze Leben von übernatürlichen Erscheinungen und vor allem dem Glauben an den *mulò* geprägt, wie Stervo in *La septième fille* (1958) anmerkt: „Depuis notre enfance, nous sommes nourris d'histoires épouvantables. On nous a fait savoir que les fantômes sont partout, que le ‚mulo' est dans toutes nos légendes."[235] Für die Nicht-Roma-Figuren sind die magischen Wesen hingegen lediglich Aberglaube, der sich ihrem Verständnis entzieht. So kommentiert der den Roma wohlgesonnene russische Kommandant in *Ce monde qui n'est pas le mien* (1992) nach Tchulis Verschwinden Petruskas Glauben die *mamhiori* sei verantwortlich folgendermaßen: „Je sais que vous avez de superstitions bizarres"[236] und auch die Polizisten in *La septième fille* (1958) teilen diesen Unglauben: „Tout se sait, et les gendarmes n'ignoraient pas que Dharani était une sorcière. Mais eux, les gadgés, ne croyaient pas à ces choses-là."[237] So bleibt die Magie einzig mit der Roma-Welt verbunden und trennt diese von der Mehrheit.

Neben Erklärungsmustern für unerwartet entstehende Probleme hat der Bezug zu bereits Verstorbenen Bedeutung für die alltägliche kulturelle Verortung der Figuren. Bei Matéo Maximoff spielt dieser kontinuierliche Rekurs auf die Vorfahren weniger eine Rolle, zeigt sich aber sehr deutlich in Sandra Jayats *La longue route d'une Zingarina* (1978). Dort sind die Allgegenwart der Verstorbenen und die daraus entstehenden Implikationen für das tägliche Verhalten Gegenstand einer Erzählung des Großvaters Narado, an die sich Stellina, die bereits auf der Flucht ist, erinnert:

> Je me souviens tout à coup de l'histoire de l'âme du mort que m'avait contée mon grandpère Narado, un soir au campement. Il avait ôté son chapeau à large bord – il le serrait très fort entre ses mains – et avait ravalé sa salive avant de me dire: ‚Les morts, nos morts ne nous veulent aucun mal. Ils désirent seulement continuer de vivre avec nous sous une forme invisible. Au coucher du soleil, lorsque l'ombre n'existe plus, les âmes des morts sont partout. Tout leur appartient, les arbres, les herbes, la route, les objets et les êtres qu'ils aiment. Nous ne voyageons jamais la nuit, pour leur laisser la place et surtout pour ne pas les écraser. J'oubliais de te dire, Stellina, qu'elles vivent aussi à midi juste....L'espace d'un instant, nous stoppons nos roulottes. Elles vivent sans cesse la nuit autour de nous, mais ne s'attaquent qu'aux solitaires...C'est aussi par crainte de l'âme du mort que nous vivons en tribu. Tu ne verras jamais une roulotte isolée, ni occupée par une seule personne. Il ne faut jamais jeter d'eau chaude ni d'ordure, la nuit dans le campe-

---

235 Matéo Maximoff: *La septième fille*, S. 166.
236 Matéo Maximoff: *Ce monde qui n'est pas le mien*, S. 50.
237 Matéo Maximoff: *La septième fille*, S. 197–198.

ment, pour ne pas les salir ou les blesser car elles pourraient se venger....N'aie pas peur, Stellina...l'âme du mort n'est pas un squelette. Elle est notre double.[238]

Für Stellina hat diese Geschichte nicht nur inhaltlich Bedeutung. Die spontane Erinnerung an die Erzählung ist in ihrer Einsamkeit ein willkommener Ankerpunkt und indiziert ihre andauernde Verbundenheit mit ihrer kulturellen Heimat. Diese manifestiert sich entscheidend in der Person ihres Großvaters, der für sie der Vermittler von Weisheit und Rat ist. Seine emotional aufgeladene Erzählung über die Beziehung der Roma zu ihren Toten ist daher für die Protagonistin besonders wichtig. Das Alleinsein zu ertragen, wird zum einen durch diese innere Wiederholung der Erzählsituation und zum anderen durch die inhaltliche Komponente ermöglicht. Die Allgegenwart der Toten verringert Stellinas Einsamkeit, zumal die Seelen als „notre double" bezeichnet werden. Allgegenwärtig sind allerdings auch die Regeln, die es zu beachten gilt, um die Toten zu ehren und nicht ihre Rache heraufzubeschwören. Für Stellina, die sich von der Gruppe entfernt hat, erinnert die Erzählung sie an ihre Zugehörigkeit, ist aber zugleich ein Anlass, sich mit ihrer neuen Identität auseinanderzusetzen.

Auch für Gropelo in *Romanestan* (2010) von Lick Dubois ist der Bezug zu den Toten eine andauernde Verbindung mit seiner Identität als Sinto und zugleich Gelegenheit, die Vernachlässigung der Tradition zu beklagen: „[I]l n'y a pas un jour où je ne pense à tous nos défunts. As-tu remarqué, même chez nous les Sinti, il y a déjà longtemps qu'on ne veille plus les morts."[239] Für Sonia in *Pour un bouquet de saladelle* (1998) hingegen ist die Beziehung zu den Toten sehr aktuell. Sie macht mit der wachsenden Verbindung zu den *mulé* einen entscheidenden Schritt in Richtung ihrer Integration in die Sphäre der Roma. Sie wird nicht nur in das Regelwerk, das die Toten umgibt, eingeführt, sondern entwickelt besondere spirituelle Fähigkeiten. Ihre Begabung geht über die der meisten Roma hinaus und sie kann ebenso wie ihre Schwiegermutter und ihr verstorbener Vater, der ein spiritueller Führer war, Kontakt zu den Toten herstellt.[240] Auf diese Weise wird nicht nur die Grenze zwischen Totenreich und Lebenden aufgeweicht, sondern für Sonia auch die Transgression in die Roma-Welt möglich.

Wie schon in den vorherigen Beispielen ersichtlich wurde, haben die fiktionalen Erzählungen einen entscheidenden kulturvermittelnden Aspekt. Dieser tritt in Passagen, die eher einen ethnographischen Anspruch haben stärker

---

238 Sandra Jayat: *La longue route d'une Zingarina*, S. 43–44.
239 Lick Dubois: *Romanestan*, S. 121.
240 Vgl. für den Kontakt mit dem Kind Esmeralda Romanez: *Bouquet de saladelle*, S. 87 und für die Todesahnung Ebd., S. 154.

hervor. Dort werden entsprechend verschiedene Sitten und Bräuche, wie zum Beispiel der Bezug zum Tod, dokumentarisch vermittelt. Dies ist in Lick Dubois' Werk der Fall, wo die Toten in der Welt der Lebenden sehr präsent sind und das typische Verhalten der Sinti, ihre Namen nicht zu erwähnen, erläutert wird: „Chez le Tsigane, à cette époque, tout ce qui faisait penser à des choses mortuaires était tabou; il ne fallait pas prononcer, par exemple, le nom de l'un de leurs défunts."[241] Auch für den *tchouari* Bovo ist der Respekt der Toten ein essentieller Bestandteil des erlernten kulturellen Wissens: „Mon père dit: ‚Je jure les morts de ceux qui voudront nous séparer' et tu sais très bien, quand on parle de jurer les *mulé*, on respecte".[242] Es ist die Angst vor dem *mulò*, die die Roma eng zusammenrücken lässt: „Les jeunes gens préparent leurs lits sur le gravier fin de la plage, et surtout pas très éloignés des uns et des autres, toujours à cause de cette peur ancestrale, la peur du *mulo* (mort-vivant)."[243] Das gilt ebenso für die Publikation von Joseph Doerr, in der die fiktionalen *mulò*-Geschichten eine untergeordnete Rolle spielen. Dennoch werden auch dort die Untoten und andere magische Figuren von Toumela erwähnt: „*Ils étaient aussi très superstitieux et vivaient dans la hantise des revenants, des sorciers et du* **bengh** *(le diable).*"[244] Die Bezeichnung als Aberglaube und die Vergangenheitsform indizieren, dass dieser Glaube aktuell keine Rolle mehr spielt.[245] Allerdings ist die emotionale Beziehung, welche die *manouche*-Gruppe zu ihren Toten hat, im Text sehr entscheidend. Die Ankunft in Südamerika wird von der Krankheit eines Kindes überschattet. Der drohende Tod macht den Familien bewusst, dass sie zurückkehren müssen, denn „L'idée de nous trouver en pareil cas loin de nos morts était intolérable."[246] Die Trennung von den Gräbern der Ahnen erscheint unerträglich und die sofortige Rückreise wird angetreten. Zurück auf dem Schiff, erleben die Familien eine Seebestattung, welche sie in ihrer Überzeugung nur bestärkt: „Après quelques prières, le cercueil fut balancé à la mer.

---

241 Lick Dubois: *Enfances tsiganes*, S. 117.
242 Lick Dubois: *Sur les routes*, S. 104, Hervorhebung im Original.
243 Lick Dubois: *Il était une fois les bohémiens*, S. 44, Hervorhebung im Original. Ähnlich auch in Lick Dubois: *Sur les routes*, S. 204 und Lick Dubois: *Enfances tsiganes*, S. 205. Ebenso wie diese althergebrachte Angst wird auch das Vorgehen nach dem Tod eines Sinto beschrieben. Kashukos Bruder ist gestorben und die Familie findet sich zur Beerdigung zusammen, wobei ebenfalls über die übrig gebliebenen wenigen Besitztümer entschieden wird. Der Wohnwagen wird dabei traditionsgemäß verbrannt. Vgl. Lick Dubois: *Sur les routes*, S. 340.
244 Joseph Doerr: *Où vas-tu manouche?*, S. 66, Hervorhebung im Original.
245 Eine ähnliche Einstellung in Bezug darauf zeigt sich auch bei Joseph Stimbach, wo der Erzähler sich in seinem Verhältnis zu den Toten allerdings bis zu einem gewissen Grad als Reformer positioniert. Vgl. Joseph Stimbach: *Détenu*, S. 31 und S. 169.
246 Joseph Doerr: *Où vas-tu manouche?*, S. 50.

Les Manouches ignoraient qu'on pût faire de pareilles choses, et cet acte inhumain nous découragea complètement."[247] Für die *manouche*-Familien ist eine solche Form der Bestattung undenkbar und erscheint barbarisch. Die Begegnung mit der Mehrheit ist einmal mehr durch gegenseitiges Unverständnis gekennzeichnet.

Die intradiegetische Vermischung von Fakt und Fiktion zeigt den Einfluss, den der Glaube an den Untoten auf das tägliche Leben der Roma hat. Daneben ist die Präsenz der Toten im Alltag auch ein Zeichen kultureller Rückbesinnung für die Figuren und damit eine Möglichkeit, räumliche und ideelle Distanz zur eigenen Gemeinschaft zu überwinden, beziehungsweise zur Mehrheit aufrecht zu erhalten. Der Totenglaube wird folglich ebenso wie die strenge Rollentrennung und die unterschiedlichen Hochzeitsriten zum Zeichen der Grenze zwischen Roma und Umgebungsgesellschaft.

2.5 Speisevorschriften und Leibgericht *niglo*

Der Verzehr bestimmter Nahrungsmittel ist bei Roma teilweise Vorschriften und (moralischer) Bewertung unterworfen, die jedoch – mit Ausnahme des Schweinefleischs bei muslimischen Roma – nicht religiös begründet sind. So gilt beispielsweise der Verzehr von Pferde-, Hunde- oder Katzenfleisch als unrein.[248] Hingegen wird die Zubereitung von Igel als ein traditionelles Gericht dargestellt. Obgleich Lev Tcherenkov und Stéphane Laederich dies für ein Gerücht halten, kann man dem Verzehr von *niglo* (Romanès: Igel) einen symbolischen Wert zuweisen, da Kochrezepte veröffentlicht werden und er auch anderweitig als Delikatesse angesehen wird.[249] Auf diese Weise wird er zum Zeichen der Alterität und seine Repräsentation kann als Abbildung der Grenze zwischen Roma und Mehrheitsgesellschaft gewertet werden.

---

247 Ebd., S. 51.
248 Vgl. Milena Hübschmannová: Žužo. In: *Rombase. Didactically Edited Information on Roma* (2001), S. 1. Als Illustration zu den (symbolischen) Folgen des Verzehrs von Pferdefleisch kann hier der Auszug aus Elena Lackovà autobiographischem Werk *A false dawn* (2000) hinzugezogen werden: „A rom who ate horse meat was degeš, unclean the last of the last. Every žužo rom, clean rom, shunned him." (Lackovà, *Dawn*, 2000, S. 19)
249 Vgl. Lev Tcherenkov/Stéphane Laederich: *The Roma 2*, S. 653 sowie Paola Trevisan: *Storie e vite di Sinti dell'Emilia*. Roma: CISU 2005, S. 120–121 und den Dokumentarfilm von Xaver Schwarzenberger: *Ihr werdet uns nie verstehen*. Österreich: ORF 1988. Eine ausführlichere Beschreibung der Essgewohnheiten findet sich bei Lev Tcherenkov/Stéphane Laederich: *The Roma 2*, S. 652–654.

Grundsätzlich hat die Darstellung von Essgewohnheiten keine sehr bedeutsame Position in den französischen Roma-Werken. Dennoch wird der Hinweis auf sie genutzt, um eine eigene kulinarische Tradition zu reklamieren. Ein allgemeines Beispiel stellt eine Passage in Matéo Maximoffs *Condamné à survivre* (1984) dar: „Les Roms prétendaient que les autres avaient même mangé leurs chiens et leurs chats car on n'en voyait plus. Pas question pour les Roms de manger ces animaux familiers sous peine d'être *marimé* (souillé), et donc jeté hors de la tribu, ce qui, pour un rom, est pire que la mort."[250] Das Gerücht, die unter Hunger leidende Bevölkerung habe aus Verzweiflung ihre Haustiere verspeist, löst Ekel aus und dient der Abgrenzung von der Mehrheitsgesellschaft, die durch den Hinweis auf das System von Reinheit-Unreinheit zusätzlich in eine normenhafte Form gebracht wird. Die allgemeine Skepsis gegenüber den/dem ‚Fremden' wird durch Vermutungen angereichert und zeichnet die Genese eines Stereotyps nach. Die Frage nach der Herkunft oder Begründung für Normen und Regeln spielt dabei keine Rolle.[251] Während es sich hier um eine Bemerkung zur Distanzierung mittels Nahrungsmittelverboten handelt, wird bei Lick Dubois ein in der Mehrheitsgesellschaft nicht vorstellbares Gericht in den Mittelpunkt des Speiseplan gestellt: der Igel. Die Familien in Lick Dubois' Werk – vor allem in der Trilogie – begeben sich nicht nur sehr häufig auf die Jagd nach den Tieren,[252] sondern erläutern auch explizit auf welche Weise der *niglo* zum Kochen vorbereitet wird:

> Les petites bêtes roulent à terre comme des billes. Piu, un bâton à la main également, leur gratte le dos. Ils se déroulent et Piu en profite pour leur donner un coup sur la tête. Le sang coule par le nez. Les garçons font pareil avec toutes. Bottine taille le bout du roseau, l'enfonce dans l'anus du hérisson et souffle pour le gonfler, ce qui facilite l'enlèvement des piquants. [...] [L]es garçons retournent vers l'eau pour les éventrer et retirer les boyaux. Ils occupent la couenne du dos en deux et lavent le tout dans l'eau courante de la rivière.[253]

Die anschließende Diskussion offenbart die multiplen Zubereitungsmöglichkeiten: „Écoute, on va en faire à la braise et les autres bouillis avec de l'ail, mais si

---

250 Matéo Maximoff: *Condamné à survivre*, S. 126.
251 Vgl. Matéo Maximoff: *La septième fille*, S. 36, wo Voso die kritische Frage nach der Herkunft des Reglements stellt, die aber sofort ins Leere läuft, da die Gemeinschaft den Traditionserhalt über die Generationen hinweg als einzig entscheidende Antwort erachtet.
252 Vgl. Lick Dubois: *Sur les routes*, S. 215, S. 218, S. 229 und S. 304; Lick Dubois: *Il était une fois les bohémiens*, S. 17 und Lick Dubois: *Enfances tsiganes*, S. 40, S. 75, S. 85 und S. 120.
253 Lick Dubois: *Sur les routes*, S. 235.

tu veux, on peut en faire aussi en ragoût."²⁵⁴ So ist der Igel als Gericht für die Sinti nicht nur ein wahrhafter Gaumenschmaus, sondern auch ein Zeichen der Zugehörigkeit, wie es Gropelo in einem nostalgischen Rückblick zum einfachen fahrenden Leben, das er in Kontrast zur modernen Lebensweise setzt, darstellt.²⁵⁵ Für Sara und ihre Reisegefährten in *La route des gitans* (2008) bedeuten die stacheligen Tiere hingegen Überlebensmöglichkeit auf der Flucht vor den deutschen Soldaten.²⁵⁶ Obwohl der Igel als Teil der Nahrung nur von einigen Autoren (wenn dies geschieht, dann jedoch sehr häufig) diskutiert wird, kann geschlossen werden, dass er durch seine konkrete Nennung und die darinliegende Differenz zur Mehrheitsgesellschaft als eigenkulturelles Element der Roma eingeführt wird.²⁵⁷

2.6 Gemeinschaftssprache(n) Romanès

Das Romanès kann als ein Varietätencluster bezeichnet werden, der einen gemeinsamen Ursprungswortschatz hat. Dieser Kern lässt sich auf die indische Herkunft zurückführen und hat die Klassifikation des Romanès als indoarische und neuindische Sprache zur Folge. Über die Sprecherzahlen verlässliche Angaben zu machen, ist aufgrund des hohen Zerstreuungsgrades der Roma kaum möglich. Yaron Matras geht von mehr als 3,5 Millionen Sprechern weltweit aus.²⁵⁸ Als ‚Geheimsprache' wird das Romanès seit Jahrhunderten bewusst als Mittel exklusiver Kommunikation genutzt, wie die Aussage von Elisabeth Tauber illustriert: „The Sinti women used their own language when talking among

---

254 Lick Dubois: *Sur les routes*, S. 235. Fast wortwörtlich findet sich die Beschreibung der Igeljagd in Joseph Doerrs Text wieder, in dem ebenso die Zubereitung genau erläutert und die Begeisterung gegenüber der Delikatesse in Worte gefasst wird. Vgl. Joseph Doerr: *Où vas-tu manouche?*, S. 20. Auch bei Joseph Stimbach spielt der Igel als Nahrungsmittel, aber vor allem auch als identitäres Symbol eine wichtige Rolle. Vgl. Joseph Stimbach: *Réflexion*, S. 91–92 und Joseph Stimbach: *Détenu*, S. 27, S. 53 und S. 80.
255 Vgl. Lick Dubois: *Romanestan*, S. 11. Eine ähnlich nostalgische Beziehung hat der Protagonist in Miguel Halers *Le guitariste nomade* (2005) zum Igel als Teil der Nahrung. Für ihn bedeuten Geruch und Geschmack der Tiere ein Wiederfinden seiner Kindheit bei seiner Roma-Familie. Vgl. Miguel Haler: *Le guitariste nomade*, S. 168–169.
256 Vgl. Miguel Haler: *La route des gitans*, S. 133.
257 Vgl. Ebd., S. 46, S. 50, S. 51, S. 101, S. 133 und S. 206 und Miguel Haler: *Le guitariste nomade*, S. 33 und S. 34.
258 Vgl. Yaron Matras: *Romani*, S. 238.

themselves, thereby excluding the Gağe."[259] Für den englischen Rom Damien Le Bas ist die Sprache daher ein Zeichen der Alterität, das als Symbol auch das Potential hat, auf eine Herkunft zu verweisen.[260] So kann das Romanès als einer der wichtigsten Identitätsfaktoren mit großer Bedeutung für den ethnischen Zusammenhalt identifiziert werden.[261] Um dieses Kulturgut vor äußeren Einflüssen zu schützen, werden der Spracherwerb durch Außenstehende und auch die Verschriftlichung zumeist missbilligt.[262] Dies ist – vor allem bei den deutschen Sinti, die eine schriftliche Erfassung und Vermittlung sehr vehement ablehnen – zum Teil durch ein historisches Trauma begründet. Die Mitarbeiter der Berliner Rassenhygienischen Forschungsstelle, die während des Nationalsozialismus eine genetisch bedingte Kriminalität der Sinti nachzuweisen versuchten, sprachen sehr gut Romanès und erlangten auf diese Weise Zugang zu den Familien. Dieser Vertrauensbruch wirkt auch heute noch nach und die Sprache entwickelte als Konsequenz daraus ein sehr großes Identifikationspotential, wie die Aussage der als Jazz-Sängerin und Autorin einer Autobiographie bekannten Sintizza Dotschy Reinhardt illustriert. Auf die Frage hin, warum Deutsche ihre Muttersprache, das Romanès, nicht lernen sollen, antwortet sie:

> Es ist unsere Sprache, unser einziges Rückzugsgebiet, unser Schutz. Daher ist sie ausschließlich mündlich tradiert. Die einzige Deutsche, die meines Wissens perfekt Romanès konnte, war die KZ-Ärztin Eva Justin, die so das Vertrauen von Sinti-Kindern erschlich und dann furchtbare Experimente mit ihnen gemacht hat.[263]

---

[259] Tauber, Elisabeth: ‚Do You Remember the Time We Went Begging and Selling' – The Ethnography of Transformation in Female Economic Activities and Its Narrative in the Context of Memory and *Respect* Among the Sinti in North Italy. In: Fabian Jacobs/Johannes Ries (Hg.): *Roma-/Zigeunerkulturen in neuen Perspektiven. Romani/Gypsy Cultures in New Perspectives*. Leipzig: Leipziger Universitätsverlag 2008, S. 161. Vgl. auch Yaron Matras: *Romani*, S. 293, der dies als allgemeines Kennzeichen des Romanès festhält.
[260] Vgl. Damian Le Bas: The Possible Implications of Diasporic Consciousness, S. 65.
[261] Vgl. Ian Hancock: *Religion*. Wie Norbert Boretzky: *Studien zum Wortschatz des Romani*. Veliko Tarnovo: Faber 2012, S. 16, konstatiert, ist die Sprachverwendung eng mit der sozialen Position verbunden. Seiner Ansicht nach sind „Integration in die Mehrheit" und „Verlust des Romanès" positiv korreliert.
[262] Dies gilt insbesondere für Sinti, andere Gruppen stehen dem Spracherwerb weniger skeptisch gegenüber und geben wie der italienisch-bosnische Rom Marko Aladin Sejdić in Köln Kurse in Romanès für Nicht-Roma. Vgl. Rom e.V.: *Nevipé – Rundbrief des Rom e.V.* 50 (2010), S. 13.
[263] Dotschy Reinhard/Anna Kemper: ‚Ich will nicht so deutsch wie möglich leben'. In: *Der Tagesspiegel* (17.9.2008). Eva Justin war von 1937–45 als Krankenschwester unter dem verantwortlichen Leiter Dr. Robert Ritter Mitarbeiterin in der Rassenhygienischen und Erbbiologischen Forschungsstelle in der Abteilung Erbmedizin im Reichsgesundheitsamt in Berlin. Dort

In Reinhardts Darstellung wird die Sprache zum Surrogat für ein verlorenes Heimatland und zu einem Ort, der der Gemeinschaft nicht nur Schutz, sondern auch Identifikation bietet. Diese Perspektive auf die Sprache und deren unifizierendes Potential vertritt auch eine ganze Reihe französischer Autoren wie zum Beispiel Joseph Stimbach, für den die Sprache eindeutig vereinheitlichend wirkt: „Nous, nous sommes un peuple rare, sans pays, sans territoire de référence mais avec une véritable langue."[264] Dieser Sicht einer eigenständigen Sprache widerspricht zwar in gewisser Weise Joseph Doerrs Einschätzung, dass die Sprache defizitär sei; aber dennoch nimmt auch er eine positive Einstellung ein, denn Romanès ist in seinen Augen „[un] langage aux sonorités harmonieuses et chantantes."[265] Mit dieser Aufwertung der Sprache gehen in den Texten verschiedene Funktionen einher, die im folgenden Kapitel vorgestellt werden, wobei die bedeutsamste dabei sicher diejenige der Sprache als Zusammengehörigkeits- und Erkennungsmerkmal ist.

In enger Beziehung dazu steht konsequenterweise der Gebrauch der Sprache zum Zeichen der Trennung von Roma und Mehrheit, allerdings wird ebenso die sprachliche Differenzierung, welche mit Gruppenunterschieden und damit der internen Grenzziehung verknüpft ist, verhandelt. Grundsätzlich können dabei zwei unterschiedliche Vorgehensweisen unterschieden werden, mit denen die Aufmerksamkeit des Lesers auf die eigene/fremde Sprache gelenkt wird. Zum einen kann die Sprache Gegenstand metalingualer Reflexionen sein, zum anderen wird sie in Form von einzelnen Xenismen oder ganzen Satzteilen auf Romanès direkt in den Text integriert.

---

wurde versucht, mit vermeintlich wissenschaftlichen Methoden die von ‚Zigeunern' ausgehende soziale, rassische und kriminelle Gefährdung für die Deutschen nachzuweisen. Justin forschte in diesem Zusammenhang für eine Promotion mit dem Titel *Lebensschicksale artfremd erzogener Zigeunerkinder und ihrer Nachkommen* (1943). Sie forderte in der Arbeit die Zwangssterilisierung aller „deutscherzogenen Zigeuner und Zigeunermischlinge" und war in der Folge für die Deportation der von ihr untersuchten Kinder und anderer Roma in die Konzentrationslager mitverantwortlich. Ihre Untersuchungen beschränkten sich jedoch auf anthropologische Vermessungen u.ä. außerhalb von Konzentrationslagern. Medizinische Experimente, wie sie etwa der KZ-Arzt Joseph Mengele auch an Roma in Auschwitz-Birkenau durchführte, nahm sie selbst nicht vor. Zur Rassenhygienischen Forschungsstelle vgl. Michael Zimmermann: *Rassenutopie*, S. 139–162, dabei zur Bedeutung der Sprachkenntnisse S. 140–141.
264 Joseph Stimbach: *Itsego*, S. 43.
265 Joseph Doerr: *Où vas-tu manouche?*, S. 8. Zur Selbstwahrnehmung des Romanès als defizitäre Sprache vgl. Mozes F. Heinschink: E Romani čhib, S. 122–123.

Romanès als Instrument der Gemeinschaftskonstruktion
Die unifizierende Intention des Sprachgebrauchs zeigt sich vor allem in der Verwendung des Romanès überhaupt, wird aber auch konkret in der verwendeten Schreibung sichtbar. Interessant ist dabei der Fall von Vania de Gila-Kochanowski und Lick Dubois, deren Verschriftlichung im Gegensatz zu den Werken von beispielsweise Matéo Maximoff, Sandra Jayat und Joseph Doerr einer explizit standardisierten Form folgt, wobei nicht eindeutig ist, welcher editorische Einfluss hierbei besteht.[266] Den Texten vorangestellt wird nämlich eine Tabelle zur Verschriftlichung der entsprechenden Laute, die in den Publikationen von Vania de Gila-Kochanowski erstmalig abgedruckt und dann für die Bücher von Lick Dubois, die ebenfalls beim Verlag *Wallâda* erschienen sind, aufgenommen wird. Allerdings wird die Umschrift in den Werken Lick Dubois' nicht konsequent verfolgt, wie sich an dem häufig gebrauchten und unterschiedlich transkribierten Wort *minje* oder *mindje* erkennen lässt.[267] Damit wird auf der einen Seite sichtbar, welche Rolle der Sprache als vereinheitlichendem und identitätsstärkendem Element zugewiesen wird und auf der anderen eine gewisse Unsicherheit der Verschriftlichung, die den Status der Sprache als *langue fragile* verdeutlicht.[268] Matéo Maximoff expliziert den Anspruch einer einheitlichen Schreibung nicht, was sicher auch am früheren Erscheinungsdatum der meisten seiner Texte liegt, aber auch in seinem Werk lässt sich eine gewisse Unsicherheit der Schreibung mit wechselnden Transkriptionsformen – hier vor allem am Wort ‚gadjo' sichtbar – festhalten.[269] Ein eindrückliches Beispiel für die Problematik, die mit dem noch inexistenten beziehungsweise unbekannten Standard verbunden ist und die schwierige Übertragung phonetischer Merkmale in die Schriftsprache illustriert, findet sich außerdem in einem Dialog aus *Le prix de la liberté* (1955): „– *Kon choudel bax ando pai?* (Qui jette des pierres dans la rivière?) cria la voix bien connue de Petri. À ce moment Isvan

---

266 Im Gegensatz zu den anderen Werken französischer Roma-Autoren spielt das Romanès als Mittel der Abgrenzung lediglich bei Luis Ruiz und bei Sterna Weltz keine Rolle. Die Sprache wird kaum thematisiert, noch werden – bis auf eine einzige Ausnahme bei Sterna Weltz – Ausdrücke auf Romanès genutzt. Vgl. Sterna Weltz: *Mes secrets tziganes*, S. 17. Zumindest bei der Autorin lässt sich dies eindeutig nicht auf mangelndes Sprachverständnis zurückführen, da in ihrem Gedichtband *Romanès* (1975) zahlreiche Gedichte zweisprachig veröffentlicht sind.
267 Vgl. Lick Dubois: *Sur les routes*, S. 61 und S. 117. *Mindje* bezeichnet das weibliche Geschlechtsorgan.
268 Vgl. Édouard Glissant: *Poétique du divers*, S. 111–112.
269 In den einzelnen Werken wechselt die Schreibung der Außenstehenden zwischen ‚gadgeo' (*Savina* und *La septième fille*) und ‚gayzio' (*Les Ursitory*; *Condamné à survivre*; *La poupée de Mameliga*; *Vinguerka*; *Ce monde qui n'est pas le mien*), während letztere Schreibweise allerdings deutlich häufiger auftritt.

se leva et cria: – C'est moi Isvan."[270] Hier führt die phonetische Nähe zweier Wörter („bar" und „bax") zu einem Missverständnis. Der eigentlich gemeinte uvulare Sonorant /R/ wird hier in der heute gängigen Schreibung mit dem velaren Frikativ <x> verschriftlicht. Der Stein („bar") wird so als Glück („bax") transkribiert.[271] Durch die Übersetzung kann die Unklarheit freilich sofort aufgelöst werden. Transkriptionsprobleme stellen sich zwar in den Texten bei allen Romanès-Einfügungen, in den meisten Fällen entstehen dadurch jedoch keine so deutlich erkennbaren Missverständnisse, die lediglich durch die Übersetzung gelöst werden können. Anhand dieser Verschriftlichungsproblematiken und den Versuchen, einen Standard zu etablieren – auch wenn er nicht einheitlich genutzt wird – offenbart sich die Bedeutung, die der Sprache als vereinheitlichendes Mittel der Roma von den Autoren zugesprochen wird. Dabei dient die Verwendung der eigenen Sprache im hauptsächlich französischsprachigen Text nicht nur dazu die Texte an die kulturelle Identität der Roma zu knüpfen, sondern auch Alterität in die Werke einzuschreiben.

Im Fall der Romane von Matéo Maximoff ist zum Beispiel der Anteil an Romanès-Ausdrücken zwar relativ gering und umfasst meist nur einzelne Wörter, selten kurze Sätze, allerdings kondensieren sich in ihnen essentielle kulturelle Konzepte wie der Wiedergänger *mulò*, die Gerichtsbarkeit *kris* oder die Unreinheit *marimé*. Daneben werden zu einem Großteil Eigenbezeichnungen verwandt und erklärt wie ‚Rom', ‚Romnî' oder *ternear* (junger Mann), wodurch die Texte einen Bezug zur Realität und Kultur der Roma symbolisch im Text vermitteln.[272] Der unkundige Leser wird in aller Regel der Fälle von der Bedeutung nicht ausgeschlossen, sondern mit Übersetzungen in Fußnoten beziehungsweise in Klammern über die jeweilige Bedeutung aufgeklärt. Intradiegetisch dient die

---

270 Matéo Maximoff: *Le prix de la liberté*, S. 133, Hervorhebung im Original.
271 Zum Zeitpunkt der Veröffentlichung 1955 existierte keine standartisierte Transkription des Romanès. Auch bis heute hat sich noch keine Normsprache durchgesetzt und auch Wissenschaftler der Mehrheitsgesellschaft sind nach wie vor uneins über Transkriptionsformen. Die meisten Autoren schreiben daher nach wie vor nach ihrer eigenen phonetischen Wahrnehmung. Das Wort *bax* ist in Wunschformeln sehr häufig und wird fast durchgängig mit -x wiedergegeben, dadurch wird die ‚fälschliche' Verwendung sichtbar.
272 Eine weitere eigene Kommunikationsmethode, um die intradiegetische – vor allem räumliche – Entfernung aufrecht zu erhalten, kommt in drei Publikationen zur Sprache. Die Wegzeichen, mittels derer die Figuren in Joseph Doerrs, Sterna Weltz' und Miguel Halers Texten anderen Roma ihre Durchreise und Richtung bekannt geben und sie vor Hindernissen und Gefahren warnen. Wegzeichen werden ausschließlich von den Roma untereinander verwendet und illustrieren die kulturelle Eigenständigkeit der Gemeinschaft. Vgl. Joseph Doerr: *Où vas-tu manouche?*, S. 24 und S. 76; Sterna Weltz: *Mes secrets tziganes*, S. 38 und Miguel Haler: *La route des gitans*, S. 44.

Sprachkenntnis in den Text allerdings vorrangig dazu, die Barriere zwischen Roma und Nicht-Roma zu markieren, wobei sie für Wissende durchlässig wird. Diese Funktion haben beispielsweise Begrüßungsrituale, die durch traditionelle Formeln geprägt sind. Aber auch die generelle linguistische Kompetenz im Romanès ist bedeutsam.[273] So nutzt Arniko im ersten Roman Matéo Maximoffs *Les Ursitory* (1946) das Romanès, um zwei Romnìa von seiner Identität zu überzeugen:

> – Je suis tzigane, répondit-il, puis, dans sa langue il ajouta: Kaski shéi san? (tu es la fille de qui?). A son tour, la Romnì ne voulut pas répondre.
>
> – Dikes ke rom sim (tu vois bien que je suis tzigane), insista Arniko.
>
> – Alors, la Romnì, convaincue, parlant en romanés, lui dit:
>
> – Je suis la fille de Chavula.[274]

Für den jungen Mann, der sein ganzes Leben außerhalb der Roma-Gemeinschaft verbracht hat, ist die Sprachkenntnis enorm wichtig, um seine Zugehörigkeit zu den Roma auszudrücken. So erklärt sich, dass in *Les Ursitory* (1946) sein sprachliches Können immer wieder erwähnt wird, zumal er offensichtlich durch sein Äußeres nicht als Rom erkennbar ist, wie Parni und ihr Bruder feststellen: „– Parsniko, tu peux lui parler en romanés. – Comment, c'est un Rom? Il est moins noir que nous...."[275] Den Zweck eines positiven Kontaktmittels erfüllt die Sprache auch für Isvan in *Le prix de la liberté* (1955), dessen Worte zu den aufständischen Roma in den Bergen gar mit einer magischen Formel verglichen werden:

> Alors le jeune rom comprit qu'ils avaient affaire aux tziganes hors-la-loi. Il répondit par le mot magique que chaque tzigane connait:
>
> – Rom san? (es-tu tziganes?)
>
> – Oui, répondit la voix. Et vous?[276]

In beiden Fällen eröffnet die Kenntnis der Sprache Zugang zu davor verschlossenen Sphären, die für die Figuren und den Handlungsverlauf essentiell sind,

---

273 Vgl. Matéo Maximoff: *Les Ursitory*, S. 141.
274 Matéo Maximoff: *Les Ursitory*, S. 67.
275 Ebd., S. 82.
276 Matéo Maximoff: *Le prix de la liberté*, S. 204.

wobei sich die ideelle Grenze zwischen initiierten Zugangsberechtigten und Außenstehenden in der Sprachbarriere manifestiert.[277]

Codeswitching hat zudem in den Texten häufig das Ziel, den rituellen Charakter der Vorgänge hervorzuheben und steht damit für den Zusammenhalt der Gemeinschaft beziehungsweise sorgt dafür, Individuen explizit in diese zu integrieren, ihre Zugehörigkeit zu bestärken oder zu erneuern, wie im Fall von Savina (*Savina*), die die Aufmerksamkeit der Roma-Gemeinschaft auf sich zieht, indem sie einen Tanz mit der traditionellen Formel „Tumaria pativaké (En votre honneur)"[278] einleitet. Ihre geschickte Selbstpräsentation als konventionsbewusstes Mitglied der Gemeinschaft verschafft ihr die vorläufige Aufmerksamkeit des von ihr geliebten Ikas, der sich dabei auch ihrer tänzerischen Grazie bewusst wird. Wie in diesem Fall wird die Traditionalität durch die Verwendung der eigenen Sprache verstärkt und dient zugleich dem Ausdruck großer Emotionalität wie Freude, Trauer und Intimität.[279] Diese emotive Bindung an die Sprache gilt auch für eine Reihe weiterer Autoren. So zeugen die wenigen Ausdrücke, die sich im Werk Sandra Jayats finden, von Gefühlsaufruhr oder Zufriedenheit. Beispielsweise ruft der Rom, den Stellina nach der Flucht unterwegs in Frankreich trifft, über ihren miserablen körperlichen Zustand entsetzt aus: „Baro Devel! s'écrie-t-il en me voyant. Qui es-tu? Que t'est-il arrivé?"[280] Dabei zeigt sich, dass die Exklusion Stellinas aus ihrer engeren Familie in Italien zwar endgültig ist, sie aber in Kontakt zu den entfernteren Verwandten in Frankreich treten kann. Ihre gegenseitige Verbundenheit offenbart sich durch ein gemeinsames Idiom. Das trifft auch auf die Sprachverwendung in Joseph Doerrs *Où vas-tu manouche?* (1982) zu, wo vor allem sehr häufig religiöser Beistand auf Romanès erbeten wird – zum Beispiel „„Kamlo Devel, ap pach mende'

---

277 Dies gilt auch für den Protagonisten von *Détenu particulièrement à survivre* (2010), dem die Möglichkeit, mit anderen Roma-Häftlingen Romanès zu sprechen, Halt bietet. Vgl. Joseph Stimbach: *Détenu*, S. 84.
278 Matéo Maximoff: *Savina*, S. 102.
279 Vgl. Matéo Maximoff: *Les Ursitory*, S. 106; Matéo Maximoff: *Savina*, S. 228; Matéo Maximoff: *La poupée de Mameliga*, S. 79 und S. 97 und Matéo Maximoff: *Vinguerka*, S. 89.
280 Sandra Jayat: *Zingarina ou l'herbe sauvage*, S. 46. „Baro Devel" Romanès: Großer Gott. Auch in anderen Situationen sind Romanès-Ausrufe mit emotionaler Bewegung verbunden, wie im Dialog von Stellina und ihrem Cousin nach ihrem gemeinsamen Musizieren in Paris. Vgl. Sandra Jayat: *Zingarina ou l'herbe sauvage*, S. 168. Bei Ausrufen in Momenten großer Emotion und als Erkennungsmerkmal spielt die Sprache auch in Roberto Loriers *Pâni et le peuple sans frontières* (2010) eine wichtige Rolle. Vgl. Roberto Lorier: *Pâni*, S. 36, S. 48, S. 57, S. 66, S. 122, S. 166 und S. 108.

(Gentil Dieu, viens vers nous)"[281] – und auf diese Weise die Figuren als Teil einer gläubigen Roma-Gemeinschaft konstruiert werden. Die emotionale Bewegung, welche über die Sprache transportiert wird, bedeutet entsprechend Zusammengehörigkeit, die aber nicht nur religiöser Natur sein muss, wie am Beispiel des Außenseiters Toumela sichtbar ist. Er ruft vom Violinspiel der Familie Doerr begeistert aus: „‚Bravo! *I bari fraida an mour dji*' (J'ai une grande joie dans mon cœur)"[282] und nähert sich damit an sie und speziell an Coucou an. Wie auch bei Matéo Maximoff werden die Nicht-Romanès-Sprecher mit der Übersetzung in die Bedeutung der kurzen Sätze eingeweiht und damit an die Lebenswelt der Roma angenähert. Diese Nähe zur Kommunikationsrealität ist in den Texten von Lick Dubois mit Abstand am stärksten ausgearbeitet. Dort werden zum Teil ganze Dialoge in der eigenen Sprache wiedergegeben. Eine Besonderheit der sprachlichen Umsetzung ist die Tatsache, dass viele benutzte Wörter (zum Beispiel „kaku" Romanès: Onkel, „lové" Romanès: Geld, „Baro Devel" Romanès: großer Gott) nach einer oder zwei Erwähnungen nicht mehr übersetzt werden. Es wird also davon ausgegangen, dass die Romanès-Ausdrücke vom Leser aktiv mitverfolgt werden und ein Lerneffekt besteht. Mithin existiert zumindest sprachlich eine Zugangsmöglichkeit zur Roma-Gemeinschaft.

Die Inklusion der Nicht-Roma-Leser beschränkt sich nicht auf die reine Vermittlung der Lexik, sondern wird auf sprachliche Besonderheiten derselben ausgedehnt. Dies betrifft vor allem die von Nicht-Roma-Lesern als anzüglich verstandenen Bereichen wenn zum Beispiel eine der Frauen ihrem Ärger in sexualisierter Form Ausdruck verleiht: „*Na la jéla, kava rom, so pénéla pré kalaca! Mu xal lakri minj dapeskri l'oursa* (Il n'a pas honte, cet homme, de dire des choses comme ça à ces filles! Qu'il aille manger la minje (sexe) de son ours)."[283] Im Gegenteil wird hier in der Übersetzung noch einmal ausdrücklich auf das Wort ‚minje' und seine Bedeutung als Geschlechtsorgan verwiesen, sodass die Zuordnung von Romanès-Wort und Übersetzung eindeutig nachvollziehbar ist und zugleich die Ungewöhnlichkeit des Ausdrucks durch die zweimalige Wiedergabe betont. Auf diese Weise wird die Sprache sehr stark an die sprachliche Realität der Roma angenähert, da das Romanès tatsächlich durch viele sexuali-

---

281 Joseph Doerr: *Où vas-tu manouche?*, S. 18, Hervorhebung im Original. Wiederholt Ebd., S. 38, S. 43, S. 49, S. 61, S. 76 und S. 135 und ähnlich etwas weiter ausgeführt Ebd., S. 9, S. 191. Neben den religiösen Anrufungen werden auch einige Alltagsausdrücke in ganzen Sätzen oder in kurzen Dialogen eingeführt. Vgl. Ebd., S. 24 ebenso wiederholt Ebd., S. 54, S. 30, S. 32, S. 42 und S. 60.
282 Ebd., S. 75, Hervorhebung im Original.
283 Lick Dubois: *Sur les routes* 1998, S. 15, Hervorhebung im Original.

sierte Formen geprägt ist.[284] Für die Leser der Mehrheitssprache ist das *Codeswitching* damit einerseits eine Fremdheitserfahrung und zeichenhaft für die Trennung von Roma und Nicht-Roma, andererseits besteht jedoch grundsätzlich die Möglichkeit einer (sprachlichen) Annäherung.

Gruppenunterschiede und sprachliche Schwierigkeiten
Über das Thema ‚Sprache' wird allerdings nicht nur die Zusammengehörigkeit der Roma, sondern mittels sprachlicher Unterschiede ebenso die Unterteilung derselben in verschiedene Gruppen vermittelt. Wie schon zuvor festgestellt, werden dabei sowohl metalinguale Überlegungen wiedergegeben und damit die Sprache explizit zum Thema des Textes als auch die sprachliche Differenzierung indirekt verdeutlicht. Aufschlussreich ist dabei, dass letzteres Ziel bei einer hauptsächlich französischsprachigen Leserschaft nur eingeschränkt über reell bestehende linguistische Romanès-Varianz transportiert werden kann, da nicht davon auszugehen ist, dass diese verstanden würden. Daher werden sie zum Teil ins Französische übertragen, beziehungsweise kontrastiv zu anderen Ausdrucksformen in den Text aufgenommen, wodurch sich die unterschiedliche Gruppenzugehörigkeit der jeweiligen Sprecher in ihrer (französischen) Ausdrucksweise spiegelt. Beide Vorgehensweisen führen dem Leser die sprachliche Varianz des Romanès vor Augen und erzeugen ein realistischeres Bild der Gemeinschaft, stehen aber zugleich den vereinheitlichenden Intentionen entgegen, wie die Reflexion des Erzählers in *Condamné à survivre* (1984) anhand der Lexik, offenbart:

> Après le train (le chemin de fer), il y a eu l'aéroplane (l'avion), etc. Des mots nouveaux pour le pauvre Rom qui continue de voyager dans le pays où bien souvent il est né, des mots qu'il fallait ‚tziganiser', mais chacun dans la langue du pays où il circulait. Alors, il s'est formé un charabia de dialectes tziganes.[285]

Die Vergrößerung des Lehnwortschatzes wird als Ursache für die Dialektalisierung identifiziert, wobei die Komplexität, mit welcher die Aufnahme neuer Wörter verbunden ist, in der Gestaltung des französischen Textes manifest wird. Indem sowohl für „train" als auch für „aéroplane" jeweils ein Synonym genannt wird, zeigt sich nicht nur die Neuartigkeit der Fortbewegungsmittel, die in gewisser Weise eine Übersetzung benötigen, sondern auch die sprachliche Bandbreite, welche auf Französisch bereits vorhanden ist, und ebenso mit dem Romanès erzielt werden soll/muss. Allerdings führen die jeweilige Beeinflussung

---
284 Vgl. Mozes F. Heinschink: E Romani čhib, S. 124.
285 Matéo Maximoff: *Condamné à survivre*, S. 77.

von außen und die Neuentwicklung nicht zur größeren Verständlichkeit. Im Gegenteil: Die Ausdifferenzierung geht soweit, dass sich die einzelnen Gruppen je nach Aufenthaltsort nicht mehr verständigen können, wie mit dem – durchaus onomatopoetischen – Ausdruck „charabia" vermittelt wird. In der Tat ist die Kommunikation, obwohl die Roma-Figuren bei Matéo Maximoff fast ausschließlich Romanès sprechen und die Sprache eines der zentralen, übergreifenden Merkmale ist, nicht immer problemlos: „La difficulté est de se parler car leurs romanès ne sont pas tout à fait les mêmes."[286] Die Sprachunterschiede stehen zwar in diesem Fall einer positiven Begegnung von *manouches* und ungarisch-russischen Roma nicht entgegen, werden aber dennoch als erwähnenswert gesehen, womit sie die sprachliche Mannigfaltigkeit der Roma und damit einhergehende Kommunikationsunterschiede illustrieren.[287] Ebenso wird der Unterschied von sprachlicher (Gruppen-)Zugehörigkeit in *Il était une fois les bohémiens* (2003) von Lick Dubois explizit zum Gegenstand einer Unterhaltung:

> Sorti dans la rue, le gadjo qui avait remarqué Sonakaï l'aborde, en lui parlant romanès.
>
> – Je ne suis pas Rom, moi, je suis Sinto.
>
> – Ah, excuse-moi, je croyais, fait le jeune homme avec respect, continuant tout de même de lui parler moitié romanès et moitié francais [sic].[288]

Hier wird zwar nicht ausdrücklich benannt, wodurch genau – ob lexikalische (wie zuvor bei Matéo Maximoff), phonetische oder sogar morphologische Charakteristika – diese Unterschied zutage treten, die vehemente Abwehr Sonakaïs gegenüber einer fälschlichen sprachlichen Zuordnung veranschaulicht allerdings, wie entscheidend die Sprache für die Gruppenidentität ist. Die sprachliche Markierung unterschiedlicher Gruppenzugehörigkeiten offenbart sich auch im Fall des *gitan* Toina, dessen Französisch mit spanischen Lehnwörtern, aber auch mit einzelnen Begriffen aus dem Caló – dem Para-Romani der spanischen *gitanos*[289] – koloriert ist: „*„Qué calor, pishé!* Ce soir, à la fraîcheur, on attèlera la

---

[286] Matéo Maximoff: *Ce monde qui n'est pas le mien*, S. 162. Vgl. für die gemeinsame Sprache als Merkmal beispielsweise Matéo Maximoff: *Vinguerka*, S. 211 oder Matéo Maximoff: *Ce monde qui n'est pas le mien*, S. 178.
[287] So entstehen metalinguale Reflexionen wie im Beispiel von Vorta, der mit seinem Vater über eine Beerdigung spricht und dabei eine Bezeichnung auf Romanès nicht kennt. Vgl. Ebd., S. 45.
[288] Lick Dubois: *Il était une fois les bohémiens*, S. 117.
[289] Vgl. dazu Yaron Matras: *Romani*, S. 242–249.

mule pour voir si elle tire bien comme l'a dit le *payu*."[290] Die Herkunft von Toina aus dem spanischsprachigen Raum wird hier primär durch den spanischen Ausruf „Qué calor" markiert. Interessant ist auch das *Codemixing* mit dem Calò-Begriff „payu", die in dieser Varietät genutzte Bezeichnung für die Außenstehenden („*gadjé*'). Besonders häufig wird in den Redeanteilen von Toina das Füllwort „pishé" (verrückt) eingefügt, wodurch immer deutlich wird, dass er spricht, obgleich in *Sur les routes* (1998) die Zuordnung von Redeanteilen zu Figuren nicht immer eindeutig ist. Die Feinfühligkeit in Bezug auf phonetische Unterschiede äußert sich zudem in der sprachlichen Umsetzung von unterschiedlichen Aussprachen der *manouche*-Familie, wie eine Unterhaltung zwischen dem *manouche* Bottine und dem Sinto Kashuko zeigt. Bottine überlegt seinen pferdegezogenen Wohnwagen gegen ein Wohnmobil einzutauschen und stellt Vor- und Nachteile einander gegenüber:

> *Caco*, mon bon *kaku*. [...] Avec l'cheval, même si tu n'as pas de *lové*, tu peux toujours aller dans un aut'pays. Mais enfin, je vois bien, tous les autres i se débrouillont [sic] bien quand même. Mais le *kaku* a raison, c'est arrivé encore l'autre jour à un de mes frères. Il veut partir, *impossibe*. Pas d'essence. Tu veux pas mourir toi, *Baro Devel*.[291]

Ersichtlich ist hier nicht nur, wie die phonetischen Eigenarten zum Beispiel die Elision am Wortenden oder die Kontraktion graphisch umgesetzt werden, sondern auch, wie die lautliche Änderung einzelne Wörter fremdsprachlich erscheinen lässt. Das Wort „impossibe" kann zwar ohne Schwierigkeiten als „impossible" identifiziert werden, transportiert jedoch eine phonetische Alteration, die metonymisch für den, aus der Perspektive der Sinti, fremdartigen Akzent Bottines steht. Die Tatsache, dass es hier ebenso wie die Romanès-Wörter kursiv gesetzt ist, führt zudem dazu, dass der *manouche* sprachlich von den Sinti abgegrenzt und eine interne, wenn auch vernachlässigbare, Grenze zwischen den beiden Gruppen gezogen wird.[292]

Wie insbesondere im letzten Beispiel durch die Verwendung französischer Nähesprache verdeutlicht wird, bilden die hier vorgestellten Textpassagen durch die sprachliche Gestaltung mit vorherrschenden Dialogen, den Romanès-Einsprängseln und damit transportierten Affekten die kommunikative Realität

---

290 Lick Dubois: *Sur les routes*, S. 323, Hervorhebung im Original.
291 Ebd., S. 221, Hervorhebung im Original.
292 Die vergleichsweise geringen Variationen der französischen Standardsprache stehen für die sprachliche Nähe. *Manouche* und Sinti sprechen dieselbe Varietät (Sintetikes), die durch die unterschiedlichen Aufenthaltsorte nur leichte Unterschiede aufweist. Beide Gemeinschaften gehören in der Einordnung nach Lev Tcherenkov und Stéphane Laederich zur Nordischen-Metagruppe.

nach und zeigen damit – wie auch zu erwarten – große Nähe zu den Roma und ihrer Kultur.

Sprache als trennendes Element von Roma und Mehrheit
Der Konstruktion von Gruppenzusammenhalt beziehungsweise interner Differenzierung über die Sprache steht komplementär die sprachliche Ausgrenzung von Nicht-Roma zur Seite. In einigen Texten wird ihre Funktion als Mittel der Ausgrenzung von Nicht-Roma sehr explizit dargestellt, wie im Fall eines Bauern, den die Sintizze in *Sur les routes* (1998) von Lick Dubois unterwegs treffen: „Le paysan n'a pas l'air méchant. Il rit de sa bouche édentée, en voyant rire Nina et Pirangli qui se moquent de lui en *sinto*."[293] Die genaue Zuordnung des Dialekts zu einer Gruppe wird mit der Bezeichnung „*sinto*" explizit kenntlich gemacht und auf diese Weise die Identität, wie schon oben gezeigt, der beiden Frauen als Angehörige der Sinti-Gemeinschaft verstärkt. Generell spielt die Sprache im Werk von Lick Dubois eine sehr große identitätsstiftende Rolle.[294] Für den Autor verschwimmt die Grenze zwischen Roma und Mehrheit immer mehr; eine Entwicklung, die in den Texten durchgängig negativ beurteilt wird, da auf diese Weise Kultur und Sprache der Roma verloren gehen.[295]

Die hier schon angedeutete Strategie, das Romanès zu nutzen, um Sachverhalte zu verheimlichen, ist in den Texten typisch für die Verwendung der Sprache gegenüber Außenstehenden. Bewusst besprechen die Roma in *Le prix de la liberté* (1955) von Matéo Maximoff ihre Pläne Isvan und Lena zu verheiraten, um das junge Mädchen vor dem Vorsteher Yon zu schützen in der eigenen Sprache: „En outre, ils avaient parlé en romanés, et l'intendant ne connaissait pas cette langue, à part quelques mots, insuffisants pour suivre une conversation animée."[296] Isvan zieht auch später einen strategischen Vorteil aus der Geheimsprache, wenn er im Kampf gegen die Rumänen seine Anweisungen auf Romanès gibt und dadurch seine nächsten Manöver vor den Gegnern verbirgt.[297] Einen ähnlichen Vorteil verschafft sich auch die Großmutter Crofa in *Sur les routes* (1998) von Lick Dubois. Sie gibt das verzauberte *mulò*-Geld, welches Pacalo nach einer unheimlichen Begegnung in der vorherigen Nacht unerklärlicherweise in seiner Tasche gefunden hat, an einen Priester und kommentiert:

---

293 Lick Dubois: *Sur les routes*, S. 40, Hervorhebung im Original. Ähnlich auch in Lick Dubois: *Il était une fois les bohémiens*, S. 87.
294 Vgl. Lick Dubois: *Romanestan*, S. 54 und S. 55.
295 Vgl. Lick Dubois: *Enfances tsiganes*, S. 124, S. 234; Lick Dubois: *Sur les routes*, S. 219.
296 Matéo Maximoff: *Le prix de la liberté*, S. 17.
297 Vgl. Ebd., S. 186.

Té dav tu trin kopi ko beng, ta tu té des ma trin kopi ko Devel!! (Que je te donne trois fois au diable et toi que tu me donnes trois fois au Bon dieu!!).

– Qu'avez-vous dit que je n'ai pas compris? s'enquiert le vieil aumônier.

– C'est tout simplement une prière dans ma langue, et elle s'en va en lui faisant un dernier signe.[298]

Da dem Priester die wahre Bedeutung des Satzes verschlossen bleibt, wird der Eindruck einer archaischen Geheimsprache erzeugt. Den sprachlichen Exklusionseffekt verstärkt die magisch wirkende Verwünschung – vor allem durch die Zahl drei in Kombination mit der kontrastiven Gegenüberstellung von Gott und Teufel, also Gut und Böse –, die beim Leser das Gefühl von listiger Hinterhältigkeit, wie sie stereotyp mit der ‚Zigeunerin' verbunden ist, hinterlässt. Eine so grundauf negative Darstellung der sprachlichen Exklusion ist jedoch mit dieser Szene einzigartig. Zwar wird die sprachliche Ausgrenzung durchaus vehement umgesetzt, in den meisten Fällen ist sie jedoch nachvollziehbar und verständlich gestaltet, wie im Fall einer Szene in Vania de Gila-Kochanowskis *Romano Atmo* (1992), in der der Deutsch-Lette Guillaume einen Roma-Jungen auffordert, seinen Sachverstand Pferde betreffend unter Beweis zu stellen. Der Junge nimmt die Herausforderung Guillaumes in zweifacher Hinsicht ernst. Erstens reagiert er mit einer Zurschaustellung seines fachlichen Wissens und zweitens ruft Guillaumes Aufforderung eine deutliche sprachliche Reaktion hervor, wenn er antwortet: „*Me nin som Romano Chavo*, (Moi aussi, je suis un Tsigane)".[299] Mit der Kopplung seiner ethnischen Zugehörigkeit an die Sprache wird die enge Verbindung hervorgehoben und die Integrität der Gemeinschaft gestärkt. Die exkludierende Konsequenz, die der Sprachgebrauch nach sich zieht, wird in der anschließenden Sequenz, als Guillaume sich der Roma-Familie in einem Gasthaus anschließen will, offensichtlich. Er wird mit für ihn unverständlichen Worten empfangen:

– *Kon si da gajo?* (Qui est cet étranger?) [...]

Aleksandronko lui fit signe d'avancer et de se placer où il lui plairait:

– Vous êtes le bienvenu...mais vous nous excuserez de continuer notre conversation en romani.[300]

---

[298] Lick Dubois: *Sur les routes*, S. 44, Hervorhebungen im Original.
[299] Vania de Gila-Kochanowski: *Romano Atmo*, S. 55, Hervorhebung im Original.
[300] Vania de Gila-Kochanowski: *Romano Atmo*, S. 58.

Signalisiert wird hier einerseits, dass die Roma nicht willig sind, ihre Sprache für einen Außenstehenden aufzugeben oder sich ihm anzunähern. Andererseits wird über die sprachliche Exklusion Guillaumes verdeutlicht, wie sich die Gemeinschaft gegen das Eindringen des Fremden schützt und ihre Eigenart verteidigt.[301] Da Guillaume diesem Vorgehen jedoch Verständnis entgegenbringt, entsteht kein so negativer Effekt wie durch den zuvor zitierten Textausschnitt bei Lick Dubois.

Die offensive Verwendung der Sprache zur Verteidigung kultureller Identität wird durch eine defensive Perspektive komplementiert, die vermittelt, welchen äußeren Einflüssen Sprache und Kultur standhalten müssen. Dabei ist die thematische Verbindung von sprachlicher Schutzfunktion und Verfolgung festzustellen. Sowohl Matéo Maximoff als auch Miguel Haler, Joseph Stimbach und Roberto Lorier verwenden diese Beziehung als Instrument, sich ideell gegen Diskrimination und Gewalt abzuschotten. Während die drei erstgenannten Autoren diese Verknüpfung in Bezug zur Verfolgung während des Zweiten Weltkriegs anwenden, illustriert Roberto Lorier das schützende Potential der Sprache für die Zeit vor der Auswanderung aus Indien. Damit entsteht der Eindruck eines zeitübergreifenden Charakteristikums. In allen Fällen hingegen wirkt das Romanès als Instrument der Gruppenkonstitution gegen die feindliche Außengesellschaft und dient damit auch der Allianzbildung. Dies zeigt das Zusammentreffen von Khantchi in *Condamné à survivre* (1984) mit einem Juden. Letzterer nimmt die Existenz einer eigenen Roma-Sprache zum Anlass, um den jungen Rom zur kulturellen Eigenständigkeit zu beglückwünschen und eine Parallele zwischen den Völkern herzustellen: „Quelle chance est la vôtre d'avoir une langue à vous, tout comme nous les Juifs."[302] Die Konstruktion einer Schicksalsgemeinschaft, wie sie schon in Bezug auf diesen Roman und die Situation angesprochen wurde, wird hier über die Sprache verstärkt und das Romanès als eine eigenständige Sprache an das Hebräische angenähert und aufgewertet.[303] Der durch die ungewöhnliche Syntax entstehende literarische Eindruck verstärkt diese Parallele auch stilistisch, denn damit wird dem Romanès ein schriftsprachliches Potential auf gleicher Ebene mit dem Hebräischen gegeben. Zugleich erzeugt die wiederholte Betonung „la vôtre" und „à vous" (sprachli-

---

301 Das Romanès übernimmt darüber hinaus in einigen Werken eine Schutzfunktion. So wird der Rom in der Erzählung „Brébis" in *Le roi des serpents* (1996) von Vania de Gila-Kochanowski von einem Riesen bedroht und nur durch die Warnung des verzauberten Schafs auf Romanès gerettet. Vgl. Vania de Gila-Kochanowski: *Le roi des serpents*, S. 105. Eine ähnliche Schutzfunktion hat die Sprache auch in Vania de Gila-Kochanowski: *Romano Atmo*, S. 70 und S. 158.
302 Matéo Maximoff: *Condamné à survivre*, S. 51.
303 Vgl. Kapitel 1.7 *Marginalisierung und Verfolgung* S. 202–234.

che) Eigenständigkeit. Mit der ästhetischen und inhaltlichen Gestaltung findet damit nicht nur eine Aufwertung der eigenen Sprache, sondern auch des literarischen Schaffens statt.

Während diese Zusammenführung von Roma und Juden im Zuge einer Deportation nach Sibirien zustande kommt, ist es sowohl in *Routes sans roulottes* (1993) von Matéo Maximoff als auch in *Détenu particulièrement à survivre* (2010) von Joseph Stimbach die Internierung in Frankreich, welche Anlass bietet, dokumentarisch die wichtige Stellung der Sprache während der Gefangenschaft nachzuvollziehen.[304] Für den Erzähler des zweiten Werks resultiert aus dieser Situation in gewisser Weise ein gegenseitiger Schutz: Die Sprache schützte die Sinti während der Internierung, die Sinti schützen ihr Idiom: „Toute ma famille est allée dans les camps, les gens communiquaient en ‚sinto' que ne comprenaient pas les autres. De là l'importance de la langue ‚sinto', de ne pas l'écrire, de ne pas la faire connaître à travers les gadjé."[305] Die objektiv wirkende Schlussfolgerung lässt die historische Dimension in den Vordergrund treten und dient als Erklärung sprachlicher Abgrenzung. Verstärkt wird dieser Effekt durch die distanzsprachliche Gestaltung. Auch in den zwei wesentlich stärker fiktionalen Texten von Roberto Lorier und Miguel Haler wird die sprachliche Ausgrenzung und der Schutz thematisiert, den sie bedeutet. Grenzziehung findet im Roman Roberto Loriers *Pâni et le peuple sans frontières* (2010) im Besonderen durch das Feindbild der islamischen Invasoren, die Auslöser des Konflikts sind, statt. Im Gegensatz dazu halten die Roma-Gruppen zusammen und bieten den Eindringlingen kaum Angriffspunkte: „Le sultan avait bien tenté d'envoyer quelques espions dans les petites familles sindté qui se trouvaient à proximité des villes mais ils se faisaient très vite remarquer car ils ne parvenaient pas à se comporter ni à s'exprimer comme les nomades."[306] Die Spione scheitern an den gänzlich anderen Bräuchen und Kommunikationsmethoden der Roma und es ist ihnen daher auch unmöglich, Informationen zu erlangen, mithin erscheint die Gemeinschaft hermetisch gegen Eindringlinge abgesichert. Dieser Effekt wird durch die immer wieder genutzten Romanès-Ausdrücke transportiert, wobei die Grenze gegenüber dem Leser bis zu einem gewissen Grad aufgeweicht wird,

---

304 Matéo Maximoff: *Routes sans roulottes*, S. 115. Ähnlich auch in Matéo Maximoff: *Condamné à survivre*, S. 43.
305 Joseph Stimbach: *Détenu*, S. 30. Ähnlich Ebd., S. 148. Eine weitaus untergeordnetere Rolle spielt allerdings die effektive Verwendung von Romanès-Ausdrücken im Text selbst, die entweder Gottesanrufungen bedeuten oder einzelne zum Teil kulturspezifische Wörter (zum Beispiel „Laž" Romanès: Scham) sind. Vgl. Joseph Stimbach: *Itsego*, S. 11 und S. 78; Joseph Stimbach: *Réflexion*, S. 73 und Joseph Stimbach: *Détenu*, S. 24, S. 96, S. 100 und S. 148.
306 Roberto Lorier: *Pâni*, S. 127.

denn er wird parallel mit Pânis kleinem Bruder zu Beginn des Buchs in die (Sprach-)Gemeinschaft eingeführt, als die große Schwester Sprachunterricht gibt:

– Dikh o tikno! [Fußnote: Regarde le petit]

Et liant le geste à la parole, en touchant son nez elle prononça pour son petit frère:

– Nakh.

Et il répéta de sa petite voix:

– Nakh.

– Et ainsi de suite. En touchant son oreille:

– Kann.[307]

Der Leser wird indirekt in die interaktive Lehr-Lern-Situation eingebunden und kann ebenso wie der kleine Roma-Junge einige Wörter erlernen und die (sprachliche) Distanz zwischen Roma-Figuren und dem des Romanès unkundigen Lesers verringert. Intradietegisch bildet eine solche zwischenkulturelle Annäherung über die Sprache der Roman *La route des gitans* (2008) von Miguel Haler ab. Zwar wird auch in diesem Text die Sprache vor allem in prekären Situationen genutzt, um die Nicht-Roma auszuschließen, wie zum Beispiel als Sara ihrer Familie den Rettungsplan auf Romanès kommuniziert, um von den deutschen Soldaten unverstanden zu bleiben,[308] allerdings beruhigt die junge Romnì während ihrer Flucht das lahmende Pferd eines Polen in ihrer Sprache und wird daraufhin von dem Müller trotz ihrer Verkleidung erkannt und mit ihrer Zugehörigkeit konfrontiert: „Vous êtes une Tzigane, n'est-ce pas? Je vous ai entendue parler à mon cheval en romanès...."[309] Das Aufdecken ihrer Identität aufgrund der Sprache wird dem Paar allerdings nicht, wie vielleicht vom Leser erwartet, zum Verhängnis, sondern verschafft ihnen vielmehr die Sympathie und Hilfe des Müllers, der sie durch eine Polizeikontrolle bringt und mehrere Tage beherbergt. Die Kenntnis der Sprache beziehungsweise eine gewisse sprachliche Öffnung zur Mehrheit wird so als durchaus vorteilhaft dargestellt. Mit dieser Version der Sprache als Kontaktmöglichkeit steht der Autor nicht allein. Im Gegensatz zu seiner Darstellung geht die sprachliche Öffnung in an-

---

307 Roberto Lorier: *Pâni*, S. 33.
308 Vgl. Miguel Haler: *La route des gitans*, S. 110.
309 Ebd., S. 180.

deren Fällen jedoch von den Roma aus und spiegelt sich entsprechend in deren Kenntnis der Mehrheitssprache(n).

Sprachen im Kontakt – Mehrsprachigkeit und Sprachaustausch
Das Leben der Figuren in einer multikulturellen Gesellschaft und ihre sprachlich-kulturelle Mehrfachzugehörigkeit zeigen sich an den multiplen Sprachkenntnissen der Figuren in fast allen Texten. Obwohl die Romane und Erzählungen natürlich alle in Französisch als Hauptsprache geschrieben sind, spielt die Integration weiterer Sprachen sowohl metalingual als auch in Form von Xenismen eine Rolle und beschränkt sich dabei nicht auf das Romanès. Für Vania de Gila-Kochanowskis Publikationen sind es die Sprachen Lettisch, Russisch, Deutsch und Romanès, die im französischen Text metareflexiv bedeutend sind oder direkt eingebunden werden. Bei Sandra Jayat sind es neben Französisch auch Italienisch, Spanisch und Romanès, die integriert werden. Spanisch spielt zudem bei Joseph Doerr eine Rolle.[310] Die Figuren von Miguel Haler sprechen durch ihr Leben auf der Wanderschaft fließend in einer Vielzahl osteuropäischer Sprachen und wie extra betont „même en français",[311] wodurch nicht nur die Akteure aus ihrem östlichen Bezugsrahmen ausbrechen, sondern zudem mit der Nennung als letzte Sprache die Bedeutung des Französischen gegenüber den anderen Sprachen relativiert wird. In Matéo Maximoffs *Ce monde qui n'est pas le mien* (1992) hingegen ist das Russische *lingua franca* zwischen einem Asiaten und den Roma und trägt so dazu bei, dass der Protagonist Rouva zu seiner Familie zurückkehren kann.[312] Wie in diesem Fall haben die unterschiedlichen Sprachen und die mit ihnen stattfindenden Interaktionen häufig handlungstragenden Charakter, auch wenn vor allem in den Fällen von Dreisprachigkeit nicht immer eine eindeutige Korrelation bestimmter Sprachen zu verschiedenen Kommunikationskontexten möglich ist. Eine Szene in Vania de Gila-Kochanowskis *Romano Atmo* (1992) illustriert jedoch eindrücklich diese Zuordnung. Eine hitzige Diskussion zur Bildung führt zum unvermittelten

---

310 So behält der Autor für die kleinen Pfade in den spanischen Bergen, auf denen die Roma reisen, die Bezeichnung „caminos muertos" (Joseph Doerr: *Où vas-tu manouche?*, S. 85) bei und während einer Begegnung mit einem spanischen Bauern wird der Dialogbeginn ebenfalls in leicht fehlerhaftem Spanisch dargestellt:„,Buenas tardes. Per favor, digna nos el camino que va al aldea'. (Dites-nous, je vous prie, le chemin qui conduit au village)" (Joseph Doerr: *Où vas-tu manouche?*, S. 89). Bei Sandra Jayat ist es ihr Protagonist Romanino, der sich mit Spanien und dessen Sprache identifiziert. Vgl. beispielsweise Sandra Jayat: *El Romanès*, S. 18, S. 24 und S. 58.
311 Miguel Haler: *La route des gitans*, S. 24.
312 Vgl. Matéo Maximoff: *Ce monde qui n'est pas le mien*, S. 60.

Sprachwechsel: „Avec ces remarques [sur les monologues des professeurs], il lançait une bombe et déchaîna une discussion passionnée en russe, langue qui se prêtait mieux que la romani à ce genre de débat."[313] Das *Codeswitching* zeigt, wie unterschiedliche Domänen verschiedenen Sprachen zugeordnet werden. Da das Thema der Diskussion, Bildung, in der Perzeption der Figuren zum Bereich der Mehrheitsgesellschaft gehört, wird hierfür auch die entsprechende Sprache als passender empfunden. Gleichzeitig wird auf diese Weise die sprachliche Kompetenz der Roma-Gemeinschaft illustriert.[314] Die vereinzelten deutschen Wörter werden dagegen ausschließlich von Angehörigen der deutschen Minderheit geäußert und stellen damit eine strikte gesellschaftliche Trennung dar.[315] Diese Grenze versuchen Man'a und Kol'a durch ihr engagiertes Studium der Sprache in ihrer neuen deutschen Umgebung auf Schloss Siegelfeld zu überwinden, wodurch sie sich zumindest die Sympathie der Deutschen erarbeiten, wenn auch keine tatsächliche Zugehörigkeit.[316] Generell illustriert die Bandbreite der genutzten Sprachen die Vision einer multikulturellen Gesellschaft, wie sie Man'a, ihre Geschwister und die Brüder Siegelfeld in die Realität umsetzten möchten. Was die Anthologien *Le roi des serpents* (1996) und *La prière des loups* (2004) desselben Autors betrifft zeigt sich vor allem der Wille, dem Romanès eine größere Bedeutung zu geben, denn die Erzählungen sind komplett zweisprachig auf Romanès und Französisch publiziert. Dies spiegelt sich auf unterschiedlichen Ebenen: Erstens wird der Spracherwerb durch Worterläuterungen und die Möglichkeit, die Sätze der beiden Sprachen – Französisch und Romanès – miteinander zu verbinden, gefördert. Zweitens wird zu einer standardisierten Verschriftung der Sprache beigetragen. Schlussendlich findet eine ideelle Aufwertung des Romanès als ‚vollständige' und ‚richtige' Sprache statt.[317] Die Autoren tragen mittels der sprachlichen Gestaltung folglich entscheidend zur gemeinsamen Identifikation bei.

---

313 Vania de Gila-Kochanowski: *Romano Atmo*, S. 62.
314 Die alltägliche Präsenz der russischen Sprache im Leben der Roma und Letten wird dadurch zum Ausdruck gebracht, dass die russische Sprache betreffend immer Sprichwörter wiedergegeben werden. Vgl. Ebd., S. 32, S. 120, S. 121, S. 140 und S. 176.
315 Vgl. Ebd., S. 136 und S. 144 und Vania de Gila-Kochanowski: *La prière des loups*, S. 39.
316 Vgl. Vania de Gila-Kochanowski: *Romano Atmo*, S. 124. Das Lettische spielt rein quantitativ die geringste Rolle, was für die Dominanz der beherrschenden Sprachen Deutsch und Russisch spricht. Bedeutung gewinnt die Sprache während des Freiheitskampfes, wo Kampfanweisungen auf Lettisch gegeben werden und so die zunehmende Emanzipation von der Vorherrschaft vermittelt wird. Vgl. Ebd., S. 208.
317 Diese Aufwertung der Sprache gilt auch für Miguel Halers *La route des gitans* (2008), wo zudem die Differenzierung zu anderen Sprachen bedeutsam ist. Diese wird über die mündliche

Die Mehrsprachigkeit kann jedoch auch dazu genutzt werden, unterschiedlichen Machtverhältnissen Ausdruck zu verleihen. Diese müssen nicht zwingend zwischen Mehrheit und Minderheit ausgetragen werden, wie der Dialog zwischen dem völlig betrunkenen Klebari und seiner Schwiegertochter Schero in Matéo Maximoffs *Savina* (1957) verdeutlicht. In dieser Interaktion findet indirekt eine Aufwertung der eigenen Sprache gegenüber dem Französischen statt:

> Malgré sa force, Ika avait de la peine à soulever son géant de père. Schero, par déférence, s'était pointe à eux, juste au moment où Klebari criait:
>
> – *Kaï miri bori?* (Où est ma belle-fille?)
>
> – Je suis là, père, répondit Schero.
>
> – *So azukeres te dilabes?* (Qu'attends-tu donc pour chanter?)[318]

Das Romanès wird hier zum Ausdruck der Befehlsgewalt Klebaris über Schero. Ihre Antwort wird lediglich auf Französisch wiedergegeben, was deren Schwäche und Unterwerfung unterstreicht. Auf beide Verfahrensweisen trifft der (geglückte) Versuch zu, die Macht der Sprache zu nutzen, die Frantz Fanon mit folgenden Worten festhält: „Un homme qui possède le langage possède par contre-coup le monde exprimé et impliqué par ce langage. [...]: il y a dans la possession du langage une extraordinaire puissance."[319] In Scheros Fall wird charakterliche Schwäche an die Sprache gekoppelt, wodurch dem Französischen auch eine geringere Durchsetzungskraft gegeben wird als dem Romanès. Die Befehlsgewalt verbleibt bei Klebari, der die sprachliche Rebellion seiner Schwiegertochter mit dem erneuten Romanès-Satz unterdrückt und damit seine Macht in der familiären Sphäre verteidigt. Wenngleich der entstehende Eindruck der Roma-Sprache nicht positiv ist, wird sie dennoch aufgewertet und die Hegemonie der französischen Sprache unterwandert. Scheros Distanz zu ihrem Schwiegervater äußert sich damit auch sprachlich, denn mittels der Verwendung der Außensprache entfernt sie sich ideell von der intim-familiären Situation.

Vermeintlich mangelnde Sprachkompetenz kann allerdings auch ein Ausdruck für das Machtgefälle zwischen Roma und Nicht-Roma sein, wie im Fall von Stellina in *La Zingarina ou l'herbe sauvage* (2010), deren Begegnung mit

---

Tradierung vollzogen, welche als essentieller Teil des Romanès dargestellt wird. Vgl. Miguel Haler: *La route des gitans*, S. 24. Ähnlich Ebd., S. 48.
318 Matéo Maximoff: *Savina*, S. 78, Hervorhebung im Original.
319 Frantz Fanon: *Peau noire*, S. 14.

zwei Polizisten von einer negativen Einstellung gegenüber fremden Sprachen geprägt ist:

> – Elle ne parle peut-être pas notre langue. Ces gens-là parlent avec des mots que l'on ne comprend pas. Ils appellent ça une langue de défense. [...]
>
> Puis, me fixant probablement dans le but de me faire peur, il me crie:
>
> – *Gravissimo!*[320]

Das fremdsprachliche und unübersetzt bleibende Wort „gravissimo" überträgt die Verständnisproblematik auf den Leser, womit die Kritik des Polizisten *ad absurdum* geführt wird, da er genau dieselbe Vorgehensweise zeigt, die er zuvor kritisiert. Ebenso bestätigt er durch sein aggressives Verhalten die als Abwertung formulierte Kategorie des Romanès als „langue de défense" nur als berechtigt, wodurch sich auch Stellinas passives Verhalten – sie bleibt still – erklärt. Die vermeintlich stärkere Position des Polizisten wird folglich durch die Gestaltung des Dialogs unterwandert und das (sprachliche) Vorgehen von Stellina – die hier Stellvertreterin für alle Roma ist – gerechtfertigt.

Mehrsprachliche Kompetenz ist jedoch nicht immer bei allen Figuren vorhanden. In *Dites-le avec des pleurs* (1990) von Matéo Maximoff wird Mateï daher gleich in doppelter Hinsicht zum kulturellen Übersetzter:„Mateï lisait les journaux aux vieux, il les traduisait au fur et à mesure en romanès pour ceux, nombreux, qui ne connaissait pas le français."[321] Zum einen hat er durch sein Wissen der Schriftsprache Zugang zu den geschriebenen Informationen und kann diese in das orale Medium übertragen. Zum anderen kann er Französisch und übersetzt die Nachrichten ins Romanès. Während Mateï den medialen und lingualen – und eventuell sogar den konzeptionellen – Übergang erfolgreich bewältigt, ist der Sprachwechsel für andere Figuren nicht so einfach zu vollziehen. Eine anekdotenhafte Szene aus Lick Dubois *Enfances tsiganes* (2007) illustriert, dass der Sprachwechsel allein nicht ausreichend für einen interkulturellen Dialog ist. Die jungen Männer möchten einige Nicht-Roma-Mädchen auf sich aufmerksam machen und versuchen sich sprachlich anzupassen:

> Balin, tout à coup, nous dit: ‚Ne parlez plus sinto, parlez gadjo pour ne pas nous faire remarquer et laisser croire que nous sommes comme tout le monde: comme ça, on pourra

---

320 Sandra Jayat: *Zingarina ou l'herbe sauvage*, S. 43. „Gravissimo" Italienisch: sehr schlimm. Ähnlich auch Ebd., S. 113.
321 Matéo Maximoff: *Dites-le avec des pleurs*, S. 119.

> baratiner les filles!' Moi, ayant retenu ce que venait de dire Balin, je me lève, je vais vers lui et, en lui tapant sur l'épaule, je luis dis en français:
>
> ‚Alors pote, comment ça va?'
>
> Voilà que Balin se met en colère et me parle en sinto – car à ce moment-là, il oublie de me parler français comme convenu: ‚Tu n'as pas honte, petit poitrinaire! Tu parles comme les trimards en me disant: ‚Alors pote'!
>
> D'après lui, il n'y avait que les trimards qui puissent s'appeler ‚pote' entre eux! Il me disait tout cela en dialecte sinto; et moi qui riais sans arrêt: ‚Eh bien! Dis donc! Toi qui nous dis de ne plus parler sinto, tu peux être certain qu'elles ont découvert que nous n'étions pas comme tout le monde![322]

Die sprachliche Anpassung scheitert schon nach dem ersten Satz, da die typisch französische Ansprache „pote" als abwertend empfunden wird. Zugleich findet hier eine subtile Unterwanderung von Stereotypen statt, indem der umgangssprachliche Ausspruch dem Vagabundendasein („tu parles comme les trimards") zugeschrieben wird – *per se* also dem fahrenden Volk, zu dem die Familien gehören –, zu diesem möchte sich Balin jedoch nicht zählen. Während hier also die sprachliche Integration scheitert und damit die Schwierigkeiten von Mehrsprachigkeit betont werden, findet gleichzeitig eine Aufwertung des Romanès statt.[323]

Während der Sprachwechsel für Lick Dubois' Figuren nur von geringem Erfolg ist, zeigt sich die fruchtbare mehrsprachige Prägung der Erzählungen von Sandra Jayat und ihren Figuren bereits in den Titeln ihrer Publikationen. Fremdsprachige Wörter werden in die ansonsten komplett auf Französisch veröffentlichten Werke eingefügt. Im Fall von *El Romanès* (1986) und *La longue route d'une Zingarina* (1978) beziehungsweise *Zingarina ou l'herbe sauvage* (2010) zeigen einzelne Wörter – *el* und *Zingarina* – die Zugehörigkeit der Protagonisten zu Spanien und Italien an. Gleichzeitig werden die Protagonisten eindeutig in der Gemeinschaft der Roma verortet.[324] Am offensichtlichsten ist diese Verwurzelung im Roma-Leben mit dem Erzählband *Kourako* (1992), der das Wort ‚Rabe' auf Romanès als Titel trägt. Lediglich *Les racines du temps* (1998) hat einen gänzlich französischen Titel. Die vier Sprachen Französisch, Italie-

---

322 Lick Dubois: *Enfances tsiganes*, S. 168.
323 Spracherwerb als Mittel der Integration wird auch thematisiert in Lick Dubois: *Il était une fois les bohémiens*, S. 121.
324 Das italienische „Zingara", übersetzt ‚Zigeunerin', heißt in Verbindung mit dem Diminutiv -*ina* ‚Zigeunermädchen'. ‚*El*' ist der spanische Artikel männlich Singular. „Romanès" ist ein Adjektiv, das mit ‚auf Roma-Art' übersetzt werden kann oder die Sprache bezeichnet.

nisch, Spanisch und Romanès sind auch innerhalb der einzelnen Bände präsent. Seine spanische Identität scheint in der von Romanino gestellten Leitfrage nach dem Warum in *El Romanès* (1986) durch. Das spanische Wort „porqué" ist dabei der Gegenstand einer metalingualen Reflexion beziehungsweise Alteration: „Porqué (Fußnote: Porqué: Ce mot s'écrit sans accent, l'accent à été figuré pour marquer la prononciation.) Porqué veulent-ils toujours nous ôter la vie."[325] Auch weiter spanische Wörter finden Eingang in den Text. So verwendet Romanino immer die spanische Form „madre", um seine Mutter zu bezeichnen, ebenso wie er von „Mi capitan" spricht, um seinen Vorgesetzten im Kampf gegen die Franquisten zu benennen.[326] In beiden Fällen wird, im Gegensatz zur Einführung von „porqué", nicht über die Bedeutung reflektiert. Ebensowenig werden die fremdsprachlichen Ausdrücke graphisch hervorgehoben, sodass die Wörter die Anderssprachigkeit unauffällig in den Text einfügen.

Markanter sind die Wortverbindungen in *Zingarina ou l'herbe sauvage* (2010), zum Beispiel als sich Stellina auf ein Lied bezieht, das ihr Narado vorsang, dessen Titel lautet: „Dikhav la notte".[327] Die Verbindung aus Romanès und Italienisch bleibt unübersetzt – verknüpft werden das Romanès-Verb ‚dikhel' (sehen, schauen hier: ich sehe) mit dem italienischen ‚la notte' (die Nacht) – und bleibt damit für den Großteil der Leser wohl unverständlich. Im Zentrum steht entsprechend nicht die Bedeutung – diese erschließt sich mit dem anschließenden Liedtext auf Französisch –, sondern die metonymisch vermittelte dreifach kulturelle Zugehörigkeit, die wegweisend für die Identität der Protagonistin ist und die fruchtbare Verknüpfung der drei sie prägenden Kulturen ausdrückt.

Die meisten Autoren stehen der Sprache mit einer gewissen Ambivalenz gegenüber, denn sie ist sowohl Zeichen der internen Zersplitterung als auch der grundsätzlichen Zusammengehörigkeit und zudem Machtinstrument, mit dem die Abgrenzung zur Mehrheit in positiver wie negativer Weise vollzogen wird. Grundsätzlich nutzen die Autoren dabei die Verwendung fremdsprachlicher (Romanès-)Ausdrücke im Text, um für den Leser Alterität erfahrbar zu machen; in den seltensten Fällen wird er dabei jedoch tatsächlich von deren Bedeutung exkludiert. Das Spannungsverhältnis von Nähe und Distanz zwischen Roma und Nicht-Roma wird mit der Sprachverwendung zwar in den Text übertragen, aber nicht als unüberwindlich dargestellt. Zumindest sprachlich besteht eine

---

325 Sandra Jayat: *El Romanès*, S. 18. Die Erklärung ist irreführend. Auf Spanisch wird das hier eindeutig gemeinte ‚Warum' mit Akzent geschrieben, allerdings in zwei Wörtern: *por qué*.
326 Vgl. Ebd., S. 24 und S. 58.
327 Sandra Jayat: *Zingarina ou l'herbe sauvage*, S. 57.

Schnittmenge und damit eine (einseitige) Kontaktmöglichkeit, wie sie auch die literarischen Werke darstellen.

2.7 Zusammenfassung: Grenzen zwischen Flexibilität und Konservativismus

Diasporische Identitäten formieren sich im Spannungsfeld von Inklusion und Exklusion in Relation zur Mehrheitsgesellschaft. Diese Perspektive nehmen auch die französischen Autoren ein. So wirken ihre Protagonisten als inkludierende Mittler zum Beispiel durch die von ihnen vertretene Fähigkeit, lesen und schreiben zu können. Ebenso dient die Musik der positiven Kontaktaufnahme und Annäherung der beiden Gemeinschaften. Augenfällig ist jedoch, dass sich der überwiegende Teil der Texte nicht mit der Grenzauflösung, sondern mit der exkludierenden Grenzziehung auseinandersetzt und damit eine kulturbewahrende Perspektive im Zentrum steht. Dabei lässt sich grundsätzlich der Versuch beobachten, der Barriere eine konkrete Form und Inhalte zuzuweisen und sie damit zu begründen oder zu rechtfertigen. Zu diesem Zwecke werden grenzziehende Merkmale als traditionsreich mit weit zurückliegenden Ursprüngen gezeichnet, aber auch aktualisiert und für die gegenwärtige Situation anschlussfähig gestaltet. Am offensichtlichsten ist die Bestrebung, die Grenze in eine festgefasste Form zu bringen, wenn gesetzesartige Verhaltensregeln formuliert und als objektiv und übergreifend vorhanden festgehalten werden. Aber auch Stereotype, Essentialismen sowie physische Eigenschaften dienen dazu, die Grenze zwischen Roma und Außenwelt als unüberwindlich erscheinen zu lassen. Aufschlussreich ist diesbezüglich die Feststellung, dass objektiv existierende Unterschiede der Figuren untereinander wie beispielsweise körperliche Merkmale zwar erwähnt werden, jedoch in ihrer Bedeutung weit hinter der ideellen Abgrenzung zur Mehrheitsgesellschaft zurückstehen. Dies gilt ebenso für die räumliche Situation: Das Leben in der Peripherie ist Zeichen für die Kluft zwischen Roma und Nicht-Roma, allerdings vor allem der Raum familiären Zusammenhalts und damit sinnbildlich für das Gemeinschaftsgefühl. Eine derartige ideelle Grenzziehung manifestiert sich auch in Bezug auf den *mulò* als Teil der Erzählkultur. Die konservative Eigendarstellung erfolgt dabei in zweifacher Weise: Zum einen wird auf ein Motiv aus dem narrativen Repertoire der Roma zurückgegriffen und zum anderen wird die Vermittlung desselben an traditionell mündliche Strukturen gekoppelt, die für Roma identitätsstiftend sind.

Grenzziehung findet allerdings nicht nur in Relation zur Außengesellschaft statt, sondern auch nach innen und repräsentiert damit soziale und innerethnische Gruppierungen. Dabei wird auf die Rollentrennung zwischen Mann und Frau einerseits verwiesen und andererseits die Darstellung unterschiedlicher Hochzeitsmodi und ihre Bindung an verschiedene Untergruppen genutzt. Letztere dient dazu, die interne Differenzierung zwischen Roma – hier als Sammelbezeichnung für die östlichen (Vlax-)Gruppen – und den Sinti/*manouches* und *gitans/kalé*, die zur Nordischen-Metagruppe gehören, aufzuzeigen. Eine herausragende Rolle für die Identität fast aller Roma-Figuren in den Werken der französischen Autoren spielt die eigene Sprache Romanès. Sie wird genutzt, um die enge Bindung an die Gruppe aufzuzeigen und versinnbildlicht damit die Trennung zur Außenwelt. Allerdings steht dieses eigenkulturelle Element in einigen Texten auch im engen Kontakt mit den Mehrheitssprachen und illustriert vielfach die multilinguale Prägung der Figuren. Dies spiegelt sich im Einflechten verschiedener Sprachen in den Text, in *Codeswitching* und *-mixing*, welches für die Aufnahme verschiedenster (sprachlicher) Einflüsse steht und die Hybridität der Figuren betont.

Obwohl Grenzziehung und -auflösung damit als kaum trennbare Aspekte des diasporischen Roma-Daseins festgehalten werden können und die Hinwendung der Autoren zu Rezipienten der Mehrheitsgesellschaft mit ihrem literarischen Schaffen offensichtlich ist, zeigt sich, dass die kulturbewahrenden und damit grenzstabilisierenden Intentionen von sehr großer Bedeutung sind und damit die diasporische Grenzziehung überwiegt. In diesem Rahmen lässt sich der Rekurs auf wiederkehrende Motive beziehungsweise Narrative feststellen, die sich als Erinnerungsfiguren im fiktionalen kulturellen Gedächtnis konkretisieren. Im Themenkomplex der Grenze lassen sich drei Bereiche als potentielle Erinnerungsfiguren ausmachen. Sie werden im Folgenden anhand der drei Aspekte nach Jan Assmann (raum- und zeitkonkret, identitätskonkret und rekonstruktiv) diskutiert.[328]

Erinnerungsfigur: *mulò*
Der Rekurs auf den Untoten *mulò* symbolisiert eine enge Verbindung zur oralen Erzähltradition, da Schauergeschichten mit dem *mulò* als Figur zum beliebtesten Genre der Roma-Erzählkunst gehören und damit ein bekanntes Narrativ darstellt, das deutlich an die Gemeinschaft gebunden ist. Obwohl diese enge Beziehung zur Erzähltradition eine Einbettung in ritualisiert wirkende Situationen annehmen lässt, ist dies nicht der Fall. Vielmehr werden *mulò*-Figuren in

---

328 Vgl. Jan Assmann: *Kulturelle Gedächtnis*, S. 38–40.

einen Zusammenhang mit der diegetischen Realität gebracht, wodurch eine Verwischung zwischen fiktionalen und faktualen Teilen zu beobachten ist. Trotz des relativ häufigen Rekurses bleibt folglich ein unspezifischer Raum- und Zeitbezug, der nicht als ritualisiert gelten kann. Einen rekonstruktiven Charakter haben *mulò*-Geschichten allerdings durch ihre Integration in Handlungssituationen, in denen sie als Erinnerung an die eigene Identität und Gemeinschaft eingeflochten werden.[329]

Erinnerungsfigur: *niglo*
Der Igel wird von einigen Autoren als integraler Bestandteil des Roma-Speiseplans dargestellt und kann damit als identitätskonkret gewertet werden. Der Verzehr der Tiere ist in den Texten eng an die Zeit der Wanderschaft gebunden und daher auch mit schwieriger Ernährungssituation und Prekariat gleichzusetzen, wenngleich der Geschmack immer als herausragend dargestellt wird und der sozialen Abwertung damit entgegengewirkt wird. Mit dem Übergang zur Sesshaftigkeit, die zwar kein wahrhafter sozialer Aufstieg ist, verschwindet auch der Igel vom Speiseplan. Im Gegensatz zur Wanderschaft, die auch im sedentarisierten Leben ideell bestehen bleibt, gilt dies nicht für diesen festen Bestandteil des nomadischen Lebens. Räumlich mit der freien Natur und tendenziell auch in der Zeit vor dem Automobil verankert, zeigt sich damit eine Erinnerungsfigur, die der Vergangenheit angehört und kaum aktualisiert werden kann. Außerhalb eines nostalgischen und rückwärtsgewandten Blicks kann daher nicht davon ausgegangen werden, dass das Symbol eine weitere Rolle für das kulturelle Gedächtnis der Roma spielen wird.

Erinnerungsfigur: Romanès
Das eigene Idiom spielt in den narrativen Werken der französischen Roma-Autoren eine herausragende Rolle für die Gruppenidentität. Neben dem Gruppenbezug, der sich auch in der Ausdifferenzierung in verschiedene Varietäten spiegelt, was dem vereinheitlichenden Aspekt nicht entgegensteht, sondern als komplementär zu betrachten ist, scheint die Rekonstruktion des lokalen und temporalen Bezugs (Indien) bedeutend. Dabei schafft die Ableitung der indischen Herkunft mittels der Sprache und deren Bindung an die aktuelle (Sprech-)Situation der Figuren historische Kontinuität und stärkt den Gruppenzusammenhalt. Dies zeigt sich in den immer wieder – vor allem im Werk von Lick Dubois, aber auch an anderer Stelle – geäußerten spracherhaltenden

---

[329] Dies ist bei Sandra Jayat in *La longue route d'une Zingarina* (1996 [1978]) und bei Matéo Maximoff in *Vinguerka* (1987) der Fall.

Ambitionen. Die Verortung der Sprecher in verschiedenen Kontexten manifestiert sich in den dargestellten Kontaktphänomenen des Romanès mit den Umgebungssprachen und zeigt damit zugleich die lokale Verankerung und die transnationale Verbindung der Roma-Figuren.

3 Herkunft – (Re-)Konstruktion und Überlagerung

Der kontinuierliche Bezug zur ursprünglichen Herkunft oder gar die Rückkehr zu diesem Ort hat zwar in den Diskussionen der Diaspora in den letzten Jahren erheblich abgenommen, dennoch wird das Bewusstsein über einen gemeinsamen Ursprungsort, der entfernt vom aktuellen Aufenthaltsraum liegt, als wichtig für die Existenz als diasporische Gemeinschaft erachtet.[1] Für die Roma wurde Indien als Heimatland vor allem in den letzten siebzig Jahren bedeutsam. Speziell die *International Romani Union* und die von ihr durchgeführten Weltkongresse (London 1971, Genf 1978, Göttingen 1981, Serock 1990, Prag 2000, Lanciano 2004, Zagreb 2008) propagierten die Anerkennung dieser räumlichen und kulturellen Beziehung. Insbesondere seit der symbolischen Überreichung einer indischen Erdscholle durch Wahendra Rishi, einen Vertreter der indischen Botschaft in London, beim in Genf stattfindenden Weltkongress 1978 und dem Empfang einer Roma-Delegation durch die indische Präsidentin Indira Gandhi 1983 bei einem Roma-Kulturfest in Chandigarh/Indien kann die Herkunft aus Indien sowohl unter Wissenschaftlern als auch unter Roma als bekannt angenommen werden.[2] Auch wenn sicher große Teile der Roma-Bevölkerung dieser Herkunft keine oder kaum Bedeutung beimessen, ist in der politisch aktiven und gebildeten Roma-Elite der indische Ursprung ein wichtiger Referenzpunkt. Es kann vermutet werden, dass sich dieses Wissen immer weiter verbreiten. So stellt Damien Le Bas fest, dass zwar in den 1980er Jahren Indien noch kaum eine Rolle in Gesprächen der Roma spielte, demgegenüber heutzutage jedoch vermehrt darauf rekurriert würde. Er schreibt hierzu, „links to India are increasingly on the radar of English Romani consciousness."[3] Für Roma-Repräsentanten stand dieser Aspekt in den letzten Jahrzehnten sehr stark im Fokus und hatte daher in politischen Stellungnahmen und auch in historischen und linguistischen Forschungen von Roma selbst große Bedeutung. Da es sich bei der Rückbesinnung auf den indischen Ursprung in besonders ausgeprägter

---

1 Vgl. Ruth Mayer: *Diaspora*, S. 12–13.
2 Vgl. Ian Hancock: *Rromani people*, S. 113–124. Er gibt eine Übersicht über die Entwicklung der politischen Roma-Bewegung. Interessant ist die in Jörg Becken/Bertolt A. Bengsch u.a.: *Ohne Heim*, S. 25–32, abgedruckte Rede, welche Indra Gandhi zur Eröffnung des Roma-Kultur Festivals in Chandigarh/Indien hielt. Die darin öffentlich anerkannte Verbindung von Roma zu Indien trug sicher dazu bei, dass Roma als „lost children of India" dargestellt werden. Vgl. Grattan Puxon: *Roma. Europe's Gypsies*. London: Minority Rights Group 1987, S. 13.
3 Damien Le Bas: The Possible Implications of Diasporic Consciousness, S. 64. Allein die Existenz des Aufsatzes zeigt bereits, dass die Reflektion über den Ursprung einen weiteren Kreis von Rezipienten erreichen soll.

Weise um ein rekonstruktives Vorgehen handelt, sind künstlerische Ausdrucksformen in erhöhtem Maße geeignet, der wiederentdeckten indischen Verbindung Ausdruck zu verleihen.⁴ Eine literarische Umsetzung zeigt exemplarisch die Einführung der tschechischen Schriftstellerin Elena Lackovà in ihre mündlich vorgetragene Erzählung „A made-up ‚Indian legend'". Sie zeigt, wie die Wissensverbreitung von der Außengesellschaft in die Roma-Gemeinschaften hinein stattfindet: „I wrote many tales as if ‚from India', do you know why? My friend Milena [Hübschmannová] studied these languages from India and she told me, that the Roma had come from there. So it came to my mind to write a story about a king in India."⁵ Die Passage illustriert den kreativen Umgang mit dem Thema Indien und welches Potential es entfaltet, um als literarischer Topos der Roma verankert zu werden. Darüber hinaus wird hier sichtbar, wie in der Kunst eine Rückeroberung von Indien als mythischem Ursprung stattfindet und sich in einen künstlerisch-literarischen Diaspora-Diskurs einfügt.

In den Werken der französischen Autoren sind Bezüge zu Indien als Ursprungsort der Roma häufig und werden auf unterschiedliche Weise umgesetzt.⁶ Einerseits werden sie an eine Vielzahl von Erzählsituationen gebunden und auf diese Weise als kollektives Wissen vermittelt, andererseits ist der Rekurs auf die asiatische Herkunft oft nur implizit über körperliche Attribute oder Charaktereigenschaften sichtbar. Sowohl in der einen wie auch in der anderen Form haben sie nur in wenigen Werken eine handlungstragende Funktion, spielen jedoch als wiederkehrender Bezugspunkt eine wichtige Rolle, um die gemeinsame Herkunft im kollektiven Gedächtnis zu verankern. Zum Teil wer-

---

4 Als besonders von der indischen Herkunft faszinierter Roma-Autor kann der Lette Leksa Manus gelten. Seiner „mémoire indienne", wie Jeanne Gamonet: Aleksandr Bielugin, de son nom rrom Leksa Manuś, le poète qui célébra l'origine indienne des Rroms. In: *Études tsiganes* 43 (2011), S. 59) es nennt, verleiht er mit der Adaption des indischen Nationalepos *Ramayana* Ausdruck. Auf Romanès verfasst, behält seine Version zwar die wesentliche Struktur des ursprünglich im Sanskrit geschriebenen Werkes bei, erfährt aber Kürzungen. Zusätzlich flicht der Autor Anspielungen auf Roma in seine Fassung ein und stabilisiert auf diese Weise die Verbindung zum indischen Heimatland. Vgl. Jeanne Gamonet: Aleksandr Bielugin, S. 63–64.
5 Elena Lackovà: *A Made Up ‚Indian legend'*, Wien: Phonogrammarchiv 1999, S. 1.
6 Lediglich im Werk von zwei Autoren spielt der Bezug zu Indien als Herkunftsort keinerlei Rolle. In Esmeralda Romanez' Roman *Pour un bouquet de saladelle* (1998) findet sich keine Anspielung auf die Herkunft der Roma aus Indien. Für die Autorin hat die Verwurzelung ihrer Figuren in der südfranzösischen Stadt Les Saintes-Maries-de-la-mer und die dort beheimatete Patronin, die schwarze Sara, offensichtlich eine sehr viel größere Bedeutung. Als gemeinsamer Bezugspunkt treten daher das südfranzösische Dorf und die jährliche Wallfahrt am 24. Mai in den Vordergrund. Auch für Luis Ruiz' *La guerre noble* (2006) ist die indische Herkunft unerheblich. Seine Figuren sind gänzlich in Frankreich verortet.

den aber auch sehr explizite Rekonstruktionen der indischen Heimat vorgenommen. Eindrücklichstes Beispiel hierfür ist der Roman *Pâni et le peuple sans frontières* (2010) von Roberto Lorier, der gänzlich in Indien spielt und die Gründe für den originären Exodus verhandelt. Derartige performative Umsetzungen können im Sinne Vija Mishras als *Diasporic Imaginary* des Herkunftsbezugs verstanden werden. Diese Verknüpfung wird im ersten Unterkapitel vorgestellt. Da die Linguistik eine entscheidende Rolle bei der (Wieder-)Entdeckung des historischen Ursprungs der Roma spielt, rekurriert eine Anzahl von Autoren auf die sprachwissenschaftlichen Erkenntnisse, um den Herkunftsbezug zu untermauern, wie im zweiten Teil gezeigt wird. Eine fast ebenso bedeutende Rolle wie der indische Ursprung haben die verschiedenen europäischen Herkunftsländer, wie das dritte Unterkapitel zeigt, wobei hier kein Ausschlussverfahren vorliegt, sondern vielmehr eine komplementäre beziehungsweise additive Sicht: Roma stammen aus Indien und sind durch diverse europäische Kontexte geprägt.

3.1 Indien als *Diasporic Imaginary* der Roma

In den Worten Vija Mishras ist der Bezug auf das diasporische Heimatland symbolisch zu sehen als „the imaginary haven, as the sublime sign, an absence, to which diasporas return for refuge."[1] Im Rahmen eines performativen Diaspora-Projekts erscheint sein Verständnis von diasporischem Ursprung als *Diasporic Imaginary* daher insbesondere anwendbar, um die (Neu-)Konstruktion einer Heimat der Roma zu analysieren. Während Mishra unter dem *Diasporic Imaginary* zunächst ganz allgemein die diasporische Gemeinschaft als (Selbst-)Konstrukt versteht, spricht er dem Imaginären in Bezug auf das Heimatland eine besonders große Rolle zu. Diasporische Gruppen erzeugen seiner Meinung nach ideelle Landschaften, die ihren Vorstellungen und Wünschen entsprechen und die große Bedeutung dabei entfalten, die Homogenität der Gruppe zu erzeugen und zu erhalten.[2] Das Imaginäre fasst er dabei in Anlehnung an Slavoj Žižek sowohl als einen Moment des Wiedererkennens im Bild als auch des Strebens danach, eine Ähnlichkeit zu erzeugen.[3] Besonders interessant erscheint nicht nur Mishras Gedanke, dass sich jede Diaspora ständig eine vorgestellte Heimat(-landschaft) neu kreiert, sondern auch die individuelle Ausdifferenzie-

---

1 Vijay Mishra: The Diasporic Imaginary, S. 423.
2 Vgl. Ebd.
3 Vgl. Ebd.

rung, welche die Vorstellung der Heimat in diesem Verständnis hat. Auch im Falle der jüdischen Diaspora, die als entscheidendes Beispiel für den Rückbezug zu einem real existierenden Heimatland gilt, kann dieses Konzept angewandt werden. Für die jüdische Diaspora ist der eigentlich entscheidende Punkt des Fortbestands ihrer Gemeinschaft über die zweite Vertreibung (70 n. Chr.) hinaus weniger der Gedanke effektiver Rückkehr an einen bestimmten Ort als vielmehr die erfolgreiche Vergeistigung dieser Heimkehr. Es ist die Projektion kultureller Identität auf die Thora und damit genau die Lösung von einem territorialen Heimatbegriff, der jüdisch-diasporische Erfahrung ausmacht.[4] Als Narrativ ist dieser Rückbezug zum Heimatland ständigem Wandel unterworfen und die Vorstellung von Diaspora unterliegt zeitlichen Veränderungen – nicht nur im Fremd-, sondern vor allem im Selbstbild.[5] In diesem Sinn kann das *Diasporic Imaginary* auch für Roma fruchtbar gemacht und untersucht werden, wie eine Rekonstruktion von Indien als Ursprungsort der Roma zu einem solchen diasporischen Narrativ werden kann.

Indien als (ungesicherter) Ursprungsort
Der Roman *Pâni et le peuple sans frontières* (2010) von Roberto Lorier stellt die Relation zur Herkunft durch die Verortung der Handlung in Indien um das Jahr 1000 n. Chr. von allen Texten französischer Autoren am explizitesten her. Die Gesamtkonstruktion des Romans dient der Schaffung eines Anfangspunktes der diasporischen Zerstreuung der Roma, deren Beginn mit heldenhaften Elementen begründet wird. Die Historisierung hat geschichtsdeutende Funktion und wird an die Situation der heutigen Roma geknüpft, indem diese als Nachfahren einer kriegerischen Gemeinschaft dargestellt werden, wie der Autor im Prolog explizit erläutert: „Selon moi, le peuple connu sous la dénomination tsigane [...] se compose en grande partie des descendants directs des guerriers ayant combattu contre l'envahisseur musulman vers l'an mille."[6] Die so betonte Abstammung wird innerhalb der Diegese mehrfach durch die Traditionskontinuität bestärkt und aktualisiert.[7] Als Ursprungsmythos soll die Erzählung eine Leerstelle in der Geschichtsschreibung der Roma füllen: „L'épopée que je vais maintenant vous conter est la grande histoire du peuple tsigane, vue au travers de

---

4 Vgl. Jan Assmann: *Kulturelle Gedächtnis*, S. 213. Aus Sicht der Diaspora-Forschung beobachtet diesen Unterschied von effektiv physischer Rückkehr und rituellem Rückbezug auch Khachig Tölöyan: Rethinking Diasporas, S. 14–15.
5 Vgl. Avtar Brah: *Cartographies*, S. 183–184.
6 Roberto Lorier: *Pâni*, S. 28.
7 Vgl. Ebd., S. 35, S. 55 und S. 120.

personnages imaginaires et d'autres réels ayant vécu à l'époque des faits."[8] Im Prolog wird eine Vermischung von historischem Fakt und Fiktion betont, die in der Darstellung des Autors ein fast magisches Eigenleben hat, das ungeahnte Kongruenzen erzeugt. Diese Hervorhebung dient, in Anlehnung an die bei mündlichen Erzählungen genutzten Authentifizierungsstrategien, dazu, die Glaubwürdigkeit der Geschichte gegenüber den Rezipienten zu erhöhen und den Grundstein für eine Mythisierung des indischen Ursprungs zu legen.

Eine ähnlich ausgearbeitete – wenn auch quantitativ nicht gleichwertige – Vorstellung vom indischen Ursprungsort mit einer kämpferischen Vision der Roma-Vorfahren bietet die fiktionale Einführung von *La poupée de Mameliga* (1986) von Matéo Maximoff. Sie ist ein Versuch, eine imaginäre historische Landschaft des Ursprungsorts zu schaffen und auf diese Weise Sicherheit in der Frage der Herkunft zu geben:

> On les trouve sur les bords de l'Indus aux environs de 3000 avant Jésus-Christ. [...] Ces gens se nommaient eux-mêmes les Djats.
>
> Au 13e siècle avant Jésus-Christ eut lieu, près de l'actuelle Delhi, l'effroyable bataille de Kouroukshetra. Vaincus malgré le courage de Krishna qui était venu à l'aide de Ajouna, les survivants furent exclus de la caste des Chevaliers et devinrent des sans-castes. Incapables de survivre à cette déchéance, ils décidèrent de s'expatrier. [...]
>
> La seconde émigration de l'Inde a eu lieu au 8e siècle, probablement en 712, vers le désert de Gobi. C'est ainsi que le nom Loulis s'est répandu dans toute l'Asie.
>
> Cinq siècles plus tard, Gengis-Khan veut conquérir le monde. Ses hordes déferlent sur l'Europe et n'épargnent rien sur leur passage. Seul un groupe d'hommes les suit: ce sont les Loulis. Ils ont pour emblème un corbeau noir sur fond blancs: ce sont nos ancêtres, non guerriers, qui ont obtenu la faveur de suivre les armées du grand conquérant mongol. Lorsque celles-ci, quoiqu'invaincues, doivent rebrousser chemin, les Loulis qui les ont suivis restent en Europe. [...] Pourtant, en 1322, un groupe important se présente sous les murs du célèbre monastère du Mont Athos où il demande asile pour quelques jours. L'homme qui dirige ces malheureux déclare être âgé de cent trente-deux ans, il répond au nom d'Atziganis. Désormais, ce nom va être donné à tous les nomades qui se rendent en Europe.
>
> Au 14e siècle, le même phénomène se produit pour la quatrième et dernière fois. [...] On le voit, des Tziganes sont en Europe depuis très longtemps, isolés ou par petits groupes.[9]

---

8 Ebd., S. 29.
9 Zum Teil wurde auf diesen Textauszug bereits im Kapitel 1.1 *Indien als Ausgangspunkt der Zerstreuung* S. 105–115 eingegangen. Matéo Maximoff: *La poupée de Mameliga*, S. 12–15.

Sowohl zeitlich als auch räumlich werden die Vorfahren der heutigen Roma in dieser Darstellung genau verortet und ihnen eine lange andauernde historische Präsenz als Gemeinschaft zugewiesen. Die mehrfache Auswanderung erzeugt den Eindruck von Kontinuität und einer konstanten Verbindung zwischen Asien und Europa in Zusammenhang mit den Roma. Die Verknüpfung der Emigration mit bekannten und legendenhaften genau datierten Ereignissen trägt dabei zur Historisierung bei und bindet die Roma an erinnerungskulturelle Kristallisationspunkte der indischen Mehrheitsgesellschaften, wie die Schlacht bei Kurukshetra und die Mongolen unter Dschingis Khan.[10] Spezifisch wirkt die Szene gleichsam durch die genaue Benennung der einzelnen Volksstämme sowie die Erschaffung eines heldenhaften und mythisch wirkenden Urvaters, der als Namensspender fungiert. Hier wird eine konkrete historische Landkarte der Roma geschaffen, die ihre dauerhafte Präsenz in Indien und Europa unterstreicht.[11]

Wie auch bei Roberto Lorier herrscht im zitierten Abschnitt von Matéo Maximoff ein stabilisierender Anspruch, den die eindeutige Zuordnung zu einem Ursprungsort hat. Für einige Figuren ist die indische Herkunft allerdings auch oft zu unspezifisch, um eine Beziehung zu dem fernen Land herzustellen. Der ungeklärte Zeitraum von Auswanderung und die fehlende Zuordnung zu einem Volksstamm erscheinen stellenweise eher destabilisierend als fixierend. Dies zeigt sich beispielsweise in der Erzählsituation in *Vinguerka* (1987), die einer Geschichtsstunde gleicht:

> – Papo, commence l'enfant, d'où viennent les Roms?
>
> – Oh! Je l'ai déjà dit mille fois. On ne le sait pas exactement. Les autres, les Gayziés, affirment que nous venons de l'Inde, un pays qui est très loin d'ici. Moi, je n'ai jamais vu d'Hindou et j'ignore si nous leurs ressemblons.[12]

Die Verunsicherung über die Herkunft lässt die abwegigsten mythologischen Erklärungen zu, zum Beispiel in *Dites-le avec des pleurs* (1990), wo eine Gruppe Roma aus Südamerika über ihren Ursprung völlig im Unklaren ist.[13] Dies ist für den Erzähler der Anlass, über die Herkunftssuche der Roma im Allgemeinen zu referieren: „Plus tard, bien plus tard, des historiens se pencheront sur le

---

10 Vgl. auch 1.1 Indien als Ausgangspunkt der Zerstreuung S. 105–115.
11 Die andauernde Präsenz in Europa mit gleichzeitigem Rückbezug auf Indien wird auch thematisiert in Matéo Maximoff: *Vinguerka*, S. 201; Matéo Maximoff: *Dites-le avec des pleurs*, S. 150 und Matéo Maximoff: *Ce monde qui n'est pas le mien*, S. 64.
12 Matéo Maximoff: *Vinguerka*, S. 47.
13 Vgl. Matéo Maximoff: *Dites-le avec des pleurs*, S. 150.

problème de l'origine des roms. Sans succès. L'énigme demeure. Certains auteures sont même allés jusqu'à prétendre que les Roms étaient des rescapés de l'Atlantide."[14] Die Erfolgslosigkeit der Wissenschaftler aus der Mehrheitsgesellschaft spielt eine wichtige Rolle, um die andauernde Ungewissheit zu rechtfertigen und zu verstärken, während die Heimatlosigkeit Anlass zur Parallelisierung mit den Juden gibt.[15] In der oben zitierten Erzählung des Großvaters aus *Vinguerka* (1987) wird diese Minderheitenverbindung durch göttliche Hand geschaffen. Die Roma erreichen die Versammlung der Völker zu spät, um einen Kontinent zugewiesen zu bekommen und müssen sich daher mit den Juden Atlantis teilen. Da die Völker jedoch nicht in Frieden miteinander leben, werden sie von der legendären Insel vertrieben und auf diese Weise beide heimatlos. Auch eine Verbindung zum Mythos von Atlantis vermittelt daher keine Sicherheit in Bezug auf den Ursprung der Roma. Dass dieser tatsächlich auch durch das Wissen um die indische Herkunft nicht zweifelsfrei bewiesen werden kann, zeigt das Beispiel des erzählenden Großvaters in *Dites-le avec des pleurs* (1990):

D'où venons-nous? Qui sommes-nous?

Je crois que personne ne le sait ni ne le saura jamais.

On dit – et cela je le crois volontiers – que nous venons de l'Inde. Soit! Nous venons de l'Inde, mais est-ce que nous sommes des Indiens? Non, nous sommes donc autre chose. Je suis allé plusieurs fois dans ce pays, et quand les gens du pays nous voient, ils disent:

– Ces gens-là ne sont pas de chez nous.[16]

Selbst die (Rück-)Reise nach Indien löst das Problem andauernder Unzugehörigkeit nicht, sondern verstärkt es, indem nur erneut Fremdheit bestätigt wird und eben kein Wiedererkennungseffekt im Sinne von Vija Mishras *Diasporic Imaginary* entsteht.[17] Die Unsicherheit, die dieser Tatsache zugrunde liegt, spiegelt sich hier in der interaktiven Gestaltung. Die rhetorischen Fragen, welche die Überlegung einleiten, bringen Ortszugehörigkeit und Identität in eine Ver-

---

14 Ebd., S. 151.
15 Vgl. auch Matéo Maximoff: *Vinguerka*, S. 199; Matéo Maximoff: *Dites-le avec des pleurs*, S. 240. Für die jüdischen Parallelen vgl. Matéo Maximoff: *Vinguerka*, S. 52–54. Ähnliche Vergleiche von Roma und Juden in Bezug auf die Heimatlosigkeit finden sich auch in: Matéo Maximoff: *Condamné à survivre*, S. 76 und Matéo Maximoff: *Dites-le avec des pleurs*, S. 250.
16 Matéo Maximoff: *Dites-le avec des pleurs*, S. 238.
17 Aus- beziehungsweise Rückreisen von Indien aus werden auch dargestellt in Matéo Maximoff: *Savina*, S. 19; Matéo Maximoff: *La septième fille*, S. 103 und Matéo Maximoff: *Dites-le avec des pleurs*, S. 253.

bindung und drücken gleichzeitig das aus der Unkenntnis folgende, fragile Selbstverständnis aus. Denn selbst das (ungefähre) Wissen der Herkunft hat keine positiven Auswirkungen. Expressiv durch Exklamation und erneute rhetorische Frage wird zum Ausdruck gebracht, wie unbefriedigend und unzureichend die Erkenntnis für eine aktuelle Identität ist.

Der Neffe des Protagonisten in Lick Dubois' *Romanestan* (2010) Chienu vollzieht die Emigration ebenfalls in umgekehrte Richtung, denn er reist als evangelikaler Missionar nach Indien. Im Gegensatz zum Großvater bei Matéo Maximoff fühlt er sich dort jedoch ganz zu Hause.[18] Allerdings zweifelt Chienu ebenso wie Matéo Maximoffs Figur an der Eindeutigkeit der indischen Herkunft, als er zurückkehrt. Obgleich er nicht bestreitet, dass die Roma sich einen längeren Zeitraum in Indien aufgehalten haben, ist er der Meinung, die Argumentation der Herkunft allein auf der Sprache aufzubauen, sei kritisch: „[I]l n'est pas obligé que nos racines soient indiennes. Même si notre langue [...] est basée sur le sanskrit et le hindi, cela ne prouve rien, une langue s'apprend."[19] Diese Position steht im Kontrast zur Einstellung seines Onkels Gropelo, der Indien als „pays de nos ancêtres"[20] bezeichnet. Als Vermittler der Herkunft vom indischen Subkontinent erläutert er seiner Frau Angela die (historische) Situation:

> Je vais te dire: après leurs longs exodes, partis des rives de l'Indus, l'Inde du nord, aucun pays ne les a vus s'arrêter, sauf peut-être des cas isolés. En général, ils partaient vers un ailleurs, ne voulant jamais se fixer comme les Gadjé. Nos ancêtres ont été un peuple à part des autres. Ils ne s'adaptaient jamais dans le milieu des sédentaires et ils ont toujours vécu en marge de la société dite civilisée. Malgré des persécutions incessantes, ils savaient resurgir d'une manière ou d'une autre, tout en gardant leur mode de vie. Pourquoi avaient-ils une telle force de résistance? Peut-être par leur ignorance de la vie des autres peuples de Gadjé. Ils n'avaient aucun contact à l'extérieur du groupe, sauf pour leurs petits commerces. Finalement, nous, il n'y a pas bien longtemps que nous avons commencé à nous fixer.[21]

Als Ausgangspunkt der Auswanderung wird mit dem Ufer des Indus das heutige Pakistan festgelegt. Der Ort bleibt vergleichsweise unbestimmt, ebenso der

---

18 Vgl. Lick Dubois: *Romanestan*, S. 19. Chienu ist allerdings mit Gropelo einer Meinung, was die Grenzziehung betrifft, denn er stellt eine entscheidende Ähnlichkeit fest: „Ils [les Sinti de l'Inde] ne se considèrent pas du tout comme des Indiens. Moi-même, j'ai remarqué la différence – comme nous, ici, on se démarque du Gadjo." (Ebd., S. 80) Die Grenzziehung zur Außengesellschaft wird dadurch als das entscheidendste und traditionelle Merkmal der Roma festgehalten und es erscheint zusätzlich als unerlässlich, diese Trennung aufrechtzuerhalten.
19 Ebd., S. 78.
20 Ebd.
21 Lick Dubois: *Romanestan*, S. 129.

weitere Reiseverlauf. Viel wichtiger erscheint hier hingegen die Einheit der Gruppe und ihre Abgrenzung von den Mehrheitsgesellschaften zu sein. Die räumliche Verteilung, Sesshaftigkeit und Abspaltung einzelner Gruppen wird fast gänzlich verneint, wobei mit der Einschränkung „des cas isolés" eine doppelte Bedeutung impliziert wird. Auf der einen Seite betont dies die geringe Anzahl der Roma, die sich niederlassen, auf der anderen steht das Adjektiv „isolés" für die kontinuierliche Abgrenzung der Gruppen von der Mehrheitsgesellschaft und damit die strenge Trennung von Roma und Nicht-Roma, auf die als zentrales Charakteristikum verwiesen wird. Hauptsächlicher Grund für die Aufrechterhaltung dieser Separation ist die Wanderschaft, denn Sesshaftigkeit wird explizit mit den Nicht-Roma verknüpft, während das fahrende Leben typisch für Roma ist.[22] Die rhetorische Frage hat hier ebenfalls zwei Bedeutungen. Zum einen wird inhaltlich die Frage nach der Trennung mit der Hypothese des minimalen Kontakts der beiden Welten beantwortet. Zum anderen wird durch das Stilmittel die Beziehung zum Rezipienten erneuert und eine Interaktion abgebildet, die nicht nur die intradiegetische Zuhörerin Angela einbindet, sondern auch den Leser einbezieht. Obgleich mit der rhetorischen Frage und dem nachfolgenden „peut-être" die in Zweifel stehenden Aspekte der Antwort hervorgehoben werden, wird dieser Eindruck durch die positive Formulierung „force de résistance" unterwandert. Dies steht mit der zuvor angesprochenen Zählebigkeit der Kultur und der Gemeinschaft, die allen Verfolgungen zum Trotz überlebt, im Einklang.

In der Herkunftsrekonstruktion bei Joseph Doerr herrscht eine ähnliche Unsicherheit vor wie in den vorherigen Beispielen. So wird der asiatische Ursprungsort zwar als bekannt vermittelt, gleichzeitig jedoch darauf hingewiesen, dass es sich um eine Hypothese handelt, die nicht eindeutig bewiesen werden kann:

> On dit ce peuple originaire de l'Inde, mais ceci reste une hypothèse qu'on laisse aux savants. Leur origine est en tout cas très lointaine, et nos anciens, les vieux Manouches, nous ont toujours parlé de la ‚Rivière Bleu', ‚FUN I BLOUTI PAJA'; comme ils disaient, ce qui nous laisse penser que les premières tribus venaient du cœur du Tibet, ou naît cette rivière.[23]

Der Unbestimmtheit der wissenschaftlichen Forschung wird hier eine mythische Komponente gegenübergestellt, die einen genaueren Herkunftsort überlie-

---

[22] Ähnlich geschieht dies auch in Lick Dubois: *Il était une fois les bohémiens*, S. 195. Vgl. dazu auch das Kapitel 1.4 *Die Bedeutung der Wanderschaft* S. 139–169.
[23] Joseph Doerr: *Où vas-tu manouche?*, S. 8. Ähnlich zur unklaren Herkunft Joseph Doerr: *Où vas-tu manouche?*, S. 174.

fert. Impliziert wird damit, dass die Außengesellschaft zwar keine eindeutige Antwort auf die Frage der Herkunft liefern konnte, die Erzählungen der alten *manouches* hingegen nicht nur die ungefähre Region, sondern einen genauen Ort tradieren. Die eigene Überlieferung erscheint insbesondere daher wesentlich exakter, da eine Bezeichnung des Ortes auf Romanès existiert. Die Trennung von Wissen, das außerhalb der Gruppe kursiert und den Kenntnissen, die innerhalb der Gruppe weitergegeben werden, wird hier durch einen Bruch in der Erzähleridentität verstärkt. Während der Erzähler sich vor diesem Textauszug und auch noch im ersten Satz als objektiver Beobachter gibt, der außerhalb steht, fällt er im zweiten Satz aus dieser deskriptiven Rolle und schließt sich in die *manouches*-Gruppe ein („nos anciens", „nous ont toujours parlé" etc.). Kurzfristig wird der heterodiegetische zum homodiegetischen Erzähler. Auf diese Weise wird für den Leser über die Annäherung an die Roma-Gemeinschaft größere Verlässlichkeit der zweiten Herkunftsdarstellung erzeugt. Die legendenhafte Herkunft vom blauen Fluss wird zudem ein weiteres Mal später im Text fast wortwörtlich wiederholt.[24] Auf diese Weise wird der Eindruck einer zirkulierenden Erinnerung verstärkt, die durch Repetition ins kulturelle Gedächtnis überführt wird, wie es für mündliche Kulturen typisch ist.[25]

Zwei gegenläufige Vorgehensweisen in Relation zum Herkunftsort können damit zunächst festgehalten werden: Zum einen führt die heldenhafte und kämpferische Konstruktion der Roma zur Zeit der Auswanderung zu einer Aufwertung ihrer gegenwärtig marginalisierten Position. Die stilistische Gestaltung erzeugt dabei den Eindruck einer traditionsreichen Roma-Geschichte und wirkt mythenhaft. Demgegenüber steht die von der Umgebungsgesellschaft aufgestellte wissenschaftliche Hypothese, die nicht eindeutig bewiesen werden kann und daher unsicher bleibt. Sie ist sinnbildlich für die identitäre Instabilität, die

---

24 Die Textstelle wird wiederholt Ebd., S. 64.
25 Trotz der sagenhaften Herkunft aus Tibet wird auch die Möglichkeit einer indischen Herkunft nicht völlig ausgeschlossen. So sind die Feierlichkeiten am ersten Mai von einem scheinbar indischen Tanz geprägt: „La nature avenante et gaie accueille à bras ouverts ces Manouches, Enfants du Vent, avec leurs roulottes grinçantes auxquelles réponds lugubrement le cri d'épouvante des moineaux à la vue des Manouches qui tournent autour du grand chêne, tels des Indiens." (Ebd., S. 31) Während sich die Darstellung zuvor eindeutig und explizit mit der Herkunftsfrage beschäftigt, ist diese hier nur als Anspielung vorhanden. Der Tanz erscheint als archaisch-magischer Ritus mit unbestimmtem Zweck, der sich dem Verständnis Außenstehender – symbolisch durch die beobachtenden Vögel – entzieht. Die magische Komponente, die mit dem ersten Mai und der Walpurgisnacht traditionell auch in der Mehrheitsgesellschaft verbunden wird, dient als Anknüpfungspunkt. Indem die Tradition abgewandelt und durch das eigene (auch indische) Element angereichert wird, erhält die Feier einen eigenen Wert für die Gruppe, der zentral mit dem Ursprung aus Indien in Verbindung gebracht wird.

mit der Herkunft verbunden ist und wohl auch bleiben wird. Interessant ist dabei, dass die unklare Ursprungsbestimmung vorrangig an die Mehrheitsgesellschaft gekoppelt wird – so in den beiden zitierten Textauszüge von Matéo Maximoff und Joseph Doerr, wo ein unbestimmtes „on dit" die These vorbringt, während den eigenkulturellen Überlieferungen größere Präzision zugesprochen wird und damit die orale Tradierung einen traditionsreichen und stabilisierenden Effekt hat. Dieser lässt sich auch in einer Passage von Sandra Jayat aufzeigen, wobei hier, wie so oft bei der Autorin, zusätzlich eine inkulturierende Beziehung zur Mehrheitsgesellschaft sichtbar wird. Im Roman *Zingarina ou l'herbe sauvage* (2010) wird die explizite Bestimmung von Karakorum[26] als Herkunftsort als Erzählung des Großvaters Narado eingeführt:

> Il y a un an, je me promenais avec Narado sur les bords du lac Majeur. [...]
>
> – Grand-père, nos ancêtres ont-ils fui le désert de Karakorum sous une lune ronde et rousse?
>
> – Sans doute, sans doute... [...] Un sourire au coin des lèvres, il me raconta:
>
> – Écoute bien, petit. Il fut un temps, qui n'était pas un temps: nos ancêtres étaient des hommes du désert de Karakorum. Avant d'être accusés d'avoir volé un clou de la croix du Christ, les nomades vivaient heureux dans le vent qui souffle au pied du vieux Tibet. Depuis cette époque, les nomades vont sur les routes, condamnés à poursuivre ce clou qui brille devant nous comme une lumière que nous n'atteignons jamais. Depuis, on nous dit de nulle part.[27]

Die Nachfrage, mit der Stellina den Dialog beginnt, ist eine implizite Bitte an Narado, die Geschichte der Auswanderung zu erzählen. Deutlich wird mit ihrer Frage jedoch auch, dass sie die Kenntnis über den Ursprungsort bereits besitzt und es sich um eine wiederholte Erzählung handelt. Damit wird sichtbar, dass die Geschichte fester Teil ihrer Erzähltradition ist und wie diese weitergegeben wird. Die Referenz an die mündliche Erzählweise wird mit dem formelhaft wirkenden Einstieg („[i]l fut un temps, qui n'était pas un temps") unterstrichen. Das Thema des gestohlenen Nagels vom Kreuz Christi ist besonders auffällig. Es handelt sich hierbei um die Abwandlung eines Stoffs, der als Legende über die

---

26 Karakorum ist eine altmongolische Stadt (heute eine Ruine) und war die Hauptstadt des im 13. Jahrhundert von Dschingis Khan gegründeten Mongolenreichs. Vgl. Eva Becker: *Die altmongolische Hauptstadt Karakorum. Forschungsgeschichte nach historischen Aussagen und archäologischen Quellen*. Rahden: Leidorf 2007.
27 Sandra Jayat: *Zingarina ou l'herbe sauvage*, S. 13.

Wanderung der Roma, in der Mehrheitsgesellschaft kursiert.[28] Demnach hätten die Roma als Schmiede die Nägel für das Kreuz Jesus' hergestellt und damit zur Kreuzigung beigetragen. Daraus folgen die ewige Verbannung und der Zwang zur Wanderung. Hier wird mit dem Diebstahl des Nagels zwar die Beteiligung an der Ermordung negiert und so eine positive Version der Geschichte erzählt, dennoch wird der Nagel zum Grund für eine ewige Verdammung zur Heimatlosigkeit und Wanderung. Zugleich bedeutet diese Integration der christlichen Komponente und die damit sichtbar werdende Mythenbildung mittels *bricolage* ein Erschreiben von Zugehörigkeit zur Mehrheitsgesellschaft und ihren Legenden.[29] Dass Roma schon durch den Herkunftsort Karakorum Teil der Menschheitsgeschichte sind, ist auch für Romanino entscheidend: „Je suis un gitano sorti de la nuit des temps, mes ancêtres sont nés dans l'un des berceaux du monde, au pied du vieux Tibet, dans le désert de Karakoroum et de là, lentement, ils ont cheminé sur toutes les terres."[30] Die urzeitlich wirkende Herkunftsversion wird mit dem Bezug zur Gruppe der *gitans* aktualisiert und stellt die Verbindung zur heutigen Existenz der spanischen Roma her. Während in dieser und der zuvor zitierten Version die Wanderung zwar als gezwungen, aber vergleichsweise friedvoll dargestellt wird, ist die Herkunft aus Karakorum an anderen Textstellen explizit mit Verfolgung verknüpft: „[I]ls ont été chassés et [...] depuis, il y a toujours quelqu'un qui nous pourchasse, même sur les routes poussiéreuse."[31] Die Verfolgung scheint ebenso ziellos zu sein wie die Wanderung, wodurch die Herkunft wie auch schon im Textbeispiel von Lick Dubois aus *Romanestan* (2010) in einen engen Zusammenhang mit dem identitätskonstituierenden Merkmal der Wanderung gebracht wird.

Die unsichere Herkunft, die sich in den diversen Standortbestimmungen bei verschiedenen Autoren ausdrückt, erhält durch die Kopplung an Metadiegesen mit typischen Erzählerfiguren ein Gegengewicht, da auf diese Weise identitätsstabilisierende mündliche Strukturen zum Tragen kommen. Zudem unterstreicht die Bindung an die ältere Generation als klassische Geschichtsvermittler den Eindruck einer historischen Diaspora.

---

28 Vgl. Ines Köhler-Zülch: Die heilige Familie in Ägypten, S. 50.
29 Vgl. Claude Lévi-Strauss: *La pensée sauvage*, S. 26–33.
30 Sandra Jayat: *El Romanès*, S. 98.
31 Ebd., S. 42. Ähnlich Ebd., S. 15.

3.2 Fragmente indischer Herkunft

Die Erforschung des Romanès ist ein eindrückliches Beispiel für die Bewusstseinswerdung des indischen Ursprungs unter den Roma. Über Jahrzehnte hinweg wurde die akademische Forschung lediglich aus der Perspektive der Außengesellschaft betrieben. Ab Mitte des 20. Jahrhunderts kann jedoch eine Zunahme an Forschung zur Romanès-Linguistik durch Roma-Wissenschaftler festgestellt werden.[32] Da die Sprache und ihre Klassifikation als Teil der indoarischen Sprachfamilie als ausschlaggebendes Argument bei der Feststellung von Indien als Heimat der Roma gesehen wird, fokussiert diese Forschung häufig die Möglichkeiten, linguistische Rückschlüsse auf Indien als Heimat zu ziehen. Der Wunsch, einen zeitlichen und einen territorialen Bezug zu Nordwest-Indien herzustellen, wird in diesen wissenschaftlichen Arbeiten besonders deutlich.

Sprachliche Indizien der Herkunft
Die enge Beziehung von wissenschaftlicher Forschung und literarischer Umsetzung manifestiert sich vor allem in der expliziten Thematisierung der Sprachverwandtschaft des Romanès mit den indischen Sprachen beziehungsweise dem Bezug zum Sanskrit. In Sterna Weltz' *Mes secrets tziganes* (1989) wird die Reiseroute und ihre Nachvollziehbarkeit anhand der Sprache mit der Geschichte der Roma in Frankreich verbunden:

> L'arrivée des Tziganes en France se situe dans les années 1380. Les Tziganes habitaient le Nord-ouest de l'Inde tout au début de notre ère. Ce sont des Indo-Européens et leur langue indienne, par la grammaire et son vocabulaire, est très proche du Sanscrit. Les coutumes observées sont communes à beaucoup de coutumes indiennes encore en usage de nos jours. La migration des Tziganes vers l'occident ne se situe qu'aux environs de la fin du 8^{è} siècle. On les vit alors se déplacer en Iran, en Syrie, beaucoup s'implantèrent en Asie et d'autres dans l'ancien empire de Byzance. Dans ceux qui sont restés longtemps en Asie Mineure on retrouve des mots iraniens comme ‚vordon' ‚le chariot' la verdine par extension, des mots arméniens comme ‚Zor' ‚la force', dans ceux qui sont venus directement en Europe on retrouve plus de mots grecs, (drom pour la route de dromos) roumains (caldéras, chaudière).[33]

---

[32] So forschte der französisch-lettische Rom und Linguist Vania de Gila-Kochanowski: *Précis*, zur Herkunft des Romanès mehrere Monate in Indien und erstellte eine vergleichende Studie mit den indo-arischen Sprachen; auch der amerikanische Rom und Linguist Ian Hancock arbeitet daran, aus seiner Sprachforschung heraus einen genauen Herkunftsort der Roma zu bestimmen. Vgl. Ian Hancock: *Rromani people*.
[33] Sterna Weltz: *Mes secrets tziganes*, S. 28.

Die Nachvollziehung der sprachlichen Reise und die damit verbundene Entlehnung aus unterschiedlichen Sprachregionen stehen im Vordergrund, wobei durch die ästhetische Gestaltung ein wissenschaftlicher Eindruck erzeugt wird. Die Vermittlungsinstanz gibt sich an dieser Stelle bewusst neutral beobachtend („on les vit") und imitiert eine sprachgeschichtliche Abhandlung mit distanzsprachlichem Stil, der darauf abzielt, die Reiseroute zu objektivieren. Dazu tragen vor allem die angeführten Wortbeispiele bei, welche die Etappen symbolisieren und zudem deutlich mit der (vorgestellten) Lebensrealität der wandernden Roma in Verbindung stehen. In den Augen des Großvaters in Matéo Maximoffs *Dites-le avec des pleurs* (1990) hingegen bietet die Sprachgeschichte des Romanès vor allem Potential für weiterführende linguistische Untersuchungen: „Aujourd'hui encore, dans la langue des roms, il y a des mots d'origine indienne, le Tamul, l'Ordu. Voilà des questions que des savants linguistes pourront étudier."[34] Er bindet damit die Sprache direkt an Indien und die Sprachvielfalt der Region, wodurch das Romanès als Forschungsgegenstand aufgewertet wird.

Die explizit linguistische Referenz in Verbindung mit dem indischen Ursprung ist in den beiden Anthologien von Vania de Gila-Kochanowski – wie durch die wissenschaftliche Karriere des Autors leicht nachzuvollziehen – am ausgeprägtesten.[35] Dort stellen Randnotizen mit sprachlichen Erläuterungen oft einen direkten Bezug zum Sanskrit und zu Indien her und konstruieren auf diese Weise eine Verbindung zwischen den beiden Sprachen. Dies geschieht sowohl in Bezug auf die Lexik als auch auf grammatikalische Besonderheiten. So lautet beispielsweise eine Erläuterung: „[L]e futur en romani est catégorique, c'est-à-dire, qu'il ‚note l'action qui doit se produire à coup sûr' comme c'est le cas du futur sanskrit."[36]

Während in den vorhergehenden Beispielen eine linguistische Ableitung der Herkunft aus Indien vermittelt wird, ist die sprachliche Zugehörigkeit für Stellina in *Zingarina ou l'herbe sauvage* (2010) von Sandra Jayat viel stärker mit ihrer aktuellen Situation verbunden, wie sich zeigt, als der Italiener Antonio Stellina zu ihrer sprachlichen Zugehörigkeit befragt:

---

34 Matéo Maximoff: *Dites-le avec des pleurs*, S. 239.
35 Dies steht sicher auch im Zusammenhang mit der beruflichen Beschäftigung des Autors als Linguist und seiner Forschung zur Etymologie des Romanès, die er auch publizierte. Vgl. Vania de Gila-Kochanowski: *Précis* und Vania de Gila-Kochanowski: *Parlons tsigane: histoire, culture et langue du peuple tsigane*. Paris: L'Harmattan 1994.
36 Vania de Gila-Kochanowski: *Le roi des serpents*, S. 12.

Soudain il me demande:

– Quelle langue parles-tu?

– Oh, je parle trois langues en même temps.

– Cela se peut? s'étonne-t-il tout bas.

– Oui, il y a des mots sanscrits qui viennent de l'Inde, des mots français et italiens...Je dois faire l'effort d'un tri avant de parler. Je m'applique, j'écoute et je rajoute des mots qui me manquent, d'une langue à l'autre.[37]

Die metalinguale Reflexion offenbart die bewusste Dreisprachigkeit der Protagonistin und stellt die flexible Interaktion der Sprachen ins Zentrum, wodurch ebenso wie bei Sterna Weltz der Eindruck eines sprachlichen Mosaiks entsteht. Dabei wird die Gefahr der Sprachverwirrung zwischen Italienisch, Romanès und Französisch thematisiert, aber zugleich das kreative Potential der Dreisprachigkeit hervorgehoben, da Lehnwörter helfen, semantische Lücken zu füllen. Der positive Aspekt multipler sprachlicher Herkunft steht entsprechend deutlich im Vordergrund. In den beiden bereits angeführten Beispielen wird der linguistische Ursprungsbezug vor allem über die Lehnwörter hergestellt. In anderen Fällen geben Eigenbezeichnungen den Ausschlag für eine Ableitung der indischen Herkunft, wie bei Matéo Maximoff, wo diese sprachlich-mystisch vermittelt wird:

Passons en Inde.

La septième incarnation de Vichnou dont il est question dans le Ramayana se nomme Rama. De là à en tirer le nom de Rom que nous prononçons Rôm, il n'y a qu'un pas que nous franchissons facilement. C'est la preuve que notre nom est ancien.[38]

In diesem Fall steht die vereinheitlichende Perspektive der Roma als Volk im Zentrum der Passage, die einen deskriptiven Stil mit der mythologischen Ableitung der ethnischen Bezeichnung verbindet.[39] Über den einführenden Satz in der ersten Person Plural „passons en Inde" wird der Leser zu einem ‚Raumwechsel' aufgefordert, der durch das Bewegungsverb eine aktive beziehungs-

---

[37] Sandra Jayat: *Zingarina ou l'herbe sauvage*, S. 87.
[38] Matéo Maximoff: *Vinguerka*, S. 201.
[39] Eine ähnliche Vermittlungssituation in *Vinguerka* (1987) bindet die sprachliche Herkunft an die biblische Schöpfungsgeschichte, wobei die Orientierung an der oralen Struktur durch die interaktive Gestaltung sehr deutlich ist und große Nähe zum intradiegetischen Publikum hergestellt wird. Vgl. Matéo Maximoff: *Vinguerka*, S. 50.

weise aktivierende Wirkung hat. Diese partizipative Komponente wird im vorletzten Satz mit „un pas que nous franchissons" aufgegriffen und auf diese Weise die sprachgeschichtliche Ableitung betont und an Indien rückgebunden. Neben dieser etymologischen Ableitung der Bezeichnung für die gesamte Gruppe wird auch die linguistische Bestimmung einer Untergruppe unternommen. Die konkrete Beschreibung einer Figur, Mateïs Mutter, gibt dem Erzähler Gelegenheit zu einem solchen (sprachlichen) Rückbezug zu Indien, indem er die Herkunft der Gruppenbezeichnung an deren Übersetzung bindet und einen geographischen Bezug – mit der Ableitung von Sinti vom Fluss Sindh – herstellt.[40] Die Benennung der Untergruppen wird auf diese Weise in Bezug zum indischen Ursprung gesetzt. Diese Vorgehensweise gilt auch für Stellina in *La longue route d'une Zingarina* (1978) von Sandra Jayat, wo die Untergruppenbezeichnung ein entscheidendes Zeichen für die Erklärung der indischen Komponente im Leben des jungen Mädchens ist: „Manouches, en langue indienne, veut dire ‚Homme vrai.'"[41] Mit der Übersetzung wird der Untergruppe nicht nur ein räumlicher Ursprungsort gegeben, sondern zudem mit der hier hinzugefügten Bedeutung des ‚wahren' beziehungsweise ‚wahrhaftigen' Menschen der Platz der *manouches* als gleichberechtigte und gleichwertige Menschen in der Gesellschaft reklamiert.

In Anbetracht der Tatsache, dass die Sprache der ausschlaggebende Faktor bei der Bestimmung der indischen Herkunft war und dieser Zusammenhang für Linguisten auch heute noch ein interessantes Forschungsgebiet darstellt, ist es erstaunlich, dass das Romanès als Bezugspunkt zum indischen Ursprung nicht in einer breiteren Anzahl von Werken in diesem Zusammenhang thematisiert wird. Andererseits ist die linguistische Verwandtschaft mit dem Sanskrit und dem Hindi wohl für die meisten Roma ein alltagsfernes Element und auch für die Autoren weniger leicht zu verarbeiten als mythologische Verbindungen, die freier gestaltet werden können oder körperliche Kennzeichen, die wesentlich offensichtlicher sind.

Indische Körper und Charaktere
Neben der Sprache wird auch das Äußere der Figuren mit indischen Elementen in Relation gebracht und verglichen. Dies betrifft bei Vania de Gila-

---

40 Vgl. Matéo Maximoff: *Dites-le avec des pleurs*, S. 39.
41 Sandra Jayat: *La longue route d'une Zingarina*, S. 10. Auch in *Zingarina ou l'herbe sauvage* wird diese linguistische Herkunftsbestimmung hinzugezogen. Vgl. Sandra Jayat: *Zingarina ou l'herbe sauvage*, S. 87. Dies ist insofern interessant, als dass das Romanès ansonsten in den Texten lediglich eine untergeordnete Rolle spielt.

Kochanowski vor allem die ältere Generation, wie zum Beispiel den konservativen Kost'a Kalamari, der einem indischen Wandermönch ähnelt und dessen Meinung durch seine eindrucksvolle Erscheinung viel Gewicht in Diskussionen hat.[42] Eine analoge Wirkung hat die Beschreibung von Zofka, der Mutter der Protagonistin Man'a, die in ihrer Weisheit mit einem Buddha aus Benares verglichen wird.[43] Die hier angedeutete mystische Verbindung ist bei Joseph Stimbach noch stärker ausgearbeitet. In seinem Text *Réflexion d'un manouche* (2004) verbindet er den indischen Ursprung mit magischen Kräften. So hat zum Beispiel die Reise nach Indien für einen kleinen verstummten *manouche*-Jungen heilende Effekte. Von seiner Patentante gefragt, warum er plötzlich wieder spräche, antwortet er: „Parce que, ma marraine, tu m'as ramené à mes origines."[44] Andere Figuren wirken zwar in Europa, beziehen ihre magischen Fähigkeiten aber aus ihrer indischen Abstammung oder wanderten selbst direkt von Indien ein. Eine solche märchenhafte Gestalt agiert beispielsweise in einer der Geschichten in *Itsego* (2001) als Beraterin: „[I]l y avait une vieille roulotte avec un vieux cheval blanc, où il trouva la vieille Bibi, une Tzigane qui venait de l'Inde: elle avait des pouvoirs magiques."[45] Durch derartige Beschreibungen erscheint Indien selbst als magischer Ort, dessen Bewohner übermenschliche Kräfte besitzen, die sich gleichsam in den Roma-Figuren fortsetzt.

Wenn bei der Beschreibung der jüngeren Roma-Frauen auf die orientalisch-indische Ähnlichkeit verwiesen wird, steht nicht wie bei den älteren Menschen das Lebenswissen im Zentrum, sondern eindeutig der erotische Effekt, wie die Passage aus Vania de Gila-Kochanowskis *Romano Atmo* (1992) illustriert: „Leurs pas glissent, leurs corps frémissent, la dignité de leur main fine, leurs regards purs, leurs gestes amples et racés, leurs doigts fins et expressifs, tout en elles évoque les femmes de nos anciens héros rajputs."[46] Auf dieselbe Weise verbindet sich auch in Joseph Stimbachs *Détenu particulièrement à survivre* (2010) das ansprechende Aussehen der kleinen Schwester des Protagonisten mit indischen Aspekten: „Petite, très brune, la peau cuivrée, on aurait dit une Indienne. C'était la plus jolie de mes sœurs."[47] Und auch die Physiognomie der Familie des

---

42 Vgl. Vania de Gila-Kochanowski: *Romano Atmo*, S. 59. Er hat allerdings keine handlungstragende Funktion.
43 Vgl. Ebd., S. 65.
44 Joseph Stimbach: *Réflexion*, S. 60.
45 Joseph Stimbach: *Itsego*, S. 109. Ähnlich Joseph Stimbach: *Itsego*, S. 22 und S. 79 und Joseph Stimbach: *Réflexion*, S. 77, S. 39 und S. 123.
46 Vania de Gila-Kochanowski: *Romano Atmo*, S. 76. Ähnlich auch Vania de Gila-Kochanowski: *Romano Atmo*, S. 13.
47 Joseph Stimbach: *Détenu*, S. 40.

Ich-Erzählers offenbart den indischen Ursprung.⁴⁸ Dort wie auch in anderen Texten dienen die körperlichen Beschreibungen fast immer dazu, die schöne Fremdartigkeit der Charaktere zu betonen und auf diese Weise Sympathie zu erzeugen.⁴⁹ So wird das zukünftige Liebespaar Pirangli und Pacalo in *Sur les routes* (1998) von Lick Dubois bei ihrem ersten Auftreten als indisches Paar beschrieben. Während sie im Wohnwagen aus dem Fenster schaut, schreitet er vor dem Wagen her:

> Elle [Pirangli] a le charme et le physique très marqués de ses origines lointaines.
>
> Il ne lui manque plus qu'un sari pour devenir une vraie maharani.
>
> Pacalo, d'une allure virile, marche à pied en tenant la bride du cheval de son grand-père. Lui aussi est très typé indien. Il a un corps fin, musclé et souple, un visage doux et intelligent.⁵⁰

Mit „ses origines lointaines", „sari" und „mahrani" wird für Pirangli die indische Herkunft zwar angedeutet, ist aber nur für kundige Leser offensichtlich, wodurch eine gewisse geheimnisvolle und exotische Komponente bei ihrer Beschreibung hervorgerufen wird. Pacalos Charakterisierung hingegen stellt den indischen Bezug direkt her und unterstreicht damit sein entschiedenes, männliches Auftreten. Durch die Beschreibung und Gegenüberstellung erscheinen die Beiden als klassisches (zukünftiges) Liebespaar und als Archetypen der indischstämmigen Roma. Im Fall von Chienu in *Romanestan* (2010), der gerade von der Reise aus Indien zurückgekehrt ist, geht der Bezug sogar soweit, dass Verwechslungsgefahr besteht: „Le costume indien de Chienu lui allait parfaitement. Un vrai prince hindou! Marchant dans la rue, personne ne devinerait qu'il est sinto."⁵¹ Ebenso wie in der Beschreibung von Pirangli, die als „mahrani"⁵²

---

48 Ebd., S. 43. Ähnlich Ebd., S. 98. Indien wird von Stimbach zwar nicht mythologisch verarbeitet, aber dennoch relativ häufig als Ursprungsort der Gemeinschaft erwähnt. Vgl. Joseph Stimbach: *Itsego*, S. 12, S. 101 und S. 165; Ebd., S. 147.
49 In Bezug auf die körperlichen Eigenschaften wird die asiatische Herkunft außerdem bei Sterna Weltz und Sandra Jayat aufgegriffen. Der kleine Junge Benji in *Mes secrets tziganes* (1989) ähnelt einem Mongolen. Vgl. Sterna Weltz: *Mes secrets tziganes*, S. 12. Der Protagonist von *Les deux lunes de Savyo* (1972) hingegen wird beschrieben als „grand, fort et beau comme un chef indien" (Sandra Jayat: *Kourako*, S. 34). Auch Stellina wird wegen ihres Aussehens mit einer Inderin verglichen. Vgl. Sandra Jayat: *La longue route d'une Zingarina*, S. 79.
50 Lick Dubois: *Sur les routes*, S. 47.
51 Lick Dubois: *Romanestan*, S. 78.

bezeichnet wird, steht auch Chienus Zuordnung zur adeligen Schicht für eine Aufwertung der *realiter* marginalen Position in der Gesellschaft.

Die Darstellung der indischen Herkunft der Figuren wird nicht nur an körperliche Attribute, sondern ebenso an Charaktereigenschaften gebunden und sorgt für identitäre Stabilität. Kali aus Matéo Maximoffs *Savina* (1957) zieht beispielsweise Sicherheit aus der Verbindung mit Indien. In einer der seltenen Stellen, in denen sie eine Handlungsfunktion übernimmt, versucht sie mit psychologischer Kriegsführung, Dominanz über ihre Kontrahentin Savina zu erlangen und nutzt die ferne Herkunft zur Stärkung ihrer Position: „Mon nom est Kali. Et mon frère m'a dit, qu'il y a plusieurs centaines d'années, lorsque nous avions un pays dans l'Inde, Kali était la déesse de la mort. Son nom me soutiendra."[53] Kali ist sich über den Bezug zu Indien explizit bewusst und setzt ihn strategisch ein. Sie gewinnt die Auseinandersetzung mit Savina und sichert dadurch auch die Position ihrer Familie. Auch in *Enfances tsiganes* (2007) von Lick Dubois wird die hierarchische Stellung mittels der Verbindung von indischer Herkunft, Schönheit und Charaktereigenschaften gestärkt: „Ma grand-mère maternelle n'était pas du groupe des Sinti mais de celui des Kalé. C'était une Gitane, typée vraiment indienne, avec un port de tête très digne, très fier."[54] Während in den vorherigen Beispielen die individuelle Gruppenzugehörigkeit hinter dem gemeinsamen indischen Ursprung zurücktritt, wird hier mit der Hervorhebung der *gitans* betont, dass die indische Herkunft ein Element ist, das bei dieser speziellen Gruppe sehr ausgeprägt ist und mit Stolz und Würde in Verbindung steht.

Im Gegensatz zum zitierten Beispiel von Kali bei Matéo Maximoff sind Verhaltensweisen, welche die indischen Wurzeln erahnen lassen, in anderen Texten meist als unbewusst beschrieben. Dies betrifft zum einen Haltung und Kleidung der Frauen, die indische Züge beinhalten, wie im folgenden Beispiel aus *Condamné à survivre*: „Elles n'ont nul besoin de se farder car elles sont belles et elles savent. Des bijoux magnifiques, venant de tous les pays, ornent leurs cous et leurs bras, parfois même leurs chevilles; ils rappellent le pays d'où elles vien-

---

52 ‚Maharani' ist das weibliche Pendant zum männlichen Maharadscha, einem indischen Herrschertitel. Als solche wird Pirangli nochmals bezeichnet. Vgl. Lick Dubois: *Sur les routes*, S. 195.
53 Matéo Maximoff: *Savina*, S. 142; Matéo Maximoff: *Dites-le avec des pleurs*, S. 240.
54 Lick Dubois: *Enfances tsiganes*, S. 194. Ähnlich auch bei dem Hochzeitspaar in Lick Dubois: *Il était une fois les bohémiens*, S. 194.

nent: l'Inde."⁵⁵ Neben solchen positiv konnotierten Merkmalen bietet auch gewalttätiges Verhalten die Möglichkeit einen Rückbezug zu Indien herzustellen:

> Comme des serpents qui se glissent dans l'herbe, sans faire le moindre bruit, habitués qu'ils étaient à se déplacer sans être vus, des jeunes de la tribu de Dodo s'étaient glissés derrière les sentinelles. Et brusquement, ils s'étaient jetés sur elles, leur passant autour du cou des cordes fines mais solides qui les ont étranglées sans qu'elles aient eu seulement la possibilité de crier. Cette façon d'étrangler leur venait sans doute de leur race, de leur antique origine indienne.⁵⁶

In beiden Fällen wird die Exotik der indischen Wurzeln genutzt, um Spannung beziehungsweise Lokalkolorit zu erzeugen. Neben dieser Funktion für die Handlung hat die immer wiederkehrende – wenn auch nur beiläufige – Erwähnung von Indien als Ursprungsort jedoch auch eine mnemotechnische Funktion. Durch die Wiederholung prägt sich das Wissen ein und wird insbesondere durch die direkte Kopplung an einzelne Figuren konkretisiert.⁵⁷

3.3 Europäische Heimat – *Homing Desire*

Gleichberechtigt neben Indien als vorgestelltem Ursprung der Diaspora steht die Identifikation mit den Etappen durch verschiedene (europäische) Länder, die als Heimat der Vorfahren eine ebenso entscheidende Rolle bei der Vorstellung eines Ursprungs bilden. Mit Avtar Brah kann in diesem Zusammenhang zwischen zwei verschieden emotional aufgeladenen Bezügen unterschieden werden: dem *Homing Desire* – im Sinne des Wunsches nach Zugehörigkeit – und dem *Desire for a Homeland* als dem Willen, den Ursprungsort zu kennen.⁵⁸

---

55 Matéo Maximoff: *Condamné à survivre*, S. 67. Ähnlich auch in Matéo Maximoff: *Ce monde qui n'est pas le mien*, S. 133.
56 Matéo Maximoff: *Condamné à survivre*, S. 71. Eine Darstellung, in der die Frauen als Opfer von Gewalt in Bezug zu Indien gebracht werden, findet sich in Matéo Maximoff: *Ce monde qui n'est pas le mien*, S. 181.
57 Diese Funktion kann auch für Sandra Jayats *Zingarina ou l'herbe sauvage* (2010) bestätigt werden. Dort wird das indische Erbe implizit im Zusammenhang mit Django Reinhardt erwähnt: „Django n'a ni Radja ni Canon. [Fußnote: Ni roi ni loi]" (Sandra Jayat: *Zingarina ou l'herbe sauvage*, S. 87) Die Referenz auf Indien mit dem Herschertitel „Radja" ist zwar nur unterschwellig vorhanden, aber durch die wortwörtliche Wiederholung später im Text wird die Aufmerksamkeit auf die Verbindung von Indien, Django Reinhardt und der Unabhängigkeit betont und damit drei wichtige identitätskonstituierende Bereiche miteinander verknüpft und im Gedächtnis verankert. Vgl. Ebd., S. 172–173.
58 Vgl. Avtar Brah: *Cartographies*, S. 180.

In der Tat geht es bei der Frage der Herkunft nicht primär um das Heimatgefühl, denn dieses ist, wie Brah anmerkt, entscheidend durch das Aufnahmeland geprägt und komplementär zum Willen, den eigenen Ursprung zu kennen und mit diesem eine diasporische Alteritätskonstruktion zu verknüpfen.[59] Der Rückbezug zu Indien und die europäische Verwurzelung als gleichwertige Pole öffnen damit einen ideellen Raum, in dem sich eine diasporische Roma-Identität konstituieren kann, die hier in Anlehnung an Paul Gilroy mit der Formel *rooted and routed* bezeichnet wird. Gilroy versteht die *Roots* und die *Rootedness* (Wurzeln, Verwurzelung) als Bild für das europäische Identitätsverständnis und stellt diesem die *Routes* (Route, Strecke) gegenüber, die er als sinnbildlich für das Verständnis von Identität als Prozess durch Bewegung und Vermittlung sieht.[60]

Diese Doppelverortung sowohl im Bezug zum (mythischen) indischen Ursprungsort als auch zu den den jeweiligen europäischen Herkunftsländern ist für fast alle Texte französischer Roma-Autoren bedeutend. Beispielsweise spielt ein Großteil der Romane von Matéo Maximoff schwerpunktmäßig in den östlichen Gebieten Russland und Rumänien. Beide Länder haben offensichtlich – wohl aufgrund der Herkunft des Autors – für den identitären Heimats- und Ortsbezug eine entscheidende Position. [61] Da gleichzeitig, wie zuvor erläutert, häufig Bezüge zu Indien hergestellt werden, entsteht der Eindruck einer Überlagerung verschiedener Herkunftsorte, bei denen der wirklich ursprüngliche allerdings Indien bleibt und die Darstellung also ganz im Sinne Gilroys als *roo-*

---

59 Vgl. Ebd., S. 192.
60 Vgl. Paul Gilroy: *Black Atlantic*, S. 18. Eine performative Umsetzung dieses Doppelbezugs zu Indien und der Rekonstruktion von Roma-Geschichte ist der Film *Latcho drom* (1993) des französischen Roma-Regisseurs Tony Gatlif. In acht Episoden wird darin die Reise der Roma von Indien nach Europa nachgezeichnet. Dabei wird dem gemeinsamen Ursprungsort zu Beginn des Films eine entscheidende Bedeutung gegeben, als eine Off-Stimme die Auswanderungsgeschichte der Roma erzählt. Der Sprache wird in dieser Szene eine besonders große Bedeutung zugesprochen, denn die Erzählung wird nur auf Romanès und ohne Untertitel wiedergegeben. Vgl. Julia Blandfort: Spiegel. Wiedererkennen und Streben nach Ähnlichkeit, wie sie als entscheidend für das *Diasporic Imaginary* festgestellt wurden, zeigen sich hier besonders deutlich, wenn Tony Gatlif beispielsweise strategisch in den Dialogen der ersten Episode, die in Indien spielt, Wörter einfließen lässt, die auch heute noch im Romanès als sogenannte Ursprungswörter auf die indische Herkunft verweisen. Gleichzeitig wird in diesem Film die lokale Integration der einzelnen Roma-Gruppen vornehmlich über die Musik, aber auch über den Sprachgebrauch unterschiedlicher europäischer Mehrheitssprachen und zugleich des Romanès aufgezeigt.
61 Maximoffs Vorfahren wurden in Rumänien versklavt und sind nach dem Ende der Sklaverei 1855 in Richtung Russland emigriert. Noch vor der Oktoberrevolution 1917 wanderte der Großvater Matéo Maximoffs mit einem Teil seiner Familie nach Spanien aus. Vgl. Milena Hübschmannová: Matéo Maximoff, S. 1.

ted and routed erscheint. Eine ähnlich große Bedeutung der europäischen Verwurzelung besteht im Werk von Sandra Jayat, deren Figuren in Italien, Spanien und Frankreich verortet werden. Anstelle eines einzigen Ursprungsortes tritt stellenweise die Vorstellung einer Weltbürgerschaft wie hier im Zitat aus *Zingarina ou l'herbe sauvage* (2010): „Mon pays... C'est partout où il y a un humain... Un humain libre à côtoyer. La terre est partout terre."[62]

Für den Erzähler in *Il était une fois les bohémiens* (2003) hingegen ist die fruchtbare Verbindung von indischer Herkunft und europäischer Mythologie bedeutend. Als die Figuren des Textes bei einer Pilgerfahrt nach Rom kommen, konstruiert der Erzähler diesen historischen Zusammenhang: „Au matin, la caravane de nos Voyageurs prendra la Via Aurélia qui les conduira aux portes de la ville colossale de Remus et Romulus, leurs lointains ancêtres, puisque les Tsiganes sont des indo-européens, descendants de Ram."[63] Die Geschwister Romulus und Remus, die als die mythischen Gründer der Stadt Rom gelten, und Roma werden hier mit einer gemeinsamen Herkunft als Indoeuropäer auf eine Ebene gestellt. Mit dieser Verknüpfung werden Roma an die europäische Geschichte und Mythologie gebunden und es wird ihnen nicht nur eine historische, sondern auch eine mythisch Herkunft zugeschrieben. Zusätzlich wird im Nachsatz „descendant de Ram" allerdings das indische Element besonders betont und dadurch eine mehrfach kodierte Herkunftsgeschichte sowohl indisch als auch europäisch als *bricolage* geschaffen.[64]

In Vania de Gila-Kochanowskis Werk findet sich eine ähnliche Parallelisierung in Bezug auf Indien und Europa, die mit der Erzähltradition, aber auch deren Wandel verbunden wird. Das Gesamtwerk des Autors illustriert den Willen zu tiefgreifenden Neu- und Weiterentwicklungen in der Roma-Welt. Dabei beschreiten nicht nur die Figuren neue, revolutionäre Wege, sondern auch der Autor konzipiert sein Werk explizit als eine Weiterentwicklung, die einerseits einen Traditionsbruch darstellt, andererseits jedoch eng mit den althergebrachten Werten und Erzählmethoden verbunden bleibt. Er verdeutlicht dies mit seiner Einleitung zur Anthologie *Le roi des serpents* (1996):

> Souvent nos grand-pères, nos grand-mères et nos grand-tantes racontaient jusqu'à minuit des histoires et beaucoup d'enfants s'endormaient en les écoutant. [...] Maintenant, j'écris pour vous, mes enfants tsiganes. Voyez! Nous avons préservé tout ce que nous avons apporté de notre pays d'origine – l'Inde: langue, culture, lois et conventions. Mais tous les

---

62 Sandra Jayat: *Zingarina ou l'herbe sauvage*, S. 102.
63 Lick Dubois: *Il était une fois les bohémiens*, S. 95. Mit Ram ist hier die siebte der zehn Inkarnationen des Hindu-Gottes Vishnu gemeint, die auch Rama genannt wird.
64 Vgl. Claude Lévi-Strauss: *La pensée sauvage*, S. 26–33.

> pays d'Europe où nous vivions ont fait évoluer leurs langues. Pourquoi? Parce que leurs poètes et leurs hommes instruits ont écrit depuis de longs et longs siècles avant nous. Ainsi, en tant que linguiste, j'ai travaillé pendant quarante ans pour la formation de la romani commune, langue dans laquelle ces contes et récits sont écrits.[65]

Die Bedeutung der traditionellen Erzählungen für die Gemeinschaft und vor allem für die Integration der Kinder in diese wird hier besonders hervorgehoben. Dieser Kollektivität widmet auch der Autor sein Werk („j'écris pour vous, mes enfants tsiganes"), wobei der paternalistische Ton ganz der Rolle eines traditionellen Erzählers entspricht. Gestärkt wird hier zudem der Bezug zu Indien, als Herkunftsort nicht nur der Roma, sondern vor allem auch ihrer Sprache und Bräuche. Mit dieser Bindung an einen definierten Raum und der Betonung der Bewahrung über einen langen Zeitraum findet eine Historisierung statt, die der Unzugehörigkeit von Roma und ihrer Kultur im Kontrast zu den europäischen Kulturen entgegenwirkt. Allerdings wird dieser rückwärtsgewandten Darstellung eine komplementäre, aktuelle Perspektive zur Seite gestellt. Bei aller Tradition müssen Neuentwicklungen zugelassen werden, um Stagnation zu verhindert. Eine solche Revolution ist die Verschriftlichung der Märchen und das Schaffen von Literatur. Die Literatur und der in ihr verwendete Romanès-Standard werden damit zum Mittel der Einheit aller Roma in der Diaspora und zu einer ideellen Heimat.

Das Hauptthema des ebenfalls von Vania de Gila-Kochanowski verfassten Romans *Romano Atmo* (1992), nämlich die Befreiung von der Vorherrschaft und die Erlangung von Unabhängigkeit, wird ebenfalls in Zusammenhang mit Asien gebracht. Dabei steht der revolutionäre Kampf in Lettland mit demjenigen der unterdrückten Kolonien in Asien im Zusammenhang. Interessanterweise wird der Vergleich über das Schulsystem hergestellt.[66] Der indische (Schul-)Raum wird als erstrebenswerter Platz für Roma im Allgemeinen und die Kinder im Speziellen dargestellt. Überschattet wird dieses jedoch von den Zerstörungen durch die britische Kolonialmacht. Diese Unterdrückung und die ideelle Beziehung zu Indien versucht Man'a, als Argument für die Erklärung ihrer revolutionären Bestrebungen gegenüber ihrer Familie zu nutzen: „Et pensez aussi à nos frères romané, les Indiens, qui sont réduits à un esclavage encore plus dur que ne l'était celui des Lettons et des Russes. [...] [Q]ui sait, peut-être le bruit des

---

[65] Vania de Gila-Kochanowski: *Le roi des serpents*, 1996, S. 11.
[66] Vgl. Vania de Gila-Kochanowski: *Romano Atmo*, S. 60. Ein ähnlicher Bezug zur Kolonisierung von Indien wird auch hergestellt in Vania de Gila-Kochanowski: *Romano Atmo*, S. 68 und Vania de Gila-Kochanowski: *Le roi des serpents*, S. 68.

combats arrivera jusqu'en Inde, notre patrie originelle."⁶⁷ Man'a konstruiert hier eine Völkergemeinschaft von Roma und Indern („nos frères romané") und führt diese Parallelisierung mit dem Vergleich der Unterdrückung fort. Allerdings scheitert ihre Hoffnung, der revolutionäre Gedanke würde sich ausbreiten schon an der Verweigerung ihrer Familie; geschweige denn reicht er bis ins kolonisierte Asien. So wird zwar der indische Bezug der Roma und die Konstruktion eines Ursprungsorts gestärkt, die Etablierung einer stabilen Beziehung bleibt jedoch – für den Moment – fragil und utopisch.

3.4 Zusammenfassung: Herkunft als indo-europäisches Mosaik

Die Erschreibung einer historischen Realität und die Einschreibung in die asiatische und europäische Geschichte sind die zentralen Funktionen, die mit der Repräsentation von Indien und der Herkunft der Roma aus diesem Raum verbunden werden. Die unterschiedlichen Darstellungen beziehungsweise Meinungen zur indischen Herkunft stehen einander in den verschiedenen Werken gegenüber und spiegeln die Uneinigkeit, die nach wie vor über die Ursprungsbestimmung der Roma herrscht, obgleich alle Versionen das asiatisch-indische Element bestätigen. Dabei führen die anschaulichen und zum Teil an eindeutige Situationen, Ereignisse und Personen gebundenen Gestaltungsweisen dazu, die indische Herkunft der Roma für den Leser zu versinnbildlichen und sie damit als einen integralen Bestandteil des Mosaiks der Roma-Identität erscheinen zu lassen. Die Bedeutung der Erzählerfiguren in den Sequenzen, die sich mit der indischen Herkunft auseinandersetzen, ist augenfällig. Durch diese Orientierung an der Erzählkultur wird zum einen die Nähe der Autoren und ihrer Werke zu den Roma betont und zum anderen versucht, einen traditionshaften Eindruck zu erzeugen, der den Ursprungsgedanken im kollektiven Gedächtnis verankert. Dies führt zur Konkretisierung des Themas und seiner Vermittlung in Erinnerungsfiguren im Sinn Jan Assmanns, deren Charakteristika nachfolgend anhand der drei konstitutiven Merkmale Zeit- und Raumkonkretheit, Identitätskonkretheit und Rekonstruktivität resümiert werden.

---

67 Vania de Gila-Kochanowski: *Romano Atmo*, S. 192–193.

Erinnerungsfigur: Indische Herkunft

In den Kontext einer Anreicherung des Raums mit Wert kann die Rekonstruktion des indischen Ursprungs als Ausgangspunkt der Wanderschaft gestellt werden. Allerdings muss in diesem Zusammenhang betont werden, dass unterschiedliche Herkunftsvisionen miteinander konkurrieren und sich zwar Nordindien als gemeinsamer Ursprungsort (der Wanderschaft) manifestiert, jedoch keine Einigkeit bei Grundmotivation und Zeitraum der Auswanderung herrscht. Dies gilt ebenso für die zeitliche Situierung der Emigration, auf die in den verschiedenen Werken unterschiedlich oder gar nicht verwiesen wird.[68] Insofern ist dieser spezielle Punkt zwar in einzelnen Werken in sich schlüssig und entscheidend für Roma, zeigt aber übergreifend betrachtet die sehr unterschiedlichen Herkunftsvarianten, über die kein Konsens besteht. Dennoch können die Werke – am prominentesten sicher der in Indien spielende Roman von Roberto Lorier *Pâni et le peuple sans frontières* (2010) – als Zeugnisse eines fortschreitenden Prozesses betrachtet werden, in dem sich der indische Raum konkretisiert.

Besonderen Gruppenbezug stellen dabei die Anspielungen auf Indien in Verbindung mit körperlichen Merkmalen oder persönlichen Eigenschaften her, wodurch die Figuren selbst einen Teil des indischen Ursprungs in sich tragen, den sie nicht ablegen (können) und der damit auch die gegenwärtige Identität fundamental beeinflusst.

Erinnerungsfigur: Der Erzähler

Intergenerationale Vermittlersituationen sind in sehr vielen Texten ein zentraler Aspekt nicht nur für die gruppenspezifische Wissensvermittlung wie der indischen Herkunft oder auch dem Holocaust, sondern auch um eine enge Verbindung der Individuen zur Gemeinschaft herzustellen und auf diese Weise die Integration der einzelnen Figuren in die Roma-Gemeinschaft zu stärken. Obgleich durch die Personenkonstellationen – meist intime Zwiegespräche zwischen Enkel oder Enkelin und Großvater oder Großmutter, die Nähe illustrieren – und durch die vermittelten Inhalte eine traditionelle Beziehung rekonstruiert und ein eindeutiger Gruppenbezug hergestellt wird, bleiben Raum und Zeit in Relation zum Erzähler vergleichsweise diffus. Nur in einigen wenigen Fällen können diese als ritualisierte Erzählzusammenkünfte oder repetitive Ereignisse

---

[68] Für die unterschiedlichen zeitlichen Situierungen vgl. zum Beispiel Matéo Maximoff: *La poupée de Mameliga*; Joseph Doerr: *Où vas-tu manouche?* und Roberto Lorier: *Pâni*.

bezeichnet werden.[69] Zumindest punktuell spielen Erzählsituationen jedoch in fast allen Werken eine Rolle und haben zumeist Bedeutung für die Handlung beziehungsweise die Beziehungen zwischen den Figuren. Sie stehen damit auch für die kontinuierliche Verbindung der Figuren zu ihrer Gemeinschaft und deren oraler Tradition und relativieren die Divergenzen, die ihr Außenseiterdasein erzeugt.

In den literarischen Darstellungen kann die Rückeroberung der indischen Herkunft als *Diasporic Imaginary* festgehalten und damit eine in Relation zum Ursprung unifizierende Sicht konstatiert werden. In einigen Fällen wird dies mit heldenhaften Geschichten verbunden, die Ursprungsmythen ähneln, wodurch sich der Versuch zeigt, ähnlich wie in mehrheitsgesellschaftlichen Narrativen, eine mythologische (kriegerhafte) gemeinsame Herkunft zu konstruieren.

---

[69] Dies ist zum Beispiel bei den täglichen Erzählungen von Ribeiro Verde in Sandra Jayats *Les racines du temps* (1998) der Fall.

IV. Fazit – Französische Roma-Literatur: Gedächtnis (in) der Diaspora

Die vorliegende Studie wandte sich mit der Analyse der französischen Narrativik von Roma einem noch kaum erschlossenen Forschungsfeld zu. Die drei kulturwissenschaftlichen Bereiche (*Diaspora Studies*, Gedächtnis und Mündlichkeit und Schriftlichkeit) und ihre Anpassung an das Forschungsthema erwiesen sich als produktive Basis für eine umfassende Einordnung der narrativen Werke von Roma-Autoren aus Frankreich. Dabei wurde die Kernfrage verfolgt, ob diese als Ausdruck eines diasporischen Bewusstseins interpretiert werden können. Auf diese Weise wurde erstens das literarische Korpus erschlossen und zweitens ein theoretischer Rahmen geschaffen, der für weitere noch ausstehende Analysen von Roma-Literaturen als relevant gelten kann. Die mit diesen zwei Zielen verbundenen zentralen Thesen und Erkenntnisse werden im Folgenden abschließend zusammengefasst.

Ausgangspunkt der Untersuchung war eine kritische Diskussion der Frage, ob eine Einordnung nach ethnischen Merkmalen, wie sie die Bezeichnung ‚Roma-Literatur' darstellt, legitim ist. Sowohl (nationale) Unterschiede als auch Parallelen in den Literaturen der Roma wurden aufgezeigt. Aus dieser Einordnung wurde geschlossen, dass die Entstehung der literarischen Werke und ihre Gemeinsamkeiten eine Betrachtung unter dem Aspekt der Roma rechtfertigen. Erste Anhaltspunkte für die weitere Untersuchung ergab in diesem Kapitel die Diskussion verschiedener Bennennungen für Roma im deutschen und französischen Sprachraum, denn sie indizieren die interne Zersplitterung der Gemeinschaft in verschiedene Gruppen und damit auch den Einfluss verschiedener Umgebungsgesellschaften. Der Schriftsteller nimmt in diesem Zusammenhang die kritische Rolle des Grenzgängers zwischen Mehrheit und Minderheit ein.

Auf diesen Erkenntnissen – Heterogenität und Zusammengehörigkeit der Roma – basierend wurde als theoretische Herangehensweise im zweiten Kapitel auf das seit den 1990er Jahren für die Kulturwissenschaften fruchtbar gemachte Konzept ‚Diaspora' zurückgegriffen. Da dessen Anwendung – vor allem in Bezug auf Roma – häufig diffus ist, wurden nach der Vorstellung zweier zentraler Modelle (*Centered* und *Decentered Model*) Kritikpunkte am Konzept in Verbindung mit der bereits bestehenden (ethnologischen) Forschung zu den Roma diskutiert. Auf dieser Basis wurde die performative Sicht Rogers Brubakers auf Diaspora und seine Feststellung von drei konstitutiven Merkmalen (Zerstreuung, Grenzerhalt und -auflösung, Herkunft) gewählt, um soziokulturelle Kennzeichen der Roma vorzustellen. In den Textanalysen konnte gezeigt werden, wie sich thematische Schwerpunkte in den Romanen und Erzählungen in dieses

Schema einfügen und dadurch Parallelen zwischen den Werken auftreten. Auf diese Weise zeigt sich, dass die Texte durch die diasporischen Erfahrungen geprägt sind und dass die Autoren sie nutzen, um einen Diaspora-Diskurs zu etablieren, wie beispielsweise bei der Entwicklung von Nationenprojekten, die der Etablierung beziehungsweise Stärkung einer transnationalen Roma-Gemeinschaft dienen. Sehr deutlich sichtbar wird diese homogenisierende Intention ebenfalls bei der Formulierung von Gesetzgebungen, welche die Grenze zur Umgebungsgesellschaft institutionalisieren. Ein weiteres Beispiel stellt die mythologisierende Herangehensweise an den indischen Ursprung dar, die einen gemeinsamen Ausgangspunkt für alle Roma schafft. Wenngleich hierbei der Begriff ‚Diaspora' selbst nicht fällt, sprechen die Themenwahl sowie die immer wieder angeführten Anspielungen auf jüdische Erfahrungen für die Ambition, eine deterritoriale Gemeinschaft zu konstruieren und in Brubakers Worten ein diasporisches Projekt als „idiom, stance, and claim"[1] zu etablieren. Zerstreuung, Grenzziehung beziehungsweise -auflösung und Herkunftsbezug spielen in den Werken französischer Autoren folglich zusammen, um eine Identität der Roma zu erschaffen und zu vermitteln, die unifizierend wirkt, aber gleichzeitig Raum für spezifische Merkmale unterschiedlicher Gruppen bietet. Die größte Bedeutung kann daher der Grenzziehung und damit dem kulturbewahrenden Aspekt zugewiesen werden. Gegenüber kulturellen Begegnungssituationen legen die Autoren einen tiefen Pessimismus an den Tag, denn Kontakte zwischen Roma und Nicht-Roma sind von Vorurteilen und Stereotypen geprägt oder scheitern am konservativen Charakter der Roma-Gemeinschaften. Ein Scheitern bedeutet dies auch in den meisten Fällen für die Protagonisten, die eine doppelte Zugehörigkeit zwar wünschen, jedoch diese höchstens in einzelnen Punkten leben können, womit Vorstellungen wie der „terza via"[2] als hybride Identitätskonstruktion eine Absage erteilt wird. Damit stehen Abgrenzungstendenzen, wie sie die Vertreter eines *Centred Diaspora Model* (zum Beispiel William Safran, Gabriel Sheffer, Khachig Tölöyan etc.) in den Vordergrund stellen, zwar auch hier im Zentrum, dennoch hat auch das „relational positioning"[3], das zum Beispiel die Theoretiker James Clifford, Stuart Hall oder Édouard Glissant propagieren, Bedeutung. Nur durch die Versuche der Protagonisten, den kulturellen „espace blanc"[4] zu überbrücken, wird dieser als solcher überhaupt greifbar und bietet für die Roma und für die Mehrheit gleichermaßen die

---

1 Rogers Brubaker: The ‚Diaspora' Diaspora, S. 12.
2 Santino Spinelli: *La lunga strada*, S. 174.
3 James Clifford: Diasporas, S. 307.
4 Michel Foucault: *Préface*, S. 161.

Möglichkeit der kulturellen Bewusstseinswerdung und damit eine Basis für das Verständnis von Unterschieden und Gemeinsamkeiten. Wie in den Textanalysen gezeigt werden konnte, resultiert aus dem Streben nach interkulturellem Austausch für die einzelnen Figuren allerdings eine problematische Situation. In ihrer Position als Grenzgänger bringen sie die kulturelle Kerngemeinschaft in Kontakt mit Fremdem und Neuem – zumeist durch die Schrift symbolisiert –, wobei eine konservative Abwehrhaltung gegenüber dem Kulturwandel hervorgerufen wird, die zur marginalisierten sozialen Stellung der Figuren führt. Damit spiegeln die Figuren die ambivalente Situation der Autoren als Kulturbewahrer und Innovatoren, deren Kommunikationsadressaten vorrangig mehrheitsgesellschaftliche Leser sind. Dennoch spielen auch eventuelle Roma-Rezipienten eine Rolle, wie sich in den Texten an der Bedeutung von Gedächtnis und Erinnerung ablesen lässt, die sich sehr explizit auf die Lebenswelt der Roma beziehen.

Um die historisierenden Beschreibungen des Lebens der Roma in Frankreich theoretisch zu fassen, wurde im dritten Kapitel des ersten Teils auf das Konzept des kommunikativen und kulturellen Gedächtnisses von Jan Assmann rekurriert.[5] Allerdings erschien die Anwendung dieses Konzepts auf die Roma-Literatur nur eingeschränkt möglich, denn erstens ist die zugrundeliegende Homogenität des kulturellen Gedächtnisses bei der Anwendung auf Minderheiten kritisch und zweitens geschieht die schriftliche Fixierung kultureller Aspekte bei den Roma entgegen dem Konsens der Gemeinschaft und kann damit nur bedingt als verbindlich gelten. Aus diesen Gründen wurde die Zwischenform des fiktionalen kulturellen Gedächtnisses eingeführt. Die mit diesem Begriff gefasste vorgestellte kulturelle Welt der Autoren hat nichtsdestotrotz das Ziel, eigenkulturelle Aspekte objektiv abzubilden. Diese kristallisieren sich in sogenannten ‚Erinnerungsfiguren' und zeigen in den Texten die schriftliche Fixierung des fiktionalen kulturellen Gedächtnisses der Roma. In den französischen Werken konnten einige übergreifende Erinnerungsfiguren der Roma festgestellt werden (Leben auf der Wanderschaft, Django Reinhardt, Les Saintes-Maries-de-la-mer, der Holocaust, der Untote *mulò*, der Erzähler, der *niglo*, das Romanès und die indische Herkunft). Von besonderer identitätskonstitutiver Bedeutung für die Gemeinschaft ist dabei der Holocaust als kollektives Todesurteil und extreme Erfahrung. Das Leben auf der Wanderschaft, das als existentielles Merkmal wahrgenommen wird, spielt – obwohl dies paradox erscheint – eine ebenso bedeutende Rolle bei der Unifikation, da es eine von allen Figuren vertretene Lebensweise ist. Ein ähnlich übergreifendes Charakteristikum stellen

---

5 Vgl. Jan Assmann: *Kulturelle Gedächtnis*.

die künstlerischen Tätigkeiten als individuelle Ausdrucksform und Möglichkeit des wirtschaftlichen Überlebens zugleich dar. Die Identifikation mit Frankreich als Handlungs- und Lebensraum der Roma zeigt sich in der wiederkehrenden Thematisierung des Pilgerortes Les Saintes-Maries-de-la-mer und dem positiv belegten Auto- und Heterostereotyp der Roma als begnadete Künstler, das in den Werken der französischen Roma in der Figur des Jazz-Gitarristen Django Reinhardt kondensiert wird. Allgemeiner gefasst, bieten künstlerische Tätigkeiten unterschiedlichster Art den Figuren der Erzählungen und Romane damit die Möglichkeit zur Entfaltung von (geistiger) Freiheit. Die Erinnerungsfiguren stehen für ein Gedächtnis der Roma, das durch jahrhundertelange diasporische Erfahrung geprägt ist. Zugleich zeugen sie vom Willen der Vereinigung und Schaffung einer deterritorialen Nation der Roma mit einem gemeinsamen Ursprung, einer Sprache und einer eigenen Tradition und illustrieren damit auch die Entwicklung eines Diaspora-Diskurses, der die Zusammengehörigkeit der zerstreut lebenden Gemeinschaft betont.

Nicht alle Erinnerungsfiguren können als etablierte Kristallisationspunkte des Gedächtnisses gesehen werden. Vielmehr muss davon ausgegangen werden, dass es sich beim Rekurs auf diese Figuren um ein Ausloten ihrer (vereinheitlichenden und zeitübergreifenden) Wirkung handelt und dass das fiktionale kulturelle Gedächtnis dynamisch ist. Nicht nur in Bezug auf das Merkmal der Rekonstruktivität sind Erinnerungsfiguren wandelbar, manche verschwinden ganz und neue etablieren sich im Lauf der Zeit (so beispielsweise Indien als Ursprung); andere ändern ihren Sinnzusammenhang, wie am Beispiel der Wanderschaft der Roma gut festgestellt werden kann. Einige der Erinnerungsfiguren haben eine eindeutige französische Prägung – man beachte die Bedeutung von Les Saintes-Maries-de-la-mer und Django Reinhardt – und sind vor allem für die französischen Roma bedeutsam. Andere hingegen, so kann vermutet werden, finden sich in ähnlicher Form in anderen Kulturräumen unter den Roma eventuell mit leicht abgewandelten Konotationen oder anderer Vehemenz. So hat der Holocaust sicher im deutschsprachigen Raum aufgrund der historischen Erfahrung eine wesentlich größere Bedeutung als in anderen Kulturräumen. Gesamthaft betrachtet zeigt der Rekurs auf ähnliche Bilder, Personen, Orte und Narrative die gemeinsame kulturelle Basis der Autoren, die sowohl durch ihre Zugehörigkeit zu den Roma als auch zu Frankreich geprägt sind. Die historisierenden Beschreibungen des Lebens der Roma in Frankreich in den literarischen Werken von Angehörigen der Gemeinschaft unterwandern damit das Stereotyp der Roma als geschichtsloses Volk auf zweierlei Weise: Auf der einen Seite wird die Literatur zum Medium des Gedächtnisses der Gemeinschaft, wenn zum Beispiel Ereignisse wie die Verfolgung während des Holocaust festgehalten werden; zum anderen ist die Literatur der Ort, an dem Gedächtnis und Erinnerung thematisiert und erinnerungskulturelle Schemata repräsentiert werden, beispielsweise wenn die Wissensweitergabe von einer Generation an die nächste abgebildet wird.[6] Der nostalgisch-melancholischen Rückblick, der generell als charakteristischer Zug für die Narrativik der Roma festgehalten werden konnte, wurde in dem dieser Studie als Leitmotiv zugrundegelegten Buchtitel von Lick Dubois *Il était une fois les bohémiens* zusammengefasst ist. Derartige Passagen sind in den französischen Texten häufig an mündliche Strukturen angelehnt. Mit Rückgriff auf die ähnliche Situation frankokaribischer Autoren wurde daher im vierten theoretischen Kapitel das Konzept der *oraliture* der Roma entwickelt. Demgemäß wurden sieben Kennzeichen (Verwischung der Zielgruppen, Genremischung, Traditionelle Stoffe, Erzählerfigur, Dialogdichte und Spontaneität, Affektive Beteiligung und Expressivität und Sprachliche Interferenzen), mit denen Mündlichkeit im Schriftlichen nachgebildet wird, hypothetisch formuliert. Diese wurden punktuell in den Untersuchungen der Texte analysiert und aufgezeigt, wie sich orale Strukturen manifestieren und ideelle Nähe zu den Roma illustrieren beziehungsweise wie distanzsprachlicher Stil für eine Entfernung von denselben spricht.

Wie in den Textanalysen festgestellt werden konnte, werden Ereignisse sowie Werte und Normen, die als spezifisch für Roma und ihr Dasein gelten, oft in dokumentarisch wirkenden Teilen erklärt und in einen größeren Kontext gesetzt. Mit ihrem deskriptiven Stil stehen diese Passagen in einer ethnographischen Tradition und die in diesen Textteilen häufiger auftretenden auktorialen Kommentare unterstützen den Eindruck von Objektivität. Solche (kulturellen) Reflexionen zeigen Abstraktion und indizieren Distanz vom Gegenstand und damit auch bis zu einem gewissen Grad von der Lebensrealität der Roma. Nähe zur Mündlichkeit hingegen erzeugen die dialogorientierten Teile, abgebildete Erzählsituationen und die Erzählerfiguren. Auch sie vermitteln spezifisches Wissen über Roma und ihre Erzähltradition. Dies wird häufig interaktiv gestaltet und bildet so für orale Kulturen typische Traditions- und Wissensvermittlungssituationen ab. Der Erzähler ist dabei mit Abstand die wichtigste Referenz an die orale Kultur und wird sehr häufig in einer intergenerationalen Dialogsituation abgebildet, ebenso lässt sich der Rückgriff auf traditionelle Stoffe feststellen, wenn beispielsweise *mulò*-Schauergeschichten oder anzügliche Anekdoten eingeflochten werden, die durch expressiven Stil gekennzeichnet sind. Deutlich

---

6 Zu dieser Unterscheidung in der Literatur allgemein vgl. Astrid Erll/Ansgar Nünning: Literaturwissenschaftliche Konzepte von Gedächtnis: Ein einführender Einblick. Dies. (Hg.): *Gedächtniskonzepte der Literaturwissenschaft. Theoretische Grundlegung und Anwendungsperspektiven*. Berlin u.a.: de Gruyter 2005, S. 2–7.

seltener sind die Erzählsituationen allerdings durch formelhafte Ausdrücke geprägt, die einen ritualisierten Charakter transportieren würden. Daher erscheinen sie meist alltagsnah und stellen auf diese Weise die Einbettung des Erzählens in den täglichen Umgang der Figuren miteinander dar. In diesem Zusammenhang ist eine bedeutsame Erkenntnis der vorliegenden Arbeit die Tatsache, dass es nur in einigen seltenen Fällen zur direkten Übernahme von mündlichen Stoffen – im Sinne einer Transkription – kommt. Vielmehr sind die Texte durch orale Strukturen inspiriert und zeigen mit Patrick Chamoiseaus Worten die „tracée mystérieuse de l'oral à l'écrit"[7] und damit den kreativen Umgang mit der Erzähltradition. Die *oraliture* der Roma indiziert dadurch eine kulturelle Rückbesinnung, die nicht statisch wirkt, sondern vielmehr von dynamischem Umgang geprägt ist. Es konnte gezeigt werden, dass der Einfluss der oralen Tradition in der französischen Roma-Literatur eine herausgehobene Bedeutung sowohl auf ästhetischer als auch sozialer Ebene hat: Sie erfüllt die wichtige Funktion der Rückbindung an die Kultur der Roma-Gemeinschaft in einem Medium, dass sich durch seine Schriftlichkeit von derselben entfernt.

Aus dem betrachteten Korpus und der theoretischen Basis ergeben sich einige für weitere Forschungsansätze relevante Gesichtspunkte. So wäre es interessant, das erarbeitete theoretische Konzept von Diaspora, Gedächtnis und *oraliture* in anderen sprachlich-nationalen Kontexten wie beispielsweise Spanien oder Rumänien auf die literarische Produktion von Roma anzuwenden. Was das französischsprachige Korpus betrifft, wäre es gewinnbringend, neben der hier erfolgten Betrachtung der Narrativik eine detaillierte Untersuchung der Lyrik in Hinblick auf einen politischen Diaspora-Diskurs vorzunehmen. In den letzten Jahren wurde der bildnerisch-künstlerischen Arbeit von Roma vermehrt Aufmerksamkeit geschenkt. Auch für diese künstlerische Produktion ist es denkbar den Ansatz zu adaptieren, insbesondere unter dem Aspekt des Dispora-Diskurses sowie des fiktionalen kulturellen Gedächtnisses.

Die Literatur der Roma bietet diesen seltenen und intimen Einblick in das Leben eines Volkes, das seit hunderten von Jahren in Europa lebt und seine kulturelle Eigenständigkeit gegen alle äußeren Einflüsse sowie gewaltsamen Assimilierungs- und Verfolgungsversuchen bewahrt hat. Dabei verharrt die Roma-Kultur keineswegs statisch in überholten Strukturen. Vielmehr ist ihr Leben von nach innen gewandtem Traditionserhalt und flexibler Anpassung an die Umwelt zugleich gekennzeichnet. Die Entstehung einer eigenen und ebenso französisch geprägten Literatur ist das beste Zeichen für diese diasporische Dynamik.

---

7 Patrick Chamoiseau: *La tracée mystérieuse*, S. 151.

V. Anhang – Biographien und Werkzusammenfassungen

Da ein Großteil der in der vorliegenden Arbeit untersuchten Werke und Informationen zu ihren Autoren nur schwer zugänglich ist, ist eine Zusammenstellung relevanter Lebensdaten und Resümees der Publikationen angebracht. Die französischen Autoren und die von ihnen verfassten Werke werden zu diesem Zweck in alphabetische Reihenfolge dargelegt.

Joseph Doerr dit Coucou
Biographie
Der Violinist und Gitarrist Joseph Doerr wurde am 9. August 1902 in Frédéric-Fontaine/Frankreich geboren. Er wuchs in einer nomadisierenden *manouche*-Familie auf. Nach einigen Jahren in Italien wurde die Familie von dort ausgewiesen. Sie folgte anschließend einer für diese Jahre typischen Migrationsroute und wanderte über Spanien nach Argentinien aus. Der Aufenthalt in Südamerika dauerte jedoch nur kurz an und die Familie kehrte 1912 nach Europa zurück. Die im selben Jahr gesetzlich eingeführten Restriktionen der wandernden Lebensweise in Frankreich führten zu einer Auswanderwelle nach Spanien, der sich auch die Familie Doerr anschloss.[1] Aufgrund der häufigen Ortswechsel ging Joseph Doerr kaum zur Schule. Lesen und schreiben lernte er zunächst auf Italienisch und später auf Spanisch von seinem Vater und den Kindern der Mehrheitsgesellschaft, mit denen er Kontakt hatte.[2] Seine letzten Lebensjahre bis zu seinem Tod 1986 verbrachte der Künstler nahe der südwestfranzösischen Stadt Pau als respektiertes Mitglied einer traditionell lebenden *manouche*-Gruppe.

Où vas-tu manouche? (1982)
Das Buch *Où vas tu manouche?* mit den Untertiteln *Vie et Mœurs d'un Peuple Libre U manush djiven le an u kamlepen un frai* beruht auf einer Reihe von Fragmenten, die der Autor im Laufe seines Lebens sammelte und schließlich zu einem Text zusammenfügte.[3]

---

[1] Vgl. Alain Reynier: Pérégrinations des Manouches en France au XIXème siècle. In: *Études tsiganes* 26 (2006), S. 9–17.
[2] Vgl. Jean Fleury: Introduction. In: Joseph Doerr dit Coucou: *Où vas-tu manouche?*. Draguignan: Wâllada 1982, S. V.
[3] Vgl. Jean-Luc Pouyeto: Coucou Doerr, S. 122.

Die als Familiengeschichte dargestellte Publikation thematisiert die zahllosen Reisen der *manouche*-Familie Doerr durch Frankreich, Spanien und sogar über die europäischen Grenzen hinaus nach Südamerika.[4] Im Text indizieren die Überschriften der einzelnen Kapitel, die meist Jahreszahlen beinhalten, eine chronologische historische Vorgehensweise, die sich auch mit der inhaltlichen Präsentation deckt. Das erste Kapitel beginnt mit dem Ende des deutsch-französischen Kriegs 1870. Diese geschichtliche Situierung führt allerdings nicht zu einer genauen Beschreibung der Auswirkungen politischer Ereignisse auf das Leben der *manouches*, sondern dient eher als zeitliche Orientierungspunkt. Detailliert beschrieben werden hingegen Alltagssituationen, wie zum Beispiel die immer wieder schwierige Situation, genügend Nahrungsmittel zu erhalten, die Möglichkeit über musikalische Darbietungen oder mit Kinovorführungen Geld zu verdienen und die allgemeine Härte des nomadischen Lebens, das nichtsdestotrotz der Sesshaftigkeit vorgezogen wird. Einzelne Handlungsteile werden stellenweise übergangslos aneinandergereiht. Auf diese Weise entsteht ein assoziativer Erzählstil, der erzählerische Dynamik vermittelt und sich so mit der Bewegung auf inhaltlicher Ebene verbindet. Die bezeugende Erzählsituation wird an der deskriptiven Schreibweise mit sehr wenigen dialogischen Teilen deutlich. Der Erzähler äußert sich bewusst unpersönlich und erzeugt so einen objektiven Erzählstil. Dies ist kongruent mit dem tendenziell historisch-dokumentarischen Charakter der Publikation, der zum Beispiel durch die dem Text vorangestellte Zusammensetzung der Familie Doerr erzeugt wird.

Lick Dubois
Biographie
Obwohl der volle Name des Autors Lick Dubois lautet, werden seine Werke lediglich unter seinem Vornamen veröffentlicht. Der *sinto piémontais* stammt aus einer Gruppe, die in der Region *Alpes maritimes* lebt und wohnt in der Nähe von Cannes. Als Gitarrist ist er vor allem durch das von ihm initiierte künstlerische Projekt *Nuits Tsiganes* in Südfrankreich bekannt geworden.[5] Verschiedene Roma-Gruppen traten in dessen Rahmen zwischen 1978 und 1986 in verschiedenen Städten der Côte d'Azur auf und präsentierten ihre Musik, Tanz und Akrobatik. Im Jahr 1999 gründete der Liedtexter und Komponist mit sechs weiteren *sinti piémontais* das Ensemble *Les Zingaria* und tritt mit dieser Formation bis

---

4 Vgl. Julia Blandfort: Liberté, S. 132–133.
5 Vgl. Mathieu Faure: Lick Dubois, la mémoire du groupe Zingaria. In: *nicematin.com* (5.1.2012).

heute auf.⁶ Er engagiert sich darüber hinaus für den Erhalt von Sprache und Kultur seiner Roma-Gruppe.⁷

Das narrative Werk

Die Veröffentlichungen von Lick sind durch einen stark dokumentarischen Charakter gekennzeichnet. Dies gilt im Besonderen für die drei ersten Publikationen des Autors, die mit dem Übertitel *Scènes de la vie manouche* erschienen sind. Die Bücher *Sur les routes de Provence avec les Sinti Piémontais 1935–45* (1998), *Il était une fois les bohémiens 1945–2000* (2003) und *Enfances tsiganes. Merles des bois, merles des parcs* (2007) sind durch einen großen Anteil an Dialogizität geprägt und stehen inhaltlich in engem Bezug zur Realität der Roma. Der Eindruck von Authentizität wird durch eingefügte (Familien-)Fotographien verstärkt.

Scènes de la vie manouche. Sur les routes de Provence avec les Sinti Piémontais **(1998)**

Das erste von Lick Dubois unter der Kategorie *Récit* veröffentlichte Werk handelt vom Leben einer Familie *sinti piémontais* in den späten 1930er Jahren. Die nomadisierende Familie rund um den Großvater Kashuko lebt vom Hausieren und Handel mit der Landbevölkerung in Südfrankreich. Auf ihren Reisen treffen sie auf verschiedene Roma-Gruppen, mit denen sie zum Teil enge Beziehungen aufbauen. Wiederkehrende Themen im Text sind die schwierige Nahrungsbeschaffung (Hausieren, aber auch aus der Natur und gelegentlich durch Stehlen) und die Schikane durch die Behörden und die Polizei. Generell ist der Text ereignisarm und die Dialoge spiegeln vor allem Alltagskommunikation und das tägliche Leben der Familien. Innerhalb dieses Rahmens handelt der Text vor allem von den erwachenden Liebesbeziehungen mehrerer junger Sinti. Die hohe Figurenzahl – ein Großteil der Figuren spielt nur eine nebengeordnete Rolle –, die eng verwobenen Familienbeziehungen und die homophonen Namen machen die Konstellationen relativ unübersichtlich und erschweren den Leseprozess. Auffällig ist die fast ausschließlich dialogische Struktur des Textes. Nur selten unterbrechen Erzählerkommentare diese mit erklärenden Passagen. Irri-

---

6 Vgl. http://www.vurdon.it/Zingaria_fr.htm'Lick%20Dubois.
7 Vgl. Mathieu Faure: Lick Dubois. Zum Beispiel mit der Podiumsdiskussion beim Colloque international *Une ou des littérature(s) romani?* am 13.11.2009 an der Université Paris IV Sorbonne. Das Engagement zeigt sich auch in der Tatsache, dass die Internetseite der Gruppe *Les Zingaria* neben Französisch auch im Dialekt der *sinti piémontais* zur Verfügung steht.

tierend wirkt dabei, dass sehr häufig der Redeanteil nicht klar einer Figur zugeordnet werden kann, weshalb oft nicht deutlich wird, wer spricht.

In Bezug auf die Dialoge ist weiterhin die Aufwertung des Romanès festzustellen. Eine sprachliche Doppelstruktur dominiert weite Teile des Textes: Zunächst wird in diesen Fällen der Text auf Romanès wiedergegeben und dann in Klammern auf Französisch. Die dabei zum Ausdruck gebrachte Alltagskommunikation beinhaltet auch die für das Romanès typischen sexualisierten Formen, welche zusätzlich durch eine Vielzahl sexueller Anspielungen und Schwänken sowie erotischer Beschreibungen inhaltlich ergänzt werden. Diese erotischen Sequenzen (zum Beispiel die Entjungferung von Pirangli) bringen den Leser in die Position des Voyeurs, da sie sich immer heimlich abspielen und in Kontrast zur prüden Roma-Gemeinschaft gestellt werden. Diese ist zudem durch die strenge Rollentrennung gekennzeichnet, welche sich auf der Dialogebene spiegelt. Kommunikationspartner sind fast immer nur Frauen oder Männer untereinander.

Il était une fois les bohémiens (2003)

In dieser Veröffentlichung wird die Familiengeschichte fortgesetzt. Die Figuren stimmen daher zu einem Großteil mit *Scènes de la vie manouche. Sur les routes de Provence avec les Sinti Piémontais* (1998) überein und werden durch die Kinder der Paare ergänzt. Beschrieben wird, wie ab 1950 das fahrende Leben der Sinti-Familien in der Provence allmählich immer schwieriger wird und sie sich daher mithilfe einer sozialen Vereinigung in einer Siedlung in der Nähe von Grasse niederlassen. Der Übergang zum sesshaften Leben ist nicht problemlos. Trotz der Bemühungen von einer christlich geprägten Organisation unter der Leitung des Sozialarbeiters Tilt und der Nonne Joanne verkommt der Stellplatz mit den Wohnwägen zum *bidonville*. Einige Jahre später jedoch können einige Familien in kleine Bungalows umziehen. Zusehends lösen sich allerdings auch die althergebrachten Traditionen und der enge Gruppenzusammenhalt auf, wie der Erzähler mehrfach bemerkt. Auch die vorübergehende Trennung des Protagonist Sonakaï von seiner Familie spricht dafür. Er reist für einige Monate nach Paris, um zu versuchen, als Sänger erfolgreich zu sein. Dieser Plan scheitert jedoch ebenso wie das Vorhaben von Tilt und Sonakaï, bei einer Tournee unter dem Titel *Nuit tsigane* unterschiedliche Roma-Gruppen zu vereinen und ihre Kultur und Musik bekannt zu machen. Die Geschichte endet in den 1990er Jahren in einer Zeit, in der alle Familien vollständig sesshaft geworden sind und Sonakaï mit einer Krankenschwester, die nicht zu den Roma gehört, eine eigene Familie gegründet hat.

Grundsätzlich unterscheidet sich die Struktur weder inhaltlich noch strukturell von der ersten Publikation. Die Beschreibung der Alltagskommunikationen ist vorherrschend und auch der dialogische Anteil ist immer noch sehr groß. Im Vergleich zum ersten Werk nehmen deskriptive Textanteile jedoch wesentlich mehr Raum ein. Dies ist auch auf die zunehmende interne Fokalisierung auf Sonakaï zurückzuführen, der aufgrund der Bezüge zum schriftstellerischen Schaffen als *alter ego* des Autors bezeichnet werden kann.

Enfances tsiganes. Merles des bois, merles des parcs (2007)

Inhaltlich werden in diesem Werk vielfach Episoden aus *Il était une fois les bohémiens* aufgegriffen (zum Beispiel der Übergang der Familie zur Sesshaftigkeit). Allerdings ist die Erzählsituation hier autobiographisch und verstärkt durch kritische Reflexionen zur Lebensweise der Roma geprägt. Auch die Redewiedergabe entscheidet sich erheblich von den beiden vorherigen Publikationen. Dialoge spielen eine sehr viel geringere Rolle als zuvor und es wird deskriptiver vermittelt. Die innere Entwicklung des autodiegetischen Erzählers steht im Zentrum. Aber auch hier werden die Zeiten des nomadischen Lebens, währenddessen Roma noch als solidarische Gemeinschaft ihre eigenen Werte und ihre Sprache pflegten, nostalgisch beleuchtet und der Traditionsverlust beklagt.

Romanestan. L'île du peuple rom (2010)

Im Gegensatz zu den vorherigen Werken spielt in diesem *Conte philosophique* weniger das tägliche (Über-)Leben eine Rolle. Es werden vielmehr unterschiedliche moderne Lebensweisen der Roma beleuchtet. Das Sinti-Ehepaar Gropelo und Angela lebt in einer Gemeinde im Süden Frankreichs. Während ihre Eltern noch ein Wanderleben führten, sind die beiden ebenso wie ihre weitere Verwandtschaft und ihre Kinder seit Jahren sesshaft. Der Neffe Gropelos gehört der evangelikalen Kirchenbewegung an und reist nach Indien, um nach Ähnlichkeiten der Sinti mit der dortigen Bevölkerung zu suchen. Auch Gropelo und Angela treffen während einer Reise nach Los Angeles, wo sie ihren Sohn und seine Familie besuchen, andere Roma. Beide Familienoberhäupter – sowohl der französischstämmige Sinto als auch der Rom aus Rumänien – leben den amerikanischen Traum. Sie sind zu Reichtum gekommen, ohne jedoch ihre Roma-Wurzeln wirklich zu vergessen. Ihre Integration in die amerikanische Gesellschaft erscheint perfekt. In Frankreich hingegen werden die rumänischen Roma ausgewiesen und so die Verfolgungsgeschichte fortgesetzt. Auch der Traum einer Roma-Nation mit einem eigenen Territorium, Romanestan, den Gropelo hat, entpuppt sich als Utopie. Mit dem Rückgriff auf dieses real-politische Projekt der 1930er Jahre bindet der Autor die (politische) Geschichte der Roma in seine fiktionale Geschichte ein. Entgegen diesen Abgrenzungstendenzen propagiert er jedoch schlussendlich universale Gleichberechtigung aller Menschen.

Im Gegensatz zu den vorherigen Publikationen ist der Text wesentlich weniger historisierend, sondern auf die Gegenwart und Zukunft gerichtet. Auch die Vermittlung unterscheidet sich erheblich: Der Text ist ebenso in geringerem Ausmaß dialogisch und das Romanès spielt kaum eine Rolle. Es überwiegen innere Reflexionen des autodiegetischen Erzählers Gropelo und seine politisch-philosophischen Gespräche mit anderen Figuren. Die Anzahl der Charaktere ist ebenfalls wesentlich geringer als in den vorherigen Werken und spiegelt so die – kritisch reflektierte – Tendenz zur Individualisierung der Roma.

Vania de Gila-Kochanowski
Biographie
Der zu den baltisch-slawischen Roma gehörende Autor wurde 1920 in Krakau geboren. Während des Zweiten Weltkriegs war er in mehreren Internierungs- und Konzentrationslagern in Lettland und Frankreich gefangen; ihm gelang die Flucht und er schloss sich bis zum Kriegsende der *Résistance* und dann den Alliierten an. Nach dem Krieg begann er eine klassische Tanzausbildung in Paris, nahm die französische Staatsbürgerschaft an und studierte gleichzeitig an der Sorbonne Sprachwissenschaft. 1960 promoviert er dort in Linguistik und forschte auch weiterhin zur Herkunft des Romanès aus Indien. Er starb 2007.[8]

Das narrative Werk
Bemerkenswert an den drei Publikationen des Autors ist, dass er *bis dato* als einziger Autor französischer Sprache auch ganze Texte auf Romanès schrieb und publizierte.

Romano Atmo. L'âme tsigane (1992)
Der Roman spielt im Vorfeld und während der lettischen Revolution 1905–6 und erzählt die Geschichte der beiden Roma-Schwestern Man'a und Son'a und der Brüder Guillaume und Robert, die der deutschen Minderheitsbevölkerung in Lettland angehören. Sowohl Man'a und Guillaume als auch Son'a und Robert bilden ein Liebespaar. Im Zentrum steht allerdings die dramatische Geschichte von Man'a und Guillaume, deren gemeinsames Leben durch verschiedene Faktoren behindert wird. Man'a ist als einziges Mitglied ihrer Familie in die Schule

---

8 Vgl. Bruno Teissier: Vania de Gila-Kochanowski. In: *Bibliomonde* (2002).

gegangen und trotz der beengenden Erfahrungen im katholischen Internat ist Bildung für sie ein wichtiger Teil ihres Lebens. Zunächst heiratet Man'a den Rom Luka, da sie glaubt, mit einem Mann ihrer Herkunft glücklicher zu werden. Nach einem gescheiterten Entführungsversuch durch Guillaume, der sich unsterblich in sie verliebt hat, wird sie sich jedoch bewusst, dass sie der mangelnde Bildungsanspruch von Luka entfernt und sie verlässt ihre Familie, um als Guillaumes Frau auf Schloss Siegelfeld zu leben. Guillaume betrügt Man'a jedoch, woraufhin sie ihn verlässt. Getrennt nehmen sie beide den Kampf gegen die deutschen und russischen Unterdrücker an der Seite der Letten auf und begegnen sich auf dem Schlachtfeld wieder, wo Man'a die treibende Kraft der Partisanen ist. Zusammen sind die beiden in zweifacher Hinsicht siegreich: Sie gewinnen die Schlacht und finden ihre Liebe zueinander wieder. Verfechter der Freiheit sind auch Son'a und Robert, die ebenfalls aktiv am revolutionären Umschwung mitwirken. Ihr Tod – um nicht dem Feind in die Hände zu fallen, erschießen sie sich gegenseitig – macht das Paar zu heroischen Ikonen des Freiheitskampfes.

Der Text ist zum Großteil aus Man'as Perspektive erzählt und entsprechend in drei Großkapitel strukturiert, welche die Lebensabschnitte von Man'a grob umreißen: „Mashkir Romende – Parmi les Tsigane", „Mashkir Gajendé – Parmi les Gajé" und „La Révolution en Lettonie (1905–1906)". Während der erste Teil von Rückblicken Man'as auf ihre Schulzeit und die langsam entstehende Beziehung zu ihrem ersten Mann Luka geprägt ist, entwickelt der zweite Teil chronologisch das Leben Man'as auf dem Schloss, beziehungsweise die Vorgänge während der Revolution. Szenische Einschübe bilden Diskussionsrunden von Roma und lettischer Mehrheitsbevölkerung ab, die sich um elementare Fragen des (Zusammen-)Lebens drehen, wie die Frage nach Bildung und ehelicher Gemeinschaft, und zeigen so Nähe zur Mündlichkeit. Dieser Eindruck wird durch den Einschub der Geschichte des lebendig begrabenen Karls von der Brücke unterstützte. Das Mordkomplott wird als zweisprachige Erzählung (Romanès und Französisch) einer älteren Romni in den Roman eingefügt und stellt damit direkt den Bezug zur oralen Erzähltradition her.

Le roi des serpents et autres contes tsiganes balto-slaves. Contes tsiganes (1996)
Diese Anthologie phantastisch-wunderbarer Geschichten ist deutlich von der Intention geprägt, kulturelles Wissen festzuhalten und zu vermitteln. Dies zeigt sich einerseits in der Authentifizierung der niedergelegten Texte als Erzählun-

gen von Familienmitgliedern beispielsweise die Angabe nach dem zweiten Märchen „Raconté par ma grand tante Mad'a, la femme d'Igna"[9]. Andererseits offenbart sich der Wille, Nähe zu den Roma zu schaffen und ihr kulturelles Erbe zu bewahren in der Zweisprachigkeit der Publikation. Alle Märchen sind sowohl auf Romanès als auch auf Französisch abgedruckt. Die Nummerierung der Sätze in den Texten, die einander auf Doppelseiten gegenüberstehen, macht es dabei möglich, die einzelnen Sätze miteinander zu korrelieren und so Ausdrücke und Vokabular eindeutig nachzuvollziehen. Hinzu kommen Kommentare am Textrand, die grammatikalische und lexikalische Erklärungen zu den Romanès-Formen beinhalten. Die Anthologie bekommt so einen didaktischen Charakter, ruft den Leser zum Erlernen der Sprache auf und erleichtert ihm den Lernprozess. Nähe zur Mündlichkeit entsteht auch durch die ausgeprägte Dialogizität der Texte. Vor allem jedoch wird die enge Verbindung zur oralen Tradition durch den Inhalt sichtbar, denn die Erzählungen handeln von verzauberten Prinzessinnen und Prinzen und ihren Auseinandersetzungen mit Monstern, Fabelwesen und dem Teufel und können damit dem Genre des Märchens zugeordnet werden.

La prière des loups. Récits tsiganes (2005)

Obgleich der Aufbau des Bandes auf den ersten Blick dem vorhergehenden entspricht (zweisprachige, illustrierte kurze Erzählungen), bestehen doch deutliche Unterschiede. Die Geschichten weisen insgesamt einen größeren Realitäts- beziehungsweise autobiographischen Bezug auf. Dieser wird beispielsweise durch die Titel „Mon oncle Igna" oder „La mort de mon arrière grande-mère"[10] erzeugt. Zusätzlich werden Einführungen gegeben, die Erzählsituationen und -zusammenkünfte abbilden, die zum Teil auch zeitlich und räumlich situiert werden, wenn es zum Beispiel zu Beginn der zweiten Geschichte heißt: „En 1948 j'étais invité à fêter Pâques"[11]. Die hier – und auch sonst häufig – verwendete Perspektive eines Ich-Erzählers verstärkt den Effekt von Direktheit und trägt zur Authentifizierung bei. Eine ähnliche Wirkung haben die metareflexiven Kommentare zu den Übersetzungen, die auf die Übersetzungsrichtung vom Romanès ins Französische aufmerksam machen (zum Beispiel die Fußnote zu „nous étions en famille", die lautet: „littéralement: ,seuls à table' peu clair en français"[12]) und auf diese Weise die Nähe zu den Roma und ihrer Sprache ver-

---

9 Vania de Gila-Kochanowski: *Le roi des serpents*, S. 35.
10 Vania de Gila-Kochanowski: *La prière des loups*, S. 21 und S. 31.
11 Ebd., S. 21.
12 Ebd., S. 81.

stärken. In dieser Anthologie ist der linguistische Part ausgeprägter als in der vorhergehenden, da nicht nur Wörter in den Randnotizen erläutert werden, sondern zusätzlich ein Wörterverzeichnis am Ende angefügt ist. In diesem wird ein starker Bezug zu Indien hergestellt, da es sich um einen dreisprachigen Index – auf Romanès, Hindi und Französisch – handelt. Inhaltlich gesehen sind die Geschichten durch wenige phantastisch-wunderbare Elemente gekennzeichnet und entsprechen dadurch nicht dem Genre des Märchens, sondern, wie auch schon der Untertitel deutlich macht, jenem der Erzählung.

Miguel Haler
Biographie
Der 1951 geborene Autor stammt mütterlicherseits aus einer *gitan*-Familie und väterlicherseits aus einer französischen Arbeiter-Familie. Von Beruf Gitarrist gibt er in ganz Frankreich Konzerte und tritt jedes Jahr anlässlich der Wallfahrt der Roma am 24. Mai in Les Saintes-Maries-de-la-mer auf.

Das narrative Werk
Le guitariste nomade (2005)

Der Roman *Le guitariste nomade* (2005)[13] hat einen autobiographisch-erzählerischen Stil und konzentriert sich auf die individuelle Entwicklung der Hauptfigur. Der Ich-Erzähler Miguel kommt als Sohn einer von *gitans* abstammenden Mutter und eines Nicht-Roma zur Welt. Sein Lebensweg zwischen den beiden Welten ist verbunden mit der ständigen Frage nach finanziellem Auskommen und künstlerischer Entfaltung als Gitarrist. Er bewegt sich dabei sowohl durch das europäische Ausland – Großbritannien und Deutschland – als auch durch verschiedene französische Städte, wo er in Bars und Kneipen aber auch Konzertsälen auftritt. Schicksalsschläge wie der Unfalltod eines Spielgefährten oder der Tod seiner englischen Freundin durch eine Überdosis Heroin prägen seine – gelegentlich in Mitleid heischendem Ton vermittelten – Erfahrungen.

---

[13] Neben der Autobiographie *Le Guitarriste nomade* (2005) und dem Roman *La route des gitans* (2008) hat Miguel Haler auch ein Kinderbuch, *Le grand voyage de Loa* (2010), verfasst, das die Suche der Ratte Loa nach einem neuen Zuhause thematisiert. Da es sich nicht mit der Welt der Roma auseinandersetzt, wird es hier nicht behandelt.

La route des gitans (2008)

In zwei zunächst parallel laufenden Handlungssträngen wird in *La route des gitans* das Leben der Romnì Sara und des Deutschen Franz erzählt. Während sich Saras Großfamilie auf der Flucht vor den deutschen Soldaten in Polen versteckt, ist Franz genau Teil dieser Armee. Als er die im Wald verborgenen Roma findet, macht er einen Meinungsumschwung durch und anstatt die Nomaden zu verhaften, flüchtet er mit ihnen. Nicht ohne Einfluss ist dabei die Anziehungskraft, die Sara auf ihn ausübt und in der Folge werden die beiden ein Paar. Zusammen mit ihrem Großvater Tochka gelingt es ihnen, sich aus den polnischen Wäldern bis nach Dresden zu Franz' Tante durchzuschlagen. Kurz vor dem Ziel werden sie allerdings von Wehrmachtsoldaten entdeckt und es droht die Verhaftung. Tochka lenkt die Soldaten von seiner Enkelin und ihrem Geliebten ab. Seinen Mut bezahlt er mit Deportation und Ermordung. Auch in Dresden kommen Sara und Franz nicht zur Ruhe, sondern flüchten nach kurzem Aufenthalt wieder Richtung Osten in die polnische Hohe Tatra. Durch die Fürsorge eines Bauers überleben sie fast ein Jahr in der Abgeschiedenheit einer Berghütte und bekommen einen Sohn, Tochka. Das Glück ist jedoch nicht von Dauer, denn ihr Aufenthalt wird an die SS verraten, Franz als Deserteur gehängt und Sara, die mit letzter Kraft ihren Sohn bei einer Bauernfamilie verstecken konnte, verhaftet und nach Auschwitz deportiert. Dort stirbt sie in den Gaskammern des Konzentrationslagers in der Nacht der vollständigen Liquidierung des ‚Zigeunerlagers'.

Die kulturelle Annäherung der beiden Figuren ist ein essentielles Thema des Romans: Franz studiert die Bräuche der Roma und wird zum (gezwungenen) Nomaden, während Sara lesen lernt. Das Verhältnis von mündlicher und schriftlicher Kultur wird dabei mit erzählerischen Mitteln umgesetzt. Die Haupthandlung wird durch Prolog und Epilog umrahmt. In diesen wird die Geschichte von Franz und Sara als die mündliche Erzählung eines alten Rom, den der Ich-Erzähler in Les Saintes-Maries-de-la-mer trifft, präsentiert. Auf diese Weise wird eine Verbindung zur oralen Vermittlung von Erzählungen hergestellt. Schriftlichkeit spielt hingegen innerhalb der Haupthandlung vor allem am Schluss eine bedeutende Rolle. Im vorletzten Kapitel findet die Vermittlung der Ereignisse durch die Tagebuchaufzeichnungen von Franz statt. Er nimmt also die Position eines intradiegetischen Erzählers ein, der seine Darstellung der Geschehnisse aufschreibt und so in der Handlung eine eigene Stimme erhält.

Sandra Jayat
Biographie
In Frankreich ist die 1939 in Italien geborene Sintizza Sandra Jayat vor allem als Malerin bekannt. Im Alter von 15 Jahren weigerte sie sich, von ihrer Familie verheiratet zu werden, und floh über die italienisch-französische Grenze nach Paris. Nach kurzer Zeit in der französischen Hauptstadt verkaufte sie ihr erstes Gemälde und nachdem sie sich autodidaktisch Lesen und Schreiben beigebracht hatte, veröffentlichte sie ihren ersten, von Jean Cocteau illustrierten, Gedichtband *Herbes manouches* (1961).[14] Nach einem Band mit zwei Erzählungen für Kinder (*Kourako suivi de Les deux lunes de Savyo* 1972) publizierte sie 1978 ihren ersten Roman, *La longue route d'une Zingarina*.[15] In den 1980er Jahren wurde das Buch für die Lektüre im Schulunterricht empfohlen und mehr als 40 000 Mal verkauft.[16] Mit der Organisation und Kuratur der Ausstellung *Première Mondiale de l'Art Tzigane* (6.–30. Mai 1985) in der Conciergerie in Paris engagierte sich die Künstlerin für die internationale Anerkennung der Eigenständigkeit von Roma-Kunst und -Kultur. Für ihren Einsatz wurde sie zum *Chevalier de la Légion d'honneur* ernannt. In den folgenden Jahren setzte sie sowohl ihr künstlerisch-bildendes Werk wie auch ihr schriftstellerisches Schaffen fort. Ihre Gemälde wurden unter anderem im *Musée d'Art Sacré* in Venedig, im *Jacob Jarvis Center* in New York und im Museum für Moderne Kunst in Peking ausgestellt.[17] Die heute noch in Paris lebende Autorin stammt aus der Gruppe der *manouches* und ihr gesamtes künstlerisches Werk ist von der Lebenswelt und Symbolik der Roma inspiriert.

Das narrative Werk
Wenngleich Sandra Jayats Kunst gänzlich von Bezügen auf die Roma-Welt durchdrungen ist, so hat ihr schriftstellerisches Werk einen wesentlich geringeren dokumentarischen Charakter, als ihn zum Beispiel die Romane Matéo Maximoffs aufweisen. Dies ist zum einen auf die poetische Sprache und fiktionalen Geschichten, die märchenhaft wirken, zurückzuführen. Zum anderen liegt es in der Tatsache begründet, dass im Zentrum der diversen Handlungen die indivi-

---

14 Vgl. Daphne Maurice: Sandra Jayat. The Gypsy Poetess. In: *Journal of the Gypsy Lore Society* 3,52 (1973), S. 91.
15 Vgl. zu Biographie der Autorin auch Julia Blandfort: Die doppelte Grenze, S. 220.
16 Vgl. Association des Initiatives Tziganes: *Art Tzigane*, S. 36.
17 Vgl. Sandra Jayat: Biographie. In: Dies.: *La Zingarina où l'herbe sauvage*. Paris: Max Milo 2010, S. 3.

duelle Identitätssuche der Protagonisten in Abgrenzung und Anlehnung an die Roma steht.

Kourako suvivi de Les deux lunes de Savyo (1972)
Der kleine *gitan* Yerko möchte den legendären Musiker Kourako (Romanès: Rabe), der mit seiner Gitarre und ihren goldenen Saiten die Welt verzaubert, kennenlernen. Nachdem ihm weder der weise Großvater noch die alte Wahrsagerin weiterhelfen können, begibt er sich alleine auf die Suche nach seinem Helden. Helfend zur Seite stehen ihm die Tiere, denen er unterwegs begegnet und die ihn mit ihren Geschichten über den geheimnisvollen Musiker und Geschichtenerzähler leiten. Auf diese erste Erzählung folgt eine zweite, die den Hirten Savyo (Romanès: Schwert) zum Helden hat. Er wohnt entfernt von seiner Familie auf einem Berghügel in der Einsamkeit. In einer Nacht taucht am Himmel ein zweiter Mond auf, der dem ersten Konkurrenz macht, aber in Wahrheit künstlich ist und aus Edelsteinen und Gold besteht. Savyo entscheidet sich, in das Dorf seiner Familie zurückzukehren, möchte aber den Weg durch den Sternenhimmel nehmen, um einen kurzen Besuch beim wahrhaftigen Mond zu machen. Auf dem Rückweg trifft er die wunderschöne Vitta, die bei ihrem Versuch, den künstlichen Mond in ihren Besitz zu bekommen, gefangen genommen wurde. Savyo befreit das Mädchen und gemeinsam kehren sie in das Dorf der Roma-Familien zurück.

La longue route d'une Zingarina (1978)
Die Handlung des Romans spielt im Jahre 1953 in der nordwestlichen Grenzregion zwischen Italien und Frankreich. Die Protagonistin Stellina lebt mit ihrer Familie, einer Gruppe *manouches*, in einer Wohnwagensiedlung im Ort Sesto Calende am Rand des Lago Maggiore. An ihrem fünfzehnten Geburtstag soll das Mädchen den familiären Traditionen folgend verheiratet werden. Da die Hochzeit nicht ihrem Willen entspricht und sie sich nur durch die Abkehr von ihrer Familie diesem Zwang entziehen kann, flieht sie allein in Richtung Frankreich. Die chronologisch erzählte Handlung wird von der Protagonistin als autodiegetischer Erzählerin vermittelt. Hauptschauplatz der Handlung ist Sesto Calende, wo vor allem die Lebenssituation der *manouches* und die Umstände der Hochzeit erläutert sowie die Figuren vorgestellt werden. Eine Unterteilung des Textes in zwei Teile – obgleich diese im Roman nicht explizit vorgenommen wird – kann mit dem Aufbruch der Protagonistin aus dem Lager am Lago Maggiore und der darauf folgenden monatelangen Reise in Richtung Frankreich vorgenommen werden. Dieser zweite Part ist hauptsächlich durch Naturbeschreibungen, die Marginalisierung durch die Nicht-Roma, wenige menschliche Kontakte

und der daraus resultierenden Einsamkeit Stellinas geprägt. Die erzählte Zeit wird in diesem Teil stellenweise deutlich gerafft. Eine Ausnahme bilden hiervon die vereinzelten Begegnungen mit Roma und vor allem die jeweils eine Nacht andauernden Aufenthalte in ihren Lagern. Sie ermöglichen der Protagonistin kurzfristige zwischenmenschliche Beziehungen und bilden begrenzte Schutzzonen, die die Sicherheit eines zu Anfang geschaffenen Heimatraums reflektieren und daher auch größeren Raum in der Erzählung einnehmen. Der Text endet mit Stellinas Überquerung der italienisch-französischen Grenze und ihrer ersten Nacht auf französischem Boden.[18]

El Romanès (1986)

Im zweiten Roman der Autorin wird die Geschichte des von traumatischen Erinnerungen gezeichneten Protagonisten Romanino erzählt. Während des spanischen Bürgerkrieges hatte er sich den Republikanern und ihrem demokratischen Freiheitskampf angeschlossen. Der Protagonist begegnet jedoch der Einstellung seiner Kameraden, derzufolge es gilt die Freiheit mit gewaltsamen Mitteln zu verteidigen und zu erkämpfen, mit Unverständnis. Für den Frieden zu töten, erscheint ihm paradox, das sinnlose Auslöschen von Leben stößt ihn ab und er verlässt die Republikaner, um seine für ihn bedeutendere individuelle Freiheit wiederzuerlangen. Die Besetzung Frankreichs und die Verfolgung der Roma dort, im Zuge derer er von seiner Frau Huda getrennt wird, berauben ihn seiner Entscheidungsgewalt jedoch erneut. Während der *occupation* versteckt er sich in einem Landhaus und übersteht so die Herrschaft der Deutschen. Die Jahre nach dem Krieg vergehen mit der vergeblichen Suche nach Huda, bis er erfährt, dass sie in einem deutschen Konzentrationslager ermordet wurde. Die Erzählstruktur des Romans ist durch die häufigen Rückblicke des Protagonisten auf seine Vergangenheit geprägt. Die Handlungsteile zum spanischen Bürgerkrieg werden als seine Erinnerungen in die Haupthandlung, die im besetzten Frankreich spielt, eingebettet. Verstärkt wird der Eindruck eines Rückblicks, indem die Geschichte Romaninos in die Rahmenhandlung einer Erzählung an einen Freund namens Gian-Carlo präsentiert wird. Die Identität des Erzählers bleibt dabei unbekannt, ebenso wie Gian-Carlo sich nicht als Figur in der Binnenhandlung manifestiert. Zahlreiche andere Figuren innerhalb des Romans werden jedoch zu Erzählern und fügen ihre eigenen Lebensgeschichten oder Perspektiven auf das Geschehen in Frankreich der Geschichte von Romanino hinzu. Es entsteht so ein facettenreiches Bild auf die kriegerischen Geschehnisse der 1930er und 1940er Jahre in Südwesteuropa.

---

18 Vgl. für eine Analyse dieses Romans Julia Blandfort: Die doppelte Grenze, S. 220–221.

Les racines du temps (1998)

Das kleine Roma-Mädchen Maggio (Italienisch: Mai) trifft am Rande des Lagers ihrer Familie den Rom Ribeiro Verde. Der Unbekannte findet schnell Zugang zu dem Kind, indem er dessen Leidenschaft für Geschichten erkennt. In acht Episoden erzählt er ihr die magischen Erlebnisse von Libèra del Campo, einem Roma-Mädchen. Die einzelnen Erzählungen werden jeweils von einem Teil der Rahmenhandlung umschlossen, die durch Reflexionen der Ich-Erzählerin, Maggio, über das Erzählen geprägt sind. Die Hingabe für fantasievolle Geschichten teilt Maggio nicht nur passiv mit Ribeiro, sondern verleiht dieser Faszination für die Handlungen und Erzählweise explizit Ausdruck, denn sie möchte eine wahrhaftige Geschichtenerzählerin werden. Indem die Rahmenhandlung zwischen den einzelnen Metadiegesen immer wieder aufgegriffen wird, illustriert die Struktur eine Lehr-Lernsituation der Erzählkunst. Die Realität bricht mit aller Härte über Maggio und Ribeiro herein, als der Baum, der ihr gemeinsamer Ort des Erzählens war, bei einem Unwetter umstürzt. Die Ordnungskräfte, die ihn endgültig fällen sollen, verhaften Ribeiro und trennen ihn für immer von Maggio.

La Zingarina ou l'herbe sauvage (2010)

Der Roman greift die Geschichte der fünfzehnjährigen Stellina aus *La longue route d'une Zingarina* (1978) auf, die das elterliche Heim auf der Flucht vor einer Zwangsheirat verlässt. Die Geschichte der Protagonistin wird fortgeführt und beschreibt auch die Zeit nach der Überschreitung der italienisch-französischen Grenze mit der Ankunft und dem Leben in Paris. Als Malerin findet das junge Mädchen in der Hauptstadt ein erstes Auskommen. Sie trifft die französischen Schriftsteller Marcel Aymé und Jean Cocteau, die ihr dabei behilflich sind, ihre ersten Gedichtbände zu veröffentlichen. Einen sehr deutlichen autobiographischen Verweis stellt der Handlungsteil zur Organisation der Ausstellung *Première Mondiale de l'Art Tzigane*, für die die Protagonistin die Unterstützung des Kultur- und Bildungsministers Jack Lang erreicht, dar. Ihr persönliches Glück findet Stellina in dem Künstler Rico, der ihr Lebenspartner wird. Auch dieser Text wird – ebenso wie *La longue route d'une zingarina* (1978) – von einer autodiegetischen Erzählerin vermittelt und ist chronologisch erzählt. Im Zentrum des Romans stehen die Begegnungen mit den unterschiedlichsten Menschen, Roma und Nicht-Roma, und deren – zumeist positiver – Einfluss auf die Persönlichkeitsentwicklung der Protagonistin.

Roberto Lorier
Biographie
Der *manouche* arbeitet als Musiker und Komponist. Zusätzliche biographische Informationen sind nicht zugänglich.

Saga Tsigane. Pâni et le peuple sans frontières (2010)
Der Autor situiert die Handlung um das Jahr 1000 n. Chr. in Indien und erzählt die Geschichte des jungen Roma-Mädchens Pâni, deren Familie von den feindlichen islamischen Truppen des Eroberers Mahmud de Ghaznîs ermordet wird. Die Protagonistin kann sich retten und warnt, heldenhaft, andere Roma-Stämme, die in der Umgebung leben. Ihre Warnung ist jedoch umsonst, denn obwohl die Roma mit viel List die Invasoren mehrmals in die Irre führen und sich im heroischen Kampf auszeichnen, werden sie letztendlich gefangen und als Sklaven verschleppt.

Auffällig sind die spielerischen Appelle, die Geschichte selbst fortzuführen oder zu verändern. So wird die Fiktion gebrochen und der Leser zur Interaktion mit dem Text aufgefordert.

Matéo Maximoff
Biographie
Als Sohn einer *manouche* und eines *kalderasch* wurde der Autor wahrscheinlich am 17. Januar 1917 in Barcelona geboren.[19] Seine Vorfahren waren über Jahrhunderte hinweg in Rumänien versklavt gewesen und hatten das Land nach dem Ende dieser Unterdrückung 1855 Richtung Russland verlassen. Noch vor der Oktoberrevolution 1917 wanderte ein Teil der Familie nach Spanien aus. Im kulturell gemischten Umfeld von zwei verschiedenen Roma-Gruppen und der spanischen Mehrheitsgesellschaft verbrachte Matéo Maximoff dort die ersten drei Jahre seines Lebens. Seine Familie verließ Spanien dann zwar 1920 Richtung Frankreich, dennoch sprach er neben Romanès auch weiterhin Spanisch, wozu bald auch noch Französisch kam. Es war diese Sprache, die er später als Ausdrucksform für seine Romane und Erzählungen wählte. Die Fähigkeiten zum Lesen und Schreiben allerdings erwarb er nicht in den Bildungsinstituten Frankreichs, sondern autodidaktisch, ohne jemals die Schule besucht zu haben.[20]

---

[19] Vgl. Gérard Gartner: Un écrivain tsigane français Matéo Maximoff. In: *Études tsiganes* 3 (1982), S.17.
[20] Vgl. Julia Blandfort: Liberté, S. 129.

Sein schriftstellerisches Schaffen wurde durch einen wenig erfreulichen äußeren Umstand ausgelöst. Infolge einer gewaltsamen Auseinandersetzung zwischen zwei Roma-Familien, bei der er wohl nur Beobachter gewesen war, wurde er 1938 inhaftiert. Im Gefängnis verfasste der junge Rom seinen ersten Roman, der dann auch 1946 unter dem Titel *Les Ursitory* bei Flammarion erschien.[21] Die lange Zeitspanne, die zwischen Verfassung und Veröffentlichung lag, ist auf die Internierung Matéo Maximoffs und seiner gesamten Familie ab 1941 zurückzuführen. Insgesamt 31 Monate wurde die Großfamilie zusammen mit anderen Roma in Gurs, Tarbes und Lennemazan als ‚Nomaden' unter kaum lebenswürdigen Umständen festgehalten.[22] Nach Ende des Zweiten Weltkriegs führte Matéo Maximoff einen über vierzehn Jahre andauernden Rechtsstreit mit deutschen Gerichten und wurde schließlich als Opfer rassischer Verfolgung anerkannt. Er bekam daraufhin eine Wiedergutmachungszahlung und eine monatliche Rente.[23] Für die kulturelle Anerkennung der Roma engagierte sich Matéo Maximoff mit zahlreichen Artikeln. Zunächst veröffentlichte er im Organ der britischen *Gypsy Lore Society* und später in der unter seiner Mitarbeit gegründeten französischen Zeitschrift *Études tsiganes*.[24] 1985 wurde er für seine Verdienste vom französischen Kulturministerium zum *Chevalier des Arts et des Lettres* ernannt.[25] Seine Verbundenheit mit der mündlichen Tradition lässt sich an seinem Ruf als Märchenerzähler erkennen, der ihm eine Rolle im erfolgreichen Film *Latcho drom* des französischen Roma-Regisseurs Tony Gatlif einbrachte.[26] Der Schriftsteller war viermal verheiratet und lebte lange Zeit in der Pariser Peripherie in Romainville, wo er als Mitglied der Pfingstkirche seit 1961 als evangelischer Pfarrer bei der Internationalen Zigeunermission arbeitete.[27] Sein Wille, diese religiöse Überzeugung auch unter den Roma besser bekannt zu machen, zeigt sich in seiner Übersetzung des Neuen Testaments ins Romanès.[28] Im Alter von 82 Jahren starb der Autor am 24. November 1999 in Paris.

---

21 Vgl. Milena Hübschmannová: Matéo Maximoff, S. 8.
22 Vgl. Ebd., S. 8–9.
23 Vgl. Ebd., S. 9.
24 Vgl. Bulletin des *Études Tsiganes* 1, 1955, S. 3–6.
25 Vgl. Jacqueline Charlemagne: Matéo Maximoff: un homme, une trajectoire. In: *Études tsiganes* 13 (2000), S. 176.
26 Vgl. Julia Blandfort: Spiegel.
27 Vgl. Katrin Reemtsma: *Sinti und Roma*, S. 82.
28 Vgl. Milena Hübschmannová: Matéo Maximoff, S. 1.

Das narrative Werk

In seinen neun Romanen und einer Sammlung von kürzeren Erzählungen thematisiert Matéo Maximoff historische Erfahrungen der Roma, greift aber auch typische Erzählstoffe auf. Die fiktionalen Geschichten werden fast immer in einem Kontext situiert, der für Roma wie auch die Außengesellschaft von geschichtlicher Bedeutung ist.[29] Die Erzählungen scheinen häufig inspiriert durch persönliche Erfahrungen, sind aber – mit Ausnahme des explizit autobiographischen Textes *Routes sans Roulottes* (1993) – durch einen eher geringeren autobiographisch-dokumentarischen Anteil geprägt. Deutlich wird dieser jedoch an den in alle Publikationen eingebundenen Fotographien, welche zum Teil aus dem Familienarchiv des Autors stammen. Die Texte bleiben der oralen Kultur der Roma eng verbunden wie sich im märchenhaften Ton aller Veröffentlichungen Matéo Maximoffs spiegelt, aber auch in den Handlungen deutlich zutage tritt.

Les Ursitory (1946)

Für den Tod ihres Mannes Frinkelo verantwortlich gemacht, lebt die Romní Téréina mit ihrer Mutter, der Hexe Dunicha, geächtet von der Familie ihres Mannes am Rand des Roma-Lagers. Als Téréina einen Sohn auf die Welt bringt, vollziehen die beiden Frauen ein Ritual, um von den Ursitory, den drei Schicksalsengeln, die Zukunft des Jungen zu erfahren. Die unkörperlichen Wesen sagen voraus, dass der Junge Arnikò (Romanès: tapfer, begabt) nur dann sterben wird, wenn ein Holzscheit des das Zelt wärmenden Feuers vollständig verbrannt ist. Téréina bewahrt dieses Lebensholz, das Arnikò praktisch unsterblich macht, sorgfältig auf, um das Leben ihres Sohnes zu schützen. Dunicha wird von den anderen Roma-Familien für den Tod einer jungen Frau verantwortlich gemacht und erschlagen. Bevor sie stirbt, verflucht sie die Familie ihres Schwiegersohnes. Téréina und ihr neugeborener Sohn fliehen und werden von dem rumänischen Baron Tilesco aufgenommen. Siebzehn Jahre später ist Arnikò zwar in die Tochter des Barons Héléna verliebt, glaubt sie aber unerreichbar. Als ein Teil der Familie seiner Mutter in der Nähe des Schlosses kampiert, schließen sich die beiden daher den nomadisierenden Roma an. Auf der Suche nach der Familie seines Vaters trifft Arnikò auf die schöne Parni (Romanès: weiß). Er versucht, Frieden zwischen den beiden verfeindeten Familien Minesti (seines Vaters Verwandte) und Iliestki (der Familie seiner Mutter) zu stiften und

---

29 Für *Condamné à survivre*, *Le prix de la liberté* und *La septième fille* stellte schon Eder fest, dass dem politischen und sozialen Kontext eine große Bedeutung zukommt. Vgl. Beate Eder: *Bilderwelten*, S. 109.

möchte außerdem Parni zu seiner Frau machen. Sie ist jedoch einem anderen Mann versprochen. Eheabsicht und auch der Versuch, Frieden zu schließen, scheitern daher. Téréina, die nach wie vor den Holzscheit und damit das Leben ihres Sohnes aufbewahrt, fühlt ihr Ende nah und drängt Arniko, sich mit der Romnì Orka zu verheiraten. Kurz vor ihrem Tod verrät Téréina ihrer Schwiegertochter das Geheimnis um das Lebensholz und überträgt ihr die Verantwortung dafür. Arniko, zu Besuch im Schloss des Barons Tilesco, wird bewusst, dass er trotz seiner Ehe mit Orka immer noch in Héléna verliebt ist, die seine Gefühle erwidert, woraufhin Arniko Orka und ihren gemeinsamen Sohn verlässt. Obwohl sie ihm vom Geheimnis des Holzscheites erzählt, glaubt er ihr nicht. Aus Eifersucht verbrennt sie das Stück Holz und Arniko stirbt in dem Bewusstsein, für seine Ungläubigkeit und die Tatsache, seinen Sohn verlassen zu haben, bestraft zu werden.

Le prix de la liberté (1955)

Auch der zweite Roman Maximoffs spielt in Rumänien und wird in der zweiten Hälfte des 19. Jahrhunderts in einer Zeit situiert, in der die Roma-Bevölkerung Rumäniens zum Großteil versklavt ist. Der junge Rom Isvan ist durch das Wohlwollen des Woiwoden Andrei zum Sekretär und Vermittler zwischen den Roma-Arbeitern und den Rumänen aufgestiegen. Obwohl der junge Mann zusammen mit den Söhnen des Woiwoden erzogen wurde und daher auch Lesen und Schreiben kann, bleiben die ethnischen und sozialen Grenzen unüberwindbar. Sein Gegenspieler Yon, Andreis unehelicher Sohn, macht ihm und den anderen Roma-Sklaven das Leben schwer. Der Konflikt eskaliert, als das Interesse beider Männer sowohl auf die schöne Romnì Lena als auch auf die rumänische Katalina, die Nichte des Woiwoden, fällt. Kompliziert wird die Situation, als Andreis Sohn, der junge Dimitro, auftaucht, denn auch er findet sich im Zwiespalt zwischen den beiden Frauen. Sein Vater möchte ihn mit Katalina verheiraten; Dimitros Begierde ist jedoch auf die Romnì Lena gerichtet, die mit Isvan verlobt wurde. Obwohl das Roma-Mädchen Andreis Avancen zunächst erfolgreich ausweicht, kann er sie überraschen und vergewaltigt sie. Schockiert vom Verhalten seines Sohns, verweist der Woiwode ihn des Schlosses. Bevor Dimitro jedoch die Heimat verlassen kann, wird er hinterrücks erstochen. Isvan, der die gleiche Nacht heimlich mit Katalina verbrachte, wird des Mordes bezichtigt. Da er die Ehre der jungen Nichte des Woiwoden nicht verletzen will, verrät er sie nicht und wird zum Tode verurteilt. Yon, der eigentliche Täter befreit Isvan. Dieser flieht mit fünf weiteren Roma in die Berge, wo sich eine Gruppe entflohener Roma-Sklaven versteckt und für die Freiheit eintritt. Der blutige Kampf mit der Überzahl an rumänischen Soldaten endet dank der listigen Führung von Isvan mit dem Sieg der Roma und trägt zum Ende der Sklaverei bei. Damit scheint alles zu einem guten Ende gelangt, als Isvan unerwartet erneut des Mordes an Dimitro bezichtigt wird. Die Gerichtsverhandlung jedoch bringt alle wahren Tatsachen ans Licht, einschließlich des Sohnes, den Isvan in seiner Liebesnacht mit Katalina gezeugt hat.

Savina (1957)
Der dritte Roman Maximoffs spielt um das Jahr 1900 in Russland. Allerdings hat weder die Verortung in der Zeit noch im Raum Handlungsrelevanz. Dies ist vor allem darauf zurückzuführen, dass sich die Geschichte vollständig im Inneren der Roma-Gemeinschaft abspielt und keine Figuren aus der Mehrheitsgesellschaft eine handlungstragende Rolle hat.

Ausgangspunkt der Auseinandersetzung ist ein Pakt der beiden Freunde Klebari und Vasilia. Die beiden Roma versprechen einander, ihre noch ungeborenen Kinder miteinander zu verheiraten. Als jedoch Savina, Vasilias Tochter, und Ika, Klebaris Sohn, im heiratsfähigen Alter sind, verhindert Vasilia die Hochzeit aufgrund Klebaris Armut. Stattdessen wird Ika mit dem Mädchen Schero verheiratet. Mit dem jungen Paar lebt von da an auch Ikas Schwester Kali zusammen. Ihre Affäre mit einem Nicht-Roma hat sie entehrt und sie wurde gezwungen, das aus der Verbindung entstandene Kind zu töten. Die junge Frau kann daher innerhalb der Gruppe nicht mehr heiraten. Sie kümmert sich um ihren alkoholabhängigen Vater, der der gesamten Familie das Leben schwer macht. Savina neidet Ika sein Glück und versucht, seine Familie zu zerstören. Fast gelungen scheint ihr dieses Vorhaben, als sie Schero bezichtigt, den Reinheitsregeln der Roma zuwiderzuhandeln. Dieses angebliche Fehlverhalten führt dazu, dass Klebari als *marhimé* (Romanès: unrein) betrachtet wird. Die Anklage Savinas und Klebaris Verteidigung sollen Gegenstand einer *kris* (Gerichtsverhandlung) werden. Bevor es jedoch dazu kommen kann, begeht Klebari vor Scham Selbstmord. Letztlich von der Anklage befreit, die auf seiner gesamten Familie lastet, nutzt Ika sein Recht auf Rache und blendet Savina. Er selbst stirbt kurz darauf an einer unheilbaren Krankheit. Als Totengeist kehrt er zu der blinden Savina zurück, um das Hochzeitsversprechen seines Vaters zu erfüllen und wird ihr Geliebter. Savina, der die Identität ihres nächtlichen Besuchers unbekannt ist, wird schwanger. Der Wiedergänger Ika enthüllt ihr sein wahres Wesen, woraufhin Savina sich umbringt.

La septième fille (1958)
Auch in *La septième fille* steht ein interner Konflikt einer Roma-Gemeinschaft im Vordergrund. Die Hexe Dharani und der Weise Voso sind Opponenten, die in-

nerhalb einer Roma-Gemeinschaft um die Vorherrschaft konkurrieren. 1941 in einem Internierungslager in Frankreich zwangssedentarisiert, verlebt die französische Roma-Gruppe eine Zeit politischer und ökonomischer Unsicherheit. Die Auseinandersetzung zwischen Dharani und Voso nimmt ihren Anfang bei der Totenwache Tantchis. Nach dreitägigem Scheintot ersteht der alte Rom wieder auf und wird von seiner Familie und den Freunden für einen *mulò* (Untoten) gehalten. Die Angst vor dem Wiedergänger und die scheinbar von ihm ausgehende Gefahr für ihre Schwester, die vierjährige Silenka, treibt Tantchis Söhne Stervo und Vadari dazu, den vom Tod Zurückgekehrten zu erstechen. Dieses Ereignis führt den alten Rom Voso zu der Schlussfolgerung, die böse Dharani versuche Silenka, die sie zu ihrer Nachfolgerin auserkoren habe, zum Werkzeug ihrer Vorhaben zu machen. Die Versuche Vosos, den Einfluss von Dharani zu brechen, scheitern ausnahmslos. Am Ende muss er seine Niederlage eingestehen und überlässt das Mädchen der Hexe, die vor ihrem Tod ihre magische Kraft an Silenka überträgt.

Condamné à survivre (1984)

Im fünften Roman Maximoffs steht ein Individuum im Konflikt mit der gesamten Roma-Gesellschaft. Khantchi (Romanès: Nichts) wird nach dem von ihm begangenen Mord an seiner Frau, die er der Untreue bezichtigte, aus der Roma-Gemeinschaft ausgestoßen. Die *kris* (Gerichtsinstanz der Roma) verurteilt ihn zum Tode. Ein Aufschub von vierundzwanzig Stunden, ermöglicht es ihm jedoch vor seinen drei Schwagern zu fliehen. Um sein Leben zu retten, versucht Khantchi kurzzeitig als Mitglied der Mehrheitsgesellschaft zu erscheinen. Von den Brüdern seiner Frau ständig verfolgt, scheitert dieser Versuch jedoch und er wird nicht nur verhaftet, sondern auch gemeinsam mit weiteren Roma, Juden und politischen Gefangenen deportiert. Nach der erfolgreichen Flucht nimmt eine Familie den jungen Mann auf und handelt damit streng genommen entgegen der Roma-Regelung. Diese verwehrt Khantchi Zuflucht und Solidarität aufgrund seines Verbrechens und der Verurteilung. Das unstete Leben führt Khantchi nunmehr mit seiner zweiten Frau Rakli durch ganz Europa bis nach Amerika. Mehr als einmal wird der junge Mann verhaftet und zum Opfer von Gewalt durch unterschiedliche Gruppen und Regimes. Nähere zeitliche und geographische Situierungen der Geschichte bleiben lange unklar, sodass der Eindruck von Allgemeingültigkeit der Verfolgung entsteht. Diese Situation wird erst gegen Ende aufgelöst, als die weitere Handlung zeitlich in den Nationalsozialismus versetzt wird. Der Roman endet mit der Internierung der Roma in einem Konzentrationslager, wo Khantchi zum letzten Mal auf seinen Schwager und Verfolger Pervo trifft. Pervo gesteht ihm, dass die Verurteilung der *kris* unrecht war, da seine Schwester – Khantchis Frau – ihn tatsächlich betrogen hatte. Vor dem drohenden Tod durch die Deutschen ist Khantchi damit vor den Roma rehabilitiert und kann sich seiner Gemeinschaft wieder zugehörig fühlen.

La poupée de Mameliga. (Le livre de la peur) (1986)

Die Sammlung von 15 Erzählungen wird von einem Kapitel mit dem Titel *Origine de ma race* eingeführt. Dargestellt wird darin die Geschichte der Roma. Von diesen allgemeinen Überlegungen geht der auktoriale Ich-Erzähler zur speziellen Situation der Versklavung in Rumänien über, um dann seine Familiengeschichte einzubringen und die Tradition des Geschichtenerzählens einzuführen. Diese dient als Ausgangspunkt für die folgenden Erzählungen. Neben zwei Schwänken (die erste und die letzte Geschichte), in denen ein Rom dem Teufel Schnippchen schlägt, sind ein Großteil *mulò*-Geschichten (die dritte, die vierte, die fünfte, die sechste, die achte, die neunte und die dreizehnte), bei denen es sich also entweder um Scheintote oder um tatsächliche Wiedergänger handelt. Zwei Geschichten beschäftigen sich mit blutiger Rache; einmal tragen diese zwei Roma aus, die sich um ein junges Mädchen duellieren und ein anderes Mal nimmt ein Vater sie an seiner Tochter, da er ihre Wahl eines Nicht-Roma als Liebhaber nicht dulden will. Einige der Erzählungen werden mit expliziten Erzählsituationen, in denen ein imaginäres Publikum angesprochen wird, eingeführt. So wird insgesamt durch die wechselnden Erzähler innerhalb einer Gruppe Representativität erzeugt und eine enge Beziehung zur Mündlichkeit hergestellt.

Vinguerka (1987)

Die Handlung dieses Romans beginnt 1820 in Russland in einem Dorf, in dem die Roma-Bevölkerung in Leibeigenschaft eines russischen Fürsten lebt. Eine von Drago (Romanès: lieb, teuer, Vergnügen) angeführte Kinderbande bricht in das nahe gelegene Schloss ein. Die zehnjährige Sonia fasziniert die russischen Adeligen durch ihren Tanz, der Vinguerka gennant wird. Der Fürst möchte daraufhin das Kind für seinen Sohn Dimitri als Braut erwerben. Sonia, die wegen ihrer Tanzvorführung nun nur noch Vinguerka genannt wird, ist jedoch Drago versprochen. Ein Konflikt zwischen russischen und romani Kindern geht zunächst positiv für Dragos Freunde aus und der Plan des Fürsten, Vinguerka zu kaufen, wird verhindert. Einige Jahre später heiraten Drago und Vinguerka. Es kommt jedoch erneut zu einer Konfrontation, als Vinguerka, die mit ihrem kleinen Sohn unterwegs ist, im Wald zufällig auf Dimitri trifft. Er zwingt sie zu einem Kuss und bricht ihr dabei das Genick. Für den Mord jedoch wird Drago verantwortlich gemacht und ins Gefängnis geworfen. Sein Sohn ist verschwunden. Der einzige Ausweg, um aus dem Kerker entlassen zu werden, ist die Teilnahme an einem Feldzug der russischen Armee unter Dimitris Kommando, was Drago allerdings keine Rache ermöglicht. Um den immer noch rachsüchtigen Drago loszuwerden, gibt der Russe letzlich ihm und den anderen Roma die Freiheit. In einem Epilog kommen sowohl Drago als auch Dimitri abschließend zu Wort. Drago führt ein imaginäres Gespräch mit Vinguerka, um sich von ihr zu verabschieden und ihr mitzuteilen, dass er sie gerächt hat, denn er hat, bevor er das heimatliche Dorf endgültig verließ, den Sohn Dimitris entführt. Dimitri teilt seine Sicht der Ereignisse einer Abendgesellschaft im Schloss mit. Er gesteht, Dragos Sohn nach Vinguerkas Tod mitgenommen zu haben, um ihn von seiner geistig verwirrten Frau aufziehen zu lassen. Die erneute Entführung sieht er daher als gerechte Strafe und beendet seine Darstellung mit einem Appell, die Roma in Frieden leben zu lassen.

Dites-le avec des pleurs (1990)

Dieser Roman wird mit der Vorstellung dreier Figuren und ihrer Familiengeschichte eröffnet. Das Mädchen Luluji gehört zu einer Roma-Gruppe, die Tchouraria genannt wird und ursprünglich aus dem Balkan kommt. Ihre Familie lebt nun jedoch schon lange in Frankreich. Moursha hingegen gehört zum großen polnischen Zweig der *kalderasch*. Mateï ist der Sohn einer *manouche* und eines ursprünglich aus Russland stammenden *kalderasch*. Alle drei Figuren sind Opfer nationalsozialistischer Verfolgung und werden in einem Konzentrationslager interniert. Die Geschichten von Mateï und Moursha werden bereits zu Anfang miteinander verflochten, da sie sich im gleichen Lager befinden. Vertieft wird in der weiteren Handlung jedoch nur das Leben Mateïs, die Familiengeschichte seiner Eltern und seine Irrwege durch das besetzte Frankreich, Internierung, KZ und die nicht erfolgende Anerkennung dieser nach dem Krieg. Auch Luludji überlebt die Verfolgung, wenngleich sehr geschwächt. In diesem Zustand trifft sie Mateï, der sich nach dem Krieg um die Opfer der Verfolgung kümmert. Die beiden heiraten.

Einen dokumentarischen Anspruch vermittelt der Text von Anfang an durch eingeflochtene erklärende Sequenzen, die sich auf die Internierung und Deportation beziehen. Dieser Eindruck wird noch verstärkt, als die lineare Handlung relativ abrupt endet und ein testimonialer Teil folgt, als dessen Autorin die polnische Romnì Bogomila Michalewicz vorgestellt wird. Ebenfalls testimonialen Charakter haben die szenischen Interviews im dritten Teil des Buchs. Mateï ist hier der Interviewer ehemaliger Internierten und Überlebender deutscher Konzentrationslager. Abgeschlossen wird der Roman mit der dreiteiligen Metadiegese von ‚Papo', dem Großvater. Er erzählt die Geschichte der

Roma, von ihrer Herkunft aus Indien ausgehend, über die Verfolgung vor allem während des Nationalsozialismus und bis zur aktuellen Situation im Jahr 1989. Durch die unverbunden bleibenden Teile entsteht ein fragmentarischer Effekt, der das geschichtliche Traume des Holocaust und dessen Auswirkungen auf unterschiedliche Personen symbolisiert.

Ce monde qui n'est pas le mien (1992)

Das vorletzte Werk Matéo Maximoffs spielt Anfang des 20. Jahrhunderts im östlichen Russland. Eine Roma-Gruppe wird dort von einem tragischen Schicksalsschlag heimgesucht. Innerhalb von zwei Tagen sterben drei Familienmitglieder und die vom Leid verwirrte, schwangere Mutter Tchuli verschwindet. Die anderen Roma vermuten, dass die *mamhiori*, eine mythische Geisterfigur in Gestalt einer alten Frau oder einer Wölfin, Tchuli geholt hat. Die junge Romnì versteckt sich allerdings im Wald, um mit ihrem Schmerz allein zu sein. Dort bringt sie ihren Sohn auf die Welt. Kurz nach der Geburt wird sie von einem Rudel Wölfe überfallen. In letzter Minute rettet Mutter und Kind ein Jäger. Ein Jahr später bringt jener Jäger den Sohn der inzwischen verstorbenen Tchuli, Rouva (Romanès: Wolf), zu seiner Familie zurück. Er wächst, bis er neun Jahre alt ist, bei seinem Onkel Petruska und dessen Familie auf. Das Kind verschwindet jedoch erneut und bleibt unauffindbar. Ein junger Mönch entdeckt den kleinen Jungen auf den Überresten eines Schlachtfeldes, bewacht von einer Wölfin und nimmt ihn mit in sein orthodoxes Kloster. Dort wird Rouva – nun unter dem Namen Petya – christlich erzogen und lernt lesen und schreiben. Sein Onkel, der die Suche nach ihm nie aufgegeben hat, findet ihn zwei Jahre später zufällig und so kehrt Rouva erneut zu seiner Familie zurück. Als junger Mann heiratet er die schöne Terkina und zieht mit ihr durch Frankreich in Richtung der neuen Welt. Als sie während der Überfahrt Schiffbruch erleiden, wird die zweijährige Tochter des Paares vermisst. Das Mädchen ist jedoch unverletzt und bewacht von einer Wölfin – der *mamihori* – in Sicherheit.

Routes sans roulottes (1993)

Der autobiographische Text ist der einzige der Publikationen Matéo Maximoffs, der durchgängig in der ersten Person Singular erzählt wird und einen eindeutigen testimonialen Charakter hat. Fiktive Dialoge und Anekdoten sind allerdings in den dokumentarischen Text eingebunden. Mit 14 wird der Protagonist Vollwaise. Seine Geschwister und er können zwar auf die Solidarität der Großfamilie zählen, jedoch ist die ökonomische Situation angespannt. Der Versuch, nach der französischen Niederlage 1940 über die Grenze nach Spanien zu gelangen, schlägt fehl. Die schwierige Arbeitssituation verschärft sich durch die Internierung der Roma in Gurs, Lannemezan und Tarbes, da die Zwangssedentarisierung den Familien die wirtschaftliche Grundlage entzieht. Ein Großteil des Textes berichtet von den daraus entstehenden Schwierigkeiten und der elenden Situation in den Lagern. Die Erzählung endet in den Nachkriegsjahren mit einem kurzen Ausblick auf das weitere schriftstellerische Schaffen des Autors.

Esmeralda Romanez

Biographie

Wie Matéo Maximoff, Sandra Jayat und Lick Dubois engagiert auch Esmeralda Romanez sich politisch für die Anerkennung der Roma als (französische) Minderheit und hatte in diesem Zusammenhang bereits diverse Funktionen inne. Als Vertreterin der Roma ist sie seit 2005 Mitglied des *Roma and Traveller Forum* beim Europarat und in diesem Rahmen seit 2008 auch für die *Lobby européen des femmes (EWL)* in Brüssel tätig.[30] Als gelernte Krankenschwester war sie in ihrem Beruf nur zeitweise tätig, da sie den Großteil des Jahres als Fahrende auf den Straßen Frankreichs unterwegs war. Seit 1990 lebt sie sesshaft in Südfrankreich in der Gegend von Arles und hat in der Region Organisationen gegründet, die sich mit der Aufarbeitung der Verfolgung der Roma während des Zweiten Weltkriegs beschäftigen – *Samudaripen* und *A.M.I.D.T* (*Association pour la Mémoire de l'Internement et le Déportation Tsigane*). Bemerkenswert ist zudem ihre Initiative *Le club des Poètes Arlésien*, eine Vereinigung, die sich der Verbreitung von Roma-Kultur im schriftlichen Medium widmet.[31]

Das narrative Werk

***Pour un bouquet de saladelle* (1998)**

Die Hauptfigur des Textes *Pour un bouquet de saladelle* (1998)[32], die junge Frau Sonia, macht eine umgekehrte Integration durch. Die Protagonistin wurde zwar als Tochter eines Roma-Vaters geboren, jedoch von ihrer Nicht-Roma-Mutter und ohne Wissen über ihre ethnisch-kulturelle Zugehörigkeit aufgezogen. Auf ihrer Identitätssuche, die sie gegen den Willen ihres Adoptivvaters unternimmt, stößt sie auf eine *gitan*-Familie, in die sie sich integriert und bei ihr ein Zuhause (wieder)findet. Hilfestellung bietet ihr dabei die Beziehung zu dem Rom Ringo, mit dem sie eine romantische Liebesgeschichte verbindet. Situiert in der Camar-

---

30 Vgl. http://www.eige.europa.eu/content/esmeralda-romanez [18.5.2013].
31 Vgl. http://gensduvoyage.kazeo.com/po%C3%A8mes-et-chansons/qui-est-esm%C3%A9ralda-roma nez,a895048.html [18.5.2013].
32 Dieser Text ist zusammen mit dem Drama *Pourquoi pas nous? ou Le cordon de la vie* in einem Band unter dem Titel *Les chemins de l'arc en ciel* veröffentlicht.

gue kritisiert der Text die Kommerzialisierung des *gitan*-Lebens in Les-Saintes-Maries-de-la-Mer unter der die (künstlerische) Freiheit der Roma leidet.

Luis Ruiz
Biographie
Bis auf die Tatsache, dass der Autor unter dem Namen Slam Kalo in poetischen Wettbewerben (Poetry slam) auftritt und dort für die Verständigung verschiedener Bevölkerungsgruppen wirbt, liegen keine weiteren biographischen Informationen vor.[33]

La guerre noble. Parole gitane (2006)
Das junge Gitan Mädchen Catalana, die Protagonistin der Erzählung, ist eine Querdenkerin. Statt wie ihre Cousinen von Hochzeit und Familie zu träumen, verbringt sie ihre Zeit lieber mit ihrem Großvater und stellt ihm zahllose Fragen zum Geschick der Welt und ihrem Volk. Eingebettet in die Alltagsgeschichte und -probleme der nomadisierenden Familie, die immer wieder von den *aires d'acueil* vertrieben wird und der Diskrimination durch die Mehrheitsgesellschaft ausgesetzt ist, entwickelt sich chronologisch die Handlung um Catalana und ihren Großvater. Sie entwerfen gemeinsam ein revolutionäres Programm, das die beiden (feindlichen) Gemeinschaften – Roma und Nicht-Roma – aussöhnen soll. Diese *guerre noble* soll ein Kampf mit pazifistischem Ziel sein und nur mit Worten ausgefochten werden. Dies lässt sich jedoch nicht problemlos durchsetzen. Das junge Mädchen wird nicht nur mit der Feindseligkeit von Außenstehenden konfrontiert, sondern auch mit dem Misstrauen und den tief sitzenden Ängsten ihrer Familie. Die gelegentlichen Zweifel und Unsicherheit des Großvaters, welche auch in seiner persönlichen Verfolgungserfahrung während des Holocaust begründet liegen, werden durch Naturnähe, magische Begegnungen und die Solidarität in der Familie ausgeglichen. Catalana soll als würdige Nachfolgerin seinen Kampf für Versöhnung weiterführen, ohne die erlittenen Qualen zu vergessen.

---

33 Vgl. Emmanuel Valette Alès: Les mots du slameur Luis Ruiz mis en musique par des pros. In: *Midilibre* (2011).

Joseph Stimbach

Biographie

Der 1956 in Beaugency geborene *manouche* stammt aus einer fahrenden Familie. Wie dem Klappentext von *Détenu particulièrement à surveiller* zu entnehmen ist, wurde er mit 22 Jahren verurteilt und verbrachte 18 Jahre in Haft, aus der er 1996 entlassen wurde. Autodidaktisch lernte er Lesen und Schreiben und veröffentlichte 2001 seine erste Textsammlung.

Itsego. Contes manouches (2001)

Obwohl der Titel den Eindruck vermittelt, es handle sich um Aufzeichnungen von Roma-Märchen, beinhaltet der Band vielmehr kurze Erzählungen aus der Feder von Joseph Stimbach selbst. In seinen Texten transportiert der Autor nicht nur kulturelle Spezifika der Roma, sondern setzt sich auch dezidiert zum Ziel, Toleranz und Verständnis für das Leben der Roma als kulturell eigenständige Gruppe zu schaffen. Die Texte sind daher von einem appellativen, aber auch idealistischen Stil geprägt.

Réflexion d'un manouche. Laissez nous vivre (2004)

Diese zweite Veröffentlichung beinhaltet zwar ebenso Kurztexte, enthält jedoch deutlich weniger fiktionale Elemente als das erste Buch des Autors. So entsteht ein dokumentarischer Eindruck, der durch die frequenten Aufrufe zur Vereinigung und selbständigen Organisation der Roma bestärkt wird.

Détenu particulièrement à surveiller. La fin du voyage pour un manouche? (2010)

Auch bei dieser dritten Veröffentlichung handelt es sich um Kurztexte. Diese sind allerdings stark autobiographisch geprägt und folgen in drei Teilen („Souvenirs des jours heureux", „Mes prisons 1978–1996" „Retour a la vie ‚normale'") chronologisch dem Lebensverlauf des Autors. Dabei wird jedoch keine durchgängige Handlung niedergelegt und die Einzeltexte erscheinen als Fragmente. Sie erzählen von der kriminellen Vergangenheit und der darauffolgenden 25 Jahre währenden Gefängnishaft der Hauptfigur und dem Versuch, nach der Entlassung aus der Haft für die Bürgerrechte der Roma einzustehen.

Sterna Weltz
Biographie

Über das Leben der Autorin ist fast nichts in Erfahrung zu bringen. Als Geburtsort wird im Klappentext des Buches *Mes secrets tziganes* zwar Avignon angegeben, das Jahr wird jedoch nicht erwähnt. Sie lebt – ebenfalls nach den Angaben des Buchs – zusammen mit dem Maler Torino Zigler als Reisende in Südfrankreich und hat mehrere Kinder.

Mes secrets tziganes (1989)

Die Autorin setzt mit ihrem Text *Mes secrets tziganes* (1989) einen Schwerpunkt auf magische Elemente. Anknüpfend an einige TV-Auftritte der Autorin als Wahrsagerin bei France 3 in den 1980er Jahren – so erklärt der Klappentext des Buches – soll der Text magisch-mystische Geheimnisse der Hellseherei vermitteln.

Die Veröffentlichung ist in zwei Partien gegliedert. Im ersten Textteil werden Charakteristika des Roma-Lebens beschrieben, wobei die enge Verbindung mit der Natur hervorgehoben wird. Dabei wird die grundsätzliche Erwartung des Lesers, autobiographische Informationen zu erhalten – hervorgerufen durch die Überschriften „Ma vie", „Pourquoi j'ai décidé de dévoiler nos secrets...et coutumes" und „Pourquoi Paris" – unterlaufen. Zwar wird der direkte Bezug zur Autorin hergestellt und durch einen Erzähler in der ersten Person verstärkt, jedoch gibt der Text nur wenige konkrete Informationen zur Autorin und hat vor allem erzählerischen Charakter. Dieser Eindruck entsteht vor allem, da die Großmutter als Vermittlerin von Wissen eingeführt wird und zwei Geschichten mit eigenem Handlungsverlauf und Spannungskurven erzählt. Diese entsprechen typischen mündlichen Erzählungen der Roma. Bei der ersten handelt es sich um die Geschichte einer Romnìa, die ihren alkoholabhängigen Mann von seiner Sucht befreit, indem sie ihm eine Schale ihrer Muttermilch zu trinken gibt. Die zweite Anekdote handelt von einem Pferd mit Eigenwillen, das den Vater einer Roma-Familie für seine Arroganz und Selbstsucht bestraft, indem es sich weigert den Wagen zu ziehen, während der Vater darin sitzt.

Der erste Textteil ist durch eine Reihe von Fotographien, die die Autorin – vor allem mit bekannten Personen, aber auch mit ihrer Familie – zeigen, von einem zweiten getrennt. Darin folgt ein astrologisch ausgerichteter Part, in dem explizit Anweisungen und Ratschläge für ein ausgeglichenes Leben im Einklang mit der Natur erteilt und Rezepte für den Erhalt von Liebe, Gesundheit, Schönheit und Glück vermittelt werden. Der fiktionale Teil nimmt eine Legitimationsfunktion für die im zweiten Part folgenden Informationen ein, denn das Dasein als Naturmensch wird zur Voraussetzung für das astrologisch-spirituelle Wissen dargestellt und so eine Verbindung des dokumentarischen mit dem erzählerischen Teil erreicht.[34]

---

[34] Vgl. auch Julia Blandfort: Liberté, S. 133–134.

Literaturverzeichnis

Primärliteratur

Doerr, Joseph dit Coucou: *Où vas-tu manouche?*. Draguignan: Wâllada 1982.
Dubois, Lick: *Romanestan. L'île du peuple rom*. Draguignan: Wâllada 2010.
Dubois, Lick: *Enfances tsiganes. Merles des bois, merles des parcs. Scènes de la vie manouche*. Draguignan: Wâllada 2007.
Dubois, Lick: *Il était une fois les bohémiens. Scènes de la vie manouche 1945–2000*. Draguignan: Wâllada 2003.
Dubois, Lick: *Scènes de la vie manouche. Sur les routes de Provence avec les Sinti Piémontais 1935–45*. Draguignan: Wâllada 1998.
Gila-Kochanowski, Vania de: *La prière des loups*. Draguignan: Wâllada 2005.
Gila-Kochanowski, Vania de: *Le roi des serpents et autres contes tsiganes balto-slaves*. Châteauneuf-les-Martigues: Wallâda 1996.
Gila-Kochanowski, Vania de: *Romano Atmo. L'âme tsigane*. Châteauneuf-les-Martigues: Wâllada 1992.
Haler, Miguel: *La route des gitans*. Paris: Ginkgo 2008.
Haler, Miguel: *Le guitariste nomade*. Paris: Presse de la Renaissance 2005.
Jayat, Sandra: *La Zingarina ou l'herbe sauvage*. Paris: Max Milo 2010.
Jayat, Sandra: *Les racines du temps*. Cergy-Pontoise: Point de suspension 1998.
Jayat, Sandra: *El Romanes*. Paris: Magnard 1986.
Jayat, Sandra: *La longue route d'une Zingarina*. Paris: pocket junior 1996 [1978].
Jayat, Sandra: *Kourako suivi de Les deux lunes de Savyo*. Tournai: Casterman 1972.
Kerwich, Jean-Marie: *L'évangile du gitan*. Paris: Mercure de France 2009.
Lorier, Roberto: *Pâni et le peuple sans frontières. Saga Tsigane. Première époque*. Draguignan: Wâllada 2010.
Maximoff, Matéo: *Routes sans roulottes*. Champigny sur Marne: Concordia 1993.
Maximoff, Matéo: *Ce monde qui n'est pas le mien*. Champigny sur Marne: Concordia 1992.
Maximoff, Matéo: *Dites-le avec des pleurs*. Champigny sur Marne: Concordia 1990.
Maximoff, Matéo: *Vinguerka*. Champigny sur Marne: Concordia 1987.
Maximoff, Matéo: *La poupée de Mameliga*. Champigny sur Marne: Concordia 1986.
Maximoff, Matéo: *Condamné à survivre*. Champigny sur Marne: Concordia 1984.
Maximoff, Matéo: *La septième fille*. Champigny sur Marne: Concordia 1982 [1958].
Maximoff, Matéo: *Savina*. Paris: Flammarion 1957.
Maximoff, Matéo: *Le prix de la liberté*. Champigny sur Marne: Concordia 1981 [1955].
Maximoff, Matéo: *Les Ursitory*. Paris: Flammarion 1946.
Nicolić, Jovan/Russo Sejdović/Ruždija: *Kosovo mon amour*. Paris: L'Espace d'un instant 2004.
Ruiz, Luis: *La guerre noble*. Saint-Hippolyte-du-Fort: Le navire 2007.
Romanez, Esmeralda: „Pour un bouquet de saladelle". In: Dies.: *Les chemins de l'arc-en-ciel*. Draguignan: Wâllada 1998, S. 13-168.
Romanès, Alexandre: *Paroles perdues*. Paris: Gallimard 2004.
Stimbach, Joseph: *Détenu particulièrement à surveiller. La fin du voyage pour un Manouche?*. Paris: L'Harmattan 2010.
Stimbach, Joseph: *Réflexion d'un manouche. Laissez-nous vivre!*. Paris: L'Harmattan 2004.

Stimbach, Joseph: *Itsego. Contes manouches*. Draguignan: Wâllada 2001.
Weltz, Sterna: *Mes secrets tziganes*. Nanterre: NBC 1989.

Sekundärliteratur

Monographien und Sammelbände

Aarne, Antti Amatus/Thompson, Stith: *The Types of the Folktale: a Classification and Bibliography*. Helsinki: Suomalainen Tiedeakatemia 1961.
Aichele, Walter/Block, Martin u.a.: *Zigeunermärchen*. Jena: Diederichs 1926.
Alinia, Minoo: *Spaces of Diasporas: Kurdish Identities. Experiences of Otherness and the Politics of Belonging*. Göteborg: Department of Sociology Göteborg University 2004.
Anderson, Benedict R. O'G.: *Imagined Communities. Reflections on the Origin and Spread of Nationalism*. London: Verso 1983.
Angrisani, Silvia/Tuozzi, Carolina: *Tony Gatlif. Un cinema nomade*. Torino: Lindau 2003.
Ashcroft, Bill/Griffiths, Gareth u.a. (Hg.): *The Postcolonial Studies Reader*. London: Routledge 2006.
Ashcroft, Bill/Griffiths, Gareth u.a.: *The Empire Writes Back. Theory and Practice in Postcolonial Literatures*. London: Routledge 2002² [1989].
Asséo, Henriette: *Les Tsiganes. Une destinée européenne*. Paris: Gallimard 1994.
Assmann, Jan: *Das kulturelle Gedächtnis. Schrift, Erinnerung und politische Identität in frühen Hochkulturen*. München: Beck 2007⁶ [1992].
Association des Initiatives Tziganes: *Première Mondiale d'Art Tziganes*. Paris: Cybèle 1985.
Augé, Marc: *Non-lieux. Introduction à une anthropologie de la surmodernité*. Paris: Seuil 1992.
Aureix-Jonchière, Pascale/Loubinoux, Gérard: *La bohémienne: figure poétique de l'errance au XVIIIe et XIXe siècle. Actes du colloque du centre de recherches révolutionnaires et romantiques université Blaise-Pascal 12.-14.03.2003*. Clermont-Ferrand: Presse universitaire 2006.
Auzias, Claire: *Roms, tsiganes, voyageurs: l'éternité et après?*. Montpellier: Indigène 2010.
Auzias, Claire: *Chœur de femmes tsiganes*. Marseille: Egrégores 2009.
Becken, Jörg/Bengsch, Bertolt A. u.a.: *Ohne Heim – ohne Grab. Die Geschichte der Roma und Sinti*. Berlin: Aufbau 2002.
Becker, Eva: *Die altmongolische Hauptstadt Karakorum. Forschungsgeschichte nach historischen Aussagen und archäologischen Quellen*. Rahden: Leidorf 2007.
Bernabé, Jean/Chamoiseau, Patrick u.a.: *Éloge de la créolité*. Paris: Gallimard 1989.
Bernecker, Walther L.: *Krieg in Spanien 1936–1939*. Darmstadt: WBG 1991.
Bhabha, Homi K.: *The Location of Culture*. London: Routledge 2007² [1994].
Blandfort, Julia/Hertrampf, Marina Ortrud M. (Hg.): *Grenzerfahrungen: Roma-Literaturen in der Romania*. Berlin: LIT 2011.
Bogdal, Klaus-Michael: *Europa erfindet die Zigeuner. Eine Geschichte von Faszination und Verachtung*. Berlin: Suhrkamp 2011.
Bonn, Charles (Hg.): *Littératures des immigrations. Un espace littéraire émergent 1*. Paris: Gallimard 1995.
Bordigoni, Marc: *Les Gitans*. Paris: Le Cavalier bleu 2010.
Boretzky, Norbert: *Studien zum Wortschatz des Romani*. Veliko Tarnovo: Faber 2012.
Bourdieu, Pierre: *Les règles de l'Art*. Paris: Seuil 1992.

Brah, Avtar: *Cartographies of Diaspora. Contesting Identities*. London: Routledge 1996.
Brubaker, Rogers: *Ethnicity without Groups*. Cambridge US: Harvard University Press 2004.
Bundesministerium des Inneren: *Erster Bericht der Bundesrepublik Deutschland gemäß Artikel 25 Absatz 1 des Rahmenübereinkommens des Europarates zum Schutz Nationaler Minderheiten*. unter: http://www.bmi.bund.de/SharedDocs/Downloads/DE/Broschueren/1999/erster_bericht.pdf;jsessionid=19A2183BD32A992054C594E0CAA1B820.2_cid295?__blob=publicationFile [18.5.2013] 1999.
Cech, Petra/Fennesz-Juhasz, Christiane u.a.: *Lang ist der Tag, kurz ist die Nacht. Baro o djes, cîni e rjat. Märchen und Erzählungen der Kalderaš. Paramiča le Kaldêrašengê*. Klagenfurt: Drava 2012.
Cech, Petra/Mozes F. Heinschink u.a.: *Kerzen und Limonen. Momelja hem limonja. Märchen der Arlije. Arlijengere paramisja*. Klagenfurt: Drava 2010.
Cech, Petra/ Fennesz-Juhasz, Christiane u.a.: *Die schlaue Romni. E bengali romni. Märchen und Lieder der Roma. So Roma phenen taj gilaben*. Klagenfurt: Drava 2003.
Cech, Petra/Fennesz-Juhasz, Christiane u.a.: *Fern von uns im Traum...Te na dikhas sunende...Märchen, Erzählungen und Lieder der Lovara. Lovarenge paramiči, tertenetura taj gjila*. Klagenfurt: Drava 2001.
Chaliand, Gérard/Rageau, Jean-Pierre: *The Penguin Atlas of Diasporas*. New York: Viking 1995.
Chivallon, Christine: *La diaspora noire des Amériques. Expériences et théories à partir de la Caraïbe*. Paris: CNRS 2004.
Cohen, Robin: *Global Diasporas. An Introduction*. London: UCL 1997.
Comberiati, Daniele: *Scrivere nella lingua dell'altro. La letteratura degli immigrati in Italia 1989–2007*. Bruxelles u.a.: Lang 2010.
Commission nationale consultative des droits de l'homme: *Étude et proposition sur la situation des Roms et gens du voyage en France*, unter: http://www.france-terre-asile.org/images/stories/archives-diverses/etude-et-propositions-sur-la-situation-des-roms-et-des-gens-du-voyage-et-France-08-02-07.pdf [18.5.2013] 2008.
Crowe, David M.: *A History of the Gypsies of Eastern Europe and Russia*. London u.a.: Tauris 1995.
Deleuze, Gilles/Guattari, Félix: *Capitalisme et schizophrénie. Mille plateaux*. Paris: Minuit 1980.
Deleuze, Gilles/Guattari, Félix: *Kafka. Pour une littérature mineure*. Paris: Minuit 1975.
Djebar, Assia: *Ces voix qui m'assiègent*. Paris: Albin Michel 1999.
Djuric, Rajko: *Die Literatur der Roma und Sinti*. Berlin: Parabolis 2002.
Eder, Beate: *Geboren bin ich vor Jahrtausenden... Bilderwelten in der Literatur der Roma und Sinti*. Klagenfurt: Drava 1993.
Eder-Jordan, Beate: *Mensch sein. Identitätskonstruktionen in der Literatur der Roma und Sinti*. Innsbruck Dissertation 2005.
Eigler, Friederike: *Gedächtnis und Geschichte in Generationenromanen seit der Wende*. Berlin: Schmidt 2005.
Erzgräber, Willi/Goetsch, Paul: *Mündliches Erzählen im Alltag, fingiertes mündliches Erzählen in der Literatur*. Tübingen: Narr 1987.
Ette, Ottmar: *ZwischenWeltenSchreiben. Literaturen ohne festen Wohnsitz*. Berlin: Kadmos 2005.
Fanon, Frantz: *Peau noire, masques blancs*. Paris: Seuil 1952.
Filhol, Emmanuel/Hubert, Marie-Christine: *Les Tsiganes en France. Un sort à part 1939–1946*. Paris: Perrin 2009.

Fischer-Lichte, Erika: *Performativität. Eine Einführung*. Bielefeld: transcript 2012.
François, Etienne/Schulze, Hagen (Hg.): *Deutsche Erinnerungsorte 1–3*. München: Beck 2001–2002.
Fraser, Angus M.: *The Gypsies*. Berlin u.a.: Blackwell 2003 [1995].
Fonseca, Isabel: *Begrabt mich aufrecht. Auf den Spuren der Zigeuner*. München: Droemer 1998.
Foucault, Michel: *L'ordre du discours*. Paris: Gallimard 1971.
Gärtner-Horvath, Emmerich/Halwachs, Dieter W./Wogg, Michael: *Der Rom und der Teufel. O rom taj o beng. Märchen, Erzählungen und Lieder der Roma aus dem Burgenland. Romane pamaristscha, phukajiptscha taj gila andar o Burgenland*. Klagenfurt: Drava 2000.
Garo, Morgan: *Les Rroms. Une nation en devenir?*. Paris: Syllepse 2009.
Gesellschaft für bedrohte Völker: *Pogrom. Bedrohte Völker* 254 2009.
Gila-Kochanowski, Vania de: *Précis de la langue romani littéraire. Étude descriptive et comparative illustrée par des textes bilingues dans les différents domaines des Sciences de l'Homme*. Paris: L'Harmattan 2002.
Gila-Kochanowski, Vania de: *Parlons tsigane: histoire, culture et langue du peuple tsigane*. Paris: L'Harmattan 1994.
Gilroy, Paul: *The Black Atlantic. Modernity and Double Consciousness*. Cambridge US: Harvard University Press 1999[5] [1993].
Gilsenbach, Reimar: *Weltchronik der Zigeuner 1–4*. Frankfurt a.M. u.a.: Lang 1994–1998.
Glissant, Édouard: *Traité du tout-monde*. Paris: Gallimard 1997.
Glissant, Édouard: *Introduction à une poétique du divers*. Paris: Gallimard 1996.
Glissant, Édouard: *Le discours antillais*. Paris: Seuil 1981.
Gnisci, Armado: *La letteratura italiana della migrazione*. Roma: Lilith 1998.
Grass, Günter: *Ohne Stimme. Reden zugunsten des Volkes der Roma und Sinti*. Göttingen: Steidl 2000.
Gronemann, Claudia: *Postmoderne, postkoloniale Konzepte der Autobiographie in der französischen und maghrebinischen Literatur*. Hildesheim: Olms 2002.
Groom, Francis Hindes: *Gypsy Folk-tales*. London: Hurst&Blackett 1899.
Gutton, Jean-Pierre: *Établir l'identité: l'identification des Français du Moyen-Âge à nos jours*. Lyon: Presses universitaires de Lyon 2010.
Guy, Will/Uherek, Zdenek u.a.: *Roma Migration in Europe: Case Studies*. Münster: Etnologicky Ustav 2004.
Hagen, Kirsten von: *Inszenierte Alterität: Zigeunerfiguren in Literatur, Oper und Film*. München u.a.: Fink 2009.
Hancock, Ian: *We are the Romani People. Ame sam Rromane džene*. Hatfield: University of Hertfordshire Press 2002.
Hancock, Ian F.: *The Pariah Syndrome. An Account of Gypsy Slavery and Persecution*. Ann Arbor US: Karoma 1987.
Hassan, Ihab: *Rumors of Change. Essays of Five Decades*. Tuscaloosa: University of Alabama Press 1995.
Heinschink, Mozes F./Hübschmannová, Milena u.a.: *Von den Hexen. Märchen der Gurbet-Roma. E Čoxanend'i. Gurbetonde paramiča*. Klagenfurt: Drava 2006.
Hermann, Ursula: *Knaurs etymologisches Lexikon*. München: Knaur 1983.
Hillmann, Karl-Heinz: *Wörterbuch der Soziologie*. Stuttgart: Kröner 2007.
Hölz, Karl: *Zigeuner, Wilde und Exoten. Fremdbilder in der französischen Literatur des 19. Jahrhunderts*. Berlin: Erich Schmidt 2002.

Jacobs, Fabian/Ries, Johannes (Hg.): *Roma-/Zigeunerkulturen in neuen Perspektiven. Romani/Gypsy Cultures in New Perspectives.* Leipzig: Leipziger Universitätsverlag 2008.
Justin, Eva: *Lebensschicksal artfremd erzogener Zigeunerkinder und ihrer Nachkommen.* Berlin Dissertation 1943.
Kater, Michael H.: *Gewagtes Spiel. Jazz im Nationalsozialismus.* Köln: Kiepenheuer&Witsch 1995.
Kenrick, Donald: *Historical Dictionary of the Gypsies (Romanies).* Lanham US u.a.: The Scarecrow Press 2007.
Kurth, Gérald: *Identitäten zwischen Ethnos und Kosmos. Studien zur Literatur der Roma in Makedonien.* Harrassowitz: Wiesbaden 2008.
Koch, Peter/Oesterreicher Wulf: *Gesprochene Sprache in der Romania.* Berlin: De Gruyter 2011² [1990].
Leblon, Bernard: *Mossa, la gitane et son destin: Témoignage d'une jeune gitane sur la condition féminine et l'évolution du monde gitan.* Paris: L'Harmattan 1992.
Leblon, Bernard: *Les gitans dans la littérature espagnole.* Toulouse: Institut d'études hispaniques et hispano-américaines 1982.
Lévi-Strauss, Claude: *La pensée sauvage.* Paris: Plon 1969.
Lévi-Strauss, Claude: *Tristes tropiques.* Paris: Plon 1962.
Levy, Daniel/Sznaider, Natan: *Erinnerung im globalen Zeitalter. Der Holocaust.* Frankfurt a.M.: Suhrkamp 2007.
Liégeois, Jean-Pierre: *Roms et Tsiganes.* Paris: La Découverte 2009.
Liégeois, Jean-Pierre: *Gypsies. An Illustrated History.* London: Al Saqi Books 1986.
Liégeois, Jean-Pierre: *Mutation tsigane: la révolution bohémienne.* Bruxelles: Éd. Complexe 1976.
Liégeois, Jean-Pierre/Gheorghe, Nicolae: *Roma/Gypsies: A European Minority.* London: Minority Rights Group 1995.
Ludwig, Ralph: *Frankokaribische Literatur. Eine Einführung.* Tübingen: Narr 2008.
Lüsebrink, Hans-Jürgen: *Schrift, Buch und Lektüre in der französischsprachigen Literatur Afrikas. Zur Wahrnehmung und Funktion von Schriftlichkeit und Buchlektüre in einem kulturellen Epochenumbruch der Neuzeit.* Tübingen: Niemeyer 1990.
Mancas, Magdalena Silvia/Schmelzer, Dagmar (Hg.): *Der* Espace autobiographique *und die Verhandlung kultureller Identität – Ein pragmatischer Ort der Autobiographie in den Literaturen der Romania.* München: Meidenbauer 2011.
Margalit, Gilad: *Die Nachkriegsdeutschen und ‚ihre Zigeuner'. Die Behandlung der Sinti und Roma im Schatten von Auschwitz.* Berlin: Metropol 2001.
Matras, Yaron: *Romani: A Linguistic Introduction.* Cambridge UK u.a.: Cambridge University Press 2002.
Mayer, Ruth: *Diaspora. Eine kritische Begriffsbestimmung.* Bielefeld: transcript 2005.
McCann, Column: *Zoli.* Augsburg: Bielefeld 2008.
Mertz-Baumgartner, Birgit: *Ethik und Ästhetik der Migration: algerische Autorinnen in Frankreich 1988–2003.* Würzburg: Königshausen&Neumann 2004.
Mertz-Baumgartner, Birgit/Pfeiffer, Erna: *Aves de paso. Autores latinoamericanos entre exilio y transculturación 1979–2002.* Madrid: Iberoamericana 2005.
Mode, Heinz/Hübschmannová, Milena (Hg.): *Zigeunermärchen aus aller Welt* 1–4. Wiesbaden: Drei Lilien 1983–1984.
Niemandt, Hans-Dieter: *Die Zigeunerin in den romanischen Literaturen.* Frankfurt a.M. u.a.: Lang 1992.

Nora, Pierre (Hg.): *Les lieux de mémoire 1–3*. Paris: Gallimard 1984–1992.
Ong, Walter J.: *Orality and Literacy. The Technologizing of the Word*. London u.a.: Methuen 1982.
Piasere, Leonardo: *I rom d'Europa. Una storia moderna*. Roma: Laterza 2004.
Piasere, Leonardo: *Connaissance tsigane et alphabétisation*. Verona: Università degli studi di Verona 1985.
Propp, Vladimir/Eimermacher, Karl (Hg.): *Morphologie des Märchens*. München: Carl Hansen 1972.
Puxon, Grattan: *Roma, Europe's Gypsies*. London: Minority Rights Group 1987.
Rao, Aparna: *The Other Nomads. Peripatetic Minorities in Cross-cultural Perspective*. Köln: Böhlau 1997.
Reemtsma, Katrin: *Sinti und Roma. Geschichte, Kultur und Gegenwart*. München: Beck 1996.
Remmel, Franz: *Die Roma Rumäniens. Volk ohne Hinterland*. Wien: Picus 1993.
Rey, Alain: *Dictionnaire historique de la langue française 3*. Paris: Le Robert 1998.
Ries, Johannes: *Welten Wanderer: über die kulturelle Souveränität siebenbürgischer Zigeuner und den Einfluss des Pfingstchristentums*. Würzburg: Ergon 2007.
Ruch, Martin: *Zur Wissenschaftsgeschichte der deutschsprachigen Zigeunerforschung von den Anfängen bis 1900*. Freiburg i.Brsg. Dissertation 1986.
Rüthers, Monica: *Juden und Zigeuner im europäischen Geschichtstheater. „Jewish Spaces' „Gypsy Spaces' – Kazmierz und Saintes-Maries-de-la-Mer in der neuen Folklore Europas*. Bielefeld: transcript 2012.
Said, Edward W.: *Reflections on Exile and Other Essays*. Cambridge: Harvard University Press 2001 [1984].
Sánchez Ortega, María Helena: *Los gitanos españoles: el período borbónico*. Madrid: Castellote 1977.
Sartre, Jean-Paul: *Réflexions sur la question juive*. Paris: Gallimard 1954.
Sarte, Jean-Paul: *Qu'est-ce que la littérature?*. Paris: Gallimard 1948.
Sheffer, Gabriel: *Diaspora Politics. At Home Abroad*. Cambridge UK u.a.: Cambridge University Press 2003.
Spinelli, Santino: *Rom, Genti libere. Storia, arte e cultura*. Milano: Dalai 2012.
Spinelli, Santino: *La lunga strada dei rom, sinti, kale, manouches e romanichals*. Roma: Meltemi 2003.
Sutherland, Anne H.: *Gypsies. The Hidden Americans*. London: Tavistock 1975.
Tauber, Elisabeth: *Du wirst keinen Ehemann nehmen! Respekt, Bedeutung der Toten und Fluchtheirat bei den Sinti Estraixaria*. Berlin: LIT 2006.
Tcherenkov, Lev/Laederich, Stéphane: *The Rroma 1. History, Language and Groups*. Basel: Schwabe 2004.
Tcherenkov, Lev/Laederich, Stéphane: *The Rroma 2. Traditions and Texts*. Basel: Schwabe 2004.
Toninato, Paola: *The Rise of Written Literature Among the Roma: a Study of the Role of Writing in the Current Re-definition of Romani Identity with Specific Reference to the Italian Case*. Warwick Dissertation, unter: www.wrap.warwick.ac.uk/1224/1/WRAP_THESIS_Toninato_2004.pdf [18.5.2013] 2004.
Trevisan, Paola: *Storie e vite di Sinti dell'Emilia*. Roma: CISU 2005.
Vaux de Foletier, François de: *Les bohémiens en France au 19e siècle*. Paris: Jean-Claude Lattès 1981.
Vaux de Foletier, François de: *Mille ans d'histoire des Tsiganes*. Paris: Fayard 1970.

Vaux de Foletier, François de: *Les Tsiganes dans l'ancienne France*. Paris: Société d'Édition Géographique et Touristique 1961.
Vermeersch, Peter: *The Romani Movement. Minority Politics and Ethnic Mobilization in Contemporary Central Europe*. New York: Berghahn Books 2006.
Wilhelm, Deike: *Wir wollen sprechen: Selbstdarstellungen in der Literatur von Sinti und Roma*. Saarbrücken: VDM 2008.
Willems, Wim: *In Search of the True Gypsy. From Enlightenment to Final Solution*. London: Cass 1997.
Williams, Patrick: *Nous, on n'en parle pas. Les vivants et les morts chez les Manouches*. Paris: Maison des Sciences de l'Homme 1993.
Williams, Patrick: *Django Reinhardt*. Montpellier: Limon 1991.
Wlislocki, Heinrich von: *Märchen und Sagen transsylvanischer Zigeuner*. Berlin: Nicolaische Verlagsbuchhandlung 1886.
Yoors, Jan: *Das wunderbare Volk: Meine Jahre mit den Zigeunern*. München: dtb 1989.
Zimmermann, Michael: *Rassenutopie und Genozid. Die nationalsozialistische Lösung der ‚Zigeunerfrage'*. Hamburg: Christians 1996.
Zülch, Tilman: *Bis der letzte ‚Zigeuner' das Land verlassen hat. Massenvertreibung der Roma und Aschkali aus dem Kosovo*. Göttingen: Gesellschaft für bedrohte Völker 1999.
Zwicker, Marianne: *Journeys into Memory: Romani Identity and the Holocaust in Autobiographical Writing by German and Austrian Romanies*. Edingburgh Dissertation, unter: http://www.era.lib.ed.ac.uk/bitstream/1842/6201/1/Zwicker2010.pdf [18.5.2013] 2009.

Artikel und Aufsätze

Acton, Thomas/Gheorghe, Nicolae: Citizens of the World and Nowhere. In: Guy Will (Hg.): *Between Past and Future. The Roma of Central and Eastern Europe*. Hatfield: University of Hertfordshire Press 2001, S. 54–70.
Acton, Thomas/Klímová, Ilona: The International Romani Union. An East European Answer to West European Questions? Shifts in the Focus of World Romani Congresses 1971–2000. In: Guy, Will (Hg.): *Between Past and Future. The Roma of Central and Eastern Europe*. Hatfield: University of Hertfordshire Press 2001, S. 157–226.
Acković, Dragoljub: Migration by Roma from Former Yugoslavia. In: Guy Will/Zdenek Uherek u.a. (Hg.): *Roma Migration in Europe: Case studies*. Münster: LIT 2004, S. 143–155.
Alès, Emmanuel Valette: Les mots du slameur Luis Ruiz mis en musique par des pros. In: *Midilibre* (2011), unter: http://www.midilibre.fr/2011/04/14/les-mots-du-slameur-luis-ruiz-mis-en-musique-par-des-pros,303709.php [18.5.2013] 2011.
Anderson, Benedict R. O'G.: Nationalism, Identity, and the World-in-Motion: On the Logics of Seriality. In: Pheng Cheah/Bruce Robbins (Hg.): *Cosmopolitics: Thinking and Feeling Beyond the Nation*. Minneapolis: University of Minnesota Press 1998, S. 117–133.
Anthias, Floya: Evaluating ‚Diaspora': Beyond Ethnicity. In: *Sociology* 32,3 (1998), S. 557–570.
Asséo, Henriette: L'intelligentsia romani, l'Histoire et le romipen. In: *Études tsiganes* 37 (2009), S. 10–31.
Assmann, Jan: Kollektives Gedächtnis und kulturelle Identität. In: Ders./Tonio Tölscher (Hg.): *Kultur und Gedächtnis*. Frankfurt a.M.: Suhrkamp 1988, S. 9–19.
Assmann, Aleida/Assmann, Jan: Nachwort. Schrift und Gedächtnis. In: Dies./Christof Hardmeier (Hg.): *Schrift und Gedächtnis. Beiträge zur Archäologie der literarischen Kommunikation*. München: Fink 1983, S. 265–284.

Aude, Sophie: Image et langage dans les œuvres d'artistes roms contemporains. In: *Études tsiganes* 36 (2009), S. 10-45.
Baltzar, Veijo: *Kölner Erklärung*, 19.11.2001, unter: http://www.mariellamehr.com/romanipe /ek_ger.htm [30.8.2014].
Bandau, Anja: Eine Chicana/o-Poetik zwischen *mestizaje* und Hybridität. Text- und Identitätsstrategien mexikanisch-amerikanischer Autor/inn/en. In: Gisela Febel/Angela Hamilton u.a. (Hg.): *Zwischen Kontakt und Konflikt. Perspektiven der Postkolonialismus-Forschung*. Trier: WVT 2006, S. 131-146.
Barbery, Muriel u.a.: Pour une ‚littérature-monde' en français. In: *Le Monde* 15.3.2007, unter: http://www.lemonde.fr/livres/article/2007/03/15/des-ecrivains-plaident-pour-unroman-en-francais-ouvert-sur-le-monde_883572_3260.html [18.5.2013].
Bari, Karoly: Être Tsiganes et être poète. In: *Études tsiganes* 9 (1996), S. 53-56.
Baronian, Marie-Aude/Besser, Stephan u.a.: Introduction: Diaspora and Memory. Figures of Displacement in Contemporary Literature, Art and Politics. In: Dies. (Hg.): *Diaspora and Memory. Figures of Displacement in Contemporary Literature, Arts and Politics*. Amsterdam u.a.: Rodopi 2007, S. 9-16.
Baumann, Martin: Diaspora: Genealogies of Semantics and Transcultural Comparison. In: *Numen* 47 (2000), S. 313-337.
Benjamin, Walter: Der Erzähler. In: Ders.: *Illuminationen. Ausgewählte Schriften*. Frankfurt a.M.: Suhrkamp 1961, S. 409-435.
Benninghaus, Rüdiger: Über die Benennungen der Sinti – Bemerkungen zu Ulrich Opfermann's Terminologie und seinen Interpretationen. In: *FTF Blickpunkte – Tsiganologische Mitteilungen* 4 (2009), S. 14-31, unter: http://www.uni-leipzig.de/~ftf/blickpunkte /blickpunkte4.pdf [18.5.2013].
Blandfort, Julia: Rétrospective d'un peuple errant: le regard de l'enfant sur l'Holocauste dans deux romans de Sandra Jayat. In: Isabella von Treskow/Silke Segler-Meßner (Hg.): *Enfance, jeunesse et génocide: théories – textes – témoignages*. Frankfurt a.M. u.a: Lang 2014, S. 301-314.
Blandfort, Julia: Senza voce? Die Lyrik von Paula Schöpf im Spannungsfeld von Sprechen und Schweigen. In: Dies./Magdalena Silvia Mancas u.a. (Hg.): *Minderheiten: Fremd? Anders? Gleich?. Beiträge zum XXVII. Forum Junge Romanistik 15.-18. Juni 2011*. Frankfurt a.M. u.a.: Lang 2013, S. 189-204.
Blandfort, Julia: *Liberté*: Die Prosa der Roma Frankreichs. In: Dies./Marina Ortrud M. Hertrampf (Hg.): *Grenzerfahrungen: Roma-Literaturen in der Romania*. Berlin: LIT 2011, S. 121-144.
Blandfort, Julia: Die doppelte Grenze. Sandra Jayats Roman *La longue route d'une zingarina* als Raum diasporischer Identität. In: Dies./Marina Ortrud M. Hertrampf (Hg.): *Grenzerfahrungen: Roma-Literaturen in der Romania*, Berlin: LIT 2011, S. 217-244.
Blandfort, Julia: Sprache(n) als Spiegel der Diaspora – Das Kino Tony Gatlifs. In: Andreas Blum/Eva Erdmann (Hg.): *Mehrsprachigkeit im Kino. Formen der Sprachenvielfalt in aktuellen Filmen und Berichte aus der Filmproduktion*. Trier: Wissenschaftlicher Verlag in Vorbereitung.
Blandfort, Julia: Arabische Spuren: Auslöschen. Fortbestehen. WiederErkennen. *Exils* 2004 von Tony Gatlif. In: Luca Melchior/Albert Göschl u.a. (Hg.): *Spuren.Suche in der Romania. Beiträge zum XXVIII. Forum Junge Romanistik 18.-21. April 2012*. Frankfurt a.M. u.a.: Lang, S. 269-281.

Blandfort, Julia/Hertrampf, Marina Ortrud M.: Einführung. Grenzerfahrungen: Roma-Literaturen in der Romania. In: Dies. (Hg.): *Grenzerfahrungen: Roma-Literaturen in der Romania*. Berlin: LIT 2011, S. 15–28.

Blandfort, Julia/Kovacshazy, Cécile: Dialogue des cultures: Réflexions sur l'identité romani à travers deux romans de Sandra Jayat. In: *Études tsiganes* 46 (2012), S. 205–215.

Blandfort, Julia/Mancas, Magdalena Silvia u.a.: Minderheiten: Fremd? Anders? Gleich? Einleitung. In: Dies. (Hg.): *Minderheiten: Fremd? Anders? Gleich?. Beiträge zum XXVII. Forum Junge Romanistik 15.-18. Juni 2011*. Frankfurt a.M. u.a.: Lang 2013, S. 9–34.

Braziel, Jana Evans/Mannur, Anita: Nation, Migration, Globalization: Points of Contention in Diaspora Studies. In: Dies.: *Theorizing Diaspora. A Reader*. Malden u.a.: Blackwell 2007[5] [2003], S. 1–22.

Brittnacher, Hans Richard: Europas Traurige Tropen. Zur medialen Inszenierung der Roma in Texten der *gadje*. In: Julia Blandfort/Marina Ortrud M. Hertrampf (Hg.): *Grenzerfahrungen: Roma-Literaturen in der Romania*. Berlin: LIT 2011, S. 31–50.

Brubaker, Rogers: The ‚Diaspora' Diaspora. In: *Ethnic and Racial Studies* 28,1 (2005), S. 1–19.

Butler, Kim D.: Defining Diaspora, Refining a Discourse. In: *Diaspora. Journal of Transnational Studies* 10,2 (2001), S. 189–219.

Canut-Hobe, Cécile: Écritures et subjectivation politique. Les mots du dehors. In: *Études tsiganes* 43 (2010), S. 44–55.

Castle-Kaněrová, Mít'a: Roma Refugees: The EU Dimension. In: Guy Will (Hg.): *Between Past and Future. The Roma of Central and Eastern Europe*. Hatfield: University of Hertfordshire Press 2001, S. 117–133.

Chamoiseau, Patrick: Que faire de la parole? Dans la tracée mystérieuse de l'oral à l'écrit. In: Ralph Ludwig (Hg.): *Écrire la ‚parole de nuit'. La nouvelle littérature antillaise*. Paris: Gallimard 1994, S. 151–158.

Charlemagne, Jacqueline: Matéo Maximoff: un homme, une trajectoire. In: *Études tsiganes* 13 (2000), S. 176–177.

Cleff le Divellec, Silvia: Frankreich auf der Suche nach effizienten Instrumenten und Maßnahmen gegen ethnische Diskriminierung. In: Heinrich-Böll Stiftung Hrg.: *Ethnic Monitoring Datenerhebung mit oder ohne Minderheiten?* 2009, S. 26–36, unter: http://www.migration-boell.de/downloads/diversity/Dossier_Ethnic_Monitoring.pdf [18.5.2013].

Clifford, James: Diasporas. In: *Cultural Anthropology* 9,3 (1994), S. 302–338.

Confiant, Raphaël: Questions pratiques d'écritures créole. In: Ralph Ludwig (Hg.), *Écrire la ‚parole de nuit'. La nouvelle littérature antillaise*. Paris: Gallimard 1991, S. 171–180.

Dokumentations- und Kulturzentrum Deutscher Sinti und Roma o.A.: Sinti und Roma, unter: http://www.sintiundroma.de/sinti-roma.html [18.5.2013].

Douaire, Anne: Introduction. In: Dies. (Hg.): *Oralités subversives*. Rennes: Presse universitaire 2004, S. 7–13.

Dumas, Pierre Raymond: Interview sur le concept d'oraliture accordée à Pierre Raymond Dumas par le Docteur Ernest Mirville. In: *Conjonction* 161 (1984), S. 161–164.

Eder-Jordan, Beate: Œuvres littéraires et artistiques des Tsiganes. Une critique interne est-elle possible?. In: *Études tsiganes* 43 (2010), S. 10–29.

Eder-Jordan, Beate: Die nationalsozialistische Rassen- und Vernichtungspolitik im Spiegel der Literatur der Roma und Sinti. In: Felicitas Fischer von Weikersthal/Christoph Garstka u.a. (Hg.): *Der nationalsozialistische Genozid an den Roma Osteuropas. Geschichte und künstlerische Verarbeitung*. Köln u.a.: Böhlau 2008, S. 115–167.

Eder-Jordan, Beate: Roma schreiben. Anmerkungen zur Literatur einer ethnischen Minderheit. In: Heinschink, Mozes F./Hemetek, Ursula (Hg.): *Roma. Das unbekannte Volk. Schicksal und Kultur*. Köln: Böhlau 1994, S. 129–149.

Erll, Astrid: Kollektives Gedächtnis und Erinnerungskulturen. In: Ansgar Nünning/Vera Nünning (Hg.): *Einführung in die Kulturwissenschaft*. Stuttgart u.a.: Metzler 2008, S. 156–185.

Erll, Astrid: Literatur als Medium des kollektiven Gedächtnisses. In: Dies./Ansgar Nünning (Hg.): *Gedächtniskonzepte der Literaturwissenschaft. Theoretische Grundlegung und Anwendungsperspektiven*. Berlin u.a.: de Gruyter 2005, S. 249–276.

Erll, Astrid: Literatur und kulturelles Gedächtnis: Zur Begriffs- und Forschungsgeschichte, zum Leistungsvermögen und zur literaturwissenschaftlichen Relevanz eines neuen Paradigmas der Kulturwissenschaft. In: *Literaturwissenschaftliches Jahrbuch* 43 (2002), S. 249–276.

Erll, Astrid/Nünning, Ansgar: Literaturwissenschaftliche Konzepte von Gedächtnis: Ein einführender Einblick. Dies. (Hg.): *Gedächtniskonzepte der Literaturwissenschaft. Theoretische Grundlegung und Anwendungsperspektiven*. Berlin u.a.: de Gruyter 2005, S. 1–9.

Ette, Ottmar/Ludwig, Ralph: ‚Les littératures antillaises – une mosaïque culturelle'. In: Lendemains 67 (1992).

Faure, Mathieu: Lick Dubois, la mémoire du groupe Zingaria. In: *nicematin.com* (5.1.2012), unter: http://www.nicematin.com/article/grasse/lick-dubois-la-memoire-du-groupe-zingaria.741540.html [18.5.2013].

Fennesz-Juhasz, Christiane: Loki gjili, loki d'ili – langsames, lyrisches Lied. In: *Rombase. Didactically Edited Information on Roma* (2004), unter: http://romani.uni-graz.at/rombase/cd/data/music/genres/data/loke.de.pdf [18.5.2013].

Fleury, Jean: Introduction. In: Joseph Doerr dit Coucou: *Où vas-tu manouche?*. Draguignan: Wâllada 1982, S. I-VIII.

Fludernik, Monika: The Diasporic Imaginary. Postcolonial Reconfigurations in the Context of Multiculturalism. In: Dies. (Hg.): *Diaspora and Multiculturalism. Common Traditions and New Developments*. Amsterdam u.a.: Rodopi 2003, S. xi-xxxviii.

Foucault, Michel: Préface. Folie et déraison. Histoire de la folie à l'âge classique. In: Ders.: *Dits et Écrits* 1 1994 [1961], S. 159–167.

Gamonet; Jeanne: Aleksandr Bielugin, de son nom rrom Leksa Manuś, le poète qui célébra l'origine indienne des Rroms. In: *Études tsiganes* 43 (2011), S. 53–69.

Gartner, Gérard: Un écrivain tsigane français Matéo Maximoff. In: *Études tsiganes* 3 (1982), S. 17–18.

Gay y Blasco, Paloma: Gypsy/Roma Diasporas. A Comparative Perspective. In: *Social Anthropology* 10,2 (2002), S. 173–188.

Gilroy, Paul: Diaspora. In: *Paragraph* 17,1 (1994), S. 207–212.

Glissant, Édouard: Le chaos-monde, l'orale et l'écrit. In: Ralph Ludwig (Hg.): *Écrire la ‚parole de nuit'. La nouvelle littérature antillaise*. Paris: Gallimard 1994, S. 111–129.

Görög-Karady, Veronika/Lebarbier, Micheline: Editorial: Oralité tsigane. In: Dies. (Hg.): *Oralité tzigane*. Paris: INALCO 1991, S. 7–13.

Goetsch, Paul: Vorwort. In: Willi Erzgräber/Ders. (Hg.): *Mündliches Erzählen im Alltag, fingiertes mündliches Erzählen in der Literatur*. Tübingen: Narr 1987, S. 7–14.

Hagen, Kirsten von: Gitan, gypsie, Zigeuner – *disparaîtra*: Vom alternativen Umgang mit Stereotypen in Tony Gatlifs Film *Gadjo dilo*. In: Julia Blandfort/Marina Ortrud M. Hertrampf (Hg.): *Grenzerfahrungen: Roma-Literaturen in der Romania*. Berlin: LIT 2011, S. 51–63.

Hall, Stuart: Cultural Identity and Diaspora. In: Jonathan Rutherford (Hg.): *Identity: Community, Culture, Difference*. London: Lawrence&Wishhart 1990, S. 222–237.
Hall, Stuart: New Ethnicities. In: Bill Ashcroft/Gareth Griffiths u.a. (Hg.): *The Postcolonial Studies Reader*. London u.a.: Routledge 1995, S. 223–227.
Halwachs, Dieter W.: Romani Classification and Varieties. In: *Rombase. Didactically Edited Information on Roma* (2001), unter: http://romani.uni-graz.at/rombase/cd/data/lang/gen/data/class-it-01.en.pdf [18.5.2013].
Hancock, Ian: On the Interpretation of a Word: Porrajmos as Holocaust. In: *The Romani Archive and Documentation Center* (2007–2008), unter: http://www.radoc.net/radoc.php?doc=art_e_holocaust_interpretation&lang=en&articles=true [18.5.2013].
Hancock, Ian: Romani ‚Gypsy' Religion. In: *The Romani Archive and Documentation Center* (2005), unter: http://www.radoc.net/radoc.php?doc=art_b_history_romani religion&lang=en&articles=true [18.5.2013].
Hancock, Ian: The Emergence of Romani as a Koïné Outside of India. In: Thomas Acton (Hg.): *Scholarship and the Gypsy Struggle: Commitment in Romani Studies*. Hatfield: University of Hertfordshire Press 2000, S. 1–13.
Hancock, Ian: The Struggle for the Control of Identity. In: *Transition* 4,4 (1997), S. 36–44, unter: http://www.radoc.net/radoc.php?doc=art_d_identity&lang=en&articles=true [18.5.2013].
Heinschink, Mozes F./Teichmann, Michael: Gascho Gadžo/Das/Gor. In: *Rombase. Didactically Edited Information on Roma* (2003), unter: http://romani.uni-graz.at/rombase/cd/data/ethn/topics/data/gadscho-pr.de.pdf [18.5.2013].
Heinschink, Mozes F./Teichmann, Michael: Kupferschmiede. In: *Rombase. Didactically Edited Information on Roma* (2003), unter: http://romani.uni-graz.at/rombase/cd/data/ethn/work/data/copper.de.pdf [18.5.2013].
Heinschink, Mozes F./Teichmann, Michael: Kris. In: *Rombase. Didactically Edited Information on Roma* (2002), unter: http://romani.uni-graz.at/rombase/cd/data/ethn/social/data/kris.de.pdf [18.5.2013].
Heinschink, Mozes F./Teichmann, Michael: Marhimé. In: *Rombase. Didactically Edited Information on Roma* (2002), unter: http://romani.uni-graz.at/rombase/cd/data/ethn/belief/data/unclean.de.pdf [18.5.2013].
Heinschink, Mozes F./Teichmann, Michael: Korbflechter. In: *Rombase. Didactically Edited Information on Roma* (2001), unter: http://romani.uni-graz.at/rombase/cd/data/ethn/work/data/basket.de.pdf [18.5.2013].
Heinschink, Mozes F.: E romani čhib. In: ders./Christiane Fennesz-Juhazs (Hg.): *Die Roma. Das unbekannte Volk. Schicksal und Kultur*. Wien: Böhlau 1994, S. 110–128.
Hertrampf, Marina Ortrud M.: *Camelamos naquerar*: Literarische Stimmen spanischer Roma-Autoren. In: Julia Blandfort/Dies. (Hg.): *Grenzerfahrungen: Roma-Literaturen in der Romania*. Berlin: LIT 2011, S. 169–188.
Hertrampf, Marina Ortrud M.: Schreiben im Dazwischen: Transgressionen und Alterität bei Jorge Emilio Nedich. In: Julia Blandfort/Dies. (Hg.): *Grenzerfahrungen: Roma-Literaturen in der Romania*. Berlin: LIT 2011, S. 191–215.
Hübschmannová, Milena: Mes rencontres avec le Romano šukar laviben. In: *Études tsiganes* 36 (2009), S. 98–135.
Hübschmannová, Milena: Untergruppen der Roma. In: *Rombase. Didactically Edited Information on Roma* (2003), unter: http://romani.uni-graz.at/rombase/cd/data/ethn/topics/data/names-pr.de.pdf [18.5.2013].

Hübschmannová, Milena: Amare Phure. In: *Rombase. Didactically Edited Information on Roma* (2002), unter: http://romani.uni-graz.at/rombase/cd/data/ethn/social/data/aged.de.pdf [18.5.2013].
Hübschmannová, Milena: Matéo Maximoff. In: *Rombase. Didactically Edited Information on Roma* (2002), unter: http://romani.uni-graz.at/rombase/cd/data/pers/data/maximoff-pr.en.pdf [18.5.2013].
Hübschmannová, Milena: Mulò. In: *Rombase. Didactically Edited Information on Roma* (2002), unter: http://romani.uni-graz.at/rombase/cd/data/ethn/belief/data/dead.de.pdf [18.5.2013].
Hübschmannová, Milena: Žužo. In: *Rombase. Didactically Edited Information on Roma* (2001), unter: http://romani.uni-graz.at/rombase/cd/data/ethn/belief/data/clean.de.pdf [18.5.2013].
Hübschmannová, Milena/Reiznerová, Margita u.a.: Bedrohung und Verlust der eigenständigen Kultur? Anmerkungen zur Situation der Roma in der Tschechoslowakei. In: Daniel Strauß (Hg.): *Die Sinti/Roma Erzählkunst*. Heidelberg: Dokumentations- und Kulturzentrum Deutscher Sinti und Roma 1992, S. 149–159.
International Romani Union: Charter o.J., unter: http://www.internationalromaniunion.org/index.php/en/organization-status/ertf-charter-on-the-rights-of-the-roma [18.5.2013].
Izzo, Sara: Die Aphorismen von Alexandre Romanès. In: Julia Blandfort/Magdalena Silvia Mancas u.a. (Hg.): *Minderheiten: Fremd? Anders? Gleich?. Beiträge zum XXVII. Forum Junge Romanistik 15.-18. Juni 2011*. Frankfurt a.M. u.a.: Lang 2013, S. 175–188.
Jayat, Sandra: Biographie. In: Dies.: *La Zingarina où l'herbe sauvage*. Paris: Max Milo 2010, S. 3.
Kapralski, Slawomir: Ritual of Memory in Constructing the Modern Identity of Eastern European Romanies. In: Susan Tebbutt/Nicholas Saul (Hg.): *The Role of the Romanies. Images and Counter-images of 'Gypsies'/Romanies in European Cultures*. Liverpool: Liverpool University Press 2005, S. 208–225.
Kenrick, Donald: Former Yugoslavia: a Patchwork of Destinies. In: Will Guy (Hg.): *Between Past and Future. The Roma of Central and Eastern Europe*. Hatfield: University of Hertfordshire Press 2001, S. 405–425.
Kleinert, Christian: Pilger, Bettler, edle Herren. Frankfurter Spuren zum Leben der Roma im 15. Jahrhundert. In: Heribert Müller (Hg.): „...*Ihrer Bürger Freiheit'. Frankfurt am Main im Mittelalter*. Frankfurt a.M.: Kramer 2004, S. 197–229.
Klímová-Alexander, Ilona: The Development and Institutionalization of Romani Representation and Administration. Part 1. In: *Nationalities Papers* 32,3 (2004), S. 599–630.
Klímová-Alexander, Ilona: The Development and Institutionalization of Romani Representation and Administration. Part 2: Beginnings of Modern Institutionalization Nineteenth Century-World War II. In: *Nationalities Papers* 33,2 (2005), S. 155–210.
Koch, Peter/Oesterreicher, Wulf: Sprache der Nähe – Sprache der Distanz. Mündlichkeit und Schriftlichkeit im Spannungsfeld von Sprachtheorie und Sprachgeschichte. In: *Romanistisches Jahrbuch* 36 (1985), S. 15–43.
Köhler-Zülch, Ines: Die heilige Familie in Ägypten, die verweigerte Herberge und andere Geschichten von ‚Zigeunern': Selbstäußerungen oder Außenbilder?. In: Daniel Strauß (Hg.): *Die Sinti/Roma-Erzählkunst*. Heidelberg: Dokumentations- und Kulturzentrum deutscher Sinti und Roma 1992, S. 35–84.
Kokot, Waltraud: Diaspora und transnationale Verflechtungen. In: Brigitta Häuser-Schäublin/Ulrich Braukämper (Hg.): *Ethnologie der Globalisierung*. Berlin: Reimer 2002, S. 95–110.

Kovacshazy, Cécile: Roma-Literaturen und Kreolisierung. In: Gesine Müller/Natascha Ueckmann (Hg.): *Kreolisierung revisited. Debatten um ein weltweites Kulturkonzept.* Bielefeld: transcript 2013, S. 239–251.

Kovacshazy, Cécile: Littératures tsiganes: un événement politique. In: *Lignes* 35 (2011), S. 162–166.

Kovacshazy, Cécile: Das Wort ergreifen. In: Julia Blandfort/Marina Ortrud M. Hertrampf (Hg.): *Grenzerfahrungen: Roma-Literaturen in der Romania.* Berlin: LIT 2011, S. 101–108.

Kovacshazy, Cécile: Une ou des littératures romani/tsiganes? Littératures d'Europe centrale et orientale. In: *Études tsiganes* 43 (2010), S. 5.

Kovacshazy, Cécile: Littérature romani: cas exemplaire de la littérature-monde? exemples autrichiens. In: *Études tsiganes* 36 (2009), S. 146–155.

Kozaitis, Kathryn A.: ‚Foreigners Among Foreigners': Social Organization Among The Roma Of Athens, Greece. In: *Urban Anthropology* 26,2 (1997), S. 165–199.

Lackovà, Elena: *A Made Up ‚Indian legend',* Wien: Phonogrammarchiv 1999, unter: http://catalog.pha.oeaw.ac.at/media/D_3996_Cat.pdf [18.5.2013].

Lagrene, Reinhold: ‚Grenzerfahrungen' der Sinti in Deutschland, Frankreich und Italien. In: Julia Blandfort/Marina Ortrud M. Hertrampf (Hg.): *Grenzerfahrungen: Roma-Literaturen in der Romania.* Berlin: LIT 2011, S. 109–119.

Lagrene, Reinhold: Die Erzählkultur und Erzählkunst deutscher Sinti und Roma. In: Daniel Strauß (Hg.): *Die Sinti und Roma-Erzählkunst im Kontext europäischer Märchenkultur.* Heidelberg: Dokumentations- und Kulturzentrum Deutscher Sinti und Roma 1992, S. 127–148.

Le Bas, Damien: The Possible Implications of Diasporic Consciousness for Romani Identity. In: Thomas Acton/Damian Le Bas (Hg.): *All change!. Romani Studies Through Romani Eyes.* Hatfield: University of Hertfordshire Press 2010, S. 61–69.

Liégeois, Jean-Pierre: Naissance du pouvoir tsigane. In: *Revue française de sociologie* 16,3 (1975), S. 295–316, unter: http://www.persee.fr/web/revues/home/prescript/article/rfsoc_0035-2969_1975_num_16_3_5798 [18.5.2013].

Lévy, Bernard-Henri: Les trois erreurs de Nicolas Sarkozy. In: *Le Monde* (5.8.2010), unter: http://www.bernard-henri-levy.com/les-trois-erreurs-de-nicolas-sarkozy-par-bernard-henri-levy-le-monde-du-5-aout-2010-8147.html [18.5.2013].

Ludwig, Ralph: Écrire la parole de nuit. Introduction. In: Ders. (Hg.): *Écrire la ‚parole de nuit'. La nouvelle littérature antillaise.* Paris: Gallimard 1994, S. 13–25.

Ludwig, Ralph: Une littérature éloquente – regard européens sur la narration antillaise moderne. In: *Lendemains* 67 (1992), S. 58–67.

Mancas, Magdalena Silvia: *Femmes d'afrique*: stratégies narratives et identité culturelle dans les récits autobiographiques des femmes-écrivains de l'Afrique noire. In: Dies./Dagmar Schmelzer (Hg.): *Der Espace autobiographique und die Verhandlung kultureller Identität – Ein pragmatischer Ort der Autobiographie in den Literaturen der Romania.* München: Meidenbauer 2011, S. 53–69.

Marienstras, Richard: Sur la notion de diaspora. In: Gérard Chaliand (Hg.): *Les minorités à l'âge de l'État-Nation.* Paris: Fayard 1985, S. 215–226.

Matras, Yaron: The Role of Language in Mystifying and Demystifying Gypsy Identity. In: Susan Tebbutt/Nicholas Saul (Hg.): *The Role of the Romanies. Images and Counter-images of ‚Gypsies'/Romanies in European Cultures.* Liverpool: Liverpool University Press 2004, S. 53–78.

Maurice, Daphne: Sandra Jayat. The Gypsy Poetess. In: *Journal of the Gypsy Lore Society* 3,52 (1973), S. 91–93.
Mishra, Vijay: The Diasporic Imaginary: Theorizing the Indian Diaspora. In: *Textual Practice* 10,3 (1996), S. 421–447.
Mitko, Julia: Rhetorik – Hilfswissenschaft literarischer Analyse. In: Jochen Mecke/Hermann H. Wetzel (Hg.): *Französische Literaturwissenschaft*. Tübingen u.a.: Francke 2010, S. 73–105.
Mode, Heinz: Vorwort. In: Heinz Mode/Milena Hübschmannová (Hg.): *Zigeunermärchen aus aller Welt* 1, Wiesbaden: Drei Lilien 1983, S. 7–48.
Monier, Julien: Que le souvenir perdure. In: *EssonneInfo* (28.11.2011), unter: http://essonneinfo.fr/91–essonne-info/16247/que-le-souvenir-perdure/ [18.5.2013].
Neumann-Holzschuh, Ingrid: Les contes créoles – un exemple d'oralité élaborée? Recherches sur la syntaxe de textes oraux. In: Ralph Ludwig (Hg.): *Les créoles français entre l'oral et l'écrit*. Tübingen: Narr 1989, S. 233–255.
Nedich, Jorge Emilio: Nomadismo y oralidad. In: *ALAI América Latina en Movimiento* (2007), unter: http://alainet.org/active/17549&lang=es [18.5.2013].
Novac, Fevronia: L'articulation de la voix dans la poésie de Bronislawa Wajs Papusza et de Luminiţa Cioabă. In: *Études tsiganes* 43 (2010), S. 82–95.
o.A.: Deutschland will 10.000 Roma ins Kosovo abschieben. In: *Welt online* (18.9.2010), unter: http://www.welt.de/politik/deutschland/article9721993/Deutschland-will-10-000-Roma-ins-Kosovo-abschieben.html [18.5.2013].
o.A. Bordeaux: Alain Juppé reçoit les Roms. In: *Le Figaro* (16.8.2010), unter: http://www.lefigaro.fr/flash-actu/2010/08/16/97001–20100816FILWWW00340-bordeaux-alain-juppe-recoit-les-roms.php [18.5.2013].
o.A.: Bordeaux: les gens du voyage reçus par Alain Juppé. In: *Le Parisien* (16.8.2010), unter: http://www.leparisien.fr/faits-divers/bordeaux-les-gens-du-voyage-marchent-vers-la-mairie-16-08-2010-1033487.php [18.5.2013].
o.A.: Les gens du voyage rejettent les propositions d'Alain Juppé. In: *Le Monde* (16.8.2010), unter: http://www.lemonde.fr/societe/article/2010/08/16/bras-de-fer-entre-gens-du-voyage-et-mairie-a-bordeaux_1399244_3224.html [18.5.2013].
Opfermann, Ulrich: ...wird sich natürlich nur schwer nachweisen lassen. Der Verdacht als leitendes Motiv. In: *FTF – Blickpunkte Tsiganologische Mitteilungen* 10 (2010), S. 12–19, unter: http://www.uni-leipzig.de/~ftf/blickpunkte/tm10.pdf [18.5.2013].
Patria Indipendente 1 (2007), unter: www.anpi.it/media/uploads/patria/2007/1/Leggi_razzali_%5bCopertina%5d.pdf [18.5.2013].
Pouyeto, Jean-Luc: Coucou Doerr, Un écrivain naïf?. In: *Études tsiganes* 37 (2009), S. 118–129.
Pratt, Mary Louise: Arts of the Contact Zone. In: *Profession* 91 (1991), S. 33–40, unter: http://writing.colostate.edu/files/classes/6500/File_EC147617-ADE5-3D9C-C89FF0384AECA15B.pdf [18.5.2013].
Puxon, Grattan: Zur Geschichte der Zigeuner. In: Donald Kenrick/Grattan Puxon u.a. (Hg.): *Die Zigeuner. Verkannt – verachtet – verfolgt*. Hannover: Landeszentrale für politische Bildung 1980, S. 9–36.
Reemtsma, Katrin: ‚...und ein Israel haben wir auch nicht'. Zur Lage der Roma in Südosteuropa. In: *Blätter für deutsche und internationale Politik* 11 (1990), S. 1367–1375.
Reinhardt, Dotschy/Kemper, Anna/Kogelboom, Esther: ‚Ich will nicht so deutsch wie möglich leben'. In: Der Tagesspiegel (17.9.2008), unter: http://www.tagesspiegel.de/zeitung/ich-will-nicht-so-deutsch-wie-moeglich-leben/1318352.html [18.5.2013].

Reynier, Alain: Pérégrinations des Manouches en France au XIXème siècle. In: *Études tsiganes* 26 (2006), S. 9–17.
Rom e.V.: *Nevipé – Rundbrief des Rom e.V.* 50 (2010), unter: http://www.romev.de/images/PDF/Rundbrief_50.pdf [18.5.2013].
Roma National Congress: General Principles 2008, unter: http://romanationalcongress. webs.com/whoweare.htm [18.5.2013].
Rose, Romani: Vorwort des Herausgebers. In: Romani Rose (Hg.): ‚Den Rauch hatten wir täglich vor Augen'. Der nationalsozialistische Völkermord an den Sinti und Roma. Heidelberg: Wunderhorn 1999, S. 9–11.
Sadílková, Helena: La littérature romani en République tchèque. In: *Études tsiganes* 36 (2009), S. 180–203.
Safran, William: Diasporas in Modern Societies: Myths of Homeland and Return. In: *Diaspora. Journal of Transnational Studies* 1 (1991), S. 83–99.
Samer, Helmut: Emanzipationsbestrebungen auf internationaler Ebene. In: *Rombase. Didactically Edited Information on Roma* (2001), unter: http://romani.uni-graz.at/rombase/cd/ data/hist/current/data/self-inter.de.pdf [18.5.2013].
Schaar, Peter: Ethnic Monitoring: Datenschutzrechtliche Aspekte bei der Erfassung des Migrationshintergrundes. In: Heinrich-Böll Stiftung (Hg.): *Ethnic Monitoring Datenerhebung mit oder ohne Minderheiten?*. 2009, S. 20–25, unter: http://www.migration-boell.de/ downloads/diversity/Dossier_Ethnic_Monitoring.pdf [18.5.2013].
Senghor, Léopold Sedar: Négritude et civilisation de l'universel. In: *Présence africaine* 46 (1963), o.A.
Seslavinskaya, Marianna: Publication d'auteurs roms contemporains de Russie: ‚l'intérieure', ‚l'extérieure' et le ‚vrai Romano'. In: *Études tsiganes* 43 (2010), S. 128–149.
Sinti Allianz Deutschland e.V.: Sinti und Roma?. o.J., unter: http://www.sintiallianz-deutschland.de/index2.html [18.5.2013].
Stojko, Steva/Briher, Hancivic u.a.: Vorwort. In: Dies.: *Der schwarze Vogel*. Köln: Rom e.V.1998, o.A.
Stoltenberg, Helmut: Streit um Abschiebungen. In: *Das Parlament* 27 (5.7.2010), unter: http://www.bundestag.de/dasparlament/2010/27/Innenpolitik/30459444.html [18.5.2013].
Streck, Bernhard: Kultur der Zwischenräume. Grundfragen der Tsiganologie. In: Fabian Jacobs/Johannes Ries (Hg.): *Roma-/Zigeunerkulturen in neuen Perspektiven. Romani/Gypsy cultures in New Perspectives*. Leipzig: Leipziger Universitätsverlag 2008, S. 21–48.
Spivak, Gayatri Chakrovorty: The Rani of Simur. In: Francis Barker (Hg.): *Europe and its Others* 1, Colchester: University of Sussex 1985, S. 128–151.
Tauber, Elisabeth: ‚Do You Remember the Time We Went Begging and Selling' – The Ethnography of Transformation in Female Economic Activities and Its Narrative in the Context of Memory and *Respect* Among the Sinti in North Italy. In: Fabian Jacobs/Johannes Ries (Hg.): *Roma-/Zigeunerkulturen in neuen Perspektiven. Romani/Gypsy Cultures in New Perspectives*. Leipzig: Leipziger Universitätsverlag 2008, S. 155–176.
Tebbutt, Susan/Saul, Nicholas: Introduction: The Role of the Romanies: Images and Counter-Images. In: Dies. (Hg.): *The role of the Romanies: Images and Counter Images of ‚Gypsies'/Romanies in European Cultures*. Liverpool: Liverpool University Press 2004.
Teichmann, Michael: Nomadisch und sesshaft. In: *Rombase. Didactically Edited Information on Roma* (2002), unter: http://romani.uni-graz.at/rombase/cd/data/ethn/topics/data/ nomadic.de.pdf [18.5.2013].

Teichmann, Michael: Handel. In: *Rombase. Didactically Edited Information on Roma* (2002), unter: http://romani.uni-graz.at/rombase/cd/data/ethn/work/data/prof-trad.de.pdf [18.5.2013].
Teichmann, Michael: Vergnügungsberufe. In: *Rombase. Didactically Edited Information on Roma* (2002), unter: http://romani.uni-graz.at/rombase/cd/data/ethn/work/data/prof-enter-pr.de.pdf [18.5.2013].
Teichmann, Michael: Traditionelle Berufe. In: *Rombase. Didactically Edited Information on Roma* (2002), unter: http://romani.uni-graz.at/rombase/cd/data/ethn/work/data/prof.de.pdf [18.5.2013].
Teichmann, Michael: Pferdehandel. In: *Rombase. Didactically Edited Information on Roma* (2001), unter: http://romani.uni-graz.at/rombase/cd/data/ethn/work/data/horse.de.pdf [18.5.2013].
Teissier, Bruno: Vania de Gila-Kochanowski. In: *Bibliomonde* (2002), unter: http://www.bibliomonde.com/auteur/-vania-gila-kochanowski-1459.html [18.5.2013].
Tölöyan, Khachig: Rethinking Diasporas: Stateless Power in the Transnational Moment. In: *Diaspora. Journal of Transnational Studies* 5,1 (1996), S. 3–36.
Tölöyan, Khachig: The Nation-State and its Others: In Lieu of a Preface. In: *Diaspora. Journal of Transnational Studies* 1, S. 3–7.
Toninato, Paola: The Political Use of Romani Writing. In: Julia Blandfort/Marina Ortrud M. Hertrampf (Hg.): *Grenzerfahrungen: Roma-Literaturen in der Romania*. Berlin: LIT 2011, S. 85–98.
Toninato, Paola: The Making of Gypsy Diasporas. In: *Translocations: Migrations and Social Change* 5,1 (2009), unter: www.translocations.ie/Vol_5_Issue_1_c.doc [18.5.2013].
Toninato, Paola, Le mille voci della poesia romani. In: Giulia Baldini/Guido Baldoni u.a. (Hg.): *Alla periferia del mondo. Il popolo dei rom e dei sinti escluso dalla storia*. Milano: Fondazione Roberto Franceschi 2003, S. 79–101.
Treskow, Isabella von: Gewaltdarstellungen und kritische Postkolonialität in Ken Buguls *La Folie et la Mort* und Léonora Mianos *L'intérieur de la nuit*. In: Susanne Hartwig/Dies. (Hg.): *Bruders Hüter/Bruders Mörder. Intellektuelle und innergesellschaftliche Gewalt*. Göttingen: de Gruyter 2010, S. 199–216.
Trevisan, Paola: Écrire pour qui? Auteurs, public et registres linguistiques dans les autobiographie des Sinti italiens. In: *Études tsiganes* 37 (2009), S. 90–109.
Vertovec, Steven: Three Meanings of ‚Diaspora'. Exemplified Among South Asian Religions. In: *Diaspora. Journal of Transnational Studies* 6,3 (1997), S. 277–299.
Weisz, Zoni: Rede von Zoni Weisz zum ‚Gedenktag für die Opfer des Nationalsozialismus' (27.1.2011), unter: http://www.bundestag.de/dokumente/textarchiv/2011/33128906_kw04_zoni_weisz/rede.html [18.5.2013].
Williams, Patrick: Langue tsiganes. Le jeu *romanès*. In: *Études tsiganes* 16 (2001), S. 11–41.
Williams, Patrick: *L'écriture entre l'oral et l'écrit. Six scènes de la vie tsigane en France* 1997, unter: http://crdp.ac-bordeaux.fr/cddp40/edv/Williams_CEF11_1997.pdf [18.5.2013].
Williams, Patrick: Le développement du Pentecôtisme chez les Tsiganes en France: mouvement messianique, stéréotypes et affirmation d'identité. In: Marc Piault (Hg.): *Vers des sociétés pluriculturelles: études comparatives et situation en France*. Paris: ORSTOM 1987, S. 325–331.
Zentralrat Deutscher Sinti und Roma: Pressemitteilung. Kritik am katholischen Weltkongress der Zigeuner-Seelsorge. Fördern von Klischees statt gesellschaftlicher Anerkennung

2008, unter: http://zentralrat.sintiundroma.de/content/downloads/presseschau/146.pdf [18.5.2013].

Zimmermann, Michael: The Berlin Memorial for the Murdered Sinti and Roma: Problems and Points for Discussion. In: *Romani Studies* 17, 1 (2007), S. 1–30.

Filme

Gatlif, Tony: *Liberté*. Frankreich: Princes production 2010.
Gatlif, Tony: *Latcho drom Bonne route*. Frankreich: K.G. production 1993.
Mihaileanu, Radu: *Zug des Lebens*. Frankreich u.a.: Sunfilm Entertainment 1998.
Schwarzenberger, Xaver: *Ihr werdet uns nie verstehen*. Österreich: ORF 1988.

Index

Assmann, Jan 5, 62ff., 66, 69ff., 80, 92, 237, 343, 369, 375
Brubaker, Rogers 5, 59f., 248, 373f.
Chamoiseau, Patrick 6, 76, 83ff., 89f., 95, 99f., 378
Clifford, James 5, 41ff., 55, 242, 374
de Gila-Kochanowski, Vania 102, 134, 140, 202, 213, 237, 240, 249, 288f., 323, 332, 336, 359, 362, 367f., 384
Doerr, Joseph 10, 88, 102, 108, 111, 115, 118f., 122, 134, 147, 150, 155f., 160, 173, 194f., 201f., 211, 213, 251, 259, 262, 265f., 276, 280, 297, 302, 317, 322f., 326f., 336, 354, 356, 379f.
Dubois, Lick 102, 118f., 122, 129, 134, 140, 147ff., 155, 160, 162f., 179, 182f., 196, 199, 201, 209f., 212, 218, 222, 250f., 259, 271f., 275, 278f., 281, 283, 286, 297f., 302, 305, 307, 309, 313, 316f., 319, 323, 327, 329, 331, 333f., 339, 340, 344, 353, 357, 363f., 377, 380f., 402
Glissant, Édouard 6, 55, 76, 82, 91, 93, 98, 118, 122, 374
Haler, Miguel 102, 145, 147, 168, 173, 232, 237, 240, 333ff., 387
Hall, Stuart 5, 43, 55f., 374
Jayat, Sandra IX, 12, 103, 118, 122f., 125f., 139f., 149, 156, 160, 164, 176, 179, 184, 206, 210, 217, 220, 222, 224, 226, 228, 230, 252, 254, 262, 264, 276, 282, 289, 300, 315, 323, 326, 336, 340, 356, 359, 361, 367, 389, 402
Koch, Peter 6, 80, 86, 96f.
Lorier, Roberto 103, 131, 134, 199, 236, 333f., 348f., 351, 370, 393
Maximoff, Matéo 10, 103, 108f., 111, 114f., 134, 137f., 140, 147f., 153, 156f., 173f., 177, 179, 184, 193, 195, 200, 206, 210, 215ff., 228f., 237ff., 248f., 258, 264, 266, 273, 275f., 280, 285f., 294ff., 302ff., 307, 310, 313ff., 319, 323, 325, 327, 329, 331, 333f., 336, 338f., 350f., 353, 356, 359f., 364, 366, 389, 393ff., 401f.
Oesterreicher, Wulf 6, 76, 78, 80, 86, 96f.
Romanez, Esmeralda 15, 103, 148, 167, 256, 402
Ruiz, Luis 152, 212, 226, 228, 259, 268, 286, 403
Safran, William 5, 40ff., 45ff., 50, 52, 54, 374
Spinelli, Santino 122, 187, 294
Stimbach, Joseph 104, 226, 228, 268f., 271, 276, 322, 333f., 362, 404
Tölöyan, Khachig 5, 43, 374
Weltz, Sterna 104, 154, 156, 163, 165, 183f., 200, 213, 265, 277, 299, 302f., 358, 360, 405

www.ingramcontent.com/pod-product-compliance
Lightning Source LLC
Chambersburg PA
CBHW071808230426
43670CB00013B/2398